百年南开
日本研究文库

空海《文镜秘府论》与中日文化交流

卢盛江 著

江苏人民出版社

图书在版编目(CIP)数据

空海《文镜秘府论》与中日文化交流/卢盛江著
.—南京：江苏人民出版社,2019.8(2020.4重印)
ISBN 978-7-214-23894-8

Ⅰ.①空… Ⅱ.①卢… Ⅲ.①空海(774—835)-人物研究②《文镜秘府论》-文学研究③中日关系-文化交流-文化史 Ⅳ.①B949.931.3②I207.22③K203④K313.03

中国版本图书馆 CIP 数据核字(2019)第 162056 号

书　　　名	空海《文镜秘府论》与中日文化交流
著　　　者	卢盛江
责 任 编 辑	卞清波
装 帧 设 计	刘荨荨
责 任 监 制	陈晓明
出 版 发 行	江苏人民出版社
出版社地址	南京市湖南路 1 号 A 楼,邮编:210009
出版社网址	http://www.jspph.com
照　　　排	江苏凤凰制版有限公司
印　　　刷	江苏凤凰数码印务有限公司
开　　　本	652 毫米×960 毫米　1/16
印　　　张	32　插页 4
字　　　数	423 千字
版　　　次	2019 年 8 月第 1 版　2020 年 4 月第 2 次印刷
标 准 书 号	ISBN 978-7-214-23894-8
定　　　价	116.00 元

(江苏人民出版社图书凡印装错误可向承印厂调换)

"百年南开日本研究文库"
编辑委员会

主　编：刘岳兵
副主编：杨栋梁　李　卓　宋志勇
委　员：俞辛焞　米庆余　王振锁
　　　　杨栋梁　李　卓　赵德宇
　　　　莽景石　宋志勇　刘岳兵

"百年南开日本研究文库"出版说明

2019年南开大学建校百年校庆,作为中国教育史上的大事,当然是值得纪念的。

如何使纪念百年南开的活动具有历史意义?我们很早就开始谋划和筹备。早在2015年春节期间,南开大学日本研究院原院长、教育部人文社会科学重点研究基地南开大学世界近现代史研究中心主任杨栋梁教授,向江苏人民出版社王保顶副总编提起,想以集体展示日本研究院研究成果的形式来纪念南开百年校庆。这一提议得到了保顶同志的大力支持,也得到了研究院各位同事的积极响应。后来经过商讨,编委会一致同意以"百年南开日本研究文库"作为南开日本研究者纪念百年校庆丛书的名称,本文库由江苏人民出版社和南开大学出版社分别出版。与百年校庆相适应,"百年南开日本研究文库"也应该是百年来南开日本研究业绩的展现。为此,编委会确定本文库由以下几个方面的成果构成。

第一,从南开大学创立到抗日战争胜利时期南开的日本研究成果。刘岳兵教授搜集相关文稿四十余万字,编成了《南开日本研究(1919—1945)》。这是一本专题性的南开大学校史资料集,对于研究和总结包括南开大学在内的这一时段中国日本研究的状况和特点,具有重要的史料价值。

第二，新中国建立以来，南开大学成立的实体日本研究机构研究者的成果。实体研究机构包括1964年成立的日本史研究室、2000年实体化的日本研究中心和2003年成立的日本研究院。

第三，1988年组建的南开大学日本研究中心，是以日本史研究室成员为核心，联合校内其他系所相关日本研究者成立的综合研究日本历史、经济、社会、文化、哲学、语言、文学的学术机构。在百年南开日本研究的历史发展中，日本研究中心具有重要的意义。本文库也包括该中心成员的成果。

今后，如果条件成熟，还可以将日本研究院的客座教授和毕业生的优秀成果也纳入这个文库中，希望将本文库建设成为一个开放的、能够充分且全面反映南开日本研究水平的成果展示平台。

在中国百年来的日本研究中，南开占有重要的一席之地。历史的发展和南开的先贤告示我们：日本研究对于中国的发展至关重要。中日关系值得我们认真思考，其经验教训值得认真总结。百年来，南开大学的日本研究者孜孜以求，探寻日本及中日关系的真相，取得了一定的成绩。吴廷璆先生主编的《日本史》（南开大学出版社1994年），是南开大学与辽宁大学两校日本研究者倾注近20年心血合力打造出来的。杨栋梁教授主编的十卷本"日本现代化历程研究丛书"（世界知识出版社2010年）及六卷本《近代以来日本的中国观》（江苏人民出版社2012年），也几乎是倾日本研究院全院之力而得到了学界认可的标志性研究成果。另外，在日本国际交流基金的资助下，南开大学日本研究中心从1995年开始由天津人民出版社出版的"南开日本研究丛书"，展现了中心成员在日本研究各具体专题上的业绩，产生了积极的社会影响。这些成果都是南开日本研究者集体智慧的结晶。

"百年南开日本研究文库"是南开大学日本研究院和南开大学世界近现代史研究中心相关学术成果的集体展示。我们相信，本文库将成为南开大学日本研究和南开大学世界史学科"双一流"建设的又一项标志性成果,她将承载南开精神、贯穿南开日本研究学脉,承前启后,为客观地了解日本、促进中日关系健康发展做出新的贡献;我们也想以此为实现"发展同各国的外交关系和经济、文化交流,推动构建人类命运共同体"的理想,培养全民族的国际视野和情怀,提高广大人民群众的世界历史知识和认识水平,尽我们的一份绵薄之力。

"百年南开日本研究文库"编辑委员会
2019 年 3 月 19 日

目 录

第一章　空海生平及入唐的文学活动　1

　　第一节　空海早年生平及入唐前的文学修养　1

　　第二节　空海入唐的求法与文学活动(一):福州与长安　6

　　第三节　空海入唐的求法与文学活动(二):越州　13

第二章　空海归国后《文镜秘府论》的编撰　17

　　第一节　与《文镜秘府论》编撰相关的两个重要人物　18

　　第二节　《文镜秘府论》编撰时间考　25

　　第三节　空海的思想意识与《文镜秘府论》　35

第三章　《文镜秘府论》反复多变的编撰过程　57

　　第一节　空海编撰的一稿二稿　57

　　第二节　空海对原稿的补注　60

　　第三节　空海对原稿的删改　70

　　第四节　空海修订时特有的格式和标记　72

　　第五节　其他的修改　76

第六节 《文镜秘府论》卷次考 81

第四章 《文镜秘府论》流传及谱系 90

第一节 《文镜秘府论》的最早流传:证本 90

第二节 平安末至江户《文镜秘府论》的流传 96

第三节 《文镜秘府论》的谱系 109

第五章 《文笔眼心抄》:空海所写的另一书 119

第一节 初步的质疑 120

第二节 山田家本《文笔眼心抄》内容说明的问题 123

第三节 关于《文笔眼心抄》补加的内容 130

第四节 关于抄卷的情况 138

第五节 其他一些疑问的解释 143

第六章 日本人编撰的中国典籍
——以地卷《九意》作者的考察为中心 145

第一节 《九意》作者:一个困扰千年的疑问 145

第二节 "土马":解开《九意》作者疑问的钥匙
——日本考古发现及神马、水灵信仰与巨大古坟 149

第三节 "土马"出典的推测 164

第四节 《九意》作者的推测 170

第七章 空海带回日本的几本书(一)
刘善经《四声指归》 175

第一节 刘善经四声论 176

第二节 刘善经八病说 180

第三节 《诗章中用声法式》 185

第八章　空海带回日本的几本书(二)
　　　　上官仪《笔札华梁》 190

第一节　《笔札华梁》"十病"说　190

第二节　《笔札华梁》对属论　193

第三节　《笔札华梁》体势论　209

第九章　空海带回日本的几本书(三)
　　　　《文笔式》 215

第一节　《文笔式》考　215

第二节　《文笔式》的杂编性质　241

第三节　《文笔式》与前代八病遗说　247

第四节　《文笔式》声病思想　254

第五节　《文笔式》创作论　263

第十章　空海带回日本的几本书(四)
　　　　王昌龄《诗格》 273

第一节　王昌龄《诗格》的基本内容是可靠的　273

第二节　王昌龄《诗格》调声说　276

第三节　王昌龄《诗格》创作论　296

第四节　王昌龄《诗格》对属论与体势论　321

第十一章　空海带回日本的几本书(五)
　　　　皎然《诗议》 331

第一节　皎然《诗议》相关问题考察　332

第二节　皎然《诗议》创作论研究　335

第三节　皎然《诗议》对属论　354

第四节　皎然《诗议》体势论　369

第十二章　空海带回日本的几本书(六)
　　　　　崔融《唐朝新定诗格》与元兢《诗髓脑》及《古今诗人秀句序》
　　　　　　　373

　　第一节　崔融《唐朝新定诗格》　374

　　第二节　元兢《诗髓脑》　385

　　第三节　元兢《古今诗人秀句序》　418

第十三章　《文镜秘府论》诗学日本化研究　426

　　第一节　《文镜秘府论》与日本汉诗学　426

　　第二节　《文镜秘府论》与日本歌学　436

　　第三节　《文镜秘府论》与日本韵学　470

主要征引及参考文献　489

第一章　空海生平及入唐的文学活动

空海(774—835),俗名佐伯真鱼,空海为其受沙门戒之法号,入唐时从惠果接受学法灌顶名为遍照金刚,卒后日本天皇赐赠谥号弘法大师。不论在中日文化交流史上,还是在日本文化史,空海都是重要人物。空海随第17次遣唐使入唐,继承密教衣钵,回日本后创日本佛教真宗。回日本后编撰《文镜秘府论》,创日本汉诗学。因此,研究空海与中日文化交流史、文学交流史,既要研究他的生平,更要研究他的入唐。本书着力研究文学上的空海,中日文学交流史上的空海,因此,关于空海入唐,也着力在他的文学。

第一节　空海早年生平及入唐前的文学修养

空海自小就受汉文化熏陶。日本宝龟五年(774),空海出生于四国赞岐国多度郡屏风浦(今四国岛香川县通善寺)。这是一个名门贵显之家,父佐伯直田公,其母阿刀氏。其舅阿刀大足,为桓武天皇皇子伊豫亲王学士,以孔儒文学而知名。空海15岁入京,依其外舅学《论语》《孝经》、史传、文章等。

空海从其舅学文章时间,一说15岁,一说入京初,在12岁。前说据

《三教指归》《续日本后纪》等，后说据《御遗告》《高野大师御广传》等。可能《指归》约其终，《遗告》举其初。也可能空海12岁时，身为伊豫亲王学士的外舅知其喜为佛门弟子，于归省时教育他"纵成佛弟子，不如暂学文章"，于是"依彼教先读《论语》《孝经》等"①。15岁入京，始依其舅更为系统地学文章。

空海18岁时，又入大学明经科，从直讲味酒净成学《毛诗》《尚书》等，从冈田牛养博士学《左氏春秋》等。这时他已受到六朝诗文论的熏陶。18时写成《聋瞽指归》。今存《聋瞽指归》空海真迹，其序末署"于时平朝御宇圣帝瑞号延历十六年穷月始日"，延历十六年为公元797年，时空海24岁。但据《御遗告》，则是"经游大学"，"因兹作《三教指归》"，时在791年，空海18岁。这里说的《三教指归》，当指其草本《聋瞽指归》。《三教指归》是《聋瞽指归》的修订本。可能《聋瞽指归》作于18岁时，而修订于24岁时，"于时平朝御宇圣帝瑞号延历十六年穷月始日"的注记，是修订时补记的。守山圣真的解释是可取的②。

《聋瞽指归》是了解空海早年思想的重要文献，从中也可以看出空海早年的文学修养。《聋瞽指归》说：

> 复有唐国张文成，着（著）散劳书，词贯琼玉，笔翔鸾凤，但恨滥纵淫事，曾无雅词。
> 加历山登楼，羞无孙王之巧；临江泛海，慨无木郭之才。
> 故韦昭讥博之篇，元淑疾耶之赋，并载缃素，经叶鉴诫。
> 咏潘安诗，弥增目泉，歌伯姬引，还深泪川。

这里，第一条材料所说的唐国张文成，即初唐文人张鷟，《旧唐书·张荐传》附《张鷟传》（卷一四九）说："新罗日本东夷诸番尤重其文，每遣使入朝，必出金贝以购其文，其才名远播如此。"张鷟所作《游仙窟》中土不存而流传存于日本。空海此文谈论唐代文人，独及张鷟，也说明《旧唐

---

① 《高野大师御广传》，据《弘法大师年谱》，《真言宗全书》第38卷。
② 见其著《文化史上的弘法大师传》。

书》所载信非虚言。

第二条材料所说"孙王",指东晋文人孙绰、三国魏文人王粲,"历山登楼",分指孙绰《游天台山赋》和王粲《登楼赋》,二赋均载《文选》卷一一。"木郭"指晋之木华和郭璞;"临江泛海",分指郭璞《江赋》和木华《海赋》,二赋均载《文选》卷一二。

第三条材料,韦昭,为三国吴文人,后避晋讳,改名韦曜。元淑,当为元叔之误,元叔为东汉末文人赵壹之字。这里所说"讥博之篇",指韦曜《博奕论》,载《文选》卷五二。"疾耶之赋",指赵壹《刺世疾邪赋》,载《后汉书·赵壹传》。

第四条材料,潘安指西晋文人潘岳。伯姬,未详,疑为伯喈之误,若然,则指东汉文人蔡邕。蔡邕诗作今不存,但《后汉书·蔡邕传》称蔡邕著"诗赋"等百四篇传于世,《后汉书·高彪传》亦说:"议郎蔡邕等皆赋诗。"是蔡邕也能诗者。

这些材料很值得注意。我们知道,《聋瞽指归》和《三教指归》的宗旨是空海比较周孔、老庄及佛家之教,以决定自己的思想归趣,但文中却一再论及这些文人及诗赋之作。这告诉我们什么呢?我以为它至少告诉我们:一、空海这时对中国诗赋文章已有相当修养,所以指点评述,如数家珍。空海最终选择三界无家,六趣不定之路,但字里行间却掩饰不住他对诗赋文章的浓烈兴趣,所以文中不但论诗评赋,而且常有"翱翔诗赋之苑,休息藻制之野"之类的话,看出他是那样倾心于诗赋辞藻之事。二、空海所论及诗赋作品,多出于魏晋六朝。三、空海评论这些诗赋作品时,还有自己的看法,比如,他评张鸶之作,以为"词贯琼玉,笔翔鸾凤,但恨滥纵淫事,曾无雅词",评孙绰郭璞之作,提出一个"巧",一个"才"字,说明他对诗赋创作有自己创作标准,比如,要求文章要"雅"要"巧"。这看出空海这时已有自己的文章的文章标准。

从《聋瞽指归》看空海早年对声病和文论的关注。《聋瞽指归》说:

> 曹建之诗,未免龃龉;沈休之笔,犹多病累。

将咏溺溺之青柳，踬一言之莫中；欲赋瀌瀌之白雪，缠八病之有制。

　　夫体物缘情，先贤所论；乘时摘藻，振古所贵。

　　这第一条材料中的"曹建"指曹子建曹植，"沈休"指沈休文沈约，第二条材料中的"青柳"所指未详，"白雪"指南朝宋谢惠连《雪赋》篇，文中咏雪有句："蔼蔼浮浮，瀌瀌弈弈。"文载《文选》卷一三。第三条材料中，"体物缘情"出陆机《文赋》："诗缘情而绮靡，赋体物而浏亮。""乘时摘藻"句未详，汉班固《答宾戏》："摘藻如春华。"三国魏吴质《答魏太子笺》："优游典籍之场，休息篇章之囿，发言抗论，穷理尽微，摘藻下笔，鸾龙之文奋矣。"①从文意看，此句似当出吴质文。

　　这三条材料有几点值得注意。

　　一、它引用了陆机《文赋》，所谓"体物缘情，先贤所论"，陆机《文赋》已直接是诗文论方面的著作，并且后来被编撰进入了《文镜秘府论》。它还说："乘时摘藻，振古所贵。"此句出典虽未详，可能引用吴质《答魏太子笺》，不管怎样，当出典于讨论摘藻为文问题的著作。

　　二、它明确谈到"八病"问题。我们知道，空海之前，能看到数家谈到"八病"问题。如隋王通《中说·天地篇》说："四声八病，柔刚清浊，各有端序。"初唐卢照邻《南阳公集序》："八病爰起，沈隐侯永作拘囚。四声未分，梁武帝长为聋俗。"殷璠《河岳英灵集叙》："夫能文者，匪谓四声尽要流美，八病咸须避之。"中唐皎然《诗式·明四声》："沈休文酷裁八病，碎用四声，故风雅殆尽。"从现有材料看，没有谁把谢惠连《雪赋》和"八病"联系起来。而且，我们一般说四声"八病"，只说是齐永明声病说，而谢惠连《雪赋》却出于刘宋时代。这是不是说永明之前人们就已用"八病"之说评价作品？是不是说空海看到的史料中有一些我们所未知的情况？不管怎么说，空海是明确谈到了"八病"问题。

---

① 两篇分见《文选》第45卷、第40卷。

三、它谈到"曹建之诗,未免龃龉"。这里用了"龃龉"一词。检诗文批评用"龃龉"一词,大体有二义。一指一般的文病。晋陆机《文赋》:"或妥帖而易施,或岨峿而不安。"方廷珪注:"岨峿者,词意相距。""岨峿"即"龃龉",指考辞选义的艰难。《文心雕龙·练字》:"联边者,半字同文者也,状貌山川,古今咸用,施于常文,则龃龉为瑕。"龃龉指半字同文之瑕。二则特指声韵之病。《文镜秘府论》天卷《四声论》引刘滔云:"得者闇与理合,失者莫识所由。唯知龃龉难安,未悟安之有术。"《文镜秘府论》西卷《文二十八种病》"第八正纽"引刘善经说:"正纽者……凡诸文笔,皆须避之。若犯此声,即龃龉不可读耳。"又有"第十五龃龉病",云:"一句之内,除第一字及第五字,其中三字,有二字相连,同上去入是。若犯上声,其病重于鹤膝。""龃龉病"条也见王昌龄《诗中密旨》"诗有六病例"。这几例中的"龃龉",都特指声韵之病。这里上句说"曹建之诗,未免龃龉",下句说"沈休之笔,犹多病累","龃龉"与"病累"相对,也当指声病之龃龉。如果这一理解不错,接着就有相联系的另一个问题值得注意,那么多诗人,为什么偏偏说"曹建之诗,未免龃龉"?何以偏偏把曹植和声病联系起来?探究其原因,很容易想到的是下面几段记述。一是《高僧传·经师论》,说:"始有魏陈思王曹植,深爱声律,属意经音,既通般遮之瑞响,又感鱼山之神制。"二是刘敬叔《异苑》,说:"陈思王曹植,字子建。尝登鱼山、临东阿,忽闻岩岫里有诵经声,清通深亮,远谷流响,肃然有灵气。不觉敛衿祗敬,便有终焉之志。则效而则之。今之梵唱,皆植依拟所造。"①这里记述的曹植鱼山梵唱之事,传说的成份更多,但看来空海是信其真。大概因为信其真,认为曹植深爱声律,而其诗又时犯声病,因此说"曹建之诗,未免龃龉"。

四、它还谈到"沈休之笔,犹多病累"。这条材料之所以值得注意,当然是因为它谈到"病累",其实还有一点值得注意,是它谈到沈休即沈约之"笔"犹多病累。我们现在看到的材料,可确信是沈约论声病的材料,

---

① 《汉魏六朝笔记小说大观》,上海古籍出版社,1999年。

都是就五言诗而言的。目前还没有确信的材料可以说,沈约论述过"笔"之声病。空海这里既然说沈休之"笔"犹多病累,则沈约对"笔"之声病也应该有过要求,因为有过要求,而其"笔"又时犯声病,因此说其"笔""犹多病累"。

传真济《空海僧都传》说:"(空海)年始十五,随外舅二千石阿刀大足受《论语》《孝经》及史传等,兼学文章。"空海《御遗告》自述幼年从外舅"受俗典尚书等,及史传,兼学文章"。《文镜秘府论》天卷序自述:"贫道幼就表舅,颇学藻丽,长入西秦,粗听余论。"结合上面我们分析的《聋瞽指归》的材料,我们对空海少年时所学"文章""藻丽"的具体内涵有更深入了解。从《聋瞽指归》的材料看,这"文章""藻丽"不仅指一般的诗赋写作,而且指如声病论等诗文作法理论。

当然,空海这时的专好还是在佛经,并且年轻时就有相当高深的造诣。空海十二岁时即以奉佛礼为事。据《御遗告》等,空海15岁入京,即于石渊寺访僧正勤操和尚,受虚空藏求闻持法。18岁,作《聋瞽指归》,后改写定名为《三教指归》,解释儒、佛、道三家不同的思想要旨,表达学道的决心。20岁,在勤操僧正主持下,于和泉国槙尾山寺(今和泉市槙尾山施福寺)剃度受沙弥戒,22岁,于奈良东大寺坛院受具足戒,法名空海。此后至入唐的数年间,空海当是遍游日本名山,访师求法,钻研佛典。

正是有了这样的佛学和文学修养,才有了空海的入唐。

第二节　空海入唐的求法与文学活动(一):福州与长安

空海随日本第17次遣唐使入唐,自日本延历二十三年、唐贞元二十年(804)八月到日本大同元年、唐元和元年(806)八月,前后整整两年时间。这期间,他和唐朝文人接触交往情况如何?得到哪些诗文论著作?怎样得到这些诗文论著作?空海入唐的这些文学活动,是我们需要考察的问题。

一、空海在福州的文学活动之考察

　　福州,是空海入唐的第一站。

　　空海入唐,是决心学习中国文化,海上航行有数不尽的艰难,遇风暴而漂流数月,甚至遇难而死是常有之事。因此不少人借故躲避逃避。而空海却是上书自请入唐。804年,他随第17次遣唐使入唐。据空海《为大使与福州观察使书》描述,这次是"忘身衔命,冒死入海",经历了"暴雨穿帆,戕风折舵"的海上险难①。日本使船通常在扬州苏州一带泊岸。空海他们一行四船,七月六日从日本肥前国松浦郡田浦出发,第二天就遇上暴风雨,在海上漂泊34个昼夜,始漂至福州。几个史料记载了当时的情形。《古行状记》：

> 已往日本船每著杨苏二州,这般风恶,过七百里到衡州,州司禁止,检括船上,大使藤原朝臣贺能自作手书,呈于州司,州司不应,如此者三。

《高野大师御广传》

> 十月三日,新除观察使兼刺史阎济美到著,此间大使贺能作手书呈福州观察使,观察使披阅两三度,封检舟船,追却徒居之湿砂,辄加冤凌。

《日本后纪》卷一二：

> 时杜宁县令胡延沂等相迎语云,当州刺史柳冕缘病去任,新除刺史未来,国家太平者,其向州之路山谷险隘,担行不稳,因回船向州。十月三日到州,新除观察史兼刺史阎济美处分旦奏,且放廿三人入京,十一月在日臣等发赴上都。

都可见其时情状。福州从未接待过日本使船,他们停泊的长溪县赤岸镇

---
① 《性灵集》第5卷。

又是一个偏远小镇。当州刺史柳冕因病去任,新任刺史未到任,到任后,日本大使自作手书,呈于州司,又未能使州司理解。于是空海他们八月十日抵岸,颇费了些周折,直到十月三日才回航福州,十一月三日,始从福州往长安。

从这些史料看,这时空海所见的,都不是文学人物。《日本后纪》卷一二提到有杜宁县令胡延沂,其人未见其他史载。当州刺史柳冕是古文家,但因病去任。新除观察史兼刺史阎济美,《旧唐书》卷一八五有传,这是一位有能力的一方镇使。这时的空海未见有太多精力顾及文学。

但是,空海在福州的活动也并非与文学完全无关。他呈书阎济美,得以获许入京,和阎济美的交往,可能就多少和文学有点关系。

日本大使自作手书,三番二次呈于州司,州司不但不应,反而封检舟船,辄加冤凌。大使不得不延请空海代书。据《御遗告》《高野大师御广传》和《古行状记》等记载,空海为大使作书呈上,不但使主人疑虑顿消,含笑相待,允许开船,而且给足资粮,安排旅馆,存问有加,仪式罔极,览之主客各流泪。何以如此,既因文中谦恭得体的诚恳态度,讲明如何经历海上险难漂泊至此的原因,也因这篇文字的文采。这简直是一篇美文。试看开篇:"高山澹默,禽兽不告劳而投归;深水不言,鱼龙不惮倦而逐赴。"赞大唐以其圣德归服四方,对仗何其工稳,比喻何其贴切,文辞何其巧丽!再看中间:"暴雨穿帆,戕风折舵。""频蹙猛风,待葬鳖口;攒眉惊汰,占宅鲸腹。随浪升沉,任风南北。但见天水之碧色,岂视山谷之白雾。"对仗比喻,加上夸饰渲染,海上险难情景跃然纸上。一篇文采斐然的标准骈俪美文,谁能相信竟出自异邦僧人手笔,而又恰恰得遇新任镇宰。

新任观察史兼刺史阎济美虽非以文学著名,却也有诗作传世。《全唐诗》卷二八一存其诗作二首。二诗虽均文质词素,但《下第献座主张谓》一诗却也字工句稳,动了真情,而《天津桥望洛城残雪》:

　　新霁洛城端,千家积雪寒。未收清禁色,偏向上阳残。

也颇有一些情韵。阎济美虽未必是善诗者,却可能是知文者。他懂得欣赏文章,正因为如此,所以空海为大使所作之书一旦呈上,应该马上得到他的赞赏,因为有镇宰的赞赏,所以得到优礼相待。空海和阎济美因入京事的交往,和空海文章的文采有关,可以说,阎济美是空海入唐的第一个文学知音。

空海在福州还和一个人有过交往,这个人是马揔。《性灵集序》:

> 和尚昔在唐日,作离合诗,赠土僧惟上,前御史大史泉州别驾马揔,一时之大才也,因送诗云:"何乃万里来,可非衒其才。增学助玄机,土人如子稀。"

这里所说的空海所作离合诗,见《性灵集》圣范集注引,作《在唐日作离合诗赠土僧惟上》,诗曰:

> 磴危人难行,石崯兽无登。烛暗迷前后,蜀人不得灯。

马揔和空海纯是以诗相会。论者或以为马揔赠诗空海和朱千乘等人赠诗一样,都在京城长安(如《弘法大师年谱》)。此说大可怀疑。朱千乘等人赠诗并非在长安,而是在越州。这一点下面再作分析。这里要说明的是,马揔赠诗和朱千乘等人赠诗并不在同时同地。空海作《离合诗》,为什么只有马揔一人就空海此诗作诗相送?朱千乘等赠诗都是临别相送之意,为什么马揔赠诗却只就空海之诗作赞美之意?可信的解释,是马揔送诗在前,而朱千乘等人临别赠诗在后,朱千乘等人在越州临别赠诗,而马揔送诗却应该是在福州。《性灵集序》称马揔为"前御史大夫泉州别驾"就是证明。马揔是受宦官监军薛盈珍之潛而被贬为泉州别驾的,事见元稹作《薛戎碑》①,又见两唐书《马揔传》。这里,"前御史大夫"应该是称其前职,"泉州别驾"应该是称其被贬之现职。马揔后来是入京为恩王傅。据《旧唐书·职官志》,唐制,亲王傅为从三品,而上州别驾为从四品下,中州别驾为正五品上。未有已高迁新职而仍称昔日被贬

---

① 《元稹集》第 53 卷。

之旧职者,这未免对人太不敬。马摠被贬泉州别驾之前,可能曾为御史大夫,唐制,御史大夫为从三品。虽已遭贬而仍称其遭贬之前的高品之职,这是对人的尊称。既称"泉州别驾",则当在泉州。泉州归福州中都督府所督(《旧唐书·地理志》)。空海作《离合诗》和马摠送诗,都应该在福州。

空海此时是刚入唐境,急于作诗赠人,和文人交往,可以看作空海入唐的初步的文学活动。

二、空海在长安的文学活动之考察

京城长安,是空海入唐的第二站。日本延历二十三年、唐贞元二十年(804)十一月三日从福州出发,十二月二十三日入长安。福州去京七千五百二十里,据《日本后纪》卷一二,空海他们是"星发星宿晨昏兼行",当没有多少时间和机会跟沿途文人交往。需要关注的,是空海入京之后。

空海在长安的主要精力,在寻道求法上。入长安后,次年即日本延历二十四年、唐贞元二十一年(805)春,本来应该随遣唐大使告归日本的。但是,《御遗告》说:"此间大使贺能、大夫达向者归国。……爱小僧并橘大夫,准敕留学。"《新请来经等目录表》也说:"仲春十一日,大使等旋归本朝,唯空海孑然准敕,留住西明寺永忠和尚故院。"就是说,空海是自请留学并得到准敕的。自请留学,目的主要在寻道求法。他这方面的活动太繁多,时间太紧张了。805年二月十日,空海移住西明寺,便开始历访诸寺名德。五月上旬,访青龙寺,首次进谒佛教真言宗第七代教主惠果高僧。六月上旬,受胎藏法灌顶,七月上旬,受金刚界灌顶,八月十日,受传法阿阇梨位灌顶和遍照金刚的灌顶名。这年十二月十五日惠果圆寂,次年(806)一月,空海参加葬礼,为撰写惠果碑文。

这一系列活动之外,他还废寝忘食地抄写经书。这一点,他后来在越州作的《与越州节度使求内外经书启》这样说:

> 今见于长安城中，所写得经论疏等凡三百余轴，及大悲胎藏金刚界等大曼荼罗尊容，竭力涸财，趁逐图画矣。然而人劣教广，未拔一毫。衣钵竭尽，不能雇人，忘食寝劳书写。日车难返，忽迫归期。心之忧矣，向谁解纷。

《与本国使请共归启》也说：

> 忘飡耽读，假寐书写，大悲胎藏金刚顶等。已蒙指南，记之文义。兼图胎藏大曼荼罗一铺，金刚界九会大曼荼罗一铺（并七幅丈五尺），并写新翻译经二百卷，缮装完毕。

前一则材料说在长安"写得经论疏等凡三百余轴"，后一则材料说"写新翻译经二百卷"，所谓"写"，就是书写，抄写。还有"大悲胎藏金刚界等大曼荼罗尊容"，从后一则材料看，"并七幅丈五尺"，则是"竭力涸财，趁逐图画"。因为"衣钵竭尽，不能雇人"，所以抄写也好，图画也好，都只能是空海"忘食寝劳"，"忘飡耽读，假寐书写"。要知道，他在长安只有一年时间，那三百余轴经论疏之文或二百卷新译经，那么多大曼荼罗尊像。这一切，占据了空海的时间，不然，他一定会有更多的文学活动。

不仅如此。据《旧唐书》卷一九九：

> 贞元二十年，遣使来朝，留学生橘逸势、学问僧空海。元和元年，日本国使判官高阶真人上言："前件学生艺业稍成，愿归本国，便请与臣同归。"从之。

又《新唐书》卷二二〇：

> 贞元末，其王曰：桓武遣使者朝，其学子橘逸势、浮屠空海，愿留肄业，历二十余年。使者高阶真人来请逸势等俱还，诏可。

这里，《新唐书》所说的"二十余年"当为"二年余"之误。《旧唐书》说的"愿归本国"，应当是日本国希望空海他们归返本国，为国效力。就空海的意愿来说，可能想在唐多留学一段时间，但日本朝廷派使臣判官高阶真人请求唐朝廷允许空海他们回国,空海只好归国,所以空海《与越州节度使求内外经书启》说"忽迫归期"。至于《与本国使请共归启》所说,当是越州之时,求内外经籍都已如愿,急于回国建业效力,所以请与本国使共归。而在长安之时,他确实感到时间紧迫,很希望假以时日,如愿完成寻道求法之业。一方面紧张的寻道求法,"忘食寝劳"地"书写"佛经典籍,图画大曼荼罗尊像,一方面"忽迫归期"。他入唐的另一个意愿,文学交流方面的意愿,在京城未能圆满实现。

即使这样,空海在京城也进行了一定的文学方面的交流。

他和青龙寺义操阇梨有诗歌交往。《经国集》卷一○载有空海所作《留别青龙寺义操阇梨》,诗云:

> 同法同门喜遇深,游空白雾忽归岑。一生一别难再见,非梦思中数数寻。

这是在京城所作。《性灵集序》又载毗陵子胡伯崇之歌:"说四句演毗尼,凡夫听者尽归依。天假吾师多伎术,就中草圣最狂逸,不可得,难再见。"空海在京城从韩方明学书法,当也展示了自己的草圣之才,因此胡伯崇称赞说:"就中草圣最狂逸。"这也当作于京城。《性灵集序》说空海与马揔作离合诗,

> 其后籍甚满邦,缁素仰止。诗赋往来,动剩箧笥。遂使绝域写忧,殊方通心,词翰俱美,诚与东方君子之风。

这里说的"诗赋往来",可能既指在越州,也指在京城。空海在京城和"缁素"文人可能有过"诗赋往来"。

编入《文镜秘府论》的唐人有关诗文论的著作中,有没有是在京城长安搜寻收集到的?没有材料说明这一点。他在京城的文学活动,也并不直接与《文镜秘府论》相关联,但是,那么繁忙的活动,"忘食寝劳"的书写经书,还不忘和文人"诗赋往来",在他意识深处,在寻道求法之外,还没有忘记文学。

第三节　空海入唐的求法与文学活动(二)：越州

当然，离京之后，越州时期，是空海的文学活动更加值得注意。

越州时期空海有了更多的文学活动。朱千乘等人赠诗空海应当在越州，时间在806年春天。朱千乘等人的赠诗，收入《高野大师御广传》《弘法大师正传》(《弘法大师传全集》第七卷)，这几位作者，朱少端为越州乡贡进士，朱千乘曾居越州别业，昙靖、鸿渐为越州僧人，郑壬为越州士人。朱千乘诗序说："勾践相遇，对江问程，那堪此情。"勾践为越王，这里代指越州。这应该是越州所作。朱千乘诗序说"元和元年春沽洗之月"，"沽洗之月"为三月，知空海这时已在越州，和这些文人赠诗交流，就在这年三月。诗序说："去秋而来，今春而往。"所谓"去秋"，不当是指去年之秋，而是指往年之秋。因为空海不是去年之秋入唐，而是前年之秋。这里说"去秋"，与"今春"紧切相对，是恋惜之意，惜其在唐时间太短。

他向越州节度使求内外书。《与越州节度使求内外经书启》说：

> 伏愿顾彼遗命，愍此远涉，三教之中，经律论疏传记，乃至诗赋碑铭，卜医五明所摄之教，可以发蒙济物者，多少流传远方。

所求之书内容相当广泛，从中可以看出日本学人学习唐文化，以发展日本文化的急切心情。这里值得注意的是，所求之书中，有"诗赋碑铭"，有"传记"。这与空海在长安主要抄写佛典经书，已不一样。他是有意寻访文学类书，在他的意识中，文学毕竟占有重要的地位。

空海为什么要在越州求内外典籍？可能因为长安寻道求法活动太频繁，时间太紧张，加上日本派使臣催促回国，在长安来不及作这件事。另外，也可能因安史乱后，文人多聚集江南。比如，大历年间，江南有浙东诗人群和浙西诗人群[①]。江南也成为文学活动的重要之地，因此唐人著作在吴越一带多有流传。比如，宝应元年(762)李白卒，当涂令李阳冰

[①] 参贾晋华《唐代集会总集与诗人群研究》(北京大学出版社，2001年)。

编其作品为《草堂集》十卷,这个集子可能很快传到湖州一带,因为大历中皎然以擅长七言歌行而著称,而其七言歌行多仿效李白,这可能与《草堂集》很快在湖州一带流传有关。皎然《诗式》卷三选有杜甫《哀江头》,这是唐人选本中最早选录杜诗者,这也可能因为杜甫作品较早流传在江南一带。空海之所以选择越州求内外书,应当与这种情形有关。

空海入唐,携回日本献给天皇的东西中,有不少文学作品集和诗学著作,据《书刘希夷集献纳表》和《献杂文表》,有《刘希夷集》四卷、王昌龄《诗格》一卷、《贞元英杰》六言诗三卷、《王昌龄集》一卷、《杂诗集》四卷、《朱昼诗》一卷、《朱千乘诗》一卷、《王智章诗》一卷。另据《敕赐屏风书了即献表并诗》,《古今诗人秀句》二卷也当是空海携回日本的。空海携回日本的唐人著作还有崔融《唐朝新定诗格》、元兢《诗髓脑》、皎然《诗议》。江户时汉学家市河宽斋《半江暇笔》:

> 唐人诗论,久无专书,其数见于载籍亦仅仅如晨星。独我大同中,释空海游学于唐,获崔融《新唐诗格》、王昌龄《诗格》、元兢《髓脑》、皎然《诗议》等书而归,后著作《文镜秘府论》六卷,唐人卮言,尽在其中,但惜不每章题曰谁氏之言,使后世茫乎无由采择矣。①

这些著作中,有些当得之于越州。朱千乘与空海在越州有诗相赠,《朱千乘集》一卷当是在越州时为朱千乘所赠。据《唐才子传》卷五,朱昼为广陵人,疑其诗多流传于广陵吴越一带。皎然主要生活在吴中湖州一带,他的《诗议》当主要流传于此间。若然,则《朱昼诗》一卷和皎然《诗议》也当得之于越州一带。

一些著作,可能为越州刺史所赠。据《旧唐书·顺宗宪宗本纪》,永贞元年(805)十月丙午,以华州刺史杨於陵为越州刺史浙东观察使。空海上启求内外经书的越州节度使就是这位杨於陵。这位杨於陵,是一位颇有政声的地方守宰,不以能文闻名,却也有诗三首存世,见《全唐诗》卷

---

① 王利器《文镜秘府论校注》前言引。

三三〇。其诗虽称不上上乘佳作,他的《郡斋有紫薇双本……》:"绿叶下成幄,紫花纷若铺。摛霞晚舒艳,凝露朝垂珠。"却也比喻新颖,对仗工稳。他还能写离合诗一类颇需技巧的作品。《全唐文》卷五二三、《文苑英华》卷五九八载杨於陵《谢恩宣慰并赐手诏表》,其中说:

> 以日本国使,远献琛赘,毕事旋归。言念梯航之劳,厚其行李之费,恭承诏旨,伏见天慈,臣当道发遣,素有旧例,今则稍加丰备,上副怀柔。

这里说的应当就是在越州接待空海一行之事。从"臣当道发遣,素有旧例,今则稍加丰备,上副怀柔"数句来看,这位越州刺史是满足了空海求内外经书的请求。

一些著作,是无意中"偶得"。王昌龄《诗格》就是这样。王昌龄《诗格》从何处得到? 是一个饶有兴味的问题。《书刘希夷集献纳表》说:

> 王昌龄《诗格》一卷,此是在唐之日,于作者边偶得此书。古诗格等,虽有数家,近代才子,切爱此格①。

王昌龄《诗格》所叙情景,多与江南风物相合,可能是王昌龄为江宁丞时所作。空海所说的"作者边",当就指江宁一带。如果这样分析尚有道理,那么,空海得到王昌龄《诗格》,就有二种可能,一是空海自福州往长安的途中。但这种可能较小,因为空海那时急于入京,不太可能和沿途文人交往。另一可能,就是出京以后,往越州途中,或者就是在越州。越州离江宁很近,正是"作者边"! 他说:"近代才子,切爱此格。"可见他已知道此书的价值,所谓"偶得",是本不易得到而意外得到的意思,有意外惊喜之意在内。

可能为寻求内外之书,包括王昌龄《诗格》等文学类书,空海在越州又停留了较长时间。如果朱千乘等人赠诗确在越州,则空海至少这年三月就已到了越州。《与越州节度使求内外经书启》之末署明年月,作于元

---

① 《性灵集》第 4 卷。

15

和元年四月,至少这时空海已到了越州。从《高野大师御广传》的记载看,空海到这年八月才登舟启程回国。这四五个月时间,空海在求内外之书。他带回日本那些文学类书,很多应当就是停留在越州的四五个月时间寻访得到的。

要之,空海入唐的主要宗旨是寻道求法,但他也有文学活动。他经历海上险难,一踏上大唐的土地,就作诗赠人,引起当地文人的注意。在长安,即使那么繁忙,他还是有一定的文学活动。而到越州,从朱千乘等人赠诗看,他和当地文人的交往已经越来越频繁,越来越广泛。

他寻访搜求的多是新近流传的文学著作。他入唐时正值唐贞元末年,但已得到了《贞元英杰》六言诗三卷。这应当是新近编撰的。据计有功《唐诗纪事》卷四一,朱昼为元和间进士,与他相友善酬唱的李涉约生于大历四、五年(769 或 770)(参《唐才子传校笺》卷五"李涉"条校笺),朱昼年岁也当相仿。朱千乘在越州赠诗空海。因此,《朱昼诗》一卷、《朱千乘诗》一卷都是当代人的作品集,而且是当代青年诗人的集子。皎然卒于贞元九年至十四年(793—798)间,距空海入唐可能不到十年。皎然《诗议》也当是刚流传不久,空海便寻访得到并带回日本。为什么带回这样一些著作?可能和空海在唐的活动范围有关,他所接触就是这样一些文人。但是不是也因为前人作品已有人带回过日本,而空海有意识地寻访当代作品呢?不能排除这种可能。如果真是这样,也就进一步说明空海入唐确实有意识地进行文学活动。

空海入唐寻访搜求的文学著作中,范围不仅有诗赋作品,也包括诗文论著作,更值得注意的是,他带回的这些诗文论著作,后来多编入了《文镜秘府论》。如崔融《唐朝新定诗格》、元兢《诗髓脑》、王昌龄《诗格》和皎然《诗议》,他带回二卷《古今诗人秀句》,编入《文镜秘府论》南卷的《古今诗人秀句序》应当也是空海这次入唐带回日本的。

第二章　空海归国后《文镜秘府论》的编撰

入唐回到日本，空海的主要业绩在佛教。回国后不久，新即位的平城天皇封空海为大法师，808年，天皇敕居槙尾山寺，809年嵯峨天皇即位，空海入住平安京高雄山寺，开始传播真言宗。816年，得天皇敕赐纪伊高野山，作为传播真言宗的基地。819年，着手建立高野山伽蓝金刚峰寺。823年，再得天皇敕赐京都东寺作为又一传教基地。824年被敕封少僧都，827年更被敕封大僧都。这期间，他以护国保民为号召，布教作法。他撰写《秘密曼荼罗十住心论》等密教教义。他在语言文字、文学、书法、教育等方面也有杰出贡献。他主持编成日本第一部汉字字典《篆隶万象名义》，继吉备真备创造日本片假名之后，创造了平假名。他的诗文作品编成了《性灵集》。书法上他是一代大师。他创办了日本历史上第一所民间学校——综艺种智院。空海逝世后，857年天皇追赠为大僧正，864年赠印法大和尚，921年赐赠谥号弘法大师。

但是，空海在文学上的贡献不容忽视。空海在弘法布道之外，编撰《文镜秘府论》，就是他在文学上的一大贡献。《文镜秘府论》是日本汉学史上的重要著作，也是中日文学交流史的重要著作。

空海编撰《文镜秘府论》，经历了怎样的过程，它编撰于何时？有着怎样的思想意识？这是本章要讨论的问题。

第一节　与《文镜秘府论》编撰相关的两个重要人物

回国之后,与《文镜秘府论》的编撰有关,有两方面人物值得注意。

一、嵯峨天皇与《文镜秘府论》的编撰

一方面人物是嵯峨天皇。

之所以注意到嵯峨天皇,是因为空海和这位天皇有着非同一般的关系。这种关系首先是政治上的。在嵯峨天皇与贵族代表藤原氏的斗争中,空海布道弘法明确以"镇护国家"为号召,全力支持嵯峨天皇。试想,一方面数年来农业歉收,民不聊生,另一方面,贵族藤原仲成、药子等专横跋扈,明争暗斗,矛盾日益激化。嵯峨天皇于大同四年(809)四月十三日即位,就面对这一严峻现实。嵯峨天皇采取果断措施,于即位之次年,即弘仁元年(810)九月十日,解除藤原药子的官位,拘捕藤原仲成。十二日,上皇剃发入道,藤原药子被迫服毒自杀,十三日,废皇太子高岳亲王(见《日本后纪》卷二〇)。就在嵯峨天皇平息藤原氏之乱的次月,弘仁元年(810)十月二十七日,空海上《奉为国家请修法表》,请求念诵仁王经、守护国界主经等,以"摧灭七难,调和四时,护国护家,安已安他"①。据《游方记》卷二:

> 十月廿七日师上表曰:顷日祸乱不溢而磷,虽国家兹康未洗兵法雨,恐剩秽气或发凶殃,请为国家报修供。帝乃纳其仪,于是从十一月一日剋一七日,开念诵道场修仁王经守护经佛母明王经法,国消不虞之灾,官举大和之风。帝悦优赏。

嵯峨天皇采纳了空海的请求,从"帝悦优赏"来看,嵯峨天皇相当赞赏。从此,他们相扶相倚,天皇借助宗教之力稳定民心,镇护国家,而空海则借助政权之力量使真言密教日益隆昌。弘仁二年(811)十一月,空海得补山城国乙训寺别当。弘仁七年(816),得敕赐纪伊高野山,作为传播真

---

① 《性灵集》第4卷。

言宗的基地。弘仁十四年(823),再得敕赐京都东寺作为又一传教基地。

但是,更值得注意的是他们在文学艺术上的密切交往。嵯峨多才多艺。书法与空海并为"二圣",加上橘逸势并称"三笔"。他好尚汉诗文,在位之时,敕命臣下编有二部日人汉诗集,一是《凌云集》,敕命小野岑守等于弘仁五年(814)编成。二是《文华秀丽集》,敕命仲雄王等于弘仁九年(818)编成。嵯峨自己对汉诗也有很深的造诣。《凌云集》收其御制诗22首,《文华秀丽集》也收入他很多诗作。嵯峨于汉诗各体俱擅长,既能七言律诗,又能五言律诗,还能七言绝句(据《弘法大师传》第十一章,第755页)。空海和嵯峨天皇有不同寻常的文学艺术上的交谊。他们有诗作交往。《本朝通鉴》卷一一弘仁五年三月条下载:"敕使内舍人布势海赐绵一百屯兼七言诗于僧空海,空海诗韵不改奉谢恩赐。"嵯峨天皇赠诗载《凌云集》,诗云:"问僧久住云中岭,遥想深山春尚寒。松柏料知甚静默,烟霞不解几年飡。禅关近日消息绝,京邑如今花柳宽。菩萨莫嫌此轻赠,为救施者世间难。"空海回赠诗载《性灵集》,诗序将嵯峨比作中国之魏武唐文,说:"彼魏武唐文岂得比肩乎。"其诗曰:"力袍苦行云山里,风雪无情春夜寒。五缀持锡观妙法,六年萝衣啜蔬飡。日与月与丹诚尽,覆瓮今见尧日宽。诸佛威护一子爱,何须惆怅人间难。"前面我们列数了空海入唐携回的诗文集,那些诗文集,回国后未即献给当时在位的平城天皇。事隔五年之后,才奉献给嵯峨天皇。弘仁二年(811)六月二十七日,献《刘希夷集》四卷,并献王昌龄《诗格》一卷、《贞元英杰》六言诗三卷。弘仁三年(812)七月二十九日,献《王昌龄集》一卷、《杂诗集》四卷、《朱昼诗》一卷、《朱千乘诗》一卷、《王智章诗》一卷等。弘仁七年(816)八月十五日,又献《古今诗人秀句》二卷。他还献书法作品。弘仁二年(811)八月,献欧阳询真迹等。弘仁三年(812)六月七日,奉献狸毛笔和真书、行书等。弘仁五年(814)闰七月八日献王羲之兰亭碑等章①。

---

① 以上并见空海《书刘希夷集献纳表》《献杂文表》《敕赐屏风书了即献表并诗》《奉献杂书迹状》《奉献笔表》《献梵字并杂文表》,《性灵集》第3卷、第4卷。

嵯峨天皇及其与空海的交往,和《文镜秘府论》的编撰并非没有关系。这可以提出几点。

其一,嵯峨天皇好尚汉诗文,加上平安时代日本学人本来就追慕唐文化,嵯峨时代创作汉诗文更是蔚成风气。《文镜秘府论》编入大量中国诗文论著作,为日本士子提供诗文创作之格式,应当和平安时代特别是嵯峨时代这种好尚汉诗文创作的风气有关。

其二,嵯峨天皇需要真言密教的,是其镇护国家的政治作用。空海密教正是在这一点上,适应了当时的政治需要。考虑政治需要,这一思想同样表现在《文镜秘府论》之中。天卷序说:"夫大仙利物,名教为基,君子济时,文章是本也。"又说:"至如观时变于三曜,察化成于九州。金玉笙簧,烂其文而抚黔首,郁乎焕乎,灿其章以驭苍生。然则一为名始,文则教源,以名教为宗,则文章为纪纲之要也。"把文章看作是纪纲之要,强调的是文章济时拯世,化成九州,抚黔首,驭苍生的政治作用。这是不是也同样适应了嵯峨时期教化百姓的政治需要呢?

其三,空海编撰《文镜秘府论》,是否有可能通过嵯峨天皇,利用了宫中所藏的某些资料。编入《文镜秘府论》中的诗文论著作,有些是空海自己亲自从中国带回来的,有些是前人带回来后藏于民间,但应有一些携带回来后,呈献于天皇后藏于宫中。空海有没有可能通过嵯峨天皇利用皇宫的藏书呢?

最后一点,也是更为重要的,空海和嵯峨天皇应当讨论过文学问题,讨论过诗文作法问题。以他们不同寻常的交谊,以他们共同的文艺兴趣和修养,这是很有可能的。空海奉进之书,都是嵯峨天皇敕命索要的。这些书,有些后来直接编入了《文镜秘府论》,如王昌龄《诗格》,如《古今诗人秀句序》。他们是不是就有关的问题讨论过,各自表示过某种看法呢?《书刘希夷集献纳表》说:"王昌龄《诗格》一卷,此是在唐之日,于作者边偶得此书。古诗格等,虽有数家,近代才子,切爱此格。"[①]王昌龄《诗

---

① 《性灵集》第4卷。

格》是直接编入《文镜秘府论》的一部书,这里强调"近代才子,切爱此格",空海这时是不是有了某些与《文镜秘府论》有关的想法,有意无意把这种想法呈告嵯峨,而嵯峨得到王昌龄《诗格》之后,是不是发表过什么御旨呢?空海献表谈到的调声、避病、格律等问题,是《文镜秘府论》的重要内容。他们不一定直接谈到过《文镜秘府论》,但与嵯峨的文学交谊,对引发空海编撰动机会不会有某种间接作用呢?

二、"一多后生"与《文镜秘府论》的编撰

值得注意的还有"一多后生"。

《文镜秘府论》天卷序空海自述写作缘起,说:"虽然,志笃禅默,不屑此事。爰有一多后生,扣闲寂于文囿,撞词华乎诗圃。音响难默,披卷函杖,即阅诸家格式等……"他说,《文镜秘府论》撰述的直接动机,在于"一多后生"热心文笔,恳请大师撰述。

"一多后生"何所指,各家理解不同。空海《三教指归序》:"爰有一多亲识,缚我以五常索,断我以乖忠孝。"这里所谓"一多亲识",指空海外舅阿刀大足。而所谓"一多后生",一说指一人及多人,一说指一个优秀的后辈,一说指一多法界说之后辈。《研究篇》(上):

> 所谓"一多"是一人以及多人之义。《三教指归序》也有"爰有一多亲识"(这个"一"指阿刀大足),就是说,其中应该有一个特别热心的后生。

《文笔眼心抄》的笔迹让人想到在正仓院御藏僧纲状的真济的书风,根据这一点,不能不让人想到真济。真济是《性灵集》的编者。这点姑且不说,听任这些后生的意愿,安排起草撰稿的事情,我想对大师来说不是特别麻烦的请求。

《文镜秘府论札记续记》:

> 《三教指归序》:"爰有一多亲识","一多"是不常见的字眼。《眼心序》:"可畏后生,写之诵之,岂唯立身成名乎。"把这个"可畏后生"

的"可畏"和"一多后生""一多亲识"的"一多"调换过来看,其意思便很容易理解。就是说,这个"多"即优秀之意,所谓"一多后生"即"一个优秀的后辈"的意思,这一点是很清楚的。

《文镜秘府论校注》:

> 一多后生,谓持一多法界说之后辈也。密教于宇宙之真相,即如来自证境界,有一法界与多法界两说。所谓"一多相容不同门"也。一法界者,谓如来自证无相平等之境界,即本体。多法界者,谓差别妙融之境界,即现象。无畏三藏及一行禅师等主张前说,其根据为《大日经》。弘法大师主张后说,见于其师所著之《吽字义说》。以此,大师文中,喜用一多,其《三教指归序》云:"爰有一多亲识",亦其证也。

卢按:《论语·子罕》:"后生可畏。"邢昺疏:"后生,谓年少也。"所谓"后生"指年少之人。空海编撰《文镜秘府论》之时,身边的年少之人,应当是他的弟子。空海有十大弟子,实慧、真济、真雅、泰范、智泉、真如、道雄、圆明、杲邻、忠延,另外还有好几个付法弟子。那么,在这些弟子中间,哪一个或说哪几个更有可能呢?

小西甚一《研究篇》(上)以为可能是真济。他提出两点:一、"《文笔眼心抄》的笔迹让人想到在正仓院御藏僧纲状的真济的书风。根据这一点,不能不让人想到真济。"二、"真济是《性灵集》的编者"。确有可能是真济。大同四年(809),真济就比较早地师事空海,是空海最得意的弟子,空海弘法传道之时,他一直在空海身边。除编过《性灵集》外,他自己也有不少著述。他后来也欲步空海之迹入唐求法,因海上遇险而未果。

但是,也有可能是实慧。之所以想到实慧,有这么几点:

他是十大弟子之首,出生于讃岐国,姓佐伯氏,与空海同国同姓同族,其祖和空海是同系的佐伯氏。空海入唐之际,与实慧住于同寺,这样推测,空海入唐前,实慧大德可能就与空海有较密切的关系。空海回国弘法创业,实慧一直是得力的助手。弘仁三年(812)十二月,被空海择为整理高雄山寺寺务的三纲之任①。弘仁七年(816),空海奏请在高野山建立真言宗修法道场之时,实慧大德受空海之命赴高野山察看地形,进行草创工作。弘仁十四年(823)嵯峨天皇敕赐东寺作为真言宗根本道场,实慧大德又协助空海经营东寺。据《弘法大师传》第25章《弟子传》,承和二年(835)空海圆寂后,实慧为东寺长者,居于统辖全宗的位置,时太上天皇赐予哭空海的诗章,是实慧大德上表致谢。《御遗告》说:"以实慧大德吾灭度之后可为诸弟子依师长者缘起。"这一材料如果可信,则空海实际是把后事托付给实慧,实慧实际是空海继承人。以最信任的后继者,劝说空海编撰一部书,应当是顺理成章的。

空海《书刘希夷集献纳表》说:"谨遣弟子僧实惠,谨随状奉进。"②空海年岁较嵯峨天皇长12岁,可能因为这个原因,空海向嵯峨天皇献书,总是派其弟子前往。从这条材料看,至少这一次是派实慧前往。其他几次是不是也是派实慧呢?不排除这种可能。前面我们分析过,向嵯峨所献之书中,不少是文学和诗文论著作,有些直接就被编入《文镜秘府论》,比如《书刘希夷集献纳表》说的这一次,向嵯峨天皇奉送的除《刘希夷集》之外,就有王昌龄《诗格》。王昌龄《诗格》是空海很看重的一部著作,被编入《文镜秘府论》。受派遣向天皇献书,所献之书后来又直接编入《文镜秘府论》,把这些联系起来看,不能不让人想到一些问题。比如,实慧献书,应当接触到了与《文镜秘府论》相关的材料,如王昌龄《诗格》等,在接触这些材料的过程中,有没有可能萌生某种想法,尔后劝说空海用这些材料编撰一部书呢?又比如,实慧受命献书,应当有可能直接见到嵯峨天皇,天皇读到王昌龄《诗格》一类诗文论著作,有没有可能萌生某些想法?又有没有可能和空海派来献书的大弟子谈起这些想法?如果有这种可能,那么,实慧有没有可能从嵯峨天皇的想法中受到启发,或者直接就是转达嵯峨天皇的旨意,回来后,劝说空海编撰一部书呢?《文镜秘

---

① 见空海《高雄山寺择任三纲之书》,《性灵集》第9卷。
②《性灵集》第4卷。

府论》天卷序所说的:"爰有一多后生,扣闲寂于文囿,撞词华乎诗圃。"是不是就应验在这里呢?

还值得注意就是"一多"这个词。"一多后生"怎么解释?中泽希男《文镜秘府论札记续记》以为指一个优秀的后辈,王利器《文镜秘府论校注》以为指一多法界说之后辈。"多"字作"优秀"解,不妥。如说一多法界之后辈,则其人甚众,到底指谁呢?我认为,"一多后生"的"一多",可能用解《易》大衍义的用语,指变化成卦的少阴之数。《易·系辞上》"十有八变而成卦"孔颖达疏:"十有八变而成卦者,每一爻有三变。谓初一揲不五则九,是一变也。第二揲不四则八,是二变也。第三揲亦不四则八,是三变也。若三者俱多为老阴,谓初得九,第二第三俱得八也。若三者俱少为老阳,谓初得五,第二第三俱得四也。若两少一多为少阴,谓初与二三之间,或有四,或有五,或有八也,或有二个四而有一个九,此为两少一多也。"①所谓"一多",就是"两少一多"之数的少阴之数。这个数是多少呢?宋程大昌《易原》说:"一多者,谓三大揲之间通奇扐,有四有五而又有八,则十七也,或时有两个四,一个九,亦十七也,奇扐既为十七,则存而为策者三十二也。"②宋方闻一《大易粹言》也说:"世俗所谓两少一多者,去其十七,则得四八三十有二。"③就是说,"两少一多"为17,大衍之数49,去17,则存32。《易》大衍义的"一多"应当指32这个数,空海"一多后生"的"一多"也当指这个数。那么,这个数在空海这里指什么意思呢?我推想,应当是指劝说空海的这位"后生"当时的年龄。就是说,劝说空海的这位后生当时应当是"两少一多"之数,即32岁。如果这一推测尚有道理,那么,更可能是谁呢?我以为在空海弟子之中,真济也好,其他弟子也好,都更可能是实慧。真济小空海27岁,生于延历十九年(800)。《文镜秘府论》在弘仁十一年(820)之前已经编定,应当还更早一点,即使是弘仁十一年,真济也才20岁。而实慧比空海小12岁,生于

---

① 《十三经注疏》。
② 《四库全书》本。
③ 《四库全书》本。

延历五年(786)。实慧劝说空海编撰《文镜秘府论》弘仁八年(817年)左右,弘仁八年实慧正好32岁。"一多"这个词如果可以是指某个数字,如果可以是指32这个数,则既可以印证劝说空海的"一多后生"是实慧,也可以印证《文镜秘府论》的编撰时间在弘仁八年。

第二节 《文镜秘府论》编撰时间考

本节考察《文镜秘府论》的编撰时间。

一、《文镜秘府论》初稿不太可能作于高雄山寺时期

内藤湖南《弘法大师的文艺》据《文笔眼心抄》序"于时弘仁十一年中夏之节也"一句,断定《文镜秘府论》作于弘仁十一年即820年之前。加地哲定《文镜秘府论概说》据《文镜秘府论》每卷的署名"金刚峰寺禅念沙门遍照金刚撰",进一步认为《文镜秘府论》作于弘仁十年即819年金刚峰寺建立以后。但小西甚一《研究篇》(上)认为,弘仁十年、十一年之际,空海往返于京都、高野山之间,营筑高野山极为繁忙,不可能整理众多的文献撰写《文镜秘府论》。而自大同四年(810)八月至弘仁七年(816)之前的六年间,空海住高雄山神护寺,时间最充裕。《文镜秘府论》的初稿应在这一时期写成。至于"金刚峰寺禅念沙门遍照金刚撰"的署名,则当是弘仁十年五月以后次年夏之前最后修订时的加笔。

《文镜秘府论》的作年不会太早。《文镜秘府论》作于弘仁十一年即820年之前,它的材料准备时间较早,并且先有初稿,尔后修订,这些都没有问题。但是,把有关材料清理过来之后,我们会发现,它不太可能作于大同四年(810)稍后的几年。

如果从大同四年(810)算起,到弘仁十年(819),有十年之久,即使从稍后的几年算起,距定稿也有七八年,或五六年时间。一部几万字的著作,从初稿到定稿,不太可能相隔那么长时间,除非写完之后一直搁置起来。这是一。

前面说过,《文镜秘府论》的编撰和"一多后生"劝说有关。小西甚一认为空海说的"一多后生"可能指真济。若依此说,一些事实就难以解释。比如,真济投于空海门下得度剃发,在弘仁三年(813)①,则至少在这之前真济不太可能劝说空海。真济生于延历十九年(800),师事空海时年仅 14 岁。劝说空海编撰一部书,至少应该懂得编撰这部书的价值。年仅 14 岁,尚未成人,年少无知,不太可能懂得这么多这么深。《文镜秘府论》天卷序空海自述"志笃禅默,不屑此事",似乎不太可能听从一位年仅 14 岁的少年之劝,就改变初衷,致力于一部不算太小的著作的编撰。真济之外,十大弟子中,真雅生于延历二十年(801),大国四年(809)师事空海时年仅 9 岁。泰范比空海仅小 4 岁,杲邻比空海大 7 岁,这二人都不当称为"后生"。据《文德实录》卷三,道雄先投法相宗的慈胜受唯识论,后入东大寺从长岁和尚学华严和因明,最后才投于空海门下(转自《弘法大师传》第 25 章《弟子传》),他投于空海门下时间应该比较晚。真如原为高岳亲王,大同四年(809)立为皇太子,旋被废,因此出家。他是看破红尘的悲剧人物。空海住高雄山神护寺期间,即大同四年(810)八月至弘仁七年(816)之前的六年间,这几个人都不太可能在对空海有什么劝说。圆明和忠延不知生年。如果"一多"可以是指 32 这个数,"一多后生"可以是指时当 32 岁的弟子,那么,这六年间,空海十大弟子中没有一个相合。真济、真雅尚在年幼,杲邻、泰范年纪较大,这自不用说,智泉生于延历八年(789),32 岁则已在弘仁十一年(820)。实慧生于延历五年(786),32 岁也在弘仁八年(817)。从空海弟子年龄来看,既与"一多后生"不合,也与其他情况不合。《文镜秘府论》不太可能编撰于空海住高雄山神护寺期间。这是二。

还有第三点,居高雄山神护寺期间,特别是最初几年,创业伊始,空海的主要精力是谋求在各派宗教势力激烈竞争中扎下根基,事务其实很杂,很繁忙。至少,空海可能并不清闲。

---

① 参《弘法大师传》第 25 章。

嵯峨天皇初即位，他请求修行佛法以镇护国家，以取得嵯峨天皇的支持，创立真言宗。弘仁元年（810）十月二十七日，空海上《奉为国家请修法表》说："从来月一日起首，至于法力成就，且教且修。"①《本朝通鉴》第十一卷说："帝乃纳其仪，于是从十一月一日迄一七日，开念诵道场修仁王经守护经佛母明王经法。"②两条材料要注意两点：一、空海自十一月一日起，每七天要一次开念诵念道场。二、他是"且教且修"。为什么要"且教且修"？因为开念诵道场不能只是空海一人，还需有一批僧众。他开诵的是仁王经，从记载的材料来看，当时僧众未必熟悉，因此要"且教且修"。这样，空海既要自己开念诵道场，还要教僧众学经，而且每七天一次道场，细想一下，其实是很繁忙的。

空海是否曾为东寺别当？目前还有争议。但空海曾补山城国乙训寺别当，《高野大师御广传》等史料的记载却是可靠的，事在弘仁二年（811）十一月九日。据《东寺长者次第》，弘仁三年（812）十月二十九日，空海已辞乙训寺，还住高雄山。为什么移居乙训寺？《高野大师御广传》载大政官符治省赠空海书说："件僧住山城高雄山寺，而其处不便，省宜承知，令住同国乙训寺者。"③从这条记载来看，嵯峨赐空海移住乙训寺，是为了召见方便，因为高雄山寺毕竟在山中，比较远。这样看来，空海在乙训寺主要是便于天皇随时召见。但不到一年又还住高雄山，这之后是开坛灌顶，收徒授业。可能空海还是想作自己的事，所以辞去乙训寺，回到高雄山。从这点推测，空海移住乙训寺，主要活动在应付天皇随时召见，时间并不宽裕。

回住高雄山寺，紧接着是开坛灌顶，广收弟子。高雄山寺时期，见于记载的有三次。一次在弘仁三年（812）十一月十五日，为金刚界结缘灌顶，入坛者为最澄、和气真纲、和气仲世和美浓仲人等人。一次在同年十

---

① 《性灵集》第 4 卷。
② 转引自守山圣真等撰《文化史上的弘法大师传》第 7 章（日本株式会社国书刊行会），1990 年第 2 版，第 300 页。
③ 转引自《弘法大师年谱》，《真言宗全书》第 38 卷。

二月十四日,为胎藏结缘灌顶,这一次有以最澄为道的太僧众数22人,其他沙弥41人,近事41人,童子71人,另外还有音声人等,一共190多人①。一次在弘仁四年(813)三月六日,有泰范为首的僧人5人,另有沙弥12人(空海《灌顶历名》,转引自《弘法大师年谱》卷之六)。真济、道雄、杲邻等弟子都是在高雄山时期来投空海的。短短时间,三次开坛灌顶,而且第二次达190多人,这也需费一些精力。

空海在高雄山寺还要处理或整理寺内日常事务。

我们看几条材料。一条是空海《高雄山寺择任三纲之书》,载《性灵集》卷之九。他择任杲邻、实慧、智泉三人为三纲。他告诫说:"等意上下无诤论,长幼有次第,如乳水之无别,护持佛法,如鸿雁之有序,利济群生。"又说:"长兄以宽仁调众,幼弟以恭顺问道,不得谓贱贵。一钵单衣除烦扰,三时上堂,观本尊之三昧,五相入观,早证大悉地。变五浊之浇风,勤三觉之雅训,酬四恩之广德,兴三宝之妙道。"又说:"自外训诫,一如显密二教,莫违越。"空海这番话应当是针对寺内当时状况。从空海这番话背面,可以推测寺内管理现状的某些情况。因为上下有诤论,所以告诫要"上下无诤论",因为长幼无次第,所以告诫要"长幼有次第",因为风气浇薄,所以要"变五浊之浇风"。"自外训诫"违越之处也不在少,所以告诫"自外训诫,一如显密二教,莫违越"。上下诤论,长幼无序,长兄不能以宽仁调众,幼弟不能恭顺问道,有五浊之浇风,失三觉之雅训,自外训诫,亦有违越。

这其实已相当混乱了。他又说:"若能悟解已,即名是佛弟子。若违斯义,即名魔党。"又说:"若故违越者,五大忿怒,十大金刚,依法检殄。"措辞是相当严厉的。之所以这样严厉,当是寺内状况已到了非严格管理不可的地步。他说:"今此高雄伽蓝,未补三纲,无人护持。缁林郁茂,近童骈罗,不因指车,谁知晓暮。"这事实上指出其原因。一是无人管理,所谓"未补三纲,无人护持",二是僧众人杂,所谓"缁林郁茂,近童骈罗",三

---

① 空海《灌顶历名》,转引自《弘法大师年谱》第5卷。

是寺规不严或者根本就没有寺规,所以他说"不因指车,谁知晓暮"。不解决这些问题,空海所谓弘法传道的志业就是一句空话。所以空海要大力解决这些问题。择任三纲以管理寺内庶务。是解决这些问题的举措之一。他可能还要订立一些寺规,还要耐心对那些僧众进行教育。《高雄山寺择任三纲之书》这篇书,据《性灵集》载,作于"弘仁之年季冬之月",据《高野杂笔集》卷上所载,则在"弘仁之三年季冬之月"(祖风宣扬会《弘法大师全集》第3卷)。就是说,弘仁三年(812)前后,空海就忙这些事。用现在的话来说,是加强管理,整顿寺风。这是很耗费精力的。

另一条材料,是最澄和胜仁行者上书。最澄上书说:"高雄山寺食料都无。乞同法禅师来,令持早来上,更余无觅,尤要切。若借他米付上五斛,不任至要。"①此状是弘仁三年(812)十一月十五呈上的。正是空海开坛灌顶的那一天。那一天最澄等四人接受金刚界结缘灌顶。胜仁行者上书也有这样的话:"强乞食胜仁行者,最澄受法之时粮乏。伏垂恩幸谨空。"②胜仁行者之书未署年月,从内容推测,当也作于高雄灌顶之时。高雄灌顶之时,为什么向空海提出食料都无的问题呢?分析这一问题,需要简要了解高雄山寺有关的一些情况。高雄山寺后来称神护寺。它何时创立,由谁创立,尚不太清楚。《元亨释书》第28卷:"高尾神护寺者,光仁帝受八幡大神之托所建也。"③但《御遗告》说:"夫以神护寺是和气氏建立。"④它与和气氏有密切关系。日本古代,寺院有官寺和私寺,定额寺与非定额寺之分。官寺由官府负责费用,私寺则靠檀主。定额寺领有不交租税的寺田,僧数也有定额。《类聚国史》卷一八〇:"(天平十八年,746)五月,庚申,禁诸寺竞买百姓垦田及园地永为寺地。"《禅林象器笺》:"朝廷定天下佛寺之数有限,此云定额外,定额外不许私建寺,凡定僧数,

---

① 转引自《弘法大师传》第七章第314页。
② 转引自《弘法大师传》第七章第315页。
③ 《弘法大师传》第七章第279页。
④ 《弘法大师传》第七章第332页。

或定赋税数,皆称定额。"①非定额寺可能一切费用都要自己解决。和气氏建有神愿寺。《大日本史》卷一二〇:"延历中私创河内神愿寺,帝敕为定额。"②则神愿寺在延历中已为定额寺。和气氏先是和气清磨,延历十八年(799),和气清磨去世,时67岁。他有三子:广世、真纲、仲世。广世早逝,和空海交往较多的是真纲和仲世。和气真纲、和气仲世曾上表:"至延历中,私建伽蓝名曰神愿寺,天皇追嘉先功,以神愿寺为定额,今此寺地势汙秽不宜坛扬,伏望相替高雄寺,以为定额,名曰神护国祚真言寺。"天长元年九月二十七日得到敕许,《类聚国史》卷一七九:"敕,一代之间每年听度一人,又备前国水稻田廿町赐传二世为功田者,入彼寺充果神愿者,更延二世,自余依请。"③由此看来,高雄山神护寺是私寺,天长元年(824)之前尚不是定额寺,而是非定额寺。支持它经济费用的是檀主,和气氏是它的外护。既然不是官寺,而是私寺,而且没有定额,一切经济来源都靠自己。一旦檀主因故不能及时接济,寺内经济包括食粮就要发生困难。最澄和胜仁行者上书之所以说食料都无,可能就是寺内经济发生了困难。而之所以向空海上书,就因为这些问题需要空海解决。如果真是这样,那空海在高雄山寺就真够忙了。高雄山寺如果是从光仁帝开始创立,距空海高雄灌顶时当有三、四十年,历年下来,僧众当不少。空海《高雄山寺择任三纲之书》说寺内"缁林郁茂,近童骈罗",也说明这一点。而到这一年的十二月十四日开坛胎藏结缘灌顶时,入坛者又有190多人,这当中,寺内僧侣当有不少。在没有官府定额的情况下,檀主若不能及时接济,仅靠空海,要解决这么众多的僧人的食粮等问题,该要耗费多大精力! 即使不要空海全部解决,至少,空海要在这方面投入不少精力。

如果以上分析离事实尚不是太远,可以说,空海在高雄山寺时期时间并不宽裕。至少,居高雄山寺的前期,空海的精力当主要在寺内庶务

---

① 《弘法大师传》第七章第 330 页。
② 《弘法大师传》第七章 330—331 页。
③ 《弘法大师传》第七章 331 页。

和弘法。

因此,说空海在这期间时间宽裕,仅据此而认为《文镜秘府论》应该作于这一时期,理由并不充分。我们前面说过,《文镜秘府论》从初稿到定稿不太可能相隔太长时间,再从"一多后生"的解释和空海弟子这一期间的情况来看,《文镜秘府论》可能更晚一点编成,而不太可能编成于这一时期。

二、《文镜秘府论》初稿当作于弘仁八年以后

《文镜秘府论》初稿的编撰时间,我以为可能是在弘仁八年(817)以后。

想到的一点,是前面分析过的"一多后生"。"一多后生"的劝说应当在这年左右。前面我们分析过,空海在《文镜秘府论》天卷序说到撰述的直接动机,在于"一多后生"热心文笔,恳请大师撰述。这"一多后生",更有可能是实慧。他是空海十大弟子之首,最得空海信任。他受空海派遣,向嵯峨天皇献书,有可能接触《文镜秘府论》的材料,萌生某些想法。"一多后生"的"一多"二字,可能指解《易》大衍义的"两少一多",若然,则当指32这个数,指"后生"时年32岁。如果这"后生"指实慧,实慧比空海小12岁,生于延历五年(786),以《易》大衍义"两少一多"之数算,实慧32岁就正好是弘仁八年(817)。

想到的又一点,是前面分析过的空海和嵯峨天皇的文学交谊。在嵯峨天皇的文学交谊中,可以看出空海在这时已有某种意向。空海向嵯峨天皇献诗文集,最早在弘仁二年(811)六月、弘仁三年(812)七月(《书刘希夷集献纳表》作于弘仁二年,《献杂文表》作于弘仁三年)。前面说到过,弘仁二年(811)六月,空海献《刘希夷集》四卷,王昌龄《诗格》一卷、《贞元英杰》六言诗三卷。弘仁三年(812)七月,献《王昌龄集》一卷、《杂诗集》四卷、《朱昼诗》一卷、《朱千乘诗》一卷、《王智章诗》一卷等。这时,虽涉及有关的材料(如王昌龄《诗格》),但尚未见直接谈到与《文镜秘府论》有关的问题。但是到了弘仁七年(816),情况有了重要变化。这年八

月十五日,他作《敕赐屏风书了即献表并诗》,不但又献《古今诗人秀句》二卷,而且更具体的谈到与《文镜秘府论》较为直接有关的调声、避病、格律等问题。他说:

> 譬诗家之格律,诗是有调声避病之制。书亦有除病会理之道。诗人不解声病,谁编诗什。书者不明病理,何预书评。作诗者以学古体为妙,不以写古诗为能①。

这段话很值得注意。空海是借诗学谈书法,谈了很多与《文镜秘府论》有关的内容。元兢《古今诗人秀句序》编入了南卷。他说"诗是有调声避病之制","调声"是天卷的一章,而"避病"是《文镜秘府论》的重要内容,其西卷基本由诗文病累的内容构成。《文镜秘府论》讲格律声病,主要针对近体诗而言,空海这里说"不以写古诗为能",正是主张写格律近体诗。这已完全是贯穿于《文镜秘府论》的基本思想!这段话明白地告诉我们一个信息,空海关于《文镜秘府论》的一些思想已经成熟。因此,入唐回日本之后,和嵯峨天皇的文学交谊,可能逐渐促使他在创立真言宗的同时,思考一些声病诗律问题。只是他"志笃禅默,不屑此事",一直仅仅是一般思考而已。但到弘仁七年(816),这种一般的考虑已经带有朦胧的意向。这正是弘仁八年(817)的前一年,弘仁七年(816)! 有这种意向,加上"一多后生"的劝说,于是欣然命笔,著成篇章,是很自然的。

想到的再一点,是嵯峨天皇敕赐高野山这件事。事在弘仁七年(816),这年的六月十九日,空海上《于纪伊国伊都高野峰被请乞入定处表》②,七月八日,嵯峨天皇敕许赐高野山③。从此,空海开始了他真言宗事业的一个新阶段。空海作《高野建立初结界时启白文》,文中说:"某甲幸赖诸佛加持力,幽明机熟之力,以去延历二十三年,入彼大唐,奉请大

---

① 《性灵集》第 3 卷。
② 《性灵集》第 9 卷。
③ 见《太政官符》,《弘法大师全集》第 2 卷,转引自《弘法大师传》第 12 章第 487 页,《弘法大师年谱》第 7 卷,第 140 页。

悲胎藏及金刚界两部大曼荼罗法,并一百余部金刚乘,平归本朝,地无相应之地,时非正是之时。日月荏苒,忽过一纪。爰则轮王启运,拟弘此法,必须得其地,简择四远,此地卜食。"(《性灵集》卷九)从这段话看,空海是把建立高野山看作入唐归日本后十多年来的一桩心愿。而这也确是空海事业中的一件大事。空海虽然一直志在传道弘法,创立真言宗,但此前都是入住现成寺院。天皇敕赐高野山,空海才得以第一次创立自己的弘道基地,建立自己的伽蓝寺院。这是预示真言宗事业将更为辉煌的新起点。

那么,《文镜秘府论》的编撰和敕赐高野山这件事有什么联系吗?我以为有。《文镜秘府论》一个重要宗旨,是以编入其中的声韵、诗病、格律、体势、对属等作为陶冶真言的规矩准绳。《文镜秘府论》的编撰和他的真言宗事业不但有关系,而且可以说是密切相关。如果这一分析尚可成立,那么,在他营建高野山,建立自己的第一个伽蓝寺院时,就很可能同时考虑真言宗理论体系的完善。《文镜秘府论》的编撰就应该在敕赐高野山之后。

我们可以作这样的推测。弘仁七年七月敕赐高野山,可能促使他认真考虑真言宗理论体系的完善问题,考虑陶冶真言的规矩准绳问题。到这年八月,他向嵯峨天皇献《古今诗人秀句》等书,就已相当关注声病诗律问题,说明他对这方面问题已有某种朦胧的意向。到弘仁八年(817),又有大弟子实慧即所谓"一多后生"的劝说。于是开始了《文镜秘府论》的编撰。

弘仁八年(817),空海派弟子实慧和泰范去高野山建立寺院。《高野杂笔集上》：

> 是以为造立一两草庵,且差弟子泰范实慧等发向彼处,伏乞为护持佛法,方圆相济,幸甚幸甚,贫道来年秋月必参。披谒未间,珍重珍重,谨状。

《高野杂笔集下》载空海于弘仁十年暮春书状说:"贫道以去弘仁九年冬

就闲寂於纪州南岳。"知空海于弘仁九年登高野山,这里说"贫道来年秋月必参",知派遣泰范、实慧前往高野山建立寺院在弘仁八年。

实慧将赴高野山,面对真言宗发展新的契机,临行前,大师和弟子当要谈一些事情。可能就在临行前的谈话中,实慧说出了自己的想法,恳请空海编这样一部书。之所以作这样的推测,除了时间上吻合之外,我还想到《文镜秘府论》天卷序空海自述写作缘起的一段话。这段话前面我们已经引述过,为了说明问题,不妨再看一下。这段话里,空海在说到他自幼颇学藻丽,入唐粗听余论之后说:"虽然,志笃禅默,不屑此事。爰有一多后生,扣闲寂于文圄,撞词华乎诗圃。……"为什么在"一多后生"恳请之前,强调他"志笃禅默,不屑此事"?所谓"志笃禅默"怎么理解?有没有具体所指?如果有,又指什么?我想,所谓"志笃禅默",当然首先指空海自幼志向在学道弘法,但在当时情况下,可能还具体指其时志在真言宗事业,营建高野山太繁忙了。如果可以这样理解,那么,"志笃禅默"四字实际告诉我们,《文镜秘府论》是在他潜心于真言宗事业,比较繁忙之时所编撰的。具体来说,可能就暗示是营建高野山之际。这样理解,推测实慧是在赴高野山建立寺院临行前,即弘仁八年(817)恳请空海编这部书,就顺理成章了。

"一多后生"(可能是实慧)恳请空海在编撰弘仁八年(817),至于具体什么时候开始动笔编撰,我想有二种可能。一种可能,实慧恳请之后空海马上开始编撰,编撰时间在弘仁八年(817)实慧往高野山之后,次年即弘仁九年(818)空海自己初登高野山之前的一年间。这段时间空海仍在高雄山寺。另一种可能,就是作于弘仁十年(819)年五月着手建立高野山伽蓝金刚峰寺以后。《建立金刚峰寺最初劝请镇守启白文》作於弘仁十年五月三日①,知此时始着手建立高野山伽蓝金刚峰寺。后一种可能并非不存在。自弘仁十年(819)五月到弘仁十一年(820),空海营筑高野山确实很忙,但营筑工作并非只在这一年,自弘仁七年(816)天皇敕赐

---

① 《弘法大师年谱》第7卷,第154页。

高野山，就已开始，而这之后也一直在进行。营筑的具体繁杂事务，自有他的许多弟子和其他人去办，他不必事无巨细，一一躬临。空海不至于忙得无暇旁顾。事实上，就在这一年，他仍著述不断，《秘密曼荼罗教付法传》二卷可能就写于这期间，而《文笔眼心抄》一卷不容置疑就是这一年完成的。

在这之前，不管空海是否有意写这么一部书，客观上，他已有充分的资料准备，一些基本思想已经形成。《文镜秘府论》的篇幅虽有七八万字，但也不是太多。这是编撰之著，大部分是稍事编改，抄录原文。从现存文字看，明显有材料相重复矛盾之处，看出编撰时比较匆忙的痕迹。在基本思想已经形成，资料准备充分的情况下，不是精雕细琢，不是独立著述，而是将现成的原文不加改动或稍作综合，编辑抄录，一年之内抽出一些时间，完成七八万字的一部书，这样的工作，对于空海这样才思敏悟、学识深博的大师来说，当不是什么很困难的事。可能在弘仁八年（817）至九年（818）的一年间写成初稿，而弘仁十年（819）年五月着手建立高野山伽蓝金刚峰寺以后又对《文镜秘府论》初稿进行修订。但也可能从初稿到修订，甚至直到把它简编成《文笔眼心抄》，都一气呵成。无论从空海的思路、心气、才气，还是从他处事果决的性格来说，这都更有可能。他没有必要把这样一件对他来说不是太费精力的事拖上太久。

第三节 空海的思想意识与《文镜秘府论》

《文镜秘府论》的编撰思想是什么？或者说，《文镜秘府论》包含空海怎样的思想意识？空海以一种怎样的思想意识编撰《文镜秘府论》？这是本节要讨论的问题。

一、空海的佛教意识与《文镜秘府论》

首先值得注意的，是其中的佛学意识。《文镜秘府论》本来是一部文学书，但在它的编撰思想里，却带有一种明确的佛学意识。

这种佛学意识,在文字文章起源的认识上就有所表现。佛教所说的文字,主要指悉昙文字。悉昙文字怎样产生?有二说。一说为佛所造,为诸天所造。谢灵运《十四音训叙》说:"胡书者梵书,道俗共用之也,而本由佛造。"①唐玄奘《大唐西域记》卷二"文字"说:"详其文字,梵天所制。"②唐义净《南海寄归内法传》卷四"西方学法"说,《悉谈章》"相传是大自在天之所说"③。慧琳《一切经音义》卷二五也有类似说法。另一说,以为文字乃自然生成。梁僧祐《出三藏记集》卷一《胡汉译经音义同异记》:"夫神理无声,因言辞以写意;言辞无迹,缘文字以图音。"④神理也是自然,这实际是说,言辞写意,乃因自然。《大日经》卷二、《悉昙三密钞》卷上之上也说,梵文乃"法然文字"⑤。空海持自然说。他在《梵字悉昙字母并释义》说:"《涅槃经》云:世间所有一切教法皆是如来之遗教,然则内外法教悉从如来而流出。如来虽具如是自在方便,而此字母等非如来所作,自然道理之所造,如来佛眼能观觉知如实开演而已。"他又说:"若依《大毗卢遮那经》云:此是文字者,自然道理之所作也,非如来所作,亦非梵王诸天之所作。"⑥这一观念也表现在《文镜秘府论》中。《文镜秘府论》空海所作的天卷序:

故能空中尘中,开本有之字;龟上龙上,演自然之文。

这后一句,"龟上龙上,演自然之文",表现中国儒家观念,而前一句,则表现佛教观念。文字并非由谁所造,而是"空中尘中"本来就有,自然存在。前句之"本有"与后句之"自然"相对,"本有"也即是"自然"。空海有时就把"本有"和"自然"连在一起,《梵字悉昙字母并释义》就说:"此《悉昙章》本有自然真实不变常住之字也。"⑦"尘中"指色、声、香、味、触、

―――――――――――――――

① 安然《悉昙藏》卷1《梵文本源》引,《大正藏》第84册。
② 《大唐西域记校注》,中华书局,1985年。
③ 《南海寄归内法传校注》,中华书局,1995年,第189页。
④ 《出三藏记集》,中华书局,1995年,第12页。
⑤ 转引自《佛教文化百科》,天津人民出版社,1993年,第1008页。
⑥ 《大正藏》第84册第361页。
⑦ 《大正藏》第84册第362页。

法"六尘"之中,指人所感觉和认识到的境界。这里说"空中尘中",可能泛指天上的人间世界。所谓"空中尘中,开本有之字",是说一切文字,皆世间自然本有。类似的意思,空海在《声字实相义》中也有表述,说:

> 五大皆有响,十界具言语。六尘悉文字,法身是实相①。

地、水、火、风、空五大,五大具显密二义,一切音声不离五大,五大即是音声之本,音响则为五大之用,故曰"五大皆有响"。佛、菩萨、缘觉、声闻、天、人、阿修罗、傍生、饿鬼、捺落迦地狱十界,没有获得解脱的六凡和已超脱生死轮回的四圣,宇宙间有情识和证悟得道的生命体,此十界所有言语皆由声起,声有长短高下,音韵屈曲,因此说"十界具言语"。空海《声字实相义》说:"六尘悉文字者,谓六尘者:一色尘,二声尘,三香尘,四味尘,五触尘,六法尘,此六尘各有文字。"又说:"如来说法,必藉文字,文字所在,六尘其体。文字之起,本之六尘。"②

因此,空海意思是说,一切音响、言语、文字,皆以世间万物为体,皆为世间万物自然本有。空海这一认识,和他的佛教意识有关,特别和他的密宗思想有关。密宗的主要经典,如《大日经》,就说梵文是法然文字。佛教所说的文字,主要指悉昙文字,这也可以反映它们对一般咒术、言语起源的认识。文章是以文字为基础上。《文镜秘府论》里,则还反映空海对文章起源的认识。在这种认识里,有佛学的意识在。提出文字皆本有,文章出自然,就把《文镜秘府论》的诗文论和佛教大义联系起来,为这些诗文论的合理存在找到了理论根据。

这种佛学意识,在对文字文章作用和重要性的认识上也体现出来。

佛教是非常看重文字,尊重文章的。原始佛教和后来的一些宗派比如密宗尤其如此。比如,《大般泥洹经》文字品第十四就说:"初现半字为一切本,一切咒术言语所持真实法。聚童蒙众生从此字本学通诸法,是

---

① 《定本弘法大师全集》第 3 卷。
② 《定本弘法大师全集》第 3 卷。

法非法知其差别,是故如来化现字本不为非法。"①半字为一切之本,一切咒术言语所持的皆是真实之法,童蒙众生学通诸法须从此字为本,而由此知其是法非法之差别。咒术言语实在是真实法的显现。《大般泥洹经》文字品第十四又说:"如此诸字,和顺诸声入众言音,皆因舌齿,而有差别,因斯字故,无量诸患,积聚之身,阴界诸入,因缘和合,休息寂灭,入如来性,佛性显现,究竟成就。是故半字,名为一切诸字之本。……因是半字,能起诸法,而无诸法,因字之想,是名善解文字之义。"②梵文诸字,竟能使无量众生因缘和合,显现佛性。《大般泥洹经》文字品第十三说:"所有种种异论咒术言语文字,皆是佛说,非外道说。"③又说:"如是字义,能令众生口业清净,众生佛性则不如是,假于文字,然后清净。……是故半字,于诸经书记论文章,而为根本。又半字义,皆是烦恼言说之本。是故半字、满字者,乃是一切善法言说之根本也。譬如世间为恶行者,名为半人,修善行者,名为满人。"④异论咒术言语文字,皆是佛说而非外道之说,假于文字,则佛性清净,半字满字,为一切善法言说之根本,都是以为佛性诸法和言语有先天常住的关系。《文殊师利问经》也说:"一切诸法入于此及陀罗尼文字。"⑤僧祐《出三藏记集》卷一《胡汉译经音义同异记》说:"夫神理无声,因言辞以写意,言辞无迹,缘文字以图音。故字为言蹄,言为理筌,音义合符,不可偏失。是以文字应用,弥纶宇宙,虽迹系翰墨,而理契乎神。"也是重视文字的作用。

空海完全接受了这种意识。他作《梵字悉昙字母并释义》专门阐述梵字悉昙字母问题。他说:"夫梵字悉昙者,印度之文书也。《西域记》云:'梵天所制。'五天竺国皆用此字。然因地随人,稍有增减,语其骨体,以此为本。"⑥这是说,梵字悉昙是五天竺国文字之本。他又说:"诸佛如

---

① 《大正藏》第376卷,转自《日本韵学史研究》第一编《日本韵学史概论》,第37页。
② 《大正藏》第376卷,转自《日本韵学史研究》第一编《日本韵学史概论》,第40页。
③ 《大正藏》第376卷,转自《日本韵学史研究》第一编《日本韵学史概论》,第41页。
④ 《大正藏》第376卷,转《日本韵学史研究》第一编《日本韵学史概论》第45页。
⑤ 转自《日本韵学史研究》第一编《日本韵学史概论》,第47页。
⑥ 《大正藏》第84册第361页。

来以佛眼观察此法自然之文字,即如实而说之,利益众生,梵王等传受转教众生。"梵语陀罗尼,是如来所说实义,也就是说,是佛性诸法的显现。又说:"一者此一字法能与诸法自作轨持,于一字中任持一切诸法,是名法陀罗尼。二者于此一字义中摄持一切教中义趣,是名义陀罗尼。三者诵此一字之时能除内外诸灾患,乃至得究竟安乐菩提之果,是名咒陀罗尼。……如一字者,自余一切字义皆含如是义理,譬如易一爻中具含万象,龟十字上悉知三世。"一字而持一切诸法,摄持一切教中义趣,能除内外各种灾患。又说:"又有五种总持。……谓耳闻此一字声,具识五乘之法教及显教密教之差别。……阿字者是一切法教之本。凡最初开口之音皆有阿声,若离阿声则无一切言说,故为众声之母,又为众字之根本。又一切诸法本不生义,内外诸教皆从此字而出生也。"①阿字是一切法教之本,耳闻此一字声,则具识五乘之法教及显教密教之差别,内外诸教,诸法之义,都从此字而出生。空海《应暗书诵梵字悉昙章表奏》也说:"一切教法,皆待文字而宣说,若离文字,无由起教。"②他又著《声字实相义》,说:"归趣之本,非名教不立,名教之兴,非声字不立,声字分明,而实相显,所谓声字实相者,即是法佛平等之三密,众生本有之曼荼也。"③这里所谓"名教",当指有文字内容的文明之教,也就是空海在《应暗书诵梵字悉昙章表奏》所说的"待文字而宣说"的"一切教法",因为"若离义字,无由起教",所以可以直接称为"名教"。

从《文镜秘府论》,我们也看到空海这种意识。天卷序开篇就说:

  夫大仙利物,名教为基。君子济时,文章是本也。

这后一句,体现儒家"君子济时,文章是本"的观念,而前一句,则明显表现佛学意识。"大仙利物,名教为基",与"文章"相对而称,是知此处之所谓"名教"即"文章"之教。"大仙"也就是佛。维宝《文镜秘府论笺》引《般

---

① 《大正藏》第 84 册,第 361 页—362 页。
② 《定本弘法大师全集》第 3 卷。
③ 《定本弘法大师全集》第 3 卷。

若灯论》:"声闻菩萨等亦名仙,佛于中最尊上,故已有一切波罗蜜多功德,善根彼岸,故名大仙。"又,《涅槃经》卷二:"大仙入涅槃,佛日坠于地。"①所谓"大仙利物,名教为基",也就是空海在《梵字悉昙字母并释义》中所说的:"诸佛如来以佛眼观察此法自然之文字,即如实而说之,利益众生。""利物"也就是"利益众生",为什么大仙利物,与名教为基,因为"一切教法,皆待文字而宣说"②。

《文镜秘府论》天卷序又说:

> 然则一为名始,文则教源,以名教为宗,则文章为纪纲之要也。世间出世,谁能遗此乎? 故经说阿毗跋致菩萨,必须先解文章。

《维摩经·入不二法门品》:"世间出世间为二。"罗什注:"世间,三界也,出世间,一切无漏有为道品法也。"③维宝《文镜秘府论笺》引《起信论》:"一切世间出世间法,今以李孔为世间,以释教为出世也。"空海《梵字悉昙字母并释义》说过:"如来说彼实义,若随字相而用之,则世间之文字也,若解实义,则出世间陀罗尼之文字也。所谓陀罗尼者,梵语也。"就是说,世间则需世间之文字,出世则需佛家之陀罗尼文字,总之,都离不开文字。阿毗跋致,汉译作不退住,意谓已经不会从菩萨的地位转落,而已处在肯定成佛的状态。维宝《文镜秘府论笺》引《大智度论》四:"欲成佛道,惠心彻入骨髓,能见现在诸佛,是时名阿鞞跋致。"《法华经·劝持品》:"尔时世尊,视八十万亿那由他诸菩萨摩诃萨,是诸菩萨皆是阿鞞跋致,转不退法轮,得诸陁罗尼。"④空海意思是说,修身成佛的阿鞞跋致菩萨也必须先解文章。

从佛教的观念看,为什么那样强调文章的作用和重要性?《文镜秘府论》那些内容和佛教到底有什么联系?

---

① 《大正藏》第12册。
② 空海《应暗书诵梵字悉昙章表奏》。
③ 《中华大藏经》第15册,中华书局1984—1995年,第852页。
④ 《中华大藏经》第15册,第853页。

关于这一问题，小西甚一《研究篇》(上)有分析，他以为："不论怎样的言语，都不是原封不动就完成的法曼荼罗。离开虚伪，去除夸饰，舍弃方便，如实的返归本心时，才完成'真实的言辞'，这样的言辞才是法性真如的如实的显现。"但是，"单纯的言辞不会引起人们注意"，内心归依法曼荼罗，就要"把自身提高到崇高至纯的真言"。小西甚一指出："在这里，把言语写得正确是必要的。正是正确的言语，正确的文章，才开始成就真言之相。收入《秘府论》的四声、八种韵、十七势、十四例、六义、十体、八阶、二十九种对、三十种病等等，全部都只能说陶冶真言的规矩准绳。"

小西甚一这一分析是很有道理的。空海在日本开创的是密教真言宗。密教以三密相应为修密之要。所谓"三密"，是身密、语密，意密。所谓身密，是手结契印，所谓意密，是心作观想，观菩提心，而所谓语密，就是修真言咒语。从密教的观点来看，言语就是法的显现方式，法性真如最直截了当的显现之一就是言语。也就是空海《梵字悉昙字母并释义》所说的："此一字法能与诸法自作轨持，于一字中任持一切诸法，是名法陀罗尼。"而密诵真言要求知实义，知根源，同时言语正确，文句分明，没有谬误。空海《声字实相义》就说："若知实义，则名真言，不知根源，名为妄语。"①《菩提心论》也说："二语密者，如密诵真言，文句了了分明，无谬误也。"②《大日经疏》卷一："真言，梵曰漫怛罗，即是真语、如语、不妄不异之言。"③而密教真言主要是梵文言语。密教真言咒语即陀罗尼，指梵文十二摩多第一个元音摩多阿字，以及由阿字所生其他音。阿字自然存在，不由他生，所谓"阿字不生"。阿字为音本，生其他音，所生音都是法的体现，由一音能知一切音，由一切音能知元音，阿音及所生音都是真言，它们和诸法有先天常住的关系。《大毗卢遮那成佛神变加持经》即《大日经》卷二《入曼荼罗具缘真言品第三之余》说："云何真言法教，阿字

---

① 《定本弘法大师全集》第 3 卷。
② 转《佛教文化百科》第 66 页。
③ 转《佛教文化百科》第 278 页。

门一切诸法本不生故,迦字门一切诸法离作业故,佉字门一切诸法等虚空不可得故。……"①如此等等。不论称为"真言种子"的阿音,还是阿音所生的其他音,都是梵文言语。梵文是拼音文字,为要正确地密诵梵文真言,使无谬误,需要悉昙学即音韵学方面的知识。

了解这一点,也就可以理解,为什么《文镜秘府论》开篇就论四声音韵,而且全书那么多篇幅收入这方面的内容?天卷从《调四声谱》《调声》到《诗章中用声法式》《八种韵》《四声论》,西卷《文二十八种病》和《文笔十病得失》,都是。

了解这一点,也就可以理解,日本后来的悉昙学著作,都要大量引用《文镜秘府论》,讲调声,讲正纽、傍纽、通韵、落韵,从安然《悉昙藏》、明觉《悉昙要决》到了尊《悉昙轮略图抄》和杲宝《悉昙字记创学抄》,都是。他们是把《文镜秘府论》作为悉昙学的经典著作。

从这个意义上,收入《文镜秘府论》的一些内容,特别是音韵声病这类内容,确可以说是陶冶真言的规矩准绳。

但是,似乎不能把《文镜秘府论》的全部内容都说成是陶冶真言的规矩准绳。陶冶真言主要的是音韵问题,悉昙问题。空海《声字实相义》说:"次真言者即是声,声则语密。"紧接着又说:"此经中所说诸尊真言即是声也。"②真言主要是声的问题。《菩提心论》所说的密诵真言无谬误,可能主要指音韵方面。因此准确地说,应该是正确的音韵,正确的悉昙学知识,是陶冶真言的规矩准绳。收入《文镜秘府论》的这部分内容,可以说是陶冶真言的规矩准绳。如果这一分析尚有道理,那么,收入《文镜秘府论》的另一些内容,比如十七势、十四例、六义、十体、八阶、二十九种对等等,恐怕就不能简单地直接说成是陶冶真言的规矩准绳。

空海在《文镜秘府论》中看重文字言语,强调文章的作用,从佛教意识看,似乎有更多的层面。

---

① 《大正藏》第 18 册。
② 《定本弘法大师全集》第 3 卷。

空海在《声字实相义》所说："如来说法，必藉文字。"①因此，欲学如来佛法，就须先解文字。前引《文镜秘府论》天卷序说："大仙利物，名教为基。"收入《文镜秘府论》的十七势、十四例、六义、十体、八阶、二十九种对等内容，虽然不一定是陶冶真言的规矩准绳，却可以是佛家大仙利益众生的基础。大仙利物，宣教佛法，也需要世俗的正确的文章。这是一。

如前引空海《梵字悉昙字母并释义》所说："如来说彼实义，若随字相而用之，则世间之文字也，若解实义，则出世间陀罗尼之文字也。"②在空海看来，世间出世间都离不开文字，世间之文字和出世间之陀罗尼本来就有密切的联系。前引《文镜秘府论》天卷序也说："世间出世，谁能遗此乎？"空海显然是由出世间之真言需要陶冶联想到世俗之文字文章需要写得正确。既然"阿毗跋致菩萨必须先解文章"，那么，俗世间又何尝不是必须解文章呢？这是二。

要把佛教经典译成汉语，既要解梵文文字，又须解汉语文章。谢灵运《十四音训叙》就说："诸经胡字，前后讲说，莫能是正，历代所滞，永不可解。今知胡语，而不知此间语，既不能解，故于胡语中虽知义，不知此间语，亦不能解。若知二国语，又知二国语中之义，然后可得翻译此义，以通经典。"③梁僧祐《出三藏记集》卷一《胡汉译经音义同异记》也说："是以义之得失由乎译人，辞之质文系于执笔。或善胡义而不了汉旨，或明汉文而不晓胡意，虽有偏解，终隔圆通。若胡汉两明，意义四畅，然后宣述经奥，于是乎正。前古译人，莫能曲练，所以旧经文意，致有阻碍，岂经碍哉，译之失耳。"为着翻译准确，须知二国言语，而翻译准确，又是为了通解佛法。在这个意义上，世俗的正确的言语，正确的文章也是佛教所需要的。这层意思，《文镜秘府论》中空海没有明确指出，但是可以想知的。这是三。

---

① 《定本弘法大师全集》第 3 卷。
② 《大正新修大藏经》第 84 卷。
③ （日）安然《悉昙藏》第 1 卷《梵文本源》引，《大正新修大藏经》第 84 卷。

要之，在对文字文章作用和重要性的认识上，《文镜秘府论》的编撰表现出强烈的佛学意识。空海是在佛学意识的几个层面上把《文镜秘府论》的内容和佛学联系起来。

佛教和语言以及文学，是不同的文化现象。但在一定的时期，它们却有过密不可分的联系。考虑一种或一些文化现象的时候，往往要和另一种或一些其他文化现象联系起来，这恐怕在文化史研究中带有普遍意义。

二、空海的政教意识和文学意识与《文镜秘府论》

还需要注意的，是它的政教意识和文学意识。

《文镜秘府论》表现出空海一定的政治教化意识。为文学而编，为佛学而编，也为政治教化而编，尽管这方面的意识不是主要的，但这种意识存在于《文镜秘府论》却是显然的。

天卷序就明确说到这一点。

他说："夫大仙利物，名教为基；君子济时，文章是本也。"我们说，这前一句明确表现佛教意识，因为一切教法须待文字而宣教。但他这里用"利物"，又包含儒家的说法。在《易·乾卦·文言》里，利物和体仁、嘉会、贞固并为君子四德，体仁足以长人，嘉会足以合礼，利物足以和义，贞固足以干事，这是仁义礼教之德。"名教"，这里的含义应该指有文字内容的文明之教，但也让人联系到正名定分的礼教之义。空海是有意无意地把文明之教的意义和名教礼教等同起来。至于说"君子济时，文章是本"，则显然是把文章提到经世济时的意义上，也就是《易·系辞》所说的以书契以治百官以察万民的意思。

他又说："故能空中尘中，开本有之字；龟上龙上，演自然之文。"前一句我们说过是表现佛教之义，后一句则是表现儒家之义。用河洛龙龟出图献书的谶纬神话传说，说明尧舜文明之教乃得之天启。空海自己在《献梵字并杂文表》文中就说：帝道感天而秘录显，皇风动地则灵文兴，龙卦龟文，凤书虎字，开启文明新时代，"明皇因之而弘风扬化，苍生仰之而知往察来"①。空海是从弘风扬化的政教之义来看待文章价值。

他又说:"至如观时变于三曜,察化成于九州,金玉笙簧,烂其文而抚黔首,郁乎焕乎,灿其章以驭苍生。"仰观天文之三曜,俯观人文于九州,而观乎人文则如《易·贲卦·彖辞》所说,是为"化成天下"。有如金声玉振,又如箫韶笙簧之音的文章,灿烂极盛,其功用在抚黔首,驭苍生。换句话说,就是以文章教化百姓,教化天下。这里说的是文章的政教功用,是一种政教意识。

他又引《论语·阳货》,说:"小子何莫学夫《诗》,《诗》可以兴,可以观。迩之事父,远之事君。"《论语》所谓"《诗》可以兴",用孔安国的注,是引譬连类。所谓"可以观",用郑玄的注,是"观风俗之盛衰"。这和"迩之事父,远之事君"一样,都是强调《诗》的风俗教化功用。他又引《论语·阳货》说:"人而不为《周南》《邵南》,其犹正墙面而立也。"马融注《论语》:"《周南》《邵南》,国风之始,得淑女以配君子,三纲之首,王教之端,故人而不为,如向墙而立也。"②空海引《论语》,是为说明文章之义"大哉远哉",而在他看来,文章之大义就在于纲常王教。

北卷编入《帝德录》,可能也包含一种政治功用的考虑。

《帝德录》可能作于隋至初唐。这是一个典故和词语汇编性质的书,是作文手册性质的书。但它不是一般的作文手册,它是专为写作歌颂帝王功德的文章而编的。首先是为朝廷公文的写作,也为其他形式的歌颂帝王功德的文章写作。它叙述帝德,叙功业,叙礼乐法,叙政化恩德,叙天下安平,叙远方归向,叙瑞物感致。它说,写这类文章时,"先叙感受符受命、形状握运等二句于上,后以德从、临驭、功业等承之",在写"太平、巡狩,及瑞颂、封禅、书表等"时,都可以这样写。而写这类文章的目的,在实用。空海编入《帝德录》,是为日本人们写这样的应用文提供方便,而写这样的应用文,是为着政治教化的目的,是要把政治教化的文章程

---

① 《性灵集》第 4 卷。
② 《论语注疏》何晏集解引,《十三经注疏》,中华书局,1980 年。

式化。

　　政治功用的想法，是空海一贯的想法，这在《性灵集》的文章中很容易找到例证。

　　当然，《文镜秘府论》主要表现的，是空海的文学意识。编这本书的目的，更主要的是在文学。

　　这一点应该是非常显著的。《文镜秘府论》提及了很多文体，西卷《文笔十病得失》提到"笔"，即诏、策、移、檄、章、奏、书、启等，南卷《论文意》也提到相闻书题、碑文、墓志、赦书、露布、牋、章、表、奏、启、策、檄、铭、诔、诏、诰、辞、牒、判等，但《文镜秘府论》主要讨论的是文学性文体，讨论最多的是诗。天卷《调声》基本上讲诗的调声，《七种韵》基本上讲诗的用韵。地卷的《十七势》《十体》《八阶》《六义》《六志》完全讲诗。《十四例》除"轻重错谬之例"外，也都讲诗之例。南卷引王昌龄《诗格》，皎然《诗议》，所论文体都是诗。

　　《文镜秘府论》所讨论的主要是文学性的表现手法。比如对属，主要是诗的对属，东卷《二十九种对》基本上是引诗之例，所讲对属，主要指诗之对属。一般文章也有对属，但作为表现手法，是文学性的。比如声韵，比如六义，其中的赋比兴，都是文学性的。

　　《文镜秘府论》所涉及的文章风貌特征，基本上都是文学性的。它论及作品的形象性、情感性、音律性，都是文学性的艺术要求。南卷引王昌龄《诗格》说："夫置意作诗，即须凝心，目击其物，便以心击之，深穿其境。"说作文要"放情却宽之，令境生。然后以境照之，思则便来"，所谓"境"，就是形象之境，这是谈文学的形象性问题。南卷引王昌龄《诗格》又说："诗本志也，在心为志，发言为诗，情动于中，而形于言"，又引殷璠《河岳英灵集叙》说"夫文有神来、气来、情来"，这里又涉及文学的情感性问题。而天卷《调声》《四声论》，西卷论文病，南卷引王昌龄《诗格》说"凡作诗之体，意是格，声是律，意高则格高，声辨则律清，格律全，然后始有调"，可以说涉及的都是文学的音律性问题。至于风格特征，地卷《十体》所谈都是文学性的体貌。

因此可以说,《文镜秘府论》主要的是文学性的理论著作,它所表现的是空海浓烈的文学意识。

三、空海的中国意识和日本意识与《文镜秘府论》

这一节要讨论体现在《文镜秘府论》中的中国意识和日本意识。

空海是日本人,但在《文镜秘府论》中,人们却很难感觉到他的这重身份。他自己没有明确表明,从他的论述中也很难看出这一点。他完全像是一个中国学人,在那里编撰着中国的诗文论著作,并在几个序里进行评述阐析,展示着他深厚的汉文学修养。

你看天卷序,他分析文章之义,引《论语》,用《易》《老》《孟》,描述声律诗格之说,自游、夏得闻之日,屈、宋作赋之时到两汉辞宗、三国文伯,直到沈侯、刘善之后,王、皎、崔、元之前,其源流和形成,那黄卷溢箧,缃帙满车的盛况,以及贫而乐道者,望绝访写,童而好学者,取决无由的弊端,就像是一个本国人在叙述着本国的历史和现状。叙述写作缘由之后,说他即阅诸家格式等,勘彼同异,削其重复,存其单号,庶缁素好事之人,山野文会之士,不寻千里,蛇珠自得,不烦旁搜,雕龙可期,如此等等,那语气,那行文,完全像是一个中国学人在陈说。

你看东卷《论对》。他引元兢说以说明对属之重要,而元兢说又引《易》和《书》。他叙述他编撰对属,是览沈、陆、王、元等诗格式等,见其出没不同,于是弃其同者,撰其异者,于是编为二十九种对,而赋体对,既合重字、双声、叠韵三类为一类,又于叠韵、双声各开一对,而以重字属联绵对。他说,这样开合俱举,存彼三名,望后觉达人,莫嫌烦冗。如此之类,哪能看得出是一个外国人的分析呢?

再看西卷《论病》。他从文章之兴,与自然起;宫商之律,共二仪生,说到奎星主其文书,日月焕乎其章,天籁自谐,地籁冥韵,说到葛天唱歌,虞帝吟咏,全是传统地道的中国说法。他又说,曹、王入室摘藻之前,游、夏升堂学文之后,虽然未闻四声八病,但那时五音妙其调,六律精其响,已有韵律的萌芽,故能九夏奏而阴阳和,六乐陈而天地顺。又是地道的中国学人口吻。他又描述颙、约已降，兢、融以往，声谱之论郁起，病犯之名争兴；家制格式，人谈疾累的盛况，以及人们徒竞文华，空事拘检，披卷者怀疑，搜写者多倦的弊端，于是他载刀之繁，载笔之简，编为二十八种病，使后之览者，一披总达云云。那思路，那感觉，不完全像一个修养深厚的中国学人吗？

空海似乎把自己融入到汉文化之中，完全像是一个中国学人的身份，中国学人的思路，在那里地道地分析阐释中国的文化。似乎可以把这称作是中国意识。

这看起来很正常，当时日本学人能有这样高的汉学修养，这并不奇怪。但这当中仍有值得深思的问题。应当承认，中国唐文化在当时是比较发达比较先进的，而日本文化还处于早期的发展阶段。但不管怎样，对于日本来说，中国文化毕竟是一种异域文化。对于一般有着封闭心理的国度来说，对异域文化往往有一种疏远之感，隔阂之感。但是当时日本似乎不是这样。不但丝毫没有自我封闭，没有疏远隔阂之感，而且完全是一种开放的心态。在维护国家独立平等的前提下，可以完全开放地吸收外来文化。这只要看看他们当时是怎样如饥似渴地学习中国文化，以至全盘搬用唐代的政治制度，以至汉文学成为日本占主要地位的文学，就可以知道这一点。从某种意义上来说，他们是把自己融入到对方文化之中，或者说把对方文化完全融入到自己的文化之中。空海编撰《文镜秘府论》也是其中一个例子。他们似乎根本没有想过全盘汉化的问题，也因此，空海在编撰《文镜秘府论》时，可能根本没有考虑过身份问题，他并不在意这一点，并不在意完全以一个中国学人的意识来阐释中国文化。

这是一种不同民族间文化交流的现象。这是一种对待异域文化的态度。这种现象，这种态度，就很值得注意。这种态度，看起来是融入到对方文化之中，看起来好像要失去自己的民族文化的某些东西，某些特点，而其实，融入的结果，是把对方文化吸收进来，最终变为自己的文化，最终建立了自己的文化，建立了属于自己民族自己国度的文化。日本不就是因为这样开放地吸收外来文化而最终建立发展了自己民族文化,确立了自己在世界民族之林中的地位吗？这一点,即使今天,不也有值得我们深思的地方吗？

我想应该这样来看待空海的中国意识,看待他在这种意识之下编撰《文镜秘府论》的意义。

当然,《文镜秘府论》的编撰中也体现了空海的日本意识。

空海毕竟是日本人,《文镜秘府论》毕竟是为日本人写的。《文镜秘府论》的编撰有它的佛学意识、政教意识和文学意识,但这都是为着日本的佛学意识、政教意识和文学意识。空海有中国意识,他用的是中国的文化材料,包括理论观念和文本材料,但宗旨落实在日本。

从《文镜秘府论》本身的编撰可以清楚地看出这一点。

《文镜秘府论》的编撰宗旨应该是为解决日本文化建设中出现的问题。我们看天卷序。他说,四声病犯之说过于繁杂,使"贫而乐道者,望绝访写；童而好学者,取决无由"。这里说的应该主要是日本的"贫而乐道者"和"童而好学者",因为他们望绝访写,取决无由,因此决定编撰《文镜秘府论》。他说,经过编撰写成《文镜秘府论》,"庶缁素好事之人,山野文会之士,不寻千里,蛇珠自得,不烦旁搜,雕龙可期",这里说的,也应该主要是日本的"缁素好事之人,山野文会之士",也就是日本的僧俗学子。编撰《文镜秘府论》,是为他们学汉诗汉文的方便。

《文镜秘府论》的编撰贯穿了这个宗旨。它有二个思路。一个思路,编入的内容主要不是纯理论性的,而是实用性比较强的。所谓实用性强,就是能比较直接地对写作实践起指导作用,范式作用。比如,声病和对属,这是二大内容。还有作诗作文之法之类,如《七种韵》《十七势》《十四例》《十体》《八阶》《六志》。南卷《定位》论作文的布局结构,《文赋》中涉及写作技巧和五种文病,大体也属于这一类。还有现成的典故和词语的汇编,如地卷《九意》,北卷《帝德录》《句端》。这些都是作文直接有用的,是一些范式性的东西。

很有意思的是,《文镜秘府论》基本上没有直接涉及到《文心雕龙》。

天卷有一处，但那是《四声论》(刘善经《四声指归》)所引，是间接涉及。除此之外，未见有直接涉及。从文学理论价值来说，六朝到唐，乃至整个中国古代，应当没有能超过刘勰这部体大思精的巨著的。《文心雕龙》在唐代已经流传开来，应该也流传到了日本。以空海的博学和爱好文学，应该看到过这部著作，尽管难以用具体材料确证这一点。从文学意识和政教意识来说，他都应该把这部著作的纳入他的编撰范围。《文心雕龙》讲征圣宗经，应该符合空海的政教意识。《文心雕龙》精彩的文学思想，应该得到爱好文学的空海的喜爱。但是很遗憾，这部最有理论价值的著作从他眼皮底下放过去了。为什么放过去了？可以有多种解释。可能因为《文心雕龙》内容太繁多，以《文镜秘府论》的有限篇幅，无法容入如此的鸿篇巨制。但这也可能不是理由，因为可以节选。编入《文镜秘府论》的很多著作其实都是节选。可信的解释，应当是空海的选录标准，不在纯理论，而在实用性强，有直接范式作用。而《文心雕龙》恰恰主要是纯理论的东西。日本学子学汉文，直接有用的不是纯理论，而是简易明了的范式。空海这样的编撰选录标准，本身就体现一种思路，一种直接指导日本文学的思路，体现一种日本意识。

又一个思路，是条理化，化繁为简。这些实用性强的范式都加以了整理。有些条理性本来就比较强，比如《十七势》《十四例》《十体》《八阶》之类。有些比较繁杂，则加以删繁就简。比如对属，《文笔式》和《笔札华梁》、元兢《诗髓脑》，皎然《诗议》和崔融《唐朝新定诗格》都有对属之说。空海把各家共有之说编为"十一种古人同出斯对"，而和其他各家对属说统编为"二十九种对"。同是八病，有沈约、刘善经《四声指归》《文笔式》、上官仪《笔札华梁》、元兢《诗髓脑》各家之说，而刘善经《四声指归》《文笔式》、上官仪《笔札华梁》、崔融《唐朝新定诗格》、元兢《诗髓脑》以及不明作者《诗式》又还有其他病犯之说。这些病犯之说，用西卷《论病》空海的话说，是"或文异义同，或名通理隔，卷轴满机，乍阅难辨"。于是空海化繁为简，总编为二十八种病。条理化，删繁就简，也是为便于日本学子学习写作，体现的也是日本意识。

从《文镜秘府论》再缩编为《文笔眼心抄》也可以看出空海的日本意识。

《文笔眼心抄》序空海自述编撰宗旨就明确说到这一点。他说他编撰成《文镜秘府论》六卷，虽然也很简要，但仍"披诵稍难记"，于是更抄其要，为《文笔眼心抄》，"文约义广，功省蕴深，可畏后生，写之诵之，岂唯立身成名乎？诚乃人杰国宝，不异拾芥"。我们还记得，空海在天卷序里曾说到"一多后生"劝他编撰《文镜秘府论》。这里又说到"可畏后生"。这"可畏后生"应该指包括他的弟子在内的日本青年学子。空海是担心他们"披诵稍难记"，因此再抄录要点编成《文笔眼心抄》。此书"文约义广，功省蕴深"，日本学子可以在短小的篇幅里得到广博深厚的诗文写作知识，而让他们"写之诵之"、"立身成名"，而成为"人杰国宝"，而这样的功夫"不异拾芥"，就是说，非常简易方便。简单地说，《文笔眼心抄》的编撰宗旨，就是要让他的弟子及日本其他青年学子用最简便易行的途径，成为国家有用之材。这是一种鲜明的落脚于日本的意识。

从《文笔眼心抄》的编撰特点更可以感到这一点。

《文笔眼心抄》的再编撰，其基本特点可以用二个字概括，就是简便。简是篇幅简短。精简了内容，压缩了篇幅。地卷《九意》，北卷《帝德录》，南卷《河岳英灵集叙》《古今诗人秀句序》以及《文赋》等都直接删除了。一些议论性文字，或者直接删除，或者加以综合概括。很多地方甚至删得干干净净，除了条目，就只留下例诗。《文镜秘府论》原有7万多字，精简压缩之后，《文笔眼心抄》只有5万字左右，篇幅是原来的三分之二。

便是方便。主要是进一步条理化。原来有条目的都保留了，如《八种韵》(《文镜秘府论》作《七种韵》)、《六义》、《十七势》、《十四例》、《八阶》、《六志》、《二十九种对》、《文二十八种病》、《笔十病》。其他的内容作了重新综合，基本上都条目化了。天卷《调声》和南卷王昌龄《诗格》的声韵内容编为《十二种调声》。地卷《十体》和南卷王昌龄《诗格》、北卷论对属中的一些内容，再增加"问答体"，编为《二十七种体》。南卷《论文意》引王昌龄《诗格》和皎然《诗议》原为论述体，空海把它们条目化，重新编为《四十四凡例》(目录为四十四凡例,正文《文笔眼心抄释文》作四十七例,《冠注文笔眼心抄》作四十五例。另从西卷《文笔十病得失》中分出靡丽宏壮作《笔二种势》。南卷《论体》《定位》也都加以简约化,编为条目,前者编为《文笔六体》《文笔六失》,后者编为《定位四术》《定位四失》。因为条目化了,因此一些内容作了新的综合,除上面提到的外,还有如《笔十病得失》中"鹤膝"条,综合了《文镜秘府论》西卷《文二十八种病》"鹤膝"条引刘善经说中关于笔的用例;"隔句上尾"条综合《文镜秘府论》西卷《文二十八种病》"第二上尾"引刘善经说、《文笔十病得失》前半上尾条和后半"隔句上尾"而成。

《文笔眼心抄》当然也在个别地方增加了少量新的内容。《十二种调声》之下,原天卷《调声》增加"拈二","向上相承"条增加王维一诗例。《二十七种体》增加"廿七问答体"并六句例诗。《二十八种病》"大韵"下增加"触绝","小韵"下增加"伤音","正纽"下增加"爽切"。原《七种韵》,增加"交锁韵"成为《八种韵》。此外,有的地方空海自加了说明。如《二十八种病》"傍纽""正纽",空海都补加了说明。

《文笔眼心抄》还有一点,就是所有材料都没有注原典出处。《文镜秘府论》草稿本时不少地方注明有原典出处,后来在修改过程中,不少这样的原典出处都被删掉了。到《文笔眼心抄》,就完全不注原典出处。

《文笔眼心抄》的这些特点,都是为了方便日本学子学习汉诗文写作。它所删去的,都是抽象议论性或篇幅太长的文字。很多地方删去议论性文字,而只留下例诗,就因为例诗是范式。他所需要的就是具体而简明的范式,不是抽象而繁琐的理论。条理化乃至条目化,无疑也是从简明易学的目的考虑。增加的个别内容是因为有必要让青年学子掌握这些范式。自补个别简明说明,是为让学子更好的理解这些范式。至于不注明原典出处,因为他的目的是让青年学习汉诗文写作,对于学习写作来说,最重要的是掌握范式,而不是了解原典出处。

可以看出,《文笔眼心抄》编撰的实用性目的是很明确的。如果说,《文镜秘府论》还带有保存诗文论文献的目的,还带有一定的理论阐释的性质。到《文笔眼心抄》，这些考虑都让位给了更为实用的目的，空海处处考虑的是日本学子学习汉诗文写作的需要。在这里，他的日本意识是表现得再明显不过了。

表现空海日本意识的又一点，是《文镜秘府论》的卷次。

下面我们将要考证，从醍醐寺本和高山寺本的传本材料，以及天卷序记述的细目顺序和《文笔眼心抄》的内容顺序看，《文镜秘府论》各卷的顺序应该是天、地、东、西、南、北。这说明空海当时在方位观念上，可能是按日本人的思维习惯来构想的。我们现在来进一步说明这一问题。

在方位观念上，中国的传统和日本可能有不一样的地方。中国古代也有"东西南北"的说法。但那有几个意思。一是在方向上东西和南北对举，如《楚辞·天问》："东西南北其修孰多。"如王逸章句所说，那是指天地东西和南北哪一个更长。还有是泛指到处各处。如司马相如《上林赋》："东西南北驰骛往来。"扬雄《羽猎赋》："东西南北骋耆奔欲。"① 而这一层意思，因为《礼记·檀弓上》有"今丘也东西南北之人也"的说法，因此后代文人常用指人生凄惶之意。刘宋鲍照"泻水置平地，各自东西南北流，人生亦有命，安能行叹复坐愁"②，王勃"东西南北栖遑几时"③，陈子昂"东西南北，贤圣不能定其居"④，高适"愧尔东西南北人"⑤，杜甫"东西南北更谁论，白首扁舟病独存"⑥，寒山"东西南北是谁家"⑦，柳宗元"东西南北无所归"⑧等等，都是这种用法。不论东西和南北对举，还是泛指各处乃至用指人生凄惶，都没有方位顺序的意思。

用作方位顺序的，是"东南西北"。这和中国人的四时观念有关。春

---

① 均见《文选》卷 8，中华书局，1977 年。
② 《拟行路难十八首》，《鲍参军集》卷 8。
③ 《益州德阳县善寂寺碑》，《王子安集》卷 15，四部丛刊本。
④ 《夏日晖上人房别李参军序》，《陈伯玉文集》《陈拾遗集》卷 7，《四部丛刊初编》。
⑤ 《人日寄杜二拾遗》，《高常侍集》卷 8，《四部丛刊初编》。
⑥ 《追酬故高蜀州人日见寄》，《杜诗详注》卷 23，中华书局，1979 年。
⑦ 《寒山诗集》，《四库全书》，台湾商务印书馆，1986 年。
⑧ 《送表弟吕让将仕进序》，《柳宗元集》卷 24，中华书局，1979 年。

夏秋冬是自然顺序,和这个观念联系,方位顺序是"东南西北",五行八卦也有与之一致的顺序,而五行八卦之说进一步确立了"东南西北"的方位顺序。《易·说卦》说,"帝出乎震,齐乎巽,相见乎离,致役乎坤,说言乎兑,战乎乾,劳乎坎,成言乎艮。"①而震为东方之卦,巽为东南之卦,离为南方之卦,兑为正秋,西方之卦,坎为水,正北方之卦,艮为东北之卦。《淮南鸿烈·天文训》说,东方为木,其帝太皞,而治春;南方为火,其帝炎帝,而治夏;中央为土,其帝黄帝,而制四方;西方为金,其帝少昊,而治秋;北方为水,其帝颛顼,而治冬。"东南西北"的方位顺序,也可能还与中国人的环状地域观念有关,而这种观念又与中国辽阔的地理环境有关。立于中央之地,四望辽阔无边的地域,必然顺序从东到南再到西再到北,而不太可能一下子从东把视野跳转到西,又回过望南,又跳转到北。《楚辞·招魂》按照东南西北的顺序来招魂,应该是这种观念的反映,它不太可能从东边突然跳到西边,然后又南边突然跳到北边。环状地域,特别是四时观念,决定了方位顺序是"东南西北",而不是"东西南北"。中国古代典籍,就有按照春夏秋冬的顺序来编定卷次的。《周礼》按这个顺序分天官、地官、春官、夏官、秋官、冬官(考工记)六卷,《吕氏春秋》"十二纪"也以春夏秋冬为序。春夏秋冬的顺序,在方位上就是东南西北。五音五味也要按照这个顺序。《文镜秘府论》天卷引沈约《四声谱》论述四声,就按这个顺序,东方平声,南方上声,西方去声,北方入声。同天卷引沈约的《答甄公论》,进一步把四声和四时联系起来,说春为平声之象,夏即上声之象,秋即去声之象;冬即入声之象。四时之序是天时,按照这个顺序就是顺天,这又反映了中国人天人合一的思想。这个顺序是不能违逆的。后来宋程大昌《易原·河图洛书论》就说:春夏秋冬,木火土金水,东南中西北,以序相生,这是《易》所取天地五行之数,顺四时迭进之序就是顺天,反之就是逆天。

　　了解了这一点,就可以知道,中国古籍中,虽然有"东西南北"的说

---

①《十三经注疏》。

法,但如上文所说,那是泛指各处,甚至带有人生凄惶之意,不是讲的方位顺序。讲到方位顺序,应该是"东南西北",因为这才是顺天顺四时乃至顺五行八卦之序,才符合中国人天人合一的观念。

讲到这里,就可以再来看《文镜秘府论》的卷次。如果我们的证明可以成立,它的卷次是"天地东西南北",那么就可以说,它不是依照中国的方位顺序观念。它应该是依照日本的观念。1995年我在日本,向《文镜秘府论考》的作者小西甚一先生,和我在立命馆大学访学时的指导教授筧文生先生请教过,也向日本其他先生请教过。他们几乎都是脱口而出地说,日本人的习惯就是东西南北。筧文生先生并且举例说,日本某地某个村落的排序就是如此。虽然没有找到书面文献证明这一点,但民间口传往往更能反映真实的风俗习惯,因为风俗习惯就在于每个人自然而然的生活之中。结合日本的其他情况来稍作思考,这也是有道理的。日本国土狭长,不像中国那样地域辽阔,他们的视野,可能更多的关注太阳从他们国土的东边升起,又落向西边,甚至他们的国名就叫"日本"。他们的国土就在太阳升起的地方,对这一点,他们可能印象尤为深刻。这一点,也可能影响到他们的方位顺序观念。

空海在编撰《文镜秘府论》卷次的时候,应该就是带着这样的观念。他的方位顺序观念,是"东西南北",而不是中国的"东南西北"。他在《文镜秘府论》天卷序中曾经也说"配卷轴于六合",但他实际编次的时候,却不是按照中国人的"六合"观念即天地东南西北,而是按照另一种方位顺序。他应该是按照日本人的思维习惯。天卷序"配卷轴于六合"这句话,不但不能说明《文镜秘府论》的卷次必然是天地东南西北,恰恰说明日本意识在空海脑子里是怎样的强烈浓烈,以至一边明明说要"配卷轴于六合",一边却不自不觉地按照日本人的习惯,用另一个方位顺序编定它的卷次。

因此,从《文镜秘府论》本身的编撰,和《文笔眼心抄》的编撰,以及《文镜秘府论》卷次的安排,都能显明地感受到空海的日本意识。吸收异域文化,而立足于本民族实际,带着本国意识,这在文化交流史上是普遍现象,也是正常现象。只有立足本国实际,才能使异域文化为我所用,融入自己民族的文化。不过,空海在这一点上可能有点过于注重实用,而对理论本身注重不够。不知道这是不是日本这个民族普遍的特征。注重实用,可能能比较快地把外国文化中精华的东西吸收过来,比较快地促进本国文化的发展,却使它在理论纵深上难于有更大的发展。

第三章 《文镜秘府论》反复多变的编撰过程

从现有材料看,《文镜秘府论》的编撰,是一个反复多变的过程。

第一节 空海编撰的一稿二稿

《文镜秘府论》天卷序:"……阅诸家格式等,勘彼同异,卷轴虽多,要枢则少,名异义同,繁秽尤甚。余癖难疗,即事刀笔,削其重复,存其单号,总有一十五种类:……配卷轴于六合,悬不朽於两曜,名曰《文镜秘府论》。"日月谓之两曜。萧统《文选序》:"若夫姬公之籍,孔父之书,与日月俱悬。"这表明了空海对《文镜秘府论》的高自期许。这里值得注意的是"配卷轴于六合",《庄子·齐物论》:"六合之外,圣人存而不论,六合之内,圣人论而不议。"成玄英疏:"六合者,谓天地四方也。"现存《文镜秘府论》有天地东西南北六卷,正所谓"配卷轴于六合"。

后面我们要看到,空海先是写下了天卷、地卷,再接着,顺序写下了东西南北四卷。尽管这个天卷序是后来补写的。但是,"配卷轴于六合"的设想,却应该是空海编撰《文镜秘府论》的最初设想,就是说,空海最初大致设想写天地东西南北六卷,以配卷次于六合。

但是,接写的写作却是反复修改。这种修改从天卷就开始了。我们

看天卷正文标题作"七种韵",正文实际也只有"七种韵"。再看天卷正文之首的篇目:

　　调四声谱　调声　用声法式　八种韵　四声论

却作"八种韵"。又,《文笔眼心抄》作"八种韵","七同音韵"之下,还有"八交鑠韵"。这有两种可能。一是初稿作"八种韵",二稿删去"八交鑠韵"而作"七种韵"。我更相信另一种可能,即,这里的"七种韵"是初稿之文,而"八种韵"是修改后的文字。可能因为一时疏忽或者别的什么原因,"八交鑠韵"并没有补入《文镜秘府论》天卷正文,直到《文笔眼心抄》时才补入。天卷初稿时本作"七种韵",修订时才改为"八种韵"。这说明两点。一,初稿为"七种韵",而后改为"八种韵"。二,正文之首的篇目作"八种韵",说明这个篇目是天卷正文将"七种韵"改为"八种韵"之后补加的。

　　地卷也有修改。我们看地卷《十四例》篇目,"十四避忌之例"句下,宝龟院本、松本文库本、醍醐寺乙本、江户刊本、维宝笺本注:"御草本销之"。正文"十四,避忌之例。诗曰:'何况双飞龙,羽翼纵当乖。'又诗曰:'吾兄既凤翔,王子亦龙飞。'"此条三十一字宫内厅本、成簣堂本、三宝院本、高山寺甲本、高山寺乙本、六地藏寺本无。而西卷"第十七忌讳病者"之下,则有皎然避忌之例一条。这说明地卷初稿时,有"十四避忌之例",地卷二稿时,此例便移入西卷《文二十八种病》"第十七忌讳病",地卷"十五例"因而改为"十四例"。

　　再看几个地卷卷首。宫内厅本地卷卷首:

　　论体势等　十七势　十四例　十体/六义　八阶　六志　九意

三宝院本地卷本文卷首:

　　论体势等　十七势王证本　十四例皎证本　十体崔证本/六义　八阶　六志/九意证本/十七势

三宝院本地卷封面里页所附卷首:

论体势等　十七势王　十四例皎　十体崔　六义/八对　一种七对　八阶　（六志）/六对札　七种言句例札（九意）

还有成篑堂本地卷卷首：

论体势等　十七势王　十四（五）例皎　十体崔　六义　八对/八阶　六志九意　八对天，六对札　二种七对　七种言句例札

和宫内厅本以及《文镜秘府论》其他传本比较，三宝院本地卷封面里页和成篑堂本地卷这二个本子保存的卷首明显不同。

首先值得注意的，三宝院本封面里页的"十五例"，成篑堂本作"十四例"，"四"字旁注有一"五"字又以红笔划掉。从地卷内容我们可以知道，地卷初稿原作"十五例"，有"十四避忌之例"，修订后"十四避忌之例"移入西卷《文二十八种病》"第十七忌讳病"，因此改"十五例"为"十四例"。这就说明，三宝院本封面里页卷首作成更早，因此作"十五例"，而成篑堂本卷首已改"十五例"为"十四例"，应当作成更晚。如果把三宝院本封面里页地卷卷首称之为草本"初稿"或为"一稿"，则成篑堂本地卷卷首显然是草本"二稿"。

其次值得注意的，其他传本只有"十七势、十四例、十体、六义、八阶"等，而三宝院本地卷封面里页卷首和成篑堂地卷卷首还有对属论的内容（"八对皎"、"八对"、"一种七对"、"六对札"）等等，由此可以知道，现在编入东卷的所有内容，包括对属论和《笔札七种言句例》，最初都编在地卷，修订之后，原属地卷的对属论整个的被移入到东卷，综合成"二十九种对"，《笔札七种言句例》也整个的被移入到东卷。应当有一个编有对属论的地卷，只是我们今天已经看不到这个地卷正文，只能从三宝院本封面里页和成篑堂本看到这二个卷首。

既然草本"二稿"时对属论的内容还在地卷，那么，现存没有对属论内容的地卷正文，就应当是"三稿"，这时空海不可能写现在的东卷。就是说，空海"初稿""二稿"都只写到地卷为止，东卷以下还没有写，就停下来考虑修改。直到地卷"三稿"，确定把对属论的内容从地卷删除移走，

这才开始写东卷以下的内容。就是说,东卷以下当是地卷"三稿"的时候才开始写的。

第二节　空海对原稿的补注

空海写完天卷地卷初稿,并进行修改,确定把对属论内容编入东卷,接着,便继续编撰以下四卷的内容。编撰过程中,以及六卷全部编撰完成,空海不断有补充修改。从现存传本材料看,一些标明为"草本"的材料可能属补注的性质,一些未标明为"草本"的材料也可能是初稿完成之后的补注。若初稿正文处尚有空白,则这些补注中有的内容补入了正文空白之处。若空白不够,则补写在"草本"正文之外的页边或行间,成为栏眉或行间页边夹注。

补注的内容各种各样。有对文中辞语的补释和原典例证的补充说明。

我们看三宝院本西卷第 34 页①。这一页自"第二十九相重"(修订后为"第二十七相重")中的"游雁比翼翔"一句始,至《文笔十病得失》中"上尾"的"第二句末字不得同声"终。这一页第 7 行之左,三宝院本有注,并且用细线引于"第三十骈拇病""此之谓也"一行之后:

　　枝指者所谓一意两出如张华诗云游雁比翼翔归鸿知接翮此是疣赘者此谓同辞重句道物无别体(参《汇考》第 1182 页［七］)

天海藏本也保留这一材料。这里所谓"イ本",应当是保留了"草本"痕迹的一个本子,这一条应当是"草本"材料。材料所说的"枝指"一词,见于"第二十九相重""或名枝指也"句中,所引"游雁比翼翔归鸿知接翮"二句,又见于"第二十九相重"正文"是相重病也"句之下。这条注显然是对"第二十九相重""或名枝指也"句中"枝指"一词的解释。初稿之时,应当

---

① 此处以三宝院本封面为第 1 页,封面里页和正文首页展开为第 2 页,以下顺序以展开的双面为 1 页,下同。

还没有这条注。这条材料应当在"草本"页边空栏,这当是保留了空海"草本"的原貌。解释"枝指"一词这条注,以及"是相重病也"句之下所引"游雁比翼翔归鸿知接翩"二句,都当是初稿之后,再行修订之时补加的。这条注及下文所引"游雁比翼翔归鸿知接翩"二句如果与初稿作于同时,这条注就应当出现于正文,而不应当注于页边空栏,"游雁比翼翔归鸿知接翩"二句也不当重复出现。这条注之所以注于页边空栏,注和下文之所以重复出现"游雁比翼翔归鸿知接翩"二句,是因为遇到了特殊情况。盖"第二十九相重"(修订后为"第二十七")为崔融之说,而"枝指"之称出《四声指归》。空海撰"相重"一病,以崔融说为主,但附带提到此病又称作"枝指"。初稿之后,发现"枝指"一词有不甚明了之处,因此引《四声指归》以作补注。补注稍长,仅行间狭小之地不足于容纳,因此补注于页边空栏之地。但这条注已无法进入正文,而补注之后,上一页(即三宝院本第33页)"是相重病也"当单独一行,此句之下尚有空白,因此又在其下补写"又曰游雁比翼翔归鸿知接翩"之句以作正文。

我们再看三宝院本第32页,第6行起为"第二十七文赘"(修订后为"第二十五文赘"),这一页右侧页边空栏有注,并有引线补入这一节。注文为:

  其例曰渭滨迎宰相是宰相即是陟俗流之语是其病也别本也
(参《汇考》第1171页[二])

注中的"陟俗"当是"涉俗"之误。"第二十七文赘"之下本文有小字注"或名涉俗病"。此注"或"字之左,三宝院本、天海藏本注"崔",说明"涉俗病"为崔融之说。就是说,三宝院本"其例曰渭滨迎宰相是宰相即是陟俗流之语是其病也别本也"这条注,引的是崔融之说。"别本"当是保留了空海自笔"草本"这条材料的一个本子,这是一条"草本"的材料。我们知道,"文赘"是"《诗式》六犯"之一病。"第二十七文赘"以佚名《诗式》"文赘"说为主,而兼引崔融之说。空海初稿时先注此病"或名涉俗病",修订时意犹未足,再补入原典崔融论"涉俗病"的一条例证。因为初稿本文之处已写不下这条不算短的材料,因此写于页边空栏。下文"此则无赘也"句下当有空白,因此欲将此句补入正文,但又只能补"又曰渭滨迎宰相"数字,而"官之宰相即是涉俗流之语是其病"14字只能作小字补于行间,因此,这14字六地藏寺本等本作双行小字注。后来抄写者根据空海的意思把这条材料抄入了本文,但最初这条材料是补注在页边空栏之处。

南卷也有一条材料。《论文意》一节"若清浊相和,名为落韵"一句之下,松本文库本、江户刊本、维宝笺本均有双行小字注:

故李音序曰篇名落韵下篇通韵以草木如此　(参《汇考》第1381页[五])

维宝笺:"'以'当为'御'字草讹。'木'为'本'之讹。"就是说,这是一条"草本"材料。六地藏寺本也有这条双行小字注,作:"故李概音序曰上篇名落韵下篇通韵。"这条材料,解释正文"落韵"一语,应当是初稿之后补加的。这条材料没有写在页边。大概正文此句之下尚有空白,因此这一补注写在正文文句之下,可能空白不多,又只有用双行小字补写。

空海"草本"的补注,有的还可能是补写异说异文。补释辞语和补注原典例证,"草本"可能一般都写于页边空栏,比较容易察觉。补写异说异文,常常并不出现于页边空栏或行间,而出现于正文之中。出现在正文中的内容,我怀疑有的也可能是对初稿的补注。

比如西卷。"第十一木枯病"(修订后为"第九木枯病")。假作《秋诗》"玉露宵沾兰"句下,有句云"一本宵悬珠"(句见《汇考》第1112页)。这五字,三宝院本、天海藏本作小字注于"玉露宵沾兰"之右的行间,醍醐寺甲本、仁和寺甲本、杨守敬本、六地藏寺本、江户刊本、维宝笺本则作双行小字注抄入正文。这五字是很奇怪的。这里所说的"一本"指什么?应当不是三宝院本等本的抄写者所见的《文镜秘府论》的某一未存传本,"宵悬珠"三字应当不是传本异文。因为从现存传本看,传本异文的表述方式是另一种。既然不是传本异文,那就应该是原典异文。原典异文又有两种可能。一种可能,是原典作者所作之补注,原典作者所述《秋诗》

有二种版本，一种版本作"宵沾兰"，一种版本作"宵悬珠"。一种可能，是空海初稿时所作之校注，空海所据原典有二种版本。我以为很可能是后者。从《文镜秘府论》引原典体例看，所谓"假作"云云，均为原典作者自作。既然是原典作者自作之诗，就不存在二种版本。应当是空海所据原典有二种版本。"第十一木枯病"原典可能为《文笔式》。《文笔式》在流传过程中形成了不同的版本，而空海撰《文镜秘府论》之时，二种本子手头均有。假如一叫A本，一叫B本，那么，可能《文笔式》A本作"宵沾兰"，而B本作"宵悬珠"。他依据《文笔式》A本写了初稿，修订时，又依据其B本校补异文。

又比如，"第二十一长撷腰病"（修订后为"第十九长撷腰病"）第一段末尾有句"此病或名束"（句见《汇考》第1146页）。据三宝院本注"元氏八病"，"长撷腰病"当出元兢《诗髓脑》，此病的异名"束"则可能为崔融说。此五字突然见于末尾，而且杨守敬本、六地藏寺本、松本文库本等还作双行小字注（参《汇考》第1147页[五]），实有必要稍作细究。从西卷《文二十八种病》的写作习惯看，若某病有异名，空海总是用小字直接注于病目之下。比如，"上尾"病有异名曰"土崩"，便直接"第二上尾"之下注"或名土崩病"。比如，"第五大韵"之下注"或名触绝病"，"第六小韵"下注"或名伤音病"，"第七傍纽"之下注"亦名大纽，或名爽切病"，"第八正纽"之下注"亦名小纽，亦名爽切病"，"第二十四相滥"之下注"或名繁说"，"第二十七文赘"之下注"或名涉俗病"，都是如此。但是，"第二十一长撷腰病"的异名却见于首段末尾，这是为什么呢？我猜想，空海初稿写此病时，可能只据有元兢说，遂全用元兢之说。但写完之后，发现崔融名为"束"的诗病，实与此同病异名。前几病，空海也曾以元兢说为主体，而兼取崔融说。如"第十五龃龉病"，引崔融异名的"不调"病之说，"第十六丛聚病"，引崔融异名的"丛木"病之说，"第十八形迹病"和"第二十翻语病"均引有崔融相应之说。但写"第二十一长撷腰病"之时，可能因为某种原因，未及引述崔融之说，便匆匆把笔墨转写下一病。待到修订之时，才发现还有崔融之说未录，而此时，此节文字只有末尾尚有不多的空白之处，于是只补"此病或名束"五字，而且从杨守敬本、六地藏寺本等看，此五字很可能还是作双行小字注。

类似的情况还有"第二十二长解镫病"（修订后为"第二十长解镫病"）。此病也为元兢之说，此病首段的末尾，也有突然的五字"此病亦名散"，并且此五字杨守敬本、六地藏寺本、松本文库本等也作双行小字注（参《汇考》第1150页[一二]）。这五字应当也是初稿完成之后，修订之时在末尾空白之处补录崔融之说。

西卷《文二十八种病》是空海综合数说编撰而成。空海初稿有些地方可能对各说的综合比较完整，因此初稿之后无需补充修订。但有些地方初稿之时可能未将所存诸说完全综合，由于材料过于繁杂，不可能毫无遗漏的全部理清，有些声病之说可能未进入初稿。修订之时发现这一问题，于是尽可能作些弥补。弥补的办法之一，就是在相关段落末尾的空白之处补录异说，以求完整。"第二十一长撷腰病"第一段末尾的"此病或名束"，"第二十二长解镫病"第一段末尾的"此病亦名散"，可能就属这种情况。

某段末尾用简短的文字撰录异说，这种情况还有一些。比如，"第二十四相滥"（修订后为"第二十二相滥"），在叙述了崔融说之后，又说："或云两目一处是"（句见《汇考》第1158页）。既说"或云"，当不是崔融之说，而是另一说。这另一说，也可能是修订时补加的。"第八正纽"第三段末尾，在引录了《文笔式》的正纽说之后，也有一句："又一法凡入双声者皆名正纽"（句见《汇考》第1043页）。这当是刘滔说，"第七傍纽"，也是第三段末尾，也是在引录了《文笔式》说之后，有一句"丈与梁亦金饮之类是犯也"（《汇考》第1024页）。这也可能是刘滔说。引《文笔式》而在末尾夹入刘滔说，且么么简短，可能也是修订时补加的。

其他卷也有类似情况。如地卷《八阶》"第七援寡阶"末句"又云而住"（参《汇考》第502页）。这四字，中泽希男《文镜秘府论校勘记》以为是继"假托于信"之后想再抄出一文，旋又打消念头，没有写下其后的内容，又没有把这四字抹掉。兴膳宏《文镜秘府论译注》则以为可能是说

"于信"二字的异文是"而佳"。不论哪一种情况,都当是初稿后的补注。

东卷典型的是《笔札七种言句例》。从题名看,这一节原典本是《笔札华梁》,应当只有"七种言句例"。但事实上有十一种言句例。"八言句例"到"十一言句例"这四种句例应当是初稿之后补加的。这四种句例中,"十一言句例"引《文赋》:"沈辞怫悦,若游鱼衔钩而出重渊之深;浮藻联翩,犹翔鸟缨缴而坠曾云之峻。"包括其说明"下句皆十一字是也",均见于南卷《定位》(参《汇考》第 1492 页)。南卷《定位》和这四种句例可能都出《文笔式》。另外,"二言句例"中附双行小字注"又翼乎沛乎等是",也见于南卷《定位》,"二言句例"的这个附注,也应当是初稿之后补加的。"八言句例"到"十一言句例",还有"二言句例""翼乎沛乎"的附注,都可能是南卷《定位》写成之后据《文笔式》甚至直接就是据南卷《定位》的内容补加的。

补注异说异文,也有注于行间的。如西卷"第十三阙偶病"(修订后改为"第十一阙偶病"),"谓八对皆无,言靡配属,由言匹偶,因以名焉"之右,三宝院本朱笔注:

与六犯中缺偶同(参《汇考》第 1120 页[三])

并且在其右朱笔划一线。"第十三阙偶病"可能引上官仪之说,所谓"八对皆无"的"八对",可能就指上官仪"八对"。但佚名《诗式》"六犯"也有"缺偶"一病,恰与上官仪"阙偶"病之说同。因此"草本"补注说"与六犯中缺偶同"。这是补注"阙偶"病的异说。

还有的是补注原典出处。

三宝院本第 34 页。这一页的第一行,是"第二十九相重"的"游雁比翼翔归鸿知接翩"句,第二行,是"第三十骈拇者所谓两句中道物无差"之句。第一行之右页边之空栏,三宝院本有注,并以细线引至"第三十骈拇者"这一行。注文为:

四声指归云又五言诗体义中含疾有三一曰骈拇二曰枝指三曰疣赘异本(参《汇考》第 1179 页[九])

这里所谓的"异本",当是保留空海"草本"痕迹的一个本子。这里所说的《四声指归》"三疾",也就是西卷《论病》里提到"十病六犯三疾"里的"三疾"。这是一条"草本"异文是没有问题的。问题在于,各本正文没有这条材料,可见初稿并没有把这条材料写入正文,三宝院本也只把这条材料注于页边空栏。这条材料当属补注性质。至于补注于何时?有两种可能。一种可能,是初稿之时,本来就不想把这条材料写入正文,只想作为一种备录备忘,或者作为写作提纲,特意写在页边空栏。再一种可能,则是初稿之后,后来修订之时(姑称之为"二稿")补加的。这里所说的"三疾","疣赘"病已见于"第十四繁说病"(修订后为"第十二繁说病"),"枝指"病已见于"第二十九相重"(修订后为"第二十七相重")。这二病,都是以他说为主("第十四繁说病"可能以《文笔式》为主,"第二十九相重"则以崔融说为主),但附有《四声指归》之说。而"第三十骈拇"(修订后为"第二十八骈拇")则基本用《四声指归》说。因此这条材料,注于"第三十骈拇"之页边。修订时补注这条材料,是为了说明这几病的原典出处。从下文我们将引用的"元兢八病"、"诗式六犯"二条材料看,都有红线符号表示删除,这条关于"三疾"的注也应该用红线划掉,表示删除了。因为是补注,正文已没有地方,只有页边才有空白,于是补写在页边空栏之处。三宝院本把它写于页边,正是保留了"草本"修订时的原貌。

补注原典出处,这类例子还有一些。三宝院本第 25 页,《文二十八种病》"第十五龃龉病"一行右旁页边有关于"元兢八病"的注:

> 元氏云兢于八病之别为八病自昔及今无能尽知之者近上官仪谢其三河间公义府思其于事矣八者何一曰龃龉二曰丛聚三曰忌讳四曰形迹五曰傍突六曰翻语七曰长颔腰八曰长解镫(参《汇考》第 1126 页[二])

作为三宝院本的忠实转写本,天海藏本也照录了这条材料,但因为抄写时往后错了一行,因此这一"草本"注的右边,还有"似类如若是其病"一行。各本正文都没有这条材料。三宝院本和天海藏本这条注都用朱线划掉,并在其下朱笔注:"草本第十三之上有此文但以朱正了仍如本写之。"这是"草本"的一条材料,这条"草本"材料是对"第十五龃龉病"(修订后作"第十三龃龉病"),"第十六丛聚病"(修订后为"第十四丛聚病")以下至"第二十二长解镫病"(修订后为"第二十长解镫病")八病的说明,修订时删去了这条材料,这几点都是可以肯定的。三宝院本这条朱笔加注说明几点:一、"草本第十三之上有此文";二、后来"以朱正了";三、"仍如本写之"。所谓"仍如本写之",当既是指原原本本用朱笔划掉,又是指"草本"这条原典材料也是象三宝院本一样写在页边。三宝院本是并其材料、朱笔红线及这条材料所写的位置"如本写之",即原原本本照"草本"的样子摹写下来。三宝院本把它写于页边空栏之处,正是保留了"草本"原貌。这条材料何时补入,也有两种可能。一种可能,是初稿之时所写。如果是初稿时所写,则空海可能是把它作为"第十五龃龉病"(修订后作"第十三龃龉病")至"第二十二长解镫病"(修订后为"第二十长解镫病")这八病的写作提纲。再一种可能,是初稿之后修订时补入的。如果是修订时(姑称之为"二稿")所补,则应当是对这八病的原典补充说明。不管哪种情况,都是补注。因为是补注,所以只有写于页边空栏。

又比如,"第二十三支离"(修订后为"第二十一支离")三宝院本第29页页边空栏处注:

诗式六犯一犯支离二犯缺偶三犯相滥四犯落节五犯杂乱六犯文赘(参《汇考》第1153—1154页[二])

这应该是保留的"草本"痕迹。这一页自第10行起为"第二十三支离"(修订后为"第二十一支离")。从"第二十三支离"到"第二十七文赘",另外"第十三阙偶"(修订后为"第十一阙偶")原典出这"诗式六犯"。这也是"草本"的一条补注。这条补注,可能是这六病的写作提纲,也可能是初稿后对这六病原典出处的说明。

西卷《文二十八种病》以上这三条材料,都没有写入初稿正文,都可能只是初稿时的写作提纲,或是初稿之后修订之时对原典内容的补注备录。补注之后这些内容又都被删去。这些补注及后来的删改,和"初稿"正文一起,共同构成"草本"。

还有西卷《文笔十病得失》的一条。三宝院本西卷第41页,第四行为"《文笔式》云制作之道,唯笔与文"云云。而在此页右边空栏三宝院本有注,并用细线引至"文笔式"第一行即第四行,注文为:

笔四病笔札文笔略同异本(参《汇考》第1238页[一])

"笔四病"指此节文字所述的上尾、鹤膝、隔句上尾、踏发等四病。这里的"异本",也是保留了"草本"痕迹的一个本子。"笔四病笔札文笔略同"数字,也当是初稿之后补加的。此节文字正文说"《文笔式》云",可见初稿时原典用《文笔式》,写完之后,发现《笔札》也有大致相同的"笔四病",因此在页边空栏处补注"笔四病笔札文笔略同"。

补注原典后来又删改,东卷也有这类例子。三宝院本东卷第3页至第4页,《二十九种对》篇目"十一曰意对"、"十七曰侧对"、"廿五曰假对"、"廿八曰叠韵侧对"之左侧的行间分别有小字注:

右十一种古人同出斯对

右六种对出元兢髓脑

右八种对出皎公诗议

右三种出崔氏唐朝新定诗格(参《汇考》第678页)

宫内厅本、天海藏本与三宝院本同,三宝院本、天海藏本并用朱笔划掉此注,又在其下朱笔注记"御笔"。此注宝寿院本、宝龟院本、六地藏寺本作双行小字注分别记在各句之下,松本文库本、江户刊本、维宝笺本作别行大字,高山寺乙本、醍醐寺甲本、仁和寺甲本、杨守敬本、义演抄本无此注(参《汇考》第679页[三][四][五])。三宝院本朱笔所注的"御笔",就是空海自笔。这是一条空海自笔"草本"材料,而三宝院本、天海藏本原原本本保存的是"草本"修订的痕迹。就是说,"草本"是将这几个原典出处注于行间,并且用小字。之所以用小字注于行间,正说明是初稿之时或初稿之后补加的。补写之后,又用红笔删去了。

还有其他一些情况。

比如西卷"第二十六杂乱"（修订后为"第二十四杂乱"），三宝院本本文无"应作诗头勒为诗尾应可施后翻使居前故曰杂乱"20字，而在"第二十四曰杂乱""或有制者"一行（三宝院本第31页末行）之左的页边空栏有注：

> 别者应作诗头勒为诗尾应可施后翻使居前故曰杂乱（参《汇考》第1168页[四]）

这条材料，有两种可能。一种可能，是对下文"混而不别"的"别"字的解释。我怀疑，前文"或有制者"之下，本没有"应作诗头勒为诗尾应可施后翻使居前故曰杂乱"20字，三宝院本"制者"二字有消除标记，右旁注"余本此字也"，三宝院本这一标记及注的意思，是说"草本"本无"制者"二字，另一本（即所谓"余本"）才有此字。若然，下文可能当直接接"假作《忆友诗》曰"，读作"或有假作《忆友诗》曰"，"别者应作诗头勒为诗尾应可施后翻使居前故曰杂乱"这20字的注应当接在"混而不别"之后，作"混而不别，别者应作诗头勒为诗尾应可施后翻使居前故曰杂乱"。作者是以为仅说"混而不别"，还不足以让人们了解何以"故名杂乱"，因此要补充说明"别者应作诗头"云云。还有一种可能，即这20字的注当补于"或有"之后，而正文的"制者"当作"别者"。可能空海初稿时误将"别者"抄作"制者"，并且漏写了以下一句。修订校正时发现了，于是将"制者"二字删去，在其旁改正为"别者"，并在其下补写漏写的文句。补写初稿时漏写的文字，这是一种情况。

又如南卷引皎然《诗议》之后，松本文库本、江户刊本、维宝笺本有题名"论体"二字，而宫内厅本、三宝院本、高山寺甲本、醍醐寺甲本、仁和寺甲本、义演抄本等都没有这个题名。三宝院本在前一行之下小字注"论体イ本"，而六地藏寺本栏眉注"论体"。我以为，三宝院本更接近空海"草本"原貌，因为三宝院本是保留空海"草本"痕迹最多的一个本子。空海"草本"初稿可能和三宝院本一样，初稿时这一节文字本没有题名，初稿之后，才欲补题名，但这一节正文已没有空白，只好在前一行末尾补"论体"二字。这一题名，可能是原典有的，也可能是空海根据这一节的内容，自己拟定的。

《论体》一节之后，松本文库本、江户刊本、维宝笺本又有题名"定位"二字，而宫内厅本、三宝院本等各本均无这一题名。"定位"二字六地藏寺本注于栏眉。"定位"这一题名可能也是初稿之后根据原典，或空海根据这一节内容补加的。这是补加题名的情况。

要之，初稿之后，在初稿之上补加文字，或补释辞语，或补注异说异文，或补注原典出处，还有补注误漏之文或题名，是空海编撰时的一个重要特点。这些材料，未必是初稿之时即写上去的，而当是初稿正文之后补加的，补加入正文的这些材料后来成了正文的一部分，已经看不出了，而补加在行间甚至页边的，后来有些又被删除掉了。这些地方的撰写过程，应当是初稿—补注—有些被删除，而不应当是初稿—删除。

第三节　空海对原稿的删改

空海"草本"还有对原文的一些删改。

比如，西卷卷首篇目，有"论病"一目。这一篇目，三宝院本作"论体病"。这可能说明，"草本"初稿时此目本作"论体病"，后来修订为"论病"。

又比如，同西卷卷首篇目，"文笔十病得失"之下，三宝院本、天海藏本有七字：

　　　　笔四病异本无也（参《汇考》第888页[三]）

这也应当是一处"草本"痕迹。可能"草本"初稿原有"笔四病"一目，修订时这一目又被删去。实际正文中，是把"笔四病"并入《文笔十病得失》。

又比如，西卷《论病》，有"颙约已降，兢融以往"二句，"颙约"、"兢融"之左，三宝院本、天海藏本分别有注：

> 周颙沈约草本如此
> 元兢崔融草本如此（参《汇考》第 889 页[九][一〇]）

这也说明，此处"草本"原作"周颙沈约"、"元兢崔融"，后来分别改为"颙约"、"兢融"。

还是西卷《论病》，"予今载刀之繁，载笔之简，总有二十八种病"句之左，三宝院本、天海藏本有注：

> 今删彼数卷重迭留此一家名单总有如御草本写之（参《汇考》第 890 页[二〇]）

其中"删彼数卷重迭留此一家单名总有"数字用朱笔线划掉。这说明此处"草本"初稿原作"今删彼数卷重迭留此一家名单总有二十八种病"，修订时删去数字，改为今传本面貌，即"予今载刀之繁，载笔之简，总有二十八种病"。

又同西卷《论病》，"后之览者一披总达"一句之左，三宝院本、天海藏本有注：

> 庶使后生进学者一披总达云尔草案本如此 （参《汇考》第 890 页[二三]）

"庶使后生进学"数字用朱笔细线划掉，旁墨笔补"之览"二字。这说明此处"草本"初稿原作"庶使后生进学者一披总达云尔"，删订后改为今本面貌，作"后之览者一披总达"。

还有西卷"第十四繁说病"，"谓一文再论，繁词寡义。或名相类，或名疣赘"一行之右的行间，三宝院本、天海藏本先有墨注：

> 诗格相滥诗体相类与此同也

此 12 字全部朱笔划掉，再其右朱笔注

> 或名相类或名疣赘（参《汇考》第 1122 页[二]）

而在其左之旁则朱笔注"御草本如此"。这说明"草本"初稿原作"诗格相滥诗体相类与此同也",后改为"或名相类或名疣赘"。

这种删改,更多的情况是,"草本"初稿之时,多说明原典出处,修订之时,这些地方很多都改了,将原典出处删去,改为"或曰"之类。下文讨论"草本"格式时,将涉及这些材料。

还有一处修改,我们一般未予注意,即东卷的《笔札七种言句例》。前面我们说到,东卷《笔札七种言句例》正文,从"八言句例"到"十一言句例"这四种句例,当是初稿之后补加的。但补加之后,篇名可能也作了修改。现存多数传本,此篇之篇名均作"笔札七种言句例",但宝寿院本、杨守敬本、六寺藏寺本却没有"笔札七种"四字,只作"言句例",宝寿院本、六地藏寺本此句右上注"笔札七种イ"(参《汇考》第 850 页[一])。下节我们将要分析,宝寿院本、六地藏寺本、杨守敬本都属"证本"系统。因此,很可能"证本"此处篇名只作"言句例",而"证本"直接转抄"草本",这一处篇名,"草本"初稿可能作"笔札七种言句例",但补加"八言句例"至"十一言句例"之后,原有的题目已名不符实,因此作了改动。"证本"及其一系的本子,如宝寿院本、六地藏寺本、杨守敬本,抄录的正是修订后的题名。

另外,还有一点,"草本"各卷没有尾题。三宝院本北卷卷尾"文镜秘府论北"六字,但在其左朱笔注:

<blockquote>御草本无此内题也(参《汇考》第 1932 页[二])</blockquote>

说明"草本"没有尾题,既没有"文镜秘府论"五字,也没有"天、地、东、西、南、北"之类卷序名。现存传本的尾题,都当为后来抄写者以意所加。

第四节　空海修订时特有的格式和标记

空海修订之时,有一些特有的格式,特有的符号或说标记。

朱笔删改线是一种。这种朱线,有的是删除,如前引"草本"材料"元氏八病"一条注,三宝院本朱笔注:"草本第十三之上有此文但以朱正了仍如本写之。"(参《汇考》第1126页[二])所谓"以朱正了",就是说,"草本"关于"元氏八病"这条注用朱笔划了删除线,三宝院本原原本本保留"草本"这一删改痕迹,笔者在日本去高野山看三宝院本时,还清楚地看到这条朱笔删改线。这就是所谓"仍如本写之"。又如前引"草本"材料,"右十一种古人同出斯对"、"右六种对出元兢《髓脑》"、"右八种对出皎公《诗议》"、"右三种出崔氏《唐朝新定诗格》"数条行间注,笔者看到三宝院本都划有朱笔细线,并且在其下朱笔注"御笔"(参《汇考》第679页[三][四][五])。这也说明,"草本"是用朱笔细线作为符号,把这几条行间注删除掉了。前引"草本"其他材料,也用了朱笔细线,以表示删除(参《汇考》第890页[二〇][二三])。

又如成簣堂本地卷卷首,"论"字下"卷之"二字,"照金刚"三字右旁小字注"八对皎"三字,"十七势"之下小字注的"王"字,"十四例"之右小字注的"五"字,"皎"字,"十体"下的小字注"崔"字、"八对天"、"六对札"、"二种七对"、"七种言句例札"诸条,笔者在日本东京御茶水图书馆看成簣堂本时,都看到朱笔细线划掉(参《汇考》第347页[三])。这里所保留的朱笔细线,也当是"草本"的删改符号。

朱笔删改或补注,是又一种情况。常常是在用朱笔细线删去之后,用朱笔书写改正后的文字。如前引"草本"材料,改正为"或名相类或名疣赘",改正后的这8字,就用朱笔书写(参《汇考》第1122页[二])。如前引"草本"材料,"与六犯中缺偶同"七字,就用朱笔补注(参《汇考》第1120页[三])。

"草本"初稿原注明的原典出处,后来都改为"或曰"之类,这些地方,基本上都用朱线删除又朱笔文字改正。

比如,西卷"第一平头""或曰此平头如是"句,"或曰",三宝院本作"元兢本","元兢"二字用朱笔划掉,右注"或"(参《汇考》第920页[一])。同"第一平头""或曰沈氏云"句,"或曰",三宝院本注"指归草","指归"二字用朱笔划掉,注"或"(参《汇考》第923页[一])。又,同"第二上尾""或云如陆机诗云"句,"或云",三宝院本旁注"髓脑如本","髓脑"二字朱笔划掉,改作"或"字(参《汇考》第937页[一])。"第二上尾","或云其赋颂以第一句末不得与第二句末同声","或云",三宝院本右注"善经",又用朱笔将"善经"二字划掉,旁朱笔注"或"字(参《汇考》第940页[一])。"第三蜂腰""或曰君与甘非为病"句,"或曰",三宝院本右注"元兢",用朱笔划掉,朱笔改作"或"字(参《汇考》第954页[一])。同"第三蜂腰""刘氏云蜂腰者","刘氏云"之右,三宝院本注"善经",用朱笔划掉,旁朱笔注"刘氏"(参《汇考》第957页[一])。"第四鹤膝""或曰如班姬诗云"句,三宝院本栏眉注"笔札","笔札"二字用朱笔划掉,其左朱笔改作"或"(参《汇考》第979页[一])。同"第四鹤膝""刘氏云鹤膝者"句,"刘氏"之左三宝院本注"善经"二字,并朱笔抹消,其右朱笔注"刘氏"(参《汇考》第982页[一])。"第六小韵""元氏曰此病轻于大韵"句,栏眉注"元兢",又朱笔划掉"兢"字,右注"氏"字(参《汇考》第1011页[一])。又同"第六小韵""刘氏曰小韵者"句,"刘氏"之右三宝院本注"善经",又朱笔消之,朱笔改为"刘氏"(参《汇考》第1013页[一])。"第七傍纽","或云傍纽者",三宝院本栏眉注"文笔式",又朱笔抹消这三字(参《汇考》第1024页[一])。又"第七傍纽""元氏云傍纽者"句,"元氏"之傍三宝院本注"髓脑",又用朱笔划掉,其右朱笔注"元氏"(参《汇考》第1029页[一])。又,同"第七傍纽""刘氏曰傍纽者即双声是也"句,三宝院本栏眉注"善经",又朱笔消之,其右朱笔改作"刘氏"(参《汇考》第1031页[一])。"第八正纽""或云正纽者谓正双声相犯"句,三宝院本栏眉注"文笔式",朱笔抹消之,后在其旁改作"或"(参《汇考》第1044页[一])。同"第八正纽""元氏云正纽者一韵之内"句,"元氏"之左三宝院本注"髓脑"二字,又朱笔消之,朱笔改作"元氏"(参《汇考》第1049页[一])。同"第八正纽""刘氏曰正纽者凡四声为一纽"句,三宝院本栏眉注"善经云",又朱笔消之,其右朱笔改作"刘氏"(参《汇考》第1050页[一])。

这些地方,都是朱线删除又朱笔文字改正。这是空海"草本"重要的一种修订格式。

还有一些删改符号。

颠倒符号。主要用"〰"。一般用于因笔误，二字或三字需要颠倒时。如西卷《文二十八种病》，"第十三曰阙偶病"（修订后为"第十一曰阙偶病"），误写作"十三第曰阙偶病"，于是在"三"和"第"之间的行间，加一符号"〰"，以示"十三"和"第"字当颠倒。如西卷"第二十九相重"（修订后改为"第二十七相重"）"已上有驱马飞镰"，"已上"二字旁也有一符号"〰"，表示"已上"二字当颠倒。

消除删节符号。直接用红线是表示删除，但也常常用其他符号。如用"ヒ"。如果删改的只是一个字，常常用"ヒ"。如西卷《文二十八种病》，"草本"初稿为"第二十曰翻语病"，"二"字旁标一"ヒ"，表示消除此字，而于"十曰"旁的行间，注一"八"字，表示此处改为"十八"。又如"第二十二长解镫病"，于"二"字旁注一"ヒ"字，表示消除此字，即改此条为"第二十长解镫病"。又如"第二十七文赘"，于"七"字左旁标一"ヒ"，又于"七"字之右注"五犯"二字，表示此处改为"第二十五犯文赘"。

还有"o"。如西卷"第三蜂腰""或曰君与甘非为病"一节，"已下四病"，宫内厅本、高山寺乙本、三宝院本、天海藏本作"已上下四病"，三宝院本"上"字之左旁标一符号"o"，这保留的也当是"草本"删消符号，表示当删去"上"字。

删节符号可能还用"⌐""⌐"之类。如西卷"第八正纽""或曰正纽者谓正双声相犯"一节，"是正也"以下，宫内厅本、三宝院本、高山寺乙本、天海藏本均衍"若元阮愿月是若元阮愿砚等字来"十四字，这十四字之首及尾，三宝院本有"⌐""⌐"这样的符号，这应当是保留的"草本"删节符号。

补入符号。某处需补入一句话或一小段话，常常用墨笔划弧线，把这小段话引至需插入的段落或文节。

如三宝院本西卷第32页，"其例曰渭滨迎宰相是宰相即是陛俗流之语是其病也别本也"一句话，补在页边，而用墨笔划一弧线把这句话引至第6行"第二十七文赘"之处，表示这一句话需补入这一节（参《汇考》第1171页[二]）。

又如三宝院本西卷第 34 页,"四声指归云又五言诗体义中含疾有三一曰骈拇二曰枝指三曰疣赘"一小段话,写于页边,而有细线引至"第三十骈拇者"这一行,表示这是对"第三十骈拇"的补注(参《汇考》第 1179 页[九])。

又如也是三宝院本西卷第 34 页,"枝指者所谓一意两出如张华诗云游雁比翼翔归鸿知接翩此是疣赘者此谓同辞重句道物无别"一小段话,也是补于页边,而用墨色细线引至"第三十骈拇病""此之谓也"一行之后,表示是对前一节中"枝指"的补注(参《汇考》第 1182 页[七])。

又如三宝院本西卷第 41 页,"笔四病笔札文笔略同"一句话也是注于页边,而用墨色细线引至"文笔式"一行之上,表示是对这一节文字的补注(参《汇考》第 1238 页[一])。

第五节　其他的修改

接下的修改,从一些材料可见其端倪。

北卷末尾,三宝院本有:

> 对属法第一(陈)。

用朱笔抹消,在其旁朱笔注记:

> 草本以朱如此正之(参《汇考》第 1932 页[二])

天海藏本也记有:"对属法第一(陈)草本以朱如此",新町三井家本及义演抄本均记有"对属法"三字(参《汇考》第 1932 页[二])。这条材料,可以有两种解释。一种解释,前文《帝德录》一节,其实是罗列描写帝王功德勋业词语的对属方法,这一节末尾就说:"或连句、隔句对,并总叙等语参用之。小者,或一句,若瑞表等,可用瑞物之善者,一句内并陈二事而对之,论其众多之意。"(参《汇考》第 1932 页)三宝院本等保留的"对属法第一"一语,可能就是对《帝德录》一节文意的归纳,括号中的"陈"字,可能就是上文"一句内并陈二事而对之"的"陈"字,是从上文引下来的。可能还想写点别的什么意思,但最终没有写下去。另一种解释,"对属法第一"是另一节文字的开头,可说篇目。若然,则说明空海写完北卷之后,可能计划再写一节专论"对属法"的文字。但后来不知什么原因,打消了这一计划。

天卷序:

> 余癖难疗,即事刀笔,削其重复,存其单号,总有一十五种类,谓《声谱》、《调声》、《八种韵》、《四声论》、《十七势》、《十四例》、《六义》、《十体》、《八阶》、《六志》、《二十九种对》、《文三十种病累》、《十种疾》、《论文意》、《论对属》等是也。配卷轴于六合,悬不朽于两曜,名曰文镜秘府论。(参《汇考》第24页)

这个序,天卷已是作"八种韵",而不作"七种韵",地卷已是作"十四例",而不作"十五例",但西卷仍作"文三十种病累",不是"二十八种病"。这说明,这个序,是天卷改"七种韵"为"八种韵",地卷改"十五例"为"十四例"之后,西卷正文初稿删去水浑、火灭二病,改"三十种病"为"二十八种病"之前,也就是补加于西卷总篇目、西卷《论病》《文二十八种病》篇目之前。天卷序是后来补加的。

天卷正文之首的篇目,再引述一次:

> 调四声谱　调声　用声法式　八种韵　四声论 (参《汇考》第41页)

前面说过,"七种韵"是初稿之文,可天卷正文之首的篇目却作"八种韵",显然,天卷这个篇目是天卷正文将"七种韵"改为"八种韵"之后补加的。

东卷《论对》:

> 余览沈陆王元等诗格式等出没不同今弃其同者撰其异者都有二十九种对具出如后其赋体对者合彼重字双声叠韵三类与此一名或叠韵双声各开一对略之赋体或以重字属联绵对今者开合俱举存

> 彼三名后览达人莫嫌烦冗（参《汇考》第666—667页）

这不是正文未编之前的构想，而是正文编定之后补充说明的语气。因为东卷《二十九种对》正文撰写时，是一边写一边有所补充修改。《二十九种对》篇目和正文并不完全相合，有些内容正文写作时有所补充变动，就因为它写于正文完成之前。但东卷《论对》却和正文完全相合。正文"第七赋体对"采用合重字、双声、叠韵三类为赋体的分类方法，因此《论对》说："其赋体对者，合彼重字、双声、叠韵三类，与此一名。"正文在"赋体对"之外另列双声、叠韵二种对，另列的双声、叠韵的内容，在"赋体对"中不再重复，予以省略，因此《论对》说："或叠韵、双声，各开一对，略之赋体。"正文"第四联绵对"也有重字对，这是并存另一说，并未和"第七赋体对"的重字对编在一起，因此说："或以重字属联绵对。""第七赋体对"已含重字、双声、叠韵三对而另列"第四联绵对"（含重字对）、"第八双声对"、"第九叠韵对"三名，因此说："存彼三名。"这应当是正文编定之后补充说明语气。

但东卷《二十九种对》的篇目却当作于正文之前。据篇目注，"第十二平对"至"第十七侧对"六种对出元兢《髓脑》，"第十八邻近对"至"第二十五假对"八种对出皎公《诗议》。"第二十六切侧对"到"第二十八叠韵侧对"三种对出崔氏《唐朝新定诗格》。但实际上，同对编入了《笔札华梁》之说，字对、声对、侧对编入了崔融《唐朝新定诗格》之说。这和东卷序的情况正好相反。东卷《论对》是正文编定之后，不再改动，所以《论对》和正文完全相合。《二十九种对》的篇目却不是这样，它和正文不完全相合，之所以不完全相合，就因为拟定篇目之后，正文撰写过程中，又有添加补充。篇目当作于正文之前。

三宝院本第4页第12行，《文二十八种病》篇目"二十八曰骈拇"之左，"第一平头"四字之下有注：

> 私云见御草案本旧别立水浑火灭病为第九第十而总有三十种病后改属第一病合成廿八病也（参《汇考》第910页[二一]）

这里所说"私云"的"私",当指三宝院本的抄写者。这位抄写者见过"御草案本",即空海自笔"草本"。从三宝院本这条注可以知道,空海"草本"原有水浑火灭二病,总有三十种病,后将这二病改属第一病,修订后则为二十八种病。正文"第九水浑病"宫内厅本注"此水火二病篇立无之又证本无之故且正之可",三宝院本栏眉朱笔注"以下行证本无之",高山寺甲本右注:"以下行证本无之故正之可"(参《汇考》第1102页[一])。"第十火灭病"末句"因以名焉"之下三宝院本朱笔注"以上证本无之"(参《汇考》第1110页[八])。证本、六地藏寺本和杨守敬本均无水浑、火灭二病,保留的是修订之后的面貌。三宝院本用朱笔将"第十一曰木枯病"句中"十一"二字划掉,在其右用朱笔注一"九"字,改为"第九木枯病";将"第十二金缺病"的"二"字用朱笔划去,改为"第十金缺病",以下顺序将"第十三阙偶病"改为"第十一阙偶病",……直至将"第三十骈拇病"改为"第二十八骈拇病"。这正是忠实地记录了空海"草本"将"三十种病"改成"二十八种病"的痕迹。就是说,西卷原作"三十种病",原有水浑、火灭二病,后来将水浑、火灭二病改属第一平头病,将"三十种病"改为"二十八种病"。

西卷卷首总篇目:

论病　文二十八种病　文笔十病得失(参《汇考》第887页)

再看西卷《论病》:

予今载刀之繁载笔之简总有二十八种病列之如左(参《汇考》第888页)

西卷《文二十八种病》的题名作:

文二十八种病(参《汇考》第907页)

篇目自"十一曰阙偶"以下,注语除外,各本作:

十一曰阙偶十二曰繁说十三曰龃龉十四曰丛聚十五曰忌讳十六曰形迹十七曰傍突十八曰翻语十九曰长撷腰二十曰长解镫二十

一曰支离二十二曰相滥二十三曰落节二十四曰杂乱二十五曰文赘二十六曰相反二十七曰相重二十八曰骈拇(参《汇考》第907—908页)

都作"二十八种病",不作"三十种病",说明西卷卷首总篇目、西卷序、《文二十八种病》的篇目,都是把水浑、火灭二病并入"第一平头",将"三十种病"改为"二十八种病"之后补写的。宫内厅本等的《文二十八种病》的篇目中,"九曰木枯。十曰金缺"和"九曰水浑,十曰火灭"并存。这可能如小西甚一所说,是"初稿本"和"再治本"混同的情况,但也有可能是补这一篇目的时候,误笔写下"九曰水浑,十曰火灭",但马上改正过来,因此宫内厅等本"九曰水浑十曰火灭"和"九曰木枯十曰金缺"并存,而三宝院本、杨守敬本、六地藏寺本则无"九曰水浑十曰火灭"十字。由此可见,西卷卷首总篇目、西卷《论病》《文二十八种病》的篇目,是后来补写的。

这就可以把空海编撰《文镜秘府论》的过程大致概括如下:

1. 大致设想配卷次于六合。

2. 天卷、地卷正文初稿。

3. 天卷改"七种韵"为"八种韵"。地卷二稿,"十五例"改为"十四例"("十四避忌之例"后移入西卷《文二十八种病》"第十七忌讳病"),可能补《九意》《六志》二篇。

4. 地卷三稿,对属论及《笔札七种言句例》由地卷移入东卷,撰写东、西、南、北各卷初稿,北卷末可能原拟再写"对属法",未果。

5. 少量补释补注(注辞语、补充例证、异说、原典出处、个别题名),尔后又删去一些补注和原典出处。

6. 补写天卷序,天卷正文之首的篇目,东卷《论对》。

7. 西卷修订,"水浑""火灭"二病改属第一平头病,"三十种病"改为"二十八种病"。

8. 补写西卷卷首总篇目、西卷《论病》并修订、《文二十八种病》的篇目。

可见,这个编撰过程,是反复多变的。

第六节 《文镜秘府论》卷次考

《文镜秘府论》需要解决的一个重要问题是卷次问题。

一、前人之说的考察

关于《文镜秘府论》的卷次，前人有二说：

（一）天、地、东、西、南、北

（二）天、地、东、南、西、北

日本小西甚一《文镜秘府论考·考文篇》的编次用第（一）说，中国周维德校点本、王利器校注本、日本兴膳宏译注本的编次用第（二）说。

第（一）说的一个根据是《文镜秘府论》天卷空海自己写的"序"，其中记述细目的顺序：

声谱　调声　八种韵　四声论	（天）
十七势　十四例　六义　十体　八阶　六志	（地）
二十九种对	（东）
文三十种病累　十种疾	（西）
论文意	（南）
论对属	（北）

恰好符合天、地、东、西、南、北的顺序。

这一说的又一根据是《文笔眼心抄》，作为《文镜秘府论》的略本，《文笔眼心抄》的内容排列也符合天、东、西、南、北的顺序：

序　调四声谱　调声　八种韵	（天）
六义　十七势　十四例　二十七种体　八阶　六志	（地）
二十九种对　七种言句例	（东）
文二十八种病　笔十病　笔二种势	（西）

81

文笔六体　文笔六失　定位四术　定位四失　　　（南）
句端　　　　　　　　　　　　　　　　　　　　　（北）

　　这一说还有研究者提出，从内容看，天地东西南北的卷次比较合理，因为西卷以上大致是讲述诗的外在结构和创作方法，到南卷，则转到诗的意兴的培养，格调的高下以及条理、修辞等一般性要点，而北卷，可以说是一个附录。

　　其实还有研究者认为，空海是日本人，日本人的习惯，就是天地东西南北。笔者拜访小西甚一，曾请教过，问他在写《文镜秘府论考》时，是怎样考虑卷次问题的。小西甚一说，他当时并没有太多考虑这个问题，因为日本人的习惯，就是东西南北。

　　第二说也提出过一些理由。

　　木下良范[①]提出，十三经之一的《周礼》，是按照"天官、地官、春官、夏官、秋官、冬官"的顺序构成。这就相当于六合的"天、地、东、南、西、北"。他认为，儒教的中国，这个顺序是绝对的。他实际是认为，空海是按照中国人的习惯来编排《文镜秘府论》的卷次的。

　　木下良范还提出，序文的记述和本文的顺序不一定一致。他提出两个根据，一是空海自己别的著作，就有前面文章记述的内容和后续文章内容顺序不一致的情况，比如他的《大日经开题》和《法华经开题》。又一个根据是刘勰《文心雕龙》，也是序文的记述和本文的顺序不一致。后来，兴膳宏也举出《文心雕龙》为例证说明这一点。

　　为什么《文镜秘府论》总序和《文笔眼心抄》要这样排列？兴膳宏认为，《文镜秘府论》序文可能是基于形式整齐的想法，因此几种以数字起头的篇名接以西卷同样形式的篇名。而《文笔眼心抄》则先主要讲"文"的技法，后主要讲"笔"的技法，因此无法完全等同于《文镜秘府论》。

　　兴膳宏还提出一个根据。他认为，《文镜秘府论》东、西二卷都冠有"小序"，卷题"论对"、"论病"又以互相呼应的形式命名，而南、北二卷卷

---

① 木下良范《文镜秘府论小考——关于卷的配列》。

题"论文意"、"论对属"各为三字,也相对应,在编撰形式上也是这样,东与西,南与北,显然是各相呼应。兴膳宏认为,空海脑海里也许曾有曼荼罗的构图,围绕中央大日如来,顺列东、南、西、北四如来,可以说,《文镜秘府论》是一部置天地于中央,配其他四卷于四边,在曼荼罗的构图之上成立起来的书①。

笔者倾向于第一说。《文镜秘府论》总序的叙述和《文笔眼心抄》的内容编排当然仍是有力的根据。有序文记述与本文不一致的例子,但恐怕更多的是两者相一致,何况《文镜秘府论》是总序和《文笔眼心抄》的顺序都一样。说《文笔眼心抄》要先讲"文"的技法,后讲"笔"的技法,因此要这样编排,那为什么《文镜秘府论》就不可以也同样先讲"文"的技法,后讲"笔"的技法,象《文笔眼心抄》一样的顺序编排呢?

《周礼》的构成顺序似不足以说明问题。因为《文镜秘府论》编入的是中国人的东西,但空海自己是日本人,他可以按照中国人的习惯,也可以按照日本人的习惯。

至于曼荼罗的构图,似无多少联系。空海明确讲的是"配卷轴于六合",而不是配卷轴于曼荼罗。从《文镜秘府论》的内容看,似也看不出天地二卷处于中央的位置,而其他四卷围绕它而配置展开。从形式上说,空海可能用对称的方式,也可能用层进方式,用层进的方式可能会更严密一些。即使对称,也可以把对称的二卷作为一组放在一起而不是分开。

二、传本的卷次标记

笔者还认为,要解决《文镜秘府论》的卷次问题,最好还应该有传本上的根据。

从传本看,有不同的卷次编排。已佚的行愿《文镜秘府论冠注》编为十五卷,大约是根据《文镜秘府论》总序"总有一十五种类"那句话。但

---

① 见兴膳宏《文镜秘府论释注》附《解说》。

《文镜秘府论》原本不当是十五卷,而应该是配六合的六卷,因为此外没有发现《文镜秘府论》有任何传本是十五卷。《文镜秘府论冠注》虽然已佚,不能直接看出它的编排次序,但十五卷合于"总序""总有一十五种类"的话,《文镜秘府论冠注》的编排顺序也应与"总序"这十五种类的排列顺序一样。

维宝笺本编为十八卷。这也找不到任何根据,《文镜秘府论笺》的每一卷卷题都有"维宝编辑"的字样,可以知道所谓十八卷显然是自编。但从这十八卷看,顺序是天、地、东、南、西、北。

其他本子。天海藏本六卷分订成三册,第一册天、地卷,第二册,东、西卷,第三册,南、北卷。其顺序是东西南北。宫内厅本分订六册,拍照本作了编号,也是东西南北。醍醐寺本天卷里贴纸有"秘府论天东西南四帖在之……弘治三年九月"字样,也记着当时的顺序。弘治三年为1555年,时为室町时代。

传本自身有顺序标记的,有江户刊本。这个刊本,不但每卷卷首分别有"文镜秘府论　天""文镜秘府论　地"之类的字样,而且每卷末分别有"卷一""卷二"……"卷六"字样。它的顺序是天(卷一)、地(卷二)、东(卷三)、南(卷四)、西(卷五)、北(卷六)。明治时代翻刻本仍有这个标记。《日本诗话丛书》本天卷末标:"按古本此下有卷一终三字今削之后效之"。所谓古本,当即是江户刊本。中国周维德校点本、王利器校注本的编次所据的也是这个江户刊本。

还有一个本子也有明确的顺序标记,这就是高山寺本。关于高山寺本标有明确顺序标记的情况,就我所知,中、日两国学术界都还没见披露过,而情况又比较复杂,需要多说几句。

关于高山寺本的一般情况,小西甚一《文镜秘府论考》及月本雅幸《高山寺藏本文镜秘府论长宽点》有介绍。高山寺藏《文镜秘府论》有三种本子。这几个本子,是平安时代最晚是镰仓时代写本,属日本重要文化财,不但中国国内无法看到,即使在日本,非经特别许可,一般也不让看。收藏这三个本子的拇尾高山寺一年只有三天时间开放一次它的经藏本,这样,能看到它的机会就更少了。

蒙高山寺方面特别许可,笔者于1995年7月14日和1996年7月22日二次前去看到了这三个本子。这三个本子,地卷内标有"长宽三年三月十六日书之"的长宽三年(1165年)写本,即一般说的高山寺甲本;没有训点的无点本,即一般说的高山寺乙本;残简本,即一般说的高山寺丙本,都蠹蚀极甚,须极仔细才能翻看。

甲本如小西甚一50年前去看的那样,经西泽道宽恢复原状后,已不见错简现象,但缺页不少。乙本则不止五帖,而有了六帖,有了南卷一帖。而丙本不仅仍有南卷的残卷,还有了天卷(残一页,自"妙响金锵"至"斯人而已"),地卷(残第一页,但已仅能看清"文镜秘府论　地"字样),东卷(残封面和第一页),西卷(残4页,自"朝云晦初景"至"同乘此载北游后")。不过,丙本每卷新包装的封面上,都记着这是"57函7号"(即乙本的收藏编号)某卷的一部分,而校对其文字,亦恰恰为乙本所缺,字体、墨迹、纸质均与乙本一样,丙本的这些卷,实际由乙本散落而成,与乙本应是同一个本子。只有南卷,字迹逊于其他各卷,封页有批注,当为后人补写。

这几个本子都有收藏者的编号,顺序均为天、地、东、西、南、北。这里主要要说的是乙本,即无点本,不仅有收藏者的编号,而且自身封页上也有"卷一""卷二"……的顺序标记。

天卷封面是"文镜秘府论卷第一"字样。地卷是"文镜秘府论卷第二",东卷乙本无封面,而丙本东卷有封面,当是乙本散落后收入丙本。封面字样为"文镜秘府论卷第口","第"字后的字已残。北卷缺封面。

重要的是西卷和南卷。西卷封面字样为"文镜秘府论卷第口","第"字后的字被墨笔涂掉,而在被涂处的右侧标一"五"字。

南卷封面是"文镜秘府论卷第口","第"字后面的字也被墨笔涂掉,而同样在被涂处的右侧标一"四"字,被涂掉的字,因只用一斜笔划掉,因此大致可辨认出是个"五"字。

发现这个情况后,笔者有意比较了一下,觉得无点本(即乙本)的这

85

几个标有顺序标记的封面(包括南卷的)与这个本子天、地、东、西、北这五卷正文的纸的纸质和破旧程度看不出有什么区别,作为顺序标记的"文镜秘府论第……"这几个字,与这个本子天、地、东、西、北这五卷正文的字迹、墨迹(浓淡程度、褪色程度)也看不出有什么区别。至于西、南二卷"第"后"口"字被涂掉后补写的字,西卷那个字还看不出什么,南卷补写的那个字("四"字),其字体、墨迹比较明显看出与南卷补写的正文较为拙劣的字的字体、墨迹一样,墨迹比原有的字浓些,因而显得新些。

高山寺本身作为古寺院,整个寺院就被标为"重要文化财",不论其内部还是其外部都不让拍照,寺内的经藏本就更不允许拍照。笔者因此无法取得摄影图版(即使拍照,其纸质、墨迹的异同也无法从摄影照片看出),因此只有把所见所感情况记录在此,以俟方家来日用更精确、科学的方法辩正。

笔者在日本所见《文镜秘府论》传本关于卷次标记的情况大致如上。

三、从传本资料看《文镜秘府论》卷次

那么这些情况怎么看?

维宝《文镜秘府论笺》的编次不可以作为根据。因为明显是维宝自编。行愿《冠注》也当除外。那些写本自身没有顺序标记的也可以不管,因为这些本子现在所见的先后编次,有可能是自有这一写本以来历代相传如此(如果是这样,那也可以作为根据),但更可能是在流传过程中由某一收藏者所为。

醍醐寺本天卷于弘治三年(1555)标写的字样值得注意。虽然不是写本自身本有的标记,但至少反映了室町时代人们对《文镜秘府论》卷次的看法,即"天东西南",西卷在南卷之前。这也可能正是自有这一写本以来流传到当时的顺序编次。

需要着重讨论的是江户刊本和高山寺无点本(即乙本)所作顺序标记的情况。

先说江户刊本。这个刊本每卷后有"卷一""卷二"……之类的标记。

这样标记有没有根据，特别是更古的写本的根据？如果有，其根据又是什么？是根据哪一个古写本？这都不清楚。看不出它有什么根据。江户以前的古写本，留存至今的很多，没有一种卷末标有这样明确的标记。当然也可能它所利用的某个本子只流传到江户时代，恰好江户以后就失传了。但这也需要证明。如果找不到根据，那么它本身也就无法作为卷编次的根据。江户时代离今天较近而离空海的平安时代尚远，很难说这个时代的刊本与古写本的原貌不会有什么距离。

再看高山寺藏无点本（即乙本）。这个本子有些情况值得注意。

如上所述，就笔者去高山寺看这个本子时所见所比较辨别而得出的判断，这个本子标有顺序标记（"卷一""卷二"……）的几个表纸（包括南卷的表纸），与天、地、东、西、北这几卷正文的纸质和破旧程度看不出有什么区别，作为顺序标记的"文镜秘府论卷第……"的这几个字与天、地、东、西、北这几卷正文的字迹、墨迹也看不出有什么区别，而西卷、南卷"第"字后被涂掉的字右侧写着的那个数字，特别是南卷封面涂改后补写的那个"四"字，比较明显看出与后人补写的南卷正文的字迹、墨迹相近而与其他卷正文字迹、墨迹不一致，也与南卷封面"文镜秘府论第……"几个字不一致。

如果这个判断不错的话，那就说明，这个本子的几个封面，都是无点本原有的。包括南卷那个封面。因为南卷的正文字迹异于其他各卷，当是后人补写（即使补写，据日本学者研究，也当在镰仓初期，仍紧靠平安时代）。但现在看来，这一卷被后人补写的只是正文，而其封面和其他几卷的封面一样，是无点本原有的。就是说，这几个表纸（包括南卷的）所保留的，特别是表纸上保留的"文镜秘府论第……"（涂改后补写的字除外）这个标记，应该是无点本原有的面貌，它所标记的顺序（卷一、卷二等），应该是无点本抄写正文的同时便一起写下并留存下来的。南卷表纸涂改后补写的那个"四"字，与南卷补写的正文的字体、墨迹一样。从这个情况看，表纸卷序的涂改是南卷正文补写者（时为镰仓时代）所为，涂改后在右侧补写的那个序数（西卷为"五"，南卷为"四"）并非无点本的原貌,而被涂掉的那个序数(南卷可看出是"五"),才是无点本抄写时的序号。

那么,从这几个表纸的情况看,无点本原有的卷次是什么?

现在清楚看到的是,天卷为"卷一",地卷为"卷二",东卷序数字残,北卷无封面。

关键是西卷和南卷。南卷被涂掉的那个序数字可看出是"五"。西卷被涂掉的那个字已看不清楚,但既然南卷被涂掉的是"五"字,补加的是"四"字,西卷补加的是"五"字,那么,被涂掉的也就是无点本原有的那个序数字,应该是"四"字,西卷应该为"卷四"。

这样,无点本自身所标记的卷序就应该是:天卷(卷一)、地卷(卷二)、东卷(卷三)、西卷(卷四)、南卷(卷五)、北卷(卷六)。东卷和北卷的卷序是不需要证明的。

有没有错简的可能?当然不能排除。但是,从高山寺几个本子保存的情况看,都只是在同一卷之内错简(错页),没有卷与卷之间互相乱简的情况,因此无点本的一些错落之页,仍能在残简本即丙本时准确标出这一页原属无点本即乙本的哪一卷。笔者看这几个本子时一一核实过,并无错误。这就是说,无点本的几个表纸和正文之间不可能错乱,不大可能会把这一卷的表纸错置于另一卷之上。另一个情况也说明这一点,即天卷、地卷的表纸分别是"卷一""卷二",并没有错乱,因此西卷和南卷的表纸不大可能错乱。

那么,高山寺无点本(即乙本)所标记的这个卷序应该怎么看呢?

当然还需要别的根据才能断言这就是《文镜秘府论》卷序的原貌。但是,较之江户刊本,高山寺本无点本的卷序应该可靠得多。

第一,它的年代早得多。江户刊本刊于宽文、贞享(1661—1684)间,而高山寺无点本写于平安末期,比江户刊本早得多,应该更接近于原貌。

第二,它与《文镜秘府论》总序的记述和《文笔眼心抄》的内容顺序一致。无点本、总序、和《眼心抄》这三者,如果只有其中一项根据,显然说服力不足,但现在有三个完全一致,互相支撑的根据,而且三个根据中,二个直接来自原本(总序和《眼心抄》),一个来自距原本最近的古写本,都年代久远。而江户刊本只是孤证,又距原本年代那么远。相比之下,高山寺无点本和总序、《眼心抄》的根据要可靠得多。

第三,醍醐寺本天卷于室町时代批注的那段话也是一个旁证。它表明至室町时代,人们心目中(也可能有今天已看不到的写本根据)还是无点本、总序、《眼心抄》的那个顺序,只是到江户刊本,才变了过来。

论证《文镜秘府论》各卷顺序,不仅仅是一个简单的卷次编排问题,实牵涉到空海写作《文镜秘府论》时的心态和思维方式的问题。只要细想,可以引发很多问题的思考。比如,假如能够证明空海当时的编次构想确是天地东西南北,而不是联想曼荼罗构图的东南西北,那么就可以说在这个问题上它没有受佛教的影响,而《文镜秘府论》与佛教的关系便是一个人们讨论不多而实很重要的一个问题。又比如,在方位观念上,中国古代可能有东西南北的观念,但至少《周礼》系统的方位观念是东南西北,是环状称呼。日本人方位观念则普遍是东西南北。既然如此,空海当时则是按日本人的思维习惯来构想《文镜秘府论》的。在这个问题上可以这样,在别的问题上会不会也是这样呢?这种思维习惯在多大程度上影响到《文镜秘府论》的撰写思想呢?这都是值得进一步思考的问题。

传本及卷次考旨在弄清历史面貌。弄清传本和卷次的面貌本身是一项重要的研究工作,同时又与其他问题相联系。卷次考有助于弄清空海的编撰思想。弄清传本面貌,一在于传本是校勘的可靠根据,二在于它还是研究《文镜秘府论》流传范围的重要史料,而《文镜秘府论》的流传范围又是研究《文镜秘府论》对日本文化影响的一个重要方面的问题和基础工作。另外,它也为研究《文镜秘府论》的其他问题提供传本系谱方面的根据,比如,原典考据问题。原典考据有些问题与传本系谱关系不大,但有些问题则有密切关系,特别是一些本子上夹注的出处问题,是出自中国诗文论,还是出自空海手笔,还是后来抄写者所为,等等。

第四章 《文镜秘府论》流传及谱系

如前所述,《文镜秘府论》的编撰时间,我以为可能是在弘仁八年(817),嵯峨天皇敕赐高野山以后。自那以后,就开始了《文镜秘府论》的流传历史,在流传过程中,形成了它的传本的谱系。

第一节 《文镜秘府论》的最早流传:证本

《文镜秘府论》的最早流传本是"证本"。据我下面的考证,《文镜秘府论》"证本"的传写者是智证大师。智证大师约生于弘仁五年(814),卒于宽平三年(891),这也是《文镜秘府论》的最早传本形成的年代。

"证本"的材料,据我的考察,有67处,其中天卷20处,地卷5处,东卷25处,西卷17处[①]。

根据这些材料,"证本"有一些重要的异文和特征。

一、"水浑""火灭"二病(即"第九水灭病"至"因以名焉")为"证本"所无。

西卷"第九水浑病"一段开头(三)注"以下行证本无也",宫内厅本注

---

① 材料详见笔者所著《文镜秘府论研究》。文繁不录,此处略举数例。

"此水火二病篇立无也又证本无也故且正之可",高山寺甲本注"以下行证本无之故正之可"(《汇考》第1102页[一])。又"第十火灭病"一段末尾注"以上证本无也"(《汇考》第1110页[八])。说明"水浑""火灭"二病(即"第九水灭病"至"因以名焉")为"证本"所无。

二、一些地方,别本作大字正文,而"证本"作注。

三宝院本、天海藏本东卷"第一的名对""尧舜皆古之圣君"右注"已下证本注也","用鸾皆为正对也"右注"已上注也"(《汇考》第691页[二七])。说明自"尧舜皆古之圣君"至"皆为正对也""证本"作注。

东卷"第六异类对""又如以早朝偶故人非类是也"(天)句下,三宝院本"是也"二句右左,注"已上一行证本注也"(《汇考》第728页[一八])。说明"又如以早朝偶故人非类是也"一句"证本"作注。

这样的别本作大字正文,而"证本"作注的地方有18处,其中东卷17处,西卷1处。

三、一些地方"证本"注出原典出处。

三宝院本、天海藏本东卷"第十五字对""或曰字对者""或曰"左注"崔氏证本"(《汇考》第771页[四])。说明此处"或曰""证本"作"崔氏曰"。

三宝院本、天海藏本东卷"第十六声对""或曰声对者""或曰"左注"崔氏证本如此"(《汇考》第775页[一]),说明此处"或曰""证本"作"崔氏曰"。

三宝院本、天海藏本东卷"第二十八叠韵侧对""或曰夫为文章"眉注"崔氏证本"(《汇考》第817页[四]),说明此处"或曰""证本"作"崔氏曰"。

四、"证本"有其他一些重要异文。

三宝院本西卷"第八正纽""……名犯正纽者"一行与"又一法凡人……"一行之间注"傍纽者如贻我青铜镜结我罗裙裾结裾是双声之傍名犯傍纽也证本有之"(《汇考》第1045页[八])。说明"……名犯正纽者"与"又一法凡人……"之间"证本"还有"傍纽者……名犯傍纽也"一段话。

91

传本中保留"证本"痕迹的,有三宝院本、天海藏本、高山寺本、成簣堂本和宫内厅本。其中高山寺甲本和宫内厅本年代较早。高山寺甲本地卷里页有以下识语:

> 长宽三年三月十六日书之

长宽三年即1165年,这是高山寺甲本的抄写年代。宫内厅本的年代更早。宫内厅本南卷末有以下识语:

> 保延四年代午四月二日移点了(参《汇考》第1671页[七])

保延四年即1138年,宫内厅本的抄写不会晚于这一年,既然如此,被宫内厅本用作校本的"证本"更不会晚于这一年即1138年。这可以看作"证本"的下限年代。

"证本"的上限年代,当在《文镜秘府论》成书之后。"证本"应该流传了一段时间之后才会被人用作校本。综合一些情况,假定"证本"在平安末被宫内厅本等用作校本前流传了一百多年。把下限年代上推一百多年,"证本"的年代就可能在《文镜秘府论》成书之后、宫内厅本之前328年的前半期,即820年至984年,这样说当然多为推测,但说它作于1138年即宫内厅本之前,是可以肯定的。

"证本"传写者可以作一些推测。

对"证本"传写者有几点印象。

前面分析过,"证本"的年代可以定在984年之前,至晚在宫内厅本之前。这也应是"证本"传写者生活的年代。"证本"传写者应生活在这之前的某一段时间。这是一点印象。

从前引材料看,有的地方,"证本"传写者可以注出原典出处。在六朝至唐的众多诗学作者中,在浩如烟海的中国典籍中,只根据很短的一小段甚至几句引文,便准确地注出原典出处,传写者应该对中国典籍有较深的修养。

天卷《调四声谱》韵纽图各本标有反切音。空海不可能有这样的标音,因为和空海《篆隶万象名义》所标注反切音绝大部分不合。也不可能晚于平安末,因为现存平安末各本均标有这些反切音。下面将要考证,"证本"形成了一个传本谱系,这一系的本子都抄录下了这些反切注音,这些反切注音应该源自"证本"。如果这一推测可以证实,则不难想知,"证本"抄写者的音韵学功底也是很深的。

"证本"传写者地位、身份可能比较特殊。"证本"应是比较早将《文镜秘府论》由"草本"形态抄成定稿的一种本子。空海是地位很高的大师,不论抄写者是否得到空海的允许或授意,能将大师的东西理清,把写得比较乱的原稿抄定,为后人所承认,说明抄写者自身地位也当非同一般。如果是空海在世时抄定的,则当是空海身边比较亲近的人。

根据以上印象,关于"证本"的传写者,我想到两个人,一位是真济,一位是智证大师,两个人中,更可能是智证大师。

之所以想到智证大师,主要因为智证大师特殊的身份和地位。智证大师约生于弘仁五年(814),卒于宽平三年(891),比空海小40多岁,恰好在我们所推想的"证本"传写者生活的年代。

智证大师和弘法大师有着相似的经历和地位。智证大师圆珍15岁登比叡山,师事义真和尚。20岁接受菩萨戒,此后十二年间修行于笼山,850年任内供奉十禅师,853年32岁时入唐(空海入唐时31岁),858年回日本,受到权门藤原良房、基经等的重用,翌年将自唐带回的经典收藏于园城寺而建唐院,使园城寺再次兴盛,成为作为日本天台宗总本山的延历寺的别院。自868年起二十四年间为天台宗五世座主、园城寺一世座主。这种经历表明:一、智证大师和空海一样,对唐代中国文化、中国典籍相当熟悉。智证大师在唐代中国生活的时间比空海还长(853—858年的五年间)。智证大师也有自唐请来的典籍,完全有条件凭借自己对唐代文化的深厚修养,对同样利用自唐请来的典籍编撰而成的《文镜秘府论》进行补释、校证。二、在日本佛教史、文化史上,智证大师也有相当地位,也是相当有影响的人物。他是天台宗的五世座主,园城寺的一世座主,天台宗是日本佛教重要宗派之一,与真言宗势力影响旗鼓相当。空海是弘法大师,而他是智证大师。这种地位,使后人既推崇空海,也推崇智证大师。"证本"的地位仅次于空海自笔"草本"而高于其他所有传本,恰与智证大师在文化史上稍次于空海而仍极高的地位相一致。前面分析过,人们是非常推崇"证本"的,对"证本"的推崇,可能就包含对"证本"抄写者智证大师的推崇。

智证大师是一位悉昙学学者。他入唐学显密二教的同时,也学悉昙学。这在《行历抄》《大日本佛教全书·游方传丛书》第一及《圆珍传》等传记史料中都有记载。他的《请来目录》里,还明确记载有"天台悉淡章一卷"①。在后人编的悉昙学目录里,还有智证大师将来的《梵唐语十卷》、智证大师所撰《悉昙记》一卷②。在《我慢抄》记有"安然相传悉昙四家事",智证大师就是其中一家。智证大师的悉昙学通过算延、济诠而被安然承传③。后人写日本韵学史,都要论及智证大师。比如马渊和夫的《增订日本韵学史研究》,就为智证大师专辟了一节。智证大师是悉昙学学者,这个情况与《文镜秘府论》关系极大。一、《文镜秘府论》相当一部分影响在悉昙学,日本古代许多著名的悉昙学学者,如信范、宽智、心觉、杲宝等,这些人在研究悉昙学时,都利用了《文镜秘府论》的材料,在他们的悉昙学著作中引用了《文镜秘府论》的论述。就是说,这些人从悉昙学的角度研究过《文镜秘府论》。《文镜秘府论》这部著作与悉昙学关系极大。二、把智证大师作为四家中的一家承传下来的安然,在他的八卷《悉昙藏》中,就引述了内容与《文镜秘府论》完全一样的《四声谱》的论述,同时引述了空海的其他论述。安然完全有可能读过《文镜秘府论》。象安然这样的悉昙学学者,有没有可能通过智证大师这个环节,在承传悉昙学的同时,将《文镜秘府论》也承传下来呢? 如果是这样,那智证大师传写《文镜秘府论》的可能性就更大了。

智证大师与空海有亲缘关系。据《伴氏系图》,空海当是智证大师的舅舅。而据《天台宗延历寺座主圆珍传》,空海当是智证大师的从外祖

---

① 见《智证大师全集》第 4 卷,《大日本佛教全书》第 28 卷第 1273 页,"悉淡章"即悉昙章。
② 如马渊和夫著《日本韵学史研究》第 3 卷,第 1187 页,第 1188 页。
③ 见《真言宗全书》第 11 卷。

父。空海与智证大师年龄相差40岁,从这点看,可能后说比较可信。不管怎样,智证大师与空海有亲缘关系是可以肯定的。这一点很值得注意。比如,抄定《文镜秘府论》,为什么不是别人而恰恰是由这个人承担?为什么还可以有一些补释校订,而这种抄定补释校订又得到当时人的承认?这些问题,仅用一般的解释是缺乏说服力的。如果"证本"传写者是智证大师,自身地位高,又与空海有亲缘关系,就比较好解释了。因为有亲缘关系,在亲族之内,就可能有外人无法得到的许多途径、机缘了解空海的思想,也可能得到外人无法得到的空海自己留下的与《文镜秘府论》编撰有关的一些材料。因为有亲缘关系,对空海著作的抄定、订正、补释就更可能得到后人承认。

智证大师经常在自己的著述里提及空海。比如,在《胎金血脉图》①中,在唐惠果和尚之下记着"日本空海"的名字。就是说,并没有把空海的名字排除在胎藏金刚的血脉谱之外。就现有史料看,智证大师记载有空海不少著作及将来典籍的目录。在《山王院藏书目录》中,记着"遍照金刚撰作论章目录一卷/此海大僧正金刚也"、"千手千眼瑜珈二卷/此唐梵二字并空海和尚书"、"般若心经秘键一卷遍照金刚"。元庆八年(884)五月二十六日智证大师撰的《大毗卢遮那成道经义释目录缘记》里,有这样的记载:"次高雄山空海和尚本二十卷/贞观二十一年到唐大同六年归朝"。收入《大日经义释批记》中的"第十卷上批云"有"今多行二十卷,此空海和尚请来,与十四卷本大同小异,仍不入藏"②的批语。智证大师是否收藏有这些著作不知道,但他对空海的著作应该很熟悉。

还有二条史料。一条是《大日经义释批记》里有这样的批语:

> 元庆八年五月二十二日勘了/起四月中旬末/前入唐释圆珍记。③

---

① 即《大毗卢遮那成佛经疏》,《智证大师全集》第4卷,《大日本佛教全书》第28卷第1084页。
② 以上均见《智证大师全集》第2卷,《大日本佛教全书》第26卷第701页。
③《智证大师全集》第2卷,《大日本佛教全书》第26卷第719—720页。

从这条史料看,智证大师对《大日经义释》作了校勘。是否直接校勘空海将来本,没有说。但在校勘过程中,要用到空海将来本,则是可以肯定的。又一条史料,前面提到的圆珍撰的《大毗卢那遮成道义释目录》中,还有这样的记载:

> 已上二十卷,高雄山空海和尚从西京所传本也,须改疏字成义释耳。①

在这条史料中,他提出"须改疏字成义释耳"。从这话看,他只是说"须改",他撰写的目录记的题目,是《大毗卢遮那成道经义释目录》,题目中有"义释"二字,从这点看,他事实上已经改了。这说明什么呢?我以为,这说明智证大师认为,即使空海将来的著作,与空海有关的著作,也可作某些改动。

智证大师在校勘时用过空海将来本即携来本,可能为空海将来本作过勘点,并且提出要对空海将来本作某些改动或可能已作改动。这一点非常重要。智证大师既然可以在校勘时用到空海将来的其他著作,可能为空海将来的其他著作作过勘点,并提出对空海将来本作些改动,当然就完全有可能对《文镜秘府论》作勘点,作某些改动。因为《文镜秘府论》也是用将来本编撰而成的。

第二节　平安末至江户《文镜秘府论》的流传

《文镜秘府论》在日本的传本有二种。一是手抄本,日本一般称为写本或抄本,或根据其收藏地点,称为××藏本,或××本。二是版刻本,日本一般称为版本、版行本。版刻本是江户时代以后的事。此前的传本,现在所知,都是抄本。以前我们都以为《文镜秘府论》的古抄本只藏于日本,现在查知并非如此,还有一种古抄本辗转流徙,现藏于台湾故宫博物馆。从现存古抄本,可以知道《文镜秘府论》在江户及之前的流传情况。

---

① 《智证大师全集》第 2 卷,《大日本佛教全书》第 26 卷第 710 页。

一、《文镜秘府论》在平安末的流传

平安末(平安年终于1184年)是《文镜秘府论》流传的第一个时期。《文镜秘府论》在平安末流传的本子,现存有成箦堂本、宫内厅本、三宝院本,高山寺甲本、乙本、丙本。

成箦堂本

成箦堂文库藏(盛江按:在东京お茶の水图书馆)。残本。仅存地卷。粘叶装1帖(盛江按:墨书50叶)。高8寸2分5厘(第30叶和第31叶8寸),宽5寸2分5厘。正文为云母引斐纸,封面用一叶较厚的楮纸从封面包及背面,有和正文字体相异的书名卷次"文镜秘府论地"(盛江按:在封面左上角,正文第一叶也有"文镜秘府论卷之地"的卷题),封面右下角墨书"观智院"(盛江按:可知原是观智院藏本,观智院在京都东寺,此墨书为镰仓初期的笔迹)。正文第1叶有"延历寺印"字样的方形朱印(盛江按:知又曾为延历寺收藏。延历寺在京都西北的比叡山),以及"苏峰审定"的小方形朱印。封面里页有"德富护持"的方形朱印。有白界(盛江按:高约6寸9分,界宽7分)。每半叶6行,各行十八、九字。木口52叶,正文用墨笔,加有乎古止点(朱)、假名点(墨、朱)、声点(朱)、句读(朱)、样异(墨、朱)、注(墨、朱)。小西甚一引山田孝雄说,朱书有新旧二种,假名点较新。乎古止点至"第五直树三句第四句入作势"之文为止为喜多院点,"第六比兴入作势"以下为圆堂点。

此本小西甚一引山田孝雄之说认为不晚于平安末期,比宫内厅本更早。月本雅幸则认为写于镰仓中后期[①]。《平安时代的国书》则认为"平安中期写"。月本雅幸的根据可能是"观智院"三字墨书,但此墨书也在镰仓初期,并且是后来藏书者的加笔。故成箦堂本仍当写于平安末期乃至中期。有1935年古典保存会影印本发行。

[①] 见1984年日本汲古书院影印出版《六地藏寺善本丛刊》第7卷《文镜秘府论》"解题"。

宫内厅本

宫内府图书寮御藏（盛江按：今仍藏于此处，但称宫内厅书陵部，在东京），完本，共表纸粘叶装，6帖。各帖封面左上角均有楷体墨书外题"文镜秘府论"，在其下用稍小字体标有"天"、"地"等卷名。每一帖右下角记有"融源"，右上角记有"真十五"。外题右方有"宫内省图书"的方形印。天卷正文第一叶之表（在右上角）有"帝国图书之印"的方形印。各帖内题之下有"高山寺"的长方形印鉴（可知原是高山寺藏本）。天卷封底有"愿主僧净玄之本"，以下各帖有"愿主僧净玄之本"、"传持僧行印之本"的署名。墨写，天卷32叶，地卷45叶，东卷29叶，西卷49叶，南卷56叶，北卷39叶。每半叶7行，每行15字乃至17字。有白界。施有乎古止点（朱）、假名点（朱、墨）、声点（墨）、校异（墨、朱）、注（墨）等。栏眉注有零星的文字考证，乎古止点纯然是圆堂点。南卷封底有"保延四年〔代午〕四月二日移点了"的朱笔识语（保延四年为1138年）。小西甚一认为，识语中的"代"字并非误写，而是笔者自身的笔损，由此推断这个本子原点的年代还应往前推至堀河天皇（1087—1106）或者鸟羽天皇（1108—1120）的御代。蠹蚀极甚，所幸正文毁损不大。

这个本子，有彩色摄影复制本，亦藏于宫内厅书陵部。另有1930年东方文化丛书（东方文化书院）影印本公开发行。中国国内有这个影印本流传。

三宝院本

高野山三宝院藏（盛江按：今藏于和歌山县高野山灵宝馆，日本的灵宝馆是一种博物馆）。完本。共表纸粘叶装，6帖。高8寸3分，宽5寸。各帖题签作"文镜秘府论"，下有小字"天六卷之内"表示卷名。封面每帖题有"金刚子领祐""传领禅海"及"宝光院"。有白界。每半叶7行，各行约20字。天卷28叶，地卷44叶，东卷28叶，西卷45叶，南卷50叶，北卷38叶。均无阙落错简。加有乎古止点（朱）、假名点（朱、墨）、声点（墨）、样异（墨及墨朱并用）。朱色假名点和声点均不太多。乎古止点纯然用圆堂点。均合于古点谱，从这点推测，大约是保延年间之后的训点。

施点的年代和正文书写的年代可能同时,而且,原点当是来自其他本子的移点。小西甚一认为,这是平安末期的抄本。封底有识语:"右此书六卷,自或人相传之,不可出箱底云云,点云,书旁有由秘,此外文笔眼心集本,未相传之而言,金刚峰寺求法叡然廿一岁",笔迹和正文不同,有花押。从墨色和书风推测,小西甚一以为这可能是镰仓末期到室町时代的识语。

高山寺本

拇尾高山寺藏(盛江按:在京都西北)。有完本和阙本。有加有训点的长宽写本和无点本。前者为完本,后者佚南卷,以他本补之。

[高山寺甲本]

完本。共表纸粘叶装,但表纸已与全书脱离。各叶的折目有表示第几卷第几叶的附记,这当是一次错简之后为某人所记。如果按照各叶的附记来整理,则正文显得支离破碎。原来一直保持错简状态,小西甚一之前西泽道宽加以整理,恢复了正常面貌。各帖有的有外题,有的没有外题,有外题也只记"文镜秘府论"。高8寸8分5厘,宽4寸8分5厘。天卷32叶,地卷39叶,东卷28叶,西卷49叶,南卷49叶,北卷40叶。正文每半叶7行,各行十六、七字。书写于白界之中。有朱笔和墨笔的加点,朱笔为乎古止点(圆堂点)、返点、假名点及校异。墨笔为声点和假名点(有新旧两种)。蠹蚀极甚,有的地方几无法判读。地卷封底有"长宽三年三月十六日书之"的字样,知写于平安末长宽三年(1165)。此本也因此又被称作长宽写本。各帖第一叶有"高山寺"的长方形的朱印。

[高山寺乙本]

天地东西北5帖。共表纸粘叶装。天卷和地卷高9寸1分,宽5寸2分,东卷高9寸3分,宽5寸2分,西卷和北卷高9寸6分,宽5寸5分。外题和甲本一样。天卷28叶,地卷44叶,东卷26叶,西卷46叶,北卷36叶。蠹蚀也极甚,有的一叶蠹蚀下部的三分之一。每半叶7行,行十七、八字。有白界。无训点,故此本又称无点本。约写于平安末期至镰仓初期。印记和甲本相同。

[高山寺丙本]

南1帖。共表纸粘叶装,高9寸6分,宽5寸4分,40叶。每半叶7行,各行十六、七字。有白界,无点。小西甚一认为书写年代与乙本同,但笔迹较乙本远为拙劣。印记和甲本、乙本同。

盛江按:笔者于1995年和1996年去看高山寺本时,甲本已如五十年前小西甚一去看的那样,经西宽道泽恢复原状后,已不见错简现象,但缺页不少。乙本则不止5帖,而有了6帖,有了南卷1帖。丙本不仅仅有南卷的残卷,还有了天卷(残1叶,自"妙响金镛"至"斯人而已"),地卷(残第1叶,但已仅能看清"文镜秘府论　地"字样),东卷(残封面和第1叶),西卷(残4叶,自"朝云晦初景"至"同乘此载北游后")。不过,丙本每卷新包装的封面上,都记着这是"57函7号"(即乙本的收藏编号)某卷的一部分,而校对其文字,亦恰恰为乙本所缺,字体、墨迹、纸质均与乙本一样。丙本的这些卷,实际由乙本散落而成,与乙本应是同一个本子。只有南卷,字迹逊于其他各卷,封页有批注,当为后人补写。这几个本子都有收藏者的编号,顺序均为天、地、东、西、南、北。乙本即无点本不仅有收藏者的编号,而且自身封页上也有"卷一""卷二"……的顺序标记。乙本天卷封面是"文镜秘府论卷第一"字样,地卷是"文镜秘府论卷第二",东卷无封面,而丙本东卷有封面,当是乙本散落后收入丙本。封面字样为"文镜秘府论卷第囗","第"字后的字已残。北卷缺封面。西卷封面字样为"文镜秘府论卷第囗","第"字后的字被墨笔涂掉,而在被涂处的右侧标一"五"字。南卷封面是"文镜秘府论卷第囗","第"字后面的字也被墨笔涂掉,而同样在被涂处的右侧标一"四"字,被涂掉的字,因只用一斜笔划掉,因此大致可辨认出是个"五"字。

二、《文镜秘府论》在镰仓时期的流传

镰仓时期(1184—1333)是《文镜秘府论》流传的第二个时期。《文镜秘府论》在镰仓时期的本子,现存有醍醐寺甲本、仁和寺甲本、新町三井家本、宝寿院本、正智院甲本、杨守敬本、正智院丙本、义演抄本。

醍醐寺甲本

醍醐寺宝聚院藏(在京都南部伏见区)。天东西南4帖,共表纸粘叶装。高7寸9分,宽5寸5分。各帖封面朱笔书"上醍醐",墨书"丈六堂",里表纸有"无量寿院"的朱笔识语。天卷封面里页有贴纸:"秘府论,天东西南四帖在之,地与北无之,弘治三年九月日,挠。"(弘治三年为1557年)。天卷34叶,东卷32叶,西卷58叶,南卷50叶。南卷第4叶之后的4叶(2折),第28叶之后的4叶有脱落的痕迹。最后2叶为白纸,和北卷纸质相同,当是后来误贴上去的。因此,南卷当有56叶。第半叶7行,每行约十五、六字。有白界。有朱笔的乎古止点(圆堂点)、声点、假名点及返点。有一些校异。小西甚一认为,此本写于平安末期至镰仓初期。

盛江按:今见该本高24公分,宽16.5公分,醍醐寺整理时判断此本天、东、西、南卷年代为镰仓前期,1221年。

仁和寺甲本

京都御室仁和寺藏。阙本,现存五帖,北卷为后来补写。甲本实存天东西南四帖。用宽永九年的文书作包纸。封面有识语:"甲第九""秘府论""仁和寺心莲院",里页有和这同笔的"六卷之内,地卷两卷缺了,先年以醍醐寺报恩院御本书写了"的识语。共表纸粘叶装,高7寸5分,宽4寸9分。各帖第1叶都有"心莲院"的长方形朱印,末叶有"仁和寺心莲院"的长方形朱印。各帖封面有和正文笔迹有别的识语:"甲九箱",又有另一种笔迹"裔治"。天卷35叶,东卷32叶,西卷58叶,南卷60叶。每半叶7行,各行约十五、六字。有白界,有朱笔加的乎古止点(圆堂点)和声点,朱笔和墨笔加的假名点返点。栏眉偶有墨笔注有训义。天卷封面有和包纸所识笔迹相同的"六卷内二卷不足"。大约写于镰仓初期。

新町三井家本

三井高遂氏藏。阙本,只存北卷。卷子本1卷,高8寸8分多,17张长约1尺7寸7分乃至1尺6寸4分的纸粘成,有墨界,界高7寸2分,幅7分乃至7分5厘。料纸用斐纸系统的薄纸。抄写年代当为镰仓中期。外题笔迹和正文不同,为"文镜秘府论六弘法大师作",处处用朱笔校正正文,乎古止点和假名点完全没有。卷首有"三井家双鹿阁"的长方形朱印,以及"三井高坚"的小方形朱印。卷尾有新町三井家的藏书印。里面有1寸4分的方形朱印,可能是旧藏寺印,但印文磨损无法辨认。

宝寿院本

高野山宝寿院藏(今已藏高野山灵宝馆)。残本。存天、东二帖。共表纸粘叶装。高9寸5厘,宽5寸5分。封面墨书外题"文镜秘府论天""文镜秘府论东"。天卷38叶(内墨书34叶),东卷36叶(内墨书33叶)。有白界,每半叶6行,各行16字左右。墨笔加有假名点和返点,全部插有绵密的声点。无乎古止点。书写年代一般认为在镰仓中期,但小西甚一认为,也可以上溯到镰仓初期。包装纸外有识语:"文镜秘府论,可惜天东二册,阙地南西北四卷,何人拸首无奥书故未详,昭和十八年壬午夏,龙仙识。"小西甚一从各种事情推测,以为四帖遗佚可能在明治末或大正初年。

宝龟院本

高野山宝龟院本藏。阙本。共表纸粘叶装。残天、地、东三帖。高7寸3分5厘,宽5寸1分。各帖封面外题"文镜秘府论"之下有小字写卷名,右下角有"圣惠矣""宝龟院政与"的署名(天卷还有"尧雅"的署名)。天卷26叶,地卷38叶,东卷24叶。每半叶8行,每行18字至20字,墨笔加有声点、假名点、返点,栏眉及栏脚有校勘文字。地卷记有"嘉元元年〔癸卯〕九月二日于和泉国大岛郡土师乡毛须村大福寺书了 圣惠",东卷有"嘉元元年〔癸卯〕九月四日于和泉国大岛郡土师乡毛须村大福寺书了。圣惠矣"的识语,知写于嘉元元年即1303年。

正智院甲本

高野山正智院藏,天卷1帖。共表纸粘叶装。高8寸4分5厘,宽5寸3分。封面外题为"文镜秘府论",其下用小字记有卷名,其下署名为"沙门景义"。30叶。有白界。每半叶7行,各行18至20字。有墨笔声点和假名点。写于镰仓中期。

杨守敬本

杨守敬自1880年起五年间作为驻日公使随员在日本访书,是第一个访知《文镜秘府论》的中国人。他从日本带回二个本子,一个是江户刊本,另一个就是这个古抄本,这个古抄本原为日本狩谷堂掖斋藏本,因为是杨守敬从日本访寻而得,漂洋过海,携回中国,使中国有了唯一的一个本来应当属于中国的传本,我们因此把它称之为"杨守敬本"。此本原藏故宫大高殿,1930年储皖峰作《文二十八种病》,曾用这个本子作过校勘。抗战期间,此本和故宫其他文物一并南迁,数度迁徙,漂泊万里。笔者费尽周折,辗转南北,方在台湾台北外双溪故宫博物院寻得它的踪迹。此本写于日本镰仓时期。残东、西二卷一册。封面题署:"古抄文镜秘府论"。内第1叶阳面正中题署:"文镜秘府论古抄零本二卷",其左稍小字题:"此亦狩谷望之所藏有掖印也"。左下角有小长方八方印,印文为:"掖斋",右下角有方形印章,印文为:"星吾海外搜得秘笈"(杨守敬字惺吾)。第1叶里页有杨守敬像,左上方有小长方印,印文为:"星吾七十岁小像",左下角有阴文方印,文为:"杨守敬印"。正文东卷27叶,西卷为残卷,包括封面33叶,文至"第二十五落节""又咏春诗曰"。西卷封面左上解题署"文镜秘府论西",右下角墨书"绍惠"二字。正文每半叶7行,各行十六、七字。无点。

正智院丙本

高野山正智院藏,地1帖。共表纸粘叶装。高8寸6分、宽5寸3分。封面外题"秘府论地",下署"正智院"。46叶。有白界。每半叶7行,各行15字左右。前半(《十体》之前)有;墨笔声点和假名点,后半为白文。写于镰仓后期。

义演抄本

藏京都醍醐寺。残天、东、西、南、北5卷。共表纸粘叶装。正文料纸鸟子。天、东、西、南各卷高24.3厘米,宽17.6厘米,有白界,界高20.6厘米,宽2厘米。北卷高24.3厘米,宽17.5厘米。天卷34叶,东卷30叶,南卷52叶,西卷54叶,北卷40叶。每半叶7行,各行17字左右。

天、东、西、南各卷有假名点、返点,北卷无点。天、东、西、南各卷尾题各为"文镜秘府论　天"、"文镜秘府论　东"……,北卷尾题"对属法",天卷末页里书:"天正廿载林鐘上浣,于金刚轮院南窗写功终,莫令散失矣\座主义演"。东卷末页里书:"时天正廿稔姑洗上澣求御作内外之论章愿早速写功之周备\染秃毫勿出闸之外矣\准三宫义演"。南卷末页里书:"天正廿年暮春下旬书定毕,座主(花押)(义演)出之"。西卷末页里书:"于时天正廿载孟夏上浣,以证本驰秃笔耳\义演"。北卷末页里书:"天正廿岁朱明中旬,此一卷以　大师御笔奉书写了(花押)(义演)记之"。天正二十年为1592年,此本为是年义演所写。

三、《文镜秘府论》在室町及江户时期的流传

室町(1393—1568)至江户(1600—1865)时期,是《文镜秘府论》流传的第三个时期。这一时期的本子,现存有醍醐寺乙本、醍醐寺丙本、仁和寺乙本、正智院乙本、天海藏本、江户刊本。

醍醐寺乙本

藏京都醍醐寺。地1帖。共表纸粘叶装,高8寸1分9厘,宽5寸5分5厘。42叶(有墨迹39叶),每半叶7行,各行约十六、七字,有白界。墨笔标有假名点、返点以及校异。小西甚一认为江户初期写。

盛江按:今见该本高24公分,宽16.5公分,封面左上外题:"文镜秘府论地",右下"无量寿院常住"。据醍醐寺整理判断,此本年代为室町后期,弘治三年九月,即1557年9月。

醍醐寺丙本

藏京都醍醐寺。北1帖。共表纸粘叶装。高7寸8分5厘,宽5寸5分。46叶(有墨迹42叶),第2叶之后的2叶(1折)有脱落的痕迹,每半叶7行,各行约十四五字。有白界,有墨的假名点、返点、声点。卷尾朱笔识语:"文禄五年七月上旬书之"(盛江按:文禄五年为1596年),又墨书"尧圆"。

盛江按:今见此本封面之外有纸包装,上付有纸条,纸条上有墨书:

"文镜秘府论北,第六册补写",朱笔书:"文禄五年七月上旬书之尧圆"。高 24 公分,宽 16.5 公分。

仁和寺乙本

藏京都仁和寺。北 1 帖。共表纸粘叶装,高 7 寸 5 分,宽 5 寸 5 厘。40 叶,每半叶 7 行,各行约十六、七字。有白界。封面和甲本同一笔迹的"甲第九箱,心莲院"的识语。正文的第 1 叶有"仁和寺心莲院"的长方形朱印。有墨笔的返点和假名点。当写于江户初期。末叶有和包纸同一笔迹的识语:"上醍醐报恩院御本书写了。"

盛江按:仁和寺甲本、乙本这二个本子,笔者去看时,也是作为一个本子的。但北卷可以看出是后来补的。

正智院乙本

藏高野山正智院。天 1 帖。共表纸缀叶装。高 8 寸 1 分,宽 5 寸 1 分 5 厘。封面外题同甲本,右下角署"正智院"。26 叶。无界。每半叶 8 行,各行 17 至 19 字。有墨笔声点和假名点。小西甚一认为写于室町末期。尾叶识语笔致和正文一致,识语为:"文选云温泉流处冬草青明月开处夜山明。このさかひにまよふはかなさおもはすも二个の文月を见て　心敬。"

天海藏本

延历寺叡山文库天海藏(在京都东北比叡山,"天海藏"是这个文库一部分珍贵藏书的名称)。完本三册。袋缀,第 1 册(天卷 29 叶,地卷 43 叶),第 2 册(东卷 27 叶,西卷 47 叶),第 3 册(南卷 55 叶,北卷 37 叶)。高 8 寸 2 分,宽 6 寸 1 分。封面外题如"文镜秘府论天地"等,各册封面署有"大畜""六合三",首叶有"天海藏"墨印,尾叶有"山门藏本"墨印。江户末期写。有乎古止点(疏略的圆堂点)、假名点声点。

江户刊本

此本一称作"版本"。完本。或成六册或成三册或成一册,有数次刊行,均为同一版本。此版本现存,京都山城屋藤井佐兵卫氏藏。双边无界线,框郭高 6 寸 7 分,宽 4 寸 9 分强。版心上下有鱼尾,小黑口,表示卷数和叶数。每半叶 9 行,行 18 字,注文双行,天卷 22 叶,地卷 31 叶,东卷

21叶。南卷37叶，西卷35叶，北卷29叶。正文有返点、声点、假名点。假名点保留比较早的形态。大体没有刊记。收藏于叡山文库的毗沙门堂的本子有"京都寺町五条上ル西侧，伊势屋额田正三郎"的刊记，东京帝国大学国语研究室藏的三册本有"京都书林寺六角上ル町，めと木屋宗八"的刊记。但这是重印本，初印本未见。从版式和刻字的体式推测，小西甚一认为是宽文、贞享间（1661—1684）的刊本。

松本文库本

藏京都大学人文科学研究所东洋学图书室松本文库。全六帖，共表纸粘叶装，高26.3厘米，宽19.1厘米，各卷封面外题左上角墨书"秘府论　天""秘府论　地"……，右下角墨题"恭畏"，表纸里页有"京都大学928901图书"字样红色方印，内第一页标题下有"松本文库"红色方印。天卷末题"文镜秘府论"，地、东、南卷末题："文镜秘府论　一校了"，西卷末题"一校了"，北卷末题"文镜秘府论　北　一校了"。每半叶9行，每行17字左右，行楷抄写，有假名点和返点。封面所题"恭畏"为江户初名僧，可知为江户初之前写本。

田中穰氏藏本

东京新宿田中穰氏私家藏。此本未能见到。据《田中教忠藏书目录》(1982年田中穰自家版)及田中穰复函介绍，此本写于庆长、元和年间(1596—1623)，栗皮色原表纸，大本，卷首有"今出川"的朱色印记，菊亭家旧藏。"今出川"在京都，知此本原为京都某家藏本。《田中教忠藏书目录》载有此本天卷卷首图影，据此图影，知该本每半叶7行，各行15字左右，有假名点、返点。

彰考馆藏本

藏水户市见川，宽政三年(1791)写。

蓬左文库本

藏名古屋蓬左文库，1册，目录编号12—90，写于江户中期。

文镜秘府论笺

写于1736年，十八卷。这是人们知道的。作者维宝阿者梨(1687—

1747)为高野山莲金院学僧。维宝笺本又有各种写本,所知的有:一、持明院本。写于安永二年(1773),18卷完本。原存高野山持明院,现存高野山大学。二、宝龟院本。残本,存卷三、四、六、七、八、十,藏高野山宝龟院。三、龙光院本。残本。存卷一至卷十。藏高野山龙光院。维宝笺本也应算一种流传的古抄本。

持明院藏《文镜秘府论笺》,高22.9厘米,宽16厘米。共蓝皮表纸粘叶装。卷一34叶(另表纸1,封底1,下同),笺文每页10行,每行20字,本文每页10行,每行21字。卷二30叶,卷三38叶,卷四27叶,卷五29中,卷六27叶,卷七19叶,卷八22叶,卷九19叶,卷十30叶,卷十一27叶,卷十二27叶,卷十三28叶,卷十四28叶,卷十五28叶,卷十六34叶,卷十七35.5叶,卷十八36.5叶。笺注栏眉有注文,当为抄写者所为。注文大体为注明维笺所及古籍出处,可见抄写者不知此"经"为刘善经。有假名点,卷九以前为墨点,卷十以后有朱点,天卷《四声论》"经数闻"的"经"字,该本训"ムカシ"。当为江户末抄本。

四、《文镜秘府论》未存本

"草本""证本"之外,还有一些未存本。

有"报恩院本"。仁和寺乙本(残北卷)有包装纸,上有与本文笔迹相同的识语云:"上醍醐报恩院御本写之了实贺。"由此识语可知,报恩院本是仁和寺乙本(残北卷)的祖本。报恩院是醍醐寺中古时的一个寺院,现已不存。由此也可知,这是中古时的一个本子,这个本子当是醍醐寺本中的一种,可能与醍醐寺甲本(今残天、东、西、南卷)为同一种本子,仁和寺乙本传录的是其中的北卷,而这个本子的北卷今已不存,只能从它的传本仁和寺乙本知道其面貌。

据《琦玉名家著述目录》,还有山城小野宝持院学僧行愿(1751—?)的《文镜秘府论冠注》十五卷。为什么分为十五卷?不知其由。今本《文镜秘府论》天卷序有言:"余癖难疗,即事刀笔,削其重复,存其单号,总有一十五种类。"不知是否按这"一十五种类"而分为"十五卷"。从题名看,这应当是一个注本,从今存《冠注文笔眼心抄》看,所谓"冠注",即栏眉之注,而所谓"注",主要是异文校正,并没有多少辞语注释。现存《文镜秘府论》的其他传本,如三宝院本等,也有一些校正,甚至个别辞语注释。这样看来,这个所谓《文镜秘府论冠注》,同今存《文镜秘府论》传本无大区别。

现存传本如宫内厅本、三宝院本等,在这些本子的夹注中还提到一些本子,除前面提到过的草本、证本之外,还有点本、别本、或本、异本、イ本等等,其中称"イ本"的最多,而提到所谓"イ本"最多的是三宝院本。这些也是未存本子。

这些本子中,"点本"可能是标有训点的本子。这个本子可能是后来经过整理抄定的一种本子。这个本子为《文镜秘府论》标上训点,便于日本人用汉语习惯读懂这部汉籍,就是整理留下的一种痕迹。此外,"草本"在段落划分上可能比较随意,一些地方该分段落可能未分段落,这些地方,"点本"可能根据文意,在应该分段落的地方为"草本"另分了段落。比如北卷《帝德录》"颛顼"一段,"颛顼亦曰高阳"之右肩三宝院本有朱点,右旁注"点本别行书之"。又"唐尧"一段,"唐尧亦曰陶唐"之右肩三宝院本亦有朱点,右旁注"点本别行书之"。"虞舜"一段,"虞舜亦曰有虞"之右肩三宝院本亦有朱点,右傍注"点本别行书之"。"夏禹"一段,"夏禹亦曰有夏"之右肩,三宝院本也有朱点,右傍注:"点本别行书之"。这说明,这些地方,"草本"可能并未分段,而"点本"根据文意"别行书之",划分出段落。

这几种未存本子,别本、或本、异本、イ本等等,可能并非特指,并非特指某一固有的本子,而是泛指其所用校本。在甲传本中称为"别本",在乙传本中可能就被称为"或本",或"异本"、"イ本"。有的本子自身虽已不存,但其材料可能保存在别的现存传本中。甲传的校本可能是乙传本的祖本。比如,东卷"第十八邻近对","上是义……邻近宽"21字,宝寿院本、杨守敬本、六寺藏寺本作双行小字,宝寿院本、六地藏寺本在其下注"以上注或本兼书之"。所谓"兼书之",就是不作双行小字,这所谓"或本",可能就是宫内厅本、三宝院本等的祖本,因为这宫内厅本、三宝院本等这 21 字就作大字正文。比如地卷《十七势》"第十二一句中分势""海净月色真","净"字,三宝院本作"清",旁注"净イ",而高山寺甲本注"清イ"。三宝院本所注的"イ本"应当就是宫内厅本、高山寺甲本等的祖本,因为宫内厅本、高山寺甲本此字就作"净",而高山寺甲本的"イ本"可能就是三宝院本的祖本,因为三宝院本此字就作"清"。

这些未存本子,有的可能是修正抄定本。

这些未存传本也反映了《文镜秘府论》的流传转抄情况。

第三节 《文镜秘府论》的谱系

根据《文镜秘府论》传本的异文,可以知道它的流传谱系。

一、"证本"系统

"证本"是一个系统。属"证本"一系的本子有宝寿院本、六地藏寺本、杨守敬本和宝龟院本东卷、义演抄本以及醍醐寺甲本、仁和寺甲本西卷。这些本子,都有"证本"带特征性的重要异文和书写格式。比如,东卷"证本"作小字注文的 17 处,没有"水浑""火火"二病,"第八正纽""……名犯正纽者"句下,和"证本"一样,有"傍纽者如贻我青铜镜……名犯傍纽也"。此外,松本文库本、江户刊本、维宝笺本、醍醐寺乙本和"证本"有密切关系。这些本子,有的和其他传本作了校正,因此有的有"水浑""火灭"二病,但总体上,属"证本"一系,或与"证本"有密切关系。

与"证本"面貌最接近的首先是六地藏寺本,还有宝寿院本。杨守敬携回古抄本也属"证本"—宝寿院本—六地藏寺本一系。杨守敬本残东、西二卷。六地藏寺本和杨守敬本都没有"水浑""火灭"二病。西卷"第八正纽""从一字纽之得四声是正也"以下至"凡入双声者皆名正纽"一段(《汇考》第 1043 页),诸本讹脱错乱,颇多异文,就其大者有三种类型,杨守敬本和六地藏寺在同一类型。和宝寿院本同一子系统的,还有正智院乙本和宝龟院本东卷这几个本子,宝龟院本、杨守敬本、宝寿院本均写于镰仓时期,六地藏寺本、正智院乙本均写于室町时期。它们当是"证本"下的一系。

义演抄本和六地藏寺本有很多共有的重要异文。一些异文和"证本"相合,又为义演抄本西卷和六地藏寺本共有,说明它们同属证本一类。但义演抄本和六地藏地本之间也有不少异文并不一致。它们有联系又有区别。从时间上看,它们一前一后(六地藏寺本写于1519年,义演抄本写于1592年),但互相之间不会是承传和被承传的关系,而当是以某一更早的属证本系统的本子为共有的祖本。它们分属证本系统内不同的子系统。

和义演抄本同一子系统的,还有醍醐寺甲本西卷和仁和寺甲本西卷。这三个本子有很多独有的异文。粗略统计,西卷就有近50处。这三个本子,义演抄本较晚,另两个本子,均在平安末或镰仓初,醍醐甲本可能稍早一些。这三个本子西卷应该是醍醐寺甲本—仁和寺甲本—义演抄本这样的承传关系。

证本系统下,宝寿院本和六地藏寺本也是一子系统。六地藏寺本全六卷,宝寿院本残天东卷。就天东卷比较,如前所述,这两个本子不但有大量独有的异文,而且训点完全一样,什么地方低一字、二字或高一、二字位置写,什么地方单行,什么地方双行书写,这样的书写格式极其相似,甚至相应页码每一行的字、字数,相对应的部分,每一行从哪个字开始,到哪个字为止,都一模一样,六地藏寺本有的眉注,宝寿院本都有,这些都为这两个本子独有。这两个本子,宝寿院本更早,约写于镰仓中期,而六地藏寺本写于1519年,六地藏寺本应是直接承传宝寿院本或它的忠实转写本。

和宝寿院本——六地藏寺本一系关系密切的有江户刊本、松本文库本、维宝笺本、祖风会本。

这几个本子和证本的关系比较微妙。也有几处和证本痕迹相合,但证本痕迹大部分,则与这几个本子不合。这几个本子可能与草本参校过。和松本文库本、江户刊本、维宝笺本、祖风会本同一系的还应有仅残地卷的醍醐寺乙本。松本文库本等四个本子和醍醐寺乙本都比较晚,从上面情况看,它们既依据了证本,又参校了草本。参校草本,所据又是与三宝院本不同的另一系。依据证本,又不像六地藏寺本等本一样以证本为基础。可能还依据了一般再治抄定本,它们与证本有异的地方,可能所据就是再治抄定本。如果这些理解不错的话,则这几个本子可以看作介乎于证本与再治抄定本之间,和证本系统关系密切而又参校过某一系草本,这是倾向于证本,而混合程度比较大的一类本子。

这样,证本系统下,醍醐寺甲本(西)、仁和寺甲本(西)和义演抄本(西)为一子系统,宝寿院本、六地藏寺本、杨守敬本、正智乙本、宝龟院本(东)为另一子系统,而后一子系统中,宝龟院本又与宝寿院本不同。松本文库本、江户刊本、维宝笺本和祖风会本,则既与证本有密切联系,又与一般再治抄定本和草本也都有某种联系,醍醐寺乙本也属松本文库本一系。

二、再治抄定本系统

所谓再治抄定本,应该是指既没有保留草本材料,也没有保留"证本"材料的那一类传本。

属于这一类的传本有醍醐寺甲本、仁和寺甲本的天、东、南卷,宝龟院本的天卷,仁和寺乙本和醍醐寺丙本(均残北卷),及报恩院传来本,还有义演抄本的天、东、南卷。

天卷典型的异文是《调声》中"调声之术"一节"此篇第一句头两字平"以下,《研究篇》所举的那段异文。那段异文,义演抄本和醍醐寺甲本、仁和寺甲本、宝龟院本一样。我们把那段文字的异文和各本作一比较(括号中的异文为其他各本有而醍醐寺甲本、仁和寺甲本、义演抄本、宝龟院本所无,下面加线者为醍醐寺甲本等四个本子有而其他各本无):

此篇第一句头两个字平,次句头两字去上入;(次句头两字去上入,次句头两字平;)次句头两字又平,次(句头两字)去上入;<u>次句头两字平;</u>(次句头两字又去上入,)次句头两字又平;<u>次句头两字去上入,</u>次句头两字又去上入,次句头两字又平,如此轮转,自初以终篇。

醍醐寺甲本等四个本子,天卷还有其他一些独有的异文,如《八种韵》"一连韵者""如湘东王诗曰"(参《汇考》第188页),"湘"均作"相",《四声谱》反音图"土烟天坞","坞"字下,均注"坞城也"(参《汇考》第88页[二])。宝龟院本仅存天卷,另三个本子,东卷、南卷异文更多一些。东卷典型的异文是《研究篇》提到的《笔札七种言句例》开头"一曰一言句例,二曰二言句例……六曰六言句例,七曰七言句例"42字,义演抄本和醍醐寺甲本、仁和寺甲本这三个本子一样阙文(参《汇考》第850页[二])。此外,如"第一的名对"题下注"又名正名对又名正对又名切对",三个本子均无"又名切对"4字(参《汇考》第689页[一])。同目"前下是其对"5字亦均无(参《汇考》第690页[七])。"第三双拟对""飞岚飞叶始"句,"叶"均作"菜"(参《汇考》第708页[九])。"第四联绵对""意涉连言,坐兹生号","坐"均作"并"(参《汇考》第715页[一〇])。"第十一意对""入室问何之"句,"室"均作"空"(参《汇考》第757页[二])。南卷也有不少例子。《论文意》"以此言之则鲍公不如谢也","鲍"均作"饱"(参《汇考》第1333页[四])。"独有其日月以清怀也"句,"怀"均作"襟"(参《汇考》第1364页[二])。"如游寺诗,鹫岭鸡岑,东林彼岸","又柔其词轻其调","剖宋玉俗辩之能,废东方不雅之说"三句,第一句"岸"均作"峰",第二句"调"均作"词",第三句"剖"均作"割"(分参《汇考》第1421页[一五],1422[七],1420)。这样独有的异文,粗略统计,东卷有22处,南卷有17处。和其他的本子,没有这样独有的异文。

醍醐寺甲本、仁和寺甲本和义演抄本等三个本子天东西南各卷,偶也有见存留草本痕迹。西卷《文二十八种病》正文保留有水浑、火灭二病全文。之所以保留,可能是认为草本这二病太重要了。其他地方,则基本未见草本痕迹。几个本子地卷未存,情况无从了解。其他几卷,西卷水浑、火灭二病之后不是三十种病，而是二十八种病的目序。这是再治抄定本的目序。东卷《文二十九种对》目次中"十一曰意对"、"十七曰侧对"、"廿五曰假对"、"廿八曰叠韵侧对"四处，都没有草本关于原典出处的旁注，或旁注作大字正文(参《汇考》第679页[三][四][五][六])。草本不少地方注明原典书名或作者名，尔后又朱笔划掉改过来。醍醐寺甲本等三个本子校录的都是朱笔修改后的样子。和证本异文相比，有两处相合，东卷一处，为《二十九种对》目次"一曰的名对"目下，"亦名正名对，亦名正对"，和证本一样作小字注，但此注较证本多"又名切对"四字(参《汇考》第679页[二])。西卷一处，"第八正纽""名犯傍纽者也"句下，也有"傍纽者如贻我青铜镜……名犯傍纽也"26字，但此26字六地藏本等作双行小字注，而醍醐寺甲本等作大字正文(参《汇考》第1045页[八])。此处异文可能因为重要，早期再治抄定本已据证本加入。醍醐寺甲本等三个本子可能依据的是证本，也可能是一般再治抄定本。除此之外，醍醐寺甲本等三个本子基本没有证本那种带特征性的异文。证本那些作小字注文的地方，这几个本子都作大字正文。

醍醐寺丙本、仁和寺乙本均残北卷，多有共有的异文，这一点，《研究篇》已有论述。仁和寺乙本包装纸上有与本文笔迹相同的识语称："上醍醐报恩院御本写之了\实贺"，可知通过"报恩院本"与醍醐寺本有承传关系。这二个本子也没有和草本相同的异文，属再治抄定本。这一系统里，醍醐寺甲本、仁和寺甲本、宝龟院本(天卷)、义演抄本天东南卷为一小支，醍醐寺丙本、仁和寺乙本通过曾存的"报恩院本"又当是一支系。

三、"草本"系统

三宝院本属草本系统。它保存的草本材料最多。现在所知的草本材料，除少部分保存在宝龟院本等本的地卷外，基本上是载录在三宝院本。它不仅保存着关于原典出处的大量异文和其他后来被删去的原文、夹注，而且保存了草本地卷另一卷首，甚至草本在原稿上怎样施于朱笔，把一段话从页边勾引补加进正文，这样的痕迹都原原本本保存下来了。

可以说，这是最接近草本原貌的本子。当然，它也校录了大量证本异文。

属于这一系统的，有三宝院本的忠实传写本天海藏本，还有正智院本甲本。另外，新町三井家本应该属这一系统。新町三井家本残北卷，且脱三千七百八十七字（"然文无定势"〔《汇考》第1680页〕，以下至"功业施于四海"〔《汇考》第1828页〕），前半几乎全阙，无法窥其全貌，但从残存文字大体还能推测它与其他传本的关系。北卷卷末三宝院本有"对属法第一（陈）"数字，用朱笔抹消，又朱笔注记"草本以朱如此正之"，新町三井家本也记有"对属法"三字。说明它和三宝院本一样有草本异文。

义演抄本北卷也应该属这一系统。一个根据，是前面提到过的，义演抄本北卷文尾有题注："天正廿岁朱明中旬\此一卷以\大师御笔奉书写了\（花押）（义演）记之"，所谓"大师御笔"，就是空海草本。再一个根据，是义演抄本北卷卷末，也有"对属法"三字的草本异文。

和三宝院本有密切关系的是成篑堂本。成篑堂本抄写年代可能稍早于三宝院本。这二个本子有一些独有的异文，小西甚一《研究篇》认为成篑堂本和三宝院本同属一系，这是对的。但是，我以为三宝院本地卷的祖本可能即是成篑堂本，至少直接参校了成篑堂本，或者两个本子同有一个祖本。根据就是其卷首。三宝院本地卷里页记有地卷另一卷首，里页所记这个卷首，有很多地方与通行本不一样，而与通行本不一样的这些地方，恰恰与成篑堂本地卷卷首一样。除"十七势"、"十体"等目下都注有原典出处外，三宝院地卷里页所记卷首和成篑堂本地卷卷首这两个卷首都有"七种言句例札"、"六对札"、"一种七对"、"八对"、"八对皎"（成篑堂本作"八对天"，"天"当误）的异文，成篑堂本"十四例"旁记有"十五例"的异文，三宝院本"十四例"则作"十五例"。现存传本中，这些异文为这两个本子所独有，而成篑堂本较三宝院本稍早，三宝院本地卷承传成篑堂本是很可能的。不过，三宝院本作了改动。它把成篑堂本地卷卷首由正文移至里页。成篑堂本没有参校证本，而三宝院本则参校了证本，三宝院本地卷正文的卷首，"十七势"等目次下，注明原典作者名的同时，还注明"证本"，说明它的正文卷首用的是证本。不管怎样，成篑堂本和三宝院本关系密切，属草本系统。

宫内厅本、高山寺乙本、高山寺丙本和正智院丙本为一类。宫内厅本一系与证本的关系很可寻味。西卷《文二十八种病》"第九水浑病"一段开头，宫内厅本注"此水火二病篇立无也又证本无也故且正之可"，可见宫内厅本见过证本，但它完全未从证本。西卷水火二病是一例。一些传本，虽有水浑、火灭二病，实际校录三十种病，但总顺序，却照二十八种病，宫内厅本则不但有水浑、火灭二病，而且顺序全照总三十种病，最后一病即为"第三十骈拇病"。东卷凡证本作注文的地方，宫内厅本一律作大字正文。宫内厅本偶也从草本注出原典出处，但凡证本注出原典出处的地方，宫内厅本也一律作"或曰"。甚至西卷"第八正纽""……名犯正纽者"以下"傍纽者如贻我青铜镜结我罗裙裾结裾是双声之傍名犯傍纽也"26字也是这样，这26字，三宝院本注："证本有之"，各本均据以补入，只有宫内厅本和高山寺乙本没有将这26字抄录入进去。凡是明确注明是证本异文的地方，宫内厅本都与证本不同。校录时证本就在案头，不但不用，而且似乎有意排斥证本。只有一处例外，即天卷《调四声谱》韵纽图"皇晃璜䥯禾祸和"等几处，前面说过，好几个本子都对这个韵纽图用字标注了反切音。这个音注，绝大部分与空海著《篆隶万象名义》所注相应字的反切音不合，怀疑可能是证本所为。有音注的几个本子中，就有宫内厅本。如果真是证本补加的音注，那么，可以说宫内厅本校录过证本材料。但也仅此一处而已。

不用证本，则其校录所据当为草本和再治抄定本。就与草本关系来说，宫内厅本近于三宝院本一系，校录的草本异文，除个别者外，均见于三宝院本。至于松本文库本一系所用的草本异文，如地卷《十四例》《八阶》题下注，"十四避忌之例"的异文，南卷《论文意》"若清浊相和名为落韵"句下原典出处注，一概未用。就草本和再治抄定本两者，宫内厅本似更近于再治抄定本。它们校录了一些草本异文。地卷卷首，有"体例""王氏论文曰""具例如后"的草本异文。东卷《二十九种对》篇目"十一曰意对""十七曰侧对""廿五曰假对""廿八曰叠韵侧对"等目下，有草本尚未删去的原典出处注。西卷不但作三十种病，有水火二病，而且各目全依草本顺序，最后一目为"第三十骈拇病"，而不像证本和再治抄定本一样作"第二十八骈拇病"。草本关于原典出处的异文，宫内厅本也偶有校录，如南卷《定位》一节，"或曰梁昭明太子撰《文选》后"，"或曰"右宫内厅本注"殷璠河岳英灵集叙曰王昭"，而这一系的高山寺丙本注"殷璠河岳英灵集叙曰御草本如此"（参《汇考》第1500页[一]）。但是，三宝院本中还有很多草本异文，宫内厅本未予校录。这原因，就因为宫内厅本更近于再治抄定本。

再治抄定本中，宫内厅本、高山寺乙本等又与属这一系统的醍醐寺甲本、仁和寺甲本、义演抄本不同。前者与后者很少共有特别是独有的异文。醍醐寺甲本等用的是一类祖本，宫内厅本等则用再治抄定本一系的另一类祖本，同时校录三宝院本一系的草本异文。这是宫内厅本一系的主要特点。

宝龟院本地卷是很特别的一种本子。《研究篇》把宝龟院本地、东二卷均和三宝院本所校证本归属同一系统（见《研究篇》（上）第103页—105页及第133页系谱图）。宝龟院本东卷确属证本系统已如上述，但其地卷情况有异。《研究篇》提出的证据，主要是《十四例》《十体》和《八阶》的题下注，但前面我们已经论述过，这三处异文中，《十四例》和《八阶》的题下注实为草本异文，而草本和证本有区别。另一处，"十体"题下注："崔氏新定诗体因十种体具列如后"，未说"御草本"，但从另两例推测，这一例也应是"御草本"的异文，而不是"证本"的异文。这三例证明宝龟院本属草本系统，不足以证明它属证本系统。

现存地卷保存有证本材料的是另外五处。《十七势》"第一直把入作势"条"或自登山临水，有闲情作"句，三宝院本及成簣堂本"闲"字均作"开"字，右注"闲证本"，说明此处"开"字证本作"闲"字。而这一例宝龟院本作"开"字。（参《汇考》第365页[一]）

《十七势》"第一直把入作势"条"昌龄《寄驩州》诗入头便云：与君远相知，不道云海深"句，"诗入头"三宝院本作"诗云入头"，"云"字左注"证本"。说明"诗"字后之"云"字为证本所有,而宝龟院本无"云"字(参《汇考》第365页[二])。

《十七卷》"第二都商量入作势"中"大贤本孤立,有时起经纶"句,成篑堂本眉注"证本",当指此句中的"本"字依证本(另有本作"奈"字),此处宝龟院本作"奈"字(参《汇考》第371页[四][五])。

《十七势》"第四直树两句第三句入作势"条"留醉楚山别,阴云暮凄凄"句,成篑堂本眉注"证本",当指此句中"凄凄"二字依证本。另有本作"霎霎",此处宝龟院本作"霎霎",与证本亦不同(参《汇考》第377页[二])。

这四例异文宝龟院本均未与证本不同。只有一例例外,那是地卷卷首,三宝院本和天海藏本于标目"十七势"下注"王证本","十四例"下注"皎证本","十体"下注"崔证本","九意"下注"证本"。说明证本"十七势"下注有"王"字,"十四例"下注有"皎"字,"十体"下注有"崔"字,证本有"九意"。这一处,宝龟院本于"十四例"下注"皎"字,有"九意"这一标目。但是,据成篑堂本保存的草本地卷卷首,草本"十四例"下也有"皎"字(参《汇考》第347页[三])。宝龟院本可能从证本,也可能从草本。至于"九意"这一标目,现存所有传本均有,成篑堂本保存的草本地卷卷首也有,不足以作为证据。

存有证本异文的这五例中,有四例宝龟院本与证本不同,另一例可以作别的解释。这五例无法证明宝龟院本属证本系统。

宝龟院本地卷卷首,篇立"十四例"下注"皎";无"体例"二字,但有"具例如后""王氏论文云"的草本异文。这说明它用了三宝院本一系的草本材料。但"十四例"、"十体"、"八阶"的题下注,另外还有"十四避忌之例诗曰何况双飞龙羽翼纵当乖又诗曰吾兄既凤翔王子亦龙飞"31字,这些草本异文,则不见于三宝院本,而见于松本文库本、江户刊本、醍醐寺乙本等本子。宝龟院本写于1303年,比松本文库本、江户刊本等要早三百年。这部分未见于三宝院本的草本异文,要说承传,应该是江户刊本等承传自宝龟院本。宝龟院本是现存传本中这一系草本异文出现最早的一个本子。但江户刊本等与宝龟院本很少独有或者共有的其他异文,它们之间不一定有直接承传和被承传的关系,可能有一共有的祖本,这一祖本与三宝院本所据的草本不同,属草本的另一系。草本在传抄过程中,一类本子载录了一部分异文,一部分本子载录了另一部分异文。三宝院本和宝龟院本各依据了其中一系的草本系统的传本。

第五章　《文笔眼心抄》：空海所写的另一书

《文笔眼心抄》是与《文镜秘府论》密切相关的一部著作，是空海所写的另一书。嵯峨天皇弘仁年间，日僧空海利用传入日本的中国诗文论著作撰成《文镜秘府论》。明治四十一年（1908），京都山田钝号永年居士因又名山田永年氏刊刻印行《文笔眼心抄释文》，《释文》序称："弘法大师曾著《文镜秘府论》，又摘其要，更著《文笔眼心抄》，俱并行焉。"又说："此编原本囊出于东寺，遂归余手，盖为一大长卷子，书法超妙，纸墨俱古。人皆以为珍品，但其字交行草草，书十之九有古字，有异体字。是以读者如箝在口。顷者，长夏无事，晒书及此，于是反复考覈，遂得通读，因释以恒，用楷书印诸活字，钉为册子，以广其传。"所刊《文笔眼心抄》书题下署"金刚峰寺禅念沙门遍照金刚撰"，序称："余乘禅观余暇，勘诸家诸格式等，撰《文镜秘府论》六卷，虽要而又玄，而披诵稍难记。今更抄其要，含口上者，为一轴拴镜，可谓文之眼，笔之心，即以文笔眼心为名。文约义广，功省蕴深，可畏后生，写之诵之，岂唯立身成名乎？诚乃人杰国宝，不异拾芥。于时弘仁十一年中夏之节也。"此后，长谷宝秀之为之作冠注，作为祖风宣扬会所编《弘法大师全集》第九卷于大正十二年（1923）出版。此本称为《冠注文笔眼心抄》。1948年至1953年，小西甚一《文镜秘府论考》之《研究篇》和《考文篇》先后出版，书中考证，对空海撰《文笔眼心抄》

并未怀疑。1986年，兴膳宏译注《文镜秘府论》，作为《弘法大师空海全集》中的一部由日本筑摩书房出版，1997年，林田慎之助、田寺则彦校勘《文镜秘府论》，作为《定本弘法大师全集》第六卷由日本高野山大学密教文化研究所出版，笔者于2006年出版《文镜秘府论汇校汇考》，均附《文笔眼心抄》，将其视作与《文镜秘府论》相关的空海著作。

但是，近年陈翀教授发表数篇文章①，对这一问题提出怀疑。据山田钝著《过眼余唱第一集》，有西村兼文从京都东寺得到《文笔眼心抄》古抄卷，尔后此卷归于山田钝之手。陈翀教授经各方考证后指出，"今存《文笔眼心抄》之内容为西村兼文所伪造"，"基本可以断定现传之《文笔眼心抄》本文不可能是空海所撰原文，对于研究《文镜秘府论》并无多大裨益"②。陈翀教授虽很年轻，但近年在学术上进展很快，在版本文献方面所下功夫尤著，关于《文镜秘府论》的版本以及本文讨论的《文笔眼心抄》的版本也有很多非常深入的思考，发掘了一些很重要的资料。陈翀教授是我的年轻畏友，我们因讨论《文镜秘府论》而相识，虽然彼此观点不同，但不影响我们保持密切的联系和很好的友谊。我们坦诚相交。他的一些批驳我的论文，常常在发表之前就从网上发给我，得以先睹为快，而我的不同意见，在发表之前，也总是在网上先和他交流。他的关于《文笔眼心抄》古抄卷辨伪的两篇文章，我早就拜读了。思考是需要时间的，加上忙于研究其他问题，因此直到今天才一总作了回答。总的感觉，陈翀教授有很深入的思考，但要论定现传《文笔眼心抄》为伪书，其本文不可能是空海所撰原文，却缺乏更充足的根据和更严密的论证。

第一节　初步的质疑

从文献载录看，空海有过一部名为《文笔眼心抄》（或称"文笔肝心

---

① 主要有：《辨伪存真：〈文笔眼心抄〉古抄卷献疑》（刊于《域外汉籍研究集刊》第八辑，2012年），《空海〈文笔肝心抄〉之编纂意图及佚文考》（刊于《域外汉籍研究集刊》第十辑，2014年）。
② 说见前引《辨伪存真：〈文笔眼心抄〉古抄卷献疑》。

抄"，或名"文笔眼心"）的著作。关于这一点，中泽希男早就注意到①。小西甚一有详细的考证。小西甚一的考证，陈翀教授据笔者《文镜秘府论汇校汇考》有转述。为论述需要，我们再引述如下：

> 弘法大师撰有《眼心抄》，很早就有明确记载。传济暹作《弘法大师御作目录》，圣贤撰《御作目录》，心觉撰《大师御作目录》等，都有"文笔肝心抄　一卷"的记载。这大概就是《眼心抄》。高演作《弘法大师正传》和高鑁《高祖御制作书目录》作"文章肝心抄"，可能把"笔"的草体误作"章"。与此不同，保延三年正觉撰《大遍照刚御作书目录》，山田长左卫门氏藏嘉禄三年书写《大师御作书目录》，政祝撰《真言宗事相目录》等，均作"文笔眼心抄"。又，值得注意的是，教王常住院本《御作目录》，有"文笔眼心　一部二卷"，无"抄"（或者是"钞"）字，合于下述《信范抄》所引本，作二卷，和前述《高祖御制作书目录》注"本末"相应。因此，可以认为，平安后期存在二卷本的系统。后来的《释教诸师制作目录》和《诸师制作目录》并录为"文章肝心抄"和"文章眼心抄"，但这当然是援引时未见实物而产生的错误，谦顺的《诸宗章疏录》作"文章肝心章"大概也是因为这样②。

根据这些材料，陈翀教授也承认："空海曾将《文镜秘府论》缩写成为一个节要本"③。就是说，此书题名原为"文笔眼心抄"，还是"文笔肝心抄"，或者是"文笔眼心"，可以有疑问，但都不能否认空海有过一部这样的著作。

还有花园天皇的日记《花园天皇宸记》两条材料。这两条材料，都为陈翀教授《空海〈文笔肝心抄〉之编纂意图及佚文考》一文所引，我们转引如下。第一条材料：

---

① 中泽希男《文镜秘府论札记》，《斯文》第十六编第七、八、十号，第十七编第二号，1934年—1935年。
② 小西甚一《文镜秘府论考·研究篇上》，日本京都：大八洲出版株式会社，1948年，笔者《文镜秘府论汇校汇考》（中华书局，2006年）第1936页—1937页。
③ 《辨伪存真：〈文笔眼心抄〉古抄卷献疑》。

>弘法大师《文笔眼心》，专为兼之哥义，所依凭也。

第二条材料，为花园天皇元弘二年（1332）三月二十四日条的日记：

>弘法大师《文笔眼心》并《诗人玉屑》，能述奥义。

陈翀教授以为这两条材料说明《文笔眼心》是一部指导和歌写作的重要理论指南。是否如此另作论述，这两条材料说明弘法大师空海有一部《文笔眼心》的著作，这部著作在花园天皇（1297—1348）年代还可以看到，当无疑义。

这部著作的内容，心觉《悉昙要抄》有引述。笔者《文镜秘府论汇校汇考》附《文笔眼心抄》《声韵　调四声谱》第二节的"校注"已有注释（见注释七），心觉《悉昙要抄》所引《文笔眼心》，主要全文引"《调四声谱》：平上去入配四方……余皆效此"①。这段文字，陈翀教授《空海〈文笔肝心抄〉之编纂意图及佚文考》亦有引述，作为心觉《悉昙要抄》所引《文笔眼心》所引《调四声谱》材料之①。除个别文字之外，这段文字与山田家本大致相符，这一点，陈翀教授也是认可的。下面还有两段：

>或云：奇琴、精酒、妍月、好花、素雪、丹灯、翻蜂、度蝶、黄槐、绿柳、意忆、心思，对德、会贤，见君、接子。如此之类，名双声对。〔文〕

>又云：徘徊、窈窕、眷恋、彷徨、放畅、心襟、逍遥、意气、优游、陵胜、放旷、虚无、□酌、思惟、须臾。如此之类，名曰叠韵。〔文〕

这两段文字，陈翀教授作为心觉《悉昙要抄》所引《文笔眼心》所引《调四声谱》材料之②和③。这两条材料未必是作为《调四声谱》的材料，但所引应该是《文笔眼心》的材料。这两条材料同时见于《文镜秘府论》和山田家本《文笔眼心抄》②。比较这两处材料，当更接近于山田家本《文笔眼心抄》。"双声"一条材料还看不出什么，"叠韵"一条材料，《文镜秘

---

① 《文镜秘府论汇校汇考》第 1976—1978 页。
② 分别见于《文镜秘府论》东卷《二十九种对》之"第八双声对"和"第九叠韵对"，以及山田本《文笔眼心抄》之《二十九种对》之"八双声对"和"九叠韵对"，见《文镜秘府论汇校汇考》第 740 页、745 页和第 2021 页、2022 页。

府论》所引前作"《笔札》云",后作"名曰叠韵对",而山田家本《文笔眼心抄》前作"或云",没有"《笔札》"二字;后作"名曰叠韵",没有"对"字。这应该是作为《文笔眼心抄》的内容抄录的。

此外,小西甚一考证中还有进一步的材料。他说:

> 《文笔眼心抄》的流传情况虽然不太清楚,但是,《悉昙抄》和《悉昙字记创学抄》曾经引用过,从这点来看,镰仓末期似还有传本。前者作为"文笔眼心云",引用过"调四声谱"的大部和"二十九种病"的小部分;后者作为"文笔眼心章云",引用过"调四声谱"的大部分(较《信范抄》少),但都和现存本有几处不同①。

小西甚一指出,《悉昙抄》中卷里书有"正和五年二月廿日书写了",下卷里书有"御本云:文永十一年甲戌十一月七日书写了沙门信范","正和五年三月十二日书写了一交了",这是书写识语,而撰述则是更早的心觉。《悉昙字记创学抄》写成于康历二年四月。就是说,这时的日本悉昙学著作,还引用了题为"文笔眼心"或"文笔眼心章"的著作。这些被引用的内容,虽有几处和现存本不同,但大部分是一致的。

从以上情况看,至少不能说,今存山田家本《文笔眼心抄》"整个文本"内容都是西村兼文所伪造。

第二节 山田家本《文笔眼心抄》内容说明的问题

从今存山田家本《文笔眼心抄》内容本身,可以说明更多的问题。

正如陈翀教授所说,《文笔眼心抄》是《文镜秘府论》之外相对独立的一部著作,尽管它未必是一部歌论书。它的大量材料,无疑直接来自《文镜秘府论》。但是,它不是对《文镜秘府论》的简单抄写。它有新的框架。根据新的框架,相关内容重新编排,重新归类。总体内容有大的调整。

---

① 小西甚一《文镜秘府论考·研究篇上》,笔者《文镜秘府论汇校汇考》第1937页〔校注〕有转引。

在原《文镜秘府论》天卷《调四声谱》和《调声》之前,设"凡例"一目,将南卷《论文意》中王昌龄《诗格》和皎然《诗议》的内容编入。原地卷《十四例》之后,设"二十七体"一目,除编入地卷《十体》之外,还编入南卷《论文意》中王昌龄《诗格》以及北卷《论对属》的部分内容。在原西卷《文笔十病得失》之后,编"笔二种势",再设"文笔六体"、"文笔六失"、"定位四术"、"定位四失"数目,编入原南卷《集论》和《定位》中的部分内容。新编框架,四声谱、调声、八种韵、六义、十七势、十四例、二十九种对、文二十八种病、笔十种病、句端等类目是《文镜秘府论》原有的,而凡例、二十七种体,以及笔二种势、文笔六体、文笔六失、定位四术、定位四失等则是新设的类目。新设类目占五分之二强。具体内容也有调整。比如,"凡例"编入《文镜秘府论》南卷《论文意》中王昌龄《诗格》和皎然《诗议》,又将其中一些内容移出,编入其他地方。比如,将王昌龄《诗格》关于用字有轻有重和"第一字与第五字须轻清"两条移入"调声"①。把"不难不辛苦"、"诗有上句言意,下句言状;上句言状,下句言意"、"物色兼意"、"物及意皆不相倚傍"、"傑起险作,左穿右穴"、"意阔心远,以小纳大"、"物色无安身处"、"平意兴来作"、"高台多悲风"等条,移入"二十七体"②。

比如,《文笔眼心抄》"凡例"有一条:

> 凡诗有二种,一曰古诗(亦名格诗)。二曰律诗。格诗三等:谓正、偏、俗。古诗以讽兴为宗,直而不俗,丽而不朽,格高而词温,语近而意远,情浮于语,偶象则发,不以力制,故皆合于语,而生自然。顷作古诗者,不达其旨,效得庸音,竞壮其词,俾令虚大。或有所至,已在古人之后,意熟语旧,但见诗皮,淡而无味,予实不诬,唯知音者知耳。③

---

① 分见《文镜秘府论汇校汇考》1319页、1320页和1987页。
② 分见《文镜秘府论汇校汇考》1308页、1338页、1339页、1340页、1347页、1348页、1361页、1362页、1363页和2008页、2010页。
③ 《文镜秘府论汇校汇考》1368页—1369页。

第五章 《文笔眼心抄》：空海所写的另一书

接着又有一条：

> 律诗亦有三等，古、正、俗。律家之流，拘而多忌，失于自然。吾常所病也。必不得已，则削其俗巧，与其一体。……①

原文出自《文镜秘府论》南卷《论文意》引皎然《诗议》②。《文镜秘府论》原文说："遂有古律之别"。《文笔眼心抄》则进一步依此思路，分列古律二类。前一条，在"格诗三等谓正偏俗"之后插入"古诗以讽兴为宗……而生自然"一段，这一段，《文镜秘府论》南卷《论文意》引皎然《诗议》在前二段③。后一条，则在"律家之流，拘而多忌"一句之前，加"律诗亦有三等古正俗"一句。《文镜秘府论》众多的内容，都被重新归类、调整。

建立新的框架，重新编排内容，但它的编撰体例和编撰思想与《文镜秘府论》又完全一致。作者非常了解《文镜秘府论》编撰体例和思想。

面对中国六朝到中唐诗文论著作的繁杂材料，《文镜秘府论》正是根据内容全面归类调整。同是一部王昌龄《诗格》，分别编入天卷《调声》、地卷《十七势》《六义》和南卷《论文意》。同是皎然《诗议》，分别编入地卷《十四例》《六义》，东卷《二十九种对》邻近、交络、当句、含境、背体、偏、双虚实、假、及的名、隔句、双拟、联绵、互成、异类诸对，西卷《文二十八种病》忌讳病，南卷《论文意》。同是崔融《唐朝新定诗体》，分别编入天卷《调四声谱》，地卷《十体》，东卷《二十九种对》切侧、双声侧、叠韵侧，及切、双声、叠韵、字、声、字侧诸对，西卷《文二十八种病》繁说、龃龉、丛聚、形迹、翻语、相滥、文赘、相反、相重诸病。同是元兢《诗髓脑》，分别编入天卷《调声》，东卷《二十九种对》平、奇、同、字、声、侧及的名、异类诸对，西卷《文二十八种病》平头、上尾、蜂腰、大韵、小韵、傍纽、正纽、龃龉、丛聚、忌讳、形迹、傍突、翻语、长撷腰、长解镫诸病。《文笔式》和《笔札华

---

① 《文镜秘府论汇校汇考》1369页。
② 《文镜秘府论汇校汇考》1405页—1414页。
③ 《文镜秘府论汇校汇考》1394页。

梁》的情况也一样。《文笔眼心抄》将《文镜秘府论》众多内容重新归类、调整,正与这一体例相合。

《文镜秘府论》的又一体例特点是条理化。比如病犯,从相关材料看,中国诗文论有八体、十病、六犯、三疾①,有六病例和犯病八格②。《文镜秘府论》西卷则将其统一条理化为三十种病,后再简化为二十八种病。比如对属,从相关材料看,中国诗文论有传《魏文帝诗格》八对,上官仪六对,元兢《诗髓脑》六种对,皎然八种对,崔融《唐朝新定诗体》三种对等,从《文镜秘府论》成箦堂本地卷卷首及三宝院本地卷封面里页所记另一卷首看③,对属的材料更为复杂,而《文镜秘府论》东卷将其统一条理化为二十九种对。

这同样是《文笔眼心抄》的体例特点。将《文镜秘府论》归类、调整之后,内容进一步条理化了。保留了原来条理化的一些内容,如八种韵、六义、十七势、十四例、二十九种对、文二十八种病等。原来论述性强的内容条理化了。比如前面说到的南卷《论文意》中王昌龄《诗格》和皎然《诗议》,在《文镜秘府论》都是论述性的内容,到了《文笔眼心抄》,编为"凡例",都条理化了。目录便称为"四十四凡例",更显条理。陈翀教授提出,书前添"凡例",乃明清人的编书格式,空海断无可能遵遁后世的编书体例④。笔者未能考察书中"凡例"的起源历史,未能断言这只是明清人才有的编书格式。笔者所知道的,是用条理化的方式编撰繁杂的材料,是《文镜秘府论》的惯例。前面所述的其东卷的《二十九种对》和西卷的《文二十八种病》,就是典型例证。东卷、西卷都是在序文之后,分别编有"二十九种对"和"文二十八种病"的目录。《文笔眼心抄》在序文之后编有目录,目录之后将一些内容编为四十四凡例,与《文镜秘府论》的编撰

---

① 西卷序《论病》:"洎八体、十病、六犯、三疾。"可知。参《文镜秘府论汇校汇考》888 页。
② 见《诗中密旨》,参张伯伟《全唐五代诗格汇考》(江苏古籍出版社,2002 年)。《诗中密旨》旧题王昌龄撰,此虽未必,但当时却当有此内容。
③ 参《文镜秘府论汇校汇考》347 页校记[三]。
④ 说见陈翀教授《辨伪存真:〈文笔眼心抄〉古抄卷献疑》。

体例正相符合!

其他内容也看出这一点。比如,天卷"调声",收入王昌龄《诗格》及元兢《诗髓脑》的相关内容。在《文镜秘府论》天卷,这是论述性的。到《文笔眼心抄》,加入南卷《论文意》王昌龄《诗格》关于用字有轻有重及"第一字与第五字须轻清",以及南卷《集论》殷璠关于纵不拈二,未为深缺的论述,编为"五言平头正律势尖头"、"五言侧头正律势尖头"等十二种调声。比如"笔二种势",原出《文镜秘府论》西卷《文笔十病得失》。"文笔六体"、"文笔六失"、"定位四术"、"定位四失"几类,分别出《文镜秘府论》南卷《论体》和《定位》,原来都是论述性文字的一部分。到《文笔眼心抄》,则将这些内容抽出,编为几个类目,更为条理化。一些本来分散的内容被集中在一起,加以条理化。如"二十七种体",全文编入《文镜秘府论》地卷《十体》之外,还将南卷《论文意》王昌龄《诗格》及北卷《论对属》的相关内容"不难不辛苦体"以及"升降体"、"单复体"等编入。条理化的同时,相关内容又进一步调整。比如"调声"一篇,"五言平头正律势尖头"一目中,在皇甫冉"中司龙节贵"和钱起《献岁归山》二诗之后,接以陈闰《罢官后却归旧居》诗;而崔曙《试得明堂火珠》之诗例,则标为"五言侧头正律势尖头"。"七言尖头律"一目,皇甫冉"闲看秋水心无染"和"自哂鄙夫多野性"二诗例,按照目录,也分别被标作"七言平头尖头律"和"七言侧头尖头律"。元兢关于"换头"之论,按照目录,也被分作"五言双换头"和"单换头"两类。

简编也是《文镜秘府论》的体例特点之一。典型的是西卷《文二十八种病》,如"第三蜂腰"引元兢说,开头便是:"'君'与'甘'非为病;'独'与'饰'是病。"①显然省略了病名(蜂腰)和"'君'与'甘'非为病;'独'与'饰'是病"的诗例,即前文已出现过的诗例:"闻君爱我甘,窃独自雕饰"。"第五大韵"和"第六小韵"引元氏说,都是开头便说:"此病不足累文,如能避

---

① 见《文镜秘府论汇校汇考》954页。

者弥佳。""此病轻于大韵,近代咸不以为累文。"①显然也省去了前文已有的病名和相关的说明。

这也正是《文笔眼心抄》的特点。一些材料被进一步简编。《文镜秘府论》天卷《诗章中用声法式》《四声论》,地卷《九意》,南卷《集论》所收元兢《古今诗人秀句序》、疑《芳林要览序》以及陆机《文赋》、北卷《帝德录》全未编入。南卷《论体》和《定位》只将"文笔六体"、"文笔六失"、"定位四术"、"定位四失"简化后编入。北卷《论对属》只将"上升下降"和"前复后单"二例简化后分别作为"升降体"和"单复体"编入。未被编入的,主要是论述性的内容。如《四声论》《古今诗人秀句序》和陆机《文赋》。已被编入的,也删去一些内容。如"凡例"编入南卷《论文意》王昌龄《诗格》,而将其开头一大段文字删去,中间也有部分内容被删去。"八阶"、"六志"、"二十九种对"均删去"释曰"。"文二十八种病"也删去大量内容。被删去的,主要也是论述性的内容,主要留下条理化的诗例。

《文镜秘府论》尽可能删去原典出处。初稿时,《文镜秘府论》还保留了一些原典出处,修改定稿之后,很多原典的出处又被删去了。比如地卷《十七势》,成簣堂本眉注"王氏论文云御草本如此以朱砂销之",说明草本原作"王氏论文云",后来销去,今成簣堂本、三宝院本正文卷首、宝龟院本、六寺藏寺本、松本文库本、醍醐寺乙本、江户刊本、维宝笺本便作"或曰",没有出处②。《十四例》,松本文库本、醍醐寺乙本、江户刊本、维宝笺本题下双行注:"皎公诗议新立八种对十五例具如后十五例御草本错之"③,说明草本有出处,而修改后删去"皎然诗议"的出处。比如《十体》,松本文库本、醍醐寺乙本、江户刊本、维宝笺本题下双行注:"崔氏新定诗体困十种体具列如后出右"④,也说明后来删去了出处。

《文笔眼心抄》沿用了这一作法,进一步删去一些材料的原典出处。

---

① 见《文镜秘府论汇校汇考》1004,1011页。
② 参《文镜秘府论汇校汇考》348页校记[五]。
③ 参《文镜秘府论汇校汇考》413页校记[一]。
④ 参《文镜秘府论汇校汇考》435页校记[一]。

第五章 《文笔眼心抄》：空海所写的另一书

比如《文镜秘府论》天卷《调四声谱》"风小月胘"之前，原有"崔氏曰"；《调声》"换头"之前，原有"元兢曰"；地卷《八阶》题下，原注有"《文笔式》略同"；《六志》题下，原注有"《笔札》略同"；东卷《二十九种对》"第一的名对"例句"尧年舜日"之前，原有"元兢曰"；"第六异类对"例句"来禽去兽"之前，原有"元氏曰"；"第九叠韵对"例句"徘徊窈窕"之前，原有"《笔札》云"；"第十七侧对"，原有"元氏曰"；西卷《文二十八种病》中"第三蜂腰"、"第四鹤膝"、"第五大韵"、"第六小韵"等的"刘氏曰"和"元氏曰"①，相关内容编入《文笔眼心抄》时，这些原典出处的文字都被删去了。一些诗例的作者诗题等出处文字也被删去。如《文镜秘府论》地卷《十七势》"第一直把入作势"一些诗例原有昌龄《寄驩州》《题上人房》等，"第二都商量入作势"原有昌龄《上同州使君伯》《上侍御七兄》，"第三直树一句第二句入作势"原有《客舍秋霖呈席姨夫》《宴南亭》等②，"第五直树三句第四句入作势"等也有类似的作者和诗题等诗例出处的文字。这些诗例出处文字，编入《文笔眼心抄》时，很多都被删去了。

《文笔眼心抄》的作者不仅非常熟悉《文镜秘府论》的编撰体例和思想，而且非常了解《文镜秘府论》的基本内容，不是一般地了解文字内容，而且对一些深层内涵有很好的理解。《文镜秘府论》一些材料的内涵，有的有直接的文字表露，有的则隐含其中，一般人看不出来。作者重编之时却常常能把这种内涵揭示出来。比如，《调声》中崔曙《试得明堂火珠》一诗编为"五言侧头正律势尖头"，因其首句"正位开重屋"首二字是仄声，是所谓"侧头"。比如皇甫冉的两个诗例，首句一为"闲看秋水心无染"，一为"自哂鄙夫多野性"，一为平头，一为侧头，因此作者在目录中将其分为"七言平头尖头律"和"七言侧头尖头律"。比如"凡例"，引皎然《诗议》，在"格诗三等谓正偏俗"之后，接以"古诗以讽兴为宗"一段关于古诗的阐述，而在"律诗亦有三等古正俗"之后，接以"律家之流拘而多

---

① 分见《文镜秘府论汇校汇考》84页，156页，479页，510页，689页，725页，745页，777页，956页，980页，1005页，1012页。
② 分见《文镜秘府论汇校汇考》365页，371页，374页

忌"一段关于律诗的阐述。这些地方，没有对《文镜秘府论》相关内容内涵的深刻理解，是做不到的。

直接抄录现成文字，是容易做到的，但是，按照《文镜秘府论》的编撰体例和思想，重新编一部书，并揭示原著内容的深层内涵，却是很难作伪的。西村兼文可能有能力把《文镜秘府论》现成的原文抄录一遍，但是，他有能力对《文镜秘府论》的内容重新归类编排调整吗？他能那么深入地理解《文镜秘府论》的编撰体例和思想，理解其隐于深层的内涵吗？他懂得什么是五言侧头正律势尖头，有能力把《文镜秘府论》地卷《十体》和南卷《论文意》引王昌龄《诗格》以及北卷《论对属》的相关内容综合编成"二十七种体"，把南卷《集论》殷璠的一段话移入"调声"吗？他何以知道，《调声》中崔曙《试得明堂火珠》一诗为五言侧头正律势尖头，而皇甫冉的两个诗例，一为七言平头尖头律，一为七言侧头尖头律？

这一切，可信的解释，《文笔眼心抄》与《文镜秘府论》是同一作者，这作者就是弘法大师空海。只有空海，才那么熟悉《文镜秘府论》的编撰体例和思想，才对其内容内涵有那么深刻的理解，才能那么熟练地根据其编撰体例和思想，重新编撰出一部《文笔眼心抄》，才能在编撰过程中，那么恰当地揭原著内容的深层内涵。西村兼文则无法做到，他无法作伪，他没有这个能力。

第三节 关于《文笔眼心抄》补加的内容

在《文镜秘府论》已有文字之外，《文笔眼心抄》还补加了一些内容。这些补加的内容，更可以说明一些问题。

"调声"一目"换头调声"一条，在编录了元兢《于蓬州野望》诗例及关于双换头和单换头的解说之后，补加了"拈二"之说和庾信的诗例：

> 此换头，或名拈二。拈二者，谓平声为一字，上去入为一字，第一句第二字，若安上去入声，第二第三句第二字，皆须平声，第四第五句第二字还须上去入声，第六第七句第二字安平声，以次避之。如

庾信诗云:"今日小园中,桃花数树红。欣君一壶酒,细酌对春风。""日"与"酌"同入声。只如此体,词合官商,又复流美,此为佳妙。①

这段材料是西村兼文无法伪造的。《文镜秘府论》未能编入,没有现成的文字可以抄录。这里提出"拈二"的概念。"拈二"之说,唐人传世史料中,仅见于殷璠《河岳英灵集叙》②。西村兼文有何能力凭空伪造这样一个唐代文论的重要概念?殷璠《河岳英灵集叙》提及"拈二",却未作解释。作出解释的是这段材料。从这段材料看,所谓"拈二",就是五言诗相粘二句的第二字必须同声,当然,相对二句的第二字声调还必须相异。这实际是元兢所说的单换头的另一种说法,但是,"单换头"强调的是换头,"拈二"强调的则是"粘"。这个概念,这个解释,正反映了近体诗律的发展,这段材料,接以元兢"调声三术"之"换头"之后,也正符合元兢关于换头调声的思想,应该出于元兢。材料所举庾信诗,第二三句第二字"花"与"君",同为平声,正合"拈二"之说。今人研究表明,庾信诗正处在永明声律向近体诗律的过渡阶段,用庾信的诗例,正很好地反映了诗律发展过渡的事实。身处初唐,身处近体诗律发展的时代,反映近体诗律的发展,在元兢是很自然的事,元兢能提出"换头"术,就能提出"拈二"的概念,作出相应的解释,他举庾信的诗例来说明,是很自然。身处日本,身处明治末期的西村兼文却没有这个可能。他提不出"拈二"的概念,从浩如烟海的古代诗歌中找到庾信这样恰当的诗例,也很难做到。

"八种韵"一目补加了"交锁韵"③。这段材料更是西村兼文无法伪造。这段材料提出一个新的概念:交锁韵。从诗例看,王昌龄《秋兴》:"日暮此西堂,凉风洗修木。著书在南窗,门馆常肃肃。苔草弥古亭,视听转幽独。或问予所营,刈黎就空谷。"偶句木、肃、独、谷同押入声屋韵,奇句堂(唐韵)、窗(江韵)同押,亭(青韵)、营(清韵)同押,奇句和偶句交

---

① 见《文镜秘府论汇校汇考》1984页。
② 殷璠《河岳英灵集叙》谓:"夫能文者,匪谓四声尽要流美,八病咸须避之,纵不拈二,未为深缺。"参《唐人选唐诗新编》,又参《文镜秘府论汇校汇考》1553页。
③ 见《文镜秘府论汇校汇考》1989页。

错押韵,故为交錞韵。这种押韵方式,当时很难找到。笔者曾经查过,永明之前曹植、陆机、谢灵运等人诗中只能找到几处相连两句奇句与偶句交错用韵。永明以后,这种情况就更少了。查永明至陈沈约、王融、谢朓、徐摛、萧纲、萧绎、庾肩吾、徐陵、江总等人及北朝庾信等人五言四句到十二句诗,只得沈约、王融、谢朓、萧纲、庾信各一处两韵交錞韵。不论永明之前还是永明以来,这所谓交錞韵,都只是一首诗偶句押韵中夹着那么两个奇句彼此合韵。整首诗作为交錞韵的,只有沈约《咏孤桐》和谢朓《王孙游》,但也只是四句短诗。查初唐虞世南、许敬宗、上官仪、沈佺期、宋之问、崔融、苏味道、杨炯、杜审言、李峤等十人的五言四句至十二句诗,则连一处交錞韵也没有。可以推知,唐前至初唐的诗人们基本上不知道什么交錞韵,这应该是《八种韵》作者的创造①。连唐人都不太熟悉的交錞韵,西村兼文何以能伪造出来?唐诗中交錞韵极少,西村兼文又如何恰恰找到王昌龄《秋兴》这一恰当的诗例?在数万首唐诗中找这样一首恰好用交錞韵的诗,该花多少精力?为了伪造一篇东西,花上这样大的精力,值得吗?

"二十七种体"还补加了"二十七问答体"。

> 二十七,问答体。诗云:"山中何所有,岭上多白云。"又:"归葬今何处,平陵起冢祠。"又:"或问予所答,刘黎就空谷。"又:"山僧无伴是何人,云盖叶帷莹我神。"②

"山中何所有"二句出梁陶弘景《诏问山中何所有赋诗以答》,"或问予所答"二句出王昌龄《秋兴》诗,另两个诗例诗题及撰者未详。这一"问答体",《文镜秘府论》无现成文字可抄,也是西村兼文所无法伪造的。"文二十八种病"一目还有更多补加的众多内容。"上尾"一条补加"土崩":"土崩。谓以平居五而不叠韵者,此与上尾同。'追凉游竹林,对酒

---

① 关于交錞韵,拙著《文镜秘府论研究》(人民文学出版社,2013年)第五章第四节有专门分析,可参看。
② 见《文镜秘府论汇校汇考》2012页。

如调筝。'筝'字言'琴'即好。又:'避热暂追凉,携琴入水宫。''宫'云'堂'乃妙。""大韵"一节补加"触绝":"触绝。谓趣有余文触绝正韵,是。此即大韵同。'英桂浮香气,通照碎帘光。''香'、'光'是。又:'帘密明翻碎,云趁辙倒行。''明'、'行'是。""小韵"一节补加"伤音":"伤音。谓不当是目中间自犯,是。此即小韵同。'四鸟口憎见,三荆不用口。'口,荆。又:'弦心一往过,泉口万行流。'弦,泉。""正纽"一节补加"爽切":

> 爽切。谓从平至入,同气转声为一纽,是。此即正纽傍纽同。"瞩目转锺兴,风月最关情。"锺,嘱。又:"光音同宴席,歌啸动梁尘。"同,动。又:"望怀申一遇,敦交访二难。"望,访。又:"交情犹劳到,得意乃欢颜。"劳到,欢颜。又:"未告班荆倦,宁辞倒屐劳。"倒,劳。①

这几条补加材料,土崩、触绝、伤音、爽切这几个病名是《文镜秘府论》出现过的。但是,相关的阐述是《文镜秘府论》所没有的,所用十一个诗例撰者及诗题均未详,《文镜秘府论》及其他现存文献均未见,西村兼文根据什么伪造这些内容? 这几个诗病,"爽切"是最难理解的。它说:"此即正纽傍纽同。"其诗例之一:"'瞩目转锺兴,风月最关情。'钟、嘱。"诗例之二:"又:'光音同宴席,歌啸动梁尘。'同、动"前例钟嘱,据《韵镜》,属内转二开合齿音清第三等"钟肿种烛"之纽;后例同动,属内转一开舌音浊第一等"同动洞浊"之纽。二例犯四声一纽之双声即正双声之病,即正纽病,这是好理解的。另几例例字并非四声一纽之双声,不当犯正纽,但也不是一般的傍双声相犯,不是一般傍纽,何以说是"正纽傍纽同"? 向来不得确解。这需要联系《文镜秘府论》所引梁刘滔的傍纽说。一说,刘滔以叠韵为傍纽②。《文笔眼心抄》"正纽"所补"爽切"诗例之三:"望怀

---

① 以上分见《文镜秘府论汇校汇考》2032 页,2035 页,2037 页,2040 页。
② 如中泽希男《文镜秘府论"文二十八种病"解说》,《大正大学学报》第 30、31 辑合,1940 年)及小西甚一《文镜秘府论考・研究篇(下)》,大日本雄辩会讲谈社,1951 年)均以为刘滔以叠韵为傍纽。二家之说拙著《文镜秘府论汇校汇考》1035—1036 页有载录,可参看。

申一遇,敦交访二难。""望"若为去声,则与"访"字同属漾韵。诗例之四:"交情犹劳到,得意乃欢颜。""欢"为桓韵,"颜"为删韵,二韵如果通用,则亦为叠韵。似亦以叠韵为傍纽。但从《文镜秘府论》的材料看,刘滔是以异纽异声的同韵母之字相犯为傍纽①。《文笔眼心抄》"爽切"的诗例之三:"望怀申一遇,敦交访二难。"据《韵镜》,"望"字属同清浊第三等"亡罔妄○"之纽,若为平声,则为明纽阳韵,"访"属内转三十一开唇音次清第三等"芳髣访(上雨下溥)"之纽,敷纽漾韵。诗例之四:"交情犹劳到,得意乃欢颜。"诗例之五:"未告班荆倦,宁辞倒屣劳。""劳"在外转二十五开半舌音清浊第一等"劳老嫪○"之纽,"到"和"倒"为同舌音清第一等"刀倒到○"之纽。一为来纽,一为敷纽,同声之字"劳"和"刀"均为豪韵。都是异纽异声而同韵之字相犯。这与《文镜秘府论》所引刘滔的傍纽之说相合。或者此处"爽切"说,既以叠韵为傍纽,又以异纽异声而同韵之字相犯为傍纽。所以说:"此即正纽傍纽同。"不论是以叠韵为傍纽,还是以异纽异声同韵之字相犯为傍纽,还有四声一纽之字相犯的正纽,这既涉及专门的音韵学知识,又需要对齐梁各家声病声律说有深入细致的了解,即使专门的研究者,要弄清楚都很费劲,西村兼文有何能力伪造内容这样复杂的文献呢?

补加的这几条材料为西村兼文所无法伪造,却可以说明其他问题。这就是《文笔眼心抄》的材料来源问题。将《文镜秘府论》已有的文字加

---

① 《文镜秘府论》西卷《文二十八种病》"第七傍纽"引《四声指归》引滔说,谓若五字中已有"任"字,其四字不得复用锦、禁、急、饮、荫、邑等字,以其一纽之中,有金、音等字,与"任"同韵故也。"锦、禁、急"为见纽上去入声,"饮、荫、邑"为影纽上去入声。"任"为日纽平声,与"锦、禁、急"及"饮、荫、邑"一纽的平声字(金、音)均为侵韵,异纽异声而韵母相同,故傍纽病。又,西卷《文二十八种病》"第七傍纽"引或曰:"傍纽者,据傍声而来与相忤也。然字从连韵,而纽声相参,若金、锦、禁、急、阴、饮、荫、邑,是连韵纽之。若金之与饮、阴之与禁,从傍间会,是与相参也。如云:'丈人且安坐,梁尘将欲飞。'丈与梁,亦金、饮之类,是犯也。"金、锦、禁、急和阴、饮、荫、邑均为四声一纽,,平上去入四字之韵分别共为侵、寝、沁、辑韵。其中金之与饮、阴之与禁,分析为平声和上声,平声和去声,相傍之纽,异纽异声而同韵。又:"丈人且安坐,梁尘将欲飞。"丈为澄纽上声养韵,梁为来纽平声阳韵,都有韵母"iang"。同样是相傍之纽异声而同韵。关于刘滔的傍纽之说。拙著《文镜秘府论研究》第七章第一节有详述,可参看。

以重新归类调整，其材料来源是清楚的，这就是《文镜秘府论》。但是补加进去的这些材料，仅靠《文镜秘府论》现成的材料是不行的。它应该有其他材料来源。这来源，我以为就是《文镜秘府论》所据的原典。《文笔眼心抄》所编内容，与《文镜秘府论》同一原典。两部著作所用的是同一原典材料。这是不难看出的。前述补加材料中，"调声"一目"换头调声"一条补加"拈二"之说和庾信的诗例，与《文镜秘府论》天卷《调声》所收元兢"调声三术"中的"换头"之说显然属同一材料，换句话说，是元兢"调声三术"中"换头"之说的一部分。为说明"换头说"，元兢自举诗例《于蓬州野望》并作了关于双换头和单换头的解说之后，应该还有一段话说明"拈二"之说，为说明"拈二"，还举了庾信诗例。补加的"交鏁韵"与《文镜秘府论》天卷正文《七种韵》也应该属同一材料，原本应该是"八种韵"，《文镜秘府论》编撰时所用的材料，应该就是包括"交鏁韵"在内的"八种韵"。《文镜秘府论》天卷序有一段话值得注意：

  余癖难疗，即事刀笔，削其重复，存其单号，总有一十五种类：谓《声谱》、《调声》、《八种韵》、《四声论》，……

这说明，空海所用的材料是《八种韵》。只是编撰《文镜秘府论》时，因为某种原因①，未录"交鏁韵"，因此正文只有七种韵，正文标题也为"七种韵"。但天卷序却明白地告诉我们，原典应为《八种韵》。到《文笔眼心抄》，补录了"交鏁韵"，恢复了"八种韵"之标题。这清楚地表明，《文笔眼心抄》和《文镜秘府论》所据的是同一原典。"二十七种体"补加的"二十七问答体"典出何处不太清楚，从前后文看，应该与"单复体"和"升降体"同一原典，即同出北卷《论对属》。《文镜秘府论》编撰时未录入，而《文笔眼心抄》将其补入。北卷《论对属》，据笔者的考证，当出初唐佚名《文笔

---

① 这原因，日本中泽希男以为三转韵诗例李白《赠友人》诗包含交鏁韵，也许因此认为即使不加交鏁韵也可以，见氏著《冠注文笔眼心抄补正》，日本《群马大学纪要》21卷，1971年，参《文镜秘府论汇校汇考》1989页注①。

式》①。"文二十八种病"一目补加的土崩、触绝、伤音、爽切也应该是这样。这涉及到《文镜秘府论》关于"十病"的一条材料。《文镜秘府论》西卷序《论病》说:"洎八体、十病、六犯、三疾,或文异义同,或名通理隔,卷轴满机,乍阅难辨,遂使披卷者怀疑,搜写者多倦。予今载刀之繁,载笔之简,总有二十八种病,列之如左。"从空海这段论述可能知道,八体、十病、六犯、三疾是他编撰《文镜秘府论》西卷《文二十八种病》时所用的材料。这当中,"八体"指平头、上尾、蜂腰、鹤膝、大韵、小韵、旁纽、正纽八病,这是学界无没有异议的②。"六犯"指支离、缺偶、相滥、落节、杂乱、文赘六病,"三疾"指骈拇、枝指、疣赘三病,这是没有疑问的③。但是"十病"何所指,有不同看法。一说指水浑、火灭、木枯、金缺、土崩、阙偶、繁说、落节、杂乱、文赘十病。一说指水浑、火灭、金缺、木枯、土崩、阙偶、繁说、触绝、伤音、爽切十病④。小西甚一之说是对的,因为前说中"落节、杂乱、文赘"属《诗式》"六犯",不当属"十病"。水浑、火灭、金缺、木枯、土崩五病以五行命名,分指五言诗第一字到第五字的同声相犯的病犯,引典相同是没有疑问的。阙偶、繁说与此体例相同,属同一原典,也不当有异议。而另三病,则是《文笔眼心抄》载录的触绝、伤音、爽切三病⑤。小西甚一的分析是对的,正因为如此,中泽希男后来就改从小西甚一之说⑥。

---

① 参拙著《文镜秘府论研究》第三章第二节。
② 中泽希男《文镜秘府论札记续记》即提出此说,《群马大学纪要人文科学篇》第4、5、6卷,1955—1957年。参《文镜秘府论汇校汇考》899页。
③ 六犯:《文镜秘府论》三宝院本以及天海藏本"第二十三支离"条空白处注:"《诗式》六犯:一犯支离,二犯缺偶,三犯相滥,四犯落节,五犯杂乱,六犯文赘。""第二十九相重"条页边空栏注:"四声指归云又五言诗体义中含疾有三:一曰骈拇,二曰枝指,三曰疣赘,异本。"可证。《文镜秘府论汇校汇考》1154页校记[二]及1179页校记[九]有载录,又《文镜秘府论汇校汇考》905页注28和注29有解释,可参看。
④ 中泽希男《文镜秘府论札记》(《斯文》第16编第7、8、10号,第17编第2号,1934—1935年)、吉田幸一"文二十八种病"考》(《日本文学史上的文学论》,东洋大学出版部,1943年)持前说。小西甚一《文镜秘府论考·研究篇(下)》持后一说,《文镜秘府论汇校汇考》901页—902页有载录,可参看。
⑤ 此说小西甚一《文镜秘府论考·研究篇(下)》有详细分析,《文镜秘府论汇校汇考》902页—904页有载录,可参看。
⑥ 见其《文镜秘府论札记续记》,其说《文镜秘府论汇校汇考》901页有载录,可参看。

水浑、火灭、金缺、木枯、土崩、阙偶、繁说、触绝、伤音、爽切十病中,水浑、火灭、金缺、木枯、阙偶、繁说六病被编入《文镜秘府论》,而土崩、触绝、伤音、爽切四病,其病名出现于《文镜秘府论》,其内容却被编入《文笔眼心抄》。这说明,编入《文镜秘府论》的水浑、火灭、金缺、木枯、阙偶、繁说数病和编入《文笔眼心抄》的土崩、触绝、伤音、爽切数病同属"十病"之说,属同一原典。

这说明什么呢?我想至少可以说明,《文笔眼心抄》的作者手头不仅仅有现成的《文镜秘府论》,应该还有《文镜秘府论》所用的那批原典材料,两部著作面对同一材料,这种情况,最可信的解释,就是两部著作同一作者。这位作者编撰完成《文镜秘府论》之后,用同一批材料,再编撰《文笔眼心抄》。这才出现同一材料的一些内容被编入了一部书,而它的另一些材料被编入了另一部书的特异情况。这个作者当然只能是空海。熟悉《文镜秘府论》的编撰体例和思想,理解其深层内涵证明了这一点,补加材料进一步证明了这一点。

这又进一步证明《文笔眼心抄》非西村兼文所伪造。《文笔眼心抄》补加内容所用的原典,元兢"调声三术"和《八种韵》,"十病"说,以及佚名《文笔式》,自《文镜秘府论》之后,都未见流传,中日两国文献均未见。佚失一千多年之后,怎么可能突然就在西村兼文那里出现?看不到这些真品原典,怎么可能伪造这些《文镜秘府论》中所没有的内容?从各方情况分析,今存《文笔眼心抄》的作者非空海莫属。空海之后,无人可续,包括空海的弟子,更不用说一千多年之后,对六朝至唐诗学音韵学并无修养的西村兼文。他没有能力伪造这样一部著作,这样一部继《文镜秘府论》之后,对六朝至唐诗文论再一次作精当概括的经典著作。退一万步说,即使西村兼文看到了这些真品原典,或者他就收藏有这些真品原典,何以他伪造《文笔眼心抄》之后,这些真品原典又失传了呢?我们可以说,他为了伪造《文笔眼心抄》,而毁弃了这些真品原典。如果真是这样,那就更不可思议。这些真品原典难道就不值钱?为了伪造一部文书,而毁掉另一部甚至几部可能更为值钱的原典文书,这实在令人难以置信。

第四节　关于抄卷的情况

内容的造伪和抄卷的造伪有联系,也有区别。我们现在来看抄卷的情况。

关于山田家本《文笔眼心抄》抄卷,山田永年氏《文笔眼心抄释文》序有描述,小西甚一《文镜秘府论考·研究篇(上)》的描述更详细①。关于西村兼文造伪,包括《文笔眼心抄》抄卷造伪的情况,陈翀教授两篇论文引日本著名的书志学家庄司浅水书志学随笔《赝本物语》及林若树所撰《西村兼文逸话》和《若树随笔》也有详述。根据这些材料,我们可以发现一些问题。

一、庄司浅水《赝本物语》说②:

> 西村兼文又是制作膺本古书的名手,他多用古写经之旧纸,从经卷中搜寻到所需要的旧字体,将其制作雕版印刷成古书。……
>
> 兼文又不知道从那里搜集到了一些古活字以及旧纸张,将其伪造成刻有延喜十三年(913)二月五日之刊记的《文选》残叶,又伪造"源亲房印"印之于上。再按上其伪造的一个所藏寺庙的印章(圣寿禅寺)之印。……兼文还采取同样的手法,伪造了唐天祐二年(905)九月八日刻之陶渊明《归去来辞》,这又是一份难辨真伪的精巧之物。

林若树《西村兼文逸话》说③:

> 某年,粟田口青莲宫发现了用仿古中活字印刷的《归去来赋》十五页,皆数百年前之物。兼文得知之,在其末端印上唐之年号,伪称

---

① 参分参《文镜秘府论汇校汇考》1935 页和 1938 页—1939 页。有关描述,下文将要引述。
② 本文所引庄司浅水《赝本物语》,均转据陈翀教授《辨伪存真:〈文笔眼心抄〉古抄卷献疑》,不再另注。
③ 转据陈翀教授《空海〈文笔肝心抄〉之编纂意图及佚文考》。

其为唐版。……

兼文还曾取狩谷掖斋所藏宋版《孝经》之复刻薄叶,将掖斋之印剜去,在其上覆盖天山(义满)之印,再将其裱装,伪称其为宋版。

至于《文笔眼心抄》,山田永年氏《文笔眼心抄释文》序称,此"为一大长卷子,书法超妙,纸墨俱古"①。小西甚一《文镜秘府论考·研究篇(上)》有更详细的描述:

> 前述的本子是《眼心抄》唯一的传本,现为山田长左卫门(寿房)氏所秘藏(收藏于金漆楷书"皆山楼藏"的漆涂的函中,这个函书为故和田智满大僧正的手笔。皆山楼为寿房氏的先考永年氏的雅号,同函收有前述的《大师御作目录》,粘叶装一叶。里书"嘉禄三年七月十四日于大原乡实相院书写了",有"东寺之印"的方形朱印。《眼心抄》于昭和九年一月三〇日被指定为国宝)。缎子装的卷子本,扉页置有总金泊,配有刻有正仓院样子金具的水晶轴。全长六丈七尺八寸,高九寸五分五厘,宽约一尺九寸的白麻牋三十七叶。首尾二叶之外,各叶三十二行,偶而三十三行。每行二十至二十三字,书写于宽约五分五厘的墨界中。卷首内题部分阙失,只存"文笔"二字。其下有"永年珍藏"的方形朱印,各叶的继目也有"永年"的印记。序文六行,接着是目录,第二叶开始是正文,目录自四十四凡例至句端,录有十九目,各目之上朱笔标有一至十九的数字。本文如目录那样完结,加有朱笔或墨笔,目录八种韵中"叠连韵"的"连"字是正确的草体,而在其右墨书,从这点大概可以推测,朱书可以认作是和本文的书写同时或同时代,墨书大约在平安中期以后,大概是不习惯写草书者所写。从这点也可以知道,当时另外还有异本存在。这也和据撰书目录推定异本存在这一情况相符,不过有注记的地方并不多②。

---

① 引文见《文镜秘府论汇校汇考》1935 页。
② 《文镜秘府论汇校汇考》1938 页有载录,可参看。

现在所知,小西甚一是见过这一抄卷的极少数人之一,他的描述,是现存唯一详尽的描述,这段描述对于《文笔眼心抄》的辨伪尤为重要,因此把它详录如上。从这些材料可以发现很多问题。首先的一点,稍作比较不难发现一个明显的不同,即以上列举的西村兼文造伪的其他本子不论是《文选》残叶,陶渊明《归去来辞》,还是《孝经》,都是雕版印刷,而《文笔眼心抄》则是抄卷。这由前引小西甚一的描述可知,今存《文笔眼心抄》残卷影印件也可以证明这一点。雕版印刷,可以反复印刷,多次外售暴利。比如,据前引林若树《西村兼文逸话》,西村兼文伪造陶渊明《归去来辞》,便将其市货于京都同仁间,价高者七圆半,价低者三圆半。据庄司浅水《赝本物语》,西村兼文伪造的《文选》残叶,也被人竞相出重金购买之,用同样的手法伪造的《般若心经》,先是卖给某侯爵家,又卖给市岛春城。作为抄卷,《文笔眼心抄》则只有一份,只能出售一次,牟利一次。

二、庄司浅水《赝本物语》记西村兼文造伪的方法:

> 他(指西村兼文)多以访书之名到各个神社寺庙去寻访古写经,偷人眼目,将古写经之跋文或识语割下,再将其粘贴于其他低俗之写本的卷末,制作成伪卷,或是将古经卷卷末添上自己伪造的写经之年月、写经生姓名、所藏者姓名、识语、奉纳者姓名等等,将无数之古经名卷变成缺憾之物。

林若树《西村兼文逸话》又记西村兼文伪造《文笔眼心抄》:

> 或人曰:今某家藏所谓大师笔之古写经本称为东寺旧藏品。其末尾年号以及署名,为大师以后时期的经卷。兼文得之将卷末切断,将其伪称为大师笔而卖给某氏。某氏也经常将之作为神品而炫耀人前。后日,兼文将切断之卷尾从袖中掏出,曰:"此断简乃先日割爱于君之末端,某氏求之甚急,因以之先示君。"某氏惊若木鸡,只好随之意将其购入。先深藏之家,某后又将其毁弃,对外至今仍将其之前所获古经卷称为大师真迹。

这所谓东寺旧藏品之大师笔之古写经本,陈翀教授认为即《文笔眼

心抄》。此事《若树随笔》记述得更清楚:

> 又京都山田永年氏藏之(空海)大师笔《眼心抄》,传其本乃东寺旧藏之物。卷末署有年号笔者之名,乃大师之后之笔。兼文氏将其末端切断,称大师之笔,将其卖给山田氏。其中事由,予亦有所耳闻。①

庄司浅水的记述有些不解。西村兼文何以能明目张胆地将神社寺庙珍藏的古写经之跋文或识语割下,这可不是一般的偷人眼目所能为。另外,既然已从神社寺庙得到古写经,这古写经本身难道不值钱吗?何以要割下其跋文或识语,使其变得残缺不值钱,而去伪造另一低俗写本呢?这且不论,即以庄司浅水的记述而言,稍加比较也不难发现,《文笔眼心抄》和其他经卷的造伪方法也有不同。他得到《文笔眼心抄》,并没有将其他古写经之跋文或识语割下,将其粘贴于《文笔眼心抄》的卷末。恰恰相反,他是将《文笔眼心抄》的末端切断。他是称此卷为大师之笔,将其卖给山田氏,但也没有在其卷末添上自己伪造的写经之年月、写经生姓名、所藏者姓名、识语、奉纳者姓名等等。切断末端之后,卷子本身还是完整的。这从林若树记述可以知道,前面详引的小西甚一的详细描述,说到六丈七尺八寸,是一个完整的长卷,也并没有说到有剪贴的痕迹。这与其他经卷的造伪很不相同。

从以上材料还可以知道第三点。西村兼文造伪的那些写卷,内容都是真品。比如《文选》残叶,虽非延喜古本,《文选》内容却为真。伪造的唐本陶渊明《归去来辞》、宋版《孝经》无不如此,古本为伪而内容为真。《文笔眼心抄》抄卷的情况也是如此。从上引林若树《西村兼文逸话》和《若树随笔》的记述来看,他只是将其末端切断,而原卷并未损坏。既然

---

① 前一材料原载森铣三、肥田皓二、中野三敏整理《林若树集》,日本书志学大系28,青裳堂书店1983年版;后一材料原稿为林若树手写真迹,其影印被收入《若树随笔》,日本书志学大系29,青裳堂书店,1983年版。两段材料均转引自陈翀教授《空海〈文笔肝心抄〉之编纂意图及佚文考》。

原卷并未损坏,则原卷所保存的内容应为真,换句话说,称其为空海之笔为伪,而原卷内容则为真。现在所能看到的关于西村兼文造伪的材料,可以证明他伪称空海之笔,但没有一条可以证明他伪造了《文笔眼心抄》的内容。内容的伪造和古卷的伪造是两回事。伪造古卷,未必伪造内容。这样看,结合前二节的分析,《文笔眼心抄》的内容应该不是伪造的。

四、即就抄卷而言,也未必不是古卷。不论林若树《西村兼文逸话》还是他的《若树随笔》,都说这是"大师以后时期的经卷","大师之后之笔"。关于这一点,小西甚一《文镜秘府论考·研究篇(上)》有详细描述。他分析书体风格,指出其中书风为没有和风的纯草,旨趣近于空海"十七帖",一些异体字的写法也颇类"十七帖"。他由此推断,"这是平安时代初期的实物"①。前文引小西甚一也说到,《文笔眼心抄》抄卷"墨书大约在平安中期以后",他在《研究篇(上)》另一处又说:"《文笔眼心抄》的笔迹让人想到在正仓院御藏僧纲状的真济的书风。"②这与前引《西村兼文逸话》所说"为大师以后时期的经卷",《若树随笔》所说"乃大师之后之笔",正相吻合。小西甚一亲眼见过实物,他对历代书风有研究。相比我

---

① 小西甚一下面这段描述对于《文笔眼心抄》的辨伪也很重要,亦详录如下:"本文全为墨书,卷首到目录终了为行书,第二叶以下转为草体,书风为没有和风的纯草,毫无疑问,这是平安时代初期的实物。永年氏所谓'书法超妙纸墨俱古'是确实的。奈良时代到平安初的墨迹大体就是这样,多存有王羲之的书风。行体为神龙半印本和张金界奴本等诸模系'兰亭叙',草书旨趣近于'十七帖'。东晋草书有些是篆书的变形,有很多用后世草书难以规范的奇古字体,《眼心抄》的草书如永年氏所说'有古字有异体字',但这好像从王羲之和王献之的字体可以训释。例如,四十四例中'古人云采于正始'的'采'字,和'十七帖''可得果当卿'的'果'同字,若从《眼心抄》的本文不能训'采',永年氏的释文训'采',《秘府论》诸本均作'采',从文意看,永年氏的训释是正确的,但《眼心抄》确实作'果'字。其次,'皆须任思自起意先'的'先'字,《秘府论》作'欲'字,但《眼心抄》是'先'(或训'兔'),决不是'欲'。这一处,'十七帖''要欲及卿在彼','欲摸取当可得不'等处的'欲'字和'先'字极易混淆,由此推测,当如《秘府论》作'欲'字。又,'上句达下句怜下对也'的'达',《秘府论》作'爱'。而'十七帖''足下保爱为上'的'爱'字和同帖的'答其书可令必达'的'达'字近似。因此,这也当是把《秘府论》的'爱'字写作了'达'字。又,'有以见贤人之志号'的'号'字,《秘府论》作'矣'。'十七帖''心以驰于彼矣'的'矣'字,容易和'号'字混淆,因此,这也当是'矣'字。在确认《眼心抄》本文性质方面,这都是重要的基础。"见《文镜秘府论考·研究篇(上)》,《文镜秘府论汇校汇考》1938页—1939页有载录,可参看。
② 参《文镜秘府论汇校汇考》第28页。

们没有看过实物仅据一些旁证材料所作的推测,小西甚一的判断应该更为可信。根据这一判断,《文笔眼心抄》当为平安初期的实物,《文笔眼心抄》抄卷不但内容为真,而且可能是古卷,不过不是空海真迹而已。陈翀教授的怀疑是有道理的①。不是空海真迹,并不意味着不是古卷,特别并不意味着内容非真。西村兼文的造伪只在于把一般古卷说成空海真迹。《文笔眼心抄》抄卷非空海真迹,却可能是古卷,而不论是否古卷,其内容都当为真品。

第五节 其他一些疑问的解释

陈翀教授的一些疑问,有的前文已作了回答。其他一些疑问,也就容易作出解释了②。

关于西村兼文编写《增补续群书一览》解题所录《文笔眼心抄》序文与山田永年氏根据原卷所作翻刻序文有的文字不合。据前述小西甚一的描述,《文笔眼心抄》抄卷乃一长卷,仅据卷首序文部分文字,很难对全部长卷作出判断。既就序文部分而言,解题时抄录序文有些文字有误,也并非不可能。即就陈翀教授所引林若树《西村兼文逸话》及《若树随笔》,也说这是"大师之后之笔",而西村兼文伪称为大师笔,没有一字说到西村兼文作伪时有一个自己先写作的文章底稿。所以,说西村兼文解题抄录《文笔眼心抄》序文时,只能根据自己所留下的文章底稿,应该是臆想的成份居多。就算西村兼文有一个文章底稿,从他作伪的两种方式来看,他所据也是真品。

关于书之异名"文笔肝心抄"。空海确实多用"肝心抄"作为他所撰佛教经疏的书名,但并不妨碍他用"文笔眼心"作另一书名。因为《文笔

---

① 陈翀教授《辨伪存真:〈文笔眼心抄〉古抄卷献疑》:"在取影印本细作浏览的过程中,笔者发现其笔力无劲、文字呆滞,感觉到其定非出自空海之手。"
② 下文所引陈翀教授的疑问,均见其著《辨伪存真:〈文笔眼心抄〉古抄卷献疑》和《空海〈文笔肝心抄〉之编纂意图及佚文考》两篇论文,不再另注。

眼心抄》毕竟不是佛教经疏。而且空海所用书名初看就常常让人费解。"文镜秘府论"这一书名就是如此。他可以用"文镜秘府论"这一初看难解之词作一书名，就有可能用"文笔眼心抄"作另一书名。一些古籍书目确实载录了"文笔肝心抄"的书名，但另一些古籍书目也有"文笔眼心抄"的书名。古籍书目在传抄转录过程中文字有异，也并非异事。仅据书名有异，而断定《文笔眼心抄》的内容均为西村兼文所杜撰，恐怕言过其实。

关于抄录《文笔眼心抄》的一些材料。心觉《悉昙要钞》以"文笔眼心"为题抄录《调四声谱》之后，确实紧接"或云奇琴精酒"和"又云徘徊窈窕"云云两段文字。但这并不意味着《悉昙要钞》所据《文笔眼心抄》原文就是《调四声谱》之后紧接"或云奇琴精酒"云云两段文字。熟悉的人们都知道，日本悉昙学者常用摘录式的办法编撰悉昙学著作。他们常常将本不连贯的文字紧相连接，摘录编抄。他们着重抄录与悉昙学有关的文献论述，常常片段式地抄录。连接抄录，并不意味着原文也是连贯一体。至于"秘府论云元氏曰"以下，既然首言"秘府论云"，所据显然不再是《文笔眼心抄》，据此而认定《文笔眼心抄》为伪书，根据是不足的。

至于东寺观观智院金刚藏本所录题为"文笔眼心云"的文字。"正纽"后"凡四声为正纽"，"傍纽"后"双声是也"的注文，显然是概括原文，与原文文字稍有异，不足为怪。只是简录"正纽"和"傍纽"，并未详述，"正纽"在"傍纽"之前，与今存山田家本《文笔眼心抄》顺序有异，也可以理解。至于"或（书）云略音有三种"云云以下几大段文字，既然已改称"或（书）云"，说明所录为另一书，与《文笔眼心抄》已全然无关，不能看作《文笔眼心抄》的佚文，今本《文笔眼心抄》没有几段文字，完全是正常的。据此认定《文笔眼心抄》为伪书，显然缺乏根据。

第六章　日本人编撰的中国典籍
——以地卷《九意》作者的考察为中心

编入《文镜秘府论》的基本原典,是中国的。但它的编撰者是空海,是日本人,因此编撰过程又处处留下了空海的痕迹,甚至有空海本人的论述。这是一部典型的中日合璧的著作,典型的中日文化交流的产物。这部著作哪些是中国的东西,哪些是空海留下的痕迹,便是这一章考察的任务。

第一节　《九意》作者:一个困扰千年的疑问

编入《文镜秘府论》的,大量是中国基本原典,这是显然的。

天卷《调四声谱》编入沈约《四声谱》和崔融之说,《调声》编入王昌龄《诗格》和元兢《诗髓脑》,《诗章中用声法式》或出刘善经《四声指归》,《七种韵》为中唐文献,《四声论》为刘善经《四声指归》。地卷《十七势》出王昌龄《诗格》,《十四例》出皎然《诗议》,《十体》出崔融《唐朝新定诗格》,《六义》编入王昌龄和皎然之说,《八阶》编入上官仪《笔札华梁》,而《文笔式》有相同之说,《六志》编入《文笔式》,而上官仪《笔札华梁》有相同之说。东卷《二十九种对》编入古人同有之说,元兢、皎然、崔融等之说。《笔札七种言句例》出《笔札华梁》。西卷《文二十八种病》编入《文笔式》

《笔札华梁》、元兢、刘善经《四声指归》、佚名《诗式》、崔融等各家之说。《文笔十病得失》当出《文笔式》。南卷《论文意》编入王昌龄《诗格》和皎然《诗议》,《论体》当出《文笔式》,《定位》前半当出《文笔式》,后半出殷璠《河岳英灵集叙》。《集论》编入殷璠《河岳英灵集叙》、疑元兢《古今诗人秀句序》、疑《芳林要览序》、陆机《文赋》。北卷编入《文笔式》、杜正伦《文笔要诀》、撰者未详《帝德录》。

这当中,年代最早的,是《文赋》,在西晋。年代最晚的,是皎然,在中唐。

但是,整个《文镜秘府论》,是按照空海的意图编撰的。

这个意图,或者说编撰思想,就是前面所说的,一是佛教意识。他要说明,空中尘中,开本有之字;大仙利物,名教为基,阿毗跋致菩萨,必须先解文章。从他在日本开创的密教真言宗思想出发,要说明为要正确地密诵梵文真言,使无谬误,需要悉昙学即音韵学方面的知识,因此《文镜秘府论》开篇就论四声音韵,全书用大量篇幅收入声韵方面的内容,说是音韵声病这类内容是陶冶真言的规矩准绳。说明大仙利物,宣教佛法,需要世俗的正确的文章,说明要把佛教经典译成汉语,既要解梵文文字,又须解汉语文章。

二是政教意识和文学意识。为佛学而编,也为政治教化,为文学而编。说明君子济时,文章是本。说明要以文章教化百姓,教化天下。说明文章之大义就在于纲常王教。也因此在北卷编入专为写作歌颂帝王功德的文章而编的《帝德录》。它的目的也在文学,因此论及了很多文体,讨论大量文学性的表现手法。比如对属,比如声韵,比如六义,大量论及文章风貌特征,论及作品的形象性、情感性、音律性,

它有中国意识。他完全像是一个中国学人,在那里编撰着中国的诗文论著作,展示着他深厚的汉文学修养。同时也体现空海的日本意识。为解决日本文化建设中出现的问题。一方面,编入的内容主要是实用性比较强,比较直接地对写作实践起指导作用,范式作用的内容。另一方面,为便于日本学子学习写作,对编入的实用性强的范式都加以整理,条

理化，化繁为简。

《文镜秘府论》的卷次，天、地、东、西、南、北，也体现日本的方位观念。

不仅如此，空海还有直接的论述。天卷、东卷、西卷三个序是空海写的。天卷序说明整个《文镜秘府论》的编撰意图，说明文章的佛教大义，政教大义，说明中国声律病犯之书过于繁多，使贫而乐道者，望绝访写；童而好学者，取决无由。他因此在一多后生的劝说下，阅诸家格式等，勘彼同异，削其重复，存其单号，而编成《文镜秘府论》。东卷序论对，说明对属的意义，而沈、陆、王、元等诗格式等，出没不同，因此弃其同者，撰其异者，编为二十九种对。西卷序论病，说明四声八病说之由来，而颙、约已降，兢、融以往，声谱之论郁起，病犯之名争兴，亦过于烦琐，因此也删繁就简，编为二十八种病。

但是，除此之外，《文镜秘府论》是否还留有日本人的痕迹，是否还留有空海的痕迹，却是一个很难考察却很有意义的工作。

考察这一问题，最能引起我们注意的，是地卷《九意》。这一篇的作者是谁？是中国人还是日本人？是一个久悬未决，颇难解决的问题。

关于《九意》，中日双方的书志学目录和其他史料没有任何记载。《文镜秘府论》收入《九意》也没有任何附加的说明。《九意》本身也未找到可供推断其作者年代、身份、经历、有无其他著述等情况的任何线索。

关于《九意》作者，中国方面未见论述。日本最早提出看法的，是小西甚一《文镜秘府论考》。小西甚一从押韵情况分析，以为《九意》作者可能是日本人。几十年之后，波户冈旭提出，《九意》例句的作者是空海，而条目的作者是王昌龄，因为《九意》之"意"与王昌龄《诗格》（收入《文镜秘府论》南卷《论文意》一节）论文意之意相通①。但是，兴膳宏《文镜秘府论译注》提出，《九意》为晚唐司空图《二十四诗品》的先踪，可能为初唐人所作，其根据，大体是认为《九意》押韵带六朝倾向，内容也带六朝风貌，而

---

① 波户冈旭《〈文镜秘府论〉の〈九意〉にいうつて》。

用四字句的韵文归纳长文章的趣旨,《史记》《汉书》以来正史的"赞"常用,文学论中《文心雕龙》也用这种方法;从春意到风意九篇,都是百句左右的长篇,同样的形式更早的作品有梁周兴嗣《千字文》,连用长达250句四言韵语,近代则有盛唐李瀚的《蒙求》三卷。

但是,这些看法大都有疑问。波户冈旭提出《九意》例句的作者是空海,却未见任何根据。把《九意》之意与王昌龄《诗格》论文意之意联系起来看有一定道理。比如,《论文意》所谓"昏旦景色,四时气象,皆以意排之,令有次序,令兼意说之为妙","所说景物必须好似四时者。春夏秋冬气色,随时生意"等等,都包含四时各有其意,当各写出四时不同之意的思想。《九意》归列春夏秋冬各自之意,与王昌龄《诗格》论四时之意的这种思想确有相通之处。但是,一、不仅王昌龄《诗格》,而且王昌龄之前及同时的很多文献都能看到四时各有其意的思想。比如大家熟悉的乐府子夜四时歌,近代吴歌九首和梁武帝诗中,都分别有春歌、夏歌、秋歌、冬歌。不仅四时之意,包括山、水、雨、雪、风等意,在一些类书中也能看到。比如隋时虞世南等编《北堂书抄》岁时部有春、夏、秋、冬,天部有风、雨、雪类,地部之丘、陵、冈、阜等实为山类。唐高祖时编修的《艺文类聚》(编者欧阳询),卷一天部上有风类、卷二天部下有雪、雨类,卷三岁时上为春、夏、秋、冬,卷七、卷八、卷九实为山、水类。玄宗时官修、徐坚等编撰的《初学记》,卷一天部上有风类、卷二天部下有雨、雪,卷三岁时上有春、夏、秋、冬,卷五至卷七实为山、水类。因此,如果说到《九意》条目的作者,这些类书的编写者的可能性比王昌龄应更大。二、王昌龄《诗格》也好,王昌龄之前或同时的那些类书也好,都只是包含写四时之意的思想,或在大量类目中,夹有春、夏、秋、冬、山、水、雨、雪、风这九个类目而已,并没有把这九个类目或称九意单独归列出来,作为单独一篇作品的九项条目。三、更主要的是,没有任何材料能说明《九意》条目的作者为一个人,例句的作者为另一个人。《九意》的九个条目与《九意》的例句是一个整体,其作者应是一个人。说《九意》的四时意识,九个类目受到王昌龄《诗格》及《北堂书抄》《艺文类聚》等的影响是可以的,但直接说这九个条目的作者是王昌龄或别的什么人,则没有任何根据。

兴膳宏的看法也可以作别的解释。从押韵倾向、内容风貌、四言形式等方面考察不失为一种途径。但是,奈良、平安时代的日本汉文学,从押韵到内容其实也都带六朝倾向。在《九意》之前,日本虽未发现类似的四言韵文的长篇作品,但《九意》完全可以是日本文学史第一篇这样的作品,从当时日本学人的汉学汉诗修养看,完全有能力写出这样的长篇作品。当时日本正大量吸收、模仿汉文化,日本学人完全有可能去模仿中国古代类似的作品,写出《九意》。这都可以作出解释。这样看,仅据押韵等情况推断《九意》作者为中国人,不论是六朝人还是初唐人,根据显然不足。

小西甚一的看法直到现在仍有重要价值(这一看法,下文将要具体介绍)。但是,小西甚一一方面根据押韵情况推测《九意》作者可能是日本人,另一方面又说,如果是彼邦人(指中国人),则是六朝人所作。他持论很谨慎,之所以这样,大约觉得缺少更有力的根据。

这样看来,关于《九意》作者,离论定路途尚遥。但是,新的看法,新的根据却是可以提出来的。这有一个怎样拓开思路的问题。有学者认为《九意》只可能是中国人写的,因此只在中国方面寻找根据,考虑问题,这事实上人为地限制了思路。我以为,没有任何根据说《九意》不可能是日本人的作品。确立这一前提,思路就打开了。寻找根据似也应有一些新的角度。从书志学,或从《九意》本身的押韵、文风、四言韵文形式等方面考虑固然有必要,但还应从更多的方面着眼,特别是从一些易被忽略的方面去寻找根据。比如,从用词习惯,结合考古发现,结合日本古文献,结合佛教,特别是密教方面的资料。拓开了视野,或者就能找到解决《九意》作者的途径。

第二节 "土马":解开《九意》作者疑问的钥匙
——日本考古发现及神马、水灵信仰与巨大古坟

寻找根据的新的角度,笔者首先想到的是用词。《九意》如果是日本

人所作，就有可能在用词方面留下某些痕迹，比如，在用词方面不合中国古汉语文法而有日本古语的痕迹，比如，使用某些日本特有的词汇。从这方面考虑，我把《九意》中一些可疑之词找出来，一一查考，想从中得到一点线索。

一、日本考古发现与古文献的线索

要发现《九意》用词上日本古语的痕迹，要在为数不算少的日本古文献和日本其他资料中查找几个词，并证明它为日本当时特有，又恰为《九意》所使用，这工作颇为费事。现在为止，能提出一点线索和看法的，还只有一个词，这个词是"土马"。我们的论述就从"土马"说起。

"土马"一词出自《九意》"夏意"的这样二句：

> 云从土马，水逐泥牛。雨貌

这二句中，"云从土马"一句是什么意思？"云从土马"的"土马"又是指什么？笔者首先从日本的考古发现中得到一些线索。日本的出土文物中，恰有一种土制马形。现在所知，最早记录这种土制马形的是江户时代藤贞幹《集古图》①。随后明治时代松浦武四郎《拨云余兴》第二集记有五例②。大正以后直到近年，记载这种土制马形考古发现，研究这种土

---

① 藤贞幹《集古图》(1789年，宽政元年)记有二例：大和国高市郡三濑东桧限大内陵（天武、持统）两帝畔土中所得瓦犬，美浓国不破郡宫城村古坟中所得瓦马长八寸许，宫代村愿林寺所藏。转据小田富士雄、真野和夫《土马》，《神道考古学讲座》第3卷，日本：雄山阁1983年二版。

② 松浦武四郎《拨云余兴》第二集(1882年，明治十五年)记有以下五例：1. 出所不知(完形，须惠质?)，2. 和州式上郡栗殿村堀出(头、足欠，土师质)，3. 和州高市郡桧前村堀出(头、足欠、鞍付、土师质)，4. 和州春日山堀出(只有头、须惠质)，5. 和州添下郡超升寺堀出(足一部欠，土师质)。转据小田富士雄、真野和夫《土马》，《神道考古学讲座》第3卷，日本：雄山阁1983年二版。

制马形的论著论文就更多了①。

已出土的这种土制马形,多收藏于日本各博物馆及一些考古研究部门的资料馆。笔者未能去看这种土制马形的实物,但从研究文献所附的土制马形的实拍图片、实测手绘图形及研究文献的文字描述,可以大体知道这种土制马形的形状。比如,伊势国桑名郡古滨村御衣野出土的土马,高三寸五分,全长五寸八分,前足宽二寸五分,虽粗糙但能辩认出鬣和鞍的样子,也能看出用刻线表现的面系和手纲的样子,从质地看,是用混有沙子的较粗的土制作的②。又比如,福冈县京都郡艾田町马场出土的土马,呈灰鼠色,胴圆,耳竖,眼睛像筷子尖,有鼻子,四肢及尾巴能看见刻纹,长十九厘米,高十厘米③。

关于"土马",我还从日本古文献中得到一些线索。在一些日本古文献中,也记述过"土马"。比如,《肥前国风土记》佐嘉郡条有"取下田村之土,作人形马形,祭祀此神,必有应和"的记载,这里说的,应该就是现代考古发现的那种土制马形。

《皇太神宫仪式帐》多处出现"土马"一词。其中的"荒祭宫正殿迁奉时""神财八种","月读宫迁奉""神财十六种","泷原宫迁奉时""神财十

---

① 这些论著论文,除前注提及的小田富士雄等《土马》一文外,笔者查阅过的还有:梅原末治《河内国发见の土马》(《考古学杂志》4卷12号,1914年)、梅原末治《上代文化研究の二三の新资料》(《思想》第2辑,1921年)、柴田常惠《冲岛の御金藏》(《中央史坛》13卷4号,1927年)、岛田贞彦《考古片录》(《历史と地理》18卷5号,1926年;25卷4号,1930年)、溥野谦次《伯耆出云より周防へ》(《民族》3卷6号,4卷1号,1928年)、岛田贞彦《摄津国丰能郡垂水先史时代遗迹》(《史前学杂志》2卷5号,1930年)、福贵恒吉《土马》(《考古学》8卷9号,1937年)、大场磐雄《上代马形遗物に就いて》(《考古学杂志》27卷4号,1937年)、土井实《大和土制马考》(《古代学》4卷2号,1955年)、大场磐雄、小泽国平《新发现的祭祀遗迹》(新发现的祭祀遗迹》(《史迹と美术》33卷8号 1963年)、大场磐雄《上代马形遗物再考》(《国学院杂志》69卷1号,1966年)、森浩一著《考古学と马》(森浩一编《日本古代文化の探究——马》,社会思想社,1974年)、前田丰邦《土制马に关する试论》(《古代学研究》53卷,1968年)、小笠原好彦《土马考》(《物质文化》25卷,1975年)、泉森皎《大和の土马》(《橿原考古研究所论集》(创立35周年纪念》,吉川弘文馆,1975年)、小田富士雄《古代形代马考》(《九州岛考古学研究》(古坟时代篇》,学生社1979年)、村上吉郎《土马祭祀と汉神信仰》(《石川考古学研究会会志》第25号,1983年)。以上是已查阅的,末及查阅的还有不少。
② 据大场磐雄《上代马形遗物に就いて》。
③ 据小田富士雄《古代形代马考》。

一种",都记载有"青毛土马"。

《日本书纪》卷一四,雄略天皇九年(456)秋七月条,也记载伯孙在誉田陵见"赤骏变为土马","见骢马在于土马之间"。《新撰姓氏录》在记述同样的伯孙换马的事情,也说:"明日看所换马,是土马也。"

这是我得到的与"土马"有关的日本考古发现及日本古文献这两方面的线索。

把这二方面的线索和《文镜秘府论》地卷《九意》"夏意"中的"土马"稍作比较,有几个情况值得注意。

值得注意的第一点,是名称用词。

上面所举的几种日本古文献,《肥前风土记》事实上说的就是土马,《皇太神宫仪式帐》,《日本书纪》,《新撰姓氏录》,用词都明确是"土马"。现代考古学界对出土的土制马形的称呼,有时用"马形埴轮"、"土制形代"等词,但普遍的用词,仍是"土马"。正与《九意》中"云从土马"的"土马"一致,这说明什么呢?

值得注意的第二点,是出土的土制马形的年代和出现"土马"一词的日本古文献的年代。

出土的土制马形的年代,日本考古学界有考证。日本平凡社1993年出版的《日本史大事典》第五册第234页"土马"条下有归纳。译成汉语如下:"土马　日本出土的土制马形(形代)。考古学查明有四次大的变迁。五—六世纪前半的六厘米左右的小型马形,七世纪的二十一厘米左右的鞍装大型马形,八世纪的十二厘米左右的无装中型马形,八世纪末的无装小马形,作为各时期都未见的新样式而出现。"《文镜秘府论》作于弘法大师空海从唐代中国回到日本的平城天皇大同元年(806)之后。而土制马形的年代在5—8世纪末或至9世纪末、10世纪初。出现"土马"一词(物)的日本古文献的年代有二种(《日本书纪》和《皇太神宫仪式帐》)在804年之前。就是说,在空海写《文镜秘府论》之前,《文镜秘府论》地卷《九意》中出现"土马"一词之前,土制马形已在日本流行了四百年,"土马"一词在日本古文献中也早已多处出现,这又说明什么呢?

值得注意的还有第三点。日本平安时代以前,文献记载的马好也,已出土的土制马形也好,很多都与雨、水有关。

这里说的文献记载的马很多与水、雨有关,主要指献马祈雨、祈止雨。日本奈良、平安时代,也就是《文镜秘府论》写作的前后年代,献马祈雨祈止雨的事例屡见于史。有人作过统计①,笔者又一一核实过,自文武天皇三年(698)至光孝天皇仁和三年(887)的一百九十年间,记于国史的献马祈雨祈止雨有 37 次,其中天旱祈雨的 22 次,霖雨祈止雨的 15 次。

土制马形的出土地点,很多是在一些直接与水有关的地方。比如,在古井遗迹在池中及附近,在河底或河边,还有在湖畔。

日本古文献中有以土马祭神的记载。这些史料虽没有直接说以土马祈雨,但既以土马祭神,又有频频献马求雨的习俗乃至规定的仪式,在这种背景下,用土马作生马的代用品以求雨是必然的。官衙、神社旧址境内及附近大量出土土马很值得注意。这些当有用于祈雨的甚至主要用于祈雨。再看《文镜秘府论》地卷《九意》"夏意"中的"土马":"云从土马,水逐泥牛。雨貌",说的是"雨貌",就是说,《九意》中的"土马"也与雨有关。那么,这又说明什么呢?

值得注意的第四点,是日本古代祈雨多在夏天。再看《文镜秘府论》地卷《九意》的"土马"。《九意》中描写"雨貌"的"云从土马"的"土马",恰恰是在"夏意",就是说,说的是夏天的事。日本奈良平安时代祈雨多在夏天,《九意》中描写"雨貌"的"土马"恰恰也是"夏意",这又说明什么呢?

二、日本神马、水灵信仰与巨大古坟的线索

对"土马"进一步分析后 还可以发现,出土土马也好,文献记载的土马也好,都不是孤立的简单的现象,而有着深刻的文化背景。

这也有几个问题值得注意。

一是土马流行时间之长。出土土马的年代,前面说过,按《日本史大

---

① 如佐藤虎雄《神马の研究》,《古代学》16 卷 2、3、4 号合刊,1969 年。

事典》的归纳,在5—8世纪末,土马的终末年代按泉森皎《大和的土马》一文的说法,在9世纪末10世纪初。按后一种说法,土马流行了五百多年,按前一种说法,也流行了四百年。流行那么长时间,这本身就说明这不可能是偶发的现象,在它的后面,应该有一个大的历史背景。

二是土马流行区域之广。从文献记载的资料看,《日本书纪》《皇太神宫仪式帐》记载的是近畿地区的事。《肥前国风土记》记载的则是古肥前国(在今九州岛地区佐贺、长崎一带)的风土人情。就是说,当时至少在这两个地区,"土马"已经流行。从考古发现看,"土马"流行区域则更广。土制马形的发现地,据1966年大场盘雄《上代马形遗物再考》一文的附表,有116处。1975年泉森皎《大和的土马》一文则指出,自大场盘雄至今(1975),仅奈良的出土资料就增加了83处①。据大场盘雄责任编辑、雄山阁出版株式会社1983年二版的六卷本《神道考古学讲座》第三卷中所载小田富士雄,真野和夫《土马》一文,日本全国发现土马的遗迹,达180处之多②。

据大场盘雄《上代马形遗物再考》一文的附表,出土土马分布在现代日本的福岛、栃木、茨城、崎玉、东京、长野、岐阜、新潟、福井、石川、静冈、爱知、三重、奈良、京都、大阪、和歌山、兵库、鸟取、冈山、广岛、香川、高知、福冈、熊本、鹿儿岛。就是说,除北海道和东北地区之外,日本的关东、中部、近畿、中国、四国、九州岛等的绝大部分县(府、都)都出土有土马,而以近畿地区的奈良、兵库、大阪、三重等地最多。出土分布地应该就是当时土马的流行地。土马分布、流行区域那么广,便从又一个方面说明土马在当时不是孤立的偶发现象,而是在一个大的文化背景下的必然产物。

日本自古以来把马作为信仰物,这个情况也值得注意。《古事记》③

---

① 见《橿原考古学研究所论集—创立三十五周年纪念》第403页。
② 见该书第162页。
③ 《国史大系》本,吉川弘文馆。

里,便有八千矛神乘马及保食神牛马化生的传说。《本朝法华验记》①第一百二十八则"纪伊国美奈道祖神"中,马是行疫神和道祖神的坐骑。《圣德太子传历》中,记载着这样的传说:圣德太子乘自甲斐国得来的神马,"蹑云凌雾",越富士山,经信浓、三浓,三日之后回辔归来②。这种信仰之下,一些品种珍奇的马被称之为神马。上引《圣德太子传历》中,圣德太子便把自甲斐得到的四脚白的乌驹称为神马。同样的故事在《扶桑略记》③中也有记述。据《续日本纪》文武天皇大宝二年(702)夏四月、同年秋七月,庆云元年(704)五月,圣武天皇天平三年(731)十二月、天平十年(738)春正日、天平十一年(739)三月,称德天皇神护景云二年(768)九月,光仁天皇宝龟三年(772),分别得到自飞騨、美浓、备前、甲斐、信浓、对马、日向、上总等国献来的马。这些马,有的是八蹄马,有的是黑身白鬐尾或青身白鬐尾。这些马因此都被称之为神马。神马被视作符瑞,得到献上的神马,或者因此赐赏献神马者乃至献马国,或者因此大赦天下。马因此也作为祭神之物奉献于神社。除了上文列数的用于祈神求雨的献马之外,一般的社参祈请也献马。据《续日本纪》,称德天皇于宝龟元年(770)八月分别遣朝臣向伊势太神宫奉献赤毛马二匹、向若狭彦神宫和八幡神宫各奉献鹿毛马一匹。这种习惯似乎很早以前就有。据《常陆国风土记》,前 97 年—前 20 年在位的崇神天皇便向鹿岛神宫奉纳过马一匹,鞍一具。《延喜式》④卷八的春日祭祝词、广濑大忌祭祝词,龙田风神祭、平野祭、迁却崇神祭等祭式的祝词及出云国造神贺词中,都出现了"马"。《延喜式》卷一四时祭中的二月祭,六月晦日大祓、卷二四时祭的九月祭、卷三的临时祭、卷四的伊势大神宫、卷五的斋宫等,献马都被作为祭式的一个重要内容被记载下来。

把马作为信仰物,从日本历代民俗中都可以找到例证。传说中神马

---

① 《续群书类丛》第 194 卷,东京《续群书类丛》完成会,1957 年订正三版。
② 《圣德太子传历》推古天皇六年条,《大日本佛教全书》第 112 卷,名著普及会 1979 年版。
③ 《国史大系》第 6 卷。
④ 《国史大系》本。

留下的痕迹，以马命名的对象、地名，在日本很多地方都可以看到。大和的橘寺有一块岩石，石上刻着一石，石人旁刻着像马的兽，据说这是圣德太子和甲斐黑驹的雕像。越后北蒲原郡加治村大字茗荷谷山中的药师堂旁有一大石，长丈余宽约七尺，一半没入土中，其形似马，当地人称之为马石。肥前西松浦郡大川村的驹鸣峠有一块像驹的石头，据说经常会嘶叫，因此这个峠叫"驹鸣峠"。尾张东春日井郡坂下村大字内津神社一个鸟居的遗迹上，有一块马蹄石，相传是日本武尊的坐骑留下的足迹。像这样的马蹄石，有的被称作驹爪石、驹形石、驹岩、驹留石，大都传说是神马留下的印迹，这样留下神马印迹的地方，这样的马蹄石，美作间锅山长法寺的岩石上，伊贺名贺郡比奈知村大字泷原的高座山上，肥前北松浦郡峰村大字三根境内，骏河安倍郡大里村大字川边的驹形神社、羽后北秋田郡一个叫户鸟内的地方、关东地方下野上都贺郡东大芦村长国寺境内、甲斐北巨摩郡穴山村字黑驹、萨摩日置郡田布施村的金峰山上及社殿和社前的土中，相州足柄下郡江浦村的五郎兵卫的房子里等等地方都有。武藏北足立郡尾间木村大字中尾有驹形神社。羽后秋田郡山崎这地方的末社里，供着白驹神和黑驹神。野州的大芦川谷、武州秩父的山村有刻着马力神的石塔。陆奥三户郡三户町大字川守田村有马力神社。春砂国有宽保三年立的名马的碑。尾张丹羽郡羽黑村大字羽黑有叫磨墨冢的名马冢。类似的名马冢，在赞岐木村郡牟礼村大字牟礼，下总印幡郡船穗村大字船尾，备前邑久郡国府村大字幅里、河内南河内郡驹谷村大字驹谷、近江阪田郡西黑村大字常喜的水田间、相州足柄上郡曾我村大字下大井、阿波胜浦郡小松岛町大字新居见等等地方都有。远江滨名郡龙池村大字八幡社有驹形杉。肥后八代郡宫原町大字拵的街道傍有一祭祀马神的地方，那里埋着丰臣秀吉征伐岛津途中倒毙的一匹叫村雨的马，当地人把这马奉为马神。备后丝崎八幡宫境内有马出马神祠，也是为了祭祀一匹神马。常陆鹿岛郡大同村每年六月十五日为泣祭日，是用大声哭泣的方法祭祀一匹死去的马。羽后南秋田郡北浦町有马神祭式，马医针刺二岁的驹，用其血浸以稻草或驹的鬣毛，然后描于鸟居之上，用这种方式祭祀马神。安艺山县郡原村的一棵松树因系过一匹名马，这棵树因此被称为驹系松，树因名马而成为神木。安倍川西岸靠近鞠子宿的泉子村住着熊谷氏，这家房柱上几百年间都挂着一个马首骨，用来禳邪除灾①。

这种对马的信仰又与水灵信仰联系在一起，在人们的观念中，马与水、马与水神常常是不可分的，这是值得注意的又一情况。《延喜式》卷二一"治部省"中祥瑞·神马条这样记载：

> 龙马长颈，额上有翼，踏水不没……泽马，白马赤鬣，白马赤髦，青马白髦，驹騄状如马，出于北海……

龙马踏水不没，出于北海，还有泽马，都与水有关。

《续日本纪》也有几条材料。圣武天皇天平三年(731)十二月己未条：

> 谨检符瑞图，曰，神马者河之精也。援神契曰，德至山陵则泽出神马。

天平十一年(739)年三月癸丑条：

> 谨检《符瑞图》曰，青马白髦尾神马也。圣人为政资服有判，则神马出。又曰，王事百姓，德至山陵，则泽出神马。

称德天皇神护景云二年(768)九月辛巳条：

> 《孝经援神契》曰，德协道行，政至山陵，则泽出神马。

---

① 以上分别见于《游囊剩记》《越后野志》十八、《松浦记集成》《尾张志》《山阳美作记上》《三国地志》《津岛纪事》《骏国杂志》《真澄游览记》三十二下、《山梨县市町村志》《三国名胜图会》《相州留恩纪略》三、《新编武藏风土记稿》《风谷问状答》《犬山名所图会》《赞岐三代物语》《三郡杂记》下、《和气绢》上、《和汉三才图会》《坂田郡志》下、《相中志》《阿州奇事杂话》三、《曳马拾遗》《肥后国志》《三原志稿》《日本宗教风俗志》《真澄游览记》三十九、《大日本老树名木志》《骏国杂志》。关于日本民俗中的马信仰，柳田国男《河童驹引》及《马蹄石》引用大量资料（其中一部分为柳田国男实地考察所得）进行了详细分析。本文此段所引资料，均据柳田国男这二篇论著。柳田国男这二篇论著，现收入《定本柳田国男集》第 27 卷，日本：筑摩书房，1964 年初版。

神马出于泽中,神马者河之精,都与水泽有关。河之精就是河之神,水之神,神马实被看作水神的化身。

《延喜式》还有一条材料,在卷三"临时祭":

> 祈雨神祭八十五座……丹生川上社贵布祢社各加黑毛马一疋。……其霖雨不止,祭料亦同,但马用白毛。

祈雨用黑毛马,祈止雨用白毛马,这反映着一个观念,即马的毛色的变化可以影响天气雨晴的变化,马的毛色变化通于神灵。同样的观念、说法,在《贞丈杂记》中也有。

神马信仰与水灵信仰联系在一起的观念,从民俗学的大量资料中更容易清楚地看出。在日本,有一种叫河童的传说中的想象动物,传说这种河童经常在河里作祟,把岸边的马往水里拉,而又经常是以河童的失败而告终。这样的传说,岩代、陆中、越后、常陆、武藏、相模、骏河、三河、甲斐、信浓、飞驒、美浓、能登、山城、出云、播磨、长门、阿波、土佐、肥前等,日本本州岛几乎所有地方都有[①]。这种关于河童的传说,实际曲折地反映了马与水灵不可分的观念。在一些民俗传说中,骏马是水中龙的化身或称后胤。比如:传说奥州名久井岳山顶的池中潜住着一条龙,一匹放牧着的驹乘着月明之夜登上山顶饮了池中的水,顷刻便变成了骏马。羽前东田川郡清川村对岸的龙池里住着一条龙,这条龙使池岸上放牧着的成泽村农民右卫门家的雌马怀了孕,结果生下来的果然是鹿毛的骏逸之驹。羽后饱海郡日向村有一古池,传说古时池中的龙嘶叫着出来与百姓兴平家的牝马相感而生了一匹叫池月的骏马,直到现在这地方还有这母马的冢。羽前南村山郡西乡村大字石曾根这地方也相传是名马的故乡,这村子很久以前是一个大池沼,池沼里有龙蛇,这龙蛇就是名马池月的父亲,后来这大池沼渐渐变小,成了现在的小池,这小池就名叫驹池。在另一些传说里,传说中神马留下的印迹都在水边。兴良村大字豆酘内

---

① 柳田国男《河童驹引》引述了大量这方面的资料,可参看。

院一块叫神崎马的海岸,岸边的岩石上好几处一列一列的相传是神马的足迹,暗示这是神马出海的地方。出云国八束郡加贺村临海有一个岩窟,岩窟洞口的石头上,有马的足迹和马槽的痕迹,相传这是出云大神乘坐龙神之处。江州爱知郡押立村有一神社,从神社附近直到一条流向森北的小河的岸边,残留着马的许多足迹,据说是古时神马应神社之神的召唤飞驰而来留下的。播磨神崎邵田原村村西有一条河,河岸有一很大的驹岩,驹岩上便留存着相传是神马的足迹。羽前西田川郡大字马町善法寺西南山上有龙泽,那里也有据传是龙马的蹄印。山城井手玉川也有一雨山,雨山上古时雨吹龙王神社的遗址上有一人工作成的驹岩,这是一座古雅的浮雕,虽经岁月磨蚀已难辨认出马的清晰的轮廓,但从岩石上保延三年五月六日的字迹可以知道是那时人的作品。一些池泽渊沼即以马命名。美浓惠那郡付知町有骢马渊。东京附近叫驹引泽或马引泽等的地名很多,靠近玉川电铁有驹泽村和马引泽,府中对岸的关户村有驹引泽。武藏西多摩郡吉野村有驹牵泽。河艺郡河曲村大字山边内谷周围五十多间(日本的一间等于1.818米)的一块低洼地被称作驹渊。石见鹿足郡藏木村大字田野原有早马池。石见邑智郡出羽村有马影池。这样一些以神马命名的地方不但被认为与水灵相通,有些据传还极为灵验。山阳美作久米郡福冈村大字横山的岩上有驹的右蹄印迹和婴儿的右足印,这地方被称作"のごはす",据传只要摸一下这足迹,马上就会下雨。山阳苫田郡神庭村大字草加部贺茂川东岸岩石上有很多龙马的蹄印,还有二处被认为是龙渊的岩洼处,取名为马桶,附近有龙神社,这地方祈雨据传也是极灵验的。羽后北秋田郡秋生山的深处有一池沼,据传一刮风下雨,就有龙马出现在池岸上奔驰。陆中稗贯郡大迫町的横岨山的山顶上,有一片被称作龙马场的地方,从町的南面可以看得很清楚;龙马场宽七八尺长三十间,一片干干净净的白砂,据说只要电闪雷鸣,必定有五寸乃至八寸象白马毛一样的东西降落在龙马场。上总国夷隅郡布施村有一丘陵池叫高冢山,山腹中有一小池,据说这里曾放牧过神马,因此无论怎样干旱,小池的水也不会干涸①。

　　值得注意的又一情况,是记载了土马的几种日本古文献都不是一般的史籍。载录了土马这一词(事物)的古文献有三:《日本书纪》《风土记》和《皇太神宫仪式帐》。其中《日本书纪》所利用的,都是帝纪、旧辞、诸氏流传下的先祖故事的记录、地方诸国流传的故事的记录、官府的记录、个人的手记等最基本的可靠的一手史料,这部史书,是奈良时代编纂的日本最早的敕撰国史,为日本古代六国史之首,与《古事记》并列为日本第一古典史料②。《风土记》是记录各郡乡银铜草木禽兽鱼虫种类、土地肥瘠状况,山川原野名称由来、古老的旧闻异事等的另一重要史料。《皇太神宫仪式帐》则是记载皇太神宫仪式、神宫院行事、创祀本缘、规模和构造、四所神宫迁奉时装束神财等的根本史料。因此,一方面这几部史料所载录、反映的当时日本文化背景的情况,包括土马的情况,都是可靠的、真实的;另一方面,由于都带有根本史料的性质,特别是《日本书纪》和《风土记》更带有经典性,因此对日本后来的文化又有深刻的影响。

　　值得注意的再一个情况,是土马和誉田应神天皇陵等日本特有的前方后圆的巨大古坟有密切的关系。土马和誉田应神天皇陵有关。本文第一节引述的《日本书纪》中田边史伯孙"于逢蓑丘誉田陵下,逢骑赤骏者",赤骏变为土马后,又"还觅誉田陵,乃见骢马在于土马之间",这"誉田陵",就是地处今大阪府羽曳野市誉田的前方后圆的应神天皇陵,也叫誉田山古坟。

　　《日本书纪》记载的誉田应神天皇陵的土马,就是本文前面说的作为

---

① 以上分别见《糠部五郡小史》《三郡杂记》下、《三郡杂记》上、《山形县地志提要》《津岛纪事》《出云国怀橘谈》《淡海木间攫》《缀喜郡志》《浓阳志略》《新编武藏风土记稿》《势阳杂记》《吉贺记上》《石见外记》《山阳美作记》《东作志》《真澄游览记》三十一、《和贺郡二郡乡村志》《房总志料》。均转引自柳田国男《马蹄石》及《河童驹引》,《定本柳田国男集》第二十七卷,其中一部分资料为柳田国男实地考察或直接从民间口碑所得。
② 这种对《日本书纪》的史料价值的评价,在日本众多史学论著中都可以看到。笔者直接利用的,是《国史大系》本《日本书纪》前的"凡例",及收入《末永博士古稀纪念—古代学论丛》(1967年)の□田香融《日本书纪の系图について》。

信仰物、祭祀物的土制马形。和誉田陵同样的一些前方后圆坟,在这样一些古坟发现的土制祭祀物,如土制猪形、犬形之类,就是作为群像列于封丘之表,让人路过时能直接看到,象《日本书纪》记载的田边史伯孙在誉田陵看到的一样。如大阪府高槻市的昼神车冢古坟就是这样。

现代考古确实在誉田陵发现了土马。那是明治四十一年(1908)在誉田陵后圆部中山东二百米左右的陪冢栗冢的旁边,偶尔从地下三尺左右的地方发现的①。虽然只是在外湟陪冢发现的,但这土马应该就是誉田陵的祭祀物,是属誉田陵的东西。因为别的同样的前方后圆巨大古坟也是在同样的位置发现土马等祭祀用品。比如,地处大阪府南河内郡丹南村的全长114米前方后国的黑姬山古坟,三十年代就是在这座古坟的湟外二十米的地方发现了属这座古坟祭祀用物的子持勾玉。大阪府堺市巨大的仁德陵也是在西北湟外发现土马、土制勾玉等祭祀品,那是1935年筑路时出土的,土马有二件,其中一件是裸马,长22厘米,高25厘米,被前田长三郎氏收藏②。把这三座前方后圆坟发现祭祀用品的位置比较一下就可以知道。

在前方后圆巨大古坟发现土马的,还有前面刚提到的仁德陵,此外还有地处大阪府茨木市太田的继体天皇陵,也叫太田茶臼山古坟③。

誉田陵、仁德陵、继体天皇陵都是前方后圆坟,在这几座古坟发现土马意味着什么?要了解这一点,有必要对日本的前方后圆坟作些说明。

前方后圆坟是日本有代表性的古坟④。据现代考古测定,这种古坟修筑最早的在3世纪中叶,最晚的在6世纪末。

这些前方后圆坟分布极广,在日本北起岩手县水泽市郊外的角冢和新潟县西蒲原郡卷町的菖蒲冢,南至鹿儿岛县大隅半岛,都有这种形式

---

① 誉田陵发现土马,见梅原末治《河内发现的土马》。
② 黑姬山古坟和仁德陵湟外发现祭祀品的情况,见森浩一《子持勾玉的研究》,《古代学研究》创刊号,1949年。
③ 继体天皇陵出土土马,转据《日本古坟大辞典》,日本:东京堂出版,1989年。
④ 日本古坟有圆坟,方坟,前方后圆坟,帆立贝式古坟,双方中圆坟,前方后方坟,双圆坟,中方双方坟,上圆下方坟,八角坟等数种,而以前方后圆坟最有代表性。

的古坟,而集中在近畿地区。

这些古坟的筑造规模令人惊叹。比如誉田陵,全长 425 米(一说 430 米),前方部宽 300 米(一说 330 米),高 36 米,后圆部直径 250 米(一说 267 米),高 35 米,有 47 米宽的内濠、47 米宽的内堤、40 米宽的外濠、20 米宽的外堤、40 米宽的周堤带,墓域面积据测算有 40 万平方米,陵墓的土量,有人测算有 143 万多立方米,每天一千人计算,修筑这座陵墓要四年时间。仁德陵比誉田陵还大,主轴全长 486 米,后圆部直径 249 米,高 35 米,前方部宽 305 米,高 33 米,墓域面积据人估算有 80 万平方米,其筑土量,有人认为比誉田陵少,而小泽一雅经测算则认为要超过誉田陵①。继体天皇陵全长也有 226 米。像这样巨大的前方后圆坟在日本有不少。陵墓中轴长在 150 米以上的有 67 座,其中 200 米以上的有 38 座,全长 300 米以上的有 7 座,在 400 米以上的有 2 座,即仁德陵和誉田陵②。

前方后圆的一些巨大古坟位置的选定也有一些谜。日本有人专门为此写了一本书,叫《巨大古坟的圣定》,其中不少是讲前方后圆古坟的圣定。比如,椿井大冢山古坟、和泉黄金冢古坟(都是前方后圆坟)和宫泷吉野宫三点之间的距离分别是 43.03 公里、43.15 公里和 43.28 公里,三点之间的夹角分别是 59.72°、59.99°和 60.29°,极近似一等边三角形。誉田陵距高安山与二上山分别是 7.51 公里、7.52 公里,三点之间成一等腰三角形,岛山古坟又在反一方向距这两座山分别是 10.57 公里和 10.72 公里,成另一等腰三角形,这二坟的连接线正与这两山的连线垂直。誉田陵、垂仁陵与香具山之间的距离又分别为 20.50 公里、20.47 公里、20.81 公里,成又一等边三角形。仁德陵到生驹山、葛城山的距离与另一方向衾田陵到这二山的距离又相等,四点之间又成一极近似的菱形。继体陵到仁德陵、膳所茶臼山古坟的距离又分别是 32.22 公里、

---

① 见小泽一雅著《前方后圆坟数理》第 237 页,日本:雄山阁出版,1988 年。
② 日本很多研究前方后圆古坟的著作都有统计,此据涉谷茂一《巨大古坟的圣定》,日本:六兴出版,1988 年。

32.19公里,几乎相等。如果以继体陵为圆心,以这个距离为半径划一弧线,则仁德陵、誉田陵二点连线与生驹山、葛城山二点连线的垂直交点又正好在这弧线上,这个垂直交点到继体陵的距离为32.25公里。这种圣定构图的对称美是偶尔的巧合还是有意的构想,是个谜。如果是有意构想,在当时条件下为什么能做到这样精确,又是一个谜。

据日本一些考古学著作称,在世界上,这种前方后圆坟也只有日本才有,是日本特有的古坟形式。为什么是前方后圆?有各种观点,有方坟圆坟结合说,前方部祭坛说,象征天圆地方说,等等,不管怎么解释,它似有某种象征意义,象征什么? 又是个谜。一种说法,前方后圆坟的构造与《古事记》中"天孙降临"的神话相通。前方后圆坟的后圆部是先王居住的空间,新王正是从这里继承王权,这和"天孙降临"神话中高天原象征着是王权的根源、是天照大御神居住的空间一样。从后圆部的高处向较低的前方部降临,正与受命于天照大御神的天孙日子番能迩迩艺命从高天原经天浮桥向高千穗峰降临的路程相吻合,这象征着新继承王权的王从天上的先王那里受命,开始踏上方形的地界(人界),踏上要由它来统治的土地。神话中天孙迩迩艺命继承王位后,在笠沙御埼得到木花之佐久夜姬为妻,尔后定皇后、皇妃、皇太子,举行大赏会。一些前方后圆坟周围的庭林地带和外堤的饰演着王者宴游的埴轮群正与这一意义相通。就是说,前方后圆坟与先王的祭仪,新王的践祚、即位、大赏会的意义相通,与天孙降临的神话相通。如果是这样,那么前方后圆坟构形的象征意义、文化内涵是很深远的。

日本历史学、考古学上,把奈良时代之前、弥生时代之后即4世纪初至6世纪末的时代称之为古坟文化时代。前方后圆坟正是大量出现在这一时代。这个时代之所以被称作"古坟"时代,当与这时大量的日本特有前方后圆的巨大古坟有关。这样看,这些前方后圆巨大古坟实成为整一个时代的文化的象征。这是这些古坟值得注意的又一方面。

这些前方后圆巨大古坟因此被人们称作为日本的金字塔。在这些日本金字塔的背后,实有一个巨大的文化背景。土马正是与这样一些象征整一个时代文化的日本金字塔有密切联系。巨大古坟中第一古坟是仁德陵,第二位是誉田陵,土马正是与号为日本第一、第二的巨大古坟有密切联系,而且誉田陵的土马还被作为日本第一古典史料的《日本书纪》所记载。这一切都表明,土马自身的后面同样有一个巨大的文化背景。这一点确是很值得注意的。

第三节 "土马"出典的推测

日本的土马(不论是作为祭神信仰物的土制马形还是作为一个汉语词汇)从中国传过去的可能性极小。因为:

一、中国出土过一些陶制马,如秦兵马俑的马,汉墓骑马俑,汉代加彩马头、加彩半身马、加彩立马,唐三彩白釉马、三彩黑釉马、黄绿色釉三彩马、鲜于庭海墓唐三彩马俑、骑马女俑、懿德太子墓骑马狩猎俑,等等。但是,人们并不认为这些陶制马是"土马"。日本方面研究土马的一些学者应该知道中国的这些陶制马,但他们说,他们查阅中国方面考古资料的结果,没有看到一例土马①。中国方面,现代考古学界对这些陶制马的学术称谓也不是"土马",而是陶制马、兵马俑、骑马俑之类。唐前古籍中也未见"土马"的称呼。中国出土的陶制马多是随葬品,既为显示墓主的身份、地位、生前有过的威风,也为墓主在冥世仍能享受阳世有过的一切,因而这些陶制马更近于写实,骑马狩猎,双骑飞驰,兵马军阵,带有现实的生活气氛。这当然可以说和祭祀有关,但与墓葬之外像日本土马那样用以平日求福禳灾的祈神毕竟不同,与祈雨祈止雨的祈神更不同。日本的土马用于祈神,因而更带有象征性,个小,单个,粗糙。看不出日本的土制马形与中国的那些陶制马有什么渊源关系。人们不把中国的陶

---

① 比如村上吉郎《土马祭祀与汉神信仰》便这样说:"さらに釜山金海府院洞遺迹の例除いて,中国大陆さらに朝鲜半岛北部一带で管见の限り,一例の土马の存在も知らない。"(除复釜山金海府院洞遺迹的用例之外,据管见,中国大陆还有朝鲜半岛北部一带,一例土马的存在也不知道。)

制马称作"土马"是有道理的。中国古代寺院等一些地方可能有泥塑马，但这样的泥塑马，主要当是寺院的一种陈设，不会像日本的土马那样用于祈神。没有材料可以证明，中国古代曾在很长的历史时期在大范围内普遍流行过日本那样的土制马形，流行过日本那样的以土马祭神（其中包括祈雨）的习惯。中国的陶制马也好，寺院的泥塑马也好，都看不出与祈雨、与水有什么关系，看不出与《文镜秘府论》地卷《九意》"夏意""雨貌"的"土马"有什么关系。日本作为祭神信仰物的土制马形不可能是从中国传过去的，也不可能是因中国的影响而普遍流行。中国的陶制马也好，泥塑马也好，都难以构成像日本土马那样的大的文化背景，形成"土马"一类在文化史上有影响的典故的出典背景。

二、中国盛唐以前典籍中，没有看到"土马"这一固有词汇的用例。笔者无力仅为土马一词而一一检索浩如烟海的中国古代典籍，只有利用一些现代的工具书。笔者查检过的，有《佩文韵府》《汉语大词典》《大汉和辞典》《辞源》等几种。查检结果，土马得二例，但都在宋代，且与《文镜秘府论》地卷《九意》的"云从土马"的意思毫不相干（这二个例子下文将要引述）。泥马得二例，一例为泥马渡康王的故事，事、词均在宋以后。一例为《神仙传》："玉子者韦姓也，名震，南郡人，每与弟子行，各丸泥为马，与之皆令闭目，须臾成大马，乘之日行千里。"这一例，是泥马，而非直接说"土马"，并且也只是说"丸泥为马"，并未形成"泥马"这样的固有词的结构①。另有土牛，见于《礼记·月令》，那是用于劝农。还有土龙、泥龙、泥人之类，都非土马。工具书虽然都是后人编的，不是一手材料，不可避免会有疏误遗漏，但这几部工具书，特别是现代的几部辞书，都是集众多学者多年研究检索之功编成的，古代词汇不可能尽行收罗，但就主要典籍来说，就文化史上有影响的词汇来说，应该不至有大遗漏。因此，虽尚无法断言唐以前完全没有土马一词，但说唐以前主要典籍（如相当

---

① 本节作为单篇论文写成于1997年，其时还没有现在这样方便的电脑检索技术。今用电脑检索唐前经、史、子、集基本文献，仍未见"土马"一词。

于日本的《日本书纪》一类的典籍)中没有出现过土马一词,土马在唐以前没有形成为在文化史上有影响的固有词汇,这样说,我以为是可以的。既然如此,日本典籍中的土马一词就不太可能是从中国传过去的。

从各方面情况看,神马信仰在日本发展为以土马为信仰物,并且出现特指这一信仰物的土马一词,而中国并没有发展到这一步(尤其唐以前)。之所以没有发展到这一步,应该是因为中国的龙信仰远过于马信仰。中国古代乃至近代的许多地方,祭神祈雨不是用土马,而是用土龙。《淮南子·说林》便说:"旱则修土龙。"许慎注也说:"汤遭旱,作土龙以像云从龙也。"(转引自《太平御览》卷一一,天部十一,祈雨)我以为这是中国没有出现像日本那样的土制马形信仰物的一个根本原因。土马作为一个物,在中国古代与人们日常生活没有什么关系,在文化史上特别是唐前文化史上,几乎没有留下什么印迹,既然如此,它作为一个词,也就不太可能出现在人们日常语言中,不大可能被一些典籍特别是那些在文化史上有影响的典籍所使用。这又应该是唐以前主要典籍没有出现土马一词,土马在唐以前没有形成为在文化史上有影响的固有词汇的根本原因。它不太具备形成为有影响的固有词汇的文化条件。这样看,土马不论作为一种信仰物,还是作为特指这种信仰物的词汇,都不可能是从中国传到日本去的。

《文镜秘府论》地卷《九意》中"云从土马"这句话在中国也找不到出典根据或类似的语例。前面已经说过,唐以前的典籍中,没有发现土马一词的用例。类似的词例,有泥马。《神仙传》一例,但《神仙传》一例与《文镜秘府论》地卷《九意》"云从土马"一句的语意看不出有什么联系。宋以后"土马"有二例,一例为张耒《女几祠下诗》:"东风古柏吹暖香,庙前土马荒春草。"一例为陆游《谒汉昭烈惠陵及诸葛公祠》:"画妓空笙竽,土马阙羁鞢。"这二例与《九意》的"云从土马"也毫无关系。

关于"云从土马",兴膳宏《文镜秘府论译注》提出过看法。《译注》先说,土马,未详,接着说,或许是祈雨用的土龙。说土马是土龙当然纯属猜测,因为土马就是土马,没有材料可证明土马是土龙。《译注》又引刘宋永初年间《山川记》："鄱阳长寿山,山形似马,白云出于鞍中,不崇朝而雨。"这也不可能是《九意》"云从土马"句的出典根据,因为:一、《山川记》说的是像马的山("山形似马"),而不是土马;二、《山川记》说的是"白云出于鞍中",而非"云从土马";所谓"云从土马","从"与下句"水逐泥牛"的"逐"字相对而称,句意应是云追随、追从土马,而不是马中出云,更不是鞍中出云。

《文镜秘府论》地卷《九意》中的土马(物—词)及"云从土马"这句话的出典根据应在日本。作出这一结论的根据,前文事实上都提出来了,这些根据大体可以归纳如下。

第一,从物来看,日本不但有土马(土制马形信仰物),而且这种土马在日本不是偶尔发生的现象。那么长的时间(四五百年)、那么广的范围(日本的绝大部分地区)流行,自古以来把神马作为信仰物,而且与誉田陵等这样有着巨大文化背景的巨大古坟联系在一起,这一切都说明,土马自身在日本就有着一个巨大文化背景,包含着深刻的文化内涵。它是日本古代文化、风俗信仰长期发展的必然产物。本文前节之所以用整一节的篇幅叙述日本土马的背景情况,也就是为了用更充分的事实说明这种必然性。与这样一个巨大文化背景相联系的事物,完全有可能形成在文化史上有影响的典故或典故材料。

第二,从词来看。在这个大背景下,土马在日本完全可能由一种信仰物形成为特指这种信仰物,和这种信仰物一样包含深刻文化内涵的固有词汇(物—词),形成在当时可能被人们普遍使用的词汇。从词汇发展史上看,一定时期某个地区某个固有的常用词汇的形成,渠道是各种各样的。某个时期某个地区的常用之物、常发生之事,在一定文化背景基础上形成的某种事物,被经典性著作使用过的词汇、与某个著名事物相联系的东西,与某种信仰相联系的事物,都可能形成某个民族的固有的常用词汇。中国的龙灯、筹码、举人、二胡、篮舆、爆竹,日本的寿司、刺身,都是这样形成的。土马在日本,我以为也是这样。寿司、刺身是日语词汇,土马是汉语词汇,这是不同的,但就其形成渠道而言,却有一致之处。形成固有的常用词汇的渠道,土马几乎都有。它是5至8世纪(或至9世纪末)四五百年间日本绝大部分地区祭神时的常用之物,它被经典性著作多次使用过(如《日本书记》《皇太神宫仪式帐》),又与一些著名事物相联系(如与巨大古坟誉田陵、仁德陵),又与某种信仰相联系(如马信仰、水灵信仰)。土马在当时日本不只是可能,而且有根据说它实际已成为固有词汇。

第三,从《文镜秘府论》中的土马一词和"云从土马"这句话来看,恰恰与日本特有的土马的种种情形相合。作为信仰物的土制马形及其用词"土马"都恰好出现在《文镜秘府论》成立之前,在这之前,土制马形已流行了四百年,而且《文镜秘府论》成立之后,这种土制马形可能还流行过一段时间。就是说,《九意》的"土马"与日本的"土马"(物—词)大致同时稍后。日本土制马形流行之后土马一词出现之后由日本人空海编撰成的《文镜秘府论》,收入《文镜秘府论》中的《九意》,完全有可能使用这一日本形成的词汇。这一情况是相合的。从《九意》"夏意"中"云从土马,水逐泥牛"中"雨貌"二字,"云"字"水"字来看,《九意》中的"土马"应与雨、水有关,而日本平安时代以前作为祭神信仰物的土马,恰恰很多用于祈雨,很多与水灵信仰有关。《九意》中"云从土马"一句出现在"夏意"一篇,就是说,它表现的是夏天的意思,夏天的雨貌,而日本古代祈雨恰恰多在夏天。

还有一个小旁证,即"云从土马,水逐泥牛"中"水逐泥牛"一句的解释。这一句,兴膳宏《文镜秘府论译注》作了解释。《译注》引收入《初学记》卷二天部雨的顾微《广州记》:

> 郁林郡山东南有池,池有石牛,岁旱,百姓杀牛祈雨,以牛血和泥,泥石牛背,祠毕天雨,洪注洗牛背,泥尽即晴。

在没有找到别的根据之前,这个解释是可从的。按照这个解释,泥牛是与祈雨有关的,就是说,"云从土马,水逐泥牛"这二句的"雨貌"是祈雨之雨貌,而不是别的雨貌,这就说明,《九意》中"云从土马"应与祈雨有关。这又恰与本文前面列举大量材料说明的日本用土马祭神祈雨的情形相合。

写到这里,似可以对《九意》中的"土马"作一概括说明了。我以为,《文镜秘府论》地卷《九意》"夏意""云从土马"中的"土马",就是5—8世纪(或至9世纪末10世纪初)四、五百年间广泛流行于日本绝大部分地区的用于祭神(包括祈雨)的土制马形信仰物,就是《日本书纪》《皇太神宫仪式帐》等日本古代典籍中多次使用过的特指这种土制马形信仰物的"土马"这一当时常用的固有词汇,它们都是同一文化背景的产物。

那么,《九意》中"云从土马"一句怎么解释呢？我以为它所描写的就是日本古代夏旱时以土马祭神祈雨的情景。夏旱祈雨,极为灵验,捧出(或献上等等)土马,祭祀祈祷,随即云从雨就,正如顾微《广州记》所记述杀牛祈雨,以牛血和泥,泥石牛背,祠毕天雨,极为灵验一样。"云从土马"的"从"是追从、追逐的意思,和后句"水逐泥牛"用"逐"字一样,都是形容云雨极快而来,祈雨极为灵验。"云从土马"应该是描写日本古代夏天特有的这样一种"雨貌"。这正是"夏意"中的一意,以土马祈雨而天雨之意。

说"云从土马"所描述的就是日本古代夏旱时以土马祈雨的情景,直接的史籍明确记载的出典根据当然没有,但笔者以为前面列举的大量关于土马,关于祈雨的材料足以推断日本古代会有"云从土马"的情景。此外,还可以提出一些旁证材料。《续日本纪》卷六元明天皇和铜八年(715)六月癸亥(十三日)条:

设斋于弘福法隆二寺,诏遣使奉币帛于诸社,祈雨于名山大川,于是未经数日,澍雨滂沱,时人以为圣德感通所致焉。

同《续日本纪》卷三九桓武天皇延历七年(788)四月癸巳(十六日)条:

自去冬不雨,既经五个月,灌溉已竭,公私望断。是日早朝,天皇沐浴,出庭亲祈焉。有顷,天暗云合,雨降滂沱,群臣莫不舞踏称万岁。

这样的材料还可以找到几条,但有这二条已经可以说明问题了。这二条说的都是夏旱祈雨极为灵验的情形,后一条更是这样。这里说的"有顷,天暗云合,雨降滂沱",就应该是"云从土马"中"云从"的意思,只是这二次都没有记载用土马,如果用了土马,这"天暗云合,雨降滂沱",就恰好是"云从土马"的情景了。

第四节　《九意》作者的推测

本节对《九意》作者作一些推测。

一、《九意》作者可能为日本人

我以为,《九意》的作者极少可能是中国人,而极可能是日本人。

主要的根据,就是前面用大量篇幅论证了的土马这一物—词。道理很简单。土马为日本的信仰物及用词,在中国唐以前(日本平安时代以前),中国人似没有可能使用中国所没有而日本独有的,在日本文化背景基础上形成的汉语词汇,中国当时人写不出"云从土马"这样描述日本特有情景的句子。既然如此,使用了"土马"这一日本汉语词汇,写出"云从土马"这样句子的《九意》,其作者不可能是中国人,只可能是日本人。

说《九意》作者是日本人,还有一个根据,那是小西甚一提出的。小西甚一在《研究篇》(下)第三章"体势考"中分析了《九意》的押韵情况,指出,《九意》中有很多不合理的押韵。比如,"春意"自"平原皎洁"至"九折羊肠"三十四句中,"玉苑花红"为东韵,却与其他句的阳唐韵通押。"夏意"自"江边乱浦"至"智阙青牛"二十八句中,"水逐泥牛""智阙青牛"为尤韵,而与其他句的东韵通押。"秋意"自"火云将阕"至"命友刘灵"三十四句中,"巧画峨眉"为支脂韵,而与其他句的庚、青韵通押。"秋意"自"迟迟璧玉"至"水激雷奔"三十句中,"日惨函关"为删韵,而与其他句的文、魂（元）韵通押。"冬意"自"枯藤望郁"至"玉顶龙铠"三十二句中，"苦雾朝兴"为蒸韵，而与其他句的庚韵通押。"冬意"自"龙门日惨"至"树白云飞"三十句中，"树白云飞"为微韵，"兔苑风酸"为桓（寒）韵，而与其他句的蒸韵通押，"冬意"自"寒鸿寒啸"至"涧曲多阴"二十六句中，"蕴玉龙潜"为盐韵，而与其他句的侵韵相押。"山意"自"五睢頡颃"至"出塞成行"十八句中，"出塞成行"为庚韵，而与其他句的阳唐韵通押，"水意"自"潮宗尾壑"至"绿浦潺湲"十句中，"绿浦潺湲"为山韵，而与其他句的魂韵相押。"水意"自"鲲鳣鲛鲭"至"目似乌光"十六句中，"春跃冬笼"为东韵，而与其他句的阳唐韵相押。"雪意"自"花飞染树"至"月下光鲜"十八句中，"夜望琼尘"为真韵而与其他句的先仙山韵相押。"风意"自"能驰啸马"至"烛下鸣乌"十四句中，"参次芙蓉"为锺韵，而与其他句的鱼虞模相押。这当中，有些完全不可能通押，如东韵和尤韵，一个"ng"韵尾，一个"u"韵尾，有作诗常识的人是不会通押的。小西甚一认为，这与日本惯用音"ウ"韵尾有关。另外阳唐韵和东韵，阳唐韵和庚韵，都不可能通押。这可能因为《九意》是日本人写的缘故。小西甚一对《九意》押韵情况的分析虽有疏误之处，如"山意"的"出塞成行"，"行"字为行列的"行"，因此不是庚韵，而是阳唐韵。但小西甚一总的判断却是对的。

关于《九意》的作者，现在有了两个根据，一个是小西甚一50年前注意到的押韵的情况，一个是本文提出的土马的情况。随着研究的深入，还可能会发现新的根据。说《九意》作者为日本人，理由应该比较充分了。

二、《九意》作者可能为空海

在当时的日本人中，最有可能写作《九意》的是弘法大师空海自己。

之所以这样推测，主要是《九意》的"九"这个数字。《九意》之所以是"九"意，而不是十意，八意之类的，可能与某种数字崇拜或说由数字崇拜而形成的习惯数字用法有关。如果确是这样，就很值得注意了。因为在日语里，"九"字的一个读音与"苦"字的读音一样，一些日本人因此忌讳

"九"这个数字,至少不崇拜这个数字。这个习惯从什么时候开始,没有去追溯,但日本人忌讳"九"这个数字当无疑问。忌讳"九"而《文镜秘府论》地卷《九意》又用"九"之数,我以为跟密教有关。因为在数字崇拜上,日本的密教是个例外。日本密教对"九"这个数字非常推崇,大至金刚界曼荼罗、小至护摩的供物,都是"九"。金刚界有成身、三昧耶、微细、供养、四印、一印、理趣、降三世三昧耶这九会曼荼罗。住在胎藏曼荼罗中胎八叶莲华有五佛四菩萨,叫九尊。有祈求禳灾的九字之咒和九印。有九执,即日月火水木金土这七曜加上罗睺、计都二星。眼、耳、鼻、舌、身、意、末那、阿赖耶、奄摩罗为九识。护摩有濑口、苏油、乳木、涂香、饮食、五谷、切花、丸香、散香九种供物,有九种护法,九种心药。有九声,即宫、商、角、徵、羽、加上变徵、变宫、扬羽、扬商。有九生如来,大法会时做各种勤务有导师、咒愿、呗师、散花师、梵音师、锡杖师、引头、堂达、纳众这九僧。忏悔礼佛法有九种方便,有九彻剑,《大日经》有九句法门。似乎大大小小的东西都用"九"来归纳、称呼,这不能不说是一种对"九"的数字的崇拜。这些东西当然是从印度再经中国传到日本来的,但日本密教却是全部接受了这些东西。既然一般的日本人对"九"之数看得很平淡或说忌讳,而密教那样崇拜"九"之数,我以为《九意》之"九"与密教之崇拜"九"就可能有某种联系。《九意》可能即为日本密教中某个人物所写。这个人因为是密教中人,因此对数字的崇拜就与一般日本人不一样,不但不忌讳"九",反而崇拜"九",也正因为这样,他在写(或编)《九意》时,自觉不自觉地就把密教中崇拜"九"的习惯带了进来,于是不是七意,八意,而是"九意"。

如果这个推断大致不错,那《九意》的作者就应该是空海和最澄这二个人物中的一位。因为密教经典虽然早已传入日本,但并没有引起佛教界的重视。自空海入唐受法于密宗高僧惠果,回日本后奏请天皇准许,密教在日本才得以传布。从这个意义上,可以说,密教是空海从中国传来的。最澄和空海是日本密教最早的代表人物。而这两个人物相比,空海写作《九意》的可能性就大得多。空海和最澄,一个开创真言宗,一个为天台宗的首创者,因教派对立而使他们个人之间的关系也并不太好,空海似不太可能把最澄的东西编入自己的著作里。除了最澄,那就只有空海自己。空海之后的密教人物不可能写作《九意》,而空海之前密教还没被传到日本。这是理由之一。还有一个更主要的理由。《九意》虽然只是随身卷子之类的东西,但要写出《九意》篇这样的句子,却需要较高的文学修养。空海完全具有这种素养。他不但是日本佛学中开宗派的人物,而且在文学上也很有成就。《性灵集》空海的许多诗作就很出色,他的《聋瞽指归》也是很好的散文。最澄在文学上则没有什么成就可言,以最澄的文学素养,不太可能写得出《九意》这样的以精练的四言形式简括某一诗意的长篇韵文。从这点看,比较这二个人,只有空海才更有条件写作《九意》。

空海有一组诗,题目为《九想诗》,这也是推测《九意》作者为空海的一个理由。《九想诗》的内容本身和《九意》毫无关系,但是,《九想诗》明确把它的"想"归为九类用诗歌表现出来,却是值得注意的。这"九想"之"九"应该与空海从中国传来的密教对"九"之数的崇拜有关。从《九想诗》看,空海是把密教崇拜"九"之数的习惯带到了他的诗创作。既然如此,他也就有可能把这个习惯带到其他方面,比如说,带着这个习惯写出《文镜秘府论》的《九意》。《九想诗》一作《九相诗》。如作"相",则为世相之相。如作"想",则为心中所想之想。"想"实际就是"意",心中之想,心中之意,所谓九想诗实际可以说就是九意诗,虽然这九意(想)与《文镜秘府论》之《九意》的意完全两码事,但作为思维习惯,却是有相通之处的。有这种思维习惯,人们就有理由由"九想"联想到"九意"。

空海自己亲自祈过雨,这是推想《九意》作者可能是空海的又一个理由。空海最早在天长元年(824)于神泉苑修请雨经法。这事在《弘法大师御行状集记》《本朝通鉴》《大日本史》等史料中都有记载,其中《大日本史》卷二二这样记载:

是春(天长元年)大旱,令僧空海修请雨经法于神泉苑二七日,

173

雨三日，遍于天下。

天长四年（827）他又一次修法祈雨。《行化记》这样记载：

今年五月（天长四年）依祈雨，令少僧都空海请佛舍利内里礼拜灌浴，后大阴雨降，数克而止，湿地三寸。

《性灵集》卷六里，还收有空海于天长四年祈雨时写的《请百僧零愿文》，卷一有空海的诗作《喜雨歌》。他还自中国请来请雨经典二种：《大孔雀明王经》三卷和《大云轮请雨经》一卷。这一情形让人联想到前面分析过的《九意》中"云从土马"这一句子。"云从土马"描写祈雨而雨貌，与空海二次祈雨而雨之情形是极为相似的。现存史料并未记载空海以土马请雨，而且空海请雨也在《文镜秘府论》编定之后，也就是在《九意》写成之后。但是，在《文镜秘府论》编撰之前，空海请来过请雨经法；朝廷之所以请空海请雨，应该也因为他对祈雨之法比较熟悉。这样看，他对"云从土马"这样的情形应该比一般人熟悉一些，当然也就更有条件更有可能写出"云从土马"这样的祈雨而雨貌的句子来，而既然"云从土马"有可能是空海写的，《九意》作者也应该是空海。

第七章　空海带回日本的几本书（一）
刘善经《四声指归》

前面说到，空海入唐，携回日本献给天皇的东西中，有不少文学作品集和诗学著作，据《书刘希夷集献纳表》和《献杂文表》，有《刘希夷集》四卷、王昌龄《诗格》一卷、《贞元英杰》六言诗三卷、《王昌龄集》一卷、《杂诗集》四卷、《朱昼诗》一卷、《朱千乘诗》一卷、《王智章诗》一卷。另据《敕赐屏风书了即献表并诗》，《古今诗人秀句》二卷也当是空海携回日本的。空海携回日本的唐人著作还有崔融《唐朝新定诗格》、元兢《诗髓脑》、皎然《诗议》①。编入《文镜秘府论》的另外一些书，有的可能也是空海带回日本，有的可能是其他人带回日本。我们看空海带回日本的几种书，主要是编入《文镜秘府论》的书，从一个角度，了解当时中日文学交流的一些状况。本章看《四声指归》。

关于《四声指归》，各家史志有著录。《隋书·文学传》云"《四声指归》一卷，行于世"(《北史》卷八三同)，《隋书·经籍志》《日本国见在书目》小学类均著录"《四声指归》一卷，刘善经撰"。刘善经，《隋书》卷七六

---

① 江户时汉学家市河宽斋《半江暇笔》："唐人诗论，久无专书，其数见于载籍亦仅仅如晨星。独我大同中，释空海游学于唐，获崔融《新唐诗格》、王昌龄《诗格》、元兢《髓脑》、皎然《诗议》等书而归，后著作《文镜秘府论》六卷，唐人卮言，尽在其中，但惜不每章题曰谁氏之言，使后世茫乎无由采择矣。"(王利器《文镜秘府论校注》前言引)。

《文苑传》有传。生卒年不详,隋代文人,河间(今属河北)人,开皇十九年(600),杨广为太子,疑刘善经为太子舍人在是年。又《北史·文苑传·潘徽传》云:"隋时有常得志、尹式、刘善经、祖君彦、孔德绍、刘斌,并有才名,事多遗逸。"

《四声指归》,中土不存,当是空海带回日本,或其他人带回日本,而被空海编入《文镜秘府论》。今《文镜秘府论》天卷《四声论》以及《文镜秘府论》西卷《文二十八种病》平头、上尾、蜂腰、鹤膝、大韵、小韵、傍纽、正纽所引刘氏说均为刘善经《四声指归》之说。另外,天卷《诗章中用声法式》也当出刘善经《四声指归》。

第一节　刘善经四声论

刘善经《四声论》保存了六朝四声论大量珍贵的史料和信息。《四声论》论述四声发展和相关问题的时候,大量引述前人的论述,阐述各家之说。这当中,有些是人们所熟知的史籍史料。比如沈约《宋书·谢灵运传论》,刘勰《文心雕龙·声律篇》,钟嵘《诗品序》。但更多的是人们所不熟知的史料和信息。这些史料,有些是未见其他传世史籍,仅见于刘善经《四声论》。比如,宋末以来始有四声之目之说。比如,刘滔关于四声的论述,沈约《答甄公论》和常景《四声赞》。有些是其他传世史籍也能见其片段,刘善经《四声论》有更为详细的载录。比如王斌,从《梁书》等史籍,我们知道有王斌者著有《四声论》,但具体内容,无法得知。从刘善经《四声论》,我们可以知道有洛阳王斌《五格四声论》,文辞郑重,体例繁多,剖析推研,忽不能别矣。比如甄琛,从《魏书》本传,我们知道他著有《磔四声》,而从刘善经《四声论》,我们知道他是以为沈氏《四声谱》不依古典,妄自穿凿,并且取沈约少时文咏犯声处以诘难之,并且提出万声万纽不可止为四的质疑,这些应该是他的《磔四声》的相关内容。比如,从《隋书·经籍志》《颜氏家训·音辞篇》、陆法言《切韵序》等史料,我们知道阳休之著有《韵略》,李概著有《音谱决疑》等,也知道这两部韵学著作的一些特点，但从刘善经《四声论》，我们知道一些更详细的内容，知道阳休之《韵略》辨其尤相涉者五十六韵，科以四声，知道此书为后生晚学制作之士所取则，知道李概《音谱决疑》曾以《周礼》证明商不合律，说明四声与五声关系。有些则刘善经《四声论》保存了另一说法，比如关于萧衍不知四声或说不遵四声，我们从《梁书·沈约传》已有所了解，但刘善经《四声论》保存了此事的另一种版本，可作为传世之说的补充。

根据这些史料，结合自己的阐述，刘善经对六朝四声论的发展有清晰的描述。从刘善经《四声论》，我们知道，虽然早在西晋陆机《文赋》就论及文章写作要音声迭代，但李充《翰林》、挚虞《文章志》，都没有论及四声，没有论及轻重巧切之韵，自屈宋到晋宋以前，都没有注意创作的声调高下。宋末以来，起自周颙，始有四声之目，我们知道沈约著有其谱、论，刘滔也有论述，永明声律的调声原则是宫羽相变，低昂舛节，前有浮声，后须切响，知道沈约、谢朓、王融，以气类相推，文用宫商，平上去入为四声，知道四声声律论起，而有了永明体。我们知道北朝四声声律的发展，知道太武之前，尚未营声调；太和任运，风俗俄移，始慕新风，稍改律调；肃宗御历，文雅大盛，声韵抑扬，文情婉丽；及徙宅邺中，则辞人间出，动合宫商，韵谐金石者，盖以千数。从刘善经《四声论》，我们知道六朝人们对四声声律的各家不同看法。我们知道刘勰《文心雕龙》的双声隔字而每舛，叠韵离句其必睽之说，知道他的风力穷于和韵之说。我们知道从梁钟嵘《诗品》到北魏甄琛的一片反对之声，知道梁主萧衍不遵四声，知道王斌《五格四声论》并未说清四声问题。我们知道沈约《答甄公论》有以四象比四声之说，四声八体之说，以及他对春夏秋冬之象对四声调值有生动描述。当然还有常景对四声的赞美，知道阳休之《韵略》以四声编韵，为人们所取则，李概《音谱决疑》以《周礼》说明五声和四声的关系。刘善经之前四声之说的发展状况，可以说清晰地描述出来了。

关于四声，刘善经有自己的很多看法。他指出，文章声韵，调和有术。这是批评钟嵘《诗品》时提出来的。钟嵘反对四声声病之说，以为诗歌写作，但使清浊同流，口吻调和，斯为足矣，未必要有意讲平上去入。

刘善经则指出,口吻调和是对的,但要做到这一点,需有声韵调和之术。他以刻木为鸢说明这一点,说刻木为鸢,抟风远飏,结果抑扬天路,蹇翥烟霞,人们都以为这是羽翮之自然,并不知道其中有工匠王尔的巧思。他的意思是说,一些诗文创作声律和谐,看起来是自然而然的,其实其中都有人为的声韵调和之术。而声韵调和,只有四声一途,离了四声之说,必然南辕北辙。

他又提出质文代变的思想。这是针对甄琛批评沈约《四声谱》不依古典,妄自穿凿而提出来的。刘善经指出,三王异礼,五帝殊乐,质文代变,损益随时,怎么可以胶柱调瑟,守株伺兔？他又说,古人有言:"知今不知古,谓之盲瞽;知古不知今,谓之陆沉。"孔子也说:"温故而知新,可以为师矣。"《周易》也说:"一开一阖谓之变。往来无穷谓之通。"他的意思,是文学也要随时代变化而有所变化,四声的发现,新的声律的创造,正顺应了文学的发展和时代的变化。他用质文代变的经典理论,对四声的反对论者作了有力的批驳。整个刘善经《四声论》,论四声论,可以说都贯穿了这种发展的观念。

关于四声,他提出总名实称和轨辙之说。这也是针对甄琛之说提出来的。甄琛指出,若计四声为纽,则天下众声无不入纽,万声万纽,不可止为四也。这应该是当时不少人普遍的疑问,四声之说新提出来,万声万纽,何以只有四声？四声何以能统摄众声？确实会有很多人并不理解。这个问题,沈约自己用四象立而万象生为比喻加以说明,李概《音谱决疑序》用《周礼》乐律五声加以说明。刘善经自己则用总名实称之说加以解释。他说:"平上去入者,四声之总名也,征整政隻者,四声之实称也。"所谓总名,就是总括一类声调之名,就是调类,所谓实称,就是调类或说总名之下具体某字的实有声调。总名统摄实称,调类统摄具体字声。他说:"名不离实,实不远名,名实相凭,理自然矣。"四声和具体字声的关系,就是名和实的关系。他又说:"故声者逐物以立名,纽者因声以转注。"有一物则有一名,一名则有一声,万物万名,万物万声,故曰声者乃逐物以立名,立名者,立声之名也。纽则不同,同声不同调而已,因其相同之声而转变其声调，一如水之转向流注，水流则一，方向不同而已，四声发声则一，声调不同而已。他说，确如甄琛所说，万声万纽，但是，"四声者，譬之轨辙，谁能行不由轨乎？纵出涉九州，巡游四海，谁能入不由户也？"你可以走各种路，但所有的路都循由轨辙，你可以出涉九州，巡游四海，但最终由户而入，你可以有万声万纽，但万声万纽，都归于四声，不属于平声，即属于上声去声入声。可以说，刘善经关于四声与群声关系的解释，较之沈约和李概，要更为清晰，逻辑更为严密。

刘善经善于结合文章实际考察各家四声之论。比如刘勰《文心雕龙》。刘勰赞成四声论，并有很好的阐述，刘善经也称刘勰之论"理到优华，控引弘博，计其幽趣，无以间然"。但他同时又说刘勰"连章结句，时多涩阻，所谓能言之者也，未必能行者也"。所谓连章结句，时多涩阻，应该是指《文心雕龙》本身文章声律不和谐。比如它的一些赞语，《原道》"天文斯观"，《体性》"辞为肤根"，《熔裁》"辞如川流"，《才略》"才难然乎"，全为平声，《正纬》"世历二汉"，《体性》"志实骨髓"，《熔裁》"溢则泛滥"，《丽辞》"体植必两"，《总术》"乘一总万"，《时序》"蔚映十代"，《才略》"性各异禀"全为仄声，这都应属于声韵涩阻。比如萧衍，史称他不知四声或不遵四声，刘善经《四声论》也说："今寻公文咏，辞理可观；但每触笼网，不知回避，方验所说非凭虚矣。"所谓每触笼网，不知回避，是说萧衍创作不遵从永明声病的原则，考察梁武帝的诗歌，上尾和蜂腰病犯都确实比较多，而律句比较少，说明他确实每触笼网，不知回避。刘善经在考察梁武帝萧衍的不遵四声之时，考察过他的诗歌创作。结合诗文实际，考察四声之论，使刘善经对相关问题的看法更能切近要害。

刘善经《四声论》对北朝声律发展的描述有的地方稍有夸饰。他赞成李概之说，以《周礼》证明，商不合律，与四声相配便合，恰然悬同，以为钟、蔡以还，斯人而已，显然陷入片面之中。但总起来说，刘善经《四声论》对一些四声相关问题的把握是比较准确的。他的视野也比较开阔。论四声起源，不但述及陆机《文赋》和前代诸多文论，述及前代创作，而且联系师旷调律，京房改姓，伯喈之出变音，公明之察鸟语等与声律相关的历史故事,论四声而论及诸家之说。在四声之说的发展史和研究史上,刘善经《四声论》是难得的文献。

第二节　刘善经八病说

从《文镜秘府论》西卷《文二十八种病》保存的刘善经《四声指归》看,《四声指归》对八病有全面系统的阐述。现在看到的材料,八个病目,有七个病目有明确的定义。"第三蜂腰"明确定义:"蜂腰者,五言诗第二字不得与第五字同声。""第四鹤膝"定义:"鹤膝者,五言诗第五字不得与第十五字同声。""第五大韵"定义:"大韵者,五言诗若以'新'为韵,即一韵内,不得复用'人'、'津'、'邻'、'亲'等字。""第六小韵"定义:"小韵者,五言诗十字中,除本韵以外自相犯者,若已有'梅',更不得复用'开'、'来'、'才'、'台'等字。""第七傍纽"定义:"傍纽者,即双声是也。譬如一韵中已有'任'字,即不得复用'忍'、'辱'、'柔'、'蠕'、'仁'、'让'、'尔'、'日'之类。""第八正纽"定义:"正纽者,凡四声为一纽,如'任'、'荏'、'衽'、'人',五言诗一韵中已有'任'字,即九字中不得复有'荏'、'衽'、'人'等字。""第一平头"则直接引沈氏之说定义:"第一、第二字不宜与第六、第七同声。"有理由怀疑,"第二上尾"之首原本也有类似的定义文字,可能因为某种原因未被编入《文镜秘府论》。

《四声指归》保留了大量齐梁声病遗说,其中包括沈约之说。注明原典和作者之名当然可以确指,如前节所引的沈约、刘滔、王斌之说。未注明原典和作者之名,有的也可能是齐梁遗说,或者是对齐梁遗说的综合概括。前面所述的关于八病定义性文字,还有一些病犯句例,主要是那些典出齐梁之前的病犯句例,我怀疑就采自齐梁遗说甚至沈约遗说。因为前一节我们分析过,沈约对病犯就有定义性文字(比如平头病),还有病犯用例。

在齐梁遗说的基础上,刘善经对八病作了进一步的阐发。比如"第一平头",刘氏引沈氏关于第一、第二字不宜与第六、第七同声的论述之后,接着说:"若能参差用之,则可矣。"这可能是刘善经的解释。下面刘善经接着阐发,他说:"谓第一与第七、第二与第六同声,如'秋月'、'白云'之类。"还举了《高宴》诗的例子:"秋月照绿波,白云隐星汉。"秋月—白云,为平入—入平,正是参差用之,刘善经说:"此即于理无嫌也。"经刘氏的阐发,沈约之说的意思就更清楚了。比如"第二上尾",刘氏引沈氏云"上尾者,文章之尤疾"说之后,接着说:"若第五与第十故为同韵者,不拘此限。"举古诗"四座且莫喧,愿听歌一言"为例,说:"此其常也,不为病累。"五言诗时有首句押韵,中间也时有连韵。古诗和沈约等人之诗都常有此例,这是自古诗以来艺术追求的一个方面。不论首句押韵,还是中间连韵,都必然犯上尾。既要首句押韵和中间连韵,又要求避上尾,二者是矛盾的。刘善经的阐发实是补充说明,有这个补充说明,就解决了这个矛盾,沈约等人之说就更完善了。比如"第三蜂腰",刘氏云:"蜂腰者,五言诗第二字不得与第五字同声。古诗云:'闻君爱我甘,窃独自雕饰'是也。此是一句中之上尾。"首句是定义,疑出齐梁遗说,甚至就是沈约遗说。"闻君爱我甘,窃独自雕饰"二句诗例,"第三蜂腰"首段即《文笔式》和所引元兢之说,都有引用,这有可能是齐梁或者沈约遗说中所引诗例,因为是沈约遗说中所引之例,因此成为后世论述此病时的经典诗例。宋李淑《诗苑类格》径将此例引作沈约之说,是有道理的,很可能有某些我们今天无法得知的根据。刘善经保留了齐梁或者沈约遗说,又进一步解释:"此是一句中之上尾。"再接着引沈氏五言之中,分为两句,上二下三之说,蜂腰病何以要求二五不得同声,这一内在含义就更清楚了。比如"第四鹤膝",《四声指归》云:"鹤膝者,五言诗第五字不得与第十五字同声。即古诗云:'客从远方来,遗我一书札。上言长相思,下言久离别。'是也。皆次第相避,不得以四句为断。"关于鹤膝病的定义式解释,可能保留齐梁遗说,也可能就是沈约遗说。所举古诗句例,宋李淑《诗苑类格》引作沈约之说,或者是有道理甚至有根据的。接下来的说:"皆次第相避,不得以四句为断。"这就是刘善经的阐发了。鹤膝的定义只到第十五字即以四句为断。第五句以下是否也避鹤膝,仅从定义是看不出来的。有刘善经的补充说明,这层意思就阐发出来了。比如"第七傍纽",明确定义、引沈约和刘滔之说之后,接着举刘宋王玄谟与谢庄讨论何者为双声,何者为叠韵的例子,又举曹植"壮哉帝王居,佳丽殊百城"的诗例,说明诗中居、佳、殊、城等字即是双声之病。接着说:"凡安双声唯不得隔字,若'踟蹰'、'踯躅'、'萧瑟'、'流连'之辈,两字一处,于理即通,不在病限。"这一大段,可能是刘滔的话,更可能是刘善经的阐发,他进一步地说明,傍纽就是不得隔字双声。在说明沈氏谓此为小纽,刘滔以双声亦为正纽,又引述刘滔傍纽同韵的傍纽之说,说沈氏亦云以此条谓之大纽之后,刘善经又说:"如此负犯,触类而长,可以情得。"就是说,类似的情况都是傍纽病犯。又说:"韵纽四病,皆五字内之瘢疵,两句中则非巨疾,但勿令相对也。"这是对整个韵纽四病的进一步阐发,意思是说,这四病,五字内尤须避忌,两句中则并非不是大问题,只是不要让同纽字或同韵字两两相对而已。经刘善经的阐发,这韵纽四病的内在含义也更清楚了。

刘善经既论诗之声病,也论文之声病。一些犯目,他大量的篇幅在论文之声病。比如"第一平头",他说:"四言、七言及诗赋颂,以第一句首字,第二句首字,不得同声,不复拘以字数次第也。如曹植《洛神赋》云'荣曜秋菊,华茂春松'是也。铭诔之病,一同此式,乃疥癣微疾,不为巨害。"四言、七言可能指诗,"诗赋颂"的"诗"字,可能为"诸"字之误。平头病本来是五言诗第一不得与第六字,第二字不得与第七字同声。刘善经将它推阐到四言和七言,以及赋颂铭诔等。比如"第二上尾",刘善经则从赋颂说起:"其赋颂,以第一句末不得与第二句末同声。"举张然明《芙蓉赋》和蔡伯喈《琴颂》的例子,又进一步说明:"其铭诔等病,亦不异此耳。"他说这是辞人痼疾,一定要避之。"若不解此病,未可与言文也"。引沈氏之说,说明句尾若是同韵,则不为病累之后,又说:"其手笔,第一句末犯第二句末,最须避之。""手笔"是刘善经常用的一个词,从他的用例来看,包括书信、序表等文体。这是将诗的上尾病原则,推阐到文。"第三蜂腰"刘善经也引刘滔之说论赋颂之蜂腰病。还有"第四鹤膝",刘善经先论诗之病犯，接着说："凡诸赋颂，一同五言之式。"他举潘岳《闲居赋》为例："陆㧣紫房，水挂赪鲤。或宴于林，或禊于汜。"这几句，第一句末"房"字和第三句末"林"字均为平声，因此犯鹤膝之病。刘善经又说："其诸手笔，第一句末不得犯第三句末，其第三句末复不得犯第五句末，皆须鳞次避之。"他把鹤膝病推阐开来了，由第一句末不得犯第三句末，推阐到第三句末不得犯第五句末，并由此类推。

一些新的病目也有自己的阐述。他论"隔句上尾"。"隔句上尾"最早提出，当为刘滔，但刘善经有进一步阐发。"第二上尾"，刘善经先说："凡诗赋之体，悉以第二句末与第四句末以为韵端。"接着说："若诸杂笔不束以韵者，其第二句末即不得与第四句同声，俗呼为隔句上尾，必不得犯之。"他举例，魏文帝《与吴质书》："同乘共载，北游后园。舆轮徐动，宾从无声。清风夜起，悲笳微吟。"第二句末"园"字和第四句末"声"字同平声，因此是隔句上尾。他提出过新的病目。如"踏发声"。"第四鹤膝"刘善经说："又今世笔体，第四句末不得与第八句末同声，俗呼为踏发声。譬如机关，踏尾而头发，以其轩轾不平故也。"这也是笔之病。刘善经说"今世笔体"，可见踏发声是刘善经之世的病犯说，而且先是"俗呼为"踏发声，即先在社会上流行，然后为刘善经在《四声指归》所阐发。

刘善经论声病有一些看法值得注意。比如论鹤膝。鹤膝者五言诗第五字不得与第十五字同声，诸手笔则第一句末不得犯第三句末，其第三句末复不得犯第五句末，但是刘善经《四声指归》说："温、邢、魏诸公，及江东才子，每作手笔，多不避此声。"他举了温子升《广阳王碑序》、邢劭《老人星表》、魏收《赤雀颂序》、谢朓《鄱阳王让表》、任昉《范云让吏部表》、王融《求试效启》、刘孝绰《谢散骑表》等例为证，说明这一点，并说："诸公等，并鸿才丽藻，南北辞宗，动静应于风云，咳唾合于宫羽，纵情使气，不在此声。后进之徒，宜为楷式。"又说："其诗、赋、铭、诔，言有定数，韵无盈缩，必不得犯。且五言之作，最为机妙，既恒充口实，病累尤彰，故不可不事也。自余手笔，或赊或促，任意纵容，不避此声，未为心腹之病。"从这段论述看，并不是所有的文都要避鹤膝。凡有固定句式字数韵数的,一定要避鹤膝,如诗、赋、铭、诔等,而其他文体,则纵情使气,不在此声。《文笔十病得失》后半刘善经又说:"笔之鹤膝,平声犯者,益文体有力。"《文笔十病得失》前半说:"但四声中安平声者,益辞体有力。如云:'能短能长,既成章于云表。明吉明凶,亦引气于莲上。'"这显然也是刘善经之说。从《文笔十病得失》所引这些材料来看,刘善经还主张笔可以不避平声之鹤膝,不但可以不避,而且平声犯者,益文体有力。刘善经的这一看法,或者与刘滔所说的平声赊缓,有用处最多有关。这反映了当时声病说的一种看法。

《四声指归》大量吸收、采纳齐梁遗说甚至沈约遗说。但是,《四声指归》也吸收了齐梁之后的材料和声病之说。比如"第四鹤膝"《四声指归》引吴人徐陵之例,说明东南之秀,所作文笔,未曾犯声,但也时有通人之弊。徐陵(507—583)为梁陈间人,沈约去世时,徐陵才7岁。这当是齐梁之后的材料。《四声指归》吸纳南朝之说,也保留有北朝病说和材料。"第四鹤膝"既引吴人徐陵,以及谢朓《鄱阳王让表》、任昉《范云让吏部表》、王融《求试效启》、刘孝绰《谢散骑表》等南人材料,也引温子升(495—547)《广阳王碑序》、邢邵(496—?)《老人星表》、魏收(506—572)《赤雀颂序》等北人材料。如刘氏所说,他是兼论"南北辞宗"。天卷《四声论》即《四声指归》描述魏高祖之后北朝文学发展包括声韵追求情况,载录常景、阳休之、李概等的声韵著述。这都是证明。

关于八病及相关声病之说,刘善经《四声指归》既有明确定义,吸收前代包括齐梁遗说,又绝不是前代遗说的简单汇编,更不是杂编,刘善经对声病的一系列问题都有新的阐发,有自己独立系统的看法。它兼论诗文,又融合南北,全面总结,又有独立体系。我们另有章节讨论《四声指归》对四声问题的论述。谈到声病之说,我们关注比较多的是齐梁沈约等人,并没有给刘善经《四声指归》以应有的地位,这影响了我们对声病说发展面貌的完整把握和清晰了解。作过以上考察之后,我们可以说,《四声指归》是隋代以前声韵病犯说集大成的著作。在讨论声病说发展的时候,对产生于隋代的这部著作,我们应该给予更充分的评价。

第三节 《诗章中用声法式》

天卷《诗章中用声法式》是很值得注意的一篇。

这一篇讨论三言到七言的用声法式。三言到七言的每一句又分为上下两个分句。三言上一字为一句,下二字为一句,或上二字为一句,下一字为一句。五言上二字为一句,下三字为一句。六言上四字为一句,下二字为一句。七言上四字为一句,下三字为一句。作者讨论的是平声的用声法式。三言自一平声到二平声,四言自一平声至三平声,五言自一平声至四平声,六言自二平声至五平声,七言自二平声至六平声。专门讨论平声的用法,可以称之为"诗章中平声用声法式"。

每一句分为上下两个分句,考虑的是句子的节奏问题,只讨论平声的用声法式,看重的是平声在调声中的作用。它可能是用例句的方式,讨论不同数量的平声字和不同位置的平声字,给人的不同的声律感受,从而探讨最合适的平声用法。它可能还有理论归纳总结性的文字,但已亡佚,只剩下例句。本篇这些思想,既有沈约的影响,又有刘滔的影响。《文镜秘府论》西卷《文二十八种病》"第三蜂腰"引刘善经《四声指归》沈氏云:"五言之中,分为两句,上二下三。"这里所谓"沈氏",就是沈约。天卷《诗章中用声法式》五言上二字为一句,下三字为一句,正是沈约所说的"五言之中,分为两句,上二下三"。不过《诗章中用声法式》把它加以推广,三言到七言,每一句都分为上下两个分句。《文镜秘府论》西卷《文二十八种病》"第三蜂腰"引刘善经《四声指归》又引刘滔云:"平声赊缓,有用处最多。"《诗章中用声法式》只讨论平声的用声法式,体现的正是刘滔"平声赊缓,有用处最多"的思想。

这是本篇给我们的一个印象。本篇还给我们其他印象,还有其他问题。

《诗章中用声法式》篇中引南齐建武二年(494)谢朓所造零祭送神歌辞("警七耀,诏八神"等),其中"绿水涌春波"、"仰瞻梓柚叶青"、"濛濛霂雨气凝"等句可能写南方景致，"次宿密县华亭"（密县在吴，今上海松江西）当写南方生活。但篇中引庾信《燕歌行》"代北云气昼昏昏"等句，此外写都护府，写燕山去塞三千里，写将军勒兵讨辽川，初言度燕征玄菟等等，都应是河朔生活，北朝作品。《诗章中用声法式》的作者既了解江左作品，更熟悉河朔诗作。这是又一个印象。

《诗章中用声法式》的年代和作者，是又一个问题。这是一个悬而未决的问题。王利器《文镜秘府论校注》引任学良注，以为"七言四平声"中"河畔青青唯见草"为宋之问《明河篇》句，如果确是如此，虽未必就是王昌龄《诗格》，但任学良所说"知作者在武后时，或其后"却应该是没有疑问的。但查《全唐诗》及其他文集，未见宋之问诗有此句，也未见其他作者有此句，未知任学良所据为何。任学良接着说："然无确证，俟考。"这应该是对的。如果"河畔青青唯见草"无法确认为宋之问《明河篇》之句，则《诗章中用声法式》的年代和作者，就需要重新考虑。从篇中引诗看，所知最晚为庾信之作。本篇作于庾信之后无疑。南北兼融而更熟悉河朔生活和作品，作者很可能是北人，作年也可能在南北文学交融或合流之后。既从沈约所说，以五言上二字为一句，下三字为一句，又接受刘滔"平声赊缓，有用处最多"之说。作者应是熟悉沈约和刘滔思想之人。从这些方面考虑，本篇很可能出隋刘善经《四声指归》。刘善经是北人，正处于南北文学文化交融合流之时。《文镜秘府论》多处引其《四声指归》，不论西卷《文二十八种病》所引，还是出《四声指归》的天卷《四声论》，都是既论南朝声病，又论声律在北朝的发展，引北朝文学史料为证。这与《诗章中用声法式》引例南北兼融而更熟悉河朔生活和作品，正相吻合。他既从沈约之说，又接受刘滔的思想，沈约"五言之中，分为两句，上二下三"和刘滔"平声赊缓，有用处最多"之说正见载于《文镜秘府论》西卷《文二十八种病》"第三蜂腰"所引刘善经《四声指归》。刘善经熟悉沈约、刘滔的思想，甚至研究过他们思想。

这就有了另一个问题。如果《诗章中用声法式》作于宋之问之后，近体诗律已经形成。即使作于庾信之后，出于隋刘善经《四声指归》，诗歌律化的趋势也很明显。我们详细考察过魏晋到永明到初唐五言诗律化的情况,永明以后主要考察四句到十二句五言诗。根据我的统计,律句占全部诗句的比例,梁陈和北朝的诗人,徐摛诗有 85.7%,萧纲有 75.7%,萧绎有 65.1%,庾肩吾有 79.6%,徐陵有 84.1%,江总有 75.6%,庾信有 79.6%。这当中完整的律诗,徐摛有 5 首,萧纲有 85 首,萧绎有 46 首,庾肩吾有 43 首,徐陵有 23 首,江总有 30 首,庾信有 135 首。这是五言诗的情况。就七言诗来说,律化的趋势不如五言那么明显,但仍可看到律化的影响。六朝以来一些七言诗,已有不少律句。比如萧绎《燕歌行》,22 句中有 15 个律句,其中还有 5 个律对,2 个律粘。萧纲《乌栖曲四首》16 句中有 10 个律句。徐陵《乌栖曲二首》8 句中有 4 个律句,徐陵《杂曲》20 句中有 13 个律句,卢思道《从军行》,27 个七言句中有 17 个律句。薛道衡《豫章行》28 句中有 15 个律句。但从《诗章中用声法式》的情况来看,一方面,所举五言诗有不少律句,如二平声和三平声中各 7 个例句中,各有 4 个律句①,这说明《诗章中用声法式》也难免受到律化趋势的影响。但是另一方面,如日本小西甚一所指出的,本篇例诗确实很多完全不合律体的平仄,五言中一平声和七言二平声不会是律体。还可以举出更多的证据。比如,庾信《燕歌行》是作者引例的作品,这篇作品,28 句中有 7 个律句,这 7 个律句中,既有三平声,也有四平声,但作者所引庾信《燕歌行》的三个句例,都不是律句②。以这些为据说明《诗章中用声法式》不会是律体完成时期的作品③,可能不行。因为如上所析,如果本篇作于宋之问之后,则律体已经完成,即使作于庾信之后,诗歌律化的趋势也相当明显。我们赞同小西甚一观点,本篇可能出

---

① 二平声 4 个律句是"绿水涌春波""雨数斜睦断""咏歌殊未已""百行咸所该"。三平声 4 个律句是"兰生半上阶""无论更漏缓""天命多赢仄""终阙九丹成"。
② 七言二平声引"寒雁一一渡辽水"(今本庾信文集作"寒雁嗈嗈渡辽水"),三平声引"代北云气昼昏昏"和"自从将军出细柳"。
③ 小西甚一《研究篇》(下)以为,"这个《诗章中用声法式》,不会是律体完成时期的作品,恐怕不会有什么疑问",因此本篇引自刘善经《四声指归》。我们也认为本篇引自刘善经《四声指归》,但与小西甚一所说并不一样。更主要的是,应准确说明本篇与近体诗律发展的关系。

刘善经《四声指归》。但我们根据和小西甚一不一致。我们不认为本篇不会是律体完成时期的作品，恰恰相反，本篇产生于律体化的趋势之中，甚至有可能作于律体完成以后。

既然诗歌已经走向律化，又所举例诗又那么多不合律体平仄，看似非常矛盾，其实问题并不复杂。《诗章中用声法式》本不是探讨律体的用声法式，它只是探讨平声的用声法式。这只要对作者所用的大量例句，对这些例句中平声的位置稍加注意，就不难知道。这些例句，一平声到六平声，平声在句中的位置都不一样。三言一平声，一平声在句中的位置分别为一、三、二。三言二平声，二平声在句中的位置分别为一二、二三、一三。四言一平声，一平声在句中的位置分别为三、二、四、一。四言二平声，二平声在句中的位置分别为一二、三四、一三、二三。四言三平声，唯一的仄声字在句中的位置为二、四、三。五言一平声，平声在句中的位置为二、四。五言二平声，二平声在句中的位置为一二、四五、三四、一四、二四、二三、一三。五言三平声，三平声在句中的位置为一二四、二五、一三四、二三四、一四五、二四五、二三五。五言四平声，唯一仄声在句的位置为二和四。六言二平声，二平声在句中的位置为三六、一二、五六、三四、三六、二六、二五。六言三平声，三平声在句中的位置为一四五、一二六、一四五、三四六、一二三、一三五、二三四，六言四平声，剩下的二仄声在句中的位置为三六、三四、四五、一二、二六、五六、四六。六言五平声，唯一的仄声在句中的位置为四、三、二、五。七言二平声，二平声在句中的位置六七、三四、一六、一二。七言三平声，三平声在句中的位置为一三四、三四六、一二七、三四七、二五六、一五六、三六七、二三四、一二四。七言四平声，四平声在句中的位置为一二三五、一三四六、三四五七、一二五六、一二四七、二三四五、二三五六、一三五六、一三五、一二四七。七言五平声，剩下的二仄声在句中位置为六七、一四、一六、五六、四七、四五、二六、三五、三七。七言六平声，唯一的仄声在句中的位置为四、六、五。这当中，七言二平声的"将军一去出湖海"、"嫁得作赋弹琴声"实为三平声，七言三平声的"左掖深闱行且宜"实为四平声。

五言二平声的"咏歌殊未已"和"百行咸所该"二平声在句中的位置均为二三,六言二平声的"合国吹飨蜡宾"和"日月驰迈不停"二平声在句的位置均为三六。除此以外,各句平声的在句中位置都不一样。之所以各句平声的在句中位置都不一样,我以为作者是有用意的,作者的用意应该是探讨平声在句中不同位置的不同调声效果。平声在句中不同位置有不同调声效果,作者列数那么多例句,就是为考察这一点。本篇篇名之所以冠以"法式"二字,称之为"诗章中用声法式",道理也就在这里。了解这一点,就不难理解一些问题。本篇所引五言诗句有不少律句,说明作者不自觉地受到诗歌律化趋势的影响,但那么多的例句不合律体平仄,那么多例句,几乎每句平声的位置都不一样,说明作者所要探讨的,本不是律体化的问题,而是平声在句中不同位置的不同调声效果。作者是想通过一番这样的考察,得出一些法式性的东西。

这说明一个问题,一个现象,即,在六朝到初唐的诗歌律体化趋势中,甚至在律体完成以后,人们仍在探讨调声问题。以前我们只看到律体化的探讨,没有看到与律体化探讨的同时,还有其他的调声探讨,以为律体完成以后,人们对声律的探讨就完成了。现在看来,这样看待六朝至唐的声律发展是不全面的。

《诗章中用声法式》探讨的是平声在不同位置的调声效果,说明当时人们对平声用法的重视,刘滔平声赊缓,有用处最多之说为人们普遍接受,这一现象我们以前也重视不够,研究不够。《诗章中用声法式》一篇在这些方面或许也可以给我们予很多的启示。受沈约、刘滔思想的影响,一句分为二个分句,注重句子的节奏,重视平声,在律体化趋势之中,仍在探讨调声问题,探讨平声在不同位置的调声效果,这是本篇给我们的总体印象。

第八章 空海带回日本的几本书（二）
上官仪《笔札华梁》

《日本国见在书目》小学家著录《笔札华梁》二卷，未题撰人。《宋秘书省续编到四库阙书目》文史类著录"《笔九花梁》二卷，上官仪撰"，"九"即"札"之笔误，知《笔札华梁》为上官仪所撰。上官仪（607？—664），字游韶，陕州陕县（今属河南）人，移居江都（今江苏扬州），太宗、高宗朝著名宫廷诗人，《旧唐书》卷八〇、《新唐书》卷一〇五本传。《笔札华梁》这部初唐重要的诗学著作，中土失传，所幸能为空海带回日本，或其他人带回日本，而被空海编入《文镜秘府论》。

第一节 《笔札华梁》"十病"说

诗病说，是《笔札华梁》的重要内容。主要有"十病"说。

关于"十病"。西卷《论病》空海说到八体、十病、六犯、三疾。这是他编入《文镜秘府论》和《文笔眼心抄》的一些病犯。"八体"即八病，指平头、上尾、蜂腰、鹤膝、大韵、小韵、傍纽、正纽。"六犯"即三宝院本"第二十三支离"页边所注"诗式六犯"，指支离、缺偶、相滥、落节、杂乱、文赘。"三疾"就是三宝院本"第二十九相重"夹注所说《四声指归》所云三疾，指骈拇、枝指、疣赘。至于"十病"，小西甚一的意见是对的。西卷《文二十八种病》的水浑、火灭、木枯、金缺、土崩诸病引典相同，紧接着的阙偶和繁说体例相通，即全部都是 A 病名，B 要点（"谓……"），C 例诗（"假作……诗曰"），D 解说（"释曰……"），也当同一出典，再加上《文笔眼心抄》记载的触绝、伤音和爽切三病，是为"十病"①。从内容推测，论者以为这"十病"当是初唐人的著作，是有道理的②。从形式看，和地卷《八阶》《六志》相似，"十病"可能为《笔札华梁》和《文笔式》共有的内容，从文字风格看，可能原出《笔札华梁》，后为《文笔式》编录。这"十病"，除阙偶、繁说之外，另八病（水浑、火灭、木枯、金缺、土崩、触绝、伤音、爽切）都是声韵之病。我们先讨论"十病"中的这八种声韵之病。

  "十病"当中，水浑病谓第一与第六之犯，火灭病谓第二与第七之犯，实际就是平头病。"十病"的土崩病指五言诗中末字之犯，实际就是上尾病。木枯病谓第三与第八之犯，金缺病谓第四与第九之犯。这几个病犯中，第三与第八之犯的木枯病，与元兢提出的护腰正相一致，元兢提出的护腰正是上句之腰不宜与下句之腰同声，所谓腰，就是五字之中的第三字。如果"十病"出《笔札华梁》，则在元兢《诗髓脑》之前，应该是元兢《诗髓脑》吸收了《笔札华梁》的思想。"十病"中，这几个是声调之病。齐梁声调之病有平头、上尾、蜂腰、鹤膝。不难发现，"十病"没有蜂腰病和鹤膝病。齐梁声病说不讲第三与第八，第四与第九之犯。木枯和金缺，即第三与第八之犯和第四与第九之犯，是"十病"新提出来的。提出木枯和金缺，加上原有的平头（即"十病"的水浑、火灭）、上尾（即"十病"的土崩），正好把五言诗从第一字到第五字都包括进去了。就是说，它要求五言诗上下两句相对的每一个字，从第一字到第五字，都不能同声。这与齐梁声律说已不相同。这是很值得注意的。初唐上官仪他们，还有后来的沈佺期、宋之问他们所探求的近体诗律平平平仄仄，仄仄仄平平；仄仄平平仄，平平仄仄平，正是要求上下句对应的每一个字不能同声。"十

---

① 小西甚一《文镜秘府论考·研究篇》（下），参《文镜秘府论汇校汇考》该条校释。
② 说见中泽希男《文镜秘府论札记续记》，日本《群马大学纪要》人文科学篇第 4、5、6 卷，1955—1957 年。

病"何以没有蜂腰病和鹤膝病,不得而知。它本不是齐梁声病说的复述,事实上,从下面将要进行的创作中犯病情况的统计看,初唐近体诗人还是比较注意避忌鹤膝病的。这个情况,或者说明初唐诗人已比较注意回避鹤膝。也可能在他们看来,回避鹤膝病的问题已经大致解决,因此不必重提。至于为什么没有蜂腰病?则可能这时的格律句式,平平仄仄平,必然二五同声,至于仄仄平平仄,因为仄声还有上去入之分,但很可能犯蜂腰。近体诗律这类句式已不适合回避蜂腰,或者因此,他们不再重提蜂腰病?如果可以这样理解,那么,水浑、火灭、木枯、金缺、土崩这五病的提出,或者反映了初唐诗律探求的某些特点。

另三个病犯,触绝是大韵病,《文笔眼心抄》:"触绝:谓趣有余文触绝正韵,是。此即大韵同。"例诗:"'英桂浮香气,通照碎帘光。'香、光是。又:'帘密明翻碎,云趁辙倒行。'明、行是。"伤音是小韵病,《文笔眼心抄》:"伤音:谓不当是目中间自犯,是。此即小韵同。"例诗:"'四鸟口憎见,三荆不用口'。口、荆。又:'弦心一往过,泉口万行流。'弦、泉。"这都与八病相应。至于爽切,则比较复杂。《文笔眼心抄》:"爽切:谓从平至入,同气转声为一纽,是。此即正纽傍纽同。"诗例之一:"'瞩目转锺兴,风月最关情。'锺、嘱。"诗例之二:"又:'光音同宴席,歌啸动梁尘。'同、动。"前例锺嘱,据《韵镜》,属内转二开合齿音清第三等"锺肿种烛"之纽;后例同动,属内转一开舌音浊第一等"同动洞浊"之纽,均犯正纽病。诗例之三:"又:'望怀申一遇,敦交访二难。'望、访。""望"为明纽漾韵,"访"为敷纽漾韵,已不是双声的傍纽之病,而是刘滔的傍纽、沈约的大纽之病,实际上已是小韵之病。诗例之四:"又:'交情犹劳到,得意乃欢颜。'劳到、欢颜。"诗例之五:"又:'未告班荆倦,宁辞倒屣劳。'倒、劳。"前例"劳"在外转二十五开半舌音清浊第一等"劳老嫽○"之纽,"到"为同舌音清第一等"刀倒到○"之纽。"劳"和"刀"均为豪韵。"欢"为外转第二十四合喉音清第一等"欢溾唤豁"之纽","颜"为外转二十四合喉音清第一等"颜齴雁○"之纽,"欢"为寒韵,"颜"为删韵,母均有"an"。后例"劳"在外转二十五开半舌音清浊第一等"劳老嫽○"之纽,"倒"为同舌音清第一等"刀倒到○"之纽。"倒"与傍纽的"老"字均属皓韵。二例均属刘滔的傍纽、沈约的大纽之病,但前例叠韵而未隔字,按照前人之说,不应该看作病。就是说,"十病"的"爽切",既有正纽(诗例之一"锺嘱"和之二"同动"),又有刘滔的傍纽、沈约的大纽之病,而这类病之中,一类实际是小韵之病(诗例之三"望访"),一类则未隔字叠韵(诗例之四"劳到、欢颜"),而没有一例双声傍纽之病。这或者表明初唐人们对纽之病的认识仍比较混乱。认识这样混乱,创作实践中也就很难实行了。

还有几个问题有疑问。比如火灭病假作《闺怨》诗:"尘暗离后镜,带永别前腰。"火灭病为第二与第七之犯,因此作者说:"'暗'文处二,宜用'埋'、'生'之言。"意为第二字"暗"与第七字"永"犯病。"暗"为去声,"永"为上声,同为仄声,并不同四声,齐梁声病以四声论病,若以四声论,并不犯病。是不是这时的声病说也以平仄论病呢?诗例之二:"怨心千过绝,啼眼百回垂。"如兴膳宏《文镜秘府论译注》所指出的,这里的"心"为平声,"眼"为上声,并不犯病,以"眸"、"行"之代替"眼"字,反而犯病。再如《文笔眼心抄》载"土崩":"谓以平居五而不叠韵者,此与上尾同。"这里说的是以"平"居五,所举诗例,其一:"追凉游竹林,对酒如调筝。"其二:"避热暂追凉,携琴入水宫。"前例"林"、"筝"同平声,后例"凉"、"宫"同平声。难道这是说平声居五即犯病,若上去入声就不犯病了吗?这些地方,是传本有误,还是唐音有异?或者本来就如此?不太清楚。

要之,"十病"是初唐声病说的重要内容,很可能出《笔札华梁》。

第二节 《笔札华梁》对属论

《文镜秘府论》东卷《二十九种对》,前十一种对为古人同出斯对。这些对属,为《笔札华梁》和《文笔式》等初唐诗格著作所保存。《笔札华梁》保存尤多。这一节,我们着重讨论主要保存在《笔札华梁》中的这些对属。

一、的名对

的名对是语词之对,实词之对。《文镜秘府论》东卷"第一的名对"下的注来看,的名对又名正名对、正对、切对。从"第一的名对"所引材料及其他材料来看,《文笔式》和皎然都称的名对①,《笔札华梁》既有正名之称,又有的名之称,元兢都有正对之称,元兢和崔融都有切对之称②。

这是实体性名物语词之对。所谓"的",是明确,首先是语词有明确内涵,是实体性的;不具实体性的语词,也都是直接说明实体性名物的状态,其内涵是明确的易于指实的。这是一些明确(的)内涵和关系的实体性名物语词(名)构成的对偶形式。从举例来看,象天地、日月、园圃、梅草、花絮、阶砌这样的名词,好恶、去来、浮沉、进退、往还、开发这样的动词,轻重、长短、方圆、大小、明暗、老少、青绿这样的形容词,南北、东西这样的方位词,都是实体性名物语词。北卷《论对属》首段(当出《文笔式》)所列一二三四数之类,东西南北方之类,青赤玄黄色之类,风雪霜露气之类,鸟兽草木物之类,耳目手足形之类,道德仁义行之类,唐虞夏商世之类,王侯公卿位之类,都应是的名对的更细分类。双声叠韵联绵之类纯粹拟态性虚词,应该不属于的名对的讨论范围。

的名对,所谓"的",还指语词之间关系明确而份量相称。首先是要关系明确。在特定的语境中,组成对偶的一对名物性语词,互相之间的关系明确、密切。就元兢来说,他以尧年、舜日相对,上句用凤,下句用鸾这样的对偶为正对,而以为上句用松桂,下句用蓬蒿这样的反对不是正对,因为松桂是善木,蓬蒿是恶草,关系正相反。但就《笔札华梁》和《文笔式》来说,则既可以正面相辅相成,也可以反面相反相成。如天与地,日与月,好与恶,去与来,轻与重,东与西,园与圃,手披与目送,云光与月影,送酒与迎琴,疏桐与密柳,都是。《笔札华梁》和《文笔式》所说的的名对,既包括元兢所说的正对,也包括正对之外的反对。北卷《论对司》列举的上与下,尊与卑,有与无,同与异,等,就是反对,而一二三四数之类,青赤玄黄色之类,风雪霜露气之类等等,就是元兢所说的正对。其次是

---

① 传本皎然《诗议》"诗对有六格"中"一曰的名对"。
② 传李峤《评诗格》"诗有九对"一曰"切对",传李峤《评诗格》实为崔融之说,则崔融有切对之称。不过东卷"第一的名对"之下未见崔融之说。

份量相称。用同一类词,同一范畴的名物语词,而且份量相称。不能一大一小,一轻一重,二者失去平衡。北卷《论对属》后面几段,正文当属《笔札华梁》,注文当属《文笔式》,《文笔式》全录《笔札华梁》之正文,然后加注。最末一段说,比物各从其类,拟人必于其伦,对属之间,甚须消息,远近比次,大小必均,美丑当分,强弱须异,如果持轩辕对汉武,将鲋拟鹏,毛嫱以比嫫母,鲸鲵以类蝼蚁,世悬隔也,状殊绝,貌相妨,力全校,苟失其类,文即不安。这里所谓"类",就是份量相称的一类。用东卷"第一的句对"引元兢的话说,是"名相敌",用《文笔式》的话说,是"正正相对"。这一点,后世要求更为严格,而要求相对的名物语词关系明确份量相敌相称,却始于初唐。

当然,相对的上下两句字数相等,语法结构一样,相对的语词在句中所处的位置相同,这是不言而喻的。"第一的名对"所举的例子:"东圃青梅发,西园绿草开;砌下花徐去,阶前絮缓来。"上二句中,东与西对,园与圃对,青与绿对,梅与草对,开与发对,下二句中,阶与砌对,前与下对,花与絮对,徐与缓对,来与去对。"送酒东南去,迎琴西北来。"迎与送对,酒与琴对,去与来对,西北与东南对。都是句式整齐,语词相对,份量相称。

在整齐的句式中,对应两词内涵明确,关系密切,份量相当,对应平衡恰切齐整,可能因此叫的名对,或称切对,正对。

二、异类对·同对

异类对、同对也是语词之对。

"第六异类对"收存的有《文笔式》《笔札华梁》、元兢《诗髓脑》和皎然《诗议》之说。初唐的几家,元兢以为若来禽、去兽,残月、初霞那样,来与去,初与残相对,其类不同,名为异对。他所谓异对,实际是的名对中的反对。《文笔式》《笔札华梁》的理解则有不同。他们以不同范畴,不同类别的语词相对为异类对。《文笔式》以为鸟与花,风与树,一为鸟类,一为花类,一为气象类,一为植物类;《笔札华梁》以为风与虫,池与叶,一为气象类,一为动物中的昆虫类,一为水类,一为植物中的木叶类;异类相对,是为异类对。《笔札华梁》还举"鲤跃排荷戏,燕舞拂泥飞"为例,以为鸟飞鱼跃,事迹既异,也是异类对。又举"琴上丹花拂,酒侧黄鹂度"为例,"琴""酒"之词,在的句对"送酒东南去,迎琴西北来"的诗例曾出现过,但那时上官仪只说"迎、送词翻",是为正名,并没有论及琴与酒。他是认为琴歌酒唱并非的名对,而是事迹有异,属异类对。这是他们对异类对的基本看法。

"第十四同对"收存有元兢《诗髓脑》和上官仪《笔札华梁》之说。元兢称为同对,上官仪称为同类对。元兢的同对,是同类又同义或义相近,他说,若大谷、广陵,薄云、轻雾;此大与广、薄与轻,其类是同,故谓之同对。大与广、薄与轻,其实既同类,在特定的语境中,表示的语义又相近。这与他的正对不同,也与他的异对不同。上官仪的同类对,有一部分也是语义相同或相近,如宵、夜,朝、旦,山、岳,途、路之类。元兢和上官仪都以同义之词为同对。上下句中用同义之词,曾被批评为繁说病,后来也批评对属中的合掌,有的也指这种情况。北卷《论对属》引《笔札华梁》和《文笔式》,也说到以日对景,将风偶吹,持素拟白,取鸟合禽的情况,以为"虽复异名,终是同体。若斯之辈,特须避之"。一边把这种情况列为对属的一种,一边又批评这种情况,说明对同一对属有不同看法,甚至同一作者(如上官仪),在不同的场合,也有不同看法。也可能只是客观地总结,前人有这种情况,给予客观的总结,并不意味着他们就赞成可以用同义之词为对。

"第十四同对"引上官仪说的另一部分语词,其实同时可以是的名对。如云、雾,星、月,花、叶,风、烟,霜、雪,酒、觞,东、西,南、北,青、黄,赤、白,丹、素,朱、紫,江、河,台、殿,宫、堂,车、马之类。但两者的着眼点不同。的名对着眼的是相对名物语词内涵和关系明确,份量相敌,同类对着眼的则是名物语词的性质相同。初唐人们是从不同的角度总结对属现象。上官仪同类对的语词分类,有的与当时类书一致,如台、殿,宫、堂,在《艺文类聚》中均属居处部,云、雾,星、月,均属天部,霜、雪在《北堂书钞》中属天部。但有些则不同,如风和烟,"风"在

《艺文类聚》中属天部,"烟"则属火部。这说明,初唐人们对属论的语词分类,既考虑名物的自然属性,也考虑它的艺术形象属性。从名物的自然属性看,风和烟当然不属一类,但从艺术形象的角度看,它们却更为接近,属同一类。这是文学形象的分类,而不是一般的物质属性的分类。

三、赋体对·双声对·叠韵对

第七赋体对,第八双声对,第九叠韵对为一类。

"第八双声对"和"第九叠韵对"收录《笔札华梁》和崔融《唐朝新定诗格》之说。"第七赋体对"前一"释曰"说:"上句若有重字、双声、叠韵,下句亦然。上句偏安,下句不安,即为犯病也。但依此对,名为赋体对。"南卷《论文意》引王昌龄《诗格》说:"上句若有重字、双声、叠韵,下句亦然。上句偏安,下句不安,即为犯病也。"两条材料内容和语言非常近似,传本王昌龄《诗格》"常用体十四"又有"五赋体"。"第七赋体对"前一"释曰"这条材料与王昌龄《诗格》应该有关系,两条材料应该有共同源头。但"第七赋体对"整体应该出《文笔式》,南卷《论文意》引王昌龄《诗格》论及重字、双声、叠韵,关于上句偏安下句不安即为犯病之说,应该取自《文笔式》。"第七赋体对"、"第八双声对"和"第九叠韵对"这三种对,收录的主要是初唐之说。初唐这几家,《笔札华梁》和崔融《唐朝新定诗格》有双声对和叠韵对,《文笔式》以重字、双声、叠韵为赋体对,《笔札华梁》也有重字对,但称之为连绵对。空海开合俱举,存彼三名,均予编入。这一点,东卷序《论对》已有说明①。

这一类对属的提出,可能比较早。西卷《文二十八种病》"第八正纽"首段一条材料值得注意。这条材料说在解释了五言诗犯四声一纽之字"即犯小纽之病"之后说,"除非故作双声,下句复双声对,方得免小纽之

---

① 东卷序《论对》:"其赋体对者,合彼重字、双声、叠韵三类,与此一名;或叠韵、双声,各开一对,略之赋体;或以重字属联绵对。今者,开合俱举,存彼三名。"正说明这一点。

病也。若为联绵赋体类,皆如此也。"前八病首段,据我的考证,当出《文笔式》。但《文笔式》的材料包括前八病首段有杂编的性质。这里就说到"双声对",也说到"小纽",说是下句复双声对,方得免小纽之病。从"第七傍纽"引《四声指归》的材料看,沈约提出过小纽之说,并且是以双声为小纽。"第七傍纽"首段先说:"五字中犯最急,十字中犯稍宽。"接着"释曰"又说:"今就十字中论小纽,五字中论大纽。"后面又引王斌云:"若能回转,即应言'奇琴''精酒'、'风表'、'月外',此即可得免纽之病也。"这里所谓"十字中论小纽"是王斌之说,还是沈约之说,难以论定。"第八正纽"首段"若为联绵赋体类,皆如此也"一句是《文笔式》自说还是引前人之说,难以论定;"除非故作双声,下句复双声对,方得免小纽之病也。若为联绵赋体类,皆如此也"一句为齐梁之说(沈约之说或王斌之说),则无疑问。这样看来,齐梁时代就已提出了双声对。如果"若为联绵赋体类,皆如此也"也是《文笔式》引齐梁之说,则齐梁人不仅提出双声对,而且提出联绵赋体的问题。双声对和联绵赋体,是针对声纽之病提出来的。齐梁人们要探讨声病的同时,也在探讨双声一类对属,探讨联绵赋体一类的问题。只是他们的主要精力在声病,不可能就这类对属作更具体的探讨罢了。

初唐人们提出这类对属,仍然把它和诗病联系起来。"第七赋体对"前一"释曰"论上句若有重字、双声、叠韵,下句亦然,就说。"上句偏安,下句不安,即为犯病也。"但他们的着眼点,已不在声病,而在这类对属本身。他们注意到,这类对属有赋体的影响。赋这一文体,以体物写貌,铺陈辞采为特点,一些赋有大量的拟态词、联绵词。这些拟态词、联绵词,很多就是双声、叠韵和重字之词。我们看司马相如《上林赋》描写天子之上林的开头一小段,就有纡余、委蛇、经营、荡荡、泱漭、汹涌、彭湃、滂濞、沆溉、穹隆、泣泣、隐隐、砰磅、訇磕、潏潏、淈淈、淴溑、安翔、滴滴等双声、叠韵和重字的拟态词。这些双声、叠韵和重字之词,不少构成对偶。初唐人们正是注意到这一点,所以东卷"第七赋体对"开头便说,重字、叠韵、双声这些对属,"似赋之形体,故名赋体对。"

　　他们还注意到,这类对属有《诗经》的影响。"第七赋体对"后一个"释曰"有一段话。这一段话,有颇多异文,它所解释之文,与前文也没有照应。但它的意思是清楚的。它说,"有鸾鸣哈哈",《诗·小雅·庭燎》有"鸾声哕哕"(《鲁颂·泮水》同),《小雅·斯干》有"哙哙其正,哕哕其冥"。"第七赋体对"作者可能因《小雅·斯干》"哙哙其正,哕哕其冥",而误"哕哕"为"哈哈"。又说:"鹿响幼幼。""幼幼"为"呦呦"之假。《诗·小雅·鹿鸣》有:"呦呦鹿鸣,食野之萍。"又说:"泽陂菡萏之状,模朝隮而荟蔚,写荇菜而参差。"《诗·陈风·泽陂》有:"彼泽之陂,有蒲菡萏。"《曹风·候人》有:"荟兮蔚兮,南山朝隮。"《周南·关雎》:"参差荇菜。"都是《诗》的例子。作者是通过解说《诗经》之例,以说明赋体之对的内涵,注意到这类对属有《诗经》的影响。

　　注意到《诗经》和赋体的影响,反映了文学发展的实际。赋有很多双声、叠韵和重字的拟态词、联绵词,已如上说。就《诗经》来说,"第七赋体对"所解说的《诗经》之例,也都是如作者所说,"既正起重言,亦傍生叠字"。《诗经》实际上有不少双声、叠韵和重字之对。注意到《诗经》的影响,或者多少还有宗经的思想。初唐人们所论,除单举词例,所举例子,都是五言诗句之例。把诗句这类对属称为赋体,或者反映了一种诗赋一体的观念。从文学史看,诗与赋本来就关系密切。楚辞是诗,而影响于汉赋,赋的文体就是从诗体演变而来。诗、赋在发展过程中,有一些共同的艺术手法,比如对偶声律等。就初唐来说,与上官仪等人同时而稍后,就出现了一股赋体化的诗歌思潮,一些歌行用赋的手法,铺陈辞采。初唐人们在对属论上以双声、叠韵、重字等为赋体对,或者也是初唐诗赋一体观念的一种反映。

　　"第七赋体对"提出句首、句腹、句尾叠韵、双声,这和传《魏文帝诗格》一样,传《魏文帝诗格》和"第七赋体对"所说,当有共同的原典。这种说法,其他对属论中未见。这或者也是一种值得注意的文学思想。注意到这类词在对偶中的位序,是显然的,但未必是说,这类对属在句腹和句尾,表现较句首表现力弱一点①。作者只是列出一些范式,说明重字、叠韵和双声之对,既可以用之于句首,也可以用之于句腹和句尾。上句用于句首,则下句也当用于句首,上句用于句腹,则下句也当用于句腹。从我们查检的情况看,比如陆机,这类对属用于句首的比较多,而且多是重字,如"促促薄暮景,亹亹鲜克禁"(《豫章行》),"肃肃宵驾动,翩翩翠盖罗"(《前缓声歌》),"蔼蔼庆云被,泠泠祥风过","穆穆延陵子,灼灼光诸华"(《吴趋行》),"靡靡年时改,冉冉老已及"(《遨游出西城》),"亹亹孤兽骋,嘤嘤思鸟吟"(《赴洛二首》其一),"戚戚多远念,行行遂成篇"(《答张士然》),"悠悠行迈远,戚戚忧思深"(《拟行行重行行》)等。也有双声叠韵对,也在句首,如陆"慷慨逝言感,徘徊居情育"(《赠弟士龙》),"流离亲友思,惆怅神不泰"(《挽歌三首》其二)。未见句腹和句尾双声叠韵重字。曹植也是这样,"飘飘周八泽,连翩历五山"(《吁嗟篇》),"行行将复行,去去适西秦"(《门有万里客》),在句首;"柔条纷冉冉,落叶何翩翩"(《美女篇》),句腹则未见。谢灵运也多是句首,多是重字,如"凄凄阳卉腓,皎皎寒潭洁"(《九日从宋公戏马台集送孔令》),"草草眷徂物,契契矜岁殚"(《彭城宫中直感岁暮》),"亭亭晓月映,泠泠朝露滴"(《夜发石关亭》),"祁祁伤豳歌,萋萋感楚吟"(《登池上楼》)等。时有叠韵双声,如"殷勤诉危柱,慷慨命促管"(《道路忆山中》)。时有句尾,如"别时花灼灼,别后叶蓁蓁"(《答谢惠连》),"溯流触惊急,临圻阻参错。"(《富春渚》),"石浅水潺湲,日落山照曜"(《七里濑》),句腹同样未见。可能正是因为创作实践

---

① 朱承平《对偶辞格》第三章"连珠对"说,《文镜秘府论》对这类连珠对分为句首、句腹、句尾几类,"弘法大师虽然没有说明这种分类的价值和意义,但从叠音词在不同句位上所起的不同作用,就可以看出位序先后对叠音词状物抒情的不同影响。从诗歌语言修辞运用的角度上看,诗人重视并注意蛭叠音词在对偶中的位序问题,是十分必要的。"文映霞博士论文《语言学视野下的〈文镜秘府论〉"二十九种对"》第二章第二节第127页:"《文镜》引录了分别用于句首、句腹和句尾的重字、叠韵和双声的例子,合共有九种形式。重字、叠韵或双声在句中的使用位置不同,有不同的艺术效果,以上列头几组的重字'赋体对'为例,句首重字能够突出物象的情态,而句腹和句尾重字,虽然也是对前面物象的叙述说明,但表现力较句首重字弱一点。"卢按:"第七赋体对"并非弘法大师的说法,也看不出句腹和句尾重字,其表现力较之句首重字弱一点。之所以细分句首、句腹、句尾,当反映另外的文学思想。

中句首多用,而句尾特别是句腹少用,而示以各种位序之例,以使创作之时有遵循之范式呢？这是不是说明初唐人们提出对属论具有实践性品格呢？

　　这也是语词之对,但已不是一般的语词,而是双声叠韵之词。这些词,有一部分是由两个单字合起来才表示一个词义的拟态的联绵词。这部分词,既以双声或叠韵相对,又以所拟之态相对。双声词如"第八双声对"所引的"五章纷冉弱,三冬粲陆离"的冉弱和陆离,"第七赋体对"所引句首双声"留连千里宾,独待一年春。"的留连,句腹双声"我陟崎岖岭,君行峣峭山"的崎岖和峣峭。叠韵词如"第九叠韵对"所引"放畅千般意,逍遥一个心"的放畅和逍遥,"徘徊夜月满,肃穆晓风清"的徘徊和肃穆,"鬱律构丹巘,稜层起青嶂"的鬱律和稜层,举例的旷望、绸缪、眷恋、窈窕、彷徨、放畅、优游、陵胜、放旷等。"第七赋体对"句首叠韵"徘徊四顾望,怅恨独心愁"的怅恨,句尾叠韵"疏云雨滴沥,薄雾树朦胧"的滴沥和朦胧。重字如"第七赋体对"如"裹裹树惊风,曜曜云蔽月","皎皎夜蝉鸣,胧胧晓光发"的裹裹、曜曜、皎皎和胧胧,"团团月挂岭,纳纳露沾衣","花承滴滴露,风垂裹裹衣","山风晚习习,水浪夕淫淫"的团团、纳纳、滴滴、裹裹、习习和淫淫等。还有一部分并非拟态的联绵词,而是复合词,这部分词也是既以双声或叠韵相对,也以词意相对。如"第八双声对"所引"秋露香佳菊,春风馥丽兰"的佳菊和丽兰,还有奇琴、精酒、妍月、好花、素雪、丹灯等,"第七赋体对"句腹重字"汉月朝朝暗,胡风夜夜寒"的朝朝和夜夜,句尾双声"妾意逐行云,君身入暮门"的行云和暮门等。但是,也有的词,并不以意相对,仅仅因其双声相对。比如"第七赋体对"句首双声"留连千里宾,独待一年春"。下句的"独待"则是状语动词结构的词组,词义上并不与上句前句拟态的联绵词"留连"相对。两词相对,仅因它们都是双声词。以意相对,也以双声或叠韵或重音相对,有的词甚至仅以双声相对。注重声音之对,进一步,就由一般语词之对走向借音相对。这或者是我们从双声或叠韵或重字对中所应该想到的。

　　在齐梁人们论声病而论及的基础上,进一步从本身探讨这类对属,

201

注意这类对属与赋体的联系和《诗经》的影响,注意到文学发展的实际,表现出诗赋一体的观念,提出句首、句腹、句尾叠韵、双声和重字对之例,以作为创作是便于遵循的范式,既有一般语词之对,又注重声音之对,这是我们对双声、叠韵和赋体对的一些印象。

四、隔句对·双拟对·联绵对·回文对

第二隔句对,第三双拟对,第四联绵对,第十回文对可以作为一类来讨论。《笔札华梁》和《文笔式》有隔句对、双拟对和联绵对,《笔札华梁》有回文对。

这一类对属,句式节奏与一般对属句有所不同,也因此别有一种艺术味道。隔句对就别有一种韵味。五言诗歌,一般都是一句一意。隔句对所举诗例,个别的(如"月映莱萸锦,艳起桃花颊;风发蒲桃绣,香生云母帖")除外,基本上都是两句一意。前代诗文,不论《诗经》还是汉至六朝诗赋中那些隔句对,还是骈文中那些隔句相对的四六之句,大部分都是两句一意。不论前代诗文还是"第二隔句"的那些例诗,两句一意,较一般的对属节奏更为悠扬舒展。我们看《诗经》,其《周南·关雎》:"参差荇菜,左右流之;窈窕淑女,寤寐求之。"四言句式本来节奏比较急促,但因为隔句相对,两句一意,节奏因而较为从容舒缓。我们看曹植《鰕䱇篇》:"鰕䱇游潢潦,不知江海流。燕雀戏藩柴,安识鸿鹄游。"《侍太子坐》:"白日曜青春,时雨静飞尘。寒冰辟炎景,凉风飘我身。"一些赋的隔句之对,如庾信《小园赋》:"岂必连闼洞房,南阳樊重之第;绿墀青琐,西汉王根之宅。""虽复晏婴近市,不求朝夕之利;潘岳面城,且适闲居之乐。"骈文的四六之句,如徐陵《玉台新咏序》:"楚王宫里,无不推其细腰;卫国佳人,俱言讶其纤手。""惊鸾冶袖,时飘韩掾之香;飞燕长裾,宜结陈王之佩。"《文镜秘府论》东卷《二十九种对》"第二隔句对"所举那些诗例,"昨夜越溪难,含悲赴上兰;今朝逾岭易,抱笑入长安。""相思复相忆,夜夜泪沾衣;空悲亦空叹,朝朝君未归。"都有一种节奏舒缓,绵延咏叹的味道。人们提出隔句对,或者就为寻求这样一种绵延悠扬的节奏中从容咏叹的诗句韵味。

双拟对也别有一种韵味。从"第三双拟对"的举例论述来看,双拟对有二种。第一种如举例"夏暑夏不衰,秋阴秋未归;炎至炎难却,凉消凉易追",如"释曰"所说,第一句中,两"夏"字拟一"暑"字;第二句中,两"秋"字拟一"阴"字;第三句中,两"炎"字拟一"至"字;第四句中,两"凉"字拟一"消"字。第一第三字相重,而双拟第二字即围绕第二字写状拟态。第二种,一句中有二字相重并且隔开,但不一定同拟第二字,可以是第一字和第三字,如"乍行乍理发,或笑或看衣",如"结萼结花初,飞岚飞叶始",也可以是第一字和第四字,如"可闻不可见,能重复能轻。"或第二字和第五字,如"议月眉欺月,论花颊胜花。"另如春树春花,秋池秋日;琴命清琴,酒追佳酒;思君念君,千处万处,都是。用同一字两次拟写某种情态,这就是双拟对。这所谓"拟",就是《文赋》"唯毫素之所拟"的"拟",就是拟写的"拟"。用同一字两次拟写某种情态,因为同字同音,重复出现,又前后相对,就造成一种语音节奏的重叠复沓之美,同样有一种回环咏叹的味道。前人所作双拟之对处,乐府民歌有不少单句双拟的例子。如南朝乐府民歌《读曲歌》"柳树得春风,一低复一昂",《碧玉歌》:"感郎不羞郎,回身就郎抱。"前诗双拟"一"字,后诗双拟"郎"字。前后句中同字复沓的例子则更多。南朝民歌如《莫愁乐》:"莫愁在何处?莫愁石城西。"《西洲曲》:"忆梅下西洲,折梅寄江北""开门郎不至,出门采红莲。采莲南塘秋,莲花过人头。低头弄莲子,莲子青如水。置莲怀袖中,莲心彻底红。"前诗叠用"莫愁",后诗前二句叠用"梅"字,后几句连续七句叠用"莲"字。北朝民歌《木兰诗》这类叠用同字更多。"问女何所思,问女何所忆。女亦无所思,女亦无所忆","东市买骏马,西市买鞍鞯。南市买辔头,北市买长鞭",都是例子。这类叠字回环的写法,民歌更为常见。或者正是从前人诗例,再从民歌艺术中受到启发,初唐人们将叠字回环的写法进一步发明为属对的一种,借以表现齐整工巧而回环婉转的节奏之美。

联绵对也别有一种韵味。从"第四联绵对"的举例和论述来看,联绵对也有二种。一种是一般的重字相对。五言诗一般是前二个字为一意义和节奏单位,后三字为另一意义节奏单位,这种联绵对所重二字则处同一意义节奏单位。如"霏霏敛夕雾,赫赫吐晨曦;轩轩多秀气,奕奕有光仪",霏霏、赫赫,轩轩、奕奕都处前一个意义节奏单位。又如《笔札华梁》举例的朝朝、夜夜、灼灼、菁菁、赫赫、辉辉、汪汪、落落、索索、萧萧、穆穆、堂堂、巍巍、诃诃等,也应该是一般的二字连绵。这一种同时属赋体对。值得注意是另一种。一句之中,第二字、第三字是重字,因为第二字、第三字是重字,因此相重的二字并不处同一意义节奏单位,而是在二个意义节奏单位的连接处对联绵相对。这种对属的特点是,节奏上断开,而语气上却连贯,如所举例句:"看山—山已峻,望水—水仍清。"从意义节奏上看,"看山""望水"为一节奏单位,"山已峻"和"水仍清"为另一意义节奏单位;但从语气看,"山—山""水—水"却联绵一气,无法断开。"听蝉—蝉响急,思卿—卿别情","嫩荷—荷似颊,残河河似带","烟离—离万代,雨绝—绝千年",都是这样。这也就是"第四联绵对"作者所说的:"联绵对者,不相绝也。"节奏上断开而以二字相重,使语气连若贯珠,语气似断却连贯,同样有一种联绵咏叹的韵味。

回文对同样值得回味。"第十回文对"举例:"情亲由得意,得意遂情亲;新情终会故,会故亦经新。"释曰:"列字也久,施文已周,回文更用,重申文义,因以名云。"这有几层意思。一层意思:"列字也久,施文已周。"此处之"久"字当如中泽希男所说,为"交"字形化。作者是说,列字要交互使用,字要周遍交互使用,文义也周贯全诗,所谓"施文已周"。如例诗,"情"字交互出现三次,"亲""新""得""意""故""会"六字均交互出现二次。这些字在诗中反复交互出现,就使"情"(亲情或新情)之义周贯全诗,此诗之每一句便都有"情"之义,一二句之言"情亲",三句之言"新情",第四句虽无"情"字,但"经新"也是意指情而经新更新。这就是所谓"施文已周"。再一层意思,"回文再用"。所谓"回文再用",既一般的回文再读义皆可通,更是文字的回环对应,即将一联中的上句数字(若五言诗则为五字)全部反转颠倒过来(是所谓"回文"),"再用"这数字而构成下句之文。可以是严格意义上的"回文再用",即上下句五字全部对应相同,而位置完全颠倒相反,上句这一字为下句第五字即倒数第一字,上句第二字为下句第四字即倒数第二字,第三字仍为下句第三字,上下句字之间回文用之而成:"A—B—C—D—E,E—D—C—B—A"。齐梁时期一些回文诗,如果回文相对,就可以成这种形式。如王融《春游回文诗》首二句回文相对,则成"枝分柳塞北,叶暗榆关东。东关榆暗叶,北塞柳分枝"。也可以稍微宽松一些,如《文镜秘府论》所举例诗"情亲由得意,得意遂情亲;新情终会故,会故亦经新"一样,上下句五字基本对应相同,但允许个别字不相同(如例诗四句中间一字即第三字分别为"由""遂""终""亦",均不同);而五字位置的颠倒也较为灵活,可以是五字位置完全颠倒相反,即上句第一字为下句第五字,上句第二字为下句第四字这样的,也可以是大致的颠倒,即上句之一二字颠倒而为下句之四五字,二句颠倒而成"○○×△△,△△×○○"的形式。第三层意思,则是"重申文义"。不仅是文字的回环,也是文义的回环,不仅是文义的周贯,也是文义的重申反复甚至递进。如例诗,首句既言,感情亲和融洽皆因得其心意得其欢心而来,而次句重申此义,言今既得其心意欢心自然感情会亲和融洽。第三句言新鲜亲热之情终究也会过去,变得冷漠故旧,第四句则言,感情虽会变旧,但终究也经历过新鲜亲热的阶段。它有着一种特有的文辞和文义交互一起、回环往复的语言节奏之美。

这一类对属,都是利用对偶句式节奏的变化,或者隔句而对,或者回文而对,或者二字联绵而对,或者重字双拟而对,寻求一种往复婉转、回环婉转的语言节奏之美,寻求一种绵延咏叹的诗句韵味。提出这类对属,体现了一种新的艺术追求。这是我们对这类对属的一点认识。

五、互成对・意对

《笔札华梁》和《文笔式》有互成对。北卷《论对属》又说:"或反义并陈,异体而属,若云:'乾坤位定,君臣道生。或质或文,且升且降';乾坤、君臣、质文、升降,并反义,而同句陈之。乾坤与君臣对,质文与升降对,是异体属也。"这事实上说的是异类的互成对。"第廿当句对"和"第十九交络对"均出皎然《诗议》,但北卷《论对属》所说"同类连用,别事方成"其实就是当句对,"上升下降"其实就是交络对。北卷《论对属》出《笔札华梁》和《文笔式》,这几种对属都出初唐,不过有的名称不同:交络对称之为"上升下降",当句对则解释作"同类连用,别事方成"。至于异类的互成对,则也称作是"反义并陈,异体而属"。

按"第五互成对"的解释,互成对者,天与地对,日与月对,麟与凤对,金与银对,台与殿对,楼与榭对。两字若上下句安,名的名对;若两字一处用之,是名互成对,言互相成也。就是说,相对的两字放在上下句,是的名对,如果放在同一句同一处,则是互成对。如例诗:"天地心间静,日月眼中明,麟凤千年贵,金银一代荣。"第一句之中,"天地"一处;第二句之中,"日月"一处;第三句中,"麟凤"一处,第四句中,"金银"一处,不在两处用之,名互成对。同一句中,天与地对,日与月对,麟与凤对,金与银对,上下句中,天地与日月对,麟凤与金银对。这事实上是两重对仗,同一句中和上下句中互相成对,而且相对的二个词(实际是两个字)又同在一处。

《文镜秘府论》东卷"第十一意对"是"十一种古人同出斯对"之一。这一对属,小西甚一以为出《文笔式》,从"释曰"的骈俪句式看,笔者以为更可能出《笔札华梁》。

这一对属的特点就是以意相对,而非文辞相对。所举诗例,前一例,前二句"岁暮"和"凉风",非是属对,后二句"寝兴"和"白露"罕得相酬,其实"日已寒"和"生庭芜"也不相对。后一例,前二句"拜嘉庆"和"问何之"不相对,后二句"日暮"和"物色","行采归"和"桑榆时"都不相对。但是它们却以意相对。前一例,"岁暮临空房,凉风起坐隅;寝兴日已寒,白露生庭芜。"岁暮则有凉意,白露生庭芜,正是日寒之意,前后二句在意味氛围上正可相对。后一例,"上堂拜嘉庆,入室问何之。日暮行采归,物色桑榆时。"前二句,上堂是拜见太夫人,入室探问妻子,拜嘉庆是太夫人在,问何之是未还。太大夫在而妻未还,意味正可相对。后二句,西日垂景,在树端曰桑榆,物色桑榆,正是日晚之时,而"桑榆"又暗示"行采归",意味也正相对。用作者的话说,是"事意相因,文理无爽"。这就是意对。"意"是与"言"相对而言的,《庄子·外物》所谓"言者所以在意,得意而忘言",诗句内在之意相因相应,文理无有差失,而忘其外在之言的形式之对,这就是意对。

六、《笔札华梁》关于对属的理论认识

《笔札华梁》以及初唐其他诗论家,关于对属,有不少一般原则性和理论性的认识。

强调对属对于文章的重要性。北卷《论对属》反复强调这一点。先说:"凡为文章,皆须对属;诚以事不孤立,必有配定而成。"接着又说:"比事属辞,不可违异。故言于上,必会于下;居于后,须应于前。使句字恰同,事义殷合,犹夫影响之相逐,辅车之相须也。"这段话注云:"若上有四言,下还须四言;上有五字,下还须五字。上句第一字用'青',下句第一字即用白、黑、朱、黄等字;上句第三字用风,下句第三字即用云、烟、气、露等。上有双声、叠韵,下还即须用对之。"后面又说:"在于文章,皆须对属;其不对者,止得一处二处有之。若以不对为常,则非复文章。若常不对,则与俗之言无异。"把有无对属看作是雅和俗的区别。这是《笔札华梁》和《文笔式》的论述。西卷"第十三阙偶病"便说,"八对皆无,言靡配属,由言匹偶",便是阙偶病。这是《笔札华梁》之说,所谓"八对",应该指上官仪提出的"八对"。

人们提出对偶的一些基本方法和原则。对偶的双方要相称。东卷"第一的名对"说:"凡作文章,正正相对。"又说:"名相敌,此为正对。"前者是《文笔式》之说,后者是元兢之说。所谓正正相对,所谓名相敌,就是对偶双方要平衡相称。北卷《论对属》提出几点。一是远近比次,举叙瑞之例云:"轩辕之世,凤鸣阮隃;汉武之时,麟游雍畤。"注云:"持轩辕对汉武,世悬隔也。"表现祥瑞,世次不能悬隔过远。二是大小必均,举叙物之例云:"鲋离东海,得水而游,鹏骞南溟,因风而举。"注云:"将鲋拟鹏,状

殊绝也。"拟写物态,形状不能相差过于悬殊。三是美丑当分,举叙妇人之例云:"等毛嫱之美容,类嫫母之至行。"注云:"毛嫱、嫫母,貌相妨也。"描写妇人,美与丑应该有所区分,不能相差太大。四是强弱须异,举叙平贼之例云:"摧鲸鲵如折朽,除蝼蚁若拾遗。"注云:"鲸鲵、蝼蚁,力全校也。"叙述平贼,强与弱要有所不同,力量不能差距太大,所谓"校",就是相差。作者说:"苟失其类,文即不安。"所谓失类,就是对偶双方不平衡,不相称,不同一类。作诗写文不能失类,这是对偶的一条原则。这是《笔札华梁》和《文笔式》之说,正文当为《笔札华梁》,注文当为《文笔式》。

对偶双方文意不能相合相重。北卷《论对属》引《笔札华梁》提出对偶要回避几种情况,比如,以日对景,将风偶吹,持素拟白,取鸟合禽,作者说,这些意象,"虽复异名,终是同体"。所谓"同体",就是相同的事物之体,相同的意象,日光就是景,风就是吹,素就是白,鸟就是禽,作者说:"若斯之辈,特须避之。"

提出灵活处理对偶中一些具体情况的方法和原则。一方面,提出凡为文章皆须对属,另一方面又指出,是否运用对偶,还应根据文章写作的需要。北卷《论对属》便说:"然文无定势,体有变通,若又专对不迻,便复大成拘执;可于义之际会,时时散之。"不能专对不移,要根据文章之体,加以变通。这是《笔札华梁》之说。文章采用何种对属方法,也不能拘执不变。东卷"第廿九总不对对"就说:"夫属对法,非直风花竹木用事而已;若双声即双声对,叠韵即叠韵对。"意思是说,并非只是风花竹林相对,或者用事相对,才是属对之法,根据具体情况,有双声就用双声对,有叠韵就用叠韵对,而像例诗那样,全诗内在意思相对,虽然语词均不对,但也"最为佳妙"。这是《文笔式》之说。东卷"第十一意对"也说,如例诗那样,岁暮、凉风,非是属对;寝兴、白露,罕得相酬,但事意相因,文理无爽,便可成为意对。这是《笔札华梁》之说。文章如若不对,则上下句要相因成义。北卷《论对属》论述了这一点,作者说:"不对者,必相因成义。"注云:"谓下句必因上句,止凭一事以成义也。"注者举了几个例子,比如叙家世云:"自兹以降,世有异人。"再如叙先代云:"布在方策,可得言焉。"如叙任官云："我之居此，物无异议。"叙能官云："望之于君，固有惭色。"叙瑞物云："委之三府，不可胜记。"叙帝德云："魏魏荡荡，难得名焉。"注者说："皆下句接上句以成义也。"这是《笔札华梁》和《文笔式》之说。不对者，必相因成义，这是值得注意的一种提法。

第三节 《笔札华梁》体势论

《笔札华梁》体势论，主要在《文镜秘府论》地卷《八阶》。"八阶"是：一、咏物阶，二、赠物阶，三、述志阶，四、写心阶，五、返酬阶，六、赞毁阶，七、援寡阶，八、和诗阶。《八阶》，当出《笔札华梁》，《文笔式》有类似的内容。

从宝龟院本等注可以知道，有佚名《诗格》称"八阶"为"八体"。因此"八阶"之"阶"犹体。《唐书·音乐志》："六变爰阙，八阶载虔。"注：《明堂》曰"一堂九室，四门八阶。"是为"八阶"所本。据《小学绀珠》，"后魏置九品官，各置从，凡十八品，自四品以下，每品分为上下阶，凡三十阶。"孟郊《喜符郎有天纵诗》："念符不由级，屹得文章阶。"所以，"八阶"之"阶"盖由音乐之音阶，进而为品第之阶，文学之阶。但这八阶，既不论具体诗文作法，也不论风格审美范畴，而是分析诗文不同题材内容，这是因为作者认为，题材内容不同，诗文体貌也不同。

"八阶"可以分为几类。咏物阶是一类。从不同角度描摹歌咏某一事物，这种诗体流行于六朝，也为初唐诗人所喜爱。初学作诗者，咏物诗往往是一种很好的练习。这也可能是《八阶》作者要提出咏物阶的原因。咏物诗盛行于六朝，举例诗可能为《八阶》作者自拟，未必是六朝人所作，却带有六朝诗风。例诗一咏美人："双眉学新绿，二脸例轻红，言模出浪鸟，字写入花虫。"前二句当写美人之貌美，其双眉如新绿之柳叶，其脸颊又象春天的桃花一样泛着轻红。后二句可能写美女多才，出浪鸟可能说其巧言如流，有如浮鸟在水，入花虫可能形容美人字体优美，有如翩翩入花之蝴蝶。例诗二一说为咏露，可能还是咏雨之诗，不过似乎不是很大的雨。诗曰:"洒尘成细迹,点水作圆文。白银花里散,明珠叶上分。"雨把空中灰尘洗落地上,就成一处处细迹。雨点落在水面就产生圆圆的波纹。雨滴洒在花里叶上,有如白银、明珠。诗的艺术性并不高,如果拿到宋代比如苏轼那里,可能要受到嘲笑,但对于初学诗者来说,却是浅显易懂。它的意义,也就在让初学诗者入门。"释曰"说:"闻神岭而赋金花,睹仙蓬以歌玉叶。"这可能是说,要用金花玉叶这类词歌咏神仙之境。就是说,吟咏某种事物,有一些常用的语汇。初学者掌握这类语汇,就很容易入门。"释曰"又说:"或思今而染墨,乍感昔以抽毫。"这可能是说,咏物诗也可以思今感昔。所谓思今,可能是咏怀,所谓感昔,可能指咏史览古之类。《八阶》作者所要提供的,就是这类习用的体式。

赠物阶、述志阶、写心阶是一类。

述志阶比较好理解。所谓述志阶,是述写心志之体。从例诗和"释曰"来看,主要是抒写慷慨壮大之志。如例诗一:"有鸟异孤鸾,无群飞独漾。鹤戏逐轻风,起响三台上。"孤鸾已是孤高,而有异于孤鸾,无群而能独自高飞,则比孤鸾更为孤高志大。逐轻风而响于三台之上,所谓"三台",天有三台,地有三公。这是写其人志在三公,也是志在非凡。例诗之二:"丈夫怀慷慨,胆上涌波奔,只将三尺剑,决构一朱门。"以三尺之剑而与朱门决构,其胆其识有如奔流涌波,也是写慷慨之志。"释曰"说的"燕雀之为易测,鸾凤之操难知","候雁衔芦,腾龙附云",是说,可以用这类比喻来表志述怀。因此"释曰"末尾说:"坦荡之位(当作'志')既陈,慷慨之雄是立。"

写心阶也是陈述心情。但从例诗和"释曰"来看,所谓"写心",主要是陈述友情。如例诗之一:"命礼遣舟车,伫望谈言志。若值信来符,共子同琴瑟。"从诗意来看,诗人欲遣舟车,设礼以召宾客迎友人,伫望以谈心志,但宾客并未如约而来,因此诗说"若值信来符,共子同琴瑟。"就是说,若蒙如约惠顾,则当与子交谈融洽,有如琴瑟相和。这是写一般友情的。又如例诗之二:"插花花未歇,熏衣衣已香。望望遥心断,凄凄愁切肠。"当日所插之花其色未歇,今日方熏之衣香气正浓。写花未歇,写衣已香,都是写对意中人思念之深。但看来意中人久思未归,因此有遥望肠之句。这一例诗所写,似是意中恋人。"释曰"说:"春光暖暖,托青鸟以通言,夏日悠悠,因红笺而表意。若也招朋命侣,方事一斟两酌,追旧狎新,如应三挥四抚。"这是说,青鸟、红笺、饮酒、抚琴等,都是写心阶的习用意象事物。《八阶》作者所要告诉人们的,就是写这类诗的时候,怎样托物寓意。

赠物阶其实也是写心志的诗体。不过写法不同。这是以赠物为名表心着迹,如例诗一:"心贞如玉性,志洁若金为。托赠同心叶,因附合欢枝。"这是爱情诗,心贞志洁表示爱情的坚贞,而这种忠贞的爱情通过赠同心叶合欢枝来寄托其意。同心叶合欢枝既寓二人同心合欢之意,同心叶即莲叶,又含"莲"("恋")字。这其实也是借物寓情,不过借所赠之物以寓情。又如例诗二:"合瞑刺缝罢,守啼方达曙。带长垂两巾,代人交手处。"这是送别情人时之作。彻夜刺缝长长的衣带于送别时相赠。交手是携手送别之意。古人将别,则相执手,以见不忍相远之意。但从"代人交手处"来看,诗人是托人送别。托人于交手送别之时赠物以寄远别相思之情。这也是借所赠之物以寓情,亲手所缝长长的衣带,寄寓着久长的思恋之情。"释曰"说:"乍遗蓝蓝之菉叶,时赠滴沥之轻花。假类玉以制文,托如金而起咏。""假类玉以制文"是指"心贞如玉性"句,"托如金而起咏"指"志洁若金为"。至于"菉叶""轻花",当指"同心叶"和"合欢枝"。这都是对第一首例诗的说明。未见第二首诗的说明。这个"释曰"也是告诉人们,写这类诗,可以用"金""玉"之类事物表现忠贞之情,用绿叶红花之类意象,寄托心中恋情。

同是抒写心志,而分为"述志""写心""赠物"三种,可能因为慷慨之志、友情、恋情这三类题材人们写得比较多,也是初学诗者容易入门学习的。这三种诗,其实都用托物寓意的手法。但可能所托之物各有不同,特别是赠物阶,借所赠之物以寓意,更符合这一类诗所寓之情的特点。因此要分作三类诗体。这也当是考虑到初学者易于掌握。

赞毁阶和援寡阶是一类。这是用二种不同的衬托手法。

所谓赞毁阶,是通过贬毁一方,以更好地赞誉另一方。例诗之一:"施朱桃恶采,点黛柳惭色。"这是写美人化妆,施朱色于口唇而使桃花自恶其采,点黛色于眉毛而使细柳自惭其色。通过贬毁桃花细柳来赞誉妆色之美。例诗之二:"皓雪已藏晖,凝霜方叠影。"从"释曰"的解释来看,此诗的描写对象似为练葛。诗为说甚至皓雪凝霜之白都不得不藏匿其洁白之晖光影象。这也是通过贬毁雪和霜来极言练葛之白。"释曰"说:"赞此练葛无方,毁彼罗纨取证,既近辱缇锦,亦远耻霜雪"。从这个解释来看,赞誉练葛之白,除用"远耻霜雪"之外,还可以贬毁罗纨缇锦的手法。"释曰"又说:"至如梁家画黛,汉女久已低颜,宋里施朱,江妃故宜敛色。"这当是对例诗之一的说明。用赞毁的手法来写美女,除诗中的桃花细柳之外,还可以用别的美女,如说甚至美貌的汉女和汉妃也要低颜敛色之类。

援寡阶也是一种假托烘衬的手法。寡是弱小,也是孤独、孤单,援是援助。"释曰"有明确说明:"既凭有功,亦假托于信。"所谓"凭"是凭借、凭附之意,所谓"信",是可凭信之物。诗中表现的情、意,是抽象的,无可凭信的,借助某种具体的可凭信的事物,加以烘托映衬对照,便形象化、具体化了。直接的孤立的写某一事物,往往难以表现,往往显得孤单弱小,借助他物,便能得到更为突出的表现。可能这就是所谓的"援寡阶"。例诗之一:"女萝本细草,抽茎信不功。凭高出岭上,假树入云中。"世间之弱者,本须凭借强者始能显其名而立其身,若是求仕,则须凭附权势者方能平步青云,这种意趣情思,是抽象的,无可凭信的,而借女萝这一意象象征地写出,便显得形象具体。求援以入仕这一思想也就得到了充分表现。这一例诗可能就是士子为求入仕而投诗求援之作。这一诗例,可能既是这一手法的比喻性说明,同时又是这一手法的具体运用。例诗之二:"愁临玉台镜,泪垂金缕裙。"这当是写愁思的。愁思本是抽象不易表现的,但诗中借助玉台镜、金缕裙这些意象。玉台镜、金缕裙为华贵之物,而有愁,有泪,是为反面衬托,因此愁因临玉台之镜而愈显,泪垂于金缕之衣而更悲。"释曰"又说:"且复何异鸾镜绝尘,遂写如花之嫩颊,龙津屏浪,乃照似月之蛾眉。"为写美人如花之容颜,似月之蛾眉,而借助鸾镜绝尘,龙津屏浪这些意象。如花之容颜因照明净之鸾而更显其美,如月之蛾眉因临平静之龙津而空现其媚。"释曰"又说:"登岩眺远,陟岭瞻高。此乃假彼敷荣,因他茂实。"这是说,登岩陟岭,方能眺远瞻高,敷荣茂实,则须假彼因他。也是要假借某物以烘托映衬之意。

赞毁阶是反面衬托的一种,援寡阶是正面衬托的一种。提出这二阶,可能就是让初学诗者了解,作诗既需用衬托的手法,既可以正面衬托,也可以反面衬托。说明衬托手法是多种多样的。

返酬阶和和诗阶是又一类。这二种都是和答之作,但作法有不同。

关于返酬阶,小西甚一和兴膳宏的解释可能都有误①。返酬阶可能是酬答体的一种,酬是应对,对答。张衡《思玄赋》:"有无言而不酬兮,又何往而不复。"举有两首例诗。例诗之一:"盛夏盛光炎,燋天燋气烈。"例诗之二:"清阶清溜泻,凉户凉风入。""释曰"说:"此述凉秋,彼陈盛暑。"从这个"释曰"可以知道,这种酬答体要从相反的方面着笔,就是说,彼方写暑,此方须对凉,彼方写夏,此方须对秋。这可能就是针对所举例诗,"彼陈盛暑"正是指的前诗,"此述凉秋"正是指的后诗。一"此"一"彼",显然相为酬答。相为酬答,所以前后不是同一诗。既然不是同一诗,因此"烈"和"入"不合韵。小西甚一看到这"不是连续性的句子",是对的,但把"解作两联是同一诗的不同地方的诗句集中列举出来"却有误。文中称"又曰",也可能有误。这与"和诗阶"可能有些相似,但从例诗看,句型还必须相偶(例诗两诗均用双拟对)。更主要的,是这种酬答必须从相反的方面着笔。凉须对暑,夏须对秋。返:犹反,违背,王充《论衡·案书》:"言多怪,颇与孔子不语怪力相违返也。"一本作"反"。返酬阶即反

---

① 小西甚一《研究篇》说:"据释,似是说,把春和冬,夏和秋这样相异的东西互为对照。但是,'烈'和'入'不合韵。例诗冠以诗曰以及又曰,即使从这一点看,也不是连续性的句子。这是不成为对照的。这是一个疑问,但可以解作两联是同一诗的不同地方的诗句集中列举出来。"兴膳宏《文镜秘府论译注》说:"如例诗,夏和秋,冬和春这样不同季节的景象,用别的诗来呼应。是否适应季节之外的主题,只从本章的说明难以知晓。"

酬阶。"释曰"又说："九冬雪状凄人。三春风光可玩。"这可能也是说，作诗一方叙九冬雪状，酬答一方则须叙三春风光。也是说酬答诗要从相反的方面着笔。从这个解释看，应该还有描写九冬三春的例诗，可能这类例诗被删去了。

"和诗阶"各家解释也不一。维宝《文镜秘府论笺》认为讲山水日月应对偶，小西甚一认为指景与情相和，浑然一体的表现，兴膳宏认为指作诗时外界和心情调和，以心冥合于自然界，似均非和诗之意。其实，所谓和诗阶，和返酬阶一样，是指彼此酬答唱和之体，"释曰"说的"彼此宫商，故称相和"，"酬采答诗，言往语复"，应当就是这个意思，而不指同一人同一诗须情景相和。不同的是，返酬阶须从反面应对，但和诗阶却不同。"释曰"说："彼既所呈九暖，此即复答三春。兼疑（当为'拟'字之误）秋情，齐嗟夏抱。染墨之辞不异，述怀之志皆同。"这是说，和诗阶则要完全依对方诗意作答。"彼呈九暖，此答三春"是说对方写的是春意，答诗也要体现春之意。九暖三春都是春意。"兼拟秋情，齐嗟夏抱"，是说唱和双方或都要描述秋情，可都要嗟咏夏抱。这就叫"染墨之辞不异，述怀之志皆同"。例诗之一："花桃微散红，萌兰稍开紫。客子情已多，春望复如此。"例诗之二："风光摇陇麦，日华映林蕊。春情重以伤，归念何由弭。"二首例诗应该是一唱一和，前诗为唱后诗为和。二诗都为客子思归而作，故一曰客子情多，一曰归念难弥。又都以春光衬托，故一曰花桃散红，萌兰开紫，一述风动麦浪，日映林蕊，一称春望，一言春情。"释曰"引王斌之言："无山可以减水，有日必应生月。"山应之以水，日应之以月，都是和诗阶的作诗方法。

要之，返酬阶与和诗阶，一从反面作答，一根据对方作诗之意唱和。

《八阶》所列的八种作诗体式，并不是严格的分类。有些其实可以重合。比如，咏物也可同时述志写心，唱和返酬之诗也可以用赞毁援寡的手法。这只是常见的八种作诗体式，是初学作诗所须学习遵循的入门体式。"八阶"之阶，是由音乐之音阶，进而为品第之阶，文学之阶，是指文学的入门之阶。《八阶》的意义，仍然是它的普及性高于理论性。

第九章　空海带回日本的几本书（三）
《文笔式》

《文笔式》，撰者未详。中国历代书目未见著录，中土亦未见流传。《日本国见在书目》小学家著录"《文笔式》二卷"。此书可能为空海带回日本，或其他人带回日本。

《文镜秘府论》地卷《八阶》《六志》，东卷《二十九种对》，南卷《论体》《定位》，西卷《文二十八种病》《文笔十病得失》，北卷《论对属》俱引有《文笔式》说。

第一节　《文笔式》考

已有一些论著对《文笔式》进行过研究考证①，但还有很多问题需要解决。

一、《文笔十病得失》与《文笔式》

《文笔十病得失》后半出《文笔式》是没有疑问的，因为后半开头即明确说"《文笔式》云"。问题主要在《文笔十病得失》这一篇的前半，即自开

---

① 主要有罗根泽《文笔式甄微》、小西甚一《文镜秘府论考》，中泽希男《文镜秘府论札记续记》，王晋江《文镜秘府论探源》。此外，其他一些论著也有考辨意见，下面将要涉及。

头至"笔势纵横动合规矩"句之前一段。有两种意见。一种意见,以为前半原典也是《文笔式》①。另一种意见,则认为其前半与西卷《文二十八种病》前"八病"(以下本节简称"八病")所引刘善经说多有相同之处,因此它们都出《四声指归》②。笔者倾向于前一说,并以为还需作进一步的辨析。

(一)同一问题,《文笔十病得失》前半和前"八病"引刘说有不同。

比如:同是笔之蜂腰,"八病"引刘说举例云:"阮瑀《止欲赋》云:'思在体为素粉,悲随衣以消除。'即'体'与'粉'、'衣'与'除'同声是也。""体"与"粉"、"衣"与"除",分为上下句的第三、第六字,是知刘氏所谓笔之蜂腰,是指三、六字同声。刘氏又说:"又第二字与第四字同声,亦不能善。此虽世无的目,而甚于蜂腰。如魏武帝《乐府歌》云:'冬节南食稻,春日复北翔'是也。"以二、四字同声为蜂腰,他举的例诗魏武帝《乐府歌》,上句"节""食",后句"日""北"均同入声。这是五言诗。是知刘氏所谓二、四同声,是指五言诗。就是说,"八病"引刘说,以三、六同声为笔之蜂腰之病,而以二、四同声为五言诗之蜂腰病。

再看《文笔十病得失》前半。《文笔十病得失》前半论诗未说二、四同声为病,论笔,未说三、六同声为病。从举例看,四言:"笔得者:'刺是佳人。'失者:'扬雄甘泉。'"得者二、四不同声而失者同声。六言:"得者:'云汉自可登临','摩赤霄而理翰',失者:'美化行乎江汉','袭元凯之轨高'",得者二、六不同声而失者同声。同样,七言为二、七,八言为二、八,得者不同声而失者同声。说法显然与"八病"引刘氏说有异。

再看关于"蜂腰"的定义。《文笔十病得失》前半:"蜂腰:第一句中第二字、第五字不得同声。""八病"则说:"刘氏云:'蜂腰者,五言诗第二字

---

① 此一意见最早由郭绍虞《中国文学批评史》上册(商务印书馆,1934年)提出,而罗根泽《文笔式甄微》作了详细考辨。
② 小西甚一《研究篇》(下)最早提出这一意见。王晋江《文镜秘府论探源》也说:"罗根泽所谓十病,本是刘氏引沈约说并加上自己的意见。"王利器《文镜秘府论校注》、兴膳宏《文镜秘府论译注》表示了类似的意见。

不得与第五字同声。'"稍加注意不难发现,两者看似一致而实有不同。所谓"第二字第五字不得同声",《文笔十病得失》前半明确限定是"第一句",而"八病"引刘说未加限定。刘氏举例:"古诗云:'闻君爱我甘,窃独自雕饰'是也。"他举的是两句之例,而这两句,上句"君"与"甘",下句"独"与"饰"均同声,而元兢明确说"独与饰是病",元兢实际承刘氏之说。就是说,刘氏所谓蜂腰,所谓"第二字不得与第五字同声",实际是既指第一句,也指第二句。而《文笔十病得失》前半举例:"诗得者:惆怅崔亭伯。失者:闻君爱我甘。"均只举了一句诗例,而且都是"第一句"①。这说明,就五言诗而言,同是论蜂腰,《文笔十病得失》只就"第一句"言,而刘善经则兼论上下两句。两者显然有很大不同。

(二)《文笔十病得失》前半论蜂腰和《省试诗论》所引《文笔式》一致。

《文笔十病得失》前半和"八病"引刘说的不同,恰恰也是它出自《文笔式》的证明。现在可以确知为《文笔式》的材料,除《文镜秘府论》正文及一些古抄本如三宝院本的夹注有说明的之外,还可从日本《本朝文粹》所载《省试诗论》找到。《文笔十病得失》前半只就第一句论蜂腰恰和《省试诗论》所引《文笔式》一致。

日本长德七年(即987年),因学生大江时栋的省试诗而引发了关于诗病问题的一场讨论。《省试诗论》记载的了这场讨论。争论的主要问题,也是五言诗第二句应不应该避蜂腰。讨论的双方,式部少辅兼东宫学士的大江匡衡,和大内记兼越中权守纪齐名,他们各自向天皇陈状。

纪齐名说:"件诗云:'寰中唯守礼,海外都无怨。'今案:'外'与'怨'同去声,是蜂腰病也。"他说的正是下句第二字与第五字也不得同声。大江匡衡则认为,"蜂腰有每句之文,上句第二字与第五字同声,必避之;下句第二字与第五字同声者,虽立每句之文,不避之",因此纪齐名列举的这首省试诗并未犯蜂腰。他说:"近古之名儒,都良香奉试《听古乐诗》,

---

① "惆怅崔亭伯"出张正见《白头吟》:"惆怅崔亭伯,幽忧冯敬通。"(《乐府诗集》第41卷)"闻君好我甘"出《古诗》:"闻君好我甘,窃独自雕饰。"(《太平御览》第973卷)都是第一句。

以卧为韵,其诗云:'明王尤好古,静听时临座。'如此,则'听'与'座'用去声,不为病累,已以及第。自余试用他声韵及第诗等,专无忌下句蜂腰。"他又举了题为《连理诗》,有名王、坂上斯文的及第诗,题为《听古乐》的都良香、藤原渊名、高阶令范的及第诗等许多例子,说,这些诗"下句不避蜂腰,皆预及第"。

他们都引有关诗学著作的论述为证,纪齐名引元兢《诗髓脑》和《文章仪式》,而大江匡衡则在引述《诗格》的同时,引述了《文笔式》。第一次陈状,他就说:"夫蜂腰病者,上句可避之由,见《文笔式》。因之,先儒古贤不避下句蜂腰。"第二次陈状,他引述更为具体,说:

《文笔式》云:"蜂腰者,第二字与第五字同声也。所为证诗,以上句第二字与第五字同声为病云云。"又《诗格》所释:"初句第二字不得与第五字同声,又是剧病云云。然则依下句不可避蜂腰,《文笔式》《诗格》下句已不载蜂腰之有无。

此处所引之《诗格》未详出自谁家。所引之《文笔式》,则显然和《文镜秘府论》所说的《文笔式》是同一书。《省试诗论》引述了《诗髓脑》,恰和《文镜秘府论》引述《诗髓脑》的基本内容完全一致,说明《省试诗论》引述的材料是可靠的。从《省试诗论》可以知道,五言诗第二句是否须避蜂腰,当时人们的意见确不一致,而根源在于中国的诗文论典籍,元兢《诗髓脑》为一派意见,《文笔式》为又一派意见,正相对立。这又恰好可以和上面我们所分析过的《文镜秘府论》"八病"引刘说和《文笔十病得失》在蜂腰问题上的分歧相互对应。两相比较不难知道,刘善经《四声指归》和元兢《诗髓脑》一致,而《文笔十病得失》前半和《省试诗论》所引《文笔式》无异。《文笔十病得失》和《文笔式》都只就第一句论蜂腰,都未论及第二句。《文笔十病得失》在这一问题上与《文笔式》同而与《四声指归》根本不同,这似可以作为一个有力证据,说明它的原典不太可能是《四声指归》,则更可能是《文笔式》。

(三)关于和"八病"引刘氏说的相同之处。

《文笔十病得失》前半和"八病"引刘氏说确有很多相同之处。但仅此一点，并不足以证明其原典就一定是《四声指归》。空海反复说明他编撰《文镜秘府论》时处理繁复众多材料的基本原则是"削其重复，存其单号"（天卷序）、是"弃其同者，撰其异者"（东卷序）。既然是"弃其同者，撰其异者"，同一卷的紧相连接的两处，重复引述同一种原典的同一内容，才是不可思议的。正因为其内容相同，所以它们所据原典应该不同，这反而可能是比较合理的解释。

两者的相同之处，小西甚一列数得比较全面，共列举了18例。这18例，情况各异，应具体分析，不能一概而论。有些是形同而实不同，或者说，引例引言相同而实际观点相左。比如，同引"闻君爱我甘"的诗例，这是二句诗的上句，《文笔十病得失》前半只引此一句，说明只第一句须避蜂腰，而第二句不须避之。"八病"刘氏说则同时还引了其下句即"窃独自雕饰"，用来说明五言诗每句都须避蜂腰。再比如论平头，都说过类似"疥癣微疾，非是巨害"的话，但"八病"刘氏针对的是"铭诔之病"，虽不指诗，但仍属押韵之"文"的范围。而《文笔十病得失》前半说的则是"文笔未足为尤"，既指押韵之"文"，也指不押韵"笔"。

有些可能是两家均同引前人之说。如例诗"客从远方来"，据《诗人玉屑》卷一一，可能原出沈约。它可能是前人共同常引之诗例。"平声赊缓，有用最多，参彼三声，殆为大半"十六字，和"壮哉帝王居"一诗，同引刘滔说。"凡用声，用平声最多，五言内非两则三"一段，亦同概括刘滔说。这些材料的原典，本来就非始出《四声指归》，刘善经可以引用，《文笔十病得失》应该也可以引用。隋至初唐诗文论共引前朝旧说，极为普遍。用《文镜秘府论》东卷空海注来说，是"古人同出斯例"。共引古人之说，不足以说明《文笔十病得失》原典为《四声指归》。

《文笔十病得失》所引材料，有的原典可能确始出于《四声指归》。但是，《文笔式》本来就好引刘善经之说，《文笔十病得失》之后半，引"文人刘善经云"云云，就是一个例子。这是引用《四声指归》，不等于原典就是《四声指归》，这是有联系而有区别的两回事。

二、关于《八阶》《六志》和《二十九种对》

（一）地卷《八阶》《六志》与《文笔式》。

考查《文笔式》,《文镜秘府论》地卷《八阶》《六志》很值得注意。日本现存不少传本,《八阶》《六志》题下有注。值得注意的是这个题下注。《八阶》题下,各本注不完全一样,但都有"文笔式"或"文笔式略同"字样。《六志》题下则各本均注"笔札略同"。有题下注的几个本子,宫内厅本抄于日本保延四年即1138年,高山寺甲本抄于长宽三年即1165年,高山寺乙本抄于平安末镰仓初,三宝院本抄于平安末,六地藏寺本抄于1519年前,宝龟院本抄于1303年,时代都较早,比较可靠。醍醐寺乙本、松本文库本注还有"御草本有此而以朱抄销之",所谓"御草本",就是空海自笔草本,说明空海自笔草本原注有"文笔式"等。既然是空海草本的注,材料的可靠性是不用怀疑的。《八阶》题下宝龟院本等注中出现的"诗格",维宝《文镜秘府论笺》以为即王昌龄《诗格》,笔者则以为可能是《省试诗论》中大江匡衡奉试诗状论蜂腰病时和《文笔式》一起提到的那个《诗格》。据上述各本注,可能《八阶》的原典为《笔札》,而《文笔式》有同样的内容,《六志》的原典本为《文笔式》,而《笔札华梁》有相同的内容。《八阶》和《六志》是《文笔式》和《笔札》共有的内容。前后紧接相连的两节文字,一注"文笔式略同",一注"笔札略同",似即表明前者以《笔札华梁》为原典而《文笔式》为校本,后者则以《文笔式》为原典而以《笔札华梁》为校本。《文笔式》和《笔札华梁》都既有《八阶》,又有《六志》。

不过,《文笔式》有《八阶》《六志》二篇内容,但它未必是这二篇的始作者,可能只是它们的编录者。这一点,下面我们还要谈到。

《八阶》《六志》的解释部分,都用"释曰"表明。有研究者认为,《文镜秘府论》所载"释曰"以下文字,当为空海自说[①]。这不仅关系《八阶》《六

[①] 见王梦鸥《初唐诗学著述考》考析《六志》以为:"《秘府论》所载'释曰'以下文字,似为空海释语。"张伯伟《全唐五代诗格汇考》注《八阶》未录"释曰"以下文字,以为"释曰"以下文字"当出于空海之笔"。

志》,而且关系整个《文镜秘府论》,也直接关系到本文对《文笔式》考辨,对此不能不有所辨析。

《文镜秘府论》有"释曰"的,有天卷《调四声谱》一处,地卷《八阶》《六志》,东卷《二十九种对》中的前"十一种对",西卷《文二十八种病》中的一些病目。这些以"释曰"形式出现的解释性文字,笔者以为没有根据说是空海所作。其理由:一、"释曰"旨在释难解疑,若为空海所作,则《文镜秘府论》中凡需加以解释的地方,至少其大部分应该有"释曰"。但事实并非如此,和《八阶》《六志》形式相似的天卷《八种韵》、地卷《十七势》《十体》《六义》均没有"释曰"。即如东卷《二十九种对》和西卷《文二十八种病》,也只是释其一部分,而另一部分不释。这是为什么?二、若为空海所作,西卷"平头"等病例的"释曰",应该前文所引的诗例均加解释,而事实也并非如此,往往只释其中一二首,而对其他引诗并不涉及。这又怎么解释呢?三、若为空海所作,则各处"释曰"的文风应该一致,至少大体一致,而事实也非如此,如下面我们将要分析的,《二十九种对》中前"十一种对"的"释曰",截然有两种迥异的文风,西卷《文二十八种病》也有这种情况。这似只能解释为"释曰"本为中国原典,因原典不同,故文风不同,而不太可能是空海所作。

(二)东卷《文二十九种对》与《文笔式》。

东卷《文二十九种对》,前十一种对,从正文和夹注,可以知道有的出于元兢《诗髓脑》《笔札华梁》、皎然《诗议》和崔融《唐朝新定诗格》。缩小范围之后,我们的目光落在这十一种对剩下的内容上。

剩下的这些内容,从文字风格上辨别,这应该是两家之说。它们文字风格并不一样,甚至可以说是迥然异趣。我们把其中一类作为"A",另一类作为"B",来比较一下。如第二隔句对:

A:"释曰:第一句'昨夜'与第三句'今朝'对,'越溪'与'逾岭'是对;第二句'含悲'与第四句'抱笑'是对,'上兰'与'长安'对;并是事对,不是字对;如此之类,名为隔句对。"

B:"释曰:两'相'对于二'空',隔以'沾衣'之句,'朝朝'偶于'夜夜',

越以'空叹'之言:从首至末,对属间来,故名隔句对。""释曰:夫'艳起'对'香生',隔以'映荥萸'之锦,'月锦'偶'风绣',又间诸'云母'之帖;其双'芳''燕'匹两'翠''蜂','里''外'尽间成,故云隔句。"

第三双拟对:

A:"双拟对者,一句之中所论,假令第一字是'秋',第三字亦是'秋',二'秋'拟第二字;下句亦然:如此之类,名为双拟对。""释曰:第一句中,两'夏'字拟一'暑'字;第二句中,两'秋'字拟一'阴'字;第三句中,两'炎'字拟一'至'字;第四句中,两'凉'字拟一'消'字:如此之法,名为双拟对。"

B:"释曰:既双'结'居初,亦两'飞'带末;宜昼宜时之句,可题可怜之论,准拟成对,故以名云。而又以双拟为名。""释曰:上陈二'月',隔以'眉欺';下说双'花',间诸'颊胜'。文虽再读,语必孤来;拟用双文,故生斯号。"

总起来说,A 类有:"第一的名对"开头"的名对者正也"至"然后学余对也","诗曰东圃青梅发"至"自余诗皆放此最为上";"第二隔句对"开头"隔句对者"至"如此之类名为隔句对";"第三双拟对"开头"双拟对者"至"如此之法名为双拟对";"第四联绵对"开头"联绵对者"至"如此之类,名为联绵对";"第五互成对"开头"互成对者"至"不在两处用之名互成对";"第六异类对"开头"异类对者"至"如此之类,名为异类对"。

B 类有:"第一的名对""又曰送酒东南去"至"故受的名";"第二隔句对""又曰相思复相忆"至"里外尽间成故云隔句";"第三双拟对""又曰乍行乍理发"至"故生斯号";"第四联绵对""又曰嫩荷荷似颊"至"实乃偏用开格";"第五互成对""又曰玉钗丹翠缠"至"并如斯例";"第六异类对""又曰风织池间字"至"异类题目,空中起事";"第八双声对""诗曰秋露香佳菊"至"即是双声,自得成对";"第九叠韵对""诗曰放畅千般意"至"何藉烦论";"第十回文对"和"第十一意对"的全部。

除"第七赋体对"情况有些特殊,下面将另作考论外,其余似都可根据其文字风格,分别归入 A 类和 B 类。

比较A类和B类，不难看出，A类文字比较质朴，而B类华美得多。B类基本上是骈俪文体，四六骈对，基本上是描述性文字，富于文采，更为生动，而且同是描述阐释例诗的对属之义，遣词造句富于变化，极少重复。相比较而言，A类则一般散文句式居多，多为理论论述性文字，而极少生动描述，严谨而质木少文，句式、用词均单调少变，"上句""第一句""上二句"如何，然后"下句""第二句""下二句"如何，"第×句……与第×句……对""第×字""第×字"如何，×与×对。A类还有一个特点，是结语多用"如此之类，名××对"。

试着就现有的文字，变换一下它们各自的表达方式，更易看清它们各自的特点。比如"第三双拟对"，把上引A类的"释曰"变换成B类的表达方式，则当云："上陈二'夏'，隔以一'暑'，下说二'秋'，间诸单'阴'，既双'炎'相隔，亦两'凉'带末，文虽再读，语必孤来。"而反过来，把B类变为A类的表达方式，则当为："第一字是'结'，第三字亦是'结'，二'结'拟第二字；下句亦然"，或者："第一句中，两'乍'字拟一'行'字；第二句中，两'或'字拟一'笑'字。""第一句中，两'结'字拟一'萼'字；第二句中，两'飞'字拟一'岚'字：如此之法，名为双拟对。"两者文字风格之不同，是显而易见的。为什么会出现如此迥异文字风格？合理的解释，应是它们本来就属于不同的原典，

其中的B类，其实当属《笔札华梁》。根据就是李淑《诗苑类格》所引的上官仪"八对"，《诗苑类格》引上官仪"八对"，从对目到例诗，正好均在B类。B类中这"八对"及其例诗，出自上官仪《笔札华梁》，应当没有疑问。同样文字风格的B类中其他例诗及其解释，和它们应是一个整体，原典应该相同，即均应出上官仪《笔札华梁》。李淑《诗苑类格》的载录本来就极简略，所以未能将《笔札华梁》"八对"的这些内容详载下来。再一点，《笔札华梁》的作者为上官仪，史称他"好以绮错婉媚为本"（《旧唐书·上官仪传》），B类部分的文风恰好如此。隋及初唐诗学著作，有些内容不是自撰，而是编入前代作品，但也可能有些内容为自撰。B类即《笔札华梁》部分内容，有可能为上官仪自撰。

223

B类即《笔札华梁》之外,也就是A类,原典才可能也应当是《文笔式》。《文笔式》是《文镜秘府论》采录的基本原典之一。西卷《文笔十病得失》后半,明显看出《文笔式》和《笔札华梁》有相近的内容。地卷《八阶》和《六志》,其题下一标"文笔式",一标"笔札略同",因此也说明它们可能共有"八阶""六志",而且内容"略同"。这三处,空海都是把《文笔式》和《笔札华梁》混编在一起,作为这一部分的主体。东卷前十一种对的A类和B类,恰恰和这种种情形相似。A类和B类也应该是《文笔式》和《笔札华梁》混编在一起。空海没有把元兢《诗髓脑》、皎然《诗议》和崔融《唐朝新定诗格》等和《笔札华梁》混编在一起习惯。既然如此,前十一种对中,除去明确属《笔札华梁》的内容即B类,剩下的A类就应当是《文笔式》。小西甚一说A类和B类都是《文笔式》是不确的。但其中的A类,确应当属《文笔式》。

"第七赋体对"情况特殊一些,我们现在专门讨论它。东卷卷首有《论对》之序,序中空海谈到"赋体对",结合这个序,或许能够发现某些线索。我们来看这个序。

序有一段话,说,对各家诗格式,"弃其同者,撰其异者","其赋体对者,合彼重字、双声、叠韵三类,与此一名;或叠韵、双声,各开一对,略之赋体;或以重字属联绵对"。

这里说"叠韵、双声,各开一对",就是说,一些诗格式著作,叠韵、双声是在赋体对之外,单独作为一种对。我们来看"十一种对"正文,"第八双声对"和"第九叠韵对",都编录有《笔札华梁》的相关内容,因此很可怀疑这所谓将双声、叠韵"各开一对",指的正是《笔札华梁》。另外,而《文镜秘府论》所编之"赋体对",是"合彼重字、双声、叠韵三类,与此一名",《笔札华梁》既然将"双声""叠韵"两对"各开一对",则不当同时"合彼重字、双声、叠韵三类,与此一名",不当同时有"赋体对"一目。不论《文镜秘府论》正文还是李淑《诗苑类格》载上官仪"六对""八对",也未见上官仪有"赋体对"。这正符合东卷《论对》所说的"各开一对,略之赋体",因此"双声""叠韵"都各开一对,所以就没有另列"赋体对"。而且,"或以重字属联绵对"。《笔札华梁》恰恰有联绵对,联绵对恰恰有类似"重字"的对属形式，这都符合《笔札华梁》的情况。从这些情况分析，"第七赋体"不太可能为《笔札华梁》。

《文笔式》的情况恰恰相反，"十一种对"正文，"第八双声对"和"第九叠韵对"，都未能证实有《文笔式》的内容。就是说，不能证实《文笔式》在"赋体对"之外将"双声"、"叠韵""各开一对"。如果真是这样，同时如果《文笔式》又有"双声"、"叠韵"这两对，则很可能是将它们合在一起，冠以一个别的什么名称。如前所述，"合彼重字、双声、叠韵三类，与此一名"，构成"赋体对"的不太可能是《笔札华梁》，而《文笔式》恰恰没有将"双声""叠韵"两对"各开一对"，从这些情况推想，"赋体对"很可能属《文笔式》，

"第七赋体对"正文本身也值得注意。开头综述："赋体对者，或句首重字，或句首叠韵，或句腹叠韵，或句首双声，或句腹双声：如此之类，名为赋体对。"句式都是"或句首……或句首……或句腹……"，句式单调，又以"如此之类，名××对"结尾。例诗之后的"释曰"，"上句若有重字、双声、叠韵，下句亦然。上句偏安，下句不安，即为犯病也。但依此对，名为赋体对。""上句……下句……上句……下句……"，句式同样单调，与前面我们分析的《文笔式》在其他各对的表达方式基本一样。这进一步让人怀疑它出于《文笔式》。

正文以"句首重字""句腹重字""句尾重字"……依次排列的形式。又云："又曰：'团团月挂岭，纳纳露沾衣。'头。'花承滴滴露，风垂裛裛衣。'腹。'山风晚习习，水浪夕淫淫。'尾"。在例句尾用一小字作注。试看西卷《文笔十病得失》均用"诗得者"、"失者"，"笔得者"、"失者"这样的形式的排列，又"蜂腰"一病，同样在例句下有小字注。这种形式都似曾相似，这也让人怀疑它出于《文笔式》。

另外，"第八双声对"、"第九叠韵对"、"第十回文对"、"第十一意对"，除个别内容编入崔融说①之外，主要当出《笔札华梁》。《文笔式》本没有

---

① 如"第八双声对"之"又曰：洲渚递紫映，树石相因依"；"第九叠韵对"之"又曰：徘徊夜月满，肃穆晓风清；此时一樽酒，无君徒自盈。又曰：鬱律构丹巘，稜层起青嶂。鬱律稜层是"。

另列双声、叠韵之对,未在"赋体对"之外将双声、叠韵"各开一对","第八双声对"至"第十一意对"多骈偶之体,合于《笔札华梁》文风,所引诗例,多见于传《魏文帝诗格》,传《魏文帝诗格》多杂编《笔札华梁》内容。因此,"第八双声对"至"第十一意对"当出《笔札华梁》。小西甚一认为其中内容出《文笔式》,是没有根据的。至多,《文笔式》编录了《笔札华梁》的某些内容。

三、南卷《论体》《定位》

《论体》《定位》很可能出《文笔式》。但是,《文笔式》和《笔札华梁》往往有大致相同的内容,《八阶》《六志》就是这样。《笔札七种言句例》似乎也是这样。它既出自《笔札华梁》,主要是前七种言句例,又出自《文笔式》。我猜想,作者把《笔札七种言句例》原原本本地收入自己的《文笔式》,同时又在"二言句例"加上补注,再加上八言到十一言句例。我再进一步推想,《论体》《定位》也是这种情况。它既出《文笔式》,其中一些内容,又当与《笔札华梁》略同。

之所以作这样的推想,是看到《论体》《定位》既有正文,又有许多的注释之文。这些注释之文,《文镜秘府论》作为小字双行。稍加比较,不难发现一些疑问。从文体风格看,《论体》《定位》这二篇文字的正文多为骈俪体,而注文则多为散体,并不一样。从注释内容看,可能有正文作者自注的成份,但有些则不太像是作者自注。注文的作者和正文作者像是两个人。比如,《定位》正文论定位四术之后,说:"择言者不觉其孤。"注云:"言皆符合不孤。"这不像是作者自注。正文又说:"寻理者不见其隙。"注云:"隙,孔也。理相弥合,故无孔也。""隙"这样一个简单的字义也要注明,注明其义是"孔"。如果是作者自注,何不正文直接就用"孔"字呢?从这个注释或者可以看出,正文作者,即《定位》以及《论体》的原作者,侧重理论的阐述,而注文的作者,则侧重把这种理论更为通俗地介绍给普通读者,包括解释一些他所认为的难字,以至于"隙"这样实际比较简单的字也要加以注释。很多注释都有这样的疑问。《论体》论文笔六体和六失,然后说:"情不申明,事有遗漏,阙因见焉。"注:"谓论心意不能尽申,叙事理又有所阙焉也。"又正文说:"体尚专直,文好指斥,直乃行焉。"注:"谓文体不经营,专为直置;言无比附,好相指斥也。"注文不过是简单的重复性解释,如是原作者所注,何必把本不太难理解的内容再重复注一遍呢? 正文又说:"故词人之作也,先看文之大体,随而用心。"注:"谓上所陈文章六种,是其大体也。"这应是另一作者,一个将理论进一步通俗化的作者的口气,生怕普通读者有所不懂的口气。正文又说:"遵其所宜,防其所失。"注:"博雅、清典、绮艳、宏壮、要约、切至等,是其所宜也;缓、轻、淫、阑、诞、直等,是其所失也。"又是这样的口气。从理论阐述者来说,何谓所宜,所谓所失,前面已讲得清清楚楚,不必再作自注。这应该是另一通俗作者所注,为着他的目的,将理论进一步通俗化的目的。再看几个例子。《论体》,"必使一篇之内,文义得成。"注:"篇,谓从始至末,使有文义,可得连接而成也。"正文又说:"一章之间,事理可结。"注:"章者,若文章皆有科别,叙义可得连接而成事,以为一章,使有事理,可结成义。"什么是"篇",什么是"章",从理论阐述者来说,还有必要解释吗?《定位》,论句之短长,正文说:"长有逾于十,如陆机《文赋》云:'沈辞怫悦,若游鱼衔钩而出重渊之深;浮藻联翩,犹翔鸟缨缴而坠曾云之峻。'"注:"下句皆十一字也。"正文:"短有极于二,如王褒《圣主得贤臣颂》云:'翼乎,若鸿毛之顺风,沛乎,若巨鳞之纵壑。'"注:"上句皆两字也。"下句十一字,上句两字,正文不是已经说得清清楚楚吗? 如果是正文作者,还需要另外再注吗? 又如,正文说:"假令一对之语,四句而成,便用四言,以居其半,其余二句,杂用五言、六言等。"注:"谓一对语内,二句用四言,余二句或用五言、六言、七言是也。"正文:"或经一对、两对已后,乃须全用四言。"注:"若一对四句,并全用四言也。"正文:"既用四言,又更施其杂体。"注:"还谓上下对内,四言与五言等参用也。"正文都已说得清清楚楚,都是简单的重复性解释,这都不像是原作者所为,而应另有一注释者。

如果以上分析可以成立,那么,正文和注文(至少是一部分注文)的作者是谁？我以为，正文出自《笔札华梁》，而注文出自《文笔式》。《文笔式》把《笔札华梁》的正文全部收入，然后自己给予注释，就成了现在的《论体》和《定位》。之所以这样推测，是有根据的。正文多为骈俪之体，正符合《笔札华梁》作者上官仪的文风，而注释多为散体，则符合《文笔式》的文风。这从收入《文镜秘府论》的《笔札华梁》和《文笔式》的其他材料可以印证这一点。从《笔札七种言句例》看，是先有《笔札华梁》的"七种言句例"，后有《文笔式》的补注（"二言句例"的注文和八至十一言句例就为《文笔式》所补）。《笔札七种言句例》是这样，南卷《论体》《定位》也应该是这样，先有《笔札华梁》的正文（《笔札华梁》也可能有些原注），后经《文笔式》补注，这就成了现在《论体》《定位》正文和注文融为一体的情况。

四、北卷《论对属》与《文笔式》

按照我在《文镜秘府论汇校汇考》的看法，北卷"论对属"这一题名，既是北卷的大题，又是首篇文字的小题①。这里说的《论对属》，是指北卷《句端》之前的首篇文字。

《论对属》应该是初唐时的理论②。它讨论的还是上下尊卑，有无去来，东西南北，还有隔句、同类、异体、双声叠韵之类基本的对属，《诗人玉屑》引上官仪"六对"、"八对"，就是这样一些基本的东西。它还没有元兢《诗髓脑》奇对、字对、声对、侧对，崔融《唐朝新定诗格》切侧对、双声侧对、叠韵侧对等这些东西，更没有后来皎然《诗议》邻近对、含境对、双虚实对、假对等东西。提出这些更为繁复的对属形式，应该是在提出基本的对属形式之后的事。而北卷《论对属》提出的还只是早期那些基本的对属形式，它还没有涉及后来提出的更为繁复对属形式。它说，象"寒云

---

① 参《汇考》第 1678 页注①"盛江按"。
② 兴膳宏《文镜秘府论译注》已指出："《论对属》可能和《文笔式》《笔札华梁》一样同是初唐时的理论。"但未说明更多理由。参《汇考》第 1678 页注①。

山际起,悲风动林外"那样的"上升下降",象"日月扬光,庆云烂色"那样的"前复后单","语既非伦,事便不可"。类似的情形,皎然《诗议》中也有。皎然《诗议》的"交络对"的"出入三代,五百余载","三代"和"五百",同样是一升一降;"偏对"例句"古墓犁为田,松柏摧为薪","日月光太清,列宿曜紫微"的古墓和松柏,日月和列宿,同样是一复一单。类似的情形,一则以为非伦不可,一则作为一种新的对属形式而加以肯定,这显然反映了对属形式认识的发展,而前者应该是更为早期的思想。从对属论的发展来看,是先提出基本的对属形式,尔后再提出更为繁复的对属形式。北卷《论对属》反映的应该还是初唐时的认识。它应该在皎然之前和王昌龄《诗格》之前①,很可能在崔融、元兢之前,很可能与上官仪《笔札华梁》同时或稍后。

《论对属》正文的一些内容,可能出《文笔式》②。第一段就有可能出《文笔式》。

和东卷"第一的名对"所引《笔札华梁》和《文笔式》作一比较,可以得出一些有用的印象。从东卷"第一的名对"看,同一种对属形式,《笔札华梁》和《文笔式》名称并不一致。《笔札华梁》称之为"的名对"的,实际是"同类对"③。而《笔札华梁》称之为"正名对"的,恰似多为"反对"④。《笔札华梁》所说的这二种对("正名对"和"的名对"),在《文笔式》那里,统称为

---

① 《考文篇》:"有人认为可能是王昌龄《诗格》。"盛江按:北卷《论对属》实应该在王昌龄《诗格》之前。
② 王梦鸥《初唐诗学著述考》以为《论对属》均出《笔札华梁》。小西甚一以为出《笔札华梁》或《文笔式》(见其著《文镜秘府论考》之《考文篇》和《研究篇》。二家之说均参《汇考》第 1678 页注①)但小西甚一未说明更多理由。
③ 如:"持艳偶鲜,用光匹采,疏桐密柳之相酬:故受的名。"如果前面的分析可信,这一例当出《笔札华梁》,而这里的艳和鲜,光和采,疏桐和密柳,除"疏""密"义相反之外,其余概念,其义并不相对,均属同类对。
④ 如说"天、地,日、月,好、恶,去、来,轻、重,浮、沉,长、短,进、退,方、圆,大、小,明、暗,老、少,凶、惸,俯、仰,壮、弱,往、还,清、浊,南、北,东、西。如此之类,名正名对。"又如:"又曰:'送酒东南去,迎琴西北来。'释曰:迎送词翻,去来义背,下言西北,上说东南:故曰正名也。"这些都出《笔札华梁》,这当中相对的语词概念,多属于"反对"。

"的名对"①。也就是说,《文笔式》的"的名对",既包括了《笔札华梁》所说的"的名对",也包括它说的"正名对"。

了解了这一情况,再和北卷《论对属》比较,就有二点值得注意。

一、北卷《论对属》第一段所论,除最后所说的重言、双声、叠韵各对之外,其余各种对,包括前面所说的"反对",还有后面所说的"并须以类对之"的各种对,恰恰与东卷"第一的名对"引《文笔式》称之为"的名对"的那些对属的类型相合。

二、如前所述,北卷《论对属》第一段来去、明暗、清浊、进退等称之为"反对"。这个称呼,与《笔札华梁》是不相合的。因为这些对属形式,既称之为"反对",就不应同时称之为"正对"或称"正名对",而《笔札华梁》恰恰是将这类对属称之为"正对"或称"正名对"②。但北卷《论对属》"反对"的名称,与《文笔式》却可以是相合的。因为《文笔式》的"的名对",本来就包含"反对"。东卷"第一的名对"所引《文笔式》的远近、倾安、来去,按照北卷《论对属》的说法,都可以称之为"反对"。

从东卷"第一的名对"来看,《文笔式》虽然也说"的名对者,正也。凡作文章,正正相对",但它毕竟只称"的名对",而没有称"正名对"。它说"正也",说"正正相对",意思是说,构成对偶的一对语词概念名物,正相反或者正相对。而不论正相反还是正相对,都统摄在"的名"之下,它们之间关系密切明确的然,对应平衡恰切齐整,因此叫"的名对"。既然统

---

① 东卷"第一的名对":"的名对者,正也。凡作文章,正正相对。上句安天,下句安地;上句安山,下句安谷;上句安东,下句安西;上句安南,下句安北;上句安正,下句安斜;上句安远;下句安近;上句安倾,下句安正:如此之类,名为的名对。"又以:"诗曰:'东圃青梅发,西园绿李开;砌下花徐去,阶前絮缦来。'释曰:上二句中:东西是其对,园圃是其对,青绿是其对,梅草是其对,开发是其对。下二句中,阶砌是其对,前下是其对,花絮是其对,徐缦是其对,来去是其对。如此之类,名为的名对。"这二段论述都当出《文笔式》。若然,则前段中的山谷,后段中的园圃、青绿、梅草、开发、阶砌、花絮、徐缦相当于《笔札华梁》的"的名对",前段中的正斜,远近,倾正,后段中的来去,相当于《笔札华梁》的"正名对"即"反对",而《文笔式》统称之为"的名对"。

② 东卷"正名对",宫内厅本、高山寺甲本、乙本、醍醐寺甲本、仁和寺本、宝龟院本、松本文库本等作"正对"。参《汇考》第 689 页[四]。

称为"的名对",在名称上,就和"反对"不冲突。"反对"不能同时称之为"正对"或称"正名对",因为"反对"和"正对"的称呼是相冲突的,相矛盾的。却可以同时称为"的名对"。相对的两个概念意思相反(来去、清浊、明暗、进退等),可以称之为"反对",构成一对语词概念名物的对偶关系明确的然,又可以同时称之为"的名对"。"反对"可以作为"的名对"大类下的一小类,《文笔式》的对属归类就是这样。北卷《论对属》第一段的对属称号,正可以与此相合。

还有一条材料。北卷《论对属》第一段说:"及于偶语重言,双声叠韵,事类甚众,不可备叙。"这里说到重言、双声、叠韵,并且是把"重言"作为一种对属形式,和双声、叠韵并列。东卷《二十九种对》也论述到重言、双声、叠韵。从东卷《二十九种对》来看,《笔札华梁》是以重字属联绵对,它并没有将重言与双声、叠韵并列,作为一种对属形式。将重言、双声、叠韵并列的,有"赋体对"。我们前节曾分析过,"赋体对"很可能属《文笔式》。如果这一分析可以成立,那么,北卷《论对属》第一段也很可能属《文笔式》,因为它和东卷"赋体对"一样,也是将重言和双声、叠韵并列。这种情形,与《笔札华梁》不合,而与《文笔式》较为相合。

这样看来,北卷《论对属》第一段,不太可能出《笔札华梁》,却有可能出《文笔式》。

但是,北卷《论对属》第二段起的正文,却可能出《笔札华梁》。

北卷《论对属》第二段起的正文,多骈俪体。如:

或上下相承,据文便合……或前后悬绝,隔句始应……或反义并陈,异体而属……或同类连用,别事方成……

远近比次,若叙瑞云……大小必均,若叙物云……美丑当分,若叙妇人云……强弱须异,若叙平贼云……

再看东卷《二十九种对》引《笔札华梁》。如"第一的名对":"迎送词翻,去来义背。"如"第二隔句对":"两相对于二空,隔以沾衣之句;朝朝偶于夜夜,越以空叹之言。"如"第三双拟对":"既双结居初,亦两飞带末;宜昼宜时之句，可题可怜之论。"都是骈偶之句。再看下面二例。北卷《论对属》正文：

> 而有以日对景，将风偶吹，持素拟白，取鸟合禽，虽复异名，终是同体。

东卷《二十九种对》引《笔札华梁》：

> 持艳偶鲜，用光匹采。

不仅都是骈偶之体，而且一个是"将×偶×，持×拟×"，一个是"持×偶×，用×匹×"，句式完全一样。这应该是《笔札华梁》作者的惯用句式。如前面所分析的，《文笔式》多为质木少文的散文句式，而《笔札华梁》则为富于文采的骈偶句式。从文章风格看，北卷《论对属》第二段以下的正文，当出《笔札华梁》，可能为《文笔式》所引，却不可能为《文笔式》作者所作。

北卷《论对属》第二段以下正文之外，还有不少注文。注文出自谁人之手，也需要作出分析。

它是散文句式，与《笔札华梁》多骈俪体的文章风格不同。从注释内容看，可能有正文作者自注的成份，但很多则不太像是作者自注。注文的作者和正文作者像是两个人。比如正文说："或上下相承，据文便合，若云：'圆清著象，方浊成形'，'七耀上临，五岳下镇。'"注文曰："方、圆、清、浊、象、形、七、五、上、下，是其对。"正文又说："或前后悬绝，隔句始应，若云：'轩辕握图，丹凤巢阁；唐尧秉历，玄龟跃渊。'"注文曰："轩辕、唐尧、握图、秉历、丹凤、玄龟、巢阁、跃渊，是也。"都是非常简单的问题，是一些重复性的解释，本可不注而加注，这不像是正文作者自注，而是后来作者为把正文的理论更为通俗地介绍给普通读者而加的注。

这后来加注的作者，应该就是《文笔式》。注文质朴无华的散文风格与《文笔式》相同。注文习惯用"上……，下……"这样的句式。如：解释"比事属辞，不可违异。故言于上，必会于下；居于后，须应于前。使句字恰同，事义殷合"句时，注文说：

若上有四言,下还须四言;上有五字,下还须五字。上句第一字用青,下句第一字即用白、黑、朱、黄等字;上句第三字用风,下句第三字即用云、烟、气、露等。上有双声、叠韵,下还即须用对之。

再看东卷《二十九种对》"第一的名对"引《文笔式》:

凡作文章,正正相对。上句安天,下句安地;上句安山,下句安谷;上句安东,下句安西;……

诗曰:"东圃青梅发,西园绿草开……"释曰:上二句中:东西是其对……下二句中,阶砌是其对……

又曰:"手披黄卷尽,目送白云征。……"释曰:上有手披,下有目送……

都是"上"怎样,"下"怎样,都习惯用"上……下……"这样的表达方式。这应该是同一作者的习惯句式。

还有一些相似的地方。比如,北卷《论对属》说到"不对者,必相因成义"时,有一段注文,说:

谓下句必因上句,止凭一事以成义也。假令叙家世云:"自兹以降,世有异人。"叙先代云:"布在方策,可得言焉。"叙任官云:"我之居此,物无异议。"叙能官云:"望之于君,固有惭色。"叙瑞物云:"委之三府,不可胜记。"叙帝德云:"魏魏荡荡,难得名焉。"皆下句接上句以成义也。

这里重要的,是提出当不对偶之时,上下句应该如何处理。这里提出的是下句要与上句相因说明事理以成其义。类似的思想和说法,东卷"第一的名对"引《文笔式》也有。如说:

又曰:"云光鬓里薄,月影扇中新;年华与妆面,共作一芳春。"释曰:上有云光,下有月影,落句虽无对,但结成上意而已。……

同样是有二个不对之句,同样是提出落句在无对的时候,要结成上

233

意。这里所说的"结成上意",和北卷《论对属》注文所说的"下句必因上句,止凭一事以成义","下句接上句以成义",应该是同一个意思。这是不是说明它们同一出典呢?

　　这和南卷《论体》《定位》以及西卷《笔札七种言句例》的情形可能一样。正文出自《笔札华梁》,而注文出自《文笔式》。《文笔式》把《笔札华梁》的正文全部收入,然后自己给予注释,并加上第一段的论述,就成了现在的《论对属》。这是对北卷《论对属》原典的一些看法。

五、西卷前"八病"与《文笔式》

　　西卷《文二十八种病》的前"八病",有出典于《文笔式》的内容。

　　"第六小韵""或云:凡小韵,居五字内急,九字内少缓。然此病虽非巨害,避为美"一段,"或云"之旁三宝院本、六地藏寺本、天海藏本注"文笔式"。"第七傍纽""或云傍纽者据傍声而来与相忤也。……亦金饮之类是犯也"一段,三宝院本、天海藏本眉注、六地藏寺本旁注"文笔式"。"第八正纽""或云正纽者谓正双声相犯。……又一法凡入双声者皆名正纽"一段,三宝院本、天海藏本眉注、六地藏寺本旁注"文笔式"。古抄本明确注明出典的这几段,出《文笔式》是没有问题的。

　　西卷《文二十八种病》的前八病,每一病开头有一段关于名称、意义、例诗、释曰的文字。我们把这一段文字称为"八病首段"。这八病首段当同一出典。

　　它可能编入《文笔式》和《笔札华梁》共有一些内容。有一些特征值得注意。比如,八病首段说明名称、意义并举例诗之后,都有一段"释曰"的文字。检《文镜秘府论》全书,有类似的"释曰"文字的,有地卷《八阶》《六志》,东卷《二十九种对》的前十一种对,西卷《文二十八种病》中水浑、火灭、木枯、金缺、阙偶各病,以及相滥、落节、杂乱、文赘各病。这当中,地卷《八阶》《六志》为《文笔式》和《笔札华梁》共有的内容,东卷《二十九种对》的前十一种对凡有"释曰"文字的内容,或属《文笔式》,或属《笔札华梁》。西卷《文二十八种病》中水浑、火灭、木枯、金缺、阙偶各病，属西卷序所说"十病"①。"十病"很可能属《笔札华梁》。相滥、落节、杂乱、文赘各病属原典不明"诗式六犯"②。就是说，除原典不明"诗式六犯"之外，《文镜秘府论》凡有"释曰"的文字，都典出《文笔式》和《笔札华梁》。而"诗式六犯"从文字风格看，也很像是《笔札华梁》。《文镜秘府论》还引用其他很多典籍，如崔融《唐朝新定诗格》、元兢《诗髓脑》、王昌龄《诗格》、皎然《诗议》等，这些典籍，都未见"释曰"用例。"释曰"应该是《文笔式》和《笔札华梁》共有的特征。

比如，八病首段引有王斌之说。《文笔式》和《笔札华梁》共有的地卷《八阶》，"第八和诗阶"引有王斌之说，云："王斌有言曰：无山可以减水，有日必应生月。"八病首段也引有王斌之说。"第四鹤膝"首段曰："王斌五字制鹤膝，十五字制蜂腰，并随执用。""第七傍纽"首段云："王斌云：若能回转，即应言奇琴、精酒、风表、月外，此即可得免纽之病也。"《文笔式》和《笔札华梁》或者都对王斌之说比较熟悉，因而都好引王斌之说。这个特征也是值得注意的。

八病首段一些诗例当出《笔札华梁》。如"第一平头"的"朝云晦初景"，"第二上尾"有"荡子到娼家"，"第三蜂腰"的"徐步金门旦"，"第四鹤膝"的"陟野看阳春"，这些诗例均见传《魏文帝诗格》"八病"。传《魏文帝诗格》多杂取《笔札华梁》散佚文字。见于《魏文帝诗格》的这些诗例，应该也出于《笔札华梁》。这些诗例出《笔札华梁》。

八病首段可能编入《文笔式》和《笔札华梁》共有一些内容，它的基本出典却应是《文笔式》。

它的基本叙述文字，不是《笔札华梁》的骈俪文体，而是《文笔式》质朴的散文文体。它多有"上句……下句……"的叙述方式，而这一叙述方

---

① "十病"指水浑、火灭、金缺、木枯、土崩、阙偶、繁说、触绝、伤音、爽切各病。
② 据三宝院本注，《诗式》六犯为一犯支离，二犯缺偶，三犯相滥，四犯落节，五犯杂乱，六犯文赘。

式是《文笔式》所常用的①。

还有其他一些线索。八病首段论蜂腰是一个线索。

我们前面分析《文笔十病得失》与《文笔式》时曾经指出,日本《省试诗论》记载日本长德七年关于省试诗的一场讨论。讨论中引述《文笔式》,知道《文笔式》主张上句第二字与第五字同声为蜂腰病。从这条材料,可以说明西卷《文笔十病得失》前半出《文笔式》,因为《文笔十病得失》正是只就首句论蜂腰。再看八病首段论蜂腰:

> 凡一句五言之中,而论蜂腰,则初腰事须急避之。

这里值得注意的是提出"初腰"。所谓"初腰",就是首句蜂腰。"八病首段"强调的正是首句蜂腰,恰与日本《省试诗论》记载关于诗病问题讨论时所引《文笔式》一致,这是八病首段出《文笔式》一个线索。

线索之二,在提出五字内急避病的问题。"第六小韵"引《文笔式》:"凡小韵,居五字内急,九字内少缓。然此病虽非巨害,避为美。"能确认原典的材料中,这是所见到唯一一处关于五字内急避病的论述。八病首段恰恰有类似的论述。"第七傍纽":

> 傍纽诗者……亦曰,五字中犯最急,十字中犯稍宽。

都主张五字内急避病,它们应该同一出典,即都出《文笔式》。

线索之三,在正纽、傍纽用例。西卷"第八正纽"引《文笔式》论从一字纽之得四声为正纽,注云:"若元、阮、愿、月是。"又注云:"若元、阮、愿、月是正,而有牛、鱼、妍、砚等字来会元、月等字成双声是也。"这说明,《文笔式》论声纽之病,是以元、阮、愿、月等为例字。元、阮、愿、月等声纽例字,未见其他原典引用。八病首段正是用的这些声纽例字。"第七傍纽"

---

① 八病首段如"第一平头":"上句第一、二两字是平声,则下句第六、七两字不得复用平声。"如"第二上尾":"上句第五字是平声,则下句第十字不得复用平声。""第四鹤膝":"若上句第五'渚'字是上声,则第三句末'影'字不得复用上声。"再看前引东卷《二十九种对》"第一的名对"引《文笔式》:"上句安天,下句安地;上句安山,下句安谷……""上二句中:东西是其对……下二句中,阶砌是其对……""上有手披,下有目送……"云云。

236

首段先说："傍纽诗者，五言诗一句之中有月字，更不得安鱼、元、阮、愿等之字，此即双声，双声即犯傍纽。""释曰"又说："所以即是，元、阮、愿、月为一纽。今就十字中论小纽，五字中论大纽。所以即是。元、阮、愿、月为一纽。"和《文笔式》用同样的声纽例字，或者也是值得注意的一条线索。

这些线索或者说明，八病首段有一些《文笔式》和《笔札华梁》共有的内容，但它的基本出典是《文笔式》。《文笔式》将《笔札华梁》的一些内容全部编入，当然也编入了其他一些内容，如沈约声病说的内容乃至原文。《文笔式》本来就是杂编性质，因为带有杂编性质，因此空海在编西卷《文二十八种病》前八病的时候，就把它作为首段，以概述八病的基本内容。八病首段编有《笔札华梁》的内容，但它的基本出典，不是《笔札华梁》，而是当《文笔式》①。

六、关于《文笔式》的年代

从一些迹象看，《文笔式》中的一些内容，产生年代可能较早。比如，《文笔十病得失》。

关于《文笔十病得失》，多以为和整个《文笔式》一样，作于武后时期。其根据，就《文笔十病得失》来说，主要在其后半引鲍照《河清颂序》，鲍照的"照"字各本均作"昭"。兴膳宏释注《文镜秘府论》以为"乃避武后'曌'之讳"。既避武后之讳，自当作于武后时期。

笔者以为，整个《文笔式》暂且不论，仅就《文笔十病得失》来说，仅凭一"照"字，不足以说明它必作于武后时期。锺嵘《诗品》中"宋参军鲍照"的"照"字，多数元明清间版本就是"昭"字②。而锺嵘《诗品》作于唐以前，不可能作于武后时期。《文笔十病得失》后半"照"字作"昭"字，有可能是原本如此，也可能经后来抄写者改动。从《文镜秘府论》古抄本看，"照"、"昭"二字多混写不分。有将"照"字写成"昭"字者，也有将"昭"字写成

---

① 小西甚一《考文篇》和《研究篇》认为八病首段典出《笔札华梁》，可能不太确切。
② 参曹旭《诗品集注》中"宋参军鲍照"校异，上海古籍出版社，1994年。

"照"字者。

相比较而言,《文笔十病得失》作于隋代说可信程度大一些①。王利器提出的《文笔式》文中引徐陵文用"诚臣"一词虽未必可证其出一定出隋人之手,而罗根泽提出的根据却仍是有力的。不过需要进一步申说。

《文笔十病得失》没有引及唐代作品,特别是称温子升、邢子才、魏收诸人为"近代词人",这一点仍值得注意。"近代"一词,虽也可以找到用指较早时代的用例,但在初唐,更普遍的情形是用指入唐之后。《文镜秘府论》西卷"第十八形迹病"引元兢论形迹病,以为:"即如近代诗人,唯得云'丽城',亦云'佳丽城'。""丽城"、"佳丽城"的用例,虽然更早也有,但是唐太宗《咏鸟代陈师道》就有"凌晨丽城去,薄暮上林栖"。所谓"近代"可能就指初唐。同西卷"第八正纽",刘善经说,正纽者,"凡诸文笔,皆须避之。若犯此声,即龃龉不可读耳。"从刘善经所说看,直到隋代,正纽还是比较严重的病。而元兢则说:"此病轻重,与傍纽相类。近代咸不以为累,但知之而已。"元兢所说的"近代",显然指入唐之后。初唐人论隋代以前文学,多已不用"近代"一词。如魏征《隋书·文学传序》论隋文帝、炀帝文学,便说"当时缀文之士,遂得依而取正"云云,说"当时",而不说"近代"。在初唐人看来,李唐代隋,是时代大变。唐人对隋代,有隔朝隔代之感。隋代以前对他们来说,是前朝,而不是当朝。刘勰在齐梁时代还可以称宋代为"近代",唐人在心理上甚至和刘勰还有不同。刘勰他们还不怎么感觉改朝换代,而初唐人这种感觉太强烈了。这可能是他们普遍的称入唐以后为"近代"的一个重要原因。如果这一推论还有些道理,那么,《文笔十病得失》就不太可能产生于《笔札华梁》之后。上官仪卒于664年,《文笔十病得失》称为"近代词人"的,温子升(495—547)为北魏,魏收(506—572)、邢子才(496—?)为北齐,《文笔十病得失》若作于上官仪《笔札华梁》之后,则至早在664年左右,若以武后朝算,则还可能作于

---

① 罗根泽《文笔式甄微》最早提出此说并作了详细考证。王利器《文镜秘府论校注》也持此说。但笔者以为只是《文笔十病得失》作于隋代,并不认为整个《文笔式》作于隋代,关于这一点,下面将要详述。

705年前。这时距温、魏、邢等人时间已有百年之久,不仅不是入唐以后人物,且也不是隋人,是隋代再往前两朝的人物。象上官仪这样武后朝的作者,称隔了百年三朝的人物为"近代词人",恐不符合初唐时人的习惯。

《文笔十病得失》引其他各人之说,均直书姓名,对刘善经独冠以"文人"二字,作"文人刘善经",也仍值得注意。罗根泽认为这说明《文笔式》"或者与刘善经同时",说《文笔式》全部与刘善经同时,可能不行,但仅就其中《文笔十病得失》来看,罗说并非没有道理。《文镜秘府论》西卷"第一平头"条,引元兢论平头说:"今代文人李安平、上官仪,皆所不能免也。"用法与《文笔十病得失》完全一致,上官仪与元兢同时,且明确指出是"今代",这种称呼当代文人的口吻和《文笔十病得失》完全一样。《文镜秘府论》南卷引元兢《古今诗人秀句序》说:"余以龙朔元年为周王府参军,与文学刘祎之、典签范履冰"云云,虽不是说"文人"某某,而是说"文学"某某,"典签"某某,但在人名前冠一称谓的口吻仍极相似。"文人刘善经"云云,当是称呼当代人的口吻。若果然,则《文笔十病得失》作者自然与刘善经同一时代,即同为隋人。

《文笔式》中的某些内容,比如《文笔十病得失》,年代可能较早,但《文笔式》的另一些内容,年代可能更晚。这主要是东卷《文二十九种对》中前十一种对中属《文笔式》的那一部分,即前文所分析的A类。

这一部分内容,当在李百药(565—648)之后。根据在东卷"第一的名对",其中引诗:

> 云光鬓里薄,月影扇中新。年华与妆面,共作一芳春。

这四句,出李百药《戏赠潘徐城门迎两新妇》诗的后半,诗载《全唐诗》卷四三。这四句例诗,可以确凿的说明这一部分内容撰于李百药之后[1]。

---

[1] 小西甚一《文镜秘府论考》,张伯伟《全唐五代诗格汇考》等也认为《文笔式》作于初唐,但提出的证据并不有力。《日本国见在书目》中,《文笔式》固然在杜正伦《文笔要决》之下,但只要稍查一下便不难发现,《日本国见在书目》的排列顺序没有什么规律,它许多地方并没有按作者先后排列。

另外,地卷《八阶》《六志》,前面我们说过,这二篇写得骈俪工巧,这种文风,实与东卷前十一种对中我们所说的B类即《笔札华梁》相近,很可能其始作者为《笔札华梁》,而《文笔式》只不过据《笔札华梁》编录下来而已。《笔札华梁》为上官仪所作,上官仪卒于664年,《唐五代文学编年史》(辽海出版社1998年)以为《笔札华梁》作于663年"或稍前"。这"稍前",当自贞观初起。据《旧唐书·上官仪传》,贞观初,上官仪举进士,"太宗闻其名,召授弘文馆直学士"。王梦鸥《初唐诗学著述考》以为,上官仪"登第之年,当以贞观三年为最适当"。尔后即授弘文馆学士,这以后,可能在630年左右,上官仪就开始有条件作《笔札华梁》。如果这一判断可以成立,则《八阶》《六志》二篇亦当作于此期间(630—663年)间。

从《文笔十病得失》看,《文笔式》当作于隋代,从《二十九种对》的前十一种对看,《文笔式》又当作于初唐李百药之后,而且很可能作于《笔札华梁》之后。这怎么解释呢?

笔者以为和《文笔式》一著的特点有关。《文笔式》一著,可能不纯是自撰,而可能带有更多对原著不作改动,保持其原貌的编撰的性质。它所编录的一些内容,原著可能成立较早(比如《文笔十病得失》,即当成于隋代)。但《文笔式》可能也有部分自撰的内容,它自己的成书,应当较晚。它的成书,应当在初唐李百药之后,或者《笔札华梁》之后,根据就是它引了李百药的诗作为例句,并且编录有《笔札华梁》的内容。

初唐李百药之后,或说《笔札华梁》之后,这是《文笔式》成书的上限。至于成书的下限,殊难考定。这里只能提出一点推测。元兢《诗髓脑》论平头病,以为"上句第一字与下句第一字,同平声不为病"。说明声病说中的平头病到元兢已与前代不同,已有了变化。这和《文笔式》很不一样。西卷"第三蜂腰"第一段"释曰"中"初腰事须急避之"句与《文笔式》"第一句"论蜂腰相合(《文笔式》第一句论蜂腰,已见前述),加上其他情况(关于西卷《文二十八种病》与《文笔式》的关系,参本书和八章的论述),《文二十八种病》前八病的第一段当出《文笔式》。若然,则《文笔式》是以五言诗上下句首二字同声为平头病,并不以为上下句首字同平声不为病。《文笔式》接近沈约时平头病的说法(刘善经引有沈氏说,可知《文笔式》接近沈约说。材料均见西卷"第一平病"),而元兢《诗髓脑》论平头病已有了发展。这或者说明《文笔式》当早于《诗髓脑》。

要之,《文笔式》当成书于李百药之后,或者《笔札华梁》之后,《诗髓脑》之前,但其中可能原原本本保存着隋代一些史料的原貌。

第二节 《文笔式》的杂编性质

《文笔式》的很多地方看出杂编的痕迹。

《文笔十病得失》前半就有这种痕迹。它的大量内容和西卷《文二十八种病》前八病等处引刘善经《四声指归》相重,不少学者甚至以为,《文笔十病得失》前半的原典就是刘善经《四声指归》[①]。其实,这部分内容,不难看出杂编的痕迹。西卷《文二十八种病》前八病等处引刘善经《四声指归》,大段的是完整的成系统的论述。《文笔十病得失》前半则不同,它只是一个片段又一个片段,只是《四声指归》的片段论述摘录。比如平头,《文笔十病得失》前半:"但是疥癣微疾,非是巨害。"这句话也见于《文二十八种病》引《四声指归》,但后者是就"铭诔之病"而言,是完整的论述,而前者却只摘录片段。比如上尾,《文笔十病得失》前半举例:"失者:同源派流,人易世疏。越在异域,情爱分隔。"例见《文二十八种病》引《四声指归》,但《四声指归》前后有系统论述,《文笔十病得失》前半却孤立地摘录一个例子。上尾又一例:"失者:同乘共载,北游后园。舆轮徐动,宾从无声。"也是如此。还有蜂腰:"失者:闻君爱我甘。"鹤膝:"客从远方来,遗我一书札,上言长相思,下言久离别。"傍纽:"失者:壮哉帝王居,佳丽殊百城"正纽:"失者:旷野莽茫茫。"都是一为系统论述,一为摘录举例。因为是摘录杂编,因此有时本来是完整的一段论述,却割裂开来,分录于二处。关于平声赊缓,《文二十八种病》"第三蜂腰"引《四声指归》有

[①] 小西甚一《文镜秘府论考·研究篇》(下)、王利器《文镜秘府论校注》、兴膳宏《文镜秘府论译注》均持此说,小西甚一列举了大量材料一一对比,参《文镜秘府论汇校汇考》相关校释。

完整的一段，有论述，有例证，前后文意连贯。这段论述，《文笔十病得失》前半也有摘录，却分录于二处，一处在"蜂腰"："或云：平声赊缓，有用最多，参彼三声，殆为大半。"一处则在"傍纽"病之后："或云：凡用声，用平声最多。五言内非两则三，此其常也。亦得用一用四：若四，平声无居第四；若一，平声多在第二，此谓居其要也。犹如宫羽调音，相参而和。"分成二处之后，没有了例证，和前后文也不连贯。因为是摘录，因此有时照摘原文，有时则综录文意。比如隔句上尾，《文二十八种病》"第二上尾"引《四声指归》再引刘滔说作："若诸杂笔不束以韵者，其第二句末即不得与第四句同声，俗呼为隔句上尾，必不得犯之。"这是论述体。而在《文笔十病得失》前半，则作："笔复有隔句上尾，第二句末字，第四句末字，不得同声。"比如踏发声，《文二十八种病》在"第四鹤膝"引《四声指归》作："又今世笔体，第四句末不得与第八句末同声，俗呼为踏发声。"《文笔十病得失》前半则移在"上尾"，作："又有踏发声。第四句末字，第八句末字，不得同声。"已不是照摘原文，而是综录文意。综录文意，把完整的论述割裂开来，分别叙录，片段组合，这些地方，无不看出摘录杂编的痕迹。

西卷《文二十八种病》前八病首段也看出杂编的痕迹。

有一些内容前后矛盾，说法不一。"第七傍纽"和"第八正纽"首段这种情况尤为明显。"第八正纽"首段释曰："此即犯小纽之病也。"从前文意思看，一句中同用四声一纽之字，就是正纽，这里所说的小纽，指的是这种正纽。但是"第七傍纽"首段释曰："今就十字中论小纽，五字中论大纽。"从前文意思看，这里的小纽，已是就傍纽而言，并且指十字中傍纽之病。又"第八正纽"首段释曰："除非故作双声，下句复双声对，方得免小纽之病也。"这几句有几个问题。一、这里说的是双声，不是前面所说的四声一纽。只是双声，而不是四声一纽，所犯应该是傍纽病，并不是前面所说的四声一纽的正纽病。二、按照这几句的意思，双声即是小纽，这既与"第七傍纽"首段"十字中论小纽"说法有异，也与"第八正纽"首段前文所的"此即犯小纽之病也"意思不同，因为一以正纽为小纽，一以双声即傍纽为小纽。同是首段,关于"小纽"有三种解释,显然有矛盾。

再比如"第七傍纽"首段释曰:"'鱼'、'月'是双声,'兽'、'伤'并双声,此即犯大纽,所以即是,'元'、'阮'、'愿'、'月'为一纽。"这也有几个问题。一、前文说"双声即犯傍纽",但这里则说"此即犯大纽",同是双声之犯,一以之为傍纽,一以之为大纽,理解各异。二、"鱼"、"月"、"兽"、"伤"是就前文例句"鱼游见风月,兽走畏伤蹄"而说的,前一句"鱼"、"月"双声,后一句"兽"、"伤"双声,因此为病,但不论"鱼"、"月"还是"兽"、"伤"都是只是双声之字,并非四声一纽之字,但下文却说:"所以即是,'元'、'阮'、'愿'、'月'为一纽。"这一句指的是前文例句"元生爱皓月,阮氏愿清风",第一句元、月,第二句阮、愿,"元"、"阮"、"愿"、"月"为四声之纽,同为外二十二合牙音清浊三等之纽。不论例子,还是解释,指的都是正纽之例,与鱼月、兽伤的双声之例说的已是另一回事。不论例子还是解释,一为正纽,一为傍纽,显然不同。

体例也不统一。"第一平头"、"第二上尾"、"第三蜂腰"首段的"释曰"都没有具体针对前文所举的诗例,"第四鹤膝"、"第五大韵"、"第六小韵"首段都有二个诗例,"释曰"都只解释了第一个诗例①,而第二个诗例没有解释文字。"第七傍纽"举了三个诗例,"释曰""'鱼'、'月'是双声,'兽'、'伤'并双声"解释的是第一个诗例②,"'元'、'阮'、'愿'、'月'为一纽"解释的是第二个诗例③。至于第三个诗例"云生遮丽月,波动乱游鱼","丽"和"乱","月"和"鱼"犯傍纽,却没有解释。"第八正纽"首段有二个诗例,释曰说"即是下句第十、九双声两字是也",指是"白日小踟蹰"一句的"踟蹰"二字,只解释了第一个诗例。"第八正纽"首段的第二个诗

---

① "第四鹤膝"首段释曰"若上句第五'渚'字是上声,则第三句末'影'字不得复用上声",解释的是第一个诗例:"拨棹金陵渚,遵流背城阙。浪蹙飞船影,山挂垂轮月。""第五大韵"首段释曰"若前韵第十字是'枝'字,则上第七字不得用'鹂'字",解释是第一个诗例"紫翻拂花树,黄鹂闲绿枝"。"第六小韵"首段释曰"若第九字是'瀁'字,则上第五字不得复用'望'字等音",解释的是第一个诗例"搴帘出户望,霜花朝瀁日"。
② 第一个诗例"鱼游见风月,兽走畏伤蹄",正是鱼月、兽伤相犯。
③ 第一个诗例"元生爱皓月,阮氏愿清风"正是元、月、阮相犯。

例有解释:"'肝'、'割'同纽,深为不便",却不是在"释曰",而在前面的正文。首段前一节诗例之后加注作解释,这一体例,又为所有各病首段所无。

还有其他问题。比如,"第七傍纽"释曰:"所以即是,'元'、'阮'、'愿'、'月'为一纽。今就十字中论小纽,五字中论大纽。所以即是。'元'、'阮'、'愿'、'月'为一纽。""'元'、'阮'、'愿'、'月'为一纽"一句重复出现二次。现在一般解释,有一处为衍文,这当然是可以的,但也有另一种可能,这是一处杂编的痕迹,因为是杂编,不同原典都有同一句话,原典杂编照录,不加删改,就出现重复同一句话的情况。

首段一些材料能看出相互之间有比较一致的格式,看出属同一类别。首段开头一小段,前有"××诗者"或"××诗",除"第六小韵",前四病接有"五言诗第×字不得与第×字同声",后四病有"五言诗……更不得安……等字",后则除"第三蜂腰"、"第四鹤膝"有"名为""名犯"或"名为犯"、"如此之类是其病"或"如此之类,名为犯"之类格式,"第三蜂腰""第四鹤膝"则有"言两头……,中央……,似……也"①。除"第七傍纽"的"亦曰,五字中犯最急,十字中犯稍宽"一句可能再从其他材料插入,总体来说,开头这些定义性的文字当属同一类别。接着这类定义性文字的,是例诗,"第一平头"、"第二上尾"、"第三蜂腰"、"第七傍纽"各有三个例诗,其余的则有各有二个例诗。有三个例诗的病目中,有的第一个例诗

---

① 如"第一平头":"平头诗者,五言诗第一字不得与第六字同声,第二字不得与第七字同声。同声者,不得同平上去入四声,犯者名为犯平头。""第二上尾":"上尾诗者,五言诗中,第五字不得与第十字同声,名为上尾。""第三蜂腰":"蜂腰诗者,五言诗一句之中,第二字不得与第五字同声。言两头粗,中央细,似蜂腰也。""第四鹤膝":"鹤膝诗者,五言诗第五字不得与第十五字同声。言两头细,中央粗,似鹤膝也,以其诗中央有病。""第五大韵":"大韵诗者,五言诗若以新为韵,上九字中,更不得安人、津、邻、身、陈等字,既同其类,名犯大韵。""第六小韵":"小韵诗,除韵以外,而有迭相犯者,名为犯小韵病也。""第七傍纽":"傍纽诗者,五言诗一句之中有月字,更不得安鱼、元、阮、愿等之字,此即双声,双声即犯傍纽。亦曰,五字中犯最急,十字中犯稍宽。如此之类,是其病。""第八正纽":"正纽者,五言诗壬、衽、任、入,四字为一纽;一句之中,已有壬字,更不得安衽、任、入等字。如此之类,名为犯正纽之病也。"

之下有"如此之类,是其病也"或"如此之类,又犯××病"①之类小字注。有这类小字注的第一个例诗,应该属同一类材料。前八病首段都有"释曰"。"第四鹤膝"、"第五大韵"、"第六小韵"、"第七傍纽""第八正纽"五条的"释曰"开头,对例诗何以犯病都有解释,所解释的都是第一个例诗②。这类解释和所解释的第一个例诗,应该也属同一类材料。"第二上尾"和"第八正纽"的最后一个例诗,也有小字注③。这个小字注,和前述"第一平头"、"第二上尾"、"第三蜂腰"、"第七傍纽"首段第一个例诗小字注"如此之类,是其病也"的格式不同。"第二上尾"和"第八正纽"的最后一个例诗及其小字注,也当属同一类材料。"第七傍纽""亦曰,五字中犯最急,十字中犯稍宽"和"释曰"的"今就十字中论小纽,五字中论大纽"也可能属同一类材料。这些材料中,例诗和定义,释曰和定义,是否属同一类材料,不得而知,但有一点可以推想,注"如此之类,是其病也"之类小字注的第一个例诗和有"若以家代楼,此则无妨"、"肝、割同纽,深为不便"这类小字注的最后一个例诗应该不属一类材料。既然如此,则只解释第一类例诗的"释曰"和最后一个例诗应该也不属一类材料。有三个

---

① 如"第一平头":"平头诗曰:'芳时淑气清,提壶台上倾。'如此之类,是其病也。""第二上尾":"诗曰:'西北有高楼,上与浮云齐。'如此之类,是其病也。""第七傍纽":"诗曰:'鱼游见风月,兽走畏伤蹄。'如此类者是,又犯傍纽病。"

② 如"第四鹤膝""释曰:取其两字间似鹤膝,若上句第五'渚'字是上声,则第三句末'影'字不得复用上声,此即犯鹤膝",解释"拨棹金陵渚,遵流背城阙。浪蹙飞船影,山挂垂轮月"一诗(有"渚""影"二字犯鹤膝)。"第五大韵":"释曰:如此即犯大韵。今就十字内论大韵,若前韵第十字是'枝'字,则上第七字不得用'鹂'字,此为同类,大须避之。"解释"紫翮拂花树,黄鹂闲绿枝。思君一叹息,啼泪应言垂"一诗(有"鹂"、"枝"二字犯大韵)。"第六小韵":"释曰:此即犯小韵。就前九字中而论小韵,若第九字是'潸'字,则上第五字不得复用'望'字等音,为同是韵之病。"解释"搴帘出户望,霜花朝潸日。晨莺傍杼飞,早燕挑轩出"一诗(有"望"、"潸"二字犯小韵)。"第七傍纽":"释曰:'鱼'、'月'是双声,'兽'、'伤'并双声,此即犯大纽。"解释"鱼游见风月,兽走畏伤蹄"一诗(前句有"鱼""月",后句有"兽""伤",犯傍纽)。"第八正纽":"释曰:此即犯小纽之病也。今就五字中论,即是下句第十、九双声两字是也。"解释"抚琴起和曲,叠管泛鸣驱。停轩未忍去,白日小踟蹰"一诗(下句第、九、十字"踟蹰"正是双声)。对例诗何以犯病都有解释,而且解释的都是第一个例诗。

③ "第二上尾"例诗"荡子别倡楼,秋庭夜月华,桂叶侵云长,轻光逐汉斜"小字注"若以家代楼,此则无妨"。"第八正纽"例诗"心中肝如割,腹里气便燋。逢风回无信,早雁转成遥"小字注"肝、割同纽,深为不便"。

例诗的,第二个例诗和第一个例诗也可能不属同一类材料。这三个(或二个)例诗,就不可能和第一句定义性的文字均属同一类材料。就是说,前八病首段是由不同材料杂编而成的。一说首段为空海综合中国文论材料所编①。《文镜秘府论》确实有空海的文字。就西卷来说,卷首的总目录(论病、文二十八种病、文笔十病得失)和序,《文二十八种病》题下的目录("一曰平头,或一六之犯名水浑病"云云)为空海所作,是没有疑问的。"第一平头"、"第二上尾"直至"第八正纽"这前八病的序次和病目,可能本为中国典籍所有,而为空海所编,"第九水浑病"以下直至"第三十骈拇"(一本作"第二十八骈拇")的序次,则当为空海自拟;病目则可能为中国典籍原有。前八病病目之下有的有注,如"第二上尾"下注"或名土崩病","第五大韵"下注"或名触绝病","第六小韵"下注"或名伤音病","第七傍纽"下注"亦句大纽,或名爽切病","第八正纽"下注"亦名小纽,亦名爽切病",前八病病目下的这类注,则当是空海根据中国典籍材料所拟。因为据《文笔眼心抄》,关于土崩、触绝、伤音、爽切都另有文字内容,并不是西卷《文二十八种病》前八病首段的那些文字。空海加注,只是说明这些病目另有别名,并不是说土崩、触绝等有前八病首段的这些文字。但是,前八病首段的正文,却不是空海所编,而是中国作者所编。对诸说加以选择取舍综合的不是空海,而是中国作者,这个作者,就是《文笔式》。《文笔式》综合诸说杂编而成,空海再将它编入西卷。前八病首段的出典当是《文笔式》,从前八病首段,看出《文笔式》的杂编特点。

此外的一些材料,也看出杂编的痕迹。比如"第七傍纽"和"第八正纽"第二段,这二段三宝院本均注"《文笔式》",典出《文笔式》无疑。这二段论傍纽,"第七傍纽"第二段以为傍纽者,据傍声而来与相忤也,若金、锦、禁、急,阴、饮、荫、邑这样连韵纽之,若金之与饮、阴之与禁这样从傍而会,如"丈人且安坐,梁尘将欲飞"中"丈"与"梁"一样,就犯傍纽。这是

---

① 日本吉田幸一《文镜秘府论"文二十八种病"考》以为八病首段是"空海根据主观对诸说加以选择取舍综合而成的东西"。

以异纽同韵为傍纽。这是一家之说。"第八正纽"第二段则说"若从他字来会成双声，是傍也"，举"贻我青铜镜，结我罗裙裾"为例，说："结、裾是双声之傍，名犯傍纽也。"以傍双声为傍纽，与异纽同韵已不同。这是又一家之说。"第八正纽"第二段论正纽，先说正纽者谓正双声相犯，举"我本汉家子，来嫁单于庭"为例，说："家、嫁是一纽之内，名正双声，名犯正纽者也。"这是一家之说。这一段最后说："又一法，凡人双声者，皆名正纽。"这是又一家之说。同论傍纽、正纽，并列二家之说，杂编在一起。

这些材料中，只有《文笔十病得失》后半，是一种比较系统的论述形式，自身材料没有发现什么矛盾。可能因为《文笔十病得失》后半本出《笔札华梁》，而为《文笔式》全文编录。此外的那些材料，都看出杂编的痕迹。

第三节 《文笔式》与前代八病遗说

可以就这些材料作进一步考察。

这些材料的有些内容，可能典出较晚。比如，《文笔十病得失》前半"平头"举例"开金绳之宝历"二句，出陈徐陵《为贞阳侯与陈司空书》，见《文苑英华》卷六七七。"上尾"举例"紫鬘聊向牖"二句，出陈张正见《艳歌行》，见《乐府诗集》卷二八。"蜂腰"举例"惆怅崔亭伯"，出张正见《白头吟》，见《乐府诗集》卷四一。"鹤膝"举例"朝关苦辛地"四句，又例"沙幕飞恒续"四句，二例均为陈张正见《雨雪曲》，见《乐府诗集》卷二四。又例"西郊不雨"四句，出北周庾信《三月三日华林园射马赋并序》，见《庾子山集》卷一。又例"能短能长"四句，出北齐魏收《赤雀颂序》，见西卷《文二十八种病》"第四鹤膝"《四声指归》引。"小韵"举陈徐陵《殊物诏》"五云暖睫"四句。"傍纽"举例"管声惊百鸟"二句，出北周庾信《詠画屏风诗》，见《庾子山集》卷五。又庾信诗例"胡笳落泪曲"二句，为庾信《拟詠怀诗二十七首》其七，见《庾子山集》卷三。《文笔十病得失》后半举北魏温子升《寒陵山碑序》、北齐邢劭《高季式碑序》、北齐魏收《文宣谥议》和《赤雀颂序》、陈徐陵《劝进表》和《定襄侯表》等例。又引隋刘善经之说。这些内容典出较晚，出南朝陈以后，北朝北齐北周至隋以后，是没有问题的。

一些材料，有直接依据作为旁证。一些材料，甚至直接标明齐梁作者出处。比如前面引述过的《文笔十病得失》前半说："笔复有隔句上尾，第二句末字，第四句末字，不得同声。"《文笔十病得失》后半又说："隔句上尾者，第二句末与第四句末同声也。"又说："但笔之四句，比文之二句，故虽隔句，犹称上尾，亦以次避，第四句不得与第六句同声，第六句不得与第八句同声也。"这几条材料均论隔句上尾。比如《文笔十病得失》前半，先说："或云：平声赊缓，有用最多，参彼三声，殆为大半。"后又说："凡用声，用平声最多。五言内非两则三，此其常也。亦得用一用四：若四，平声无居第四；若一，平声多在第二，此谓居其要也。犹如宫羽调音，相参而和。"这几条材料均是平声赊缓之说。比如论傍纽、正纽。《文笔十病得失》前半举例，谓："失者：壮哉帝王居，佳丽殊百城。"这是论傍纽的诗例。《文二十八种病》"第七傍纽"和"第八正纽"第二段，据三宝院本注，均典出《文笔式》，前者论"傍纽者，据傍声而来与相忤也"云云，后者说："又一法，凡入双声者，皆名正纽"。这都是刘滔之说。前面已经说过，隔句上尾最早为刘滔所提出，这里说笔之四句，比文之二句云云，正是刘滔的论述。平声赊缓之说，为刘滔论蜂腰时提出，这里说平声赊缓，有用最多云云，也都是出自刘滔的论述。刘滔论傍纽，正是用"壮哉帝王居，佳丽殊百城"为例诗，据《文二十八种病》"第七傍纽"引《四声指归》引刘滔之说，刘滔以双声亦为正纽，以异纽同韵为傍纽，"第七傍纽"第二段论字从连韵而纽声相参，"第八正纽"第二段说凡入双声者，皆名正纽，正是刘滔之说。前面所引这些材料，有的也见于《四声指归》。人们甚至因此认为，《文笔十病得失》前半就是《四声指归》。其实，《文笔十病得失》前半只是杂编《四声指归》的材料，并非典出《四声指归》，而当典出《文笔式》,这一点,前面我们已经分析过。《文笔十病得失》前半和后半的这些存有刘滔之说的论述,有可能转据《四声指归》,但是,有没有可能直接依据刘滔之说,只是没有注明刘滔之说而已呢?换句话说,刘滔之说是《四声指归》的原典依据,也是《文笔式》的原典依据,有没有可能这是二家共有的原典依据呢?并不是没有这种可能性。《文二十八种病》"第七傍纽"和"第八正纽"第二段则显然是《文笔式》直接保存刘滔遗说。

比如"第四鹤膝"首段:"王斌五字制鹤膝,十五字制蜂腰,并随执用。""第七傍纽"首段王斌云:"若能回转,即应言奇琴、精酒、风表、月外,此即可得免纽之病也。"这二条都是直接标明作者,保存梁代王斌论声病的材料。

比如"第四鹤膝"首段"释曰":"故沈东阳著辞曰:'若得其会者,则唇吻流易,失其要者,则喉舌蹇难。事同暗抚失调之琴,夜行坎壈之地。'"直接标明作者,直接保存沈约的声病材料。前面说过,所谓沈东阳,就是沈约。这条材料,不仅证明沈约有鹤膝之说,而且证明,永明之后,沈约为东阳太守时,还在探讨声病之说。当然,这条材料也说明,《文笔式》保存齐梁之说,有时对原典材料不加改动,原原本本的保留。比如这里,就不称沈氏,而称沈东阳。"沈东阳"这一称呼,应该是保留了原貌,因为沈约是出为东阳太守,后来官职升迁,人们就不会再用"沈东阳"这个称呼了。

没有标明作者出处,没有直接依据作为旁证的那些材料,也可以作些推测。

推测的一个依据,是前述那些材料。引用或说杂编前人的论述,说明作者论声病所据,就是前人著述。一些材料,作者可能转据《四声指归》,但也可能直接依据沈约等人的著作。特别是直接标明作者出处的那些地方。换句话说,《文笔式》编纂之时,作者手头就应该有沈约、刘滔、王斌等人的著作。如果手头没有这些人的著作,作者根据什么引用和编写这些人的论述呢?标明作者出处,可以知道存有沈约等人之说。没有标明作者,没有直接依据的,是不是也有可能所存为齐梁遗说呢?《文二十八种病》"第七傍纽"和"第八正纽"第二段保存的为刘滔之说,不

249

就没有标明作者吗？

还有其他一些蛛丝马迹。

比如，"第一平头"引《四声指归》："沈氏云：'第一、第二字不宜与第六、第七同声。'"这是可以确认的沈约的论述。它的论述格式，也是"第×字不宜与第×字同声"，也是定义性的论述。前八病首段开头一小段的定义性论述，和这一模一样，不同的是，一作"不得"，一作"不宜"，但语气、意思完全一样。前八病首段的那些定义，当出同一家，有没有可能据沈约之说编写而成呢？

"第二上尾"引《四声指归》："沈氏亦云：'上尾者，文章之尤疾。自开辟迄今，多慎不免，悲夫。'"这也是可以确认的沈约的论述。这里说"上尾者，文章之尤疾"，"第二上尾"首段"释曰"也说，"此是诗之疣"；这里说"自开辟迄今，多慎不免"，"第二上尾"首段"释曰"则说"如此病，比来无有免者"；"第三蜂腰"首段"释曰"也说："若安声体，寻常诗中，无有免者。"语气、措辞都极为相似，这些地方，有没有也是根据沈约之说用自己的语言编写的呢？或者原本就是沈约的论述，只是未加注明，象"第七傍纽""傍纽者据傍声而来与相忤也"那一段一样呢？

"第三蜂腰"引《四声指归》："沈氏云：'五言之中，分为两句，上二下三。凡至句末，并须要煞。'""要煞"意难明，我的理解，就是句末为一句声韵之要点，一定要回避声病之意。沈约是强调某些要点之处定要回避声病。如果可以这样理解，那就还可以前述材料中找到一些类似的例子。比如前面引述过的，"第二上尾"首段"释曰"："此是诗之疣，急避。""第三蜂腰"首段"释曰"："凡一句五言之中，而论蜂腰，则初腰事须急避之。"都是要"急避"。"急避"和"要煞"是不是相近的意思或说语气呢？如果是，这些地方的论述是不是和沈约之说有联系呢？

还有前面引述过的，天卷《调四声谱》："北方入声，壬、衽、任、入。"再看"第八正纽"首段定义："正纽者，五言诗壬、衽、任、入，四字为一纽；一句之中，已有壬字，更不得安衽、任、入等字。如此之类，名为犯正纽之病也。"都用壬、衽、任、入说明四声一纽，仅仅是用例来自沈约，还是使用这类用例的定义本身就出自沈约呢?沈约创《四声谱》,论声病自用其例,不是很正常的吗?如果这样,前八病首段关于八病的定义,不是和沈约关系很密切吗?甚至这些定义性论述原来就出自沈约呢?前面分析过,沈约论病的体例,比如论平头病,不正有定义性一类内容吗?

　　《文笔十病得失》前半有一段话,这段话向未引起人们注意。这段话说:"若五字内已有'阿'字,不得复用'可'字。此于诗章,不为过病,但言语不净洁,读时有妨也。今言犯者,唯论异字。如其同字,此不言,言同字者,如云:'文物以纪之,声明以发之','大东小东','自南自北'等,是也。""阿"的声符用为"可",有如《文心雕龙·练字》所说的"联边",和"半字同文",这段话的意思可能是说,五字中这样的字不能重出,或者有似崔融所谓"丛木病"。兴膳宏《文镜秘府论译注》就是这样看的①。但是细看,这里说的其实还是声病问题。这里的"阿"字与"可"字,在《韵镜》同为内转第二十七合之字,"阿"字为影纽平声歌韵,"可"字为溪纽上声哿韵。其韵同为歌、哿、箇之纽。就是说,它们属于傍纽同韵之字。"阿"与"可",正是刘滔所谓的从傍而会连韵纽之的傍纽之病。正因为此,这段话《文笔十病得失》前半和《文笔眼心抄》都列于"傍纽"之后。这会不会就是刘滔异纽同韵为傍纽的遗说呢?还有,一,一般的傍纽,是指二句之内,而这里却说"五字之内"。这是不是傍纽的又一说呢?二,一般说来,同字必然同纽,不但同纽,而且同韵同调。但是这里说,"如其同字,此不言",意思是说,如果同字则是允许的。它的根据,是《诗经》的二个例子。《诗经》尚且可以同字,则后人自然也可以如此。提出同字则不论,《诗经》可能是根据之一,更主要是根据,可能是创作实践。齐梁以来,诗中同字叠用的情况不少,这可能是一种追求。同字叠用,往往能收回环往复之效果,而同字又与声病说相冲突。可能就是因为创作中出现这样的问题,人们因此提出解决办法,才有这段话的论述。声病说提出之后,不断根据创作实践中出现的问题加以修正,提出新的解决办法,可能是声

---

① 参《文镜秘府论汇校汇考》第1236页引。

病说发展中常见的现象。而就原典材料来说，由异纽同韵的傍纽，说到如其同字此不言。这会不会也是刘滔傍纽说引申出来的遗说呢？

后世诗话载录的八病材料也许可以作点参考，可以帮助我们进一步认识这一问题。我们看传《魏文帝诗格》《金针诗格》《续金针诗格》《诗苑类格》《诗人玉屑》《诗家全体》和《冰川诗式》。这些诗话论载录的八病材料，多同时见于《文镜秘府论》。《诗苑类格》《诗人玉屑》"上尾"条载录例诗"青青河畔草"和《诗苑类格》《诗人玉屑》《金针诗格》《冰川诗式》"蜂腰"条例诗"闻君爱我甘"为元兢《诗髓脑》所论，"鹤膝"条例诗"客从远方来"见于《四声指归》。《续金针诗格》和《诗家全体》载录例诗"新裂齐纨素"（《续金针诗格》"裂"作"制"）见于《笔札华梁》，除此之外，后世这些诗话出《文镜秘府论》的八病材料，都见于《文笔式》。"闻君爱我甘"一例同时见于西卷前八病首段和《文笔十病得失》前半，《金针诗格》和《冰川诗式》引此例时说蜂腰为两头大中间细，就见于西卷前八病首段，"客从远方来"未见于《文笔式》，但《金针诗格》和《冰川诗式》引此例时说鹤膝为两头细中间粗，也见于西卷前八病首段。只有"青青河畔草"一例未见于《文笔式》。《诗苑类格》和《诗人玉屑》论上尾和蜂腰的例诗见于元兢《诗髓脑》，因此可能其出典与元兢《诗髓脑》有较多联系。此外的那些诗话，包括传《魏文帝诗格》《金针诗格》《续金针诗格》《诗家全体》和《冰川诗式》，前四病与西卷前八病首段完全相同的定义，平头的例诗"朝云晦初景"，上尾的例诗"荡子到娼家"和"西北有高楼"，蜂腰的例诗"徐步金门旦"和"闻君爱我甘"，鹤膝的例诗"陟野看阳春"，大韵的例字新、津、人，论小韵说居五字内最急，九字内稍缓，傍纽的例字月、元、阮、愿，论傍纽五字中急，十字中稍缓，以金、锦、禁、急与阴、饮、荫、邑连韵纽之从傍参之为傍纽，诗例"丈人且安坐"，正纽四声一纽例字壬、袵、任、入，诗例"我本良家子"，都出《文笔式》，和可能典出《文笔式》的西卷前八病首段及《文笔十病得失》前半。《诗家全体》同时存有二说，小西甚一称一为《诗家全体》甲，一为《诗家全体》乙。小西甚一《研究篇》（下）以为《金针诗格》和《诗家全体》甲都典出《诗髓脑》，后者杂有《笔札华梁》之说。看来他的看法应该修改。后世诗话载录的八病材料在传抄过程中可能杂入有其他原典材料，但是，如果可确认西卷前八病首段及《文笔十病得失》前半典出《文笔式》，那么传《魏文帝诗格》《金针诗格》等诗话载录八病的基本内容应与《文笔式》同一出典，甚至就典出《文笔式》。与《文笔式》同一出典或者典出《文笔式》的这些八病材料，在传抄过程中可能有误，比如流柳当为正纽，《冰川诗式》以流柳为傍纽，显然沿袭了《诗苑类格》之误。但其中有与《文笔式》一致的内容，应该没有多大疑问。如果这一点可以确认，那么，一些问题就很可注意。最值得注意的，当然是一些诗话注明为沈约八病。比如《冰川诗式》前四病和后四病均注："以下沈约八病中四病"，《诗家全体》说"沈约曰：诗病有八"云云。《诗苑类格》和《诗人玉屑》也说八病的出处是"沈约"。这些注明"沈约"八病的材料怎么看？不加辨析把这些材料统统说成是沈约之说，显然过于草率，取完全否认态度，以为这些材料完全没有沈约之说，可能更为武断。不排除假托的可能，《魏文帝诗格》就是假托之作，《金针诗格》《续金针诗格》也可能分别假托白居易和梅尧臣。但是，正如学界早就有人指出的，书名为假托，而内容却真实。平头、上尾、蜂腰、鹤膝与前面我们分析过的沈约之说相合，沈约也以双声为病，不过称之为小纽。连韵纽之，纽声相参，正与沈约大纽、刘滔傍纽相合，传《魏文帝诗格》和《诗家全体》引又说，以田、寅、延相犯为傍纽，田为定纽，寅、延为喻纽，田与寅、延并非双声，但田为先韵，延为线韵，正是沈约称之为大纽，刘滔称之为傍纽的异纽同韵相犯。《文笔式》的材料一般不注出典，《文镜秘府论》的很多材料也不注出典，这是不是前代的材料没有出典，后世诗话反而注明出典的原因呢？如果是这样，产生于北宋时期的一些诗话保留材料的同时保留出典，也不是不可能的。后世诗话材料有可能保留齐梁遗说甚至沈约遗说，和这些材料同一出典的《文笔式》，《文笔式》保存的这些定义、说明、诗例、字例中，其中会不会也有齐梁遗说甚至沈约之说？可不可以把这些材料作为齐梁遗说或者沈约遗说来看呢？这确实是需要我们认真思考的一个问题。

要之,《文镜秘府论》西卷典出或可能典出《文笔式》的那些材料,不少可信是前人之说,不少很有可能有前人之说。有隋代遗说,主要是刘善经《四声指归》之说。有齐梁遗说,有沈约、刘滔、王斌之说。这些材料杂编前人之说,除"第四鹤膝"和"第七傍纽"首段之外,一般都不出现原典及作者之名。各种迹象表明,很多情况下,《文笔式》的作者(准确地说,是编者)是把各种前代材料不作改动,不加融合,原原本本地杂编到一起。这使这些材料缺乏系统性,不是系统的论述之体,而是把各种材料直接排列的杂编之体。作为论述之体,它是失败的,但正因为是杂编之体,使许多前代遗说得以保存。其中尤为珍贵的,当然是保存了齐梁遗说特别是沈约遗说。很好地甄别和利用这些材料,可以更为清晰地弄清唐前声病说,特别是齐梁声病说的面貌。

第四节 《文笔式》声病思想

典出和可能典出《文笔式》的那些材料,论八病有着丰富的思想。

这些材料,对八病的每一病都有明确的定义,有具体的诗例和详尽的解释。在现存资料中,保存八病解说最完整的,除了刘善经《四声指归》之外,就是这些材料。就理论阐述来说,《四声指归》最为详尽,而就定义和解释的明确全面,诗例的具体来说,则数这些材料。因为《四声指归》有的并没有明确定义,比如"第二上尾",虽然论述中包含了解释,但开头毕竟没有明确定义。而这些材料,特别是八病首段,对每一病都有明确定义,它定义平头是五言诗第一字不得与第六字同声,第二字不得与第七字同声;上尾是五言诗中,第五字不得与第十字同声;蜂腰是五言诗一句之中,第二字不得与第五字同声;鹤膝是五言诗第五字不得与第十五字同声;大韵是五言诗若以"新"为韵,上九字中,更不得安"人"、"津"、"邻"、"身"、"陈"等字;小韵是除韵以外而有迭相犯者;傍纽即双声,双声即犯傍纽;正纽是同用四声为一纽之字。它规定同声是不得同平上去入四声。每一病都有二到三个诗例。它有一些诗病新说。比如蜂腰病避初腰之说。西卷《文二十八种病》"第三蜂腰"首段释曰提出，"初腰事须急避之"，《文笔十病得失》前半又说："蜂腰，第一句中第二字、第五字不得同声"。这里强调的是上句避蜂腰。日本《本朝文粹》卷七载《省试诗论》："夫蜂腰病者，上句可避之由，见《文笔式》。因之先儒古贤不避下句蜂腰。"又说"《文笔式》云：'蜂腰者，第二字与第五字同声也。所为证诗，以上句第二字与第五字同声为病云云。'"上句，初腰，第一句，说的都是一个意思，即强调的是上句避蜂腰。日本《省试诗论》的材料，证明避初腰是《文笔式》之说，证明《文镜秘府论》西卷《文二十八种病》前八病和《文笔十病得失》前半典出《文笔式》①。首句避蜂腰，有可能为隋前遗说，甚至为齐梁遗说，而为《文笔式》所保存。保存避初腰之说，就为解释当时很多声病现象提供了依据。

　　还有一些别家未见的提法和解释。比如，何以五言诗一句之中，第二字与第五字就是蜂腰，它说，这是两头粗，中央细，似蜂腰也。鹤膝也一样，何以五言诗第五字与第十五字同声就犯鹤膝，它说，这是两头细，中央粗，似鹤膝也。也有一些新的要求。比如关于小韵，它说："凡小韵，居五字内急，九字内少缓。"（西卷《文二十八种病》"第六小韵"引《文笔式》）关于傍纽，它也说："五字中犯最急，十字中犯稍宽。"（西卷《文二十八种病》"第七傍纽"首段）它也保留了八病的各家之说。特别是傍纽和正纽病。双声即犯傍纽是一家之说，引王斌说："若能回转，即应言'奇琴''精酒'、'风表'、'月外'，此即可得免纽之病也。"从引述王斌看，双声即犯傍纽可能是王斌之说。这里说十字中论小纽，五字中论大纽是又一家之说；此说不同于王斌之说，也不同于沈约之说，因为前面分析，沈约以双声为小纽，异纽同韵为大纽。据傍纽之字连韵纽之，如金之与饮、阴之与禁，从傍而会为傍纽，是又一家之说。四声一纽之犯为正纽是一家之说，而以之为小纽，是又一家之说。凡入双声皆名正纽是又一家之说。这都构成了诗八病说的丰富内容。

---

① 此说详参《文镜秘府论汇校汇考》相关考释，以及本书前节考。

这些材料大量论及笔之病。

论笔之声病,并不始于《文笔式》。刘善经《四声指归》即有大量笔之声病说,再往前,齐梁刘滔他们就已提出文之声病问题。但从现有的材料看,比较早系统地论述笔之声病,则是《文笔式》,主要是《文笔十病得失》前半和后半。

诗有八病,笔也有相应的八病,即平头、上尾、蜂腰、鹤膝、大韵、小韵、傍纽、正纽。诗之八病的原则,基本上移用于笔之八病,当然根据笔的情况,稍有变动,有一些新说。比如平头,举了得、失二个例子。笔失者:"嵩岩与华房迭游,灵浆与醇醪俱别。"嵩岩和灵浆均平声,从这个例子看,它是以首二字同声为笔之平头病。但是笔得者:"开金绳之宝历,钩玉镜之珍符。"上句第二字"金"为平声,下句第二字"玉"为入声,但是第一字"开"和"钩"均为平声,仍看作"笔得者"。可能这时已不强调第一字不得同声,如后来元兢所说的,可以单换头。此句出陈徐陵《为贞阳侯与陈司空书》,《文苑英华》卷六七七此句"钩"作"纽"。"纽"为上声,若从《文苑英华》,则笔之第一字仍要求不得同声。但是《文笔十病得失》又说:"然五言颇为不便,文笔未足为尤,但是疥癣微疾,非是巨害。"前面说过,这当是沈约之说,就是说,对于笔来说,平头已不是巨害。比如上尾。上尾完全用诗病的原则。笔失者之例取自刘善经《四声指归》:"同源派流,人易世疏。越在异域,情爱分隔。"前二句句末"流"和"疏"均平声,后二句句末"域"和"隔"均入声,犯笔之上尾。比如蜂腰。笔有四言、六言、七言等句式,完全移用诗之蜂腰的二五不得同声,显然不行。从《文笔十病得失》前半蜂腰笔失者的例子来看,四言:"扬雄甘泉。"第二字"雄"和第四字"泉"同声。六言:"美化行乎江汉。""袭元凯之轨高。"前句第二字"化"和第六字"汉"同声,后句第二字"元"和第六字"高"同声。七言:"三仁殊途而同归。""偃息乎珠玉之室。"前句第二字"仁"和第七字"归"同声,后句第二字"息"和第七字"室"同声。七言:"润草沾兰者之谓雨。"第二字"草"和第八字"雨"同声。都是第二字和末字同声,而笔得者都是第二字和末字不同声。看来,在《文笔十病得失》前半,笔之蜂腰是第二字和末字不得同声。这与刘滔之说有此不同。西卷《文二十八种病》"第三蜂腰"刘善经《四声指归》引刘滔说:"如阮瑀《止欲赋》云:'思在体为素粉,悲随衣以消除。'即'体'与'粉'、'衣'与'除'同声是也。"这里的"体"与"粉"、"衣"与"除",是第三字与末字。刘滔考虑的可能是句子的节奏点,而不固定在第二字。句子的第一个节奏点和末字不得同声。而《文笔十病得失》前半则仍是着眼第二字和末字不得同声。看来,同是笔之蜂腰,已有不同看法。比如鹤膝。鹤膝也稍有变通。《文笔十病得失》前半举笔之鹤膝失者之例:"琁玉致美,不为池隍之用。桂椒信好,而非园林之饰。""西郊不雨,弥回天眷。东作未理,即动皇情。"前例第一句末字"美"和第三句末字"好"均上声,后例第一句末字"雨"和第三句末字"理"均上声。不是第五字和第十五字,而是第一句末字和第三句末字不得同声。大韵、小韵、傍纽、正纽都移用诗病之说。大韵失者:"倾家败德,莫不由于憍奢。兴宗荣族,必也藉于高名。"前二句"家"字和本韵"奢"字同韵,后二句"荣"字庚韵,本韵"名"字清韵,可能清庚通用,都犯大韵。小韵失者:"西辞鄢邑,东居洛都。""鄢"、"东"同韵犯小韵。正纽失者:"永嘉播越,世道波澜。""播"、"波"均属《韵镜》内转第二十八合唇音清第一等"波跛播○"之纽,犯正纽。傍纽失者:"历数已应,而虞书不以北面为陋。有命既彰,而周籍犹以服事为贤。"前二句"不"和"北"均帮纽,后二句"章"和"周"均照纽,犯傍纽。这些都移用了诗之八病之说。

一些新的病目,也有自己的阐述。典型的当然是隔句上尾和踏发声。隔句上尾最早应该由刘滔提出。隔句上尾和踏发声都先见于刘善经《四声指归》,《文笔十病得失》的一些例子也来自《四声指归》,但是《文笔十病得失》提出新例子进一步说明。关于隔句上尾,《文笔十病得失》后半举鲍照《河清颂序》之例:"善谈天者,必征象于人;工言古者,必考绩于今。"此例"人"与"今"同声,犯隔句上尾。关于踏发声,《文笔十病得失》前半举例:"聚敛积宝,非惠公所务。记恶遗善,非文子所谈。阴虬阳马,非原室所构。土山渐台,非颜家所营。"《文笔十病得失》后半举任孝恭书之例:"昔锺仪恋楚,乐操南音;东平思汉,松柏西靡。仲尼去鲁,命

257

曰迟迟;季后过丰,潸焉出涕。"前例第四句末字"谈"和第八句末字"营"同平声,后例第四句末字"靡"和第八句末字"涕"同上声,犯踏发声。

关于笔之病,《文笔十病得失》也有一些新说。

比如关于鹤膝。《文笔十病得失》前半说:"如是皆次第避之,不得以四句为断,若手笔得故犯,但四声中安平声者,益辞体有力,如云:'能短能长,既成章于云表。明吉明凶,亦引气于莲上。'"后半又说:"其鹤膝,近代词人或有犯者,寻其所犯,多是平声。"它举了温子升《寒陵山碑序》、邢劭《高季式碑序》、魏收《文宣谥议》为例,这些作品,都犯笔之鹤膝。它又引文人刘善经云:"笔之鹤膝,平声犯者,益文体有力。"前面我们说过,刘善经不但允许一部分文体犯平声鹤膝,而且认为益文体有力。但是《文笔十病得失》后半接着说:"岂其然乎? 此可时复有之,不得以为常也。"看来,《文笔十病得失》的作者并不赞成刘善经的观点,并不赞成可以不避平声鹤膝。它是认为,偶尔不避是可以的,但作为常则,均须避鹤膝,不论平声还是仄声。这看出对同一病说,当时已有了不同看法。

比如《文笔十病得失》前半"上尾",说:"又诸手笔,第二句末与第三句末同声,虽是常式,然止可同声,不应同韵。"《文笔十病得失》后半又说:"其双声叠韵,须以意节量。若同句有之,及居两句之际而相承者,则不可矣。同句有者,还依前注。其居两句际相承者,如任孝恭书云:'学非摩揣,谁合赵之连鸡。但生与忧偕,贫随岁积。''鸡'与'偕'相承而同韵,是其类也。又徐陵《劝进表》云:'蚩尤三冢,宁谓严诛。''诛''冢'相承,双声是也。"这二段论述应该放在一起分析。前一段说,手笔第二句末与第三句末止可同声不应同韵,后一段所引任孝恭书之例,正是第二句末与第三句末同声而同韵,不过后一段说的是两句之际相承不可叠韵,并且同句有之也不可。它说:"同句有者,还依前注。"这个"前注"已不可见,想来同句有之只是一般的大韵。这实际是把大韵和上尾合在一起讨论。第二句末与第三句末同声又同韵,即是上尾,也是大韵。至于徐陵《劝进表》之例,诛与冢同为双声,这已是傍纽的问题。双声即犯傍纽,这已是老问题。但它这里提出,"若同句有之,及居两句之际而相承者,则不可矣。"意外之意,不是同句有之,而是两句有之则可。居两句之际而相承则不可,如果居两句之际而不相承者是可。所谓居两句之际而相承,从举例来看,是说两个双声字同在句末,同在一个位置上。同在一个位置上,双声相承则不可,如果不在同一个位置上则可。作者说:"其双声叠韵,须以意节量。"所谓以意节量,就是可以根据具体情况灵活处理。同句有双声或叠韵则不可,居两句之际而双声叠韵相承则不可,此外则可。这就是以意节量。这是傍纽大韵之新说。这种新的说法或说规则,是针对特定情形来的。这说明,声病说提出之后,针对种种复杂情况,人们又提出种种权宜的办法。因为有些声病之说,实在束缚太大,特别是傍纽之病,因为双声字随处可见,也就触处犯病。有了这条新规定,束缚就小多了。了解这一点,就可以了解当时创作与声病关系的很多问题。关于创作与声病的关系,下面还要专门讨论。

比如"大韵",《文笔十病得失》前半说:"凡手笔之式,不须同韵,或有时同韵者,皆是笔之逸气,如云:'握河沈璧,封山纪石,迈三五而不追,践八九之遥迹。'"璧、石、迹均为昔韵。一般说来,笔之文体是不需要押韵的,至多隔句押韵。既然如此,如果押韵了,或者是连句押韵,实际上就犯了大韵。正是针对这种情况,《文笔十病得失》的作者提出手笔不但有时可以同韵,而且同韵是笔之逸气。这是针对创作中出现的复杂情况提出的又一权宜办法。论笔之声病而涉及笔之逸气,又说明人们并不孤立地看待声病,而是把它和作品整体风格精神联系起来,把它看作作品审美的一个有机部分。了解了这一点,就可以理解,齐梁以来为什么一方面提出声病之说,一方面又犯自己提出来的声病,就因为他们的着眼并非只有声病。

《文笔十病得失》前半还有一段论述:"赋颂有第一、第二、第三、第四或至第六句相随同类韵者。如此文句,倘或有焉,但可时时解镫耳,非是常式。五三文内,时一安之,亦无伤也。又,辞赋或有第四句与第八句而复韵者,并是丈夫措意,盈缩自由,笔势纵横,动合规矩。"从前后文看,这里所谓同类韵,就是同韵,并且是指押韵,并不是指隔字叠韵的大韵小韵之类。如果这一理解不错,那么,这里说的就是赋颂连韵的问题。一连六句押同一韵而不转韵,在作者看来,非是常式。这样理解,所谓时时解镫,也就是如维宝笺所说的,时时可替用韵,这当然可以说是转换风格,但转换的是押韵风格①。至于"五三文内",也当如维宝笺所说,指五韵三韵连续之内,而不是指五言句、三言句。因为这里讲的是赋颂之韵的问题,赋颂主要的不是五言句和三言句,而且从前后文看,作者所说的是韵的问题,而不是句式问题②。刘勰《文心雕龙·章句篇》曾谈到改韵从调的问题,以为两韵辄易,则声韵微躁,百句不迁,则唇吻告劳。刘勰主张转韵要折之中和。《文笔十病得失》前半这段话,说的应该也是这个意思。就是说,赋颂之作,三句五句乃至六句押同一韵,偶而为之是可以的,但不是常式,应该时时变换押韵,所谓时时解镫。至于后半一句,也是说的押韵,但针对的是踏发声的问题。辞赋第四句末与第八句末同声本犯踏发声。但这里说辞赋或有第四句与第八句而复韵者,并是丈夫措意,盈缩自由,笔势纵横,动合规矩。复韵即押韵,押韵必然同声,就赋颂来说,第四句末与第八句末押韵并同声是常有的事,而第四句与第八句末同声必然犯踏发声。这是一个矛盾。声病说的提出经常与创作实践发生矛盾。发生矛盾,人们就要提出解决办法,权宜之策。这里提出的,就是押韵情况。一般情况,赋颂第四句末与第八句末押韵并同声是常有的事,而第四句与第八句末不得同声,同声则犯踏发声。但如果是因押韵而同声,则可以灵活掌握。用作者的话说,可以盈缩自由。由此也想到,前面何以要提出五三之文,六句之外,不能同韵,要时时解镫即换韵。时时换韵,正是为了解决第四句与第八句末同声的问题,因为六句之外,就是八句,而到了八句,押同一韵,必然犯踏发声之病。这是为解决声病与创作实践矛盾而提出的新办法。

---

① 维宝《文镜秘府论笺》:"时时,可替用韵也。"兴膳宏《文镜秘府论译注》:"解镫,这个场合大概是指转换风格。"参《文镜秘府论汇校汇考》相关考释。
② 兴膳宏《文镜秘府论译注》:"'五三'大概是指五言句、三言句。"说当有误。参《文镜秘府论汇校汇考》相关考释。

《文笔十病得失》后半最后一段更值得注意。作者先说:"然声之不等,义各随焉。"声与义相随,这让我们知道,当时的调声论者,声病论者,考虑的不仅仅是"声",同时还考虑"义"。他们是声、义并举,声中有义,义以声显。接着说:"平声哀而安,上声厉而举,去声清而远,入声直而促。"读沈约《答甄公论》,我们知道有春夏秋冬季比四声之象之说,所谓春为阳中,德泽不偏,即平声之象等等。这里说的平声哀而安云云,是我们所见到的最早的关于四声调值描述第二段材料。这里的四声调值描述,正是声义相随。作者正是用这样声义相随的思想,考察调声问题,而又把调声问题和文章体貌联系起来。作者说:"词人参用,体固不恒。"所谓"体",是体貌风格,所谓体固不恒,是说不同的声调,不同的调声方法,影响文章不同的体貌。所谓声义相随,在这里具体体现为文章体貌。作者接着说:"请试论之:笔以四句为科,其内两句末并用平声,则言音流利,得靡丽矣;兼用上去入者,则文体动发,成宏壮矣。"并用平声,则言音流利,得靡丽之风;兼用上去入,则文体动发,成宏壮之貌,正说明参用四声,体固不恒,说明调声用声和文章体貌有密切关系。接着举了徐陵和魏收的例子。前例徐陵《定襄侯表》云:"鸿都写状,皆旌烈士之风;麟阁图形,咸纪诚臣之节。莫不轻死重气,效命酬恩;弃草莽者如归,膏平原者相袭。"注:"上对第二句末'风',第三句末'形';下对第二句末'恩',第三句末'归',皆是平声。"后例魏收《赤雀颂序》云:"苍精父天,铨与象立;黄神母地,辅政机修。灵图之迹鳞袭,天启之期翼布;乃有道之公器,为至人之大宝。"也有注:"上对第二句末'立',第三句末'地';下对第二句末'布',第三句末'器':皆非平声是也。"这里的注,让人想起南卷《论体》也是一段正文,一段注文。类似的格式,让人怀疑,《文笔十病得失》后半取《笔札华梁》之文,而《文笔式》加注,就是说,正文原出《笔札华梁》,而注文出《文笔式》。正文注文都被编入《文笔式》。这和南卷《论体》以及东卷《笔札七种言句略》格式一样。这里说,上对第二句末,第三句末;下对第二句末,第三句末,说的都是第二句末和第三句末,这又让人想起《文笔十病得失》前半"上尾"所说:"又诸手笔,第二句末与第三句末同声,虽是常式,然止可同声,不应同韵。"说的都是第二句末与第三句末。前面说笔以四句为科,其内两句末如何,所谓"两句末",具体就指第二句末与第三句末。前面我们看八病之说,说的都是一句之内(如蜂腰),二句之内(如平头、上尾,以及韵纽病),还有第一句末和第三句末(如鹤膝)。即使隔句上尾,说的也是第二句末和第四句末,踏发声说的是第四句末和第八句末。这里提出第二句末与第三句末,提出的应该是一个新的调声问题。从一句之内到二句之内,到第二句末和第四句末,第四句末和第八句末,再提出第二句末与第三句末,基本上的句式都注意到了。作者接着说:"徐以靡丽标名,魏以宏壮流称,观于斯文,亦其效也。"徐陵文风靡丽,魏收文风宏壮,这是我们所知道的。但是作者这里提出,徐以靡丽标名,是因为内两句末并用平声,魏以宏壮流称,是因为他兼用上去入,这却是一个新的问题。这让人想起刘滔的平声赊缓,有用处最多的说法。刘滔为南朝人,或者因为南朝人文风平和流丽,因此多用平声,因此说平声赊缓,有用处最多,徐陵因此内二句末用平声而得靡丽。还可以联想到再一点。南朝人诗作犯病多犯平声。诗作犯病多犯平声,是不是也与他们认为平声赊缓,有用处最多,与他们文风追求平和流丽有关呢?前面刘善经提出,笔之鹤膝,平声犯者,益文体有力,说其鹤膝,近代词人或有犯者,寻其所犯,多是平声;后来元兢提出,蜂腰平声非病(见西卷《文二十八种病》"第三蜂腰"),是不是也与此有关呢?这涉及到调声与文风的关系问题。这应该是六朝至唐人声病说者关注的一个问题,至少是考察过这一问题。至于北朝人,文风追求宏壮,按照这里的说法,也与他们兼用上、去、入声有关。这又涉及到另一个大问题,即不同的调声方法,与南北不同的文风追求有关,或者说,南北不同文风的形成,和他们不同的调声方法有关。作者接着说:"名之曰文,皆附之于韵。韵之字类,事甚区分。缉句成章,不可违越。若令义虽可取,韵弗相依,则犹举足而失路,抃掌而乖节矣。"这里所谓"韵",包括前面所说的"声"。声义相随,不可分割。不能只是义有可取,而韵弗相依。声义相随相依,而所谓义,又包括文风的追求。不同的文风,表现为不同的调声要求。

这是作者的基本思想。作者最后说："故作者先在定声,务谐于韵,文之病累,庶可免矣。"要避免病累,注意病累。但注意病累,先要注意定声谐韵。而按照前面的论述,声义相随相依,病累与调声相关,也与文义相关,与文风相关。这已是从宏观的视野,从整体调声,整体文风的高度看待病累。《文笔十病得失》后半最后一段,实在透露出非常重要的信息。

要之,典出和可能典出《文笔式》的这些材料,关于声病说,保存了很丰富的思想。

第五节 《文笔式》创作论

《文镜秘府论》南卷的《论体》《定位》,当属《文笔式》。这二篇涉及创作论的一些问题。

一、《论体》风格体貌论研究

《论体》是论文章风格体貌。其大旨是提出博雅、清典等六种体貌风格,以及颂、论等十二种文体不同的风格要求,以及在写作时可能出现的相应的六种偏失。论文章风格体貌,前人早有之。曹丕《典论·论文》和陆机《文赋》早有涉及,刘勰《文心雕龙》的《体性》篇和《定势》篇更是这方面的专论。体貌分类,风格与文体的关系,《文笔式》的《论体》基本上是顺着这个思路来的。

但是它也有不同。

风格分类和解释不同。《文心雕龙·体性》论及典雅、远奥、精约、显附、繁缛、壮丽、新奇、轻靡八种风格。而这里则论及博雅、清典、绮艳、宏壮、要约、切至六种风格。要约和精约,切至和显附,宏壮和壮丽有相似之处,而解释不同。《论体》的博雅和清典与《文心雕龙》的典雅名称相近,实际内容有异。《文心雕龙》的典雅只说"熔式经诰,方轨儒门",而《论体》的博雅则说还说"褒述功业,渊乎不测,洋哉有闲",清典则说"敷演情志,宣照德音,植义必明,结言唯正"。《论体》的博雅也和《文心雕龙》"馥采典文,经理玄宗"的远奥有别。《论体》的绮艳是"体其淑姿,因其壮观,文章交映,光彩傍发",和《文心雕龙》轻靡的"浮文弱植,缥缈附俗"也并不相同。

各种文体的风格要求也不一样。《论体》以"颂"、"论"为博雅,而《文心雕龙·定势》以"颂"为清丽,"论"为覈要,陆机《文赋》以"颂"为"优游以彬蔚","论"为"精微而朗畅"。《论体》以"铭"为清典,而《文心雕龙·定势》以"铭"为宏深;《文赋》以"铭"为"博约而温润"。《论体》以"檄"为宏壮,《文心雕龙·定势》以"檄"为明断。《论体》以"表"为要约,《文心雕龙·定势》以"表"为典雅。《论体》以"箴"为切至,而《文心雕龙·定势》以"箴"为宏深,《文赋》以"箴"为"顿挫而清壮",等等。

但是更主要,是《论体》在提出六种风格及和各种文体的关系的基础上,又提出了所谓"六失"。也就是"博雅之失也缓,清典之失也轻,绮艳之失也淫,宏壮之失也诞,要约之失也阑,切至之失也直"。《论体》对这"六失"都有具体的解释。"六失"和对它的解释,《文心雕龙》也好,陆机《文赋》也好,都是没有过的。

这说明,《论体》并非只有因袭,在一些问题上,《论体》作者有它自己的考虑。它是按照自己的想法进行风格归类和解释,提出各种文体不同的风格要求。

有的可能是各自的侧重点有所不同。比如,"颂",《文心雕龙》和《文赋》均侧重艺术表现,因此一以清丽为羽仪,一求其优游以彬蔚,而《论体》可能强调其名功业的内容,因此侧重其体制的弘大博雅。比如"檄",《文心雕龙》可能侧重其所论,因此强调楷式乎明断,而《论体》则侧重其震慑敌方的气势,因此强调其宏壮,以为壮则可以威物。

有些可能《论体》所述更符合文体要求。比如"诔"。《文心雕龙》对"诔"的要求和箴、铭、碑一样,都是"体制于宏深"。"诔"这种文体而求之于"宏深",其实有点不可解。相比而言,《典论·论文》说"铭诔尚实",侧重内容事实的真实,倒比较恰当。而《文赋》说"诔缠绵而凄怆",《论体》

也说："箴陈戒约,诔述哀情,故义资感动,言重切至也。"可能更符合这种文体的风格要求。

《论体》对一些风格的具体解释,可能时或也体现着一种时代精神。《文心雕龙》论典雅,只说"熔式经诰,方轨儒门",而《论体》论博雅则还说"褒述功业",论清典,则还说"宣照德音"。《文心雕龙》和《文赋》论诗赋,只说"羽仪乎清丽",只说"诗缘情而绮靡,赋体物而浏亮",《论体》说"陈绮艳,则诗、赋表其华",而"绮艳"的解释,也有"因其壮观"。《文心雕龙》论壮丽,只说"高论宏裁,卓烁异采",《论体》论宏壮,则还说"纵气凌人,扬声骇物"。讲功业,德音,强调壮观,纵气凌人,这是以前风格论中没有的。这当中似乎暗含着一种时代的信息。我比较相信《文笔式》作于初唐。这时虽然还不及盛唐之盛,但也贞观之世已足于显示前所未有国力功业之盛。士风虽然还没有盛唐种高扬明朗,但也有了陈子昂那样高倡汉魏风骨的慷慨之声。在这种时代背景之下,强调功业德音,强调壮观纵气,不是很自然的吗?

《论体》有的地方还带有一点艺术辩证法的思想。它提出"六宜",又提出"六失",说："博雅之失也缓,清典之失也轻,绮艳之失也淫,宏壮之失也诞,要约之失也阑,切至之失也直。"就是说,每一种风格都有一个度,合于这个度,就是宜,超过这个度,就是失。既要博雅又不要失之缓,既要清典,又不要失之轻,既要绮艳,又不要失之淫,等等。这就包含一种艺术辩证法的思想。

但是更值得注意的,我以为还在另外一点。它不像《文心雕龙》那样更多地带有理论探讨的性质。侧重在理论探讨,因此讨论体和性的关系,讨论才气学习和文章风格的关系,说明八体屡迁,功以学成,才力居中,肇自血气,气以实志,志以定言,吐纳英华,莫非情性,讨论因情立体,即体成势,说明循体成势,随变立功。《论体》更多地带有创作指导性质,带有文术的性质,因此更多地考虑创作的问题,考虑文章本身的作法问题,考虑怎么在文章中把这种风格表现出来。因此它对每一种文体及其风格本身的特点和写法说得比较多。它说博雅,是"颂、论为其标",是

"颂明功业,论陈名理,体贵于弘,故事宜博,理归于正,故言必雅",是从文体特点来说明为什么要体现博雅的风格。它说清典,是"铭、赞居其极",是"铭题器物,赞述功德,皆限以四言,分有定准,言不沈遁,故声必清;体不诡杂,故辞必典",说宏壮,是"诏、檄振其响",是"诏陈王命,檄叙军容,宏则可以及远,壮则可以威物",等等,都说得很具体,都具体地从文体特点来说明为什么要体现这种风格。因此它提出"六失"。"六宜""六失"包含艺术辩证法思想,但它只是用这种思想来分析指导创作,说明创作中应该注意哪些问题。它的落足点不是理论的抽象,而在实际的创作,在创作中具体把握一个度,把文章写好。所以它的解释特别具体。比如它说博雅之失也缓,什么是缓? 它解释说:"体大义疏,辞引声滞,缓之致焉。"什么是疏,什么是滞? 它又注解说:"文体既大而义不周密,故云疏;辞虽引长,而声不通利,故云滞也。"比如它说清典之失也轻,什么是轻? 它解释说:"理入于浮,言失于浅,轻之起焉。"而什么是浮,什么是浅呢? 它又进一步注解说:"叙事为文,须得其理,理不甚会,则觉其浮;言须典正,涉于流俗,则觉其浅。"这种解释,其实是要人们要具体创作中注意哪些问题。比如它说宏壮之失也诞,就说:"制伤迂阔,辞多诡异,诞则成焉。"说:"宏壮者,亦须准量事类,可得施言,不可漫为迂阔,虚陈诡异也。"就是说,既要写得宏壮,又不要伤于迂阔和诡异。比如它说要约之失也阙,便说:"情不申明,事有遗漏,阙因见焉。"说:"谓论心意不能尽申,叙事理又有所阙焉也。"就是说,既要写得要约,又要使心意尽申,事理无阙。比如它说切至之失也直,便说:"体尚专直,文好指斥,直乃行焉。"又说:"谓文体不经营,专为直置;言无比附,好相指斥也。"就是说,既要写得切至,又要经营文体,言有比附。这都是具体说明创作中要注意什么什么,着眼的是每一种风格的具体写法,而不是一般性的理论问题。与其说它讲的是风格,不如说它讲的是创作,风格论转为创作论,理论问题转为实际创作问题。

这或者就反映了诗论发展的一种趋势,一种由理论向实用转化的趋势。不是侧重于一般性的理论探讨,而是着眼于具体创作问题,把一般性的理论实用化,具体化为文章作法,以更便于操作写作。这或者就是当时诗论的一个趋势。当时上官仪的《笔札华梁》、崔融的《唐朝新定诗格》、元兢的《诗髓脑》、王昌龄的《诗格》、皎然的《诗议》就是这样,从《文心雕龙》到唐代诗论,这是一种趋势,《文笔式》的《论体》也处在这种趋势之中。

二、"定位"论研究

南卷所引,从"凡作文之道,构思为先"到"其在用至少,不复委载也",为《定位》。标题"定位"虽然置于中间,但前后内容当属一个整体,都是论"定位"问题。

"定位"的所谓"位",是指构成文章的各种因素。所谓"定位",就是指确定各种因素在文章中的位置,既指情思、事理等内容因素的安排布置,而特别是指篇、章、句等的构成安排。"定位"讨论的是文章构成、谋篇布局。

这一问题,刘勰《文心雕龙》,它的《熔裁》《章句》《附会》等篇,还有《文赋》早就讨论过。《定位》的很多具体论述,前人也都有了。比如《定位》说:"建其首,则思下辞而可承;陈其末,则寻上义不相犯;举其中,则先后须相附依。"这大体就是《文心雕龙·章句》所说的"原始要终,体必鳞次,启行之辞,逆萌中篇之意,绝笔之言,追媵前句之旨"的意思。《定位》说:"心或蔽通,思时钝利,来不可遏,去不可留。"这是陆机《文赋》"若夫应感之会,通塞之纪,来不可遏,去不可止"的意思。《定位》说,如果情性烦劳之时,则不若韬翰屏笔,待心虑更澄,方事连缉,这不仅是"作文之至术",也是"养生之大方",这是《文心雕龙》《养气》篇"清和其心,调畅其气,烦而即舍,勿使壅滞"和《神思》篇"是以秉心养术,无务苦虑,含章司契,不必劳情也"的意思。《定位》说"叙事以次",说"叙事理须依次第,不得应在前而入后,应入后而出前,及以理不相干,而言有杂乱者",这也就是《文心雕龙·章句》所说的"搜句忌于颠倒,裁章贵于顺序"的意思。《定位》说的"义须相接",也就是《文心雕龙·章句》所说的"外文绮交,内义脉注"的意思。《定位》说"善申者,虽繁不得而减;善合者,虽约不可而增",这也就是《文心雕龙·熔裁》说的"善删者字去而意留,善敷者辞殊而意显"的意思。《定位》说"篇既连位而合,位亦累句而成",也就是《文心雕龙·章句》所说的"积句而成章,积章而成篇"的意思。

但是,就具体内容来说,《定位》也有它自己值得注意的地方。

《定位》谈到定制的问题。文章体制大小问题,《文心雕龙》也注意到了,但并没有说到怎样确定文章体制的大小。其《神思》篇只说:"文之制体,大小殊功。"《章句》篇也只说:"夫裁文匠笔,篇有大小。……随变适会,莫见定准。"《附会》篇说"宜正体制",说的只是"必以情志为神明"等等,并不是确定体制大小。《定位》则谈到了这一问题。它说:"先看将作之文,体有大小。"它谈到二点,一是,"若作碑、志、颂、论、赋、檄等,体法大;启、表、铭、赞等,体法小也。"二是,"又看所为之事,理或多少。体大而理多者,定制宜弘,体小而理少者,置辞必局。"它说:"须以此义,用意准之,随所作文,量为定限。"这就明确提出标准,一看文体,二看事理,由此来确定文章体制。

《定位》还详细谈到句式长短与声之缓促的关系,以及句式长短的不同之用的问题。这一问题,《文心雕龙·章句》篇有所涉及,但比较简单。关于句式缓促,只说:"四字密而不促,六字格而非缓。"关于句式变化,只说:"或变之以三五,盖应机之权节也。至于诗颂大体,以四言为正。"后来说到"寻二言肇于黄世,《竹弹》之谣是也,三言兴于虞时,'元首'之诗是也。四言广于夏年,'洛汭'之歌是也"以至五言六言云云,但只是客观地说明句式随时代而变,并没有涉及具体写作时不同句式如何变化运用的问题。这方面问题,《定位》则谈得非常细致。它注意到文章中句式长的有的超过十字,短的有的只有二个字。它说:"句既有异,声亦互舛,句长声弥缓,句短声弥促。"具体来说,"七言已去,伤于大缓,三言已还,失于至促;准可以间其文势,时时有之。至于四言,最为平正,词章之内,在用宜多,凡所结言,必据之为述。至若随之于文,合带而以相参,则五言、六言,又其次也。"从三言、四言,到五言、六言、七言,这些基本句式的声调缓促情况说得一清二楚。它又说,长短不同,声调缓促不同的句式,"施于文笔,须参用焉",说:"至如欲其安稳,须凭讽读,事归临断,难用辞穷。言欲安施句字,须读而验之,在临时断定,不可预言者也。"要参而用之,要凭讽读来断定,这是一个原则。再一个原则,是要有所变化。它说:"然大略而论,忌在于频繁,务遵于变化。若置四言、五言、六言等体,不得频繁,须变化相参用也。"具体来说,"假令一对之语,四句而成,便用四言,以居其半,其余二句,杂用五言、六言等。"还有,"或经一对、两对已后,乃须全用四言,既用四言,又更施其杂体。"这是四言、五言、六言。还有,"其七言、三言等,须看体之将变,势之相宜,随而安之,令其抑扬得所。"要有变化,令其抑扬得所,这是一个原则。句式长短还要考虑文体。"然施诸文体,互有不同:文之大者,得容于句长;文之小者,宁取于句促。"具体来说,"若碑、志、论、檄、赋、诔等,文体大者,得容六言已上者多","若表、启等,文体法小,宁使四言已上者多也"。这可以说又是一个原则。这又与文章表现的对象和内容有关。它说:"细而推之,开发端绪,写送文势,则六言、七言之功也;泛叙事由,平调声律,四言、五言之能也;体物写状,抑扬情理,三言之要也。"这可以说是又一个原则。它说:"虽文或变通,不可专据,叙其大抵,实在于兹。"要之,句式长短与声调缓促有密切关系,长短不同的句式要参而用之,要根据不同文体,不同表现对象和内容有所变化,每一种文体和表现内容都有适合的句式。可以说,在文学批评史上,关于句式长短在文章中的运用,没有比这论述得更为详细的了。

《定位》处处把谋篇布局和声调声韵结合起来考虑。章句安排和声韵的关系,《文心雕龙·章句》篇也涉及到了,说:"若乃改韵从调,所以节文辞气。"这是说,诗中转韵,和情调一致,所以调节辞气。而《定位》谈得更为细致,具体。《定位》说:"若文系于韵者,则量其韵之少多。"这是说,韵有宽窄,作文要考虑这一点,如果文章体制宏大,又要押韵,就要选择较宽的韵。如果若韵窄而文长,又须一韵到底,显然就不行。前面说的句式长短和声之缓促的关系,就是从声韵角度来考虑。它说:"至如欲其

269

安稳,须凭讽读,事归临断,难用辞穷。"这是说,文章到底用什么句式,有时不能完全说清,需要讽读来断定。它说,作文要四言和五言等"循环反覆,务归通利",这里的"通利"就是声韵的通利。它说,有的时候,讽读下来,觉得不便,就需要回避修改("然之、于、而、以,间句常频,对有之,读则非便,能相回避,则文势调矣")。它说,不同句式,要"随而安之,令其抑扬得所"。这里说的,主要就是声调的抑扬得所。

与此相联系,《定位》还把章句安排和"势"结合起来考虑。它处处谈到"势"。它说的"势",主要是声调节奏的律动趋势,是一种声势。它论定位"四术",其中之一是"势必相依",也就是"上科末与下科末,句字多少及声势高下,读之使快",是声势高下相依的问题。它说句式长短声调缓促,要参而用之,比如七言过缓,三言至促,"准可以间其文势,时时有之"。它又说,文章四言为主,上下对内,四言与五言等可以参用,这样循环反覆,务归通利,而之、于、而、以等,不可频繁使用,"读则非便,能相回避,则文势调矣"。这二处的"文势",都主要指文章声调的节奏态势。它又说:"其七言、三言等,须看体之将变,势之相宜,随而安之,令其抑扬得所。"这也是把声调抑扬得所的态势。它又说,"附体立辞,势宜然也",这说的是文之大者,得容于句长,文之小者,宁取于句促,这里说的"势",是指句式长短而来的声调节奏态势,因附体立辞因这种声调节奏的态势而使之然。《定位》说的"势",有时也泛指整个文章的态势。它说:"开发端绪,写送文势,则六言、七言之功也。"整个文章的态势,在一开始就形成。文章用六言、七言平缓地开头,把这种文势平稳地写送下去。这可以是声调节奏的态势,也泛指整个文章的态势。

这些具体问题,反映了一定的创作经验,这种创作经验,有的带有一定的规律性。如何确定文章体制的问题是这样,句式长短与声之缓促的关系,以及句式长短不同之用的问题更是这样。句式长短和声调节奏的缓与促确实有密切关系,有些文章确实需要讽读才能知道其语气是否通利,声韵是否安稳。

有的即使从文学批评史的发展来看,也有不可忽视的意义。比如关于"势"的问题。文学上"势"的问题的最早提出,并始于《文笔式》。我们知道,《文心雕龙》有专门的《定势》篇,对"势"问题有细致论述。《文笔式·定位》的"势",和《文心雕龙》有联系,但又有不同。《文心雕龙》所谓"势",是因情立体,即体成势,是与体相应的内在的流贯的情感、义脉的力的流动,是指这种力的流动的统一的归趋态势。相比较而言,《文心雕龙》的"定势"提出更概括一些,更侧重于整体的美的构成过程中内在的力的流动的问题。而《文笔式·定位》论"势",提出更为具体一些。它主要指文章的声韵气势,语气节奏态势,是文气声调形成的节奏律动。《文心雕龙》论"势"自有其理论意义,但同时后代又确实有很多论文者注重文章的语气声势,声韵气势。这当中特别值得注意的是桐城派刘大櫆关于文章神、气、音节关系的论述。刘大櫆是重神气的,但又认为,文章要根据作者感情的抑扬顿挫、激昂或舒缓,在语言音节上有强烈的节奏感,这就是"音节"。神气要通过文章的音节体现出来,作者感情的抑扬顿挫、激昂或舒缓,要表现为语气音节上强烈的节奏感。他说:"音节高则神气必高,音节下则神气必下。故音节为神气之迹。""文章最要节奏。"重音节,因此重诵读,认为只有在诵读过程中才能深深地体会神气的特点。他讲文章,注重文气的贯通,讲声势,所谓"论气不论势,文法总不备"(《论文偶记》)。姚鼐概括散文的艺术要素,为"神、理、气、味、格、律、声、色",也注重行文的气势和声韵节奏的抑扬顿挫。桐城派重语气声势,从思想源流来看,与其说来自《文心雕龙》,不如说更接近于《文笔式·定位》的声韵气势之说。

就具体内容而言,《定位》有值得注意之处,就整体思路来说也是如此。

《文心雕龙》的基本思路,是理论总结,以创立体大思清的理论体系。《定位》的思路显然不在这里。它的思路在实用,在能更方便地指导实际创作。旨在建立理论体系,因此《文心雕龙》要把这些问题分章别述,《熔裁》一章,《章句》一章,《附会》一章。它是按照问题的逻辑归类来分别论述。《定位》则不一样,它是按照创作过程的先后顺序,按照创作思维的顺序来阐述。构思—定制—分位—连位—累句。构思为先，众理须会，建其首如何，陈其末如何，举其中如何。具体制文，先布其位，定其制。次乃分位，义别为科，而其为用有四术。科位虽分，文体终合。这时文大者应该怎样，文小者应该怎样，善申者应该怎样，善合者应该怎样。篇既连位而合，接着是累句而成。于是有句式的各种变化和关系，四言如何，五言、六言如何，等等。这个思路的一个很大特点，是便于实际操作，便于在实际写作中具体运作。

《文心雕龙》的宗旨在理论体系的建立，它谈的也是文术，也有具体作法之类，但更主要是原则性的阐述。《定位》的思路在实用，因此谈作文之法非常具体。它说作文体有大小，是具体到哪几种文体体法大，哪几种文体体法小都说到了。它说布位之用，是一二三四，具体分为四术，又是分理务周，又是叙事以次，又是义须相接，又是势必相依。而每一项，都有具体解释。分理务周是"谓分配其理，科别须相准望，皆使周足得所，不得令或有偏多偏少者也"，叙事以次是"谓叙事理须依次第，不得应在前而入后，应入后而出前，及以理不相干，而言有杂乱者"，等等。这简直就是对学生在做作文指导。它论句式长短与声之缓促的关系，更是从三言四言，到五言六言七言，一一都谈到。它谈文章句式的变化，是说："假令一对之语，四句而成，便用四言，以居其半，其余二句，杂用五言、六言等。"这已经够详细了，还要解释，说："谓一对语内，二句用四言，余二句或用五言、六言、七言是也。"后面还谈到其他情况，说："或经一对、两对已后，乃须全用四言。既用四言，又更施其杂体。"而且又有解释。简直有点不厌其烦。在这些地方，都不是原则性的分析，而是把创作中可能遇到的情况都一一估计到，并且说清楚。它是生怕人们不懂。这完全为了直接指导创作，让作文者一看就懂，一看就会。就像在办一个作文辅导班。论述同样的问题，但其宗旨和《文心雕龙》是大不一样的。

这就和前一节《论体》一样，反映了一种趋势，诗歌思想由理论向实用转化的趋势。为便于指导实际创作，因此把抽象的理论实用化，具体化，《论体》是这样，《定位》也是这样。

第十章　空海带回日本的几本书（四）
王昌龄《诗格》

王昌龄《诗格》明确是空海带回日本的。空海《献杂文表》载"《王昌龄集》一卷"，《书刘希夷集献纳表》："王昌龄《诗格》一卷，此是在唐之日，于作者边，偶得此书。古诗格等虽有数家，近代才子，切爱此格。"（《性灵集》卷四）。王昌龄(698?—756?)，字少伯，行大，郡望琅琊，京兆万年（陕西西安）人。事迹见《旧唐书》卷一九〇、《新唐书》卷二〇三本传、《唐诗纪事》卷四、《唐才子传校笺》卷二。本传云"有集五卷"，《新唐书·艺文志》别集类著录"《王昌龄集》五卷"，北宋《崇文总目》卷五载"《王昌龄诗》一卷"，南宋《郡斋读书志》卷四上集部别集类载"《王昌龄诗》六卷"，《新唐书·艺文志》总集类载"王昌龄《诗格》二卷"，陈振孙《直斋书录解题》卷二二文史类载"《诗格》一卷，《诗中密旨》一卷，唐王昌龄"，《唐才子传》卷二王昌龄传："有诗集五卷，又述作诗格律境思体例共十四篇，为《诗格》一，又《诗中密旨》一卷及古乐府解题一卷，今并传。"《日本国见在书目》："《诗格》三卷"，不著撰人。《文镜秘府论》天卷《调声》，地卷《十七势》《六义》、南卷《论文意》俱存王氏说。

第一节　王昌龄《诗格》的基本内容是可靠的

王昌龄《诗格》是空海带回日本，并编入《文镜秘府论》的一部重要著作。关于王昌龄《诗格》原典的考证,有些成果和问题可以肯定下来①,此外可以提出一些新的问题。

从前引空海《书刘希夷集献纳表》,知道空海入唐亲眼见到并且得到了题名为"王昌龄《诗格》"的著作,这是无可怀疑的。王昌龄遇害而死在安史之乱(755年)之后,空海入唐在804年,相距不过50年,而且他又是"于作者边"得到此书,他所得到的王昌龄《诗格》,可能会有后人掺入某些东西,但基本内容应该是可靠可信的。

皎然《诗式》卷二"池塘生春草,明月照积雪"说:"王昌龄云:'日出而作,日入而息。'谓一句见意为上。"皎然生于720年,王昌龄遇害而死如果在756年,则皎然已经36岁。他与王昌龄曾经同时。《诗式》编定在贞元五年(789),而它的草本于贞元初(785)已完成,这时距王昌龄遇害而死不到30年。皎然的记述应该是可靠的。而同样的论述,《文镜秘府论》南卷《论文意》也有②,二者正相吻合。南卷《论文意》强调"简小直置",也与"一句见意"的思想相合。地卷《十七势》和南卷《论文意》前半大量引王昌龄诗作,凡35次,其中地卷《十七势》29次,南卷《论文意》6次,引诗32首(其中3次重复引用)。他的创作正可和其理论相印证。地卷《十七势》引王氏诗,屡次称"昌龄",这是自己论文引自己之作的称呼,他的《上李侍郎书》③,就是屡次自称"昌龄"。地卷《十七势》,《文镜秘府论》各传本有"王氏论文曰",或注"王氏论文云御草本如此"云云,或在"十七势"标目之下注"王"字,南卷《论文意》的前半,即开头至"思之者德之深也"("或曰夫诗有三四五六七言之别"之前),宫内厅本于这段文字开头注"王氏论文云",这是保留的空海草本的痕迹。说明空海编撰《文镜秘府论》之时,这几段材料引自王昌龄。地卷《十七势》,南卷《论文意》

---

① 关于王昌龄《诗格》的原典,此前有不少研究成果,小西甚一《文镜秘府论考》、中泽希男《文镜秘府论札记》《王昌龄诗格考》、王梦欧《王昌龄生平及其诗论》、兴膳宏《王昌龄的创作论》、傅璇琮、李珍华《谈王昌龄的〈诗格〉》、张伯伟《全唐五代诗格汇考》等。
② 南卷《论文意》:"古诗云:'日出而作,日入而息,凿井而饮,耕田而食。'当句皆了也。"
③ 《全唐文》卷三三一。

的前半，应该就是引自王昌龄《诗格》。地卷《六义》中"王云"的部分，也当出王昌龄《诗格》。

天卷《调声》开头"或曰凡四十字诗"至"上去入相近是诗律也"，也当为王昌龄《诗格》。各家的分析是对的①。从内容推测，《调声》这一部分多处与南卷《论文意》等处的王昌龄说相合②。比如，都强调天真天然，强调识题目中意，强调左穿右穴，不可拘检，强调作语不得辛苦，意高则格高，强调用字有轻有重，有重中轻，有轻中重。从论述方式看，和南卷《论文意》一样，都是前半为王昌龄说，后半为皎然说。

天卷《调声》自"五言平头正律势尖头"以下至"花里寻师到杏坛"一段，情况稍有不同。这一段，引皇甫冉《独孤中丞筵陪韦使君赴昇州》。这里所写的"独孤中丞"为独孤峻，峻于乾元元年(758)至二年为越州刺史、浙东节度使，加御史中丞。"韦使君"为韦黄裳，裳于至德二载(757)至乾元元年为昇州刺史。皇甫冉此诗当作于乾元元年。又引钱起《献岁归山》诗，诗又见《全唐诗》卷二三七，题作《岁初归旧山》，校曰："一本题下有酬寄皇甫侍御六字，又作《南岁初归旧居酬皇甫侍御见寄》。"这里的"皇甫侍御"，当为皇甫曾。曾于大历元年(766)为侍御史。又引陈闰《罢官后却归旧居》，闰于大历五年(770)登明经第，六年中茂才异等科，后官至坊州鄜城县令。诗云"何必劳州县，驱驰效一官"，就指他曾任鄜城县令。诗题"罢官"，说明诗作于罢官之后，至少当作于大历六年(771)之后。又引张谓《题故人别业》诗。张谓为天宝二年进士，如果诗为张谓年轻时所作，则可能为王昌龄所见，但张谓于天宝十三、四载始入安西四镇节度使封常清幕，乾元元年(758)始为尚书郎。诗题《题故人别业》，诗云"平子归田处"，则所题之故人当为仕后归隐，张谓此诗也当作于为仕之后，当在乾元元年(758)之后。又引皇甫冉《秋日东郊作》，诗云"浅薄何时称献纳"，则当作于大历二年(767)至五年(770)皇甫冉为左拾遗、左补

---

① 有中泽希男《文镜秘府论札记》、小西甚一《研究篇》、王利器《文镜秘府论校注》引任注、兴膳宏《文镜秘府论译注》等。
② 中泽希男《文镜秘府论札记》已有详细分析。

阙时。所谓"献纳",就是任此职时献忠言以供采纳。又引钱起《幽居春暮书怀》。诗当作于乾元二年(759)至广德二年(763),钱起为蓝田尉时。钱起在蓝田谷口有别业,他的《谷口新居寄同省朋故》《晚归蓝田旧居》《蓝溪休沐寄赵八给事》对谷口别业景色有描写,《幽居春暮书怀》一诗所写的正是谷口别业景色。他在别业曾新种花药,写有《山居新种花药与道士同游赋诗》,《幽居春暮书怀》一诗所写的"药栏",就指他在山居别业新种的花药。就是说,这些诗,都作于王昌龄卒后,最晚的作于大历六年(771)之后。这些诗人,钱起为湖州人,皇甫冉为润州丹阳人,陈闰为苏州人,多为江南人。王昌龄曾为江宁丞,他的《诗格》曾在江南一带流传。天卷《调声》的这一段,可能为大历六年之后或人所作,也可能题名仍为王昌龄,或王昌龄《诗格》原有相关的内容,在流传过程中,后人又补充一些新诗例。由空海补辑进去的可能性不大[①],可能是由王昌龄后来的人,也可能是他的门人,补辑编录而成。

第二节　王昌龄《诗格》调声说

收入《文镜秘府论》的王昌龄《诗格》,一个重要内容,是调声说。王昌龄调声说,主要在天卷,"调声"一节前半,此外南卷《论文意》前半也有。

一、轻重辨音之说

王昌龄调声说,是针对五言而言的。他说:"凡四十字诗,十字一管,即生其意。"所谓"四十字诗",就是五言八句诗,当然,他也说十二句诗,十四句诗,二十句诗,他所说的"六十、七十、百字诗"。他的调声说,就是针对这样的五言诗而言。他说十字一管,又说二十字一管,说的是诗意的变化,或二句一变,或四句一变,而这变化,也是音律节奏的变化。诗

[①] 李珍华《王昌龄研究》认为由空海补辑,笔者认为由空海补辑的可能性不大。

意诗情和声律节奏的变化要相谐调。这应该是调声说的题中之义。他的调声说又是他的格调说的一个重要内容。《论文意》他说："凡作诗之体，意是格，声是律，意高则格高，声辨则律清，格律全，然后始有调。"《调声》也说："意高为之格高，意下为之下格。律调其言，言无相妨。""律调其言"，正是为了律清格高。

王昌龄的调声说，是从语音辨析开始的。他说：

> 且庄字全轻，霜字轻中重，疮字重中轻，床字全重，如清字全轻，青字全浊。

这段话是很可注意的。庄、霜、疮、床四字，就声调而言，均属下平声，就韵而言，均属阳韵，就声母而言，均属齿音，何以有全轻、全重，轻中重、重中轻之分？清、青二字，就声调而言，均属平声，就声母而言，均属齿音清母，何以一个全轻，一个全浊呢？

比较合理的解释，庄、霜、疮、床四字，是从声母的发音方法来区别的。他是以声纽清音为轻，浊音为重，不送气音为轻，送气为重，擦音的气流较塞音、塞擦音稍强一些，噪音感重一些，因此也为重。"庄"字照纽，全清塞擦音不送气，故为全轻。"床"字床纽，全浊塞擦音，唐代北方音全浊平声为送气音，故为全重。霜、疮是介于轻、重之间的音。"疮"字穿纽，为送气音，因此为重；为次清音，清音中有轻的因素，故为重中轻。霜字审纽，全清，因此为轻；是擦音，实际要送气，发音较之塞音、塞擦音均重一些，因此为轻中重。至于清、青二字，则是从韵类的等位来区分的。"清字全轻，青字全浊"，其意当为"清字全轻清，青字全重浊"，"清"字为三等韵，故为全轻清，"青"字属四等韵，故为全重浊。

这实际涉及等韵学的问题。作为中国传统音韵学的一个重要分支，等韵学以等呼分析韵母的结构，以七音分析声纽的发音部位，以字母表示汉语的声纽系统。这是中国古代系统的讲语音的发端。王昌龄分析轻重，不正是用这样的方法吗？后来《广韵》末附"辨四声轻清重浊法"，平声下就以"清"为"轻清"，以"青"为"重浊"。照纽正是清音，床纽正是浊音,穿纽次清,而审纽清音。

　　这就很值得注意。以轻重辨音,并不始于王昌龄。晋郭璞注《山海经》,齐梁沈约《宋书·谢灵运传论》、北齐颜之推《颜氏家训·音辞篇》和隋陆法言《切韵序》就已经以轻重辨音①。但从他们那里都还看不出等韵的观念。系统的以等呼分析韵母的结构,以七音分析声纽的发音部位,是后来的等韵学。今传最早的等韵图,有郑樵《通志》中的《七音略》,和南宋绍兴年间张麟之刊行的《韵镜》。《七音略》的底本,郑樵自己说是《七音韵鉴》,《韵镜》的底本,张麟之说是《指微韵镜》。唐末守温的《韵学残卷》里有"四等轻重例"一段,分列四声韵字。即使往前推,今存较早的韵图也大约出于唐末或五代。在这之前,隋陆法言《切韵》的语音知识只是分声调,分韵类,以及以二字拼一字之音。王昌龄对以轻重辨语音,与宋代流传的等韵图如《韵镜》《七音略》完全吻合,可以说已经有了"等"的观念。他以庄、霜、疮、床四个韵母相同的字为例,辨析出它们全轻、全重、轻中重和重中轻的区别。后来等韵图所用的字母是三十六个,守温韵图的字母也是三十个,王昌龄虽只涉及全清不送气的照纽、全浊送气的床纽、次清送气的穿纽、全清送气的审纽这四个字母,但是,他对语音的准确辨析,应该是以对整个字母系统语音的认识为基础。后来等韵图的韵类分四等,涉及《切韵》的一百九十三韵,王昌龄说"清字全轻,青字全浊",只涉及"清""青"二个韵部,"清"字为三等韵,故为全轻清,"青"字属四等韵,故为全重浊。但是,他对这二个韵部等位的准确辨析,也应该

---

① 《山海经》:"景山其上多艸薨蕿。"郭璞注:"根似羊蹄,可食。今江南单呼为蕿,音储。语有轻重耳。"沈约《宋书·谢灵运传论》:"若前有浮声,则后须切响。一简之内,音韵尽殊;两句之中,轻重悉异。"《颜氏家训·音辞篇》:"古语与今殊别,其音轻重清浊,犹未可晓。"《切韵序》:"吴楚则时伤轻浅,燕赵则多涉重浊。……欲广文路,自可清浊皆通,若赏知音,即须轻重有异。"(周祖谟《广韵校本》卷首)但郭璞注是以缓读之为二字者为轻,而以急读之成一音者为重。沈约所说的轻重,多认为指声调。《颜氏家训·音辞篇》和《切韵序》所说的轻重,罗常培以为与声调有关,是以平、上为轻浅,以去、入为重浊(参罗常培《释轻重》,原载前中央研究院历史语言研究所《集刊》第二本第四分,1932年,收入《罗常培语言学论文选集》,中华书局,1963年)。或谓与元音的开合洪细有关,开口呼为轻浅,合口呼为重浊,前元音为轻浅,后元音为重浊(参汪寿明《中国历代音韵学文选》《切韵序》注,华东师范大学出版社,2003年)。

是以大量韵部等位的认识为基础。王昌龄当然没有编制出后来那样详尽的等韵图表,也没有明确提出"等"这个概念,他只涉及四个声纽,二个韵部,但仅就这四个声纽、二个韵部的辨析,可以看出,他已经有了"等"的观念,已经在用"等"观念区分字音,而且这种辨析和后来的等韵图完全吻合。这在音韵学史上是很值得注意的。

我们无法了解,王昌龄用"等"观念区分字音,是他个人的独创呢？还是转述成说？"等"的观念,用韵图的格式表示字音的拼切,受到佛教悉昙学的影响,轻和重的概念,本来是用来表示梵文元音读法的不同,表示其读音长、短之分,后来译经者用来表示声类的差异,进而把韵书各韵比较异同,依其发音洪细轻重分作四个"等",更进而依四等与四声相配的关系,合若干韵母为一"转"。要之,等韵学受到佛教悉昙学的影响。王昌龄当然还没有提出那么复杂系统的认识,但他毕竟意识到语音的"等"区别,声纽的轻重的区别。我们也无法了解,他何以会形成这种认识？或许,他贬谪南方,特别是被贬江宁的时候,和僧人也有交往？或许在这种交往中他接受了悉昙学？他给我们留下了宝贵的音韵学的史料,也留下了许多难以解答的谜。

王昌龄说:"至如有轻重者,有轻中重,重中轻,当韵之即见。"他是说,语音之轻重,单独一个字一个字不易分辨,而遇到相关的韵就可见到。也就是说,在写作具体诗句的时候,自然会感到语音的轻重。他是从诗歌创作角度提出轻重说的,他以对语音的细致辨析,提出他的调声说。

王昌龄提出,诗歌语言,须轻重相间。

《调声》说:"律调其言,言无相妨,以字轻重清浊间之须稳。"所谓"稳",是平稳,谐调。律调其言,就是用语音的轻重之律调节诗句的声律语言,所谓"间之",应该就是沈约《宋书·谢灵运传论》所说的"若前有浮声,则后须切响。一简之内,音韵尽殊;两句之中,轻重悉异"的意思。这样才"言无相妨",就是声律谐调流畅,音和音之间不会滞涩相碍。

南卷《论文意》说:"夫用字有数般:有轻,有重;有重中轻,有轻中重;有虽重浊可用者,有轻清不可用者,事须细律之,若用重字,即以轻字拂之,便快也。"为什么说"有虽重浊可用者,有轻清不可用者"？具体含意不太清楚。《颜氏家训·音辞篇》："南方水土和柔，其音清举而切诣，失在浮浅，其辞多鄙俗。北方山川深厚，其音沉浊，而鈋钝得其质直，其辞多古语。"隋陆法言《切韵序》说："吴楚则时伤轻浅，燕赵则多涉重浊。"（周祖谟《广韵校本》卷首）或者轻清即指南方之音，而重浊即指北方之音，或者王昌龄作为"诗夫子"讲诗之时，正在南言之江宁，面对的是南方学诗之士子，南方士子习用南音，而不习用北音，而王昌龄因此有是说，谓北方音虽重浊而有可用者，南方音虽轻清而有不可用者。王昌龄的基本思想，是轻重相间，"若用重字，即以轻字拂之，便快也"，所谓"拂"，是辅弼，相佐，所谓"快"，是快畅，声律快畅流畅。

南卷《论文意》王昌龄又说：

> 夫文章，第一字与第五字须轻清，声即稳也；其中三字纵重浊，亦无妨。如"高台多悲风，朝日照北林"。若五字并轻，则脱略无所止泊处；若五字并重，则文章暗浊。事须轻重相间，仍须以声律之。如"明月照积雪"，则"月"、"雪"相拨；及"罗衣何飘飘"，则"罗"、"何"相拨；亦不可不觉也。

这段话的基本原则，是既不能五字并轻，也不能五字并重，而要轻重相间。这和前面那段话所说的"若用重字，即以轻字拂之"是同一个意思。这个原则并没有什么新意。他的新意，在于对轻重相间作了具体解释，涉及到具体的轻重相间之法。

涉及的一点，是第一字与第五字须轻清，而"其中三字纵重浊，亦无妨"。这是说什么？第一字与第五字须轻清，意思非常明确，但"其中三字纵重浊"指什么？稍有歧解。其实他的意思也很明确，前面既已说了"第一字与第五字须轻清"，因此他说的"其中三字纵重浊"，不是指五言诗中任意三字，而是指五言诗中间三字。这里说的轻清和重浊指什么？他举了二句例诗："高台多悲风，朝日照北林。"从例句看，前句高（平清豪韵一等）台（平浊咍韵一等）多（平清歌韵一等）悲（平清脂韵三等）风（平清东韵三等），后句朝（平清宵韵三等）日（入清浊质韵三等）照（去清笑韵四等)北(入清德韵一等)林(平清浊侵韵三等)。他不应该是从声母清浊来区分，因为上句中间三字为"浊清清"，只有"台"一字浊声，下句中三字即使"日"字读为浊声，也是"浊清清"，只有"日"一字浊声。他也不应该是从韵类等位来区分，因为上句前三字为一等韵，而后二字为三等韵，中三字既有一等韵，也有三等韵。后句则中三字既有四等韵(照)，也有一等韵(北)和三等韵(日)。都不符合中间三字重浊的条件。这里的轻清重浊，应该是就声调而言，而且是就下一句而言。下一句"朝日照北林"，中三字全部为仄声，而第一字和第五字都为平声，正与他所说的第一字与第五字须轻清，中间三字重浊的条件相合。因此，他所说的，是第一字和第五字须用平声，而中间三字可用仄声。

为什么第一字和第五字须用平声，为什么这样"声即稳"，而用仄声则不稳？可能因为仄声欹侧涩促，给人不稳定的感觉，而平声轻扬舒缓，给人平稳的感觉。也可能由声而及情，第一字第五字用平声，声韵和诗情都更显得舒展，而用仄声，则声韵诗情都显得欹侧不平。这是涉及的一点。这里体现的刘滔提出的平声有用处最多的思想。

涉及的又一点，是"明月照积雪"和"罗衣何飘飖"二句。这二句的四声和清浊分别是：明(平清浊)月(入清浊)照(去清)积(入清)雪(入清)，罗(平清浊)衣(去清)何(平浊)飘(平浊)飖(平清浊)。他说前句是"月""雪"相拨，后句是"罗""何"相拨。

什么是"相拨"？月雪，罗何何以相拨？一说，拨为拂之假借。一说上句多仄声，下句全为平声，月雪、罗何相拨挽救了单调。一说相拨是带来声律上的抑扬①。

---

① 中泽希男《王昌龄诗格考》："拨为拂之假借，《说文通训定声》：'拨，假借为拂。'"小西甚一《研究篇》(下)："'(罗衣何飘飖)全句都是平声……可能王昌龄的意思是说，只是因为'罗'字(昌龄似把它作为清音)和'何'字相拨打破了单调吧。'明月照积雪'一句，四字连续仄声，而且其中甚至有三个字是清音，似也缺乏变化，可能第二的'月'字(昌龄似把它作为浊音)和第五字'雪'字相拨，而挽救了单调。"兴膳宏《文镜秘府论译注》："(明月照积雪)第一字'明'为平声之外，全部为仄声。可能看到其中'月'(入声十月韵)和'雪'(入声十七薛韵)互相影响，带来声律上的抑扬。"

其实,"拨"无须假借为"拂"。因为紧接着前段他说:"若用重字,即以轻字拂之",就直接用了"拂"字。"拨"就是"拨",是碰撞、磨擦之意。孟浩然《早发渔浦潭》:"卧闻渔浦口,桡声暗相拨。"岑参《走马川奉送封大夫出师西征》:"半夜军行戈相拨,风头如刀面如割。"所用的"拨"都是这个意思。既然是碰撞、磨擦,所谓月雪相拨,罗何相拨,不会是什么挽救了声律的单调,或说带来了声律上的抑扬。相拨,指的声律上相互碰撞相互摩擦相互阻碍,是声律的不谐调。当然,"月"、"雪","罗"、"何"何以相拨?可能也因声母之清浊同异。因为"明"字清浊,"罗"字也是清浊。如果把清浊读作清音,则月雪同为清音,如果把清浊读作浊音,则罗何均为浊音,如何有抑扬谐调的声律?

"月"、"雪","罗"、"何"何以相拨,可能有其他原因。"月"、"雪"同为入声,分为五言诗的第二字和第五字,按照永明声律说,二、五同声,犯蜂腰病。"月"字月韵,"雪"字薛韵,月韵和薛韵可通押,同一句内隔字用同韵字,应该又犯小韵病。可能因此而说月雪相拨。

至于"罗"、"何"相拨,可能也因为同属下平声七歌韵,同一句内隔字用同韵字,和"月"、"雪"一样也犯小韵病。当然还可能也因为它们同为平声。但这一句五字全为平声,为什么只说"罗"、"何"相拨?却有些费解。其中可能有某些我们今天难以弄清的原因,这原因当中包含当时调声的某些认识。如果非要给一个解释,可能还是与诗句的节奏有关。"罗"、"何"分为五言诗的第一字和第三字。五言诗的句式节奏,一般是上二下三。沈约曾说:"五言之中,分为两句,上二下三。"①可能作于隋至初唐间的天卷《诗章中用声法式》也说五言诗是"上二字为一句,下三字为一句"。按照上二下三的句式节奏,第二字第五字正好分别是上二和下三之尾,刘善经就因此把第二字与第五字同声的蜂腰病称之为"一句中之上尾"②。照此理解,五言诗第一字和第三字正好分别为上二和下三

---

① 西卷《文二十八种病》"第三蜂腰"刘善经引。
② 西卷《文二十八种病》"第三蜂腰"。

之头,五言诗二、五同声可称为一句中之上尾,那么,一、三同声是不是可以称之为一句中之平头呢?"罗衣何飘飘"的"罗"、"何"恰好在第一字和第三字的位置,是不是因此而说"罗"、"何"相拨呢?之所以恰好举"明月照积雪""月"、"雪"相拨和"罗衣何飘飘""罗"、"何"相拨这二个的例子,是不是因为它们一个属一句中之上尾,而另一个属一句中之平头呢?这样说,当然推测的成份居多,但是,一为一句中上尾相拨,一为一句中平头相拨,正好两两相对,不是很容易引起人们这样的联想吗?不然,还有别的什么更好的解释呢?

如果以上分析大致还可行,如果又再进一步细究,会发现有几点值得注意。

这段话说的轻重相间,都是就五言诗一句的首字尾字而言。"第一字与第五字须轻清",说的是诗句五字之首字和尾字,"月"、"雪"相拨,"罗"、"何"相拨,分别为五言诗一句中的第二字和第五字,第一字和第三字,关注的也是头尾,不过是五言诗上二下三两分句之尾和头。关注首尾,五言一句的首尾和分为两句的首尾,可不可以说,这是王昌龄轻重相间说的一个特点呢?这是值得注意的一点。

王昌龄时代,近体诗律早已成熟,沈约他们的永明体早已发展为近体。但从这段话来看,"月"、"雪"相拨,"罗"、"何"相拨,都犯小韵,"月"、"雪"相拨,又犯蜂腰,犯一句中之上尾。小韵,蜂腰,一句中之上尾,这都是从永明声律说来的。"罗"、"何"相拨,如果可以说是一句中之平头,也可以说是永明声律说的引申,由一句中之上尾,引申为一句中之平头。提出"第一字与第五字须轻清",关注首字尾字,基本思想也是从永明声律说来的。如果这样分析尚可成立,那么,可不可以说,当近体诗律已经成熟的时候,王昌龄他们仍然没有忘记永明声律说。这是值得注意的又一点。这说明什么呢?是对历史的一种回味留恋继承?还是在近体诗成熟之后继续探讨新的声律格式,力求在声律上有所创新?恐怕这二点都不能否定。

这里说的轻重清浊,似已不指声母之清浊,至少仅用声母之清浊又难以解释。这里所说的轻重清浊,需要用声调的平仄来解释,当然,"月"、"雪"相拨,"罗"、"何"相拨,如果是说它们犯小韵,那他所说的轻重,还可能指韵。但这里所说的韵,已与韵的等类无关,与等韵学所说的轻重清浊无关。已有用等韵的观念对语音的细致辨析,辨析出全轻、全重、轻中重和重中轻,辨析出韵类的等位,而在实际运用中,却依然落在声调的平仄上,落在一般的韵类上。这是值得注意的又一点。这又说明什么呢? 等韵毕竟是新的观念,传统的诗歌韵律依然是用四声,用平仄。等韵学对语音的辨析虽然细致系统,但更带有纯音韵学的意味,从音韵学的认识到普遍地运用于诗歌创作成为诗歌声律,需要一个过程。后来的词学可能就更多地注意这些问题,而唐代诗律则还未能。或者正是这个原因,所以王昌龄一面显露出新的等韵的观念,一面仍然用传统的四声平仄和韵,来理解轻重清浊,来说明诗歌声律。从这段话,是不是可以说明这一点呢?

最后可注意的是一点,是"罗衣何飘飖"一句。殷璠《河岳英灵集》也评论了这句诗。"罗衣何飘飖,长裾随风还",十字俱平,但殷璠认为"雅调仍在"(南卷《集论》)。一说"雅调仍在",一说"罗何相拨",就是说,音律相碍相妨,看法截然不同。同为盛唐,而看法不一,这又说明什么呢?是不是说明盛唐时候,人们对诗歌声律的看法远不像我们想象的那么简单,还有各种看法呢? 是不是说明人们对诗歌声律还在做各种探索呢?

二、王昌龄论通韵、落韵及转韵

王昌龄涉及的又一点,是通韵、落韵问题,以及与此相关的转韵问题。

南卷《论文意》说:

> 今世间之人,或识清而不知浊,或识浊而不知清。若以清为韵,余尽须用清;若以浊为韵,余尽须浊;若清浊相和,名为落韵。

六地藏寺本双行小字注:"故李概《音序》曰:上篇名落韵,下篇通韵。"王昌龄虽然没有提到通韵,但与落韵相对,他说的"若以清为韵,余尽须用清;若以浊为韵,余尽须浊",应该就是通韵。

通韵、落韵,是中国音韵学史上值得注意的一对概念。

这对概念,应该是从梵文悉昙学来的。日僧安然《悉昙藏》卷二说:"五五配呼各为通韵,三种交呼各为落韵。"又说:"横行二纽中总归第五竖行相呼为通韵,竖行交呼为落韵。"这是就悉昙字母体文五类声来说的。悉昙体文即父音字母分为喉(牙)、腭、舌、齿、唇五类声,每一类又分不送气和送气柔声二种,不送气和送气怒声二种,还有不送气的非柔怒声即鼻音一种,共为五种。五类五种,五五二十五,就是所谓五五配呼。按照《悉昙藏》所说,柔声和柔声,怒声和怒声各自配呼,也就是所谓横行配呼,就是通韵。而柔声和怒声,以及非柔怒声三种交呼,也就是所谓竖行交呼,即各为落韵。竖行交呼有二合三合四合五合字,都各为落韵。横行交呼是单合,竖行交呼是合字,因此《悉昙藏》又说:"单合是通韵也,其于合字是落韵也。"就是说,因悉昙体文五类声配呼或交呼方式的不同,而有通韵和落韵的区别。

中土文人比较早论及通韵、落韵的是齐梁时的沈约。安然《悉昙藏》卷二引沈约《四声谱》:"韵有二种,清浊各别为通韵,清浊相和为落韵。"沈约这里,应该是对梵文悉昙学通韵、落韵的简明概括。悉昙体文五类声之柔声不送气音为清音,送气音为次清音,怒声为浊音,非柔怒声为清浊音。因此,清浊各别为通韵,也就是《悉昙藏》所说,柔声和柔声,怒声和怒声各自配呼而为通韵。柔声和柔声,怒声和怒声各自配呼,也就是清音和清音配呼,浊音和浊音配呼。因此清浊各别,因此为通韵。而所谓清浊相和为落韵,也就是《悉昙藏》所说,柔声和怒声,以及非柔怒声三种交呼为落韵。柔声和怒声,以及非柔怒声三种交呼,也就清音和浊音交呼,也就是沈约所说的清浊相和。因此,沈约这段话,首先是对悉昙学的通韵、落韵作了明确简要也是通俗的概括。悉昙字母的复杂语音关系,不一定一般的中土士子都容易理解的,但中土士子懂清浊。清浊、和是中国传统的概念。他用"清浊各别"和"清浊相和"来概括通韵和落韵各自的内涵,确实简明而又通俗。

但是,沈约所作的毕竟是《四声谱》。他提出通韵、落韵,应该是为了说明汉语"四声"的问题,而不仅仅是说明悉昙学的问题。换句话说,他是借用外来的梵文悉昙学的概念,来说明中土汉语的"四声"问题。这样看,所谓清浊各别,清浊相和,也应该是针对汉语语音而言,而且,应该与沈约所倡导的永明声律说有关,或者就是永明声律说的一个具体内容。它可能指诗歌在声律运用上通韵和落韵的二种情况。"清浊各别为通韵",在梵语里说的是清声和清声配呼,浊声和浊声配呼,换句话说,也就是同声配呼。而诗歌中,同声配呼,也就是同声相应,则当如《文心雕龙·声律》所说的:"同声相应谓之韵。"是指诗歌同声相应押韵的情况。至于"清浊相和为落韵",如果也是针对押韵而言,则可能是指清浊异声,不合押韵规律的情况。押韵的清浊相和则有碍韵律的和谐美,因此为"落韵"。落,是偏离,落下的意思。"落韵",就是不合韵。但如果"清浊相和为落韵"不是针对押韵情况而言,而如《文心雕龙·声律》所说的"异音相从谓之和"。因为清浊相和,正是异音相和。如果是这样,则所谓"清浊相和",会不会就是指一句之中清浊相异相和呢?沈约自己在《宋书·谢灵运传论》那段著名论述不就说,"欲使宫羽相变,低昂舛节,若前有浮声,则后须切响。一简之内,音韵尽殊;两句之中,轻重悉异"吗?要之,沈约是借悉昙梵文之通韵落韵,来说明永明声律之体。

再接着,是六地藏寺本双行小字注引李概《音序》所说的:"上篇名落韵,下篇通韵。"这里说的落韵通韵,应该是指分韵的二种情况。我们知道,李概著有《音谱决疑》,此《音序》应该就是李概《音谱决疑》之序。关于《音谱决疑》,从《敦煌本王仁昫切韵》可知其梗概。据周祖谟《颜氏家训·音辞篇注补》:《音谱》是分韵的,佳皆不分,先仙不分,萧宵不分,庚耕青不分,尤侯不分,咸衔不分,均与《切韵》不合。既是分韵,则是和《切韵》一样,带有韵书的性质。既是韵书,又说"上篇名落韵,下篇通韵",则这落韵、通韵之者,所说乃分别为上篇、下篇之内容特点。它应该是韵书的特点,应该是分韵的不同情况。至于具体指分韵的何种情况,则不得而知。它大概不可能像梵语悉昙学那样，一部为清浊声各自配呼，一部为清浊声交相配呼，汉语是无法用这样的方法上下两部区别分韵的。或者如后来等韵家那样分韵为独韵合韵，或者独韵只有阴声韵和阳声韵，而合韵而兼有阴声韵和阳声韵，或者独韵者只有开口音或合口音，而合韵者则兼有开口音合口音，可能是以阴声韵阳声韵或者合口音开口音的不同来区分韵的清浊，独韵者清浊各别，因此为通韵，而合韵者清浊相和，因此为落韵。李概《音谱决疑》或者是这样来分上下篇？他所谓"上篇名落韵，下篇通韵"，或者可以作这样的解释？虽然李概《音谱决疑》不应该有等韵的观念，但分韵方法或者与之相仿？

后来的诗话，也常用"落韵"论诗，而多以落韵指不合押韵规律，偏离本来之韵部。《渔隐丛话》后集卷十八"五李杂纪"："苕溪渔隐曰：裴虔余云：'满额鹅黄金缕衣，翠翘浮动玉钗垂。从教水溅罗襦湿，疑是巫山行雨归。'《广韵》《集韵》《韵略》垂与归皆不同韵，此诗为落韵矣。"垂为四支韵，归为五微韵，是以不协韵偏离正韵为落韵。《历代诗话》卷五六引《缃素杂记》：记李师中送唐介谪官诗："孤忠自许众不与，独立敢言人所难。去国一身轻似叶，高名千古重于山。并游英俊颜何厚，未死奸谀骨已寒。天为吾君扶社稷，肯教夫子不生还。"说："难寒二字，在二十五寒韵，山还二字，在二十六删韵"，此诗一作进退格，而《冷斋夜话》"乃以此诗为落韵诗"。也是以不合韵为落韵。又《诗话总龟》卷一引《雅言系述》："卢承丘，长沙人，披褐居吴芙蓉山，常著文。为芙蓉集作落韵诗，虽一时讽骂，闻者亦可为戒。《题花钿》云：'傅粉销金剪翠霞，黛烟浓处贴铅华。也知曾伴姮娥笑，将来村里卖谁家。'又《题渡头船》云：'刳木功成济往还，古溪残照下前山。看看向晚人来少，犹自须来觅见钱。'"前诗《题花钿》，华、家、霞均为麻韵，不知何故被称为落韵。而后诗《题渡头船》，还、山为删韵，钱为先韵，则明显不协韵。又《五代诗话》引《十国春秋》记李如实作"落韵诗"，其诗曰："炎蒸不可度，莱尔生凉风。在物成非器，于人还有功。殷勤九夏内，寂寞三秋中。想君应有语，弃我如秋扇。"扇字仄声，显然不合韵。

这就可以来看王昌龄所说的"落韵"。

他说:"若以清为韵,余尽须用清;若以浊为韵,余尽须浊。"这说的应该是押韵。因此,他说"若清浊相和,名为落韵",所谓"落韵",应该是指不协韵。这可能不难理解。难以理解的是,为什么说"若以清为韵,余尽须用清;若以浊为韵,余尽须浊"? 他的意思是不是说,同一韵部,尚须分清浊,押韵之时,若以清为韵,则尽须用清,而不能用这一韵中的浊声之字? 比如,阳部韵,用庄,则不能用床,用霜,则不能用疮? 这可能就是他要辨析庄字全轻,霜字轻中重,疮字重中轻,床字全重的原因?

但是,王昌龄所说的,可能是另一个意思。这就要说到他的另一段论述。《论文意》说:"诗不得一向把。须纵横而作;不得转韵,转韵即无力。"从这段话来看,王昌龄是不主张转韵的。从王昌龄的诗歌创作来看,也是不转韵的。《全唐诗》王昌龄存诗四卷,仅《行路难》一首转韵,另《唐写本唐人选唐诗》收入《题净眼师房》一首亦转韵。

这样看来,他所说的"落韵",可能确实是从转韵上来讲的,可能确实是主张一首诗若用某一韵,则须一韵到底,中途不当转韵。或者是若用平声,而均须用平声韵,而不能杂以仄声韵。或者是在这个意义上,他说"若以清为韵,余尽须用清;若以浊为韵,余尽须浊;若清浊相和,名为落韵"。

关于转韵,魏晋南北朝已有论述。刘勰《文心雕龙·章句》篇说:"昔魏武论赋,嫌于积韵,而善于资代,陆云亦称四言转句,以四句为佳。"从刘勰这段话来看,魏武帝曹操对押韵有过论述。曹操是嫌于积韵,即讨厌一韵到底,而希望更迭转韵。这应该是可以见到的批评史上对转韵也是押韵问题的最早论述。陆云也有论述,陆云的论述见于《与兄平原书》。陆云的看法和曹操相似,只是更为具体,他希望四句就应该转句。他所谓"转句",也是转韵。后来有齐永明二年(484)尚书殿中曹奏定朝乐歌诗和梁刘勰的论述。齐尚书殿中曹奏定朝乐歌诗,事见《南齐书·乐志》,奏说:"又寻汉世歌篇,多少无定,皆称事立文,并多八句,然后转韵。时有两三韵而转,其例甚寡。张华、夏侯湛亦同前式,傅玄改韵颇数,更伤简节之美。近世王诏之、颜延之并四韵乃转,得赊促之中。"刘勰的论述见《文心雕龙·章句》,说:"两韵辄易,则声韵微躁,百句不迁,则唇吻告劳。妙才激扬,虽触思利贞,曷若析之中和,庶保无咎。"看法稍有不同,都不赞同二韵而转。后来初唐的《文笔式》,不赞成一连六句押同一韵而不转韵,齐尚书殿中曹以为四韵八句一转,乃得赊促之中,刘勰没有具体说几句转韵为好,只说两韵辄易和百句不迁都不行。他们可能都考虑到文章语气节奏的缓急,刘勰《文心雕龙·章句》就说:"若乃改韵从调,所以节文辞气。"朝乐歌诗以四韵八句为转,可能还有《诗经》押韵的影响,因为《诗经》不少诗歌,特别是《颂》诗,和后来朝乐歌诗一样,都是祭祀乐诗。《诗经》《颂》诗和其他作品,多章与章转韵,而每章句数,就在八句上下。曹操、陆云和刘勰都是就赋而言,《文笔式》也是就赋颂而言,齐永明二年奏章是就朝乐歌诗而言,但赋与诗在押韵问题上是相通的。在转韵问题上,刘勰持"折之中和"的态度,既不能转韵过多过急,也不能一韵到底,百韵不迁。刘勰事实上主张转韵,曹操、陆云、《文笔式》等明确主张转韵,王昌龄明确反对转韵,看来在转韵问题上,古代人们有不同的看法。这或者也是古代调声术的一个特点。

至于王昌龄为什么不主张转韵?其中原因或可探寻。他说是"转韵即无力"。盛唐人是崇尚风骨的,崇尚一种力的美。王昌龄大量诗作,特别是他那些写边塞的诗,更是昂扬风发而劲健有力。主张一韵到底或者与他的这种审美好尚有关。另外,王昌龄多为短诗,少为长诗。他那些脍炙人口的七言绝句自不必说。即使那些五言古诗,60句的只有一首,30句以上的只有三首。另有一首七言45句。其余的都是30句,20句以下的短篇。多为短诗,可能也是不主张转韵的一个原因。再一点,可能与传统的看法有关,与传统的对诗体审美特点的体味。传统的看法,刘勰是主张转韵,而后来的人们,则多认为七言古诗以转韵为正,而五言古诗以不转韵为正。明胡震亨《唐音癸籖》卷四:"刘勰云:改韵从调,所以节文辞气。两韵辄易,则声韵微燥;百句不迁,则唇吻告劳。七古改韵,宜衷此论,为裁若五言古,毕竟以不转韵为正。"他认为刘勰所说,只是针对七言古诗来说的。他又说:"汉魏古诗多不转韵,十九首中,亦只两首转韵耳。李青莲五古多转韵,每读至接换处,便觉体欠郑重。惟杜少陵,虽长篇亦不转韵。如《北征》六十五韵,只一韵到底,一韵五言正体,转韵五言变体也。"《师友诗传录》:"初唐七古,转韵流丽,动合风雅,固正体也。工部以下,一气奔放,弘肆绝尘,乃变体也。"七言古诗应该写得流丽,因体貌流丽,因此以转韵为正体,以不转韵为变体。而五言古诗须郑重,若转韵则觉体欠郑重,故以不转韵为正体,以转韵为变体。这纯是诗体审美的直觉。这实际涉及不同诗体不同审美特性不同审美情味的问题。一如诗之与词,诗味与词味相通而有别,如同一道界分青山色。这是一个很有意思的问题。王昌龄所说的清浊相和为落韵,说的转韵即无力,就涉及这样一个问题。

三、王昌龄论近体诗律及齐梁调诗

　　王昌龄提出轻重相间,提出落韵和转韵,这些调声问题与近体诗律有关。但是,他还更为具体更为直接地谈到的近体诗律问题。这主要在《调声》。

　　他说:"诗上句第二字重中轻,不与下句第二字同声为一管。上去入声一管。上句平声,下句上去入;上句上去入,下句平声。以次平声,以次又上去入;以次上下入,以次又平声。如此轮回用之,宜至于尾,两头管。上去入相近。是诗律也。"这里说"诗上句第二字重中轻"的"重中轻",可能并不是要把平声和入声再区分为轻重,把四声分为六声,它只是指诗上句第二字的那个音为"重中轻"。若此音为"重中轻",则下句第二字不得与之同声。而这个所谓"重中轻",从下文来看,已具体指或平声,或上去入声。因此,小西甚一的理解可能有误①。如中泽希男《文镜

---

① 《研究篇》(上):"更为重要的是,上去入声可以不区别轻重这一事实本身。据《作文大体》可知,似乎上声和去声的轻重由于互相关涉而难于区分,因此实际上不分轻重,采用的是只有平声和入声分有轻重的六声。……现在把轻中重作为全轻,重中轻作为全重,王昌龄的调类就成为:'平轻、平重、上、去、入'。"此说当有误。

秘府论校勘记》所说,"上去入一管"意思不清,可能有讹脱,可能意为上句第二字平声,下句第二字上去入声而为一管。他是以两句异声相对为一个意义单位,这就是所谓"一管"。它这里完全是讲诗律的对法和粘法。"上句平声,下句上去入",是对法,接着的"上句上去入,下句平声",前句粘上,下句对上。"以次平声,以次又上去入",又是一粘一对。"以次上下入,以次又平声"再又一粘一对,恰好四对八句,恰好是一首五言八句律诗粘对法的完整表述。这里四声完全二元化了,"上去入"与平声相对,就是仄声,《眼心抄》就用了"侧"换用"上去入"三字。所以这里不是说,同为仄声,上一联第二字用上声,则下一联同位之字需用去声或入声。王利器引任注应该有误①。王昌龄说"两头管",是说两头一管,而所谓"头",是"换头"之"头",也就是这里讲的"第二字"。他这里用"第二字"讲"两头",说明他已经注意到元兢所说的"单换头"的情况,所谓"单换头",就是元兢所说的"唯换第二字,其第一字与下句第一字用平不妨"。他说:"上去入相近。"所谓"相近",是音相近,相对于平声来说,上去入声之音更为接近,因此为"相近"。他认为这就是诗律。而这确实是粘对法诗律的简明而完整的表述。

他论及几种诗体。五言平头正律势尖头、七言尖头律、齐梁调诗。依照《眼心抄》,则还分作五言平头正律势尖头、五言侧头正律势尖头、平头齐梁调声、侧头齐梁调声、七言平头尖头律、七言侧头尖头律。这里,"平头"、"侧头"的"头"和"两头管"之"头"意同。所谓"平头"指五言诗起句第一、二字尤其是第二字为平声,也就是所谓平起,而"侧头"则指起句第一、二字特别是第二字为侧声。所谓"尖头",是首句不押韵,且首句末字为仄声。所谓"势",是样式,格式,诗式,也是诗体。所

---

① 《文镜秘府论校注》引任注:"案谓每管之声不同,须论平上去入四声,不止分平侧也。即诗上句第二字若是平声,则下句第二字用上或去或入,此为一管。第二管上句若是平声,则下句不得再用上,而须用去或入,余类推。每管之间,声须异也。"此说当有误。每管之间声须异,当是指平仄之异,而不是同为仄声上去入声须异。

谓"正律势",就是"律诗的正体"之意。各种诗体都有例诗①。他举出的这各种诗例,近体诗的各种诗体基本都包括进去了。他先说"上句平声,下句上去入"云云,说明平仄、仄平、平仄、仄平的八句粘对规则,再用诗例,而且是各种诗例,说明各种诗体,其中包括各种句式,五言之 A 仄仄仄平平,a 仄仄平平仄,B 平平仄仄平,b 平平平仄仄,七言之 A 平平仄仄仄平平,a 平平仄仄平平仄,B 仄仄平平仄仄平,b 仄仄平平平仄仄,这各种句式是都包括进去了。所谓调声,就是指近体诗的这些调声规则。

为什么以"平头"为"正律"？可能因为如《论文意》王昌龄所说:"第一字与第五字须轻清,声即稳也",而诗之首句首二字为平声,声韵也有平稳的感觉。也如《文笔式》所说:"但四声中安平声者,益辞体有力。"(西卷《文笔十病得失》),这体现了刘滔所说的平声赊缓,有用处最多的思想。

"齐梁调诗"有点特殊。唐人集中有不少标有"齐梁体"或"齐梁格"之类的诗作,有些未标名的,或标名为"玉台体"之类的,也可能是被看作"齐梁体"。这些诗都有些特殊。

这些诗都有律句。《全唐诗》检得 26 首齐梁体,其中岑参一首,刘禹锡一首,白居易二首,李商隐一首,温庭筠七首,曹邺一首,皮日休二首,陆龟蒙二首,贯休九首,另外,《赵秋谷所传声调谱》所列的沈佺期《和杜麟台元志春情》和白居易《宿东亭晓兴》,都有律句。律句平仄的几种形式,五言的如 A 型仄仄仄平平,a 型仄仄平平仄,B 型平平仄仄平,b 型平平平仄仄,都有。不少有律对句和粘式句,有不少甚至就是完全合律的律体诗,如岑参《夜过盘石隔河望永乐寄闺中效齐梁体》(《全唐诗》卷二

---

① 五言平头正律势尖头有皇甫冉"中司龙节贵",钱起《献岁归山》诗"欲知愚谷好",佚名五言绝句"胡风迎马首",陈闰《罢官后却归旧居》诗"不归江畔久",五言侧头正律势尖头有崔曙《试得明堂火珠》诗"正位开重屋",平头齐梁调声有何逊《伤徐主簿》诗之"提琴就阮籍",侧头齐梁调声有张谓《题故人别业》诗"平子归田处",何逊《伤徐主簿》诗之"世上逸群士"和"一旦辞东序",七言平头尖头律有皇甫冉诗"闲看秋水心无染",七言侧头尖头律有皇甫冉诗"自哂鄙夫多野性"。

○○），温庭筠《咏嚬一作齐梁体》(《全唐诗》卷五七七），温庭筠《太子西池二首一作齐梁体》(《全唐诗》卷五七七）

有些诗，虽然句子虽然不合律，虽然失粘或者失对，但也是"若前有浮声，则后须切响。一简之内，音韵尽殊；两句之中，轻重悉异"，符合齐梁时沈约提出的声律规则。如刘禹锡《和乐天洛城春齐梁体八韵》①。八韵十六句中，五个律句，三个律句之外，"断云发山色"，"白头自为侣"，均仄平仄平仄，不合律但平仄相间。另外如白居易《洛阳春赠刘李二宾客齐梁格》(《全唐诗》卷四五二），"雪消洛阳堰"，仄平仄平仄；"藉草开一尊"，仄仄平仄平，温庭筠《春晓曲一作齐梁体》(《全唐诗》卷五七七）"似惜红颜镜中老"，仄仄平平仄平仄，贯休的二首诗也都有这样的句子②。这些诗句，均非律句而平仄相间。

在齐梁体平仄相间的这类句子中，有一种是平平仄平仄（七言仄仄平平仄平仄），这种句子，后来被称为是 b 型句的拗救（五言平平仄平仄，七言仄仄平平平仄仄）。这类句子在"齐梁体"诗中特别多③。

就篇幅而言，唐人齐梁体多为六句八句，最多的十六句，和齐梁人诗

---

① 全诗为："帝城宜春入，游人喜意长。草生季伦谷，花出莫愁坊。断云发山色，轻风漾水光。楼前戏马地，树下斗鸡场。白头自为侣，绿酒亦满觞。潘园观种植，谢墅阅池塘。至闲似隐逸，过老不悲伤。相问焉功德，银黄游故乡。"(《全唐诗》卷三五五）
② 贯休《闲居拟齐梁四首》(《全唐诗》卷八二七）第一首之"爽籁生古木"（平仄平仄仄）"苟免悲局促"（平仄平仄仄），第二首之"独赖湖上翁"（仄仄平仄平），贯休《拟齐梁体寄冯使君三首》(《全唐诗》卷八二七）第一首之"赖逢富人侯"（仄平仄平平），"故山有深霞"（仄平仄平平），第二首之"孤云忽为盖"（平平仄仄仄），第三首之"雪林槁枯者"（仄平平仄平）
③ 如白居易《九日代罗樊二妓招舒著作齐梁格》(《全唐诗》卷四四四）之"罗敷敛双袂"，温庭筠《边笳曲一作齐梁体》(《全唐诗》卷五七七）之"雕阴雁来早"，曹邺《霁后作齐梁体》(《全唐诗》卷五九三）之"无人可招隐"，皮日休《寄题天台国清寺齐梁体》(《全唐诗》卷六一五）之"十里松门国清路"皮日休《奉和鲁望齐梁怨别次韵》(《全唐诗》卷六一六）之"夜夜飞来棹边泊"，陆龟蒙《寄题天台国清寺齐梁体》(《全唐诗》卷六二八）之"半夜楂溪水声急"，陆龟蒙《齐梁怨别》(《全唐诗》卷六三○）之"檐外霜华染罗幕"和"应倚相思树边泊"，贯休《闲居拟齐梁四首》(《全唐诗》卷八二七）第一首之"闲吟竹仙偈"，"迢迢远山绿"，"池痕放文彩"，第四首之"残云落林薮"，贯休《拟齐梁体寄冯使君三首》(《全唐诗》卷八二七）第二首之"清吟待明月"，"输多未曾赛"，"秋空共澄洁"，第三首之"雌黄出金口"。

相似。齐梁人作诗，多为五言诗，而唐人齐梁体诗则时有七言①。近体诗一般押平声韵，而唐人齐梁体诗则时押仄声韵②。这些诗，多写闺情，写游乐，画如月之眉，梳似云之鬟，春日淑景，日晏歌吹，敛袂献酒，藉草开尊，紫歌画扇，敞景柔条，柳岸杏花，梅梁乳燕，枕上梦，扇边歌，诗风有似齐梁。但如温庭筠《边笳曲》（一作齐梁体，《全唐诗》卷五七七）），也写朔管迎秋动，雕阴雁来早，嘶马悲寒碛，朝阳照霜堡。温庭筠《侠客行》（一作齐梁体，《全唐诗》卷五七七）也写阴云蔽城阙，宝剑黯如水，写得颇有苍劲之气。而贯休《闲居拟齐梁四首》（《全唐诗》卷八二七）也写夜雨山草滋，爽籁生古木，写独赖湖上翁，时为烹露葵，贯休《拟齐梁体寄冯使君三首》（《全唐诗》卷八二七）也写庭鸟多好音，相呼灌木中，写清吟待明月，孤云忽为盖，写得清丽幽雅。

相对于不拘平仄格式的古体诗而言，齐梁诗虽不合律但讲一简之内，音韵尽殊，两句之中，轻重悉异，无疑属于新体诗。唐人齐梁体诗无疑有仿效齐梁诗的痕迹。那些不合律但仍然平仄互间的诗句，那些虽合律但失对或失粘的句子。虽有七言但以五言为主，并且多为六句八句多者不过十四句十六句，即使那诗的内容风格，也多为黛攒艳春，娇鸟暖睡，轻柔软丽。

但是，从齐梁人的诗律到唐人近体诗律，毕竟有了发展。最初只是一般的前有浮声，后须切响，只是一般的回避平头上尾蜂腰鹤膝，而到后来，四声二元化的同时，平仄律也有很大发展，出现合律的句子，出现只注意两句间相对，而不注意两联间相粘的对式，出现注意两联间相粘的

---

① 温庭筠《春晓曲一作齐梁体》《《全唐诗》卷五七七》，皮日休《寄题天台国清寺齐梁体》《《全唐诗》卷六一五》，皮日休《奉和鲁望齐梁怨别次韵》《《全唐诗》卷六一六》，陆龟蒙《寄题天台国清寺齐梁体》《《全唐诗》卷六二八》，陆龟蒙《齐梁怨别》《《全唐诗》卷六三〇》，都是标名为齐梁体的七言诗。王力《汉语诗律学》以为，齐梁格诗"只有五言，没有七言"，说显误。
② 如皮日休《奉和鲁望齐梁怨别次韵》《《全唐诗》卷六一六》，陆龟蒙《寄题天台国清寺齐梁体》《《全唐诗》卷六二八》，陆龟蒙《齐梁怨别》《《全唐诗》卷六三〇》，贯休《闲居拟齐梁四首》《《全唐诗》卷八二七》之第一首、第三首，贯休《拟齐梁体寄冯使君三首》《《全唐诗》卷八二七》之第二首、第三首，均押仄声韵。

粘式,出现粘式和对式叠合的形式,最后在初唐完成对式和粘式回环往复的近体诗的粘对式,完成五言八句的成熟的五言律体诗和其他律体诗。很多平仄格式出现了,那种在唐人齐梁体诗中经常运用的平平仄平仄式的句子,与其称为是 b 型句的拗救,不如看作是成熟律句出现之前的平仄句式的一种尝试,到后来,唐人也用这种平仄句式来作拗救。当然,五言发展到七言,诗风当然也变了。唐人齐梁体诗无疑反映了这整个发展过程。那些合律相对但失粘,或合律相粘却失对的句子,正是齐梁声律诗向唐人律体诗过渡的现象。在律体诗已经完全成熟,并且广为普及运用的唐代,包括中唐晚唐,仍然标名写作"齐梁体"诗,应该是对过去时代诗体的一种回味。唐代律体诗是从齐梁诗体发展来的,相对于不拘平仄的古体诗来说,唐代律体诗和齐梁声律诗,都可以属于新体诗。可能正因为此,唐人在回味、写作作为新体诗的齐梁体诗的时候,也把实际已经成熟了的律体诗作为新体诗的一种,把它作为齐梁体诗进行写作。这当然已是广义的齐梁体诗。唐人标名为齐梁体的诗,既有不合律不合粘不合对的诗篇或句子,又有完全合于近体律的诗篇,何以会有这种现象? 就因为他们把近体律诗和齐梁声律诗一样,看作新体诗,看作广义的齐梁体诗。

《调声》中所论的"齐梁调诗"也应作如是观。所举例诗,张谓《题故人别业》诗第三句首字当平用仄,第四句首字当仄用平,第五句首字当仄用平,此外完全合律①。何逊《作徐主簿》"世上逸群士"一首,二、四句完全合律,首句第三字,第三句一、三字均当平用仄。"一旦辞东序"一首第三句首字当平而用仄,第四句首字当仄而用平。均稍有偏离,而在近体诗律允许范围之内。而"提琴就阮籍"一首失粘。基本合律而有失粘,把这样的诗作为齐梁调诗,反映的正是唐人的认识。

---

① 张谓《题故人别业》:"平子归田处,园林接汝溃。落花开户入,啼鸟隔窗闻。池净流春水,山明敛霁云。昼游仍不厌,乘月夜寻君。"

第三节　王昌龄《诗格》创作论

南卷《论文意》编入的王昌龄《诗格》,大量是论创作。

一、王昌龄论"意"

我们先看王昌龄论"意"。南卷引王昌龄《诗格》论"意"提出很多重要思想。

王昌龄提出意高则格高的问题。王昌龄说:"凡作诗之体,意是格,声是律,意高则格高,声辨则律清,格律全,然后始有调。用意于古人之上,则天地之境,洞焉可观。"中国古代诗论里,格可以指格式,可以指体格风格,也可以指品格,指作品品第高下。王昌龄这里说"意高则格高",所谓格,显然指品格,指作品艺术美的标准,所以有格高之说。这里所谓格,具有价值论的意义。他说"意格则格高",也是从作品品格高下的高度,从价值论的高度来看待意。从价值论的高度来看待意,所谓意,就当不是一般地指作品主旨内容,不是一般地指构思之意,而当还包含其他内涵。比如,还指深远丰厚的意蕴,而重要的一点,就当指作品主旨体现出的思想境界。作品主旨思想境界高,则作品格调高,否则则格下。所以他说:"用意于古人之上,则天地之境,洞焉可观。"古人之意已是极高,用意于古人之上,则是更高的思想境界,所以达于天地之境。

正因为意高则格高,是衡量诗歌艺术价值的标准,因此,作诗要注意"意"的提炼,处处把诗歌立意放在第一位。王昌龄说:"凡属文之人,常须作意。凝心天海之外,用思元气之前,巧运言词,精练意魄,所作词句,莫用古语及今烂字旧意,改他旧语,移头换尾,如此之人,终不长进。为无自性,不能专心苦思,致见不成。"这是说,作文要花很大功夫精炼意魄,而精炼意魄重要的是立意上要创新,要有自性。王昌龄说:"凡作文,必须看古人及当时高手用意处,有新奇调学之。"学习古人,学习时贤,主要学其立意之处,学其新奇之意。他又说:"夫文章兴作,先动气,气生乎心,心发乎言,闻于耳,见于目,录于纸。意须出万人之境,望古人于格下,攒天海于方寸。诗人用心,当于此也。"文章因作家感情气势的发动而作,因情而意兴起,这也是整个文章立意的基础。出万人之境,望古人于格下,是要求立意构思要高,既超越时人,也超越古人。王昌龄又说:"诗有意好言真,光今绝古,即须书之于纸;不论对与不对,但用意方便,言语安稳,即用之。若语势有对,言复安稳,益当为善。"对仗等艺术技巧是需要的,但意好言真是第一位的,艺术技巧要服从诗歌用意方便。

王昌龄提出一句见意。他说:"古文格高,一句见意,则'股肱良哉'是也。其次两句见意,则'关关雎鸠,在河之洲'是也。其次古诗,四句见意,则'青青陵上柏,磊磊涧中石,人生天地间,忽如远行客'是也。又刘公幹诗云:'青青陵上松,飔飔谷中风,风弦一何盛,松枝一何劲。'此诗从首至尾,唯论一事,以此不如古人也。"又说:"高手作势,一句更别起意;其次两句起意。"又说:"夫诗,一句即须见其地居处,如:'孟夏草木长,绕屋树扶疏,众鸟欣有托,吾亦爱吾庐。'"一句见意,当然是一种形象的说法,王昌龄的意思是用简洁明快的文字恰当地切中诗意,表现诗意。一句见意的进一步,就是言简意丰,语言凝练而诗歌意蕴深厚丰富。

王昌龄提出作诗要自始至终团却诗意,要意尽肚宽,意阔心远,任意纵横。他说:"诗头皆须造意,意须紧;然后纵横变转。如'相逢楚水寒',送人必言其所矣。"所谓"造意",就是创造新意,是精练意魄,是意出万人之境。从诗头就要提炼意。"意须紧",是下面要说的物色与意相紧,也是与主题之旨相紧。"然后纵横变转",意纵横,就是从不同的侧面,反复抒写这一题意,反复渲染这种抒情氛围,意又可以扩展到语言之外。如王昌龄《岳阳别李十七越宾》:"相逢楚水寒,舟在洞庭驿。具陈江波事,不异沦弃迹。杉上秋雨声,悲切兼葭夕。弹琴收余响,来送千里客。平明孤帆心,岁晚济代策。时在身未充,潇湘不盈画。湖小洲诸联,澹淡烟景碧。鱼鳖自有性,龟龙无能易。谴黜同所安,风土任所适。闭门观元化,携手遗损益。"诗头就说:"相逢楚水寒。""楚水"是送人之所,也是物色环境氛围。诗一开始由相逢而暗含送别之意,烘托出清寒凄切的抒情气氛。接下或直接抒情,倾诉心曲,或议论言志,互相抚慰,或点染物色,烘托诗意,总之是意思纵横,紧扣诗意又充分展开。他又说:"诗有意阔心远,以小纳大之体。如'振衣千仞冈,濯足万里流'。"意阔心远,就是意境开阔,意蕴深远,以小纳大,就是尺幅之中见万里之势。振衣、濯足本一微小之事,而以千仞冈、万里流相映带,则觉意境深远阔大。

他又说:"夫诗,入头即论其意,意尽则肚宽,肚宽则诗得,容预物色乱下,至尾则却收前意,节节仍须有分付。"作诗不但从开始就不要游离诗意,而且要意尽。所谓意尽,就是诗的主旨意蕴要得到充分表现。意尽则肚宽,所谓肚宽,就是思路开阔,意蕴丰富无限,可以纵横变转。肚宽则诗得,容预物色乱下,容预是从容闲舒,又是放纵放任。乱下是纷纷而下。深入诗意,意蕴充分表现,因此诗思开阔从容,物色丰富多彩,纷至沓来。至尾则却收前意,节节仍须有分付,是说文章自头至尾的每一部分,都要有交代安排,要有前后的关联照应。有交代安排,关联照应,全诗之意就融为一体,形成统一的意蕴氛围。他又说:"凡诗,两句即须团却意,句句必须有底盖相承,翻覆而用。四句之中,皆须团意上道,必须断其小大,使人事不错。"所谓团却,是聚集,归纳,两句即须意有归纳。诗篇须前后意脉相承,小大相因,须妥帖而易施,不可鉏铻而不安。所谓"句句必须有底盖相承",就是前文所说的"节节须有分付"。前后要有关联照应,全诗之意浑融一体。

他又说:"诗有饱肚狭腹,语急言生,至极言终始,未一向耳。若谢康乐语,饱肚意多,皆得停泊,任意纵横。鲍照言语逼迫,无有纵逸,故名狭腹之语。以此言之,则鲍公不如谢也。"鲍照诗为什么不如谢灵运?是因为一饱肚意多,而另一则语迫狭腹。钟嵘《诗品》上品评谢灵运:"其源出于陈思,杂有景阳之体,故尚巧似,而逸荡过之。颇以繁芜为累。嵘谓:若人学多才博,寓目辄书,内无乏思,外无遗物,其繁富宜哉。"又萧子显《南齐书·文学传论》论谢灵运诗风:"一则启心闲绎,托辞华旷,虽存巧绮,终致迂回,宜登公宴,本非准的,而疏慢阐缓,膏肓之疾,典正可采,酷不入情,此体之源,出灵运而成也。"据此,谢灵运所谓"饱肚",是指谢诗闲雅华旷,逸荡迂回,而又学多才博。但和前面所谓"肚宽"联系起来看,可能还指其诗意蕴的丰厚深远,而这也就是所谓的"意多"。又因意多,因而可以任意纵横。钟嵘《诗品》中品评鲍照:"然贵尚巧似,不避危仄,颇伤清雅之调,故言险俗者,多以附照。"萧子显《南齐书·文学传论》论鲍照诗风:"次则发唱惊挺,操调险急,雕藻淫艳,倾炫心魂,亦犹五色之有红紫,八音之有郑卫,斯鲍照之遗烈也。"据此,鲍照所谓狭腹,当指他不避危仄,操调险急。还可能因为鲍照才学气量褊狭。褊狭往往指才学。《文心雕龙·事类》就说:"才学褊狭,虽美少功。"和狭腹相反的是肚宽饱肚,和肚宽饱肚联系起来看,鲍照所谓狭腹,又可能因为其意无有纵逸,意境不开阔,意蕴不深远,不能很好的舒展到语言之外。

  王昌龄提出要物色和意相兼。他说:"凡诗,物色兼意下为好,若有物色,无意兴,虽巧亦无处用之。如'竹声先知秋',此名兼也。"所谓物色,就是客观物态,主要是自然景物。物色兼意,就是我们常说的情景交融,景中寓情,但不是一般的含情,而是含深远的意蕴。比如举例的"竹声先知秋",竹声是自然之物色,而竹声引发清秋来临之思,寓含岁华流逝之感,有着言外深层的意蕴。他又说:"若空言物色,则虽好而无味,必须安立其身。"所谓安立其身,就是寓含主观情思,所谓身,就是诗人之身意。他又说:"诗贵销题目中意尽,然看当所见景物与意惬者相兼道。若一向言意,诗中不妙及无味;景语若多,与意相兼不紧,虽理通亦无味。昏旦景色,四时气象,皆以意排之,令有次序,令兼意说之为妙。"物色须与意相兼,须含主观情意,而主观情意也须寓于物色之中。既不可只言物色,也不可一向言意。诗贵销题目中意尽,是说诗中之意要得到充分抒写,所谓充分抒写,就是充分表现无尽的意蕴。而要充分抒写,就要景物与意相兼。诗应该有很清楚的情意的发展脉络,景物的描写,应该是服从这个脉络,应该是意驾驭景,这就是以意排之,这就是诗的次序。之所以要物色与意相兼,是要让诗妙而有味。所谓妙,是精微而变化无穷,所谓味,是诗歌韵味,就是钟嵘所说的"使味之者无极"的味。之所以提出物色与意相兼,就是要追求韵味无穷的诗歌艺术美的境界。

因此，王昌龄既反对只言物色，也反对单写意兴。王昌龄举例说，比如，诗有"明月下山头，天河横成楼。白云千万里，沧江朝夕流。浦沙望如雪，松风听似秋。不觉烟霞曙，花鸟乱芳洲"，全诗只写景物，却不知景物寓含何意，不知诗人此时抒写何种情怀，因此王昌龄批评说："并是物色，无安身处，不知何事如此也。"而另一例："愿子励风规，归来振羽仪。嗟余今老病，此别恐长辞。"这一例则和上例相反，只叙情志，没有和景物相兼，王昌龄因此批评说："盖无比兴，一时之能也。"

王昌龄举物色与意相兼的例子。比如"高台多悲风，朝日照北林"，是曹植《杂诗》的首二句，这二句诗写物色而兴起全诗之情，因此他说这是"曹子建之兴也"。魏阮籍有《咏怀诗》："中夜不能寐，起坐弹鸣琴。薄帷鉴明月，清风吹我襟。孤鸿号外野，翔鸟鸣北林。"王昌龄一一注出诗中描写物色所寓含之意，说，"中夜不能寐"句是"谓时暗也"，"起坐弹鸣琴"句是"忧来弹琴以自娱也"，"薄帷鉴明月"句是"言小人在位，君子在野，蔽君犹如薄帷中映明月之光"，"清风吹我襟"是"独有其日月以清怀也"，"孤鸿号外野，翔鸟鸣北林"二句则是"近小人也"。

王昌龄又提出言物色及意不相倚傍。他说："凡高手，言物及意，皆不相倚傍。"又说："诗有天然物色，以五彩比之而不及。由是言之，假物不如真象，假色不如天然。如此之例，皆为高手。中手倚傍者，如'余霞散成绮，澄江净如练'，此皆假物色比象，力弱不堪也。"从后一段话看，所谓"倚傍"，就是假物色比象，就是雕琢词采。而不相倚傍，就是用白描手法，表现事物的天然之美。比如"余霞散成绮，澄江净如练"，把"余霞"比作"绮"，把"澄江"比作"练"，借助精巧的比喻来表现对象，这就是倚傍。比喻虽然精巧，但诗的天然之美却因此失去了。他举不相倚傍的例子，如"方塘涵清源，细柳夹道生"，如"方塘涵白水，中有凫与雁"，如"绿水溢金塘"，"马毛缩如猬"，如"池塘生春草，园柳变鸣禽"，如"青青河畔草"，"郁郁涧底松"，除"马毛缩如猬"一例之外，都是纯然白描，没有借助比喻之类精巧的艺术手法。即如"马毛缩如猬"一句，虽用了比喻，但也并无雕琢词采之感。王昌龄说倚傍物色比象就"力弱不堪"。之所以力弱不堪,可能因为着力雕饰词采,则诗意的表现就不能纵横变转,就得不到充分有力的表现,诗就易失去笼罩全诗的意蕴氛围和贯注首尾的感情气势。

王昌龄所论之"意",有着丰富的内涵,提出的这些问题,在创作论上有着重要意义。

王昌龄所说之意,主要的当然是指诗中表现的思想内容,题中主旨。但常常还指作品主旨体现出的思想境界。所谓"意高则格高",所谓"天地之境,洞焉可观",指的当是以题中主旨为基础的思想之境界。王昌龄提出的可能是如何提高诗歌思想境界的问题。

王昌龄所说之"意",可能还指构思之意。所谓"意须出万人之境,望古人于格下,攒天海于方寸",所谓"古人及当时高手用意处",所谓"凡属文之人,常须作意。凝心天海之外,用思元气之前",都当指构思之意。

王昌龄所说之意,可能还有感兴之意这一层意思。后面我们将要论述他关于睡以养神有一段话,说"若睡来任睡,睡觉即起,兴发意生,精神清爽。"这里所谓"兴发意生",就是指感兴之意,诗思被触发的那一刹那,天机骏利,思风清爽,这种状态,就是兴发意生的状态。他又说:"诗有无头尾之体。凡诗头,或以物色为头,或以身为头,或以身意为头,百般无定,任意以兴来安稳,即任为诗头也。"所谓以物色为头,是入头便描写物色。所谓以身为头,是可能是首先直接表现诗人自身诗人自我。所谓以身意为头,当是首先抒写思想感情。而"任意以兴来安稳",则认为以何种为头,没有固定模式,完全看诗思感发的状态。

王昌龄所谓"意",可能还指诗歌创造的丰厚的内在的意蕴,指诗歌意蕴构成的艺术氛围。他说:"夫作文章,但多立意。"文章意旨只能有一个,为什么要求"多立意"?可信的理解,就是他这里所谓"意",不是一般意义上的题旨内容,而是在诗歌题旨基础上表现出来的丰富的意蕴。所谓"多立意",就是让意蕴尽可能的多,内涵尽可能的丰富。他说:"意如涌烟,从地升天,向后渐高渐高,不可阶上也。"这是什么意思?可能是说,诗应该创造一种意蕴氛围,所以用"涌烟"来作比喻。这种意蕴氛围应该越往后越显得高远莫测,因此说:"从地升天,向后渐高渐高,不可阶上也。"《论语·子张》说:"夫子之不可及也,犹天之不可阶而升也。"诗之意蕴也应该让人感到高深远不可企及。王昌龄又说:"下手下句弱于上句,不看向背,不立意宗,皆不堪也。"意蕴氛围越来越强,所以前面说"渐高渐高"。意蕴氛围越来越弱,渐低渐低,所以是"下手下句弱于上句",所谓"向",是与诗的统一氛围意蕴相向;所谓"背",就是游离诗旨,与诗的总体意蕴氛围相背。所谓"不立意宗",就是不确立一首诗的总体意蕴艺术氛围。前面引王昌龄的论述谈到"一句见意",又谈到"高手作势",可能主张诗要写得简易,能用一个句子写清楚的不敷衍成二句乃至四句。但这里所谓"意",也可能指以诗旨为基础的意蕴。"一句见意",就是说,一句就要写出诗歌意蕴,每一句都要有丰厚的意蕴。每一句都是对意蕴氛围的强化,因此最好"一句更别起意",每一句都有其意蕴。这也就是"高手作势"。这里所谓"作势",也就是通过每一诗句表现的意蕴,营造一种无形的艺术氛围。因为是无形的氛围,所以他说"意如涌烟",这种意蕴氛围也是一种无形无限的力的场,所以又称"作势"。王昌龄认为,只有高手才能作势。王昌龄提出的实际是怎样创造更为丰厚的诗歌意蕴的问题。

二、王昌龄论"格律调"

与"意"相联系是格律调的问题。

前面说过,"格"是品格,是作品艺术美的标准,是一个审美层次、艺术境界的概念。所谓"格高",就是审美层次高,艺术境界高。这是从包括意兴在内的作品整体风貌体现出来的,因此后人也常称之为体格。王昌龄用"格"这个词,还可能多少包含这么一层意思,就是以此审美境界为作诗法式艺术标准。这应该是一个带有经验色彩的审美范畴。

王昌龄提出的是"格高"。提出"格高",就是提出一个层次比较高的艺术审美境界。

"格高"首先是立意的问题。"意是格","意高则格高",说明有意才有格,意是格的基础,意高是格高的基础。从上一节的论述来看,思想境界要高,立意要高古阔大,要意阔心远,思想境界要高。格高的反面是下格。天卷《调声》引王昌龄说:"意高为之格高,意下为之下格。"所谓意下,就是没有那种高古阔大、高迈超逸的意气。《诗中密旨》有一段话可以提出来讨论。《诗中密旨》传王昌龄作,实际杂抄伪作的成份居多。但如罗根泽所说,其中有与《文镜秘府论》相同者,可证明其伪中有真①。我们注意的是《诗中密旨》下面一段论述:"诗有二格:诗意高谓之格高,意下谓之格下。古诗:'耕田而食,凿井而饮。'此高格也。沈休文诗:'平生少年日,分手易前期。'此下格也。"这段论述与前面我们所引的天卷引王昌龄的论述相同,应该是可信的。如果可信的话,那么这段论述便提供了格高和下格的具体例子。他说古诗"耕田而食,凿井而饮"是高格。之所以是高格,正是因为此诗追思于远古淳朴之风,立意高古。而沈约诗"平生少年日,分手易前期"之所以是下格,就应该因为它情调过于低沉。沈约这首题为《别范安成》的诗,由别离之情引发衰暮之感,由今日的别离,想到明日的难以重持一樽酒,又想到梦中不识路,何以慰相思②。整首诗的基调是伤感的,心地蜷缩在狭小的天地里,全然没有王昌龄所说的意阔心远之境。古诗之所以高于沈约诗,就在于古诗立意高古,有更高的思想境界。沈约诗沉溺于世俗离别之情,因此《诗中密旨》说它是"下格"。这应该是符合王昌龄的思想的。南卷引王昌龄《诗格》也还有一例。王昌龄谈"诗格律须如金石之声",批评说:"《芜城赋》,大才子有不足处,一歇哀伤便已,无有自宽知道之意。"鲍照的《芜城赋》之所以其格律没有金石之声,就因为只是一味哀伤,不能自宽自解,没有高迈超逸的意气。我们读《芜城赋》,满目荒凉,感到的确实只是世事无常,繁华如梦的沉重的伤感。这样的作品就是下格。它反过来说,所谓格高,就是立意要高扬阔大、慷慨超迈。

---

① 见罗根泽《王昌龄诗格考证》。
② 沈约《别范安成》:"平生少年日,分手易前期。及尔同衰暮,非复别离时,勿言一樽酒,明日难重持。梦中不识路,何以慰相思。"见《文选》卷二〇。

格高的再一点,是简小直置。简小,也就是前面说的一句见意。直置,也就是前面说的不相依傍。王昌龄说:"夫诗格律,须如金石之声。《谏猎书》甚简小直置,似不用事,而句句皆有事,甚善甚善。"这段话把简小直置直接和诗的格律联系起来。他说诗之格律"须如金石之声",就是说,要铿锵有力,这既是声律上的,也是整体审美境界上的,是格高的表现。他用文和赋的例子来说明这一点。先列举了司马相如的《谏猎书》,说这篇作品"甚简小直置"。这里说的就是二点,一是"简小",二是"直置"。"简小",是说篇幅短小。载于《文选》卷三九的司马相如的这篇作品,仅用274字就将谏猎之意委曲备述,确实称得上言简意丰。"直置",崔融《十体》有"直置体",按照崔融的解释,是"直书其事置之于句",也就是直截了当,不事雕饰地加以表现。他说《谏猎书》"似不用事,而句句皆有事"。"句句皆有事",是说这篇作品还是用事典,讲求艺术修辞,而"似不用事",则是说虽讲艺术技巧而完全出于自然。他又说:"《海赋》太能;《鹏鸟赋》等,皆直把无头尾;《天台山赋》能律声,有金石声。孙公云'掷地金声',此之谓也。"说东晋孙绰的《游天台山赋》有金石声,主要从"能律声"来说的。前面几篇,《海赋》可能指东晋木华的作品,《鹏鸟赋》为汉贾谊之作,"太能"二字,可能是对《海赋》作品的评价之词,从前后语气看,也可能是某一作品名,与《海赋》《鹏鸟赋》等并列。王昌龄认为,这些作品"皆直把无首尾"。从前面我们提到的"诗有无头尾之体"那段话来看①,所谓"无首尾"或说"无头尾",就是任为诗头任为诗尾,随任自然,"任意以兴来安稳"。诗是这样,赋也是这样。所谓"直把",王昌龄《十七势》有"直把入作势",也就是直接叙起的方法。这和前面说的"直置",在方法上应该是一致的,都是自然不事雕饰。直把和无首尾,都包含自然直叙的意思在内。他把这样的作品称之为"直置"。他说司马相如的《谏猎书》"甚善甚善"。所谓"甚善",就是"格律""甚善"。他是认为这样言

---

① 那段话说:"诗有无头尾之体,凡诗头,或以物色为头,或以身为头,或以身意为头,百般无定,任意以兴来安稳,即任为诗头也。"

简意丰而又随任自然,直置不事雕饰的作品,其"格律"就有金石之声,也就是格高。

为什么简小直置其格律就有金石声?可能在王昌龄看来,语言简洁明快,言简意丰,诗就显得高古,因为"古文格高,一句见意",古人就是尚简小的,古文如"股肱良哉"等就是一句见意。言简意丰而又自然不事雕饰,艺术层次比较高,他说不相倚傍,写天然物色,就是高手,所谓高手,就是艺术层次上比较高。而中手依傍就力弱不堪,力弱不堪也就是格下。

和"格"并列提出来的,是"律"。

"格"主要是"意"的问题,"律"则是"声"的问题。王昌龄说:"声是律。"因此律其实就是声律。关于声律,王昌龄提出很多看法。这些看法,我们在前一章已有详尽分析。他提出调声中的轻重辨音之说,实际涉及等韵学的问题,他已经在用"等"观念区分字音,在细致辨音的基础上,他提出诗歌语言须轻重相间,提出用字有轻,有重,有虽重浊可用者,有轻清不可用者,若用重字,即需以轻字拂之。他提出第一字与第五字须轻清,其中三字纵重浊,亦无妨。他论及通韵落韵,他借用梵文悉昙学的概念,说明汉语调声现象,提出作诗不得转韵。他论及诗律的对法和粘法,他论及五言平头正律势尖头、七言尖头律、齐梁调诗等几种声调诗体。这些看法,王昌龄有一句话,说:"声辨则律清。"这句话可以看作他对声律问题这些看法的一个归纳。声辨,是有序,声韵的安排要有序。律清,是清晰不杂乱,谐调流畅,不滞涩。声辨律清,是王昌龄提出的声律基本原则。

与格律相联系的是"调"。王昌龄说:"格律全,然后始有调。"调这个词,本来就可有情调、音调、谐调、格调等多重含义。王昌龄的意思应该是,诗歌创作立意要高古阔大,高迈超逸,而不是力弱气沉;同时以简约的语言表达丰厚的意蕴,并且不事雕饰,不相映带,直置自然;而在声律上,要注意轻重相间等等原则,特别是注意近体诗的平仄粘对律,使声韵有序,谐调流畅,这就达于格高律清。在此基础上,寓感情于音律之中,情调和音调和谐统一,感情节奏和音律节奏的和谐统一,在这种整体风貌基础上形成一种很高境界的诗美,达于很高的审美层次,这就是调。

这就是王昌龄关于格律调的基本思想。他是提出了一种理想的审美境界。应该说,这是一个颇为完整的思想。

这样一种思想,和他的关于文分南北宗之说有密切的联系。前面我们说过,文分南北宗,王昌龄是否贾谊,否定南宗,否定南朝文风,而肯定北宗,肯定汉魏文风的。他之所以肯定汉魏文风,就因为汉魏曹植刘桢等人"气高出于天纵,不傍经史,卓然为文",气高不就是意高,天纵不就是自然不事雕饰,不傍经史不就是不相倚傍,这不就是他所说的格高吗?他说南朝诸人"识人虚薄,属文于花草,失其古焉",又说他们"皆悉颓毁",这就不是说他们格下吗?崇尚汉魏气高天纵的文风,和提出格高,不都是提出一种理想文风吗?可以说,格律调之说,是把文分南北宗的思想具体化了。

格律调的思想,也是盛唐审美理想的反映。强调"格",可能与盛唐文人重功业,重人格修养有关。看一看王昌龄所说的意阔心远,以小纳大之体,所列举的左思"振衣千仞冈,濯足万里流"的诗句,不让人自然联想到盛唐诗人歌吟中高扬的情怀,壮大的气概吗?殷璠《河岳英灵集》的一些诗评很可以在这里读一读。卷上评李白:"其为文章,率皆纵逸。至如《蜀道难》等篇,可谓奇之又奇。然自骚人以还,鲜有此体调也。"又评王维:"维诗词秀调雅,意新理惬,在泉成珠,着壁成绘,一句一字,皆出常境。"卷中评储光羲:"储公诗格高调逸,趣远情深,削尽常言,挟风雅之迹,浩然之气。"正是用格调这个概念来评价盛唐诗风。《河岳英灵集》序一段话更可注意,序说:"贞观末标格渐高,景云中颇通远调,开元十五年后声律风骨始备矣。"说的正是"标格渐高",正是贞观末,开元十五年后的盛唐,他正是用格高来描述这一时期的诗风。他说"开元十五年后声律风骨始备",说了二个方面,一是声律,一是风骨。所谓声律,不正是王昌龄说的声辨律清,而王昌龄称扬汉魏文风的气高天纵,所说的格高,意阔心远,不正是有风骨吗?王昌龄当比殷璠《河岳英灵集》更早,即使不能说殷璠格调之说受到王昌龄的影响,至少也说明当时人们都已注意到盛唐那种声律风骨始备,标格渐高的诗风,并且都开始用格调这个概念对它进行描述,概括说明它的特征。而王昌龄应该是得风气之先。

格律调之说,还明显带有王昌龄的经验色彩。它也是王昌龄创作经验的总结。读一读他的《出塞》"秦时明月汉时关",他的《从军行》"青海长云暗雪山"和"大漠风尘日色昏",哪一首不是意气壮大,格高调远?他的诗,特别使他获得圣手之称的那些七绝,哪一首不是声律和谐?哪一首不是直抒胸臆?他说要一句见意,要简小,他现存180多首诗中,五分之二是七绝,这正是所有诗体中除五绝之外最为简小的一种。他主张简小,主张一句见意,是不是也多少与他这种诗体爱好有关呢?这样一个本来需要作高度抽象的理论内容,王昌龄却给予浅显易懂的经验化说明,使之成为读者易于把握的经验法式。这方面也带上了王昌龄式的经验化色彩。

文分南北宗的历史传统,盛唐时代的诗歌风尚,加上王昌龄自己的创作经验,熔铸成了格调这个批评史上新的概念,新的理论范畴。中国文学批评史上影响甚大的格调之说,最早的提出者不能不归之于王昌龄。仅此一点,王昌龄的贡献也值得书上不轻的一笔。

三、王昌龄论境思和左穿右穴

南卷引王昌龄《诗格》论及的又一个重要问题是境思和左穿右穴。

关于境思,王昌龄说:"思若不来,即须放情却宽之,令境生。然后以境照之,思则便来,来即作文。如其境思不来不可作也。"

这是讲的是艺术思维中的情况。这方面情况,前人陆机、刘勰早有论述,很多问题,比如,情和物在艺术想象中的特点和地位等,他们都已有分析。和他们不同的是,王昌龄说的是"令境生",是"以境照之",他把思和境联结在一起,提出了一个"境思"的概念。

什么是"境思"?境思就是在艺术构思、艺术想象时,进入某种境界,就是身临其境,心入其境,在这个境界中想象构思。和"物"或"情"那些概念不同的是,"境"是一个表示一定空间范围的概念。不是泛泛地神与物游,而是在一定的空间范围,境界范围构思想象,与物神游。这个境界范围,其实也就是一种形象画面,是一种艺术氛围,可以形成一种艺术境界的氛围。构思活动就是要形成这样的形象境界、艺术氛围,这就是"令境生"。然后要身临其境,心入其境,凝心于这个需要表现的形象境界,艺术想象融入于这个艺术氛围之中。要用这个形象境界、艺术氛围去观照,去感受,既观照所感受到事物,也观照艺术思想自身,把感受到的物象和思维活动都融入到这个形象境界、艺术氛围之中。这就是"以境照之",这也就是"境思"。

传本王昌龄《诗格》有关于"诗有三境"的一段话:"一曰物境,二曰情境,三曰意境。物境一,欲为山水诗,则张泉石云峰之境,极丽绝秀者,神之于心,处身于境,视境于心,莹然掌中,然后用思,了然境象,故得形似。情境二,娱乐愁怨,皆张于意而处于身,然后驰思,深得其情。意境三,亦张之于意而思之于心,则得其真矣。""三境"既是已完成的诗歌境界的分类,也是构思时境思状态的描述。这二段话关于境思说得更清楚了。他说,描写山水,就要在心中舒张开泉石云峰之境,使极丽绝秀的客观景色鲜活传神于心中,化为同样极丽绝秀的艺术氛围,然后置身于这样的境界氛围之中,让此境界在心中莹然清晰,有如掌中之物一样,然后再运思写作。抒发感情或表现某种意趣意兴的诗也一样,要将所要表现的感情意兴舒张开来,在心中形成境界,设身处地去体味。另外,传本王昌龄《诗格》关于"诗有三格"有一段话,也讲到"心偶照境","心入于境"。这两段话都可信是王昌龄的思想。

要之,艺术构思时要使表现对象在心中形成鲜活传神的境界,形成一种艺术氛围,然后身临其境,心入其境,在这个境界中运思想象,这是王昌龄提出的一个重要思想。

从莹然掌中,了然境象来说,境思说和后来苏轼的胸有成竹之说有点相似。但是,胸有成竹只是单个完整形象,而王昌龄说的是整个境界,是各种形象融为一个统一的完整的境界。

不难发现,王昌龄和陆机、刘勰他们讲的都不一样。他没有讲精骛八极,心游万仞,也没有讲思接千载,视通万里,没有讲流连万象之际。王昌龄强调的是身临其境,心入其境。

王昌龄似乎是把艺术思维约定在一定范围之内。但这不是限制思维活动,不是不要视通万里的丰富联想。他是要把易于分散的艺术思维活动凝聚于所应表现的艺术境界之中,形成艺术氛围,用这个艺术氛围去改造、熔炼各种物象情思和意兴,把这一切融入于这个艺术境界艺术氛围之中。事实上,诗人创作构思,需要流连万象的联想,但不能始终停留在这个阶段,不能始终泛泛地流连万象。构思到一定程度,思维就要集中,形象就要集中,就要逐渐形成一定的形象画面艺术氛围境界,就要在这个氛围之中进一步深入构思,对形象进行提炼、改造、重新熔铸。如果始终只是泛泛地心游万仞,思维不能集中在所应表现的境界,就很难形成特定的艺术画面艺术境界。陆机、刘勰讲的是构思的一个阶段,王昌龄讲的是在流连万象之后的又一个阶段。这两个阶段对于艺术构思来说都是必不可少的,而后一个阶段,前人并没有注意,是王昌龄第一次把它提了出来。

按照王昌龄的思想,应该物色兼意,实际创作中也应该这样。就是说,身入物境,要融入于情思意兴,而身入王昌龄所说的情境意境,则应兼有物色。情景交融,情与景和谐的融为一体,在这方面,他吸收了传统的以情观景,融情于景的思想,但又提出一个更高的艺术要求,不是简单的情景相兼,不是简单的比兴,而是把这一切融入统一的境界氛围之中,构成完美的诗境,盛唐诗歌所创造就是这样一种意境之美。王昌龄所提出的,正是怎样创造这种意境之美,就是创造这种意境美的构思方式问题。不论从反映唐诗创作经验来看,还是从古代创作论的历史发展来看,王昌龄这一思想的意义都是不可低估的。

与境思相联系,王昌龄提出"左穿右穴"。

"左穿右穴"和陆机说的"耽思傍讯"有点相仿,但王昌龄强调的是心入其境中深深的思索,广泛的探求。"左穿右穴"用佛教语,讲的就是在佛境中遍游探究，《圆悟佛果禅师语录》卷二就说："所以不离普光殿，不出菩提场，遍游华藏海无边刹境，左穿右穴，重重无尽，一一交罗。"①王昌龄认为，诗歌创作构思时也是这样。

他反复说到这一点。他说："夫作文章，但多立意。令左穿右穴，苦心竭智，必须忘身，不可拘束。"又说："诗有杰起险作，左穿右穴。"又说："凡诗立意，皆杰起险作，傍若无人，不须怖惧。"这里说的都是一个意思，就是让想象纵横驰骋，想象要奇特，思路要开阔。苦心竭智是陆机讲的耽思傍讯，说要精心构思，这一思想到后来皎然就讲苦思出于自然。必须忘身是庄子讲的坐忘境界，陆机讲的收视返听。而左穿右穴是讲思路纵横开阔，要想象奇特，深深地发掘探究对象的新奇之义，以至不可拘束，杰起险作，傍若无人。王昌龄论"意"，提出"攒天海于方寸"，"凝心天海之外，用思元气之前"，提出"意阔心远，以小纳大"，也包含这个意思。只有思路开阔，想象奇特，诗中意境才能开阔，才能以小纳大，才能"攒天海于方寸"。王昌龄列举了不少诗例。他举的这些诗例，都贯穿着这一思想。从游子归故里所见"古墓犁为田，松柏摧为薪"（《古诗十九首》），写世道沧桑，念人生短暂，何等骇人心目。霜严风疾，时危世乱，而以"马毛缩如猬，角弓不可张"（鲍照诗《出自蓟北行》）之状以衬写壮士投躯报国之志，又何等有力。繁华难久，人世易衰，而用"凿井北陵隈，百丈不及泉"（鲍照《拟古八首》）；劈头兴起，何等奇警。"去时三十万，独自还长安，不信沙场苦，君看刀箭瘢"（王昌龄自作《代扶风主人答》），数字悬殊的对比，以及身上刀箭瘢痕的见证，沙场征战之苦不言而自见，同样构想奇特。这些例子，或夸张大胆，或想象奇特，或对比强烈，都落笔于细微之事而驰神于天海之外。

他又说："夫置意作诗，即须凝心，目击其物，便以心击之，深穿其境。如登高山绝顶，下临万象，如在掌中。以此见象，心中了见，当此即用。如无有不似，仍以律调之定，然后书之于纸。会其题目，山林、日月、风景

---

① 《大正藏》第 722 页。

为真,以歌咏之。犹如水中见日月,文章是景,物色是本,照之须了见其象也。"这里提出目击其物和以心击境。目击其物,是外在感官对客观事物的观察。以心击之,是以心灵去感受外物。再进一步,是让分散的外物形象形成有着一定完整性的境,然后深穿其境。王昌龄在另一个地方说:"目睹其物,即入于心;心通其物,物通即言。"穿也就是通,通也就是交融。心通于物,或说心穿其境,就是要心与物交融。着一"深"字,是极言交融程度之深,说心与物要完全交融。而"左穿右穴",心物交融的结果,是"如登高山绝顶,下临万象,如在掌中。以此见象,心中了见,当此即用。"是在心中形成鲜明的境界,也就是让境象在心中越来越了然鲜明,最终化为作品中的艺术境界。

境思是要在艺术构思心入其境,在这个境界中想象构思。"左穿右穴"是要在心入其境中诗思纵横,想象奇特,富于变化,而其结果,是在心中形成了然鲜明的境象在,创造出作品的艺术境界。这是王昌龄一个重要的完整的思想。

四、王昌龄论随身卷子与养神用思

关于创作构思,南卷引王昌龄《诗格》还提出其他一些问题。

王昌龄提出随身卷子以发兴的问题。

他说:

> 凡作诗之人,皆自抄古今诗语精妙之处,名为随身卷子,以防苦思。作文兴若不来,即须看随身卷子,以发兴也。

这里讲到随身卷子。随身卷子是专为作诗而抄编的东西。为作诗作文而编东西,隋唐时似有一种风气。有些类书属这一类。六朝隋唐间编了很多类书性质的东西。《新唐书·艺文志》"类书"目收有17家24部,有一些今天仍存,这其中有不少就为作文而编。比如,《艺文类聚》,据初唐欧阳询序,该书在架藏繁积延阁石渠书中,摘其菁华,采其旨要,弃其浮杂删其冗长,"俾夫览者易为功,作者资其用"。它是让作文者能资以为用。唐徐坚等奉勅撰的《初学记》也是，绍兴四年福唐刘本序说此书"开卷而上下千数百年之事皆在其目前可用"，这里说的"可用"，也应包括作文。今存的隋唐虞世南撰《北堂书抄》也应属这一类。未存的类书中，从书名看，也当属这一类。比如，刘孝标《类苑》、徐勉《华林遍略》、许敬宗《瑶山玉彩》《累璧》、孟利贞《碧玉芳林》《玉藻琼林》、王义方《笔海》、玄宗《事类》等等。为作诗作文而编类书，《编珠》序有一段话说到了这一点。《编珠》四卷未被收入《新唐书·艺文志》，而为《四库全书》所收。此书为隋大业七年著作佐郎杜公瞻所撰。序说："皇帝在江都日，好为杂咏及新体诗，偶缘属思，顾谓侍读学士曰：'今经籍浩汗，子史恢博，朕每繁阅览。欲其故实简者，易为比风。'爰命微臣编录，得窥书囿，故目之曰编珠。"简明易用，方便作文，是一些类书隋唐间盛行的一个重要原因。

另有一些书，不被看类书，比如《隋书·经籍志》卷三四列入"纵横家"的《对林》《文章义府》，朱澹远撰《语对》《语丽》《对要》《众书事对》，《新唐书·艺文志》卷六〇列入"文史类"的许敬宗等《芳林要览》、康显《辞苑丽则》《海藏连珠》、刘孝孙《古今类聚诗苑》、郭瑜《古今诗类聚》，《通志》卷七〇列入"总集"类的庾自直集《类文》、虞绰等集《类集》《文苑词英》、许敬宗集《文馆词林》《丽正文苑》、张楚金集《翰苑》，这些书，从书名来看，可能也是为作文而编。比如，这当中的《语对》等，可能就为作对策之文而编。

还有一些书被称之为"秀句"，如元兢《古今诗人秀句》、王起《文场秀句》、黄滔《泉山秀句集》，这三种书，《新唐书·艺文志》卷六〇列入"文史类"，《通志》卷七〇列入"诗评"类。这当中的元兢《古今诗人秀句》，据其序，是收入自古诗为始，至上官仪为终，时历十代，人将四百的一个秀句选集，并没有说到它为作文而编。但王起《文场秀句》可能就为作文而编。据《旧五代史·周书·冯道传》，冯道对工部侍郎任赞说过这样的话："中朝士子，止看《文场秀句》，便为举业，皆窃取公卿，何浅狭之甚耶。"这里说的可能是王起的《文场秀句》，也可能是当时流行的另一种书，从冯道的话来看，止看《文场秀句》便可应举作文，说明这种书是为文场作文而编，是名副其实的"文场"秀句。

一种书叫"兔园策"（也叫"兔园册"）。书志目录只见一种，宋王应麟《困学纪闻》卷一四作"《兔园册府》三十卷"，《宋史·艺文志》作"《兔园策》十卷"，都作初唐杜嗣先撰。《郡斋读书志》卷二和《文献通考》卷二二八都作"《兔园策》十卷"，都作初唐虞世南撰。因为奉唐太宗子李恽之命而作，故用梁王兔园名其书。据《文献通考》卷二二八，这本书"至五代时行于民间，村墅以授学童"。这本书纂古今事为48门，皆偶俪之语，是为应科目策问而作。

这些情况说明，六朝隋唐时期，为诗文写作而编东西，确是比较盛行。王昌龄所说的"随身卷子"，应该是这种风气的产物，也是为作文而编的多种东西中的一种。他说的那段关于"随身卷子"的话，也从一个侧面印证当时这种风气。

但是，王昌龄那段话还是有一些新的情况。第一，他说的是"自抄"，而且是"凡作诗之人"皆自抄，那么，这就不是社会上那些雕版印刷的类书之类。第二，它是"随身卷子"，是"随身"的东西。既是随身，卷帙篇幅就不可能太大，太大了放在书房可以，随身就不太方便了。

这样的随身卷子最早出现于什么时候，却不太清楚。前面列数的类书等等，上千卷数百卷，少的也有几十卷，肯定不是王昌龄所说的随身卷子。考虑这一问题的时候，《隋书·经籍志》卷三四"杂家"类有一条史料引起了我的注意，这条史料是这样的：

  《袖中记》二卷，沈约撰。《袖中略集》一卷，沈约撰。《珠丛》一卷，沈约撰。《采璧》三卷，梁中书舍人庾肩吾撰。

这段材料说的"杂家"，但这前后却载录《皇览》《寿光书苑》《华林遍略》《书图泉海》等书，这些书后来在《新唐书·艺文志》中都被列为类书。另外还有《对林》《文府》《语对》《语丽》《类苑》《文章义府》等，也显然是为作文而编的书。这就有理由怀疑，这里所谓的"采璧"，也是采文章之璧，

"珠丛",也是文章珠玉之丛,璧、玉云云,也就是王昌龄说随身卷子那段话说的"诗语精妙之处"。"采璧"、"珠丛"云云,应该就是为作文而编的东西。《袖中记》《袖中略集》也编录的也应该是这类东西。而这里,"袖中"二字很可注意。书而称之为"袖中",当是可以置于"袖中"的东西,换句话说,也就是随身的东西。这几种书的篇幅,多者不过三卷,少者止为一卷,正可置于袖中。《袖中记》云云,可不可以说就是"随身卷子"的另一种说法呢?不是没有理由这样认为。如果这样认为还算有些根据,那么就有理由相信,至少在沈约时代,就有了和王昌龄所说的"随身卷子"相似的东西。沈约的《袖中记》等等,应该也是自抄的,不过是否自用,就很难说。也可能先是自抄自用,后来流传开来,就变为他用了。这仍然符合王昌龄所说的"自抄"的特点。

沈约自抄随身卷子这样的东西并不是不可能的。沈约是一代文坛领袖,他在诗歌艺术技巧上下过很多功夫,他对声病的探索就是一个显明的例子。他在诗歌创作中肯定会遇到意兴难来的情况,他也肯定会想一些办法。因此像后来王昌龄所说的那样,自抄古今诗语精妙之处,置于袖中,称之为"袖中记",也就是"随身卷子",以防苦思,以发诗兴。这并不是不可能。

沈约之后的情况不得而知。我想,肯定会有不少人效而行之。王昌龄时的其他诗人那里也没有见到过随身卷子的说法。但王昌龄既说"凡作诗之人"皆自抄古今诗语精妙之处云云,则应该是相当普遍的现象。至少是大部分诗人,王昌龄有交往的那些诗人至少应该在内。比如,孟浩然、高适、王之涣、常建、李白、岑参、王维、李颀、綦毋潜这些诗人。我想,以杜甫的性格和作诗特点,也应该有这样的东西。很可能王昌龄同时的那些诗人都是这样,所以他才说"凡作诗之人"皆怎样怎样。

这就很可以想象一下。比如孟浩然在故乡鹿门山,王维在那辋川别业,高适、王之涣和王昌龄旗亭宴游,岑参在那万里之遥的西北边塞,李白四处漫游的时候,他们作诗,随身应该有一个卷子,抄有古今精妙之诗语,意兴若是不来,便取出一观,于是诗思泉涌,下笔成章。这应该是唐人作诗一种的风景,这风景应该是很有趣的。

作这样的想象好像有点离题,其实不然。我们这样联想,是要提出随身卷子以及王昌龄这一创作思想的评价问题。关于随身卷子,人们似乎从来没有想到过怎样给它一个说法。因为作为作诗方法,并不值得提倡了,而且,它太微小了。诗歌思想史上有那么多宏大高深的理论,哪里还轮得上这置于袖中的小东西?但是历史流水,有大波大浪,也有涟漪细波,组成历史的往往是众多细琐的东西。我们都说唐诗繁荣,但试想一下,唐诗那些名篇佳作,可能不少就是那些大诗人们袖中有随身卷子的情况下写出来的,既然如此,那么可不可以说,唐诗的繁荣并没有离开它,至少这小小的东西也多少起了一点作用呢?

随身卷子想要解决的是发兴也就是意兴滞涩时如何引发灵感的问题。这个问题,王昌龄之前陆机《文赋》和刘勰《文心雕龙》都已注意到,但是,陆机看到"六情底滞,志往神留",却"未识夫开塞之所由",只有感叹"虽兹物之在我,非余力之所勠"。刘勰提出"博见"和"贯一",以为"博而能一,亦有助乎心力",可以看作是一种探索,但那只是理论原则,而且主要为解决"理郁者苦贫,辞溺者伤乱",并非直接着眼于引发灵感。王昌龄提出的则是具体办法。意兴滞涩,文思不通时怎么办?他提出的是自抄古今诗语精妙之处作为随身卷子以防苦思,以引发灵感。随身卷子可以说是要创作实践上解决这一问题的一种认真尝试。这当中,不也包括对灵感这样创作上重要问题的理论思考和探索吗?

从创作思想来说,我们需要的当然是独创,是真实的感情,是生活的基础,是艺术的修养,等等。但是,文学创作文思滞塞的时候,某些东西往往可以触发灵感,这也不能不说是一些作家经常遇到的情况。说这是一种创作经验,似乎也不过分。很多作家就说到这种经历或者说经验。何况王昌龄说的是以随身卷子以发兴,这与模仿抄袭是性质不同的两回事。说到这里,是不是应该承认,这也是一条创作经验,而且从王昌龄的话来看,这还是一条成功的经验呢?

考虑到这些,在诗歌思想史上,是不是应该给随身卷子这样的东西一个恰当的位置呢？对王昌龄提出的这一问题和思想，是不是也应该认真给予肯定性的评价呢？

王昌龄还提出睡以养神和清晓用思。

这方面王昌龄谈得很多。关于睡以养神，他说："凡神不安，令人不畅无兴。无兴即任睡，睡大养神。常须夜停灯任自觉，不须强起。强起即昏迷，所览无益。纸笔墨常须随身，兴来即录。"又说："凡诗人夜间床头，明置一盏灯。若睡来任睡，睡觉即起，兴发意生，精神清爽，了了明白，皆须身在意中。"旅途之中尤其如此。他说："羁旅之间，意多草草。舟行之后，即须安眠。眠足之后，固多清景，江山满怀，合而生兴，须屏绝事务，专任情兴。因此，若有制作，皆奇逸。"

关于清晓用思，他说："旦日出初，河山林嶂涯壁间，宿雾及气霭，皆随日色照著处便开。触物皆发光色者，因雾气湿著处，被日照水光发。至日午，气霭虽尽，阳气正甚，万物蒙蔽，却不堪用。至晓间，气霭未起，阳气稍歇，万物澄净，遥目此乃堪用。至于一物，皆成光色，此时乃堪用思。"又说："至清晓，所览远近景物及幽所奇胜概，皆须任意自起。"

睡以养神是为了做到安神静虑。他很强调创作时的安神静虑。他说："所说景物必须好似四时者。春夏秋冬气色，随时生意。取用之意，用之时，必须安神净虑。目睹其物，即入于心；心通其物，物通即言。"又说："意欲作文，乘兴便作，若似烦即止，无令心倦。常如此运之，即兴无休歇，神终不疲。"清晓用思也是为了达于创作的最佳境界。

安神静虑，创作最佳境界，都不是什么新问题。陆机《文赋》说的"收视返听"，刘勰《文心雕龙·神思》说的"陶钧文思，贵在虚静，疏瀹五脏，澡雪精神"，都是同样的意思。这里说的作文时"若似烦即止，无令心倦"，要"精神清爽，了了明白"，也是老问题。刘勰《文心雕龙·养气》篇早就说过："率志委和，则理融而情畅，钻砺过分，则神疲而气衰。""吐纳文艺，务在节宣，清和其心，调畅其气，烦而即舍，勿使壅滞。意得则舒怀以命笔，理伏则投笔以卷怀。"这和王昌龄说的是大致的意思。

但是，提出睡以养神，清晓用思，却颇为新鲜。睡觉和创作有什么关系？构思为什么要在清晓时分？谁也没有把它作为创作问题提出来。但是王昌龄却提出来了。

王昌龄探求的显然不是原则本身，而是怎样达于安神静虑，怎么达于创作最佳境界。作为一名大诗人，他清楚地知道作诗构思时是不能心烦意乱，神疲气衰的。文学创作是精神的活动，精神活动和体力活动一样，长期运作就会疲劳，因此需要休息，休息是为了积蓄力量。所以王昌龄提出思若不来，即须放情却宽之，提出若似烦即止，无令心倦，提出作诗时须屏绝事务，专任情兴。除了这些一般的原则，他还想得更为具体，更进一步。

睡以养神就是他的一个具体想法。睡觉无疑是身心最彻底的休息。体力活动一旦停下来，就可以得到休息。作诗创作一类活动却不完全一样，常常是你停下来不写了，但脑细胞不一定能得到休息。它可能还在原来的思路上惯性地运作，也可能有其他杂事烦心。而睡觉却可以使脑细胞最大限度地停止活动，得到最好的休息。即使最烦心的时候，只要睡着了，脑子也会把杂事烦心事放在一边。睡觉的时候，自然什么事也不会想，自然也就做到了安神静虑。睡足之后，头脑清醒，精神清爽，是每个人都会有的体会。王昌龄正是把它作为一种创作思想，把它作为创作构思时达于虑静的具体途径。

清晓用思也是一个具体想法。他那段话有的意思不太清楚。我们一般的体会，是中午光线好，远近景物清晰可见，但他却说，至日午阳气正甚，万物蒙蔽，却不堪用。我们一般的感觉，是早晨雾气蒙蒙，景色并不清晰，但他却说清晓，气霭未起，阳气稍歇，万物澄净。可能他当时所处的地域有所不同。但他的意思是清楚的，就是清晓万物澄净，宿雾及气霭，远近景物都在晨日照耀也发出光色，一片幽奇胜概。想来清晓时分，作诗人一夜眠足之后，烦虑尽消，而置身于这样旦日初升，万物清新澄净之环境，更加神清气爽，如此环境，又如此心境，正是发兴作诗的好时分。王昌龄的意思可能是说，作诗除了要有主观心境，还要有客观环境。万物澄净的客观环境，有助于主观心境的清静。和睡以养神一样，他寻求的是进入最佳创作心境的具体途径。

睡以养神,清晓用思,讲的可能都是王昌龄自己的经验。他说这些,都是经验色彩高于它的理论色彩。在理论上,可以说没有提出新的东西。它的特点正在它的经验色彩。把进入创作最佳心境的途径归之为睡来任睡,睡觉即起和清晓用思,似乎有点简单化。创作应该是一个复杂的过程。但是为达于最佳创作心境而作探求,却是值得肯定的。而且,至少就王昌龄的经验来说,这是二个有效的途径。王昌龄自己的很多好诗,可能就是这样写出来的。作为一种成功的创作经验传授给他人后人,当然也就无可厚非。考虑到这些,只用一个"简单化"来评价和衡量它,我们自己可能反而显得简单化了。

随身卷子,睡以养神,清晓用思,都是为引发创作灵感,进入创作最佳境界。这方面的一些考虑很独特的。这是王昌龄创作思想的一个重要方面。

五、王昌龄创作论的评价

南卷引王昌龄《诗格》还提出其他一些问题。他提出作文"不难不辛苦",意思是构思作文要任性自然。关于对属,王昌龄也有自己看法,一方面,"凡文章不得不对",如果当对不对,则或名为离支,或名为缺偶。他提出敌体用字、同体用字、释训用字、直用字的用字相对之法。所谓敌体用字是指范畴性质相当对等之字相对,同体用字就是指类别义涵相同相近之字相对,释训用字是重言、双声、叠韵等字相对,直用字可能是以上三种技巧之外,任凭想象用字相对的方法。但另一方面,他又认为,"诗有意好言真,光今绝古,即须书之于纸;不论对与不对,但用意方便,言语安稳,即用之。若语势有对,言复安稳,益当为善"。

从创作思想来说,王昌龄的主要贡献在论"意"提出许多重要思想,并提出了格调说和境思说。

王昌龄论"意",提出如何提高作品思想境界的问题,如何创造更为丰厚的诗歌意蕴的问题。

他的格调说是提出一个层次比较高的艺术审美境界。他要求立意高古阔大,慷慨超迈,同时以简约的语言表达丰厚的意蕴,并且直置自然,不事雕饰。在此基础上,做到声律谐调流畅,情调和音调和谐统一,在这种整体风貌基础上形成一种很高境界的诗美。这就是调。这种的思想,实际反映了盛唐那种声律风骨始备,标格渐高的诗风。王昌龄因此第一次提出了在中国文学批评史上后来影响甚大的格调之说。

他的境思说,强调在艺术构思时心入其境,在这个境界氛围之中想象构思。他所说的,实际是构思想象的又一个阶段,构思到一定程度,泛泛地流连万象之后,要求思维、形象集中,逐渐形成一定的艺术氛围境界,在这个氛围之中进一步深入构思,对形象进行提炼、改造、重新熔铸。他所提出的,是把构思形成的形象融入统一的境界氛围之中,构成完美的诗境,也就是要求创造盛唐诗歌所表现的那种意境之美。一般的流连万象和心入其境进一步熔铸境象,这两个阶段对于艺术构思来说都是必不可少的,而后一个阶段,前人并没有注意,是王昌龄第一次把它提了出来。不论从反映唐诗创作经验来看,还是从古代创作论的历史发展来看,王昌龄这一思想的意义都是不可低估的。

他的文分南北宗之说,肯定汉魏文风的气骨天纵。他的左穿右穴之说,主张在心入其境中发掘对象的新奇独特之意,强调诗思纵横开阔,富于变化。他的随身卷子之说,睡以养神和清晓用思之说,从不同方面探寻引发创作灵感,进入创作最佳境界的途径。这些也自有其意义。

他的创作思想,带有浓重的经验色彩。他对创作问题的看法,基本上是总结乃至介绍他的创作经验。而他的表述方式,也基本上是经验式的,范式性的。大量的诗的例证,非常具体的说明,甚至具体到作诗要随身卷子,要睡觉养神,要在清晓用思。他就像是面对学生,教给他们作诗经验作诗方法。

这种经验式的诗论,缺点是显而易见的。它太浅俗,浅俗得就像ABC。有的地方也显得烦琐而又简单化。比如他的《十七势》,把复杂的浑然一体的创作活动割裂开来,简单化为细碎的创作规则,就像一二三四的公式。因为偏重经验,因而理论色彩不浓。没有太多的理论上的深入阐述,没有从理论上概括反映诗歌创作带规律性的东西。这些,都严重影响了人们对王昌龄诗论的认识和评价。

但是,王昌龄的这种诗论也有它的另一面。它是经验式的,但它也提出了一些很有价值的理论问题,比如前面我们分析的格律调之说,境思之说。它的另一些范式性的论述中,也包含一些理论思考。比如,随身卷子包含对如何引发创作灵感的思考,睡以养神和清晓用思包含对创作虚静状态的思考。它是经验式的,因此真切,可实际操作。它事实上是在努力寻找理论指导创作的具体途径,是要把复杂而抽象的理论化为简明易懂的东西,使它易于普及,更好地指导创作。人们只看陆机的"收视返听",刘勰的"陶钧文思,贵在虚静",可能还不知道怎样进入创作虚静状态,只看陆机的"应感之会,通塞之纪,来不可遏,去不可止",可能还无法弄清怎样引发灵感。但王昌龄一讲睡以养神,清晓用思,一讲随身卷子,可能就能恍然有悟,立时有效。虚静问题是那样的复杂,一部《庄子》可以说就在探寻如何达于虚静的问题,而王昌龄却只简单地说睡以养神,清晓用思。当然,庄子说的是整个人生处世的虚静,而王昌龄说的是仅仅是创作状态的虚静。但简明易行,确是王昌龄诗论的特点。它确是把复杂的理论化为简明易行的易于普及的东西。这似乎要提出一个不同类型诗论的评判标准问题。我们需要体大思精,需要《文心雕龙》,但是我们也需要寻找理论指导创作的途径。理论的价值在于总结了文学创作中带规律性的东西,并把它上升的理论的高度加以抽象概括,在于它揭示了问题的本质,是一种感性的真理认识的提升。但不能不看到,理论的又一价值在于它能指导创作。我们需要纯理论,也需要能切实指导创作的理论。理论指导创作有各种途径。有思想艺术原则的指导,比如,陈子昂的革新理论之于初盛唐诗的创作,杜甫的"转益多师是汝师"之于他的集大成的诗歌创作,白居易的新乐府理论之于他的讽谕诗创作,韩柳的古文理论之于中唐古文运动。王昌龄的探讨的也是一个途径。他是把创作理论化为具体的作诗之法。他可能有些烦琐,有些公式化,但对理论指导创作途径的探寻努力却是应该肯定的。我们前面已经说过,从王昌龄的论述来看,王昌龄自己乃到唐代其他很多诗人,他们那些脍炙人口的诗篇,可能就是在这样的规则的影响下创作出来的。唐诗的繁荣,可能就和这样的诗法规则的普及分不开,可能就和随身卷子,和睡以养神,和清晓用思,甚至和"十七势"分不开。也可能正因为此,空海在唐得到王昌龄《诗格》说:"近代才子,切爱此格。"①唐代文人是喜爱王昌龄《诗格》的。考虑到这些情况,对王昌龄的这些诗论是不是应该有一个更为全面客观的认识呢?

要之,王昌龄诗论提出了有理论价值的思想,也有他的经验色彩。对他的诗论的经验色彩,要有全面的估价,既要看到它浅俗烦琐的一面,又要看到它是为探寻一种途径,以使理论成为可实际操作的诗文作法。

可能正是看到了王昌龄诗论的这些特点,特别是看到了它的经验色彩,看到它的创作规则的可操作性,空海把它编入了《文镜秘府论》,并且天卷、地卷、南卷都编有王昌龄《诗格》的内容。对于日本文学创作来说,所需要的就是这一点,这也看出空海的编撰思想倾向。

第四节　王昌龄《诗格》对属论与体势论

王昌龄《诗格》还有对属论和体势论

一、王昌龄《诗格》对属论

《文镜秘府论》南卷《论文意》还保存有盛唐王昌龄论对属的一些材料。《文镜秘府论》之外,传王昌龄《诗格》还保存有王昌龄论对属的一些材料。

王昌龄之说多是初唐之说的重述和补充。比如南卷《论文意》引王昌龄说:"凡文章不得不对,上句若安重字、双声、叠韵,下句亦然。若上

---

① 《书刘希夷集献纳表》,《性灵集》第 4 卷。

句偏安,下句不安,即名为离支;若上句用事,下句不用事,名为缺偶。故梁朝湘东王《诗评》曰:'作诗不对,本是吼文,不名为诗。'"初唐《笔札华梁》有阙偶之说,佚名《诗式》"六犯"既有缺偶,又有支离。上句若安重字、双声、叠韵,下句亦然。若上句偏安,下句不安云云,语句与"第七赋体对"中全同,"第七赋体对",据我们的考证,出《文笔式》。上句用事,下句不用事,名为缺偶云云,则与佚名《诗式》论缺偶语句一样。不同的是,南卷《论文意》引王昌龄说又引梁朝湘东王《诗评》之说,保存了梁代论对偶的一条材料。南卷《论文意》又引王昌龄说:"夫语对者,不可以虚无而对实象。若用草与色为对,即虚无之类是也。"类似的论述,东卷"第廿八叠韵侧对"引崔融之说中可以看到。南卷《论文意》又引王昌龄说:"诗有意好言真,光今绝古,即须书之于纸;不论对与不对,但用意方便,言语安稳,即用之。若语势有对,言复安稳,益当为善。"最好用对,若意好言真,则不论对与不对均可。类似的思想,也见于北卷《论对属》引《笔札华梁》和《文笔式》之说。传世王昌龄《诗格》有"势对例五",其中多为重述初唐之说。或者名称内涵均同而举例不同,如"意对三",举陆士衡诗"惊飙褰友信,归云难寄音"和《古诗》"四顾何茫茫,东风摇百草"为例。或者名称不同而内容出一。如"句对四",从举子建诗例看,"浮沉各异物,会合何时谐",浮沉与会合交互为对,实为互成对。如"偏对五",说"重字与双声叠韵是也"。《文镜秘府论》东卷"第六异类对"曾说:"或双声以酬叠韵,或双拟而对回文;别致同词,故云异类。"传世王昌龄《诗格》所谓"偏对",实即异类对,而异类对这段论述出《笔札华梁》。《文镜秘府论》东卷有"第廿三偏对",那是皎然之说,皎然之偏对与王昌龄说并不一样。这当中,意对、互成对、异类对都已为初唐人提出。

王昌龄提出一些新的对属。传王昌龄《诗格》"势对例五"有"势对",云:"陆士衡诗:'四座咸同志,羽觞不可算。'曹子建诗:'谁令君多念,遂使怀百忧。'"王昌龄说:"'多念'对'百忧',以'四咸同志'对'不可算'是也。"但从诗意看,有点像流水对,有点像《文镜秘府论》北卷《论对属》所说的"不对者,必相因成义"的意思,如注所云:"谓下句必因上句,止凭一事以成义也。"下句因上句，语势一贯，因此称为"势对"。传世王昌龄《诗格》"势对例五"又有"疏对二"，云："陆士衡诗：'哀风中夜流，孤兽更我前。'此依稀对也。又诗：'人生无几何，为乐常苦晏。'此孤绝不对也。"前诗依稀对，是说诗中"哀风"和"孤兽"相对，而另一半不相对。后诗孤绝不对，是说诗句完全不对。但依稀对特别是孤绝不对而统称为"疏对"，可能因为二个诗句前后意思连贯，仍是二句相因成义的意思。

我们在考察王昌龄《诗格》原典时曾分析过，王昌龄为江宁丞时和贬龙标后可能曾为人讲过作诗方法，可能因此他被人尊称为"诗夫子"。重述初唐人对属之说，可能与这种情况有关，他要向初学诗者强调对属对于文章写作的必要性，也要讲一些具体的对属之法。王昌龄一方面讲文章不得不对，如果文章不对，即为离支，为缺偶云云。但是，王昌龄的主要倾向，似要强调只要诗有意好言真，则不论对与不对，都是可以的。他所提出"势对例五"，没有一例是工整的对偶。意对是文意相对而文辞不对，自不必说。他不讲双声对叠韵对，而讲重字与双声叠韵对。所谓势对、疏对，都只是上下句文意相因，而文辞并不相对。即使他所说的句对，从他的举例来看，"浮沉各异物，会合何时谐"，也只有浮沉与会合交互为对而已，诗句的另一半，"各异物"与"何时谐"并不相对。这可能与王昌龄重意的思想有关，他强调气高出于天纵，强调意是格，声是律，意高则格高，声辨则律清，格律全，然后始有调，强调作文章但多立意。作诗为文强调意，在对属问题上强调以内在之意对以文句之势对，而不以外在之语词相对，就是很自然的了。从创作实践看，王昌龄多为古诗和七言绝句，很少五言和七言律诗。古诗是可以不对仗的。七言绝句，有的作者喜用对仗，如杜甫，但王昌龄的七绝基本上不用对仗，都是起承转合，气势直转而下，很像他所说的势对、疏对和意对。他有少数几首七言歌行，如《箜篌引》等。初唐人写七言歌行，往往排偶对仗，一气而下，但王昌龄的七言歌行基本上不用对仗。这样一种创作倾向，对属论上讲不论对与不对，但用意方便，言语安稳即用之，讲势对、疏对和意对，是很自然的。

323

二、王昌龄《诗格》体势论

王昌龄《诗格》体势论,主要在地卷《十七势》。

《十七势》首先值得注意是,当然是提出的十七种作诗格式本身。这"十七势"可以分为几组。第一组:第一直把入作势,第二都商量入作势,第三直树一句第二句入作势,第四直树两句第三句入作势,第五,直树三句第四句入作势,第六比兴入作势,讲诗如何发端切题入意。第二组:第八下句拂上句势,第十一相分明势,第十四生杀回薄势,讲前后二句如何相辅相成,使之成曲伸抑扬之势。第三组:第十二一句中分势,第十三一句直比势,讲单句作势。第四组:第十含思落句势,第十七心期落句势,讲落句作势。第五组:第七谜比势,第九感兴势,第十五理入景势,第十六景入理势,讲通过比兴、移情入景、景理交融等手法,使诗更为含蓄有味。

《十七势》值得注意的又一点,是涉及一些重要的文学思想,包含一些更为深入的艺术追求。

十七种作诗格式,有些是比较单纯的句法章法的问题。比如第三组的"第十二一句中分势"和"第十三一句直比势"。所谓"一句中分势",是一句中分有联系的二事,而合为一景,如"海静月色真","海静"为一事,"月色真"又为事,而唯"海静"故"月色真",因此为一景。所谓"一句直比势",是一句中自为比况,用其一半比况另一半。如"相思河水流",用"河水流"比喻"相思"之无穷尽。

又比如第一组中的"直把入作势"和"都商量入作势"。所谓"直把入作势",是开篇直接切入题意,提出要吟咏的对象。比如王昌龄自引其诗《寄驩州》起首:"与君远相知,不道云海深。"点出寄驩州之意。《见谴至伊水》开篇:"得罪由己招,本性易然诺。"点明因自己本性而得罪被谴之事。《题上人房》入头:"通经彼上人,无迹任勤苦。"直接描述上人任勤苦之形象。所谓"都商量入作势",就是先用几句作铺垫,然后引起正题。比如王昌龄自引其诗,题为《上同州使君伯》,但开头二句泛作议论,"大贤本孤立,有时起经纶",有这二句作铺垫,到第三句才切入题意:"伯父自天禀,元功载生人。"又如另一首,题为《上侍御七兄》,但起首四句:"天人俟明略,益稷分尧心。利器必先举,非贤安可任。"泛作议论,所谓平商量其道理,到第五、六句:"吾兄执严宪,时佐能钩深。"才点出吾兄如何。

但是十七种作诗格式的大多数,不仅讲一般的章法句法,还涉及一些较多理论色彩的文学思想,包含一些更为深入的艺术追求。

它提出一个通过情景交融,使诗更有韵味的问题。

比如第一组中有几例。第一组是讲如何"入作势"的。所谓"作",就是兴起,《易·系辞下》:"包牺氏没,神农氏作。"这里所谓"作",指兴起诗情,指感兴。这一组中有几例,就涉及怎样通过景物描述兴发诗情的问题。比如"直树一句第二句入作势"、"直树两句第三句入作势"、"直树三句第四句入作势",都是先用一句、二句或三句写景以烘托气氛,然后切入正题,引发诗兴。还有"比兴入作势","遇物如本立文之意,便直树两三句物,然后以本意入作比兴"。用这种表现方法,情景交融一体,亦情亦景,达到刘勰《文心雕龙·物色》篇所说的"随物以宛转""与心而徘徊"的艺术效果。

我们看他举的诗例。比如引王昌龄《登城怀古》:"林薮寒苍茫,登城遂怀古。"登城而怀古,但先直树一句荒寒的林薮之景,以景入情,也烘托情思,亦景亦情,情景交融中表现出苍茫的心境。《客舍秋霖呈席姨夫》:"黄叶乱秋雨,空斋愁暮心。"这也是直树一句入作势。薄暮时分,空斋愁思,而起首先写黄叶秋雨,于是那纷乱而难以表现的愁思在那同样纷乱的落叶秋雨中得到形象表现,那感情氛围也更为浓烈。又如王昌龄《留别》:"桑林映陂水,雨过宛城西,留醉楚山别,阴云暮凄凄。"王昌龄《代扶风主人答》:"杀气凝不流,风悲日彩寒,浮埃起四远,游子弥不欢。"前例是直树二句景物,写雨过桑林,阴云凄凄,而第三句入作势,烘托留别楚山的醉迷抑郁的情怀心境。后例直树三句景物,在风悲日寒,浮埃弥漫的氛围中,第四句切入正题,表现游子不欢的心境。

又如王昌龄《赠李侍御》诗："青冥孤云去，终当暮归山；志士杖苦节，何时见龙颜？"这是"比兴入作势"，青冥孤云比志士孤高气节，欲见龙颜却遥遥无期，而志士就要象孤云一样回归青山，这又是从反面相比。入题之前先写景状物以作比兴，然后引出本意，以孤云归山作比兴起志士归阙无望的怨思。又如："眇默客子魂，倏铄川上晖。还云惨知暮，九月仍未归。"又如："迁客又相送，风悲蝉更号。"前例暮晖倏铄，还云惨淡，以比客子游魂之眇默；后例悲号者既是风、蝉，更是迁客和相送者的心情。又如诗："鹿鸣思深草，蝉鸣隐高枝，心自有所疑，旁人那得知。"鹿鸣所思在深草，蝉鸣所思在隐高枝，以二个比句，兴起心中有思难得知音之意。这些是比兴，都是有意识的以景兴情，以景物作比，烘托起更为浓烈的情思。

还有"第九感兴势"。所谓"感兴势"，是"人心至感，必有应说，物色万象，爽然有如感会"，也就是移情及景，因人之情兴而使景物受到感染。如引常建《江上琴兴》诗："泠泠七弦遍，万木澄幽音，能使江月白，又令江水深。"琴声之幽雅清泠，而能感染江月使之变白，江水为之而深。又引王维《哭殷四》诗："泱漭寒郊外，萧条闻哭声，愁云为苍茫，飞鸟不能鸣。"萧条之哭声，而能感染愁云为之苍茫，飞鸟为之不鸣。这都是因人之情兴感染景物的结果。前几例是以景入情，以景兴情，"感兴势"反过来是移情及景，但追求情景交融的艺术效果则是一样的。

以景兴情，或移情及景，情景交融的艺术追求，在下面要讲的另外几例中也有突出表现。

和情景交融相联系，《十七势》还追求含不尽之意见于言外的艺术境界。

典型的是第五组的"第七谜比势"。所谓"谜比势"，是"今词人不悟有作者意"，也就是用比兴等手法，使诗旨变得象谜一样幽微深隐。如引王昌龄《送李邕之秦》诗："别怨秦、楚深，江中秋云起。天长梦无隔，月映在寒水。"秦与楚，一为友人将去之地，一为眼前送别之所，而秦楚深远，恰喻此时别怨之情之深远。后面几句含意更为深隐。何以写"江中秋云起"？可能时已秋天，可能是眼前之景。但王昌龄自注："别怨起自楚地，既别之后，恐长不见，或偶然而会，以此不定，如云起上腾于青冥，从风飘荡，不可复归其起处，或偶然而归尔。"就是说，句中的秋云这一意象本身还别有比兴含意，说二人分别之后能否相见，此事殊难料定，这就有如青冥秋云，随风飘荡不定。这是以秋云喻身世漂泊。这层含意，却象谜一样深隐难测。后面二句，"天长梦无隔"，秦楚深远，因此说"天长"。虽山高水远，隔不断殷殷相思之情，而彼时欲求相见，也唯有梦中，因此说"梦无隔"。"月映在寒水"，写夜梦清寒之境，此外还别有含意。王昌龄自注："夜中梦见，疑由相会，有如别，忽觉，乃各一方，互不相见，如月影在水，至曙，水月亦了不见矣。"原来月映在水是夜梦之境，也含比兴之义。从艺术上来说，这是追求象谜一样幽微深隐不尽之意，追求一种无穷的韵味。

还有第四组的"第十含思落句势"和"第十七心期落句势"。所谓"含思落句势"，是"每至落句，常须含思，不得令语尽思穷。或深意堪愁，不可具说。即上句为意语，下句以一景物堪愁，与深意相惬便道。"也就是以含蓄之思结句，末句留有余韵遗味。所谓落句就是结句，末句。常常是前句抒情写意，而末句结以景物，含深远不尽之意于眼前景物之中。王昌龄引自作《送别》诗："醉后不能语，乡山雨霏霏。"依依而送，醉饮惜别，本该有千言万语却不知从何说起，诗写至此，结句拓开一境，转写眼前细雨蒙蒙之景，而于此景中，寓含诗人难分难舍，心中迷蒙之情。又如例诗："墟落有怀县，长烟溪树边。"清溪绿树，蒙蒙长烟，也蕴含深远不尽之思。所谓"心期落句势"，是末句"心有所期"，寄托有所期待的心情。如引王昌龄诗："青桂花未吐，江中独鸣琴。"江中独自鸣琴，而所期在青桂吐花之时。又如引《送友人之安南》："还舟望炎海，楚叶下秋水。"送友人之安南，而友人返归之日预期在秋，因此送别之时则已望还舟于炎海，盼楚叶下秋水之时。末句寄相思之意，是将读者的想象引向诗中实有之境之外，是引发读者无尽的联想。

"第十五理入景势"和"第十六景入理势"也包含这一艺术追求。所谓"理人景势"是写理写意之时要转入景,与景物描写融为一体。"景人理势"则相反,是由写景引出写意,引出理语。这二势是要求景和理交互为用,融为一体。这时所谓"理",可以是议论,也可以是其他的直叙或陈说,可以是言事述状,也可以是抒情表意。"理人景势"如引王昌龄诗:"时与醉林壑,因之堕农桑。槐烟稍含夜,楼月深苍茫。"前二句是直接陈说,言其有时与人醉饮于林壑之,因之而堕农桑之事。按照王昌龄的说法,诗中理"皆须入景,语始清味","须引理语入一地及居处",就是说,前二句的述状言情,要"人景",也就是要寓情寓理于景,景物是诗中情或理的居处,也就是归着点,或说寄寓之所。这就有了后面二句,把林壑醉饮的心绪寄寓在槐烟含夜、楼月苍茫的境界之中。"景人理势"如王昌龄诗:"桑叶下墟落,鹍鸡鸣渚田。物情每衰极,吾道方渊然。"前二句,写桑叶落而鹍鸡鸣,此景之意如何？仅读这二句不甚清晰,影响对诗歌深旨的理解。这就需要在景语之后接二句理语,说明此景乃寓物情衰极之理,在含吾道渊然之意。景理结合,对诗旨的理解方始完整,诗味方始完足。"理人景势"也好,"景人理势"也好,都在通过景融于理,理融于景,使深蕴诗中的韵味凸现出来,使诗味更浓更深。王昌龄论这二"势"时反复说"清味",说:"其景与理不相惬,理通无味。"说:"诗一向言意,则不清及无味,一向言景,亦无味。"所谓"味""清味",就是王昌龄所追求的含蓄不尽的诗味。

《十七势》还看出王昌龄追求诗作的抑扬曲折之美。我们用第二组"第八下句拂上句势","第十一相分明势"和"第十四生杀回薄势"来说明。

所谓"下句拂上句势",是"上句说意不快,以下句势拂之,令意通"。也就是上句留有未尽之意,用下句申发补足之。所谓"拂",是辅弼的意思,下句拂上句,就是下句辅弼上句。如例诗:"夜闻木叶落,疑是洞庭秋。"木叶何以而落,夜闻之后有何思想？仅有上句意尚不足,因此下句由此进一步申发,引出伤秋之思。又如引王昌龄诗:"微雨随云收,蒙蒙傍山去。"微雨随云而收,云雨何处而去了呢？眼前景致如何呢？仅上句意有未足，因此下句引补足其意同时引申其境，原来云雨已化作蒙蒙细雾傍山而去。再如例诗："海鹤时独飞，永然沧洲意。"海鹤何以独飞？上句引而未发，读下句始知原来永然有沧洲之意。

所谓"相分明势"，是"若上句说事未出，以下一句助之，令分明出其意也"，也就是上下二句前后相助，使景象分明。如引李湛诗："云归石壁尽，月照霜林清。""月照霜林清"是"云归石壁尽"之后的景色，云归之后天空晴朗始得月照，前后句相辅相成，共同构成鲜明的意象画面。又如引崔曙诗："田家收已尽，苍苍唯白茅。"因"田家收已尽"而"苍苍唯白茅"，田家收已尽之后的苍茫之境要用后句始能分明写出。

所谓"生杀回薄势"，是"前说意悲凉，后以推命破之；前说世路矜骋荣宠，后以至空之理破之人道是也"，就是前后句言相反而意相成，前后相辅相救，以曲折达意。

用前后二句相辅相成以曲折达意，二句之中有一曲一伸，一抑一扬之势，实际表现一种对句式美的追求。

《十七势》值得注意的还有一点，是把一些本来理论色彩比较浓的文学思想，比较抽象的艺术追求，变得易于操作。《十七势》涉及的一些文学思想，都是前人提出过的。心物交融，情景交融，刘勰《文心雕龙·物色》有很好的分析。钟嵘《诗品》提出"言已尽而意有余"的追求，提出了滋味的问题。《十七势》值得注意的，在提供了具体的诗歌实例，把不易捉摸的理论追求化为一个个具体作诗格式。前一句可以怎样，后一句可以怎样，末句可以怎样，起句可以怎样，可以用几句入题兴情，可以怎样写景，接着怎样和情关联，用怎样的方式使情和景交融一体，是由景入情，还是因情及景，用怎样的方式使诗能表现出无穷的韵味，如此等等。这一切，都是看得见摸得着的。有这样一些实用化的体式，在理论和诗歌创作实践之间架起了应用型的一座桥梁，便于人们学诗作诗，特别便于初学者学诗作诗。这在诗歌普及于社会的时代，是非常必要的。没有诗歌的普及，就没有唐诗的繁荣，而没有理论的实用化，诗歌就很难普及于社会。从这个意义上，可以说，这些实用化的作诗格式,也是唐诗繁荣的重要原因之一。我们可以指这种带有理论色彩的作诗格式,称之为实用化、应用型的文学思想。文学思想的实用化,应该是唐诗理论的一大特色,也是一大贡献。《十七势》属应用型文学思想中的一类。

第十一章　空海带回日本的几本书（五）
皎然《诗议》

　　皎然《诗议》是空海编入《文镜秘府论》的又一书。皎然（720？—798？），俗姓谢，字清昼，晚年以字行。湖州长兴（今浙江长兴）人，郡望陈郡阳夏（今河南太康）。自称为谢灵运十世孙，实为谢安后裔。生平见赞宁《宋高僧传》卷二九《唐湖州杼山皎然传》、《唐诗纪事》卷七三、《唐才子传校笺》卷四。李肇《国史补》著录皎然"《诗评》三卷"，王尧臣《崇文总目》著录"昼公《诗式》五卷"，《新唐书·艺文志》著录"《皎然诗集》十卷"，"昼公《诗式》五卷，《诗评》三卷，僧皎然"，《宋秘书省续编到四库阙书目》一《别集类》"僧皎然《诗评》一卷"，郑樵《通志·艺文略·诗评类》著录"昼公《诗式》五卷，僧皎然《诗评》三卷（《通志略》作"一卷"）"，《直斋书录解题》著录"《诗式》五卷，《诗议》一卷，唐僧皎然撰"，《宋史·艺文志》文史类"僧皎然《诗式》五卷，又《诗评》一卷"，《唐才子传》卷四著录"昼公诗式》五卷"，"《诗评》三卷"，《澹生堂藏书目》诗文评类"僧皎然《诗议》一卷，《中序》一卷，《诗式》二卷，僧清昼"。《文镜秘府论》地卷《十四例》《六义》、东卷《二十九种对》邻近、交络、当句、含境、背体、偏、双虚实、假诸对，及的名、隔句、双拟、联绵、互成、异类诸对，西卷《文二十八种病》"第十七忌讳病"，南卷《论文意》均编有皎然说。皎然《诗议》，中土有存，有《吟窗杂录》本。从前引市河宽斋《半江暇笔》可知，空海也携皎然《诗议》

回日本。编入《文镜秘府论》的皎然《诗议》，较中土传本《诗议》内容更完备，文字更可靠。

第一节 皎然《诗议》相关问题考察

一、皎然《诗议》的原典及结构考

皎然有一部《诗议》，这是可以肯定的。《文镜秘府论》是一个证据。《文镜秘府论》多处指出引用了这部著作。比如地卷《十四例》（草本作"十五例"），松本文库本、醍醐寺乙本、江户刊本、维宝笺本题下注"皎公《诗议》新立八种对十五例具如后十五例御草本错之"，宝龟院本也有类似内容的注。东卷《二十九种对》标目"十八曰邻近对"等八种对以下，宫内厅本、三宝院本、宝寿院本、宝龟院本等均注"右八种对出皎公《诗议》"。南卷《论文意》"夫诗有三四五六七言之别"一段，六地藏寺本眉注"皎公《诗议》纂要"。这些注，保留的是空海自笔草本的痕迹，应该是空海自注。就是说，空海编写《文镜秘府论》的时候，他的手头，就有皎然的《诗议》。这些地方所编入的，就是皎然的《诗议》。皎然这部名叫《诗议》的著作，在空海撰写《文镜秘府论》的时候，就已流传到了日本。可能是空海之前流入过去的，也可能就是空海入唐带回去的。空海入唐（804年）距皎然（卒于793年至798年间）不过十几年甚至不到十年，空海看到的，不应该是伪托本，而应该是皎然自己的《诗议》。因此，中土历代虽然只有陈振孙《直斋书录解题》著录皎然"《诗议》一卷"，但皎然著有《诗议》，是可以肯定的。

《吟窗杂录》所收皎然《诗议》①，以"李少卿并古诗十九首"一条为界，它的前半与《文镜秘府论》所收《诗议》基本相合（有删削）；它的后半，则与传五卷本皎然《诗式》②基本相合，应该也是可靠的。《吟窗杂录》一书

---

① 本书所用的《吟窗杂录》，为日本内阁文库藏明嘉靖四十年刊本。
② 有清陆心源《十万卷楼丛书》本、《丛书集成》初编本。

虽然如《四库全书总目》(卷一九七)所批评的,多出依托之作,但是,其中皎然《诗议》部分,当有根据,基本可靠。《吟窗杂录》旧题浩然子陈永康重编于南宋绍熙五年(1194),就是说,现在所见吟窗本《诗议》,至晚在南宋前期。如果旧题蔡传初编是可信的,则至晚在北宋时期。

《文镜秘府论》所收《诗议》的原典,也是比较清楚的。据上引六地藏寺本眉注,南卷《论文意》"夫诗有三四五六七言之别"以下当出皎然《诗议》(《汇考》第 1394 页)。参之以吟窗本《诗议》,这段论述的下限,则当至"或贤于今论矣"(《汇考》第 1447 页)。据上引《文镜秘府论》注,地卷《十四例》(草本作"十五例"),东卷《二十九种对》的邻近对、交络对、当句对、含境对、背体对、偏对、双虚实对、假对等八种对,也当出皎然《诗议》。参之以《吟窗杂录》,则东卷《二十九种对》中的名、隔句、双拟、联绵、互成、异类诸对中一些句例,也是皎然《诗议》之说①。参之南卷《论文意》引《诗议》,则东卷《二十九种对》中第二十八叠韵侧对中"景风心色等,可以对虚,也可以对实"之句,也是《诗议》之说。另外还有地卷《六义》,一部分内容标有"皎云",这部分内容论比兴,和皎然《诗式》"用事"论比兴相合②,这部分内容,也属皎然之说,很可能引自《诗议》。

但是,《文镜秘府论》把《诗议》各部分内容编入在各处,看不出《诗议》内容本来的顺序结构。《吟窗杂录》内容则多有删略。把这二者结合起来,可能可以大致地恢复《诗议》原来的顺序结构。

从吟窗本看,"可以对虚,亦可以对实"(吟窗本"对"作"偶")之后,接以"诗对有六格"和"诗有八种对"。这可能是对的。因为前面谈的是虚实对偶问题,正好接着谈各种对属形式。内容和语气衔接都非常自然。

---

① 主要有:的名对的"日月光天德,山河壮帝居。有虚名实名,上对实名也",隔句对的"始见西南楼,纤纤如玉钩。末映东北墀,娟娟似蛾眉",双拟对的"可闻不可见,能重复能轻",联绵对的"望日日已晚,怀人人不归",互成对的"岁时伤道路,亲友念东西",异类对的"离堂思琴瑟,别路绕山川。又如以早朝、偶故人,非类是也"。
② 地卷《六义》皎云论比:"比者,全取外象以兴之。"论兴:"兴者,立象于前,后以人事谕之。"皎然《诗式》"用事"论比兴:"取象曰比,取义曰兴。义即象下之意,凡禽鱼草木,人物名数,万象之中,义类同者,尽入比兴,《关雎》即其义也。"二者相合。

从吟窗本看,"假对"之后接有"至如渡头浦口……"一句,从《文镜秘府论》看,"至如渡头浦口……"一句是关于"俗对""下对"的论述。这样看,"假对"之后应有关于"俗对"、"下对"的论述。"俗对"、"下对"可能是对"假对"的说明,也可能本来就是二种对,不过这二种对是受到皎然批评的。可能因此,空海没有把它们编入东卷《二十九种对》。但原典"假对"之后有"俗对"和"下对"是肯定的。

"八种对"之后,吟窗本有"诗有二俗"。关于"诗有二俗",《文镜秘府论》自"句中多著映带……"至"始可议其文也",有一大段批评俗巧的文字。吟窗本"诗有二俗"一条,应该是对这一大段文字的删略。就是说,《诗议》原文在"八种对"及"俗对"、"下对"之后,有一段批评俗巧的论述。

这一段文字之后,从吟窗本看,应该是《十五例》。空海把《十五例》编入《文镜秘府论》之后,把"避忌之例"作为诗病移入西卷,因此地卷只剩下"十四例"。从吟窗本看,《诗议》可能在批评俗巧之后,接着介绍不同诗文作法而形成不同风貌的体例,也就是《十五例》。再接着,就是关于敌古和苦思的二段文字。这在吟窗本和《文镜秘府论》都是一样的。

就是说,"六种对"和"八种对"应该插在"可以对虚,亦可以对实"之后,而《十五例》,则应该插在论俗巧之后,即"始可议其文也"之后。

如果以上推测还有道理,那么,编入《文镜秘府论》的《诗议》,其结构就应该是这样的:一、论历代文学(南卷《论文意》自"夫诗有三四五六七言之别"至"唯知音者知耳");二、论削其俗巧,与其一体(自"律家之流"至"亦可以对实");三、论对属(的名对等"六种对"和邻近对等"八种对"(东卷),批评俗对和下对(南卷,"至如渡头"至"语丽而掩瑕也");四、再论俗巧(南卷,自"句中多著映带傍伴等语"至"始可议其文也");五、《十五例》(地卷);六、论敌古苦思物色带情等问题(南卷,自"凡诗者惟以敌古为上"至末尾"或贤于今论矣")。至于地卷《六义》应该置于何处,则不得而知。从文意来看,似应该置于《十五例》(地卷)之后,论敌古苦思物色带情等问题(南卷自"凡诗者惟以敌古为上"至末尾"或贤于今论矣"一段)之前。

这是对编入《文镜秘府论》的皎然《诗议》原典及结构面貌的大致考察。

第二节 皎然《诗议》创作论研究

编入南卷《论文意》的皎然《诗议》论及创作的一些问题,反映出皎然的一些文学思想。

一、皎然格高说与声律说

皎然《诗议》前二段评论历代诗家,反映出他的创作审美倾向。这种倾向可以概括为二方面,一是格高的问题,一是声律的问题。

关于皎然"格高"说,未见学界提到过。而其实,皎然的"格高"说是存在的。皎然《诗议》前二段评论历代诗家,就用"格"这个概念。他评刘宋文学,说:"宋初文格,与晋相沿,更憔悴矣。"他比较齐梁诗人柳恽和何逊,说:"予知柳吴兴名屈于何,格居何上。"都是用"格"作为标准。他提出"格高"的问题,他评《古诗十九首》,就说它"格高而词温"。皎然另一部诗论著作《诗式》也同样提出"格"和"格高"的问题。他提出"诗有五格",又提出跌宕格(越俗、骇俗)、淈没格(淡俗)、调笑格(戏俗)这"三格四品",都是用"格"来评价作品等第高下风貌区别。他对谢灵运评价极高,评价的标准也主要是"格"。《诗式·文章宗旨》说谢诗"其格高,其气正,其体贞,其貌古,其词深,其才婉,其德宏,其调逸,其声谐",就首列"格高"。

皎然提出"格高",实际反映他的创作审美倾向。他论"格高",有他的具体内容。

皎然并不以气骨之力为格高。

对建安诗歌的评价是一个典型例子。建安诗歌的核心,是气骨问题。这是历代评论的焦点。钟嵘《诗品》说过刘桢诗"气过其文,雕润恨少",但又说其诗"仗气爱奇,动多振绝,真骨凌霜,高风跨俗"。他评曹植诗是"骨气奇高,词彩华茂",说"陈思之于文章也,譬人伦之有周孔,鳞羽之有龙凤,音乐之有琴笙,女工之有黼黻"。关于建安诗歌,刘勰《文心雕龙·明诗》篇的评价是"慷慨以任气,磊落以使才",《时序》篇的评价是"雅好慷慨",是"梗概而多气"。他们的着眼点都在建安的气骨,并且都对建安气骨作了高度的评价。皎然《诗议》对建安诗歌也有评价,他说:

> 建安三祖、七子,五言始盛,风裁爽朗,莫之与京,然终伤用气使才,违于天真,虽忌松容,而露造迹。

他的着眼点也是建安气骨,但他的态度和前人截然不同。皎然在《诗式》中曾评曹植刘桢"气格自高"①。但在这里,对这一点却完全持否定态度。他说,用气使才违于天真,显露造迹。他明确说,这是"伤",也就是不足、缺点、弊病。这里讲"终伤用气使才"中的"用气使才",显然针对刘勰《文心雕龙》的"慷慨以任气,磊落以使才"。用刘勰之语而作出相反的评判,正表明皎然不赞成诗歌用力,不推崇气骨之美。他不以气骨为格高。

对古诗的评价也说明这一点。皎然说:

> 古诗以讽兴为宗,直而不俗,丽而不朽,格高而词温,语近而意远,情浮于语,偶象则发,不以力制,故皆合于语,而生自然。

从艺术上来说,古诗自然达到很高的成就。但古诗带着浓烈的伤感情调,从意格来说,显然没有建安诗歌那种慷慨天纵的气骨。皎然事实上也看到了这一点。他说古诗"不以力制"。所谓"不以力制",其中的一层意思应该是指不像建安诗歌那样用力用气,古诗实际上也没有建安诗歌那种劲健的气骨之力,它要温和得多,感伤得多。格高而温和,感伤,不以力制,没有气骨之力,这也说明他不是以气骨之力为"格高"。

皎然对宋齐以后其他诗人的评价也都说明这一点。他所评价的那

---

① 《诗式·邺中集》:"邺中七子,陈王最高。刘桢辞气,偏正得其中,不拘对属,偶或有之,语与兴驱,势逐情起,不由作意,气格自高,与《十九首》其流一也。"

些诗人,不论谢朓、柳恽、王融、江总,哪一个都谈不上气骨天纵。这当中,对谢灵运的评价更为典型一些。他说:

> 论人,则康乐公秉独善之资,振颓靡之俗。沈建昌评:"自灵均已来一人而已。"

他臆解沈约的话①,借以称扬谢灵运,说他是屈原以来第一诗人。如此推崇谢灵运,一个重要原因,就因为他认为谢诗格高。皎然的《诗式·文章宗旨》有一段话,便称谢灵运的诗"其格高、其气正、其体贞、其貌古、其词深、其才婉、其德宏、其调逸、其声谐"云云,《诗式》接着列举了《述祖德》《拟邺中八首》《经庐陵王墓》《登池上楼》等几首诗,以为"识度高明,盖诗中之日月也"。谢灵运诗自有其艺术成就,但他的诗并不表现气骨之美,也是事实。他创造的是另一种美。皎然《诗式》所列举的几首诗,艺术上或有的自有其价值,但就其气格而言,没有一篇可称得上如建安诗歌那样的气骨之美。元方回《文选颜鲍谢诗评》卷四就评价《拟邺中八首》说:"皆规行矩步,氃砌妆点而成,无可圈点,全无所谓建安风调。"又说:"灵运山水之作,细润幽怨,纡余开爽,则有之矣,非建安手也。"②以这样的诗作为典型例子,显然不是以气骨之力为"格高"。

皎然所谓"格高"自有其内容。他的倾向,可能在清雅高逸闲旷。推崇清雅高逸闲旷,是《诗议》的一个思想倾向。他评正始文学说:

> 嵇兴高邈,阮旨闲旷,亦难为等夷。

钟嵘《诗品》评阮籍是"厥旨渊放,归趣难求",评嵇康是"过为峻切",《文心雕龙·明诗》篇评嵇阮是"嵇志清峻,阮旨遥深。"皎然这里则说"嵇兴高邈,阮旨闲旷"。说嵇康高邈和说他清峻或说峻切,细加品味实有差别,说他清峻或说峻切,是说他有一种峻拔忓直之气,而说他高邈,则显

---

① 沈约《宋书·谢灵运传论》说:"自灵均以来,多历年代,虽文体稍精,而此秘未睹。"这句话的本意是说自灵均以来,还没有谁注意到了四声,皎然把它说成是对谢灵运的赞辞,是一种误解。
② 《四库全书》集部 8。

得超逸温雅。至于说阮籍"闲旷"和说他"遥深"或说他"厥旨渊放,归趣难求",差别就更大了。说他"遥深"或说他"厥旨渊放,归趣难求",是看到阮籍诗用笔曲折中深藏着的感慨,无法摆脱现实对人生压迫的悲哀孤独之感乃至忧愤之气,而说他"闲旷",则强调的是他的隐士式的闲逸旷放。这差别实说明二者的着眼点有所不同。皎然着眼的,是高逸闲放。他认为正是这一点,因而让人"难为等夷",就是说,他认为这就达到常人难以比拟的很高境界。这实反映出他的思想倾向。

他评宋以后的诗家:

> 此后,江宁侯温而朗;鲍参军丽而气多,"杂体"《从军》,殆凌前古,恨其纵舍盘薄,体貌犹少;宣城公情致萧散,词泽义精,至于雅句殊章,往往惊绝;何水部虽谓格柔,而多清劲,或常态未剪,有逸对可嘉,风范波澜,去谢远矣。柳恽、王融、江总三子,江则理而清,王则清而丽,柳则雅而高。予知柳吴兴名屈于何,格居何上。

"江宁侯"未详,皎然称赞于他的是"温而朗",是气性温和而清朗,不是气劲而露。鲍照诗丽而气多,皎然一方面赞其"殆凌前古",另一方面"恨其纵舍盘薄,体貌犹少"。钟嵘《诗品》曾说鲍照"不避危仄,颇伤清雅之调"。皎然这里批评鲍照"体貌犹少",可能就是指他"颇伤清雅之调"。皎然的标准还是清雅。说谢朓"情致萧散",萧散是不与外事相关,也是闲旷清雅。钟嵘《诗品》中品评谢朓是"奇章秀句",而皎然这里改作"雅句殊章",不用说他"奇"而说他"雅",也说明他着眼的是从容温雅。认为何逊风范波澜远不如谢灵运,而且其格柔弱,但认为他的清劲还是值得称道。着眼点还是清。他评价称扬柳恽、王融、江总三子的,也是清,丽,和雅而高。

他评价比较高的那些诗人,他都着眼于他们或高邈,或闲旷,或清丽,或高雅的美。这些评价,有的就直接和"格"联系在一起。比如他比较柳恽和何逊,说:

> 予知柳吴兴名屈于何,格居何上。

据《梁书·何逊传》载,逊少时即为名流称赏,范云因称赏其文而结忘年交好,一文一咏,云辄嗟赏。沈约也喜爱其文,曾对何逊说:"吾每读卿诗,一日三复犹不能已。"因此皎然这里说"予知柳吴兴名屈于何"。但他又说柳恽"格居何上"。何以说柳恽"格居何上"?我以为与柳恽诗风更为清雅有关。皎然在这句话前面就说"柳则雅而高"。柳恽为时人称道的那几篇作品,比如,为王融所称道的《捣衣》,为梁武帝所赞美并在当时共为称传的《从武帝登景阳楼》,还有他著名的《江南曲》,都表现一种清雅的格调。他的《江南曲》:"汀洲采白苹,日暖江南春。洞庭有归客,潇湘逢故人。故人何不返,春花复应晚。不道新知乐,只言行路远。"(《乐府诗集》卷二六)问故人何以不返,惜春花时已将晚,盼故人早归而故人未归,愿恋情美好而春花将晚,虽有怨思而含蓄,欲露企盼而委婉,种种情思,都融入那汀洲白萍,江南春暖之中,显得清丽而温雅。他的《捣衣》:"行役滞风波,游人淹不归。亭皋木叶下,垄首秋云飞。"(《玉台新咏》卷五)在亭皋垄首的高处远望,唯见木叶下秋云飞,在此氛围中写出对行人滞于风波,久久不归的思念和关切。他《从武帝登景阳楼》:"太液沧波起,长杨高树秋。翠华承汉远,雕辇逐风游。"(《梁书》卷二一)从太液沧波,长杨高树写出秋意,而翠华承汉着一远字,雕辇逐风着一游字,于是又把萧瑟秋意轻轻带过,而引出悠远萧散之思,并切合从武帝登景阳楼之题,写意婉而不露,用笔简而不易。这二首诗的格调也是清婉雅致。皎然说柳恽"格在何上",应该就指这种格调。他所谓格高,倾向是在清雅闲逸。

皎然所谓格高,可能还包含某种识度的意思。《诗式·文章宗旨》说谢灵运"格高"云云,并举诗例,他就说这些诗"识度高明,盖诗中之日月"。他应该是从"识度高明"这个意义上来理解"格高"的。当然,怎样才算"识度高明",皎然有自己的理解。它可能指对人生的思索,还可能有其他含义。比如《古诗十九首》。在生命无常、人生短促的感叹中,表现的是强烈的生命意识,是要紧紧抓住短暂人生的强烈意识,是对短暂而可悲人生中值得珍惜的东西,比如爱情,友情的不懈追求。可能正是在这个意义上,表现出对人生的深刻认识,也就是皎然所说的识度,而正是这种深刻的人生感悟和体认,使其格调显得高远。

对谢灵运诗的评价可能也是这样。皎然《诗议》对谢灵运的评价,就是"秉独善之资,振颓靡之俗"。"独善",正是对人生的一种认识,是在对人生深刻体认之后形成的人生态度。可能正因为此,皎然以谢灵运为灵均之后第一诗人,以谢诗为格高。

皎然《诗式·文章宗旨》举的谢灵运那几篇诗例,可能也是在这个意义上被评为"识度高明",评为"诗中之日月"。我们看其中二首。谢灵运的《述祖德》①,以段生蕃魏,展季救鲁,弦高犒晋,仲连却秦之功而临组不绁,对珪不分,惠物而辞所赏,励志而高絶时人。当永嘉崩腾之时,万邦震慑之际,其祖谢玄建大功于淮泚,使左右得免横流之祸,拯溺胜暴,秦赵燕魏皆欣其苏息,以待文轨之同,以如此之功而高揖七州之外,拂衣五湖之里,遗冠冕之情,舍尘俗之物,观丘壑之美,这是何等的高蹈之节。尽管谢灵运述写其祖之德多有虚言,但他在诗里所要表现的就是这种兼抱济物性,而不缨垢氛的达人高情。这也就是皎然称扬于谢灵运的"秉独善之资,振颓靡之俗"。这应该就是皎然所说的识度高明,是他所谓格高的具体内容。

他的《登池上楼》②。他说,虬以深潜而保真,鸿以高飞而远害,既已婴世尘俗网,则愧鸿鸟之云浮,怍虬龙之渊沉。而今虽欲进德济世,智则

---

① 谢灵运《述祖德》全诗如下。其一:"达人贵自我,高情属天云。兼抱济物性,而不缨垢氛。段生蕃魏国,展季救鲁人。弦高犒晋师,仲连却秦军。临组乍不绁,对珪宁肯分。惠物辞所赏,励志故绝人。苕苕历千载,遥遥播清尘。清尘竟谁嗣,明哲时经纶。委讲缀道论,改服康世屯。屯难既云康,尊主隆斯民。"其二:"中原昔丧乱,丧乱岂解已。崩腾永嘉末,逼迫太元始。河外无反正,江介有蹙圮。万邦咸震慑,横流赖君子。拯溺由道情,龛暴资神理。秦赵欣来苏,燕魏迟文轨。贤相谢世运,远图因事止。高揖七州外,拂衣五湖里。随山疏浚潭,傍岩艺枌梓。遗情舍尘物,贞观丘壑美。"(《文选》第19卷)
② 谢灵运《登池上楼》全诗如下:"潜虬媚幽姿,飞鸿响远音。薄霄愧云浮,栖川怍渊沈。进德智所拙,退耕力不任。徇禄反穷海,卧疴对空林。衾枕昧节候,褰开暂窥临。倾耳聆波澜,举目眺岖嵚。初景革绪风,新阳改故阴。池塘生春草,园柳变鸣禽。祁祁伤豳歌,萋萋感楚吟。索居易永久,离群难处心。持操岂独古,无闷征在今。"(《文选》六臣本第22卷)

疏拙，退耕自给，力不堪任。唯有徇禄以返海畔，卧病而对空林。卧病衾枕，故暗于节候，褰开帷帘，始窥临景物。倾耳而听，唯穷海之波澜，举目所见，尽山林之岖嶔。此时始知秋冬之绪风已去，春夏之初景方来，池塘已生春草，园柳早有鸣禽。当此之时，伤豳歌之祁祁，感楚吟之萋萋，而生归而从田之意，守遁世无闷之操。又是人生体认，又是独善之姿，这应该就是皎然所说的识度高明，这也就是格高的具体内容。

皎然还论及声律问题。他对声律基本上持否定态度。

他在评价了谢灵运以及鲍照、谢朓、何逊、柳恽、王融、江总之后，提出"中间诸子"，说他们"时有片言只句，纵敌于古人，而体不足齿"，然后说：

或者随流，风雅泯绝，八病双拈，载发文蠹。

这里提出"八病"。皎然《诗式·明四声》有类似的话，说："沈休文酷裁八病，碎用四声，故风雅殆尽。"从《诗式》的话来看，他说的八病就指沈约八病，而且，就是因酷裁八病而"风雅泯绝"。他说的"中间诸子"，也应该包括沈约，很可能就指以沈约为代表提出声病声律的那些诗人。因提出八病而批评他们风雅泯绝，甚至说他们体不足齿，可以看出皎然是怎样强烈地反对声病。

这里还提出"双拈"。所谓"双拈"，应该就是"换头"或者"拈二"。《文笔眼心抄》说："此换头，或名拈二。拈二者，谓平声为一字，上去入为一字，安第一句第二字，若上去入声，与第二第三句第二字皆须平声，第四第五句第二字还须上去入声，第六第七句第二字安平声，以次避之。"这其实说的就是律诗"粘对"法中的"粘"法。如果说批评"八病"还只是反对齐梁声病说，那么提出"双拈"，就是明确反对后来发展起来的近体诗律了。

皎然又说：

遂有古律之别，古诗三等：正，偏，俗；律诗三等：古，正，俗。

律诗三等，"俗"体当就指下文所说的"俗巧"之体。"正"体可能指完全合律之体,包括后人所讲的正格和偏格。律诗的"古体"则未详,可能指入律古风,也可能指律诗中达古诗之旨的诗。尽管古诗和律诗都分有三等,古诗也有正、偏、俗之别①,皎然对作古诗者也有批评,但律诗三等中,"正"体却在"古"体之下。因此,在皎然心目中,古律之别,律诗实在古诗之下。他仍然是排斥律诗的。

皎然《诗议》接着又说:

> 律家之流,拘而多忌,失于自然,吾常所病也。

这就不仅指八病,也不仅指双拈,而是整个"律家之流"。这就不仅指律诗三等中的"俗"体,也应该包括它的"古"体和"正"体。这句话下面紧接着说:"必不得已,则削其俗巧。"这是指"俗"体。"必不得已,则削其俗巧",言下之意,律诗的中"古"体和"正"体也是他"常所病"。他认为整个的"律家之流"都"拘而多忌,失于自然",都是他"常所病"。可以说,他对声律,对律诗,基本上是持否定态度。

三、皎然论"削其俗巧,与其一体"

"削其俗巧,与其一体",是皎然《诗议》论创作提出的一个重要问题。

皎然是这样论述的,他说:"律家之流,拘而多忌,失于自然。吾常所病也。必不得已,则削其俗巧,与其一体。"从这段话看,皎然是针对律家之流提出这一问题。他认为律家之流,拘而多忌,失于自然。他理想的创作状态,当然是出于自然,不要拘而多忌。但看来这很难做到,因此

---

① 古诗正、偏、俗三等可能有所指。从行文语气看,《诗议》下文说:"顷作古诗者,不达其旨,效得庸音,竞壮其词,俾令虚大。"这可能是皎然所说古诗中的"偏"格,下文又说:"或有所至,已在古人之后,意熟语旧,但见诗皮,淡而无味。"这可能是皎然所说古诗中的"俗"格。至于古诗中的"正"格,《文笔眼心抄》有这样的记述:"凡诗有二种,一曰古诗(原注:亦名格诗)。二曰律诗。格诗三等:谓正偏俗。古诗以讽兴为宗,直而不俗,丽而不朽,格高而词温,语近而意远,情浮于语,偶象则发,不以力制,故皆合于语,而生自然。"这里"以讽兴为宗"的"古诗"指《古诗十九首》。把"古诗以讽兴为宗"一段话接在古诗(即格诗)三等之后,皎然《诗议》原文未必如此,这可能是《文笔眼心抄》编撰时空海自己所为,但以《古诗十九首》这样的诗作为"古诗"之"正"格,应当是合于皎然原意的。

"必不得已,则削其俗巧,与其一体"。他的论述,就全部集中在"削其俗巧,与其一体"之上。

什么是"削其俗巧,与其一体"?

我们先看"与其一体"。皎然说:"一体者,由不明诗体,未阶大道。"这是论"一体"的。这里所谓"诗体",指诗之正体,诗本来应该具有的体式规律。所谓"大道",是作诗之大道,诗家高深的艺术境界。皎然认为一体者不懂得诗歌写作正确的体式,未能达到诗歌高深的境界。所谓阶,是台阶,用作动词,是登上台阶,有登堂入室,进入某种境界之意。"不明诗体,未阶大道"是对"一体"者总的评价。什么是"一体"?下面才是具体解释。他说:"若《国风》《雅》《颂》之中,非一手作,或有暗同,不在此也。其诗曰:'终朝采菉,不盈一掬。'又诗曰:'采采卷耳,不盈倾筐。'兴虽别而势同。若《颂》中,不名一体。"这里以《国风》《雅》《颂》为例。举了二个例子。一例是"终朝采菉,不盈一掬",一例是"采采卷耳,不盈倾筐"。前例出《诗·小雅·采绿》,后例出《诗·周南·卷耳》。这二例有着类似的表达方式,都是说采什么什么,不盈什么什么,以兴起某种情思。因此皎然说"兴虽别而势同"。所谓"势",就是表达方式的趋势。重复类似的表达方式,本是皎然所反对的,但是皎然这二例"非一手作,或有暗同",因此"不在此也",因此"不名一体"。就是说,不能把这称为"一体"。言外之意,如果不是暗同,不是毫无变化地重复类似的表达方式,就是"一体"。因此他接着说:"夫累对成章,高手有互变之势,列篇相望,殊状更多。若句句同区,篇篇共辙,名为贯鱼之手,非变之才也。"这里下文"句句同区"和"篇篇共辙"相对,和"篇"相对的是"句",上文说"列篇相望",和"列篇"相对的"累对"应该是"累句"。"对"当是"句"字之误。累句成章,高手有互变之势,列篇相望,殊状更多,言下之意,下手就没有互变之势,没有殊状。没有变化,因此句句同区,篇篇共辙。这正是对"一体"的批评。皎然把这比作是"贯鱼之手"。"贯鱼"典出《易·剥卦》,宫人进宠,排定顺序,轮流当夕,有如鱼所贯皆在于喉,不得变化,使宫人不致争宠吃醋,相妒相轧。这是不知变通之意。所以皎然说"非变之才"。

343

不知变化，不同的场合都重复使用同一的体式，这就是"一体"。

这样看来，"与其一体"的"与"字就疑有误。和前句"削"字相对，"与"疑当作"去"字。"与（去）其一体"，就是去除诗歌写作体式重复、不知变化之病。

再看"削其俗巧"。

皎然说："俗巧者，由不辨正气，习俗师弱弊之过也。"这是讲"俗巧"。这后一句中的"习俗师弱弊"，当从传本《诗议》作"习弱师弊"。所谓"正气"，当指诗之正道。说俗巧者不辨正气，就是说他们分不清何为诗之正道。所谓"习弱师弊"，就是师习时俗弱弊之处。这也是对俗巧的总的批评。皎然接着举了二个例子。一例是："树阴逢歇马，鱼潭见洗船。"又一例是："隔花遥劝酒，就水更移床。"前一例出庾信《归田》，后一例出庾信《结客少年场行》。这二例，对仗比较工巧，这可能就是所谓巧。但是，可能在皎然看来，这二例诗述意用语都比较俗。皎然《诗议》在这一段文字之前曾批评近作古诗者"意熟语旧，但见诗皮，淡而无味"。这二例诗，一写归田而树阴之下歇马，鱼潭之中泊船①。一写相聚甚欢而写隔花劝酒，就水移床，可能在皎然看来，这都意熟语俗，没有新意也没有深意，而且淡而无味。可能正是在这个意义上，皎然说它"俗巧"。

皎然接着又说："至如渡头、浦口，水面、波心，是俗对也。上句青，下句绿；上句爱，下句怜，下对也。……句中多著映带、傍伴等语，熟字也。制锦、一同、仙尉、黄绶，熟名也。溪溇、水隈、山脊、山肋，俗名也。若个、占剩，俗字也。"这里提出俗对、下对、熟名、俗名、俗字。关于皎然的俗对、下对，下面讨论对属论时将要专门分析。这里分析他的熟名、俗名、俗字。他说映带、傍伴等语是熟字。映带，是互相映衬，傍伴，可作徘徊解。人们熟用映带、傍伴，可能因此被称为熟名。他说制锦、一同、仙尉、黄绶是熟名。仙尉，是县尉的誉称，因汉梅福为南昌尉，后归乡里，一朝

---

① "洗船"，一作"酒船"（倪璠纂注《庾子山集》），一作"洒船"（清吴兆宜《庾子山集笺注》），与"歇马"相对，当是写停泊之船。

弃妻子去，人以为仙，故有此称。黄绶，古代官员系官印的黄色丝带，借指官位。只要是县尉，就称为仙尉，只要是官员，就用黄绶。可能因此被称为熟名。一同，可解作全同，一样。制锦，初唐骆宾王《和李明府》有"霞残疑制锦，云度似飘缨"(《全唐诗》卷七九)之句。一同和制锦何以被称为熟名，不详。他说溪溠、水隈、山脊、山肋是俗名，若个、占剩是俗字也。溪溠、水隈等当是俚俗对地名的称呼，可能因此被称为俗名。若个，哪个，指人，也可指物和处所。占剩，意不详。若个、占剩都是俚俗用字，可能因此被称为俗字。俗对、下对、熟字、俗名、俗字可能都属皎然所说的俗巧。从这样看，皎然所谓俗巧，是既指俗又指熟。既熟又俗而又尖细工巧，就是俗巧。

　　皎然又说："俗有二种：一，鄙俚俗，取例可知；二，古今相传俗，诗曰：'小妇无所作，挟瑟上高堂'之类是也。"俗对、下对、熟字、俗名、俗字可能就属鄙俚俗，前面已经大量举例，所以说"取例可知"。至于古今相传俗，皎然举例："小妇无所作，挟瑟上高堂。"二句诗出古乐府《相逢狭路间》，也称《三妇艳》。六朝人好作《三妇艳》词以写女子，模仿因袭，可能因此称为古今相传之俗。

　　皎然又说："又如送别诗，山字之中，必有离颜；溪字之中，必有解携；送字之中，必有渡头字；来字之中，必有悠哉。"可能当时送别多在山前溪边渡头，离颜是离别之颜，解携为分手离别之意。所以送别诗说到山必定有离颜，说到溪必定有解携，说到送必定有渡头。而送别之时必盼早归，因此写盼朋友归来，必有悠哉其乐之词。皎然又说："如游寺诗，鹫岭鸡岑，东林彼岸；语居士以谢公为首，称高僧以支公为先。"鹫岭，即灵鹫山，传释迦说法之圣地，在中印度。鸡岑，迦叶入定之鸡足山。鹫岭鸡岑都借指佛寺。东林，庐山东林寺，东晋时刺史桓伊为名僧惠远所建。彼岸，佛教以超脱生死的涅槃境界为彼岸。谢公，就居士言，当指以长卧东山不起的谢安。支公，指东晋高僧支遁。作诗一说游寺，就写鹫岭鸡岑，东林彼岸，一说居士，就写谢公，一说高僧，就说支公。这些用词，从古至今陈陈相因，因此是古今相传俗。

皎然又说:"又柔其词,轻其调,以小字饰之,花字妆之,漫字润之,点字采之,乃云'小溪花悬,漫水点山'。若体裁已成,唯少此字,假以圆文则何不可。然取舍之际,有斫轮之妙哉,知音之徒,固当心证。"小、花、漫、点等字,在皎然看来,都是词性轻柔细巧。皎然认为,如果诗文的体裁也就是体制结构及文风体貌已经形成,只缺少这些字,那么,用这些字恰到好处地修饰润色使文章圆合完整,则未尝不可。作诗为文,对这样一些词语的取舍,就要有轮扁斫轮得心应手之妙。言下之意,如果不是这样,唯知用这样词柔调轻之字,一味追求细巧,可能就有俗巧之嫌。皎然说,深通诗文的知音之士,对这一点应该象佛教修行得道一样,要靠自心参悟印证。

皎然又说:"调笑叉语,似谑似谶,滑稽皆为诗赘,偏入嘲咏,时或有之,岂足为文章乎?"调笑,调笑之语。叉语,可能即查语,唐时流行的特殊谐谑俗语。谑是戏谑之语,谶是谶语,也是俗传非庄之语。滑稽,这里当指诗文中令人发笑而近俗的言语。皎然认为,这些词都是诗赘,偏入嘲咏。所谓诗赘,是诗中多余的话。所谓嘲咏,是嘲笑戏谑之咏。嘲谑之咏不是诗文之正,因此说偏入。皎然认为,这些词语,偶而可以有之,但不足于作成诗文。皎然这段话之下,还有注语。注语说:"剖宋玉俗辩之能,废东方不雅之说,始可议其文也。"楚宋玉好用俗谑之语为辩,汉东方朔也诙谐善辩,但其词不雅,有似倡优。皎然认为,只有废弃这样的俗谑不雅之语,才可以谈论诗文的写作。

调笑叉语,谑语谶语,滑稽之语,宋玉俗辩之能,东方不雅之说,都当属于前面所批评的俗巧之语,在鄙俚俗和古今相传俗这二种俗中,又当属鄙俚俗。

俗巧的又一表现是写古。皎然说:"凡诗者,惟以敌古为上,不以写古为能。"写古,是模写古人。敌古,是可与古人匹敌相比。一味模写古人不算什么能力,超过古人才是最好的。他又说:"立意于众人之先,放词于群才之表,独创虽取,使耳目不接,终患倚傍之手。"还有耳目不接的问题。立意放词虽然都想超过众人,虽然想独创,但是假使耳目所闻见,景和意不能相接,还是担心落于倚傍之手。所谓倚傍,就是倚傍模拟古人。皎然又说:"或引全章,或插一句,以古人相黏二字、三字为力,厕丽玉于瓦石,殖芳芷于败兰,纵善,亦他人之眉目,非己之功也,况不善乎?"或者引古人全章,或者插入古人一句,倚傍古人的一些字句,这就好比把美丽的宝玉放在瓦石之中,把芳香的芷草和衰败的兰花放在一起,即使字句好,也是别人的面貌,并不是自己的创作之功,何况字句不好呢?皎然举了一些例子。他说:"时人赋孤竹则云冉冉,咏杨柳则云依依,此语未有之前,何人曾道。谢诗曰'江蒌亦依依',故知不必以冉冉系竹,依依在杨。"用冉冉形容孤竹,用依依赋写杨柳,自然生动形象。但《古诗十九首》已有"冉冉孤生竹"之句,《诗·小雅·采薇》已有"昔我往矣,杨柳依依"之句,后人还一味用这个词,就成了写古,就成了他人之眉目。但是,南齐谢朓有"江蒌亦依依"的诗句,可见不一定只能用冉冉形容竹子,依依赋写杨柳。就是说,敌古是可以的,不一定非得模写古人。皎然又说:"常手旁之,以为有味,此亦强作幽想耳。且引灵均为证,文谲气贞,本于《六经》,而制体创词,自我独致,故历代作者师之。此所谓势不同,而无模拟之能也。"一般人却喜欢倚傍古人,以为这样有味,而其实这只是强作幽想。这可以举灵均也就是屈原为证。屈原作品行文巧妙而气质忠正,这都源自于六经。但屈原作品的体式和文辞,都是自己独创所致,所以历代作者师尊屈原。这是因为屈原在表现方式的趋势和六经不一样,并没有一味模拟古人。写古,也是古今相传俗的表现,不过它更侧重于模拟仿写。

这就是俗巧。师法诗之正道,削除俗对、俗名、俗字等鄙俚之俗,反对模仿因袭的古今相传之俗,避免词柔调轻,尖细工巧,这应该就是皎然"削其俗巧"的大致意思。

五、皎然论苦思与天真

皎然《诗议》还论及苦思和天真的关系。

苦思是精心构思,天真是自然天成。有人提出,诗不要苦思,苦思则丧于天真。皎然认为这种说法不对。皎然说,诗文创作本来就应该在艰苦险难的构思之中抽绎思绪,在物象之外采寻奇特的立意和构想,用飞扬生动的句子来描摹物状,抒写深冥奥妙的文思。稀世之珠宝,一定出自重渊之下的骊龙颔下,何况深通幽冥富于变化的文章!所以,重要的是写成文章之后,有它自身独特的风貌,看起来天真自然,好像没有经过精心构思,没有苦思的痕迹。比如,《古诗十九首》有"行行重行行,与君生别离"这样的诗句,这就是看上去很容易得到而实际经过精心构思的例子①。《诗式·取境》也有类似的论述。他以不入虎穴,焉得虎子作比喻,说明诗歌构思的时候,必须达于至难至险之境,才能构想出奇特的句子。思路顺畅,佳句纵横,若不可遏,宛若神助的灵感状态,都需要先经过艰苦精细的构思过程②。

皎然之说,涉及到到文学思想史上苦思与天真的关系问题。它让我们首先想到钟嵘《诗品序》的一段话。

钟嵘《诗品序》说,诗以吟咏情性为主,并不贵在用事。他举了一些例子,说:"思君如流水,既是即目;高台多悲风,亦唯所见;清晨登陇首,羌无故实;明月照积雪,讵出经史。观古今胜语,多非补假,皆由直寻。"他在批评了大明泰始中,文章殆同书抄的弊病后,说这样一来,便"自然英旨,罕值其人"。

这段话直接所论是用事,并不直接论艺术构思,但这段话也论自然英旨,而且,用事事实上和思维方式有联系。写作时不是神与物游,想着即目所见,而是苦想着种种经史故事,笔下才会典故连篇。正因为如此,宋叶梦得《石林诗话》才会把钟嵘这段话和用思自然联系起来。他说:

---

① 《诗议》的原文如下下:"或曰:诗不要苦思,苦思则丧于天真。此甚不然。固须绎虑于险中,采奇于象外,状飞动之句,写冥奥之思。夫希世之珠,必出骊龙之颔,况通幽含变之文哉。但贵成章以后,有其易貌,若不思而得也,'行行重行行,与君生别离',此似易而难到之例也。"
② 《诗式·取境》的原文是:"又云:不要苦思,苦思则丧自然之质。此亦不然。夫不入虎穴,焉得虎子?取境之时,须至难、至险,始见奇句。成篇之后,观其气貌,有似等闲,不思而得,此高手也。有时意静神王,佳句纵横,若不可遏,宛若神助。不然,盖由先积精思,因神王而得乎?"

"'池塘生春草,园柳变鸣禽。'世多不解此语为工。盖欲以奇求之耳,此语之工正在无所用意,猝然与景相遇,借以成章,不假绳削,故非常情所能到,诗家妙处当须以此为根本,而思苦难言者往往不悟。锺嵘《诗品》论之最详。"(《四库全书》集部诗文评类)接下就是前面我们所引的这段话。他说:"余每爱此言简切明白易晓,但观者未尝留意耳。"他认为钟嵘这段话把构思时"无所用意,猝然与景相遇"的意思说得"简切明白易晓",而"无所用意,猝然与景相遇"就是用思自然,它的反面,就是"思苦难言"。他是认为钟嵘这段话反对"思苦难言",也就是苦思的。

皎然并没有直接提出反对钟嵘,但他的实际观点和钟嵘不同。他虽也说不用事第一,作用事第二,直用事第三云云(见《诗式·诗有五格》),但他同时又说,并非所有的引征古典都是用事,有些其实是属于比兴,比如谢灵运《还旧园作》:"偶与张邴合,久欲归东山。"就是比而不是用事①。《诗式》还有专门的"语似用事义非用事"条,举了不少例子,比如,谢灵运《初去郡》"彭薛裁知耻,贡公未遗荣。或可优贪竞,岂足称达生",《古诗》"仙人王子乔,难可与等期"和"师涓久不奏,谁能宣我心",曹植《赠白马王彪》"虚无求列仙,松子久吾欺",他认为这都是"作者存其毛粉,不欲委曲伤乎天真,并非用事也"②。一方面提出不用事第一,另一方面又反复说有些征古是比而不是用事,或者语是用事而义非用事,他其实并不完全反对用事。他说有些情况是因为"不欲委曲伤乎天真",并非用事。不

---

① 参《诗式·用事》,原文如下:"诗人皆以徵古为用事,不必尽然也。今且於六义之中,略论比兴。取象曰比,取义曰兴。义即象下之意。凡禽鱼、草木、人物、名数,万象之中义类同者,尽入比兴,《关雎》即其义也。如陶公以'孤云'比'贫士';鲍照以'直'比'朱丝',以'清'比'玉壶'。时人呼比为用事,呼用事为比。……如康乐公《还旧园作》:'偶与张邴合,久欲归东山。'此叙志之忠,是比非用事也。详味可知。"
② 参《诗式·语似用事义非用事》,原文如下:"此二门始有之,而弱手不能知也。如康乐公:'彭薛裁知耻,贡公未遗荣。或可优贪竞,岂足称达生。'此申商榷三贤,虽许其退身,不免遗议。盖康乐欲借此成我诗,非用事也。如《古诗》:'仙人王子乔,难可与等期。'曹植《赠白马王彪》:'虚无求列仙,松子久吾欺。'又古诗:'师涓久不奏,谁能宣我心?'上句言仙道不可偕,次句让求之无效。下句略似指人,如魏武呼'杜康'为酒。盖作者存其毛粉,不欲委曲伤乎天真,并非用事也。"

用事反而伤乎天真。

皎然的"苦思",是为了在至难至险中写出奇句丽辞,而这奇句丽辞应该包括用事用典。用事用典也是奇句丽辞的一种。《诗式·诗有六至》说:"至丽而自然,至苦而无迹。""至苦"也就是苦思,经至苦而达于无迹,经至丽而达于自然,无迹与自然一致,至苦和至丽一体。他说,苦思为"采奇于象外",又说"须至难、至险,始见奇句",这"奇""奇句",就是奇辞丽句,而用事用典也是奇辞丽句的一种。

钟嵘认为用事有违自然英旨,皎然却认为用事合于天真,后人认为钟嵘那段话主张用思自然,"无所用意,猝然与景相遇",认为它的反面是"思苦难言",而皎然所提出的正是"苦思",正是要在至难至险也就是"思苦难言"中写出奇句。皎然和钟嵘的观点确是大不一样。

皎然提出"苦思",还让人们想到王昌龄《诗格》。

前面我们已经分析过,王昌龄《诗格》是直接讨论了构思。王昌龄也说过"苦心竭智"一类的话。但他总的倾向,是不赞成苦思。他的"苦心竭智"和是"左穿右穴"联系在一起的,而"左穿右穴"是要求诗意纵横,思路开阔,心入其境中深深的思索,广泛的探求。也就是他说的"纵横变转"。他还说过"杰起险作",这是说要构想奇特,发掘出对象的奇警独特之意。很多时候,他并不赞成"苦思"。他说,要自抄古今诗语精妙之处,名为随身卷子,以防苦思。防苦思其实就是不赞成苦思。他又说:"思若不来,即须放情却宽之。"放情却宽之。也是不要苦思。王昌龄说得更多的是"若睡来任睡,睡觉即起","意欲作文,乘兴便作,若似烦即止,无令心倦","凡神不安,令人不畅无兴。无兴即任睡,睡大养神",他提出的是"必不得强伤神"。

皎然的"苦思"之说和王昌龄显然不同。皎然的苦思虽然也包含想象奇特的意思,但同时也应该是要求构思过程要苦思冥想。他没有象王昌龄那样说放情却宽之,说无令心倦,更没有说睡大养神。按照王昌龄的意思,是想不出来的时候,就要让精神松驰一下,他更多地倾向于刘勰《文心雕龙·养气》篇所说的"从容率情,优柔适会","率志委和,则理融而情畅"，而皎然显然没有这样提出问题。他只是说要苦思，只是说要"绎虑于险中"，要写"冥奥之思"，说"至难、至险"。皎然的说法和王昌龄其实是很不一样的。将一些说法稍作是很有意思的。比如，王昌龄说："必不得强伤神"，皎然则说："又曰：不要苦思，苦思则丧自然之质。此其不然。""伤神"不就是伤自然之神吗？不就是"丧自然之质"吗？更可注意的是下面一段。王昌龄说：

> 凡文章皆不难，又不辛苦。

所谓不难不辛苦，就是构思过程要从容率情，优柔适会。而皎然的说法则是：

> 须至难、至险，始见奇句。

一说不难不辛苦，一说须至难、至险始见奇句，这不很有点针锋相对的味道吗？

皎然的苦思说，还让人想起李白和杜甫。李白杜甫诗风迥异，思维方式也应截然不同。李白的诗，没有任何苦思的痕迹。黄山胡公求白鹇而作一诗，他"闻之欣然，适会宿意，因援笔三叫，文不加点以赠之"（见《赠黄山胡公求白鹇并序》，《李太白文集》卷一〇），人因称他作诗是"开口成文，挥翰雾散"（见《冬日于龙门送从弟京兆参军令问之淮南觐省序》，《李太白文集》卷二六）。李白的天才，使他能够思维敏捷，不是苦思，而是"适会宿意"，即兴成诗。杜甫则不同。他是苦思的。他的《暮登四安寺钟楼寄裴十迪》说"知君苦思缘诗瘦"（《杜诗详注》卷九），说的是别人，其实也是他自己的亲身体会。他的《解闷十二首》就自称"颇学阴何苦用心"（《杜诗详注》卷一七），"苦用心"，也就是苦思。他是"為人性僻耽佳句，語不惊人死不休"（《江上值水如海势聊短述》，《杜诗详注》卷一〇），经常"新诗改罢自长吟"（《解闷十二首》，《杜诗详注》卷一七）的，这都与他的苦思有关。皎然的苦思说，显然倾向于杜甫。

皎然的苦思说还让人想起后来的孟郊和贾岛他们。想起孟郊的"夜学晓未休，苦吟神鬼愁"《夜感自遣》，《孟东野诗集》卷三），想起贾岛的

"二句三年得，一吟双泪流"（贾岛《题诗后》，《全唐诗》卷五七四），想起李贺的"䍥眉入苦吟"（《巴童答》，《昌谷集》卷三），以及李贺那个骑蹇驴，背破囊而外出觅诗，想起太夫人说他"要当呕出心乃已尔"的那句话（《李长吉小传》，《昌谷集》）。当然，甚至还可以想到宋代江西诗派的陈师道、黄庭坚他们。皎然的苦思说和后来中晚唐孟郊贾岛乃至宋代陈师道等人的苦吟在很多方面可能会有不同，但基本性质应该是一致的。

就是说，皎然显然意识到了文学思想史上重苦思和重自然这两种倾向。他的苦思说不一定针对具体的某一家之说，但他显然倾向于苦思，倾向于杜甫，和后来的孟郊贾岛他们之重苦思苦吟更为一致，而和钟嵘不同，和王昌龄和李白不同。

从现有材料看，比较早接触到苦思问题是的刘勰。《文心雕龙·神思》篇就注意到司马相如、扬雄、王充、张衡、左思等人属覃思之人，而其中"桓谭疾感于苦思"。但《文心雕龙》只是客观分析"人之禀才，迟速异分"的情况。在创作中自觉地表现出苦思的倾向，把苦思作为一种艺术追求而提出来的，最早是杜甫。杜甫主要是在创作上表现出苦思的倾向。从理论上更为明确和具体地把苦思作为创作追求提出来的，则是皎然。这样看来，似乎可以把皎然看作文学思想史上重苦思一派在理论上较早的代表人物。

从史的发展来看，杜甫、皎然的苦思说，重苦思苦吟苦学一派的出现不是偶然的。杜甫之重苦思苦学，可能和他个人执着而深沉，好沉吟细思的性格有关。但作为一种一直影响到宋代的文学思潮，它应该是文学思想转折的表现和产物。盛唐诗人崇尚自然的美。李白的即兴作诗，既是他个人天才思维敏捷的表现，也是时代审美思潮的表现。王昌龄的乘兴便作也应该是那个时代的产物。而到杜甫，文学思想处于转折时期。写生民疾苦，严格的写实方法，标志着文学思想与盛唐李白他们已经不同，已经在向中唐文学思想转变。而杜甫的苦思和苦学功力一起，既是这种思想转折的表现，也是这种它的产物。皎然的苦思说，应该是这种思想转折的继续和发展。杜甫、皎然之后，虽然文学风格仍然异彩纷呈，虽然也有个别作家表现出对自然之美的追求，比如苏轼，但总的来说，那种充满浪漫理想，整个时代表现自然之美的盛唐之音再没有出现过。自然的美转为人工创造的美。中晚唐对苦吟的追求乃至宋代的江西诗派都是这样。

这种思想转折，也折射出整个社会的变化。经过安史之乱，唐代社会乃至整个封建社会都由前期转向后期。再没有过盛唐那样的辉煌，也再没有过盛唐那样的自信，也就再没有过盛唐那样整个时代对自然之美的崇尚和追求。重苦思苦吟的出现和发展，也应该看作是对诗歌艺术深入探求的一种表现。盛唐创造了诗的黄金时代，达到了难以逾越的诗歌艺术的顶峰。在这座顶峰面前，诗歌要发展，就要另寻途径。这途径，有风格上的，有艺术技巧上的，当然也有创作思维方法上的。杜甫皎然之后出现重苦吟苦思的思潮，可能还和文人们对诗歌的态度有关。不是把作诗作为一般的抒情手段，也不是作为娱乐消遣，而是作为整个人生的寄托。社会的变化使他们失去了自信，而个人仕途失意，人生遭遇坎坷不平，又使他们感到失去了人生的很多追求。在失去其他追求之后，或者说其他追求都可能失去的情况下，他们可能感到唯有作诗不会失去。于是，作诗便成为了一些诗人在人生失意之后的一种生命寄托。在这种情况下，用全副精力苦吟作诗，作为很多诗人的心灵慰藉乃至生命寄托，是很自然的。

苦思走向对艺术更为精心的推敲，确实产生过不少好诗，孟郊李贺贾岛乃到宋代一些诗人，都是在苦思苦吟之下作了不少好诗，当然更不用说杜甫，他的很多不朽之作都经过反复推敲，甚至千锤百炼。就其影响来说，如前所说，产生了中唐至晚唐与苦吟相关的诗派。宋代江西诗派的产生，也和这种创作方式有关。从某种意义上来说，宋代诗风基本上处于它的影响之下。从自然走向人为，使更多的人可以通过人为努力，人为苦思而进入诗坛，写作诗歌。这对诗歌的繁荣也是不无助益的。但是，苦思苦吟的弊端也是无庸讳言的。不少诗人蜷缩在苦思苦吟的狭小天地里，诗境因此走向偏狭。艺术的推敲是必要的，但如果只是为推敲而推敲,一味追求至难至险,也容易走上繁琐细碎和冷僻。中唐特别是晚唐诗人诗作甚多,可以流传千古的佳作却不多,跟这种情况应该是不无关系。这是整个苦思苦吟思潮的问题,不能只归之于皎然,但皎然首倡苦思,推波助澜,得失兼有,也是应该看到的。

皎然《诗议》还论及作家才识和文章情辞的关系。他说,见识高明但才力拙劣的,则其文章理思周密但文采窒塞得不到发扬。才气盛多但见识浅微的,则其文章句子佳好而情味缺少。皎然又提出,诗最善于表现内心世界,因此应该以情感为基础,以意兴为根本,然后用清妙的音辞使文章韵律和谐,华丽的辞句使篇章文彩斐然。这些地方,也有皎然自己的看法。但《诗议》更重要的,是格高说和对声律的看法,是"削其俗巧,与其一体"之说,以及苦思之说。这些思想,和他在《诗式》中提出的另一些重要思想一样,有它具体的内容,要有正确的评价。

第三节 皎然《诗议》对属论

皎然《诗议》还有对属论。主要在东卷《二十九种对》和南卷《论文意》。

一、传统对属论的补充与新论证

初唐人提出的许多对属,皎然都有所论,主要是补充例证,偶尔也作阐述。如的名对,皎然举陈后主诗和薛道衡诗为例,前诗云:"日月光天德,山河壮帝居。"后诗云:"恒敛千金笑,长垂双玉啼。"并且说:"有虚名实名,上对实名也。"皎然是主张可以对虚,也可以对实的,从这二句论述看,似乎他认为的名对须是实名对。如隔句对,皎然引鲍照诗:"始见西南楼,纤纤如玉钩。末映东北墀,娟娟似蛾眉。"双拟对,皎然引何逊诗:"可闻不可见,能重复能轻。"联绵对,皎然引诗:"望日日已晚,怀人人不归。"东卷"第四联绵对"下另有二诗例,一为"霏霏敛夕雾,赫赫吐晨曦;

轩轩多秀气,奕奕有光仪",一为"视日日将晚,望云云渐积",可能也为皎然引诗。从所引诗例看,皎然所谓联绵对,既指二个意义节奏单位连接处的联绵相对,又指一般的重字相对。互成对,皎然引诗:"岁时伤道路,亲友念东西。"异类对,皎然引诗:"离堂思琴瑟,别路绕山川。"又说:"又如以'早朝'偶'故人',非类是也。"异类对。《文镜秘府论》东卷"第六异类对"引皎然引例:"离堂思琴瑟,别路绕山川。"所引为陈子昂诗。又说:"又如以'早朝'偶'故人',非类是也。"这后一句,传本皎然《诗议》作:"又宋员外诗(阙),以'早潮'偶'故人',非类为类是也。"宋员外当为宋之问。但宋之问集中没有用"早潮"偶"故人"的诗。

皎然也提出一些新的对属名目。这有《文镜秘府论》东卷的八种对,即邻近对、交络对、当句对、含境对、背体对、偏对、双虚实对和假对。传本皎然《诗议》也有这八种对,不过假对在双虚实对之前,顺序稍有不同。另外,《文镜秘府论》南卷《论文意》引皎然《诗议》还有对俗对、下对的批评。

新提出的对属名目,有些实际源自初唐。比如东卷"第十九交络对",举例说:"出入三代,五百余载。"前句第三字"三"与下句一二句"五百"相对,一二字"出入"与下句第三字"余"相对。这是皎然之说,这实际就是北卷《论对属》的"上升下降"。东卷"第廿当句对"。皎然举例:"薰歇烬灭,光沉响绝。"前句"薰歇"与"烬灭"当句相对,下句"光沉"与"响绝"亦当句相对,这与北卷《论对属》的"同类连用,别事方成"同一形式。北卷《论对属》即出初唐《笔札华梁》和《文笔式》。

有些则在初唐和盛唐基础上有所调整,有所引申。比如邻近对,不用直接的意思,而用邻近之义相对。东卷"第十八邻近对"举二例,一为北周无名法师《过徐君墓》:"死生今忽异,欢娱竟不同。"一为陈后主《幸玄武湖饯吴兴太守任惠》:"寒云轻重色,秋水去来波。"前例前半,"死生"与"欢娱",一为实事,一为情绪,本不相对,但"死生"之义与或欢乐或悲哀之情相邻,故可与"欢娱"相对。后例前半,"寒云"为秋寒之云,字与"秋"义相邻,同为写秋天之景,用其邻近之义,则与"秋"字相对。寒与秋相对,古代多有其例,沈约《梁甫吟》:"寒光稍耿耿,秋海日沉没。"《行园》:"寒瓜方卧垄,秋菰亦满陂。"谢朓《治宅》:"辟馆临秋风,敞窗望寒旭。"庾信《拟咏怀诗二十七首》其二十六:"秋风别苏武,寒水送荆轲。"皎然自己也多有其例,如《答苏州韦应物郎中》:"格将寒松高,气与秋江清。"《劳劳山居寄呈吴处士》:"寒园扫绽栗,秋浪拾干薪。"此外,可以秋气对霜天,对雪辉,可以霜月对寒蜻,霜云对冻水,春分对寒食,春曲对寒歌,寒蔬对春蚁。皎然邻近对正是对这类对属经验的总结。但是皎然举例的另一半,前诗的"今忽异"与"竟不同",后诗的"轻重色"与"去来波",却是的名对或说正名对。所以皎然接着说:"上是义,下是正名也,"所谓"上是义",是说上半用邻近之义对,是义对,也是意对,而下半,则是的句对,这可以说是的名对和意对的结合,这也就是皎然所说的:"此对大体似的名,的名窄,邻近宽。"当然,这只是字的意对,不是整句的意对。

比如背体对。东卷"第廿二背体对"皎然举谢灵运《登池上楼》为例:"进德智所拙,退耕力不任。"一说进德,一说退耕,德与耕,不同一类词,应该是异类对。但是,这类对偶成对之语词之间,却存在对应依存关系,进—退、智—力,都可以说是互相依存的统一体中对立的两极,这与异类对的天—山、鸟—花之类又不相同,而与"送酒东南去,迎琴西北来"之类相似,从这点看,又可说与的名对的反对相似。而且,如《文选》六臣刘良注,言进德济世,智则疏拙;退耕自给,力不堪任,上下两句整体之意完全相背,写的是完全相背的人生道路,从这个意义看,又可以说是意对。皎然所谓"背体对",可以说是异类对、的名对和意对的结合。

比如假对。东卷"第廿五假对"皎然说:"诗曰:'不献胸中策,空归海上山。'或有人以'推荐'偶'拂衣'之类是也。"诗例上句"策"字借"泽"之音与"山"相对,这与元兢、崔融所说的晓路(音露)对秋霜是一样,是声对。所举另一例,"推荐"之"荐"是动词,但借其草席的字面意义,则可以与"衣"字相对。这与元兢、崔融所说的桂楫对荷戈一样,是字对。有论者说皎然的假对是意对①，实是一种误解。皎然所说的假对，实是声对和字对的结合。凡有所假，不论假音还是假字面义，都是假对。

比如偏对。东卷"第廿三偏对"举例："古墓犁为田，松柏摧为薪。"又曰："日月光太清，列宿曜紫微。"又说："古人以'芙蓉'偶'杨柳'。""芙蓉"偶"杨柳"，指北齐萧悫《秋思》诗："芙蓉露下落，杨柳月中疏。"见《颜氏家训·文章》篇，又见《北齐书·文苑传》。这三个例子诗句的后半均为对偶②。但其前半，第一例和第三例上句"古墓"、"芙蓉"，第二例下句"列宿"为一个词，第一例和第三例下句"松柏"、"杨柳"和第二例上句"日月"为两个词并列，这与北卷《论对属》所说的"前复后单"是同一情形，"前复后单"举例："日月扬光，庆云烂色。"正是日月两事，是复；庆云一物，是单。但是东卷"第廿三偏对"另有例："萧萧马鸣，悠悠旆旌。"又一例："亭皋木叶下，陇首秋云飞。"前诗前半，后诗后半构成对偶，但诗句的另一半，前诗上句"马鸣"是主谓结构，由名词和动词组成，而下句"旆旌"则由两个名词并列组成；后诗上句"亭皋"是为亭候于皋隰，下句"陇首"为陇山之顶，严格说来都不组成对偶。东卷"第廿三偏对"皎然又举例："春豫过灵沼，云旗出凤城。"诗出沈佺期《昆明池侍宴应制》，《全唐诗》卷九七作"春仗过鲸沼，云旗出凤城"。这一例中，前句后半"过灵沼"（据《全唐诗》作"过鲸沼"）与下句后半"出凤城"相对；而其前半，前句"春豫"也好，"春仗"也好，均指帝王春天出巡之事，"云旗"为画有熊虎图案的大旗，并不相对。皎然又说："此例多矣，但天然语，今虽虚亦对实。如古人以'芙蓉'偶'杨柳'，亦名声类对。"这里提出两个问题，一是以虚对实，一是声类对。关于以虚对实，我们下面专门讨论。从这句话看，皎然是虚实之对也作为偏对。关于声类对，皎然没有具体说明，不一定针对前句所说的"芙蓉"偶"杨柳"而言，因为"芙蓉"虽为联绵词，但既不是双声，又不是叠韵，与"声类"无关。前述传本王昌龄《诗格》"势对例五"有"偏对五"，

---

① 如中泽希男《文镜秘府论校勘记》即持此说。
② 日本小西甚一《研究篇》（下）以为"露下落"和"月中疏"则难以认作是对偶，似不确。

说:"重字与双声叠韵是也。"皎然所说的"声类",应该就是指重字与双声叠韵之对。王昌龄和皎然都以重字与双声叠韵相对为偏对,王昌龄《诗格》所谓"偏对",又源自初唐《笔札华梁》所说的异类对,前引《文镜秘府论》东卷"第六异类对"引《笔札华梁》就说:"或双声以酬叠韵,或双拟而对回文;别致同词,故云异类。"马鸣与旆旌,亭皋与陇首相对也好,春豫与云旗相对,这又不仅仅是"前复后单"。这样看来,诗有半句工整对偶,而另半句,不论构词方式不同也好,虚实对也好,声类对也好,只要不构成工整的对偶,这样的诗句,在皎然看来,都是所谓"偏对"。所以东卷"第廿三偏对"引皎然说:"谓非极对也。"又说:"全其文彩,不求至切,得非作者变通之意乎。"这样看来,皎然所谓"偏对",既吸收了初唐"前复后单"之说,又融入了初唐异类对中的声类对和盛唐王昌龄的"偏对"之说,还融入了虚实相对之说。虚实可以相对,这主要是皎然提出来的。皎然偏对和他的邻近对、背体对、假对一样,是在初唐和盛唐对属论基础上有所调整和引申。

以交络对指称"上升下降",以当句对指称"同类连用,别事方成",显然更为简洁明了。的名对和意对结合而成邻近对,异类对、的名对和意对结合而成背体对,声对和字对结合而成假对,吸收"前复后单"之说,又融入了异类对中的声类对以及虚实相对之说而成偏对,既简洁明了,又对一些对属现象作了新的归纳和概括。这都使一些对属变得更易于操作,一些对属现象得到更为细致的清理。

这反映了皎然关于对属的一些新的思考和认识。

二、关于俗对、下对的批评

更能反映皎然个人思想的,是他关于俗对、下对的批评,和含境对、双虚实对的提出。

关于俗对、下对的批评,见于《文镜秘府论》南卷《论文意》引皎然说:"至如渡头、浦口,水面、波心,是俗对也。上句青,下句绿;上句爱,下句怜:下对也。'青山满蜀道,绿水向荆州。'语丽而掩瑕也。"这是针对俗巧提出来的。皎然,提出削其俗巧,与其一体,所谓俗巧,就包括俗对和下对。直接地看,渡头、浦口、水面、波心,青和绿,爱和怜,同类而对,轻重均衡,大小整齐,而且渡头、浦口、水面、波心本身既是名词,这些词中,头、口、面、心又都是人体部位之名,两层以上的意思相对,可以称得上奇对,这样的对偶可以说非常工巧。但是,浦口对渡头,水面对波心,语虽异而所写之事则一。这类语词,为对偶而对偶,惟见细巧,不合自然,这可能就是皎然所说的"俗对"。青、绿,爱、怜,均语义相重相滥,而且过于尖巧。按照皎然的思想,写诗作文,熟名、俗名、俗字,鄙俚俗和古今相传俗,都是俗巧。送别诗,山字之中,必有离颜;溪字之中,必有解携;送字之中,必有渡头字;来字之中,必有悠哉,都是俗巧。按照这个道理,如果渡头之对必有浦口,水面之对必有波心,青必对绿,爱必对怜,青山必对绿水,句句同区,篇篇共辙,意熟语旧,加上语义相重相滥,过于尖巧,就成了俗对和下对。他所举例,"青山满蜀道,绿水向荆州。"诗句本身对仗工巧,语言流丽,但青山以对绿水,是人们习用常用的熟名旧语,这就语丽而掩瑕。削其俗巧,反对意熟语旧,对属要有变通和创新,是提出俗对下对的基本思想。

和削其俗巧一样,他批评俗对下对,应该是针对时风而言。对偶用熟名旧语,这种现象在当时并不少见。用熟名奇对,有不少例子。渡头、浦口,水面、波心直接相对的例子未能找到,但王昌龄《采莲曲》"来时浦口花迎入,采罢江头月送归",王维《新晴野望》:"郭门临渡头,村树连溪口",以浦口对江头,渡头对溪口,应该属这一类。至于其他类型的熟名奇对则更多。比如,写山路曲折奇险,多以羊肠为对。刘宋鲍照《登翻车岘》"淖坂既马领,碛路又羊肠",梁武帝《登北顾楼》"登陟雁行上,差池羊肠转",梁萧统《开善寺法会》"诘屈登马岭,回互入羊肠",北朝庾信《任洛州酬薛文学见赠别》:"羊肠连九坂,熊耳对双峰"之后,唐人有不少效仿。唐玄宗《早登太行山中言志》:"火龙明鸟道,铁骑绕羊肠。"杨炯《广溪峡》:"山路逸羊肠,江城镇鱼腹。"王维《燕子龛禅师》:"山中燕子龛,路剧羊肠恶。"杜甫《喜闻官军已临贼境二十韵》:"路失羊肠险,云横雉尾高。"

刘长卿《按覆后归睦州赠苗侍御》："羊肠留覆辙，虎口脱余生。"李益《北至太原》："南陔羊肠险，北走雁门寒。"都是例子。奇对之外，其他熟名旧语为对的更多。比如皎然注举之例的青山对绿水，就很普遍。青山绿水之对，似始于谢朓，他的《还涂临渚》："绿水缬清波，青山绣芳质。"还有《往敬亭路中》："绿水丰涟漪，青山多绣绮。"后来陈张正见《初春赋得池应教》也有"雪尽青山路，冰销绿水池"之句。可能因为工巧，所以为唐人习用。皎然所举例子，"青山满蜀道，绿水向荆州"，就出崔颢《寄卢象》诗。这首诗之外，崔颢还有《舟行入剡》："青山行不尽，绿水去何长。"崔颢之外，皎然之前，李憕、孟浩然、王维、刘长卿等都有青山绿水之对。如果把当句对也算上，则还有任华、耿湋、李嘉佑等人的诗句①。至于一般的上句青，下句绿，则更多。颜色之词相对，六朝就比较流行。谢灵运、鲍照、沈约、萧纲、萧绎、江总等人的诗，可以看到青缴对丹罗，青春对白苹，紫兰对青梧，青琴对朱草，紫叶对青芽，丹爀对青嶂，白云对青霞，青玉对碧石等，也可以看到白芷对绿苹，残红对初绿，绿箨对紫茸，绿杞对红桃，绿野对白云等，素芷对绿蓣，绿叶对朱苞等，唐人这类对偶更多。这当中就有不少青与绿之对。这些对属，有些描写一般事物，如萧纲《系马》："青骊沈赭汗，绿地悬花蹄。"庾肩吾《和刘明府观湘东王书》："羽陵青简出，妫泉绿字分。"宋之问《故赵王属赠黄门侍郎上官公挽词》二首其二："绿车随帝子，青琐翊宸机。"沈佺期《白莲花亭侍宴应制》："霜威变绿树，云气落青岑。"更多的是写景。写景的诗，总感到有一种套路。青山绿水的自不必说，如王湾《次北固山下》："客路青山外，行舟绿水前。"孟浩然《登安阳城楼》："楼台晚映青山郭，罗绮晴骄绿水洲。"王维《别辋川别业》："忍别青山去，其如绿水何。"刘长卿《酬李侍御登岳阳见寄》："绿水潇湘阔，青山鄂杜深。"另外如萧纲《秋夜》："绿潭倒云气，青山衔月规。"江总《赋得一日成三赋应令》："绿潋明层殿，青山照近楼。"都是一句

---

① 如任华《寄李白》："绿水青山知有君，白云明月偏相识。"耿湋《路旁老人》："绿水青山虽似旧，如今贫后复何为。"李嘉佑《晚登江楼有怀》："独坐南楼佳兴新，青山绿水共为邻。"

青山,一句绿水,其他的诗句,如萧绎《洛阳道》:"青槐随幔拂,绿柳逐风低。"萧绎《细草》:"依阶疑绿藓,傍渚若青苔。"杜审言《赋得妾薄命》:"草绿长门掩,苔青永巷幽。"虞世南《侍宴应诏赋韵得前字》:"绿野明斜日,青山澹晚烟。"青山绿水之外,金与玉,歌与舞,云与雨,光与影,花与叶。比如青春与白日之对。唐代皎然之前,陈子昂、高适诗各有一处,沈佺期诗有二处,李白诗有三处,杜甫诗有四处①。这些诗歌,语句流丽,对属工巧,艺术性有的确实不错,但都是青山对绿水,都是青春对白日,就有一种皎然所说的,意熟语旧之感,有一种圆熟之感。皎然自己也未能免俗,也有一处②。这些未必都是俗对下对,但皎然提出俗对下对,应该与对偶存在这一问题有关。

　　皎然的对属论,一方面继承和吸收了初唐的思想,另一方面,又与初唐有所不同。下面要讨论的关于对偶中虚实问题的看法,他就与初唐有所不同。提出俗对下对,针对时风,对初唐对属论似乎也有微词。渡头、浦口、水面、波心都是奇对。奇对是初唐元兢提出来的,而皎然把这几个实际是奇对的对属批评为俗对。皎然举"青山满蜀道,绿水向荆州"之例,说是语丽而掩瑕,上句青,下句绿,青山绿水之对在他看来,应该也是下对。我们再看东卷"第十二平对",说:"平对者,若青山、绿水,此平常之对。"初唐元兢提出"平对",正是以"青山绿水"之对为例。初唐提出的各种对属都有例句例字,这些例句例字,往往就是这类对属的常用之字,带有示范的性质。这些例句例字,古今相传,为人常用,在皎然看来,也会有意熟语旧之嫌。

---

① 陈子昂《题李三书斋》:"灼灼青春仲,悠悠白日昇。"高适《酬裴员外以诗代书》:"白日屡分手,青春不再来。"沈佺期《和杜麟台元志春情》:"青春坐南移,白日忽西匿。"沈佺期《送友人任括州》:"青春浩无际,白日乃迟迟。"李白《长歌行》:"桃李务青春,谁能贯白日。"《题元丹丘山居》:"青春卧空林,白日犹不起"《寄远十二首》:"青春已复过,白日忽相催。"杜甫《乐游园歌》:"青春波浪芙蓉园,白日雷霆夹城仗。"杜甫《题省中壁》:"落花游丝白日静,鸣鸠乳燕青春深。"杜甫《闻官军收河南河北》:"白日放歌须纵酒,青春作伴好还乡。"杜甫《次空灵岸》:"青春犹无私,白日已偏照。"
② 皎然《赋颜氏古今一事得晋仙传送颜逸》:"青春留鬓发,白日向云烟。"

提出俗对、下对并加以批评，确实比较多地反映了皎然个人的思想。

三、含境对的提出

皎然关于含境对的论述很简单，东卷"第廿一含境对"说："赋曰：'悠远长怀，寂寥无声。'"只有两个例句，没有任何解释。要理解其中更多的内涵，要联系皎然的其他诗歌理论和创作实践，联系文学思想的发展。

联系皎然的其他诗歌理论，很自然地想到他的诗境思想。以"境"论诗，是皎然文学思想的一个重要内容。他提出"取境"，说："夫诗人之思初发，取境偏高，则一首举体便高；取境偏逸，则一首举体偏逸。"（《诗式》卷一"辨体有一十九字"）他又说："取境之时，须至难至险，始见奇句。"他把选取和创造意境看作诗歌构思的基本要求。他说："诗情缘境发"（《秋日遥和卢使君游何山寺宿扬上人房论涅盘经义》）诗的感情要缘境而发，诗歌感情的抒发也旨在意境的创造。他又提出："两重意以上，皆文外之旨。""但见性情，不睹文字，盖诣道之极也。"（《诗式》卷一"重意诗例"）这实际涉及诗歌意境无穷韵味的问题。所谓含境对，显然是皎然诗境思想在对属论上的反映。皎然引了司马相如《上林赋》的两句。这两句，就字面来说，"悠远"可与"寂寥"相对，"长怀"可与"无声"相对。就句意来说，上句着眼于空间之悠远，下句着眼于声音之寂寥，也可相对。从这个意思上，也可以称之为意对。但皎然的意思显然并不在此。他说这是"含境对"，就是说，这两句都蕴含着某种意境，按照《文选》李善注，"悠远长怀"的"怀"就是归，言水奔放而长归于渊海。但是在这里，皎然是不是把它理解为情怀之怀呢？如果皎然是这样理解，那么，在皎然看来，悠远空旷，寂寥无声，是眼前景象，也是心中之境，这正是情景交融的意境浑成之句，正是要情景浑融之中蕴含着某种无穷的韵味。不管怎样，皎然显然是认为，对属也应该以意境相对，以意蕴氛围相对，以无穷的韵味相对。所谓含境对，可以说是皎然诗境思想在对属论上的反映。

联系皎然的创作实践，会发现，他在诗歌中常常用"境"字表现他所感受到的生活、山水境界。他说："苍林有灵境，杳映遥可羡。"（《兵后早春登故鄣南楼望昆山寺白鹤观示清道人并沈道士》）说："境新耳目换，物远风烟异。"（《奉和颜使君真卿与陆处士羽登妙喜寺三癸亭》）"披云得灵境，拂石临芳洲。"（《同颜使君真卿李侍御萼游法华寺登凤翅山望太湖》）"深居寡忧悔，胜境怡耳目。"（《冬日山行过薛征君》）他所向往的是幽寂清澄澹远之境，因此他诗中经常写"万境澄以净"（《答郑方回》），"身闲境亦清"（《酬乌程杨明府华将赴渭北对月见怀》），"怀人在幽境"（《白云上人精舍寻杼山禅师兼示崔子向何山道上人》），"境净万象真"（《持可席道心制野猿法语授幽客》），"闲坐见真境"（《宿山寺寄李中丞洪》）。他的诗因此经常写澄澹的秋水，清迥的夜空，色净氛霭无，寺扉隐天色，影刹遥丁丁，写旷望烟霞尽，秋色望无边，万壑静闻钟，他的诗因此经常出现杳冥、冥寂、寂寥、寂历、闃寂、寂寞、禅寂、寂寂、岑寂、岑寂、空寂这样的语词，经常写情思眇眇，写悠然望远，写苍凉之远景，写离心远水共悠然，写幽远少人知，春色遍远道，写碧水何渺渺。这是山水自然之境，也是心境。他说："永夜一禅子，泠然心境中。"（《闻钟》）又说："心境寒草花，空门青山月。"（《酬李司直纵诸公冬日游妙喜寺题照昱二上人房寄长城潘丞述》）这样的写悠远寂寥之境的句子，经常组成对偶。这样的对偶在皎然诗中是很多的。比如："望远涉寒水，怀人在幽境。"（《白云上人精舍寻杼山禅师兼示崔子向何山道上人》）"天高林樟洗，秋远海色清。"（《奉陪杨使君顼送段校书赴南海幕》）"万里见秋色，两河伤远情。"（《岘山送裴秀才赴举》）"澄澈湘水碧，沉寥楚山青。"（《杼山禅居寄赠东溪吴处士冯一首》）"永夜依山府，禅心共寂寥。"（《晚秋宿李军道所居》）"影殿山寂寂，寥天月昭昭。"（《宿道士观》）"高月当清冥，禅心正寂历。"（《答豆卢次方》）"寂寂孤月心，亭亭圆泉影。"（《宿山寺寄李中丞洪》）"机闲开净水，境寂听疏钟。"（《建元寺集皇甫侍御书阁》）"寒花寂寂遍荒阡，柳色萧萧愁暮蝉。"（《往丹阳寻陆处士不遇》）"春草思眇眇，征云暮悠悠。"（《南湖春泛有客自北至说友人岑元和见怀因叙相思之志以寄焉》）"相思路渺渺，独梦水悠悠。"（《与卢孟明别后宿南湖对月》）"远望浮云隔，空怜定水清。"（《春夜期裴都曹济集心上人院不至》）

这当然受皎然佛教思想的影响。皎然是一个诗人,又是一个僧徒。他从律宗名僧守真受具足戒,应受律宗影响很深,但他博学他宗,对他影响最大的是南宗禅①。他的作诗"取境"说,就借用了佛教成语②。他常常说禅中之境,说禅寂,禅心寂历、寂寥,说禅地闃寂,说虚静依禅等等③。他所追求和表现的空明清迥悠远寂廖的境界,正是禅宗修养的极致境界。

皎然"含境对"正可以从这样的创作和思想背景中得到更深的理解。以诗句蕴含意境为对,应该与他在诗歌和生活中对"境"的追求有关,与他对禅家之境追求有关。皎然论含境对所举例句,"悠远长怀,寂寥无声。"出自汉司马相如《上林赋》,本只是对上林苑景象的赋写,是大量铺张扬厉句子中的二句,所写只是八川分流,归于太湖的实景,但把这二句单独抽出来作为语例,就有了独立的语境。上面我们列举了皎然的大量诗句,可以体味到幽远清迥之境、虚澄寂寥之境,体味到禅心寂历,体味到秋水悠悠,暮云悠悠中的眇眇之思,禅寂之心,从"悠远长怀,寂寥无声"二句,皎然是不是有着同样的体味,是不是感受到同样的寂寥幽远的禅境呢?他在诗中经常用这样表现禅境的句子组成对偶,用有着同样韵味的句子作为例子来说明他的含境对,不是很自然吗?

从文学思想的发展来看,自从盛唐诗人创造了玲珑透剔、空灵浑融的意境的美,殷璠《河岳英灵集叙》就已提出"兴象"说,从理论上朦胧地接触到这一问题。王昌龄进一步提出物境、情境、意境等"诗有三境"之

---

① 以上关于皎然佛教思想的描述,参照了赵昌平《从王维到皎然》(《中华文史论丛》,1987 年第二、三期合刊),贾晋华《皎然出家时间及佛门宗系考述》(《厦门大学学报》1990 年第 1 期),蒋寅《大历诗人研究》(中华书局,1995 年)第三章。
② 蒋寅《大历诗人研究》第三章引《大乘义章》卷三:"六识相望,取境各别。"谓皎然取境说借语于此。
③ 如:"月彩散瑶碧,示君禅中境"(《答俞校书冬夜》),"禅心正寂历"(《答豆卢次方》),"禅心共寂寥"(《晚秋宿李军道所居》),"禅地常闻寂"(《苕溪草堂自大历三年夏新营洎秋及春弥觉境胜因纪其事简潘丞述汤评事衡四十三韵》),"依禅静无扰"(《奉酬颜使君真卿王员外圆宿寺兼送员外使回》),"正论禅寂忽狂歌"(《酬秦系山人戏赠》)"中峰禅寂一僧在"(《法华寺上方题江上人禅室》)等。

说,提出构思时处身于境,视境于心,了然境象的问题,提出意须出万人之境的问题,提出境思的问题,提出构思时以心击之,深穿其境的问题。皎然进一步提出取境说,提出文外之旨,但见性情,不睹文字之说,在创作实践中倾向于空明清迥悠远寂廖的禅家境界。用表现同样的审美情趣和意境的对句,提出含境对,皎然提出含境对,表现悠远寂廖之境,主张以意蕴氛围相对,以无穷的韵味相对,显然反映了文学思想的新发展,反映了新的诗歌审美追求。

皎然之前,作为一种文学思潮,意境美的创作主要在盛唐,但皎然提出含境对,不用汉代司马相如之例。从盛唐和皎然的创作实践看,意境美的追求主要在诗歌中,但皎然提出含境对,所用却是赋之例。这当中或者也有值得稍加吟味的地方。用汉代司马相如之例,或者为了证明此种对属渊源有自,古已有之。用赋之例而不用诗之例,可能因为含境对的例子诗中触目皆是,反而不用举例,皎然还可能认为,意境创造,含境对属,不仅诗中需要,而且赋也需要。这是各种文体都适用的对属。当然,皎然也可能什么也没有考虑,只是从这两个句子体味到他所追求的幽远寂廖的禅境罢了。

把诗境思想和创作及生活对禅境的追求运用于对属论,主张以意境相对,以意蕴氛围相对,以无穷的韵味相对,以幽寂清澄澹远的禅境相对,这是我们结合皎然其他诗歌理论和创作实践、思想特点体会到的东西。在盛唐创造了意蕴浑融,韵味无穷的意境美,在诗境理论提出来之后,有初唐一般对属论和意对基础上提出含境对,反映了文学思想的变化和发展。在皎然看来,含境之对古已有之,不仅适用于诗歌,也适用于其他文体,比如,适用于赋。这是我们对皎然含境对的一些认识。

四、双虚实对的提出

东卷"第廿四双虚实对":"诗曰:'故人云雨散,空山来往疏。'此对当句义了,不同互成。"这是皎然的双虚实对。此外,东卷"第一的名对"、"第廿三偏对"和"第廿八叠韵侧对",以及南卷《论文意》还有皎然关于对属虚实问题的一些论述,与双虚实对有关,我们放在一起讨论。

对属虚实的问题,还在初唐就提出来了。《文镜秘府论》东卷"第廿八叠韵侧对"引崔融说:"夫为文章诗赋,皆须属对,不得令有跛眇者。跛者,谓前句双声,后句直语,或复空谈:如此之例,名为跛。眇者,谓前句物色,后句人名;或前句语风空,后句山水:如此之例,名眇。何者?风与空则无形而不见,山水则有踪而可寻,以有形对无色:如此之例,名为眇。"后来王昌龄也有论述。《文镜秘府论》南卷《论文意》引王昌龄说:"夫语对者,不可以虚无而对实象。若用草与色为对,即虚无之类是也。"从王昌龄的论述看,崔融所说的风与空则无形而不见,山水则有踪而可寻,以有形对无色,实际谈的就是对属的虚与实的问题。皎然提出双虚实对,以及下面将要引述的"第一的名对"、"第廿三偏对"和"第廿八叠韵侧对",以及南卷《论文意》所引皎然之说,则对偶虚实之说更为详尽的论述。

对属虚实问题的提出,是值得注意的一种现象。

它应该反映了古代传统思想和审美的虚实观。古代传统思想里,就有自己的虚实观。老庄的道,所谓无状之状,无物之象,就是虚,以老庄看来,道与万物的关系,就可以看作是虚与实的关系。道为无,为虚,因此体道要致虚极,守静笃。就审美来说,六朝绘画就提出以形写神,气韵生动的问题。在诗歌创作中,则往往以写景为实,抒情为虚。皎然提出但见情性,不睹文字。后来宋范晞文《对床夜语》引《四虚》序云,不以虚为虚,而以实为虚,要化景物为情思①。而事实上,六朝《文心雕龙》就已提出拟容取心。所谓取心,就是注意精神层面,拟容是实,取心则可以说是虚。

就语言学来说,就一般词汇学来说,也有虚词实词的划分。就是说,《尔雅》在按内容给词分类的时候,就多少注意到了词的虚实之分,虚词多见于"释诂"、"释言"、"释训"篇。《文心雕龙·章句》:"至于夫惟盖故

---

① 《历代诗话续编》上册(中华书局,1983年)第421页。

者,发端之首唱;之而于以者,乃札句之旧体乎,哉矣也亦,送末之常科。"列举之词,都是一类。宋人明确提出虚字、实字之说,清人对虚词有更多深入的研究。后来的归类,大抵是以有实义的词为实词,而以助词、语气词、叹词等为虚词。

但是,唐代人们对属论上的虚词实词之说,又有着自己的特点。何为虚实,有自己的界定。

他们论及一些词。崔融论文章诗赋属对的跛与眇,说到双声、直语、空谈、物色、人名、风空、山水。双声似不必细说,但这里所说"双声",既指似应泛指声类词,既指双声,也指叠韵,甚至可能包括联绵词。与双声相对,直语应该是不借助包括双声之类修饰性语词,直接叙写的语词。如《文心雕龙·书记》就称谚语为直语。后来殷璠《河岳英灵集叙》也说曹刘诗多直语。空谈,从字面看,应该是无须实证,直接说理的语词。直语是直接抒情叙事,空谈则是直接说理。物色,《文心雕龙》有专门的《物色》篇,是描写自然景物之词。人名不用说,就是人的名字。风空是无形而不见,风应该早就是自然界的风,空就是天空。上官仪《奉和颍川公秋夜》"沉寥空色远",宋之问《麟趾殿侍宴应制》"空外有飞烟",李峤《燕》:"玄衣澹碧空"的空。王昌龄说到草与色。草自然是花草的草,应该是泛指各种自然的有形的景物。关于色,下面再解释。皎然论对偶虚实,也论及一些词。《文镜秘府论》东卷"第廿三偏对"皎然为说明"但天然语,今虽虚亦对实",前引"春豫过灵沼,云旗出凤城"二句,后说:"如古人以'芙蓉'偶'杨柳',亦名声类对。""春豫过灵沼"二句:出沈佺期沈佺期《昆明池侍宴应制》,云旗指画有熊虎图案的大旗,指物。"春豫",《全唐诗》作"春仗",指事,帝王出行之事。"芙蓉"偶"杨柳"指北齐萧悫《秋思诗》中句:"芙蓉露下落,杨柳月中疏。"何以说这两句是"声类对",不太清楚。可能因为"芙蓉"一词为联绵词,可能在唐人看来,非双声叠韵的联绵词也称作为声类词。崔融曾说,前句双声,后句直语。这里的"杨柳"应该是直语,而"芙蓉"是联绵词,可能指这种情况,皎然称之为声类对。不然无法解释。东卷"第廿四双虚实对"皎然所举例诗:"故人云雨散,空山来往疏。""云雨"为名词,来往则是动词。东卷"第一的名对"引皎然说:"又曰:'日月光天德,山河壮帝居。'有虚名实名,上对实名也。"所谓"上对实名",指的这两句诗为实名对,而这两句诗,日月对山河,正是名词与名词相对。在这里,他是以名词为实词,以动词为虚词。东卷"第廿八叠韵侧对"引皎然说:"景风心色等,可以对虚,亦可以对实。"则是以景风心色为虚。所谓景风心色,南卷《论文意》引皎然说有解释。皎然说:"夫境象不一,虚实难明,有可睹而不可取,景也;可闻而不可见,风也;虽系乎我形,而妙用无体,心也;义贯众象,而无定质,色也。凡此等,可以对虚,亦可以对实。"景也就是影,日光之影。风即崔融所谓风空的风,自然界风。心,应该指各种心理现象,精神现象,感情现象,包括所思所感等。所谓"色",与王昌龄所说的草与色为对的"色"应该一样。色在佛教指可以感知的一切形质。但佛教同时认为色即是空,空即是色。皎然这里说:"义贯众象,而无定质。"这里所谓"义",我理解就是佛教的存在的无实定性之义,就是空。皎然诗中经常写"色"。写空界色或空色,如"咫尺空界色"(《遥酬袁使君高春暮行县过报德寺见怀》),"空色清凉寺"(《寄报德寺从上人》)。写色净、翠色、霁色、静色,如"色净氛霭无"(《奉陪郑使君谞游太湖至洞庭山登上真观却望湖水》),"虚空翠色分"(《奉同卢使君幼平游精舍寺》),"霁色摇闲情"(《酬乌程杨明府华雨后小亭对月见呈》),"蹑苔怜静色"(《答孟秀才》),还有秋色、月色、春色等。还有不少色天,如"色天夜清迥"(《苕溪草堂自大历三年夏新营泊秋及春弥觉境胜因纪其事简潘丞述汤评事衡四十三韵》)"月见色天重"(《石桥寺效小谢体》),"色天当上峰"(《奉陪陆使君长源诸公游支硎寺》),都是如他所说的"无定质"的形象。可见皎然所谓"色",实是指无具体形质,给人以空无感的东西。

涉及的这些语词,有些未必有意划分虚实,如物色与人名,只是说,物色和人名之对不平衡,因此为眇。另一些划分虚实的语词,并没有统一的界定,而且都与一般语言学词汇学的虚词实词之说不同。"春豫过灵沼,云旗出凤城",是以事为虚,以物为实。"芙蓉"偶"杨柳"作为"声类对",是以声类词为虚,直写为实。"云雨"对"来往","日月"对"山河",是以名词为实,以动词为虚。而同为名词,景风心色又为虚,而山水花草之类词又是实。他们在对属论上对语词的虚实有自己的界定。

之所以要有自己的界定,是因为他们考虑的不是一般语言学,词汇学。崔融他们对语词虚实的解释,是就诗学而言的,他们考虑的,是诗歌语词所表现的形象,以及对形象描述的方法。从诗歌表现的形象来说,动词是虚的,名词是虚的。同是名词,山水花草是实的,而景风心色又是虚的。从形象描述的方法来说,直语是实的,而声类是虚的。当然,抽象的事是虚,具体的物是实。从一般语言学词汇学来看,这样的界定是不规范的,不科学的。但从诗学上来,却不仅是可以理解的,而且是必要的。形象的创造是诗学的重要问题,形象的虚实也同样是对属的重要问题。根据形象的虚实来区分语词的虚实,也就是必要的了。

因此我们说,对属虚实问题的提出,是值得注意的一种现象。将一般审美的虚实观念运用到对偶问题上,从一个侧面反映了一种文学思想,虚实问题的提出,在对偶认识史上有着不可忽视的意义。

第四节 皎然《诗议》体势论

皎然《诗议》还有体势论,主要在地卷《十四例》(草稿本原作"十五例")。

这十五例,都是讲因不同诗文作法而形成不同风貌的体例。可分几组。

第一组,一重叠用事之例和二上句用事、下句以事成之例。

重叠用事之例。例诗:"净宫邻博望,香刹对承华。"净宫、香刹均指佛寺。博望即博望苑,汉宫苑名。承华,太子宫门名,晋陆机《赠冯文罴迁斥丘令》李善注引《洛阳记》:"太子宫在太宫东薄室门外,中有承华门。"此诗前句说"邻博望",后句又说"对承华",是重复分用汉晋二事,而均为说明佛寺邻近皇家宫苑。重复用事典描述同一景象,所以称为重叠用事之例。

上句用事,下句以事成之例,也是二句分用二个事典,不同的是,上下之事典相互关联,下句申发上句之事。如引嵇康《幽愤诗》:"子玉之败,屡增惟尘。"二句均用事。上句出《左传》僖公二十八年,说楚国令尹子文举荐子玉代替自己治政,结果子玉与晋作战大败,败在子玉而责任在子文。后句出《诗·小雅·谷风》,诗曰:"无将大车,维尘冥冥。"意为大夫进举小人,恰恰自作忧患。嵇康性慎言行,却因吕安为其兄吕巽枉诉事,被钟会和吕巽陷罪系狱。二句诗正抒发嵇康幽愤之情,自悔好善暗人以至陷于冤罪,后事正是申发上句之意。

这一组都是讲用事之法,不过一侧重重叠用事以描述同一事物,一侧重上下二句用事相辅相成。

第二组,三立兴以意成之例和四双立兴以意成之例。

前者例诗如《诗·小雅·甫田》《青蝇》:"营营青蝇,止于樊,恺悌君子,无信谗言。"青蝇立兴,以比谗人,接着申明本意,指出和乐平易的君子,不要信从谗言。又如曹植《七哀诗》:"明月照高楼,流光正徘徊。上有愁思妇,悲叹有余哀。"首二句写明月高照,流光徘徊,营造一种氛围,用以起兴,在这种氛围之下,则下二句思妇内心之愁苦悲叹自然烘托而出。后者如《古诗十九首》其三:"青青陵上柏,磊磊涧中石。人生天地间,忽如远行客。"陵上青翠柏树长青,涧中磊磊之石长存,这是从反面起兴,引起下面二句人生短暂的感叹。这二例都是先描写意象作为比兴,营造氛围,然后引出抒情之意。不过前者用一件事物起兴,后者用二件事物起兴。

第三组,五上句古、下句以即事偶之例,六上句意、下句以意成之例,七上句体物、下句以状成之例,八上句体时、下句以状成之例,九上句用事、下句以意成之例。这五例,和王昌龄《十七势》下句拂上句势等几例一样,都是讲前后二句如何相辅相成。

比如谢灵运《从游京口北固应诏》:"昔闻汾水游,今见尘外镳。"前句用《庄子·逍遥游》之典,说尧往见四子于汾水之阳,窅然而丧其天下,这是所谓的"古"。下句写宋高祖登北固山,若飘然出于尘外,这是今事。所谓"以即事偶"之"偶",是说古事今意相称相合。这是上句古、下句以即事偶之例。

比如《诗·大雅·生民·假乐》:"假乐君子,显显令德。宜民宜人,受禄于天。"前二句写天嘉乐周成王有盛明之善德,这是写意。接二句则承此意而来,写成王安民官人,皆得其宜,以受福禄于天。下句申足前句之意,是所谓"以意成之"。这是上句意、下句以意成之例。

如谢朓《观朝雨》诗:"朔风吹飞雨,萧条江上来。"上句赋写风雨之事,虽用了飞字吹字,但未能对风雨之状作形象描绘。下一句就此展开描写,着一萧条,又以江上为背景,则江上一片萧萧风雨之状如在眼前。所谓"以状成之",就是用更为具体生动的描绘,使上句陈述的情状更为形象鲜明。这是上句体物、下句以状成之例。

如谢灵运《石壁精舍还湖中》:"昏旦变气候,山水含清晖。"上句写朝夕所见气候,这是体时。但只有一般陈述,从下句,朝夕山水之景,如何沐含一片清晖,才有了更为生动鲜明的具体描写。这是上句体时、下句以状成之例。

如谢朓《之宣城出新林浦向板桥》末二句:"虽无玄豹姿,终隐南山雾。"上句用典,典出刘向《列女传·陶答子妻》,说南山玄豹在雾雨中七日而没有吃东西,欲让自己的皮毛更加泽润,养成好看的文章。作者说自己无玄豹之姿,这是自谦。下句则申足上句之意,也是说出真实之意,说自己最终要离世隐居,这是上句用事、下句以意成之例。

第四组,十当句以物色成之例和十一立比成之例。这二例都是就一句之式而言的,

当句以物色成之例是一句一景,一句中二个意象相辅而成为一个统一的景象。如引谢灵运《岁暮》诗:"明月照积雪,朔风劲且哀。"前句"明月"为一物色,"积雪"为一物色,积雪与明月相互映照,更显洁白明净,二物色相辅成状,所以说"以物色成之"。

立比成之例,是当句出现喻体和本体,用形象的比喻以描绘物象。

如引谢朓《晚登三山还望京邑》诗:"余霞散成绮,澄江净如练。"上句写晚霞余晖,而以绮比喻其一片红艳之色,下句写澄净之江,以练比喻其明净之美。这二句,每一句都用比喻自成其境。这和《十七势》的"一句直比势"相似。

第五组是另几例。十二覆意之例是同一诗意反复申之。如谢灵运《庐陵王墓下作》诗:"延州协心许,楚老惜兰芳。解剑竟何及,抚坟徒自伤。"第一句用《史记·吴太伯世家》之典,说吴公子季札心许徐君,待徐君死后挂剑于其冢树。第二句用《汉书·龚胜传》之典,说楚老抚坟吊龚胜惜其兰芳自毁。同一伤悼之意,前二句连用两个典故,后二句又反复抒写,这可能就是皎然所说的"覆意"。

十三叠语之例是同一语上下句重叠用之。如谢朓《和王主簿怨情》诗:"故人心尚尔,故心人不见。"前一句用"故人心",下一句重叠再用"故心人"。再如沈约《咏风》诗:"既为风所开,还为风所落。"上下句反复用"为风所"三字。同语叠用,以收回环往复之功,这就是叠语之例。

第十四轻重错谬之例,用词轻重失当,不符合描写对象的身份地位。如曹植《武帝诔》有"尊灵永蛰"之句。昆虫休眠才用"蛰"字,为魏武帝作诔文而用"蛰"字,显然用辞不当。又如孙楚《王骠骑诔》有"奄忽登遐"之句,"登遐"一词可以作为人死去的讳称,但同时有登仙而去的说法,因此骠骑将军死去称为"登遐"也是错谬。

草稿本的避忌之例是用词犯了忌讳。如引苏武《诗四首》:"何况双飞龙,羽翼纵当乖。"又如晋傅咸《赠何劭王济》:"吾兄既凤翔,王子亦龙飞。"在中国传统里,龙凤都是喻指帝王的美称,但这里,一以双龙喻己及朋友,一以凤翔喻何劭,以龙飞喻王济,显然犯了避忌。

前十三例是传人以法的示范之例,轻重错谬之例和草稿本的避忌之例则是提醒人们避免的病犯之例。皎然的《十四例》,理论色彩不如王昌龄的《十七势》,但也同样是把一些不易把握的艺术表现手法加以格式化,我们可以批评这是繁琐,但格式化之后,便于操作,便于初学,便于普及,使难于掌握的东西大众化,仍有其意义。

第十二章　空海带回日本的几本书（六）
崔融《唐朝新定诗格》与元兢《诗髓脑》及《古今诗人秀句序》

编入《文镜秘府论》还有崔融《唐朝新定诗格》、元兢《诗髓脑》，元兢另还有《古今诗人秀句》的"序"。

崔融（653—706），字安成，齐州全节（今山东济南）人，事迹见《旧唐书》卷九四、《新唐书》卷一一四本传等。《旧唐书·经籍志》《新唐书·艺文志》著录其编有《珠英学士集》五卷，著有《宝图赞》一卷，文集六十卷。《日本国见在书目》小学著录"《唐朝新定诗体》一卷"，不著撰人，《文镜秘府论》地卷《十体》醍醐寺乙本等注"崔氏新定诗体困十种体"云云，东卷《二十九种对》目次注"右三种出崔氏唐朝新定诗格"，是《唐朝新定诗格》（一作"唐朝新定诗体"）为崔融著。《文镜秘府论》天卷《调四声谱》，地卷《十体》，东卷《二十九种对》切侧、双声侧、叠韵侧，及切、双声、叠韵、字、声、字侧诸对，西卷《文二十八种病》繁说、龃龉、丛聚、形跡、翻语、相滥、文赘、相反、相重诸病，引有崔融说。

元兢，字思敬，以字行，生卒年不详，大致活动在唐高宗至武则天时代。《旧唐书·文苑传》云："元思敬者，总章中为协律郎，预修《芳林要览》，又撰《诗人秀句》两卷，传于世。"《古今诗人秀句》二卷盖于咸亨二年（671）前後以十年之功编成。《旧唐书·文苑传》："同时又有孟利贞、董思恭、元思敬等，并以文藻知名。"《新唐书·艺文志》文史类所载"《芳林要览》三百卷"下注"许敬宗、顾胤、许圉师、上官仪、杨思俭、孟利贞、姚璹、窦德玄、郭瑜、董思恭、元思敬集",是知元思敬生活年代与上官仪相当。元思敬于总章中(668—669)始为正八品上之协律郎,而总章元年已是上官仪为二品侍郎之第四年,是元思敬者较之上官仪名位,相去甚远,以此相衡,度其年辈当晚于上官仪。又,皎然《诗式·重诗意例》云:"畴者协律郎吴兢与越僧元监集《秀句》。"王梦鸥《初唐诗学著述考》以为"吴兢,两唐书有传,生时未为协律郎,其任斯职者,显係元兢,特以姓名不彰,後人遂误改为吴兢"。又,《新唐书·艺文志》总集类、文史类:"元兢《古今诗人秀句》二卷","元兢《宋约诗格》一卷","元思敬《诗人秀句》二卷",《日本国见在书目》小学家:"《诗髓脑》一卷,《注诗髓脑》一卷",不著撰人,总集家:"《古今诗人秀句》,元思敬撰钦。"日本《本朝文粹》卷七《省试诗论》引《诗髓脑》并元兢说,《文镜秘府论》东卷《二十九种对》目次注:"右六种对出元兢髓脑",知《诗髓脑》作者为元兢。《文镜秘府论》天卷《调声》,东卷《二十九种对》平、奇、同、字、声、侧及的名、异类诸对,西卷《文二十八种病》平头、上尾、蜂腰、大韵、小韵、傍纽、正纽、龃龉、丛聚、忌讳、形跡、傍突、翻语、长撷腰、长解镫诸病,南卷《集论》,俱直接引有元兢说,东卷《论对》间接引有元兢说。

从前引市河宽斋《半江暇笔》可知,崔融《唐朝新定诗格》、元兢《诗髓脑》也为空海携回日本。

第一节 崔融《唐朝新定诗格》

这是空海携回日本的并编入《文镜秘府论》的一部著作。《文镜秘府论》天卷《调四声谱》,地卷《十体》,东卷《二十九种对》切侧、双声侧、叠韵侧、及切、双声、叠韵、字、声、字侧诸对,西卷《文二十八种病》繁说、龃龉、丛聚、形跡、翻语、相滥、文赘、相反、相重诸病,引有崔融《唐朝新定诗格》说。所引崔融《唐朝新定诗格》,涉及体势论、对属论、诗病说等。

一、崔融《唐朝新定诗格》体势论

崔融《唐朝新定诗格》体势论主要在地卷《十体》这"十体"是：一、形似体，二、质气体，三、情理体，四、直置体，五、雕藻体，六、映带体，七、飞动体，八、婉转体，九、清切体，十、菁华体。

这"十体"，有的是指诗歌体貌。如"质气体"，"有质骨而作志气"，有质骨是说内容质实有骨力，作志气是说有壮志气势。这是一种诗歌体貌，是一种诗歌美的类型。这种风格从表现在边塞作品中。如引例诗虞世基《出塞二首和杨素》："雾烽黯无色，霜旗冻不翻。雪覆白登道，冰塞黄河源。"在冰天雪地、雾烽黯淡的寒肃气氛中，突现冻不翻的霜旗，戍边将士不畏寒险的气概豪情洋溢其中。

有些既可看作一种体貌，又是一种体式。

如"雕藻体"，凡描写对象都用华美的辞藻去雕饰，使之变得更为妍丽，就句丝彩有一种错综之美，金铁经过砥砺磨炼。这是崔融的解释。雕藻之美，是一种体貌，但雕饰辞藻，则是表现手法。这是一种通过精心雕琢的华美辞藻达到的妍丽之美。如引例诗江总《山庭春日》："岸绿开河柳，池红照海榴。"突出柳、榴的绿、红之色，有华美之感，但又不直接写柳之绿、榴之红，而写河柳为岸绿所开，海榴为池红所照，显得修辞很精巧。另一例诗鲍照《发后渚》："华志怯驰年，韶颜惨惊节。"志而曰"华"，颜而曰"韶"，有华美之感，"华志"与"驰年"相对，"韶颜"与"惊节"相对，又着一"怯"字"惨"字，年月飞驰，时节忽逝，而华志韶颜难再，造成惊挺险急之感，明显有精心雕琢辞采的痕迹。萧子显《南齐书·文学传论》曾说鲍照诗"发唱惊挺，操调险急，雕藻淫艳，倾炫心魂"，应该就指这一点。

"飞动体"也属这一类。如例诗隋炀帝杨广《春江花月夜》："流波将月去，湖水带星来。"梁刘孝绰《月半夜泊鹊尾诗》："月光随浪动，山影逐波流。"前诗，月和星本来都是静态的，而说被流波将去，由湖水带来。后诗也是如此，本来静态的月光山影居然随浪而动，逐波而流，都是对本来静态的意象作动态的描写，画面有一种动感，这是一种飞动的美。但这种飞动的美,和用辞有关,用动态感强烈的语辞,使诗中意象的飞动流走,骤然产生动感,有一种生气活力。所以崔融说:"词若飞腾而动。"以生动的用词,表现飞动的意象,用动态的描写,使画面有一种生气活力,是一种美学风貌,但为表现这种美学风貌而用辞飞动,作动态描写,却是作诗体式手法。

还有"婉转体"。诗的婉转之美,是一种体貌,但造成这种体貌的是修辞,是"屈曲其词,婉转成句",是用婉转抒情述怀的手法表现出来的美。如例诗:"歌前日照梁,舞处尘生袜。"又如:"泛色松烟举,凝华菊露滋。"从词序句法而言,前二句当为"日照歌前梁,尘生舞处袜",后二句当为"烟举泛松色,露滋凝菊华",但现在词序颠倒,本来平铺直叙的事物变得屈抑曲折,本来熟软的句子变得劲挺有力。从形象描绘来看,前二句以声动梁尘喻歌声之动听,以罗袜生尘状舞姿之美妙,都不是直接描写,这就有一种婉转之妙。后二句,不说轻烟薄笼青松,而说烟举而泛松色;不说菊花上有露珠,而说露珠滋润着菊花,,都是婉转状物,避免直接描写。婉转是美学风貌,也是修辞状物的手法,是一种作诗体式。

如"清切体",这是一种体貌,而这种体貌是主要体现在用词上。崔融说:"词清而切。"所谓词清,指词所描写之境清瑟,也指用词不加雕饰,自然清新。用自然清新之词,把当时境界气氛恰切生动的传导出来,这就是清切体。如佚名诗:"寒葭凝露色,落叶动秋声。"又如初唐崔信明《送金敬陵入蜀》:"猿声出峡断,月彩落江寒。"二诗都写一种清瑟之境,但艺术上,前诗写萧瑟的秋景秋声,用寒葭、落叶这样的意象,在用词上,寒葭之露色用一"凝"字,落叶之秋声着了"动"字;后诗,写猿声写寒江,都是寒瑟的意象。用词上,写出峡之猿声用一"断"字,落江之月彩着一"寒"字。这二首例诗都是意境清寒而用词清新恰切生动。

但是,十体主要的是指作诗之体式,指表现手法。如形似体、情理体、直置体。

"形似体","貌其形而得其似,可以妙求,难以粗测",用形似手法表现事物的微妙之处。如例诗:"风花无定影,露竹有余清。"用"无定影"描写风中之花,用"有余清"表现露下之竹,这是对事物外形作形象逼真的描写。又如例诗:"映浦树疑浮,入云峰似灭。"映入浦中之树好像浮在水里,所以说"疑浮";穿入云端之峰看不见,所以说"似灭",描写都非常生动贴切。用这种表现方法的作诗体式就是形似体。

"情理体"。"抒情以入理",是情和理的结合,入理是为了抒情,而抒情着眼事物之理的角度。入理又有二种。一是不合常理,如例诗:"游禽暮知返,行人独未归。"游禽无知,日暮之时尚知归返,行人有情,本更当归返,却"独未归",正因为不合常理,所以更强烈地抒发出家人对行人的深切思念之情。二是合于常理,如例诗:"四邻不相识,自然成掩扉。"为什么关掩门扉?因为四邻之间互不相识。这是合于常理。在这合于常理之中,更表现出清静寡欲、超尘脱俗之思。可能这就叫抒情以入理。在融合情理这一点上和王昌龄《十七势》的"景入理势""理入景势"有相似之处,但王昌龄《十七势》是景句和理句是分开的,崔融的情理体,着眼的是情,而且情句和理句事实上难以截然区分的。

"直置体"。对眼前事物作直接描写,所谓"直书其事置之于句"。这是一种赋之体。如引戴嵩《度关山》诗:"马衔苜蓿叶,剑莹鹧鸪膏。"不用任何技巧,直接赋写边地之俗。又引例诗:"隐隐山分地,沧沧海接天。"以"隐隐"状山,以"沧沧"写海,山高好像把地分成不同的区域,因此说"分地",海大有似与天相接,因此说"接天"。写景状物贴切,但不事雕饰,直接描写。这就是"直置体"。

还有映带体、菁华体。

"映带体",是以双关之语,互相映带,表现意外之味之体式,所谓"以事意相惬,复而用之"。如例诗孔德绍《登白马山护明寺》:"露花疑濯锦,泉月似沉珠。"如崔融自注,鲜花含露,亮丽得让人怀疑是濯水之锦,月映泉中,有似明珠沉入水下,这是一层意。但这二句同时让人联想到蜀的濯锦川和汉的明珠浦。这是又一层意。濯锦、明珠语含双关,构词精巧。又如例诗:"侵云蹀征骑,带月倚雕弓。""云"既是自然界之云,"侵云"句状写兵士骑马征战,其势有如侵云而上,同时又有"云骑"的成语,比喻征骑如云。"月"既是自然之月，"带月"句状写夜间战士肩倚雕弓披星戴月，同时又有"月弓"的成语，比喻弯弓如月，"云""骑"与"月""弓"都引起人们双重联想。再如褚亮《奉和禁苑饯别应令》："舒桃临远骑，垂柳映连营。""舒桃""垂柳"二语实景描写之外，还分别映带而让人联想到"桃花马"和"细柳营"。这就是所谓"复而用之"，所谓"映带体"。

"菁华体"。作者解释："得其精而忘其粗者是。"所谓"精"，是事物的精华所在，是最能表现事物特点之处。如例诗："积翠彻深潭，舒丹明浅濑。"霞最突出的特点是那一片红彤彤的色彩，因此用表现其色彩之词"丹"以表现霞。不用"霞"而用"丹"，就为了突出其红彤彤的色彩的特点。同样的道理，烟也是取其最突出的特点"翠"，相对于"翠"来说，"烟"的其他属性都是粗。用"丹"而不用"霞"，用"翠"而不用"烟"，就是"得其精而忘其粗"。又如例诗："青田未矫翰，丹穴欲乘风。"青田之鹤最为有名，用青田指代鹤，是为突出其"精"，相对而言，鹤的其他属性均属粗。同理，凤因出丹穴而名，因此凤的其他属性都是粗。用现代修辞手法来说，这是借代，而作为诗体说，这是舍粗取精的菁华体。从思想渊源来说，似多少让人想到庄子的得意忘言。意是文章之精，而书本自身则是糟粕。得意忘言，也是得精忘粗。

从文学思想看，《十体》有其特有的意义。从诗歌体貌的认识来说，既讲"雕藻"又讲"质骨"，体现南北文风的并存和交融，体现初唐向盛唐转变时期诗风的状态。提出的各种作诗体式，可以看作是表现手法的分析总结。《十体》还有一点，就是注意到诗歌体貌和表现手法的关系，注意到表现手法不同因而影响体貌不同。这就将体貌体式化。作者注意到达于某种体貌总有某种关键因素，比如用词，飞动之美和用词之飞动分不开，清切之美和用词之清切分不开，雕藻之美和雕琢辞采分不开。这就为人们创造某种诗歌体貌提供了具体可寻的格式途径。同《十七势》一样，这是将理论实用化，便于人们初学，便于诗歌普及。这方面的意义是应该看到的。

二、崔融《唐朝新定诗格》对属论

东卷《二十九种对》之第十五字对,第十六声对和第十七侧对,出元兢《诗髓脑》和崔融《唐朝新定诗格》,第十七侧对,崔融称之为"字侧对"。这三类对属,我们放在下面元兢一节讨论。

出崔融《唐朝新定诗格》还有第廿六切侧对,第廿七双声侧对,第廿八叠韵侧对。

这几种对属各有其内涵。所谓切侧对,如崔融所说,是"精异粗同","理别文同",粗看起来相同,但细辨则不同,其文同而其理则有别。所举例:"浮钟宵响彻,飞镜晓光斜"。"浮钟"、"飞镜"均为名词器物,并且组词结构相同,都是定语中心词结构,"浮"可与"飞"相对,"钟"可与"镜"相对,粗看起来其文相同,是切对,但细为辨之,"浮钟"是直写,"飞镜"则是借代,借代为月,因此其用词之理有别。"文同"是"粗同","理别"是"精异",只是不完全之切对,只可为切对之一侧,因此是切侧对。因为用词之理有别,因此它与一般的切对不同;但粗看起来其文同,组词结构、词的字面义均相同,又与一般的非切之对不同。

所谓双声侧对,如崔融所说,谓字义别,双声来对是。所举两个诗例,"花明金谷树,叶映首山薇",和"翠微分雉堞,丹气隐檐楹。"前诗"首山"即首阳山,为"山"名,"金谷"为金谷涧或金谷园之名,非为"谷"名,所以说"字义别"。后诗"雉堞"为一个名词,泛指城墙,而"檐楹"中"檐"为屋檐,"楹"为堂前柱,为二名词同位并列,也是字义别。前诗之"花明"和"叶映"成对,后诗之"翠微"和"丹气"成对,而其另一侧首山和金谷,雉堞和檐楹,字义不对,仅因同双声而对,因此称为双声侧对。

所谓叠韵侧对是同样的含义。如崔融所说,谓字义别,声各叠韵对。所举两个诗例,"平生披黼帐,窈窕步花庭"和"自得优游趣,宁知圣政隆。"前诗中"平生"为名词,"窈窕"为联绵状词;后诗"优游"是状词,"圣政"是名词,是谓"字义别"。前诗"披黼帐"和"步花庭",后诗"自得"和"宁知"成对,而其另一侧之"平生"和"窈窕","优游"和"圣政"仅因叠韵而成对,故称叠韵侧对。

至于"前复后单",北卷引《笔札华梁》和《文笔式》举例:"日月扬光,庆云烂色。"解释说,"日月"两事,是复;庆云一物,是单。就是说,组成对偶的前后两个双音词,其中一词由两词并列,是复;而另外二字则是一个词,是单。"前复后单",当然也可以是"前单后复"。这和后来皎然《诗议》提出的"偏对"有类似的地方①。

查检文献,这些对属在创作中的表现不一样。皎然"偏对"已举《诗经》及晋傅咸等人作品的例子,这些偏对之例,基本上实际就是"前复后单"。这之外先秦文献就可以找到不少。比如《诗经》,《卫风·木瓜》:"投我以木瓜,报之以琼琚。"琼为美玉,琚为一种佩玉,"琼琚"为二物,为复,而"木瓜"为单。《王风·黍离》:"行迈靡靡,中心摇摇。"行、迈为复,而"中心"为单。《荀子》不少,仅其《劝学》篇,随手就是:"假舆马者,非利足也,而致千里;假舟檝者,非能水也,而绝江河。""不积跬步,无以致千里;不积小流,无以成江海。""锲而舍之,朽木不折;锲而不舍,金石可镂。"这当中,"千里"、"朽木"为单,而"江河"、"江海"、"金石"均为复。汉赋也也有不少。如贾谊《鵩鸟赋》:"阴阳为炭兮,万物为铜。""阴阳"为复,而"万物"为单。司马相如《子虚赋》:"交错纠纷,上干青云;罢池陂陀,下属江河。""青云"为单,而"江河"为复。《古诗十九首》也如,如"冉冉孤生竹":"兔丝生有时,夫妇会有宜。""兔丝"为单而"夫妇"为复。魏晋以后,这类例子更多。仅曹植,随手查检,即有不少,如《杂诗》(仆夫):"江介多悲风,淮泗驰急流。"曹植《杂诗》(南国):"朝游北海岸,夕宿潇湘沚。"《驱车篇》:"东北望吴野,西眺观日精。"《梁甫行》:"八方各异气,千里殊风雨。"《箜篌引》:"阳阿奏奇舞,京洛出名讴。"《名都篇》:"名都多妖女,京洛出少年。"这些诗对中的淮泗和江介,潇湘和北海,东北和西眺,风雨和异气,京洛和阳阿及名都,都是复和单的关系。陆机如《饮马长城窟行》:"戎车无停轨,旌旆屡徂迁。"《门有车马客行》:"拊膺携客泣,掩泪

---

① 当然有所不同,即皎然"偏对"既着眼于词对的"偏",同是着眼于"句"对的"偏"。

叙温凉。""亲友多零落,旧齿皆雕丧。"《君子有所思行》:"命驾登北山,延伫望城郭。"《婕伃怨》:"春苔暗阶除,秋草芜高殿。"鲍照如《代放歌行》:"冠盖纵横至,车骑四方来。"《代贫贱苦愁行》:"盛颜当少歇,鬓发先老白。"这些诗对中的旌旆和戎车,温凉和客泣,亲友和旧齿,城郭和北山,阶除和高殿,纵横和四方,鬓发和盛颜,都是复和单的关系。这说明,对属中"前复后单"的现象,自《诗经》以来就是普遍的现象。

　　但是切侧对和双声侧对及叠韵侧对则不同。就切侧对来说,不工整的对偶比较普遍,但切侧对是"精异粗同","理别文同",词性相同,组词结构相同,词与词之间字面义相同,又与一般的非切之对不同,只是用词之理有别,按这个要求,则例子甚少。齐永明之前,鲍照《代堂上歌行》"晖晖朱颜酡,纷纷织女梭。满堂皆美人,目成对湘娥",《蒜山被始兴王命作》:"升峤眺日轨,临迥望沧洲",或者可以作为例子。鲍照诗之织女、湘娥、沧洲均为专有名词,而朱颜、美人和日轨只是一般名词,或者可以称得上是切侧对。齐永明时期,沈约、王融偶有例子,沈约《白马篇》"长驰入右地,轻举出楼兰",《有所思》:"昆明当欲满,葡萄应作花",王融《齐明王歌辞七首》其六《长歌引》"紫烟四时合,黄河万里清",沈约诗的楼兰、昆明,王融诗的黄河是专有名词,沈约诗的右地、葡萄,王融诗的紫烟只是一般名词,用词之理有别,可以称得上是切侧对。谢朓诗例多一些。如其《宣城郡内登望》:"借问下车日,匪直望舒圆。"望舒与下车,从字面看,"望"与"下"对,"舒"与"车"对,都是动宾结构,但望舒为月,为专有名词,下车只是一般的动宾词组。其《夜听伎二首》其一"要取洛阳人,共命江南管。"洛阳为专有地名,与江南泛指有别,但字面看,"洛"与"江"对,"阳"与"南"对。其《离夜》:"玉绳隐高树,斜汉耿层台。""玉绳"为星之专名,玉衡北两星,"斜汉"则指斜挂的银河,用词之理有别而字面相对。其《暂合下都夜发新林至京邑赠西府同僚》"徒念关山近,终知返路长。""关山"作为固定名词与"返路"并不相对,但"关"可作动词解,与"返"字面相对,属字对,"关山"与"返路"字面相对而用词之理有别。

　　就双声侧对及叠韵侧对来说。单纯的双声侧对和叠韵侧对都不多。

381

陆机《赠冯文羆》："慷慨谁为感，愿言怀所钦。"鲍照《和王丞》："衔协旷古愿，斟酌高代贤。"鲍照《学刘公干体五首》之三："艳阳桃李节，皎洁不成妍。"谢朓《休沐重还丹阳道中》："赖此盈樽酌，含景望芳菲。"王融《咏琵琶》："掩抑有奇态，凄锵多好声。"这些诗中，慷慨、斟酌、皎洁、芳菲、凄锵为联绵词，而愿言、衔协、艳阳、樽酌、掩抑等则不同，从字义来说，并不相对；但这些词都是双声词，它们只是双声相对，可以算是双声侧对。谢灵运《七里濑》："石浅水潺湲，日落山照曜。"鲍照《咏双燕二首》之一："沈吟芳岁晚，徘徊韶景移。"鲍照《绍古辞七首》之五："徘徊清淮汭，顾慕广江濆。"谢朓《宣城郡内登望》："怅望心已极，惝恍魂屡迁。"谢朓《奉和随王殿下》其二："婵娟影池竹，疎芜散风林。"庾肩吾《经陈思王墓诗》："兼言事结成。飘飖河朔远。"这些诗中的潺湲、徘徊、惝恍、婵娟、飘飖都是联绵词，而照曜、沈吟、顾慕、怅望、疎芜、兼言则不是，从字义来说，并不相对；但这些词都是叠韵词，它们只有叠韵相对，可以算是叠韵侧对。算上双声对叠韵，谢朓有一些例子，如其《酬王晋安》："怅望一途阻，参差百虑依。"《始之宣城郡》："琉散谢公卿，萧条依掾史。"《冬日晚郡事隙》："苍翠望寒山，峥嵘瞰平陆。"《直中书省》："玲珑结绮钱，深沈映朱网。"《新亭渚别范零陵云》："停骖我怅望，辍棹子夷犹。"这些诗中，怅望、萧条、峥嵘、深沈为叠韵词，而参差、疎散、苍翠、玲珑、夷犹为双声词。而参差、萧条、峥嵘、玲珑、夷犹为联绵词，而怅望、疎散、苍翠、深沈、怅望则不是，它们只因双声或叠韵构成对偶。切侧对也好，双声侧对和叠韵侧对也好，晋宋稍有一些，鲍照有一些切侧对和双声侧对，陆机、谢灵运有一些双声侧对和叠韵侧对；齐梁多一些，如沈约有一些切侧对，王融有一些切侧对和双声侧对，而谢朓诗中尤多，不论切侧对和双声侧对及叠韵侧对都有不少诗例。晋宋之前，曹植诗中未找到诗例，前代也未找到，即使有遗漏，也不会有多少。这种情形，与"前复后单"的对属不一样。

这不同的表现，可以窥见对属发展和探求过程中的某些轨迹，也可以从一个侧面窥见文学思想发展和探求的某些轨迹，窥见初唐对属论所体现的某些文学思想的发展轨迹。就"前复后单"的情况来说，虽然对属很早就已出现,可以说,有文字记载以来,就有了对属,虽然先秦时期许多文献(包括文学文献和非文学文献)就已有大量对属,但总起来说,早期很多对属带有率尔而为之的特点。写意述理,抒情状物,需要两两对比、排列,便很自然地出现对仗,当然,不需要时,也就自然不出现对仗。不是太着意,因此对属形式也就有的工整,有的不太工整,只要大致相对就可以。"前复后单"的对属应该是这种状态下的产物。人们本未有意把它作为对属的一种。但初唐人们提出"前复后单",后来中唐皎然进一步提出"偏对",显然是对很早就出现的本来是率尔为之的对属现象的认可和肯定,是有意把它作为对属的一种。魏晋以来,特别是六朝以来,创作中对属和其他表现手法一样,走向工巧,走向精细,初唐对属论也提出很多关于对属须切须正的要求的情况下,仍把"前复后单"的情况列为一种对属,把本来并不规范的对属规范化,或者反映了一种回归古典,回归自然的思想。在对属工巧的同时,也要允许甚至追求并不那么工巧的带有率尔为之痕迹的对属形式。

就切侧对和双声侧对及叠韵侧对来说,情况有所不同。它们并不普遍,而且主要在魏晋以后,特别是齐梁以后出现。这一时期,文学已经自觉,对各种表现技巧包括对各种对属形式的追求已经自觉。切侧对和双声侧对及叠韵侧对主要在这一时期出现,应该与这样的背景有关。粗看起来,这三种对属都不那么工稳,不工稳的对属似乎可以率尔为之,其实稍想一想,这三种对属自然出现的机率反而不会多。双声侧对和叠韵侧对是这样。双声侧对和叠韵侧对需要双声或叠韵,并且需要字义别。双声词和叠韵词的比较早,也比较多,但早期双声对和叠韵对却不多。双声词和叠韵词很多字义相同,比如,很多同为联绵词。联绵词中双声词和叠韵词是比较多的。写诗作文联绵词与联绵词相对出现的机率比较多,双声或叠韵的联绵词与非联绵语构成对仗的机率反而更低。其他的双声词和叠韵词也是一样。单纯字义别相对出现机率会更多,字义别又需双声叠韵,出现的机率同样不会多。切侧对也是这样。文同理也同的两词相对,这样的机率比较多,一般的对仗都是这样。理别文也别,不构成对仗,当然更容易出现。用词之理有别而词性、组词结构、词的字面义均需相对,这样的对仗出现的机率反而不多。或许因为这样,这三种对属,主要出现在晋宋以后,特别是永明时期出现较多。并不是说人们有意探求这三种对属,而是说,在人们自觉探求各种艺术表现手法,包括自觉探求各种对属形式的背景之下,这几种对属的出现是很自然的,双声侧对和叠韵侧对在永明时代较多出现,显然与这一时期声律的探求,包括声律对偶的探求背景有关。探求各种声律对仗,与声律关系密切的双声侧对和叠韵侧对在这一时期较多出现,也是自然的。对属之例并不多,并非普遍现象,而作为三种对属提出来,则体现了初唐人们对对属现象把握的细致、敏锐和全面。这三种对属,特别是双声侧对和叠韵侧对,只是单纯的双声和叠韵之对,更多的注重对属的形式因素,也反映了初唐人们尽可能发挥对属形式化的因素,以至发挥到极致的倾向。

不论"前复后单",还是切侧对,或者双声侧对和叠韵侧对,都着眼于词——这是和前节分析的字对、声对和侧对主要着眼于字有所不同。——并且它们都寻求不均衡的对属形式。对属本来是各方面(词义、词性、构词方式等)的均衡之美,匀称之美,但这几种对属,却在不均衡中寻求对仗之美,寻求某一侧面的对仗之美。所谓"侧对",切侧对,双声侧对和叠韵侧对。"前复后单"也是在不均衡中寻求对仗之美。这是这几种对属的共有特点,这反映了初唐对属论追求的一种倾向。

三、崔融《唐朝新定诗格》诗病论

西卷《文二十八种病》繁说、龃龉、丛聚、形迹、翻语、相滥、文赘、相反、相重诸病,引有崔融《唐朝新定诗格》说。

繁说、丛聚、相滥、相重,是关于诗中意辞重复之病。繁说,是一文再论,繁词寡义,崔融名相类,谓:"'从风似飞絮,照日类繁英。拂岩如写镜,封林若耀琼。'此四句相次,一体不异,'似''类''如''若是其病。"丛聚是连续几句用描写同一类事物的词,崔融名丛木,曰:"'庭梢桂林树,檐度苍梧云。棹唱喧难辨,樵歌近易闻。''桂''梧''棹''樵'俱是木,即是病也。"桂、梧、棹、樵,偏旁都有是木,因此是病。崔融的相滥是两字重义而用在一处,比如形体、途道、沟洋、淖泥、巷陌、树木、枝条、山河、水石、冠帽、襦衣。如果上句用山,下句用河,上句有形,下句安体,参差使用,则为善焉;若两字一处,便是犯病。崔融的相重是意义重叠,比如驱马、飞镳、桃花骑,都是马,重复使用,就是相重病。

文赘,是佚名《诗式》"六犯"之一。崔融名涉俗病,云:"又曰:'渭滨迎宰相。'官之'宰相'即是涉俗流之语,是其病。""渭滨迎宰相"一句,诗题及撰者未详,诗句写周文王与太公望吕尚在渭水之滨相见之事。士人以贪恋名位利禄为俗,以超脱名位利禄为雅,可能因此诗中用"宰相"一词视为涉俗之流。

相反是"词理别举"。崔融举例诗:"晴云开极野,积雾掩长洲。"上句既叙"晴云",下句不宜"雾掩",事义相反,文理不顺,这就是"相反"。这是要求文意集中,文理通顺的。

形迹、翻语讲诗中内容要有所避讳。如佳山、佳城,非为形迹坟埏,不可用。又如侵天、干天,也需避讳。伐鼓,反语腐骨,也是病。

"龃龉"是元氏八病之一,崔融名为"不调"。不调者,谓五字内,除第一第五字,于三字用上去入声相次者,平声非病限。这是巨病。崔融举例:"晨风惊叠树,晓月落危峰。""月"与"落"同入声。如"雾生极野碧,日下远山红。""下"次"远"同上声。如"定惑关门吏,终悲塞上翁。""塞"次"上",同去声。都是病。这是在近体诗律成熟之际,依据永明声律说的原则,不但要求平仄变化,而且进一步要求二字相连上去入不同,使诗句声律的更富于变化。

第二节　元兢《诗髓脑》

这是空海携回日本的并编入《文镜秘府论》的一部著作。天卷《调声》,东卷《二十九种对》平、奇、同、字、声、侧及的名、异类诸对,西卷《文二十八种病》平头、上尾、蜂腰、大韵、小韵、傍纽、正纽、龃龉、丛聚、忌讳、形跡、傍突、翻语、长撷腰、长解镫诸病,南卷《集论》还引有元兢《古今诗人秀句序》。

一、元兢《诗髓脑》调声说

元兢《诗髓脑》的调声说在天卷《调声》。

元兢说:"声有五声,角徵宫商羽也。分于文字四声,平上去入也。宫商为平声,徵为上声,羽为去声,角为入声。"这是对五声和四声关系的认识。他又引沈隐侯即沈约之论,说:"欲使宫徵相变,低昂舛节,若前有浮声,则后须切响。一简之内,音韵尽殊;两句之中,轻重悉异。妙达此旨,始可言文。"可知元兢的调声之术,是沈约声律说的延续和发展。

他自己提出的调声之术有三,一曰换头,二曰护腰,三曰相承。

(一)元兢论换头

关于换头,他自引其诗《于蓬州野望》,然后说:

此篇第一句头两字平,次句头两字去上入;次句头两字去上入,次句头两字平;次句头两字又平,次句头两字去上入;次句头两字又去上入,次句头两字又平:如此轮转,自初以终篇,名为双换头,是最善也。

如人们所看到的,这里把"平"和"上去入"区分开来,把"上去入"作为一类概念,与"平"相对。自梁刘滔以后,这是四声二元化更为明确的认识。《文笔眼心抄》引这一段,就作"第一句头两个字平,次句头两字侧;次句头两字侧,次句头两字平……"凡是作"上去入"的地方,都作"侧"。这可能是空海编《文笔眼心抄》时所改,也可能是本来就有两种版本,元兢《诗髓脑》论调声关于"上去入"本来就有另一说。

也如人们所看到的,这一段既意识到近体诗律对的问题,也意识到粘的问题。"第一句头两字平,次句头两字去上入",这二句是对。再接下"次句头两字去上入,次句头两字平",这是讲第三句和第四句。第三句"头两字去上入",相对于第二句的"头两字去上入"是粘,而第四句"头两字平",与第三句又是对,如此轮换。如果把他所说的去上入换成仄字,将句式排列起来,则应该是:平平○○○,仄仄○○○。仄仄○○○,平平○○○。平平○○○,仄仄○○○。仄仄○○○,平平○○○。他自引其诗《于蓬州野望》为例:"飘飘宕渠域,旷望蜀门隈,水共三巴远,山随八阵开。桥形疑汉接,石势似烟回。欲下他乡泪,猿声几处催。"平仄粘对完全合于近体诗律。这里说的是"头两字",头两字平,头两字去上入,都是"两字"。两字一个语音节奏。虽然没有说明后三字的语音节奏,没有说明五言全句的音步,但从例诗来看,无非两种情况,一是二二一(如"飘飘宕渠域,旷望蜀门隈"),一是二一二(如"桥形疑汉接,石势似烟回")。不论平仄还是粘对,还是音步,所引例诗都已完全合律,是一首标准的五言平头正律势尖头。

为什么只说"换头"?可能是以"头"代表全篇,由头两字的平仄轮换,可以推衍出第三字第四字乃至第五字的平仄轮换。可能"换头"限头二字,而另有规定限定第三、第四、第五字,比如,下面的"护腰"就是限定第三字,而此前人们已提出的二四不得同声,则实际规定了第四字的平仄,因为如果第二字是平,则第四字必然是仄,按二字一音步考虑,则第三字与第四字为一语音节奏,头两字同声,而三四字同声,则前四字必然是"平平○仄"或"仄仄○平"。而上尾,则限定了第五字。如果上句第五字是仄,而下句第五字必然是平,则上下句的句式应该是平平○仄仄,仄仄○平平,或仄仄○平仄,平平○仄平……这已是严格很规范的五言近体诗律体规则。

这是双换头。他又提出只换第二字的换头,可以称之为单换头。他说:

> 若不可得如此,即如篇首第二字是平,下句第二字是用去上入;次句第二字又用去上入,次句第二字又用平:如此轮转终篇,唯换第二字,其第一字与下句第一字用平不妨,此亦名为换头,然不及双换。又不得句头第一字是去上入,次句头用去上入,则声不调也。

西卷《文二十八种病》引元兢说也是同样的意思,元兢说:

> 上句第一字与下句第一字,同平声不为病;同上去入声一字即病。若上句第二字与下句第二字同声,无问平上去入,皆是巨病。此而或犯,未曰知音。今代文人李安平、上官仪,皆所不能免也。

这里提出二点,一是只换第二字。二是第一字同平声不为病,而同上去入声则为病。只换第二字,当然值得注意。显然意识到句子的节奏点在第二字。第二字必换而第一字可换可不换,后来所说的一三五不论,二四六分明,显然和这有着密切的联系。第一字同平声不为病,同上去入声则为病,也是值得注意的。这里所说的同上去入声,可以有二种理解。既可以理解为上去入声之间,也就是仄声范围之内不能同声,即使上句为上声,下句为去声或者入声也不允许。但也可以理解为只是各自不能同声,也就是不能同为上声,或同为去声,或同为入声,而如果上句第一字为上声,而下句第一字为去声,或入声,虽同为仄声,则是允许的。比较可能是第二种理解,因为元兢论龃龉病,一句之内,除第一字及第五字,不允许其中三字二字相连同上去入,引上官仪说"犯上声是斩刑,去入亦绞刑。"举曹植诗例:"公子敬爱客。"说"敬"与"爱"二字相连"同去声"即犯龃龉病。

元兢批评"今代文人李安平、上官仪,皆所不能免也"。李安平未详。上官仪确实有五言诗第一字同上去入声的情况。《全唐诗》收上官仪18首五言诗(包括二首五七杂言),共89个上下句,上下句第一字同去声的有3例,同入声的2例[①]。但是,初唐讲究声韵格律,在律体诗形成中有着贡献的那些诗人,都未能避免这种情况。查检他们有的五言八句诗,这是走向律体的有代表性的诗体。沈佺期五言八句诗77首,308个上下

[①] 同去声有的《安德山池宴集》"缔交开狎赏,丽席展芳辰",《咏雪应诏》"禁园凝朔气,瑞雪掩晨曦",《从驾闾山咏马》:"桂香尘处减,练影月前空"。同入声的有《酬薛舍人万年宫晚景寓直怀友》"别有青山路,策杖访王孙",《高密长公主挽歌》"寂寞平阳宅,月冷洞房深"。均见《全唐诗》第40卷。

句。上下句第一字同去声的 5 例,同上声的 2 例。宋之问五言八句诗 97 首 388 个上下句,上下句第一字同去声的 4 例,同入声的 1 例。李峤五言八句诗 164 首,656 个上下句,上下句第一字同上声 3 例,同去声 9 例,同入声 1 例。杜审言五言八句诗 28 首,112 个上下句,上下句第一字同去声 2 例,同入声 3 例。崔融五言八句诗 9 首,36 个上下句,上下句第一字同去声 1 例。这样一些当时很重视声律的人尚且不能完全避免,可能元兢提出的是一个比较严格的要求。

但是,这些诗人上下句第一字同平声确实放得比较松。上官仪 18 首五言诗 89 个上下句中,上下句第一字同平声 23 例,占 25.8%,沈佺期五言八句诗 77 首 308 个上下句中,上下句第一字同平声 109 例,占 35.3%。宋之问五言八句诗 97 首 388 个上下句中,上下句第一字同平声 115 例,占 29.6%。李峤五言八句诗 164 首 656 个上下句中,上下句第一字同平声 201 例,占 30.6%。杜审言五言八句诗 28 首 112 个上下句中,上下句第一字同平声 22 例,占 19.6%。崔融五言八句诗 9 首 36 个上下句中,上下句第一字同平声 12 例,占 33.3%。苏味道五言八句诗 8 首 32 个上下句,上下句第一字同平声 12 例,占 37.5%。而和上下句第一字同仄声的相比。即使仄声范围之内上去入声之间也算同声,上官仪五言诗上下句第一字同仄声 9 例,占 10.1%。沈佺期五言八句诗上下句第一字同仄声 25 例,占 8.1%。宋之问五言八句诗上下句第一字同仄声 29 例,占 7.4%。李峤五言八句诗上下句第一字同仄声 33 例,占 5%。杜审言五言八句诗第一字同仄声共 11 例,占 9.8%。崔融五言八句诗第一字同仄声 3 例,占 8.3%。苏味道五言八句诗第一字同仄声 3 例,占 9.3%。上下句第一字同平声的比例,都大大超过上下句第一字同仄声。这当中,甚至有的五言八句诗第一字全部用平声,如崔融《则天皇后挽歌二首》其二"前殿临朝罢"。至于一首五言八句诗四个上下句中,第一字同平声有 3 例的情况更有不少。

就是说,元兢的单换头的调声之说,确实反映了当时人们普通的调声情况。人们确实以为上下句第一字同用平声不妨,而比较注意避免第一字同仄声,特别是同上声去声入声。当然,这后一种情况,是更为严格的要求。

为什么第一字用平声不妨,而同上去入声则不可呢?这可能与人们的观念有关。齐梁时刘滔就说过:"平声赊缓,有用处最多。"元兢论蜂腰,也以为第二字与第五字同平声不为病(均见西卷《文二十八种病》"第三蜂腰")。下面将要谈到,元兢论护腰,也以为上句之腰与下句之腰"平声无妨"(天卷《调声》)。《文笔式》也说:"但四声中安平声者,益辞体有力。"(西卷《文笔十病得失》)后来的王昌龄也说:"夫文章,第一字与第五字须轻清,声即稳也。"这里讲的"轻清",就是平声,而这里讲的,正是第一字须用平声。王昌龄说:"其中三字纵重浊,亦无妨。"就是说,如果是仄声(所谓"重浊",则当放在中间三字,而不当放在第一字。这正反映了一种观念,即第一字用平声无妨。

(二)元兢论护腰

元兢提出的又一调声术是护腰。他说:

> 护腰者,腰,谓五字之中第三字也;护者,上句之腰不宜与下句之腰同声。然同去上入则不可用,平声无妨也。

所谓"护腰",实际就是避木枯病。西卷《文二十八种病》说:

> 第十一,木枯病。谓第三与第八之犯也。即假作《秋诗》曰:"金风晨泛菊,玉露宵沾兰。"一本"宵悬珠"。又曰"玉轮夜进辙,金车昼灭途。"释曰:"宵"为第八,言"夜"已精;"夜"处第三,须"宵"乃妙。自余优劣,改变皆然,聊著二门,用开多趣。

上句之腰与下句之腰,也就是五言两句的第三字与第八字,护腰,也就是避免第三与第八之犯。"木枯病"可能和水浑、火灭、金缺等病一起,出《笔札华梁》,也可能出《文笔式》。同样第三与第八字相犯,一称作护腰,一称作木枯,对同一声病的称呼并不一样,说明对这一声病规律尚在探讨过程之中。尚在探讨,因此对一些声病可能还没有形成为人们所认可的统一的称呼。

这里说到同去上入不可用，而平声则无妨，又一次体现了平声有用处多的观念。元兢举庾信诗为例："谁言气盖代，晨起帐中歌。"举庾信诗为例，说明这是永明之后形成的观念。元兢说："气是第三字，上句之腰也；帐亦第三字，是下句之腰，此为不调。"气和帐同为去声，因此不调。西卷"第十一木枯病"举了二例，一例为"玉轮夜进辙，金车昼灭途"，夜和昼都为去声。从举例看，所谓不能同去上入，可能是指不能同去声，或不能同上声或同入声，可能不是说仄声之内不能同声，不是说去声和入声相对，或上声和入声相对。当然，也可能说的是宽泛的不能同仄声。

元兢说用平则无妨，而西卷《文二十八种病》"第十一木枯病"举《秋诗》为例："金风晨泛菊，玉露宵沾兰。""晨"、"宵"正是同为平声，而被作为声病之例。这说明，在某些人（比如元兢）那里，平声无妨，而在另一些人那里（如提出"木枯病"的人们），则显然以为平声亦有妨。

查检当时诗作，上官仪14首五言诗（不包括五七杂言）中，全护腰者3首，占21.4%。沈佺期77首五言八句诗中，全护腰者27首，占35%。宋之问97首五言八句诗中，全护腰者28首，占28.8%。李峤164首五言八句诗中，全护腰者63首，占38.4%。杜审言28首五言八句诗中，全护腰者12首，占42.8%。这说明，当时比较讲求声律的那些诗人，确实比较注意的护腰，注意上句之腰不与下句之腰同声，不论同平声还是同仄声。

但是，这只是问题的一个方面。问题还有另一方面。这些诗人的诗作中，全护腰者毕竟只是一部分，最高的比例如杜审言，也只是占42.8%。一半以上诗作没有全护腰。崔融和苏味道这二位诗人，甚至没有一首诗做到了全护腰。

就护腰诗句来说，有些情况也值得注意。苏味道五言八句诗8首32个上下句，上下句之腰同平声2例；而仄声内同去声2例，入声2例，共4例。上官仪14首五言诗（不包括五七杂言）63个上下句中，上下句之腰同平声18例，同去声2例。沈佺期五言八句诗77首308个上下句中，上下句之腰同平声46例，仄声内同上声4例，去声15例，入声4例，共23

例。宋之问五言八句 97 首 388 个上下句中,上下句之腰同平声 24 例;仄声内同上声 6 例,去声 15 例,共 21 例。李峤五言八句诗 164 首 656 个上下句中,上下句之腰同平声 28 例;仄声内同上声 6 例,去声 14 例,入声 5 例,共 25 例。杜审言五言八句诗 28 首 112 个上下句中,上下句之腰同平声 1 例,仄声内同去声 5 例,同入声 1 例,同上声 1 例。崔融五言八句诗 9 首 36 个上下句中,上下句之腰同平声 4 例,仄声内同去声 1 例,同入声 1 例。

上下句之腰仄声内同上声或同去声或同入声的例子不少。如苏味道、杜审言,仄声内同声的例子数量都超过同平声的例子(苏味道仄声内同声共 4 例,而同平声只 2 例;杜审言仄声内同声共 7 例,而同平声只 1 例),而宋之问和李峤,这两者的数量都很接近,甚至就相等(宋之问仄声内同声和同平声都是 24 例;李峤仄声内同声 25 例,而同平声 28 例)。如果上句之腰为上声,下句之腰为去声也算同仄声,加上这种比较宽泛的同仄声,则上下句之腰同仄声情况更多,苏味道计 12 例,上官仪计 7 例,沈佺期诗 48 例,宋之问计 77 例,李峤计 120 例,杜审言计 18 例,崔融计 7 例。大部分诗人上下句之腰同仄声数量都超过同平声的数量。有的是大大地超过,如李峤,同平声有 28 例,而同仄声则有 120 例,宋之问,同平声为 24 例,而同仄声则有 77 例,杜审言同平声只有 1 例,而同仄声则有 18 例。

就是说,一方面,当时确实有不少诗作讲究护腰,但另一方面,也确实有更多的诗作并不护腰。不但不少诗上下句之腰同平声,而且不少诗上下句同仄声,不仅宽泛的同仄声,而且不少同上声,同去声,同入声。元兢说:"同去上入则不可用,平声无妨也。"但事实上人们并没有完全这样做。人们说,平声赊缓,有用处最多,说四声中安平声者,益辞体有力。人们在换头的时候,第一字就很多同平声。但到护腰的情况,却似乎不再是平声无妨,而成了仄声无妨。元兢举庾信诗"谁言气盖代,晨起帐中歌"为例,那是古诗的例子。看来他是连古诗也要求护腰。上面我们所举的,主要是五言八句诗例,这些五言八句诗,很多就是合律的五言律诗。按照平仄格律,护腰应是五言律体的题中本有之义。五言律体诗尚且有那么多不护腰的情况，尚且有那么多的上下句之腰同仄声，则古诗情况更可以想知。

这是怎么回事？

可能有某种偶然性、随意性。但也可能与某些情况有关。可能与近体诗律平仄格式有所变化的情况有关，可能与调声理论与创作实际的矛盾有关。从元兢论换头，自引其《于蓬州野望》诗来看，已经有形成了五言诗律的基本平仄格式，即 b 型句：平平平仄仄，A 型句：仄仄仄平平，a 型句：仄仄平平仄，B 型句：平平仄仄平。用这样标准的平仄句式，按照粘对格式排列，即：平平平仄仄，仄仄仄平平；仄仄平平仄，平平仄仄平；……。用这样标准的平仄句式，自然不会出现上下句之腰同声的情况。但是，这种平仄格式在发展中有各种变格。有所谓拗救。比如，b 型句平平平仄仄可变成 b 拗型句平平仄平仄，a 型句仄仄平平仄变成仄仄仄平仄，还有其他变式，这样，当平平仄平仄与仄仄仄平平相对，仄仄仄平仄与平平仄仄平相对，平平仄仄仄与仄仄仄平平相对，等等这样的情况的时候，上下句之腰就必然会同仄声。沈、宋、崔、杜、李他们的诗，很多就是这种情况。元兢提出护腰，可能就是针对这种情况。可能就是考虑到这种上下句必然同仄声的情况，因而提出同去上入则不可，提出不能同去声或同上声或同入声。而在实际创作中，上下句之腰并不在音步的节奏点上，人们主要关注的，是一般的平仄式，而不是不可同去声上声入声之类。就是说，元兢提出的是一种理论的设想，而在实际创作中却并未实行。调声理论和创作实际并不一致。

为什么换头第一字多用平声，体现平声赊缓，有用最多，而上下句之腰却不是这样？这可能仍然与人们的观念有关。平声赊缓，有用最多，但是到底五言一句之中，平声应该多用在哪个位置，人们似乎有不同看法。按照齐梁刘滔的看法，是五言之内，非两则三，这是正常情况。但亦得用一用四，若四，平声无居第四，用一，则多在第二。刘滔认为这就是"居其要"(参西卷《文二十八种病》"第三蜂腰")。但是后来王昌龄则提出："夫文章，第一字与第五字须轻清，声即稳也；其中三字纵重浊，亦无妨。"这里说的轻清，应该就是平声，他是主张如果用平声，则当用在第一字和第五字，而若用仄声则当在中间三字。元兢时代沈宋杜崔他们五言诗第一字多同平声而很少同仄声，元兢论换头也提出第一字同平声无妨，而到护腰则出现另一种情况，尽管元兢也提出用平声无妨，但在实际创作中，人们却多用仄声而少用平声，或者正是体现这种观念？或者正是因为人们认为第一字轻清声即稳，而若用仄声则当在中三字？

元兢调声所谓"护腰"，可能是永明体蜂腰的发展。永明蜂腰讲五言诗第二字与第五字不得同声，实际是考虑第二字和第五字之间所夹之腰，即五言诗的第三个字。第二字与第五字同声，则显得两头粗，中间细，也就是这二个字之间作为五言之腰的第三个字，显得纤弱声细，有如蜂腰。而护腰正是要护这个字，当然已不是就五言一句而言，而是就上下句而言，要求上句之腰不得与下句之腰同声。当然，也可能是平头的变种。平头是五言上下句第一字第二字不得同声，而按照人们对音步的一般认识，按照沈约的说法，"五言之中，分为两句，上二下三"，则护腰之腰，也就是五言的第三个字，正是"上二下三"这个"下三"即下半句的第一个字，它是分句之头。由五言之头不得同声，推衍出上下句分句之头也不得同声，是很自然的。当然，也可能是针对五言近体诗律探讨过程中出现的问题。按照五言近体诗律，其平仄句式应该是：平平平仄仄，仄仄仄平平；仄仄平平仄，平平仄仄平。如果能够严格按照这样的平仄格式，那就不存在护腰的问题。但问题在于，近体诗律的平仄式有各种变化，会出现如前面我们所说的，平平仄平仄与仄仄仄平平相对，仄仄仄平仄与平平仄仄平相对，平平仄仄仄与仄仄仄平平相对，等等情况。当然也可能会出现平声相对的情况，如仄仄平平仄，平平平仄平。可能正是针对这种情况，元兢提出护腰。因为仄声内有三声，可以虽同为仄声，但可以不同去声或不同上声入声，也因为认为平声赊缓，有用处最多，因此以为上下句之腰用平无妨，而同用去上入则不可。但是，人们似乎并未接受这种理论，或者说，并未严格遵守这种规则。因此，一方面，有相当一部分诗全护腰，而又有另外更多的诗没有护腰。又因为虽平仄赊缓，有用最多，但人们认为平声应居其要，句头应该多用平声，而句腰则可以多用仄声，所谓中三字纵重浊亦无妨。或者正因为这种种情况，一方面形成了元兢关于护腰的调声术，也形成了创作上既讲护腰，又不严格遵循护腰原则的情况，形成了调声理论与创作实践既相一致又不完全一致的情况。这是我们对元兢关于护腰的调声术的基本认识。

（三）元兢论相承之术

元兢提出的又一调声术是相承。

相承就是三平相承。他说："若上句五字之内，去上入字甚多，而平声极少者，则下句用三平承之。"他说：用三平之术，有向上向下二途。三平向上承，举了谢灵运的诗例："溪壑敛暝色，云霞收夕霏。"他说："上句唯有'溪'一字是平，四字是去上入，故下句之上用'云霞收'三平承之，故曰上承也。"三平向下承，举了王融诗为例："待君竟不至，秋雁双双飞。"他说："上句唯有一字是平，四去上入，故下句末'双双飞'三平承之，故云三平向下承也。"从他说的意思看，所谓向上相承，是说相承的三个平声字在五言下句的前三字（所谓上），向下承，则在五言下句的后三字（所谓下）。

元兢举谢灵运诗为例，可能因为人们认为谢灵运开始比较注重声律。关于梵文音韵的《十四音训叙》就是谢灵运写的，沈约也在《宋书·谢灵运传论》中阐述他的声律理论。谢灵运确实有一些上句仄声字多，而下句三平相承的例子。如谢灵运《庐陵王墓下作》："道消结愤懑，运开申悲凉。"上句唯在"消"一字是平，四字是仄声，故下句之下用"申悲凉"三平承之，同篇又有："一随往化灭，安用空名扬。"上句唯"随"一字是平，四字是仄声，下句之下用"空名扬"三平承之。又《酬从弟惠连》："悟对无厌歇，聚散成分离。"上句只有"无"一字是平，故下句之下用"成分离"三平承之。这都可以称之为向下承。

后来齐梁时那些声律论者也有这种情况。比如王融，他的《奉和竟陵王县名诗》："往食曲阜盛，今属平台游。"上句五仄声，没有一个平声，故下句之下用"平台游"三平承之。这是下承。又王融《游仙诗五首》之三："举手暂为别，千年将复来。"上句五仄声，没有一个平声，故下句之上用"千年将"三平承之,这是上承。王融《散曲》:"楚调广陵散,瑟柱秋风弦。"上句唯"陵"一字平声,四字仄声,故下句之下以"秋风弦"三平承之,这是向下承。《有所思》:"宿昔梦颜色,阶庭寻履綦。"上句唯"颜"一字是平声,四字仄声,故下句之上用"阶庭寻"三平承之。这是下承。王融《和南海王殿下咏秋胡妻诗七章》其一:"日月共为照,松筠俱以贞。"上句唯"为"一字平声,四字仄声,下句之上用"松筠俱"三平承之。这也是下承。

也有上句五仄声,而下句以五平声相承的。如谢灵运《酬从弟惠连》:"末路值令弟,开颜披心胸。"还有是下句四字仄声,而上句用四字平声。如王融《青青河畔草》:"容容寒烟起,翘翘望行子。"不知这种情况算不算相承。

但是,谢灵运和齐梁那些重视声律的诗人那里,并不是所有的上句四字仄声或五字仄声,其下句都能用三字平声相承。如谢灵运《石壁精舍还湖中作》"虑澹物自轻,意惬理无违。"上句唯"轻"一字平声,四字仄声,而下句只有"无违"二字平声。谢灵运《田南树园激流植援》:"激涧代汲井,插槿当列墉。"上句五字仄声,而下句只一字平声。如王融《圣君曲》:"海荡万川集,山崖百草滋。"上句唯"川"一字平声;《奉辞镇西应教诗》:"未学谢能算,高义幸知游。"上句唯"能"一字平声,四字仄声;王融《王孙游》:"置酒登广殿,开襟望所思。"上句唯"登"一字平声,四字仄声,下句都没有连用三字平声相承。沈约也有这样的例子,如他的《游沈道士馆》:"所累非外物,为念在玄空。"上句唯"非"一字平声,四字仄声;同篇:"一举陵倒景,无事适华嵩。"上句唯"陵"一字平声,四字仄声,下句都没有连用三字平声相承。这样的情况还有不少①。

---

① 如:谢灵运《田南树园激流植援》:"赏心不可忘,妙善冀能同。"上句唯"心"一字平声,四字仄声。《南楼中望所迟客》:"圆景早已满,佳人殊未适。"上句唯"圆"一字平声,四字仄声。《从斤竹涧越岭溪行》:"过涧既厉急,登栈亦陵缅。"上句五字全仄声。沈约《八关斋》:"得理未易期,失路方知险。"上句唯"期"一字平声,四字仄声。《古意》:"伫立日已暮,戚戚苦人肠。"上句五字全仄声。王融《奉和秋夜长》:"舞袖拂花烛,歌声绕凤梁。"上句唯"花"一字平声,四字仄声。王融《从武帝琅邪城讲武应诏诗》:"白日映丹羽,颓霞文翠旒。"下句唯"丹"一字平声,四字仄声。这些地方,下句都没有连用三字平声相承。

这样大量的诗歌四仄声五仄声而无三字平声相承,可以知道谢灵运王融他们并没有自觉的三平相承的调声意识。但是,谢灵运王融他们诗歌中又确实存在三平相承的情况,可能他们偶尔也会想到上句仄声过多,下句需要多用平声以相承,毕竟齐梁时已经有了两句之中,轻重悉异的意识。上句四字仄声,下句以三平相承,正可以说是这种意识的体现。元兢或者就是这样看的。他提出三平相承之术,或者就是要把谢灵运他们偶尔为之的调声现象发掘出来,加以总结。

初唐似乎也是同样的情况。那些走向近体诗律的诗人们,也有上句仄声过多,而下句以三字平声相承的现象。沈佺期《凤笙曲》:"忆昔王子晋,凤笙游云空。"上句唯"王"一字平声,四字仄声,下句用"笙游云空"四平声向上相承。沈佺期《绍隆寺》:"探道二十载,得道天南端。"上句五字仄声,下句用"天南端"三字平声向下相承。宋之问《浣纱篇赠陆上人》:"始觉冶容妄,方悟君心邪。"上句唯"容"一字平声,四字仄声,下句以"君心邪"三字平声向下相承。宋之问《浣纱篇赠陆上人》:"永割偏执性,自长熏修芽。"上句唯"偏"一字平声,下句用"熏修芽"三字平声向下相承。宋之问《自衡阳至韶州谒能禅师》:"不作离别苦,归期多年岁。"上句五字仄声,下句以"归期多年"四字平声向上相承。宋之问《宿云门寺》:"凤归慨处士,鹿化闻仙公。"上句唯"归"一字平声,下句用"闻仙公"三字平声向下相承。宋之问《宿云门寺》:"谷鸟啭尚涩,源桃惊未红。"上句五字仄声,下句用"源桃惊"三字平声向上相承。宋之问《宿云门寺》:"庶几踪谢客,开山投刹中。"上句唯"踪"一字平声,下句用"开山投"三字平声向上相承。宋之问《别之望后独宿蓝田山庄》:"自叹兄弟少,常嗟离别多。"上句唯"兄"一字平声,下句用"常嗟离"三字平声向上相承。

也有下句四字平声,但不是连用在一起的。如沈佺期《凤笙曲》:"挥手弄白日,安能恋青宫。"上句唯"挥"一字平声,四字仄声,下句"安能""青宫"四字平声。宋之问《浣纱篇赠陆上人》:"山薮半潜匿,苎萝更蒙遮。"下句唯"山"一字平声,四字仄声,下句"苎萝""蒙遮"四字平声。宋之问《自洪府舟行直书其事》:"浦树浮郁郁,皋兰覆靡靡。"上句唯"携"一字平声,下句"皋兰""靡靡"四字平声。

当然,也有下句仄声字多,而上句用三平声的。如沈佺期《被弹》:"安得吹浮云,令我见白日。"下句五字仄声,上句用"吹浮云"三字平声。宋之问《自洪府舟行直书其事》:"严程无休隙,日夜涉风水。"下句唯"风"一字平声,上句用"严程无休"四字平声。沈佺期《和杜麟台元志春情》:"青春坐南移,白日忽西匿。"下句唯"西"一字平声,上句"青春""南移"四字平声。

但是,更多的情况是,上句仄声字多,而下句并没有三平声相承。如沈佺期《饯远》:"撰酌辍行叹,指途勤远心。"上句唯"行"一字平声。同沈佺期《凤笙曲》:"怜寿不贵色,身世两无穷。"上句唯"怜"一字平声。宋之问《浣纱篇赠陆上人》:"艳色夺人目,敪噅亦相夸。"上句唯"人"一字平声。宋之问《浣纱篇赠陆上人》:"携妾不障道,来止妾西家。"上句唯"携"一字平声。宋之问《洞庭湖》:"地尽天水合,朝及洞庭湖。"上句唯"天"一字平声。李峤《扈从还洛呈侍从群官》:"喜构大厦成,惭非栋隆吉。"上句唯"成"一字平声。李峤《奉使筑朔方六州城率尔而作》:"奉诏受边服,总徒筑朔方。"上句唯"边"一字平声。都是上句四字仄声,而下句没有三平声相承。也有上句五仄声而下句没有三平声相承者,如沈佺期《绍隆寺》"处俗勒宴坐,居贫业行坛。"也有下句四仄声,而上句没有三平声相承者。如李峤《奉使筑朔方六州城率尔而作》:"雄视沙漠垂,有截北海阳。"下句唯"阳"一字平声,四字仄声。这样上句或下句四仄声或五仄声,而对应的下句或上句没有三平声相承的例子还有不少①。

---

① 如:沈佺期《初达驩州》:"夜则忍饥卧,朝则抱病走。"上句唯"饥"一字平声,下句同样四字仄声。沈佺期《初达驩州》:"配远天遂穷,到迟日最后。"下句五字仄声。同沈佺期《初达驩州》:"搔首向南荒,拭泪看北斗。"下句五字仄声,上句无三平相承。沈佺期《被弹》:"平生守直道,遂为众所嫉。"下句唯"生"一字平声。宋之问《洞庭湖》:"野积九江润,山通五岳图。"上句唯"江"一字平声。宋之问《洞庭湖》:"独此临泛漾,浩将人代殊。"上句唯"临"一字平声。宋之问《景龙四年春祠海》:"地阔八荒近,天同百川澍。"上句唯"荒"一字平声。宋之问《景龙四年春祠海》:"暖气物象来,周游晦明互。"上句唯"来"一字平声。宋之问《游法华寺》:"感真六象见,垂兆二鸟鸣。"上句唯"真"一字平声。宋之问《自洪府舟行直书其事》:"贵身贱外物,抗迹远尘轨。"上句唯"身"一字平声。宋之问《自洪府舟行直书其事》:"百越去魂断,九疑望心死。"上句唯"魂"一字平声。这些诗句的下句或上句都没有三平声相承。

这说明什么？

这可能说明，当时诗人多少意识到，上句仄声字多，下句则应该以平声相承，以使平仄之声谐调。在可能的情况下，他们会这样考虑。但是，他们这种意识似乎并不强烈，他们似乎并不太遵守这种规则。这原因，可能因为人们本来就不太看重这一规则。而且，对于近体诗律来说，不存在上句四仄声，下句三字平声的情况。因为近体诗律是忌三平调的，而近体诗律的平仄式句子一般说来，都只会是三仄声，或二仄声①。而对于古体诗来说，虽然也有入律古风之类，但一般来说，古体诗还是保持自身的声律特点，并没有走入律的路子。古体诗如果全部入律，那就成了律诗，失去了古体诗的风貌了。沈佺期、宋之问他们用三平之术的诗句，都出自古体，他们的五言律诗则一般没有出现这种情况，正说明三平之术只适应古体诗，而不适应近体诗。到了初唐，人们所热心的是近体诗律，自然不会太关注元兢所提出的三平调声之术。

还可想到的一点，是元兢只提出三平相承之术。就是说，如果上句（或者下句）仄声字多，则下句（或者上句）需要用三字平声承之。但是如果相反，比如，上句平声字多，四平声或者五平声，下句是不是要用三仄声相承呢？元兢没有说。他只说三平相承，而没有说三仄相承。或者，三仄相承是没有必要的。或者，上句仄声字多而没有三平承之有碍声律，而上句平声字多则于声律是可以的。这或者也反映平声赊缓，有用处多的观念，反映诗中用声重视平声的观念。

从齐梁时提出的两句之中，轻重悉异的意识出发，发掘谢灵运沈约他们偶尔为之的调声现象，加以总结，提出三平相承的调声之术。这种调声之术，与创作实践有相一致的地方，但也有不相一致的地方。近体诗律已经成熟，而古体诗没有必要完全律化，在这种情况下，元兢的三平

---

① 如五言诗律的基本平仄格式，b型句：平平平仄仄，A型句：仄仄仄平平，a型句：仄仄平平仄，B型句：平平仄仄平。b拗型句：平平仄仄平，B拗型句：仄平仄仄平平。都不存在四字仄声的情况。除非非常极端的情况，如a型句如果第三字当平而用仄，则成为仄仄仄平仄，成为四字仄声。即使这样，也不允许下句三平声。

相承之术尤其显得不具有实践的品格,没有反映诗歌创作的倾向。它不太被人们所接受,也就是自然的了。这是我们对元兢提出的三平相承的调声之术的一点认识。

二、元兢对属论

东卷《二十九种对》收在元兢所论平、奇、同、字、声、侧及的名、异类诸对。

第十二平对和第十三奇对,都是元兢提出的。平对就是平常之对,像青山、绿水一样。相对于奇对而言,平常的的名对、异类对、同对之类,都是平对。所谓奇对,用元兢的话来说,是出奇而取对。一般的情况,的名对也好,异类对和同类对也好,都只有一层对偶。而奇对则有二层以上的对偶。元兢所举的例子,马颊河和熊耳山,作为河名和山名,是一层对偶,在河名和山名中,马和熊是兽名,颊和耳是形名,是又一层对偶。还有如漆、沮、四塞,漆与四是数名,又两字各是双声对,这就包含数名和双声二层对偶。又如曾参和陈轸,作为古人名是一层对偶,参与轸同是二十八宿名,又是一层对偶。这就叫出奇而取对,这就叫奇对。只要出奇而取对,的名对、异类对和同类对同时可以是奇对。如果不能出奇而取对,那它们就只是平常之对。二层以上对偶,出奇而取对,当然是更高的对属艺术。初唐人们是借着总结和提出各种对属,探求更为精致复杂的艺术表现技巧。

"第十四同对"收存有元兢《诗髓脑》和上官仪《笔札华梁》之说。元兢称为同对,上官仪称为同类对。元兢的同对,是同类又同义或义相近,他说,若大谷、广陵,薄云、轻雾;此大与广、薄与轻,其类是同,故谓之同对。大与广,薄与轻,其实既同类,在特定的语境中,表示的语义又相近。这与他的正对不同,也与他的异对不同。上官仪的同类对,有一部分也是语义相同或相近,如宵、夜,朝、旦,山、岳,途、路之类。元兢和上官仪都以同义之词为同对。上下句中用同义之词,曾被批评为繁说病,后来也批评对属中的合掌,有的也指这种情况。北卷《论对属》引《笔札华梁》

和《文笔式》，也说到以日对景，将风偶吹，持素拟白，取鸟合禽的情况，以为"虽复异名，终是同体。若斯之辈，特须避之"。一边把这种情况列为对属的一种，一边又批评这种情况，说明对同一对属有不同看法，甚至同一作者（如上官仪），在不同的场合，也有不同看法。也可能只是客观地总结，前人有这种情况，给予客观的总结，并不意味着他们就赞成可以用同义之词为对。

第十五字对，第十六声对和第十七侧对，出元兢《诗髓脑》和崔融《唐朝新定诗格》。第十七侧对，崔融称之为"字侧对"。

所谓字对，就是仅以某一字面之义相对。元兢举例，桂楫、荷戈。"荷戈"的"荷"在这里作动词用，为负之义，在意义上本不与"桂"字相对。但是"荷"同时是草名，这就可以和"桂"相对。崔融举例，"山椒架寒雾，池篠韵凉飚。""山椒"是山顶的意思，和意为傍池竹的"池篠"本不相对，但仅从字面看，"山"可与"池"相对，而"椒"可与"篠"相对。"何用金扉敞，终醉石崇家。""金扉"是普通名字，并非人名，而"石崇"是人名，本也不相对，但从字面看，"金"与"石"对，"扉"与"崇"对。"石崇家"三字，醍醐寺甲本、仁和寺甲本、义演本作"石家崇"。若从醍醐寺甲本等本，则"金扉"与"石家"更为切对。崔融又一例"原风振平楚，野雪被长菅。"平楚为草木广远貌，与"长菅"本不相对。但只从字看，"楚"是灌木，"菅"为草名，则可相对。

所谓声对，就是以同声别字相对。元兢举例晓路、秋霜，崔融举例"彤驺初惊路，白简未含霜"。"路"是途路，字义与"霜"本不相对，字面意义也不相对，因此说"字义俱别"，但"路"声与"露"同，借其同声别字，便可以与"霜"字相对。又一例："初蝉韵高柳，密茑挂深松。""茑"为草属，与"蝉"本也不对，但"茑"字声与"鸟"同，因此可以与"蝉"相对。

所谓侧对，是用字体一侧相对。元兢举例，冯翊、龙首。冯翊为地名，龙首为山名，但从字义看，冯与龙，翊与首，并不相对。但若取其字体一侧，"冯"字半边有"马"，可与"龙"为对；"翊"字半边有"羽"，可与"首"为对。同样的道理，元兢举例，泉流和赤峰，"泉"字其上有"白"，与"赤"

为对。崔融举例,"忘怀接英彦,申劝引桂酒。""英彦"与"桂酒"本不相对,但"英"之半体为"艹"和"桂"之半体为"木","彦"之半体为"彡","酒"之半体为"氵",故可相对。又二例:"玉雞清五洛,瑞雉映三秦。""桓山分羽翼,荆树折枝条。"前诗"玉鸡"是神鸟,"瑞雉"指雉堞,字义俱别,本不相对,但"瑞"字有"玉"旁,与"玉"可相对,"雞"和"雉"均有"隹"旁,也可相对;后诗"桓山"与"荆树"本也不相对,但"桓"之侧为"木","荆"之侧为"艹",可以相对,"树"之侧为"村",可与"山"成对。

这三种对属都是义不相对。"第十五字对"元兢明确说:"不用义对,但取字为对。"崔融也说:"字对者,谓义别字对是。""第十六声对"崔融明确说:"声对者,谓字义俱别,声作对是。""侧对"也是一样。崔融说:"字侧对者,谓字义俱别,形体半同是。"以字面别义相对,以同声别字相对,以字侧半体相对,就是不用字词的本身之义相对。这类对属,纯粹是形式上的对仗。

这可以说从一个侧面更为充分地表现了对属的特性。对属从一开始,就带有形式化的特点。不过这种形式化,总是和内容联系在一起,词语形式相对的同时,词语之间的内容往往也是相对的。或者说,词对义也对。但这些对仗,确实有形式上相对的一面。从艺术上来说,对偶本来就属于表现形式。字对、声对和侧对是把对属所注重的形式性发挥到极致,以至于可以离开字义,以单纯的形式相对。

这三种对属充分利用汉字的特点。汉字的基本特点,是音、形、义的统一。就义来说,汉字往往一字多义。字对正是充分利用了很多汉字一字多义的特点。汉字又多有同声字协声字。这一点早为人们所认识,《左传》多有同声假借字,《说文解字》多有"读若"类字,所谓"读若",也是同声字。初唐人们提出"声对"之说,不过是把这种认识运用到对属论中。汉字还有一个重要特点,就是它的"形"。很多字,本来就是象形字。很多汉字由不同的部首组成,作部首的汉字偏旁,大都具有表示意类的作用,很多形旁相同的字,字义上往往有某种联系。文学创作上,人们要注意到字音的同时,也注意到字形。刘勰《文心雕龙》有《练字》篇专门从字形上谈文章写作中文字的选择和运用,他提出字形单复妍媸的问题,提出字形肥瘠的问题。他还提出半字同文的问题,就已是从文章写作的角度涉及到字的偏旁问题。初唐人们论文病,也涉及字形问题。崔融提出丛木病,就是不主张二句诗中同一偏旁的字出现太多。元兢崔融提出侧对之说,不过是把这种文学中对字形的认识运用到对属论中。这反映了初唐对属论的一种倾向。人们在对属论中充分注意到汉字音、形、义的特点,充分发掘汉字的表现力。

从材料来看,至晚在齐梁时代,已有人用同声别字为对,并且以颜色字和数字居多。比如,沈约《齐讴行》:"青丘良杳郁,淄宫信疏敞。"借"淄"音"紫"与"青"相对。沈约《应王中丞思远咏月》:"网轩映珠缀,应门照绿苔。"萧绎《赋得涉江采芙蓉》:"叶卷珠难溜,花舒红易倾。"江总《衡州九日》:"园菊抱黄华,庭榴剖珠实。"都是借"珠"音"朱"分别与"绿"、"红"、"黄"相对。萧纲《咏初桃》:"枝间留紫燕,叶里发轻香。"何逊《奉送始兴王》:"桂晚花方白,莲秋叶始轻。"都借"轻"音"青"分别与"紫"和"白"相对。江总《咏双阙》:"刻凤栖清汉,图龙入紫虚。"借"清"音"青"与"紫"相对。庾肩吾《岁尽应令》:"聊开柏叶酒,试奠五辛盘。"借"柏"音"百"与"五"相对。

至晚在梁陈时代,已有人借字面之义相对。如萧绎《赋得竹》:"柯亭临绝涧,桃枝夹细流。"柯亭为古地名,又名高迁亭,在今浙江绍兴西南,"柯亭"与"桃枝"本不相对,但"柯"字有乔木意,可与"桃"相对。何逊《早朝车中听望》:"宿雾开驰道,初日照相风。""相风"为相风乌,为专有名词,与"驰道"本不相对,但"相""驰"同为动词,"道""风"同为名词,借其字面之义,故可相对。何逊《赠诸游旧》:"望乡空引领,极目泪沾衣。""空"字在此处作状语,是空自的意思,与"泪"本不相对,但"空"字字面有天空意,可作名词,与"泪"相对。何逊《别沈助教》:"道险若波澜,人生异金石。""道险"是主谓结构,道路艰险之意,"人生"是固有名词,人之一生之意,二词本不相对,但"人"与"道"均是名词,"险"是形容词,"生"可解作动词,故可相对。江总《游摄山栖霞寺诗》:"荷衣步林泉,麦气凉昏晓。""荷"在这里是"负"的意思,用作动词,与"麦"字本不相对,但"荷"字字面义是植物,是荷叶荷花,故可与"麦"相对。江总《三善殿夜望山灯》:"采珠非合浦,赠佩异江滨。"合浦,古郡名,在今广西,以产珍珠出名,这是专有地名,与"江滨"本不相对,但从字面义,"浦"和"滨"则可相对。江总《赋得一日成三赋应令》:"飞文绮縠采,落纸波涛流。"前句之"采"为色彩之意,为名词,与后句作为动词的"流"本不相对,但"采"字字面有采集义,可用作动词,故可与"流"相对。初唐也有这样的例子。如虞世南《结客少年场行》:"寻源博望侯,结客远相求。""博望"为古地名,在今安徽,博望侯为专有官名,与"远相求"本不相对。但从字面看,"博"与"远","望"和"相",均可相对。"侯"字音"候",可与动词"求"相对。虞世南《门有车马客》:"日斜青琐第,尘飞金谷苑。""金谷"为专有地名,与"青琐"本不相对,但从字面看,"金"与"青","谷"与"琐"可相对。

这是符合文学的历史发展的。魏晋文学自觉以后,人们追求与探寻各种艺术表现手法和技巧,诗歌逐渐讲究对偶。齐梁以后,一方面,不仅讲求字词的对偶,也讲求声律的对偶;另一方面,则探求各种对偶形式。诗歌创作中的声对和字对可能因此应运而生。初唐人们提出声对和字对,正是对这一探索过程的总结。

但是侧对似有不同。从前代诗歌,我们能找到一些例子,这些例子,或者可以解释为侧对。比如沈约《有所思》:"昆明当欲满,蒲萄应作花。""满"为动词,与"花"不相对,但"满"字形体一半为"氵",可与"花"偏旁"艹"为对。萧纲《莲曲其一》:"风起湖难度,莲多摘未稀。""湖"为名词,与动词"摘"不相对,但"摘"字一半为"扌",为手字,可与"湖"相对。初唐也有几例。如宋之问《夜饮东亭》:"暗芳足幽气,惊栖多众音。""芳"为名词,"栖"为动词,本不相对,但"芳"字上半为"艹","栖"字一半为"木",可以相对。虞世南《奉和至寿春应令》:"文鹤扬轻盖,苍龙饰桂舟。""轻"为形容词,"桂"为名词,本不相对,但"轻"字一半为"车",则可与"桂"字相对。但是这样的例子不多,而且,把这些例子解作侧对,说作者本意就是以此为侧对,多少有些勉强。前代诗人是否意识到侧对并在诗中自觉运用,很难说。"第十七侧对"引元兢说有一段话,说:"以前八种切对。时人把笔缀文者多矣,而莫能识其径路。于公义藏之于箧笥,不可示于非才。深秘之,深秘之。"这里所谓"八种切对",指平对、奇对、同对、字对、声对、侧对这六种出元兢《诗髓脑》的对属,另加上"第一的名对""第六异类对"作为"元兢曰"的正对和异对,不需要以为"八种切对"为"六种切对"之误①。"于公义"解作人名,以为是于公异②;或者以为"于"字为"乎"字之讹,"公"字为"八"字之讹,当训作"莫能识其径路乎,八义藏之箧笥云云",而"八义"就是前面所说的"八种切对"③。于公异为中唐时人,元兢是初唐时人,元兢论对属,决不可能论及中唐之人。以为"公"字为"八"字之讹,可备一说,但"公"字上半其形固可为"八"字,但其下半之形"厶"则作何解释?因此这二说都不可靠。我以为,"于公"本不是人名,"公"字或为"今"字形讹。当训为"于今义藏之箧笥",这是说,笔者即元兢自己欲将此义深藏之箧笥。说平对等八种对时人都莫识其径路,显然有些夸张,但就侧对来说,前代诗歌创作很少侧对之例,那么,元兢说时人莫能识其径路,要将此义藏之于箧笥,是有道理的。如果说,初唐人们提出声对和字对,是对前人创作经验的总结,那么,侧对的提出很可能是元兢和崔融的创意。他们是根据汉字字形的特点,根据对偶形式化的特点,当然也根据创作的需要,提出这类很有创意的对属。

以字面之义相对,以同声别字相对,用字体一侧相对,都不用字词的本身之义相对,这是为类对属的共有特点。这类对属,把文学中对汉字音、形、义特点的认识运用到对属论中,充分发掘汉字的表现力,把对属这一表现手法所注重的形式性发挥到极致。从文学发展看,诗歌创作中声对和字对的运用是魏晋文学自觉以后,人们探寻各种艺术表现手法和

---

① 王利器《文镜秘府论校注》以为"此'八种'为'六种'之误"。
② 王利器《文镜秘府论校注》持此说,说:"窃疑此文之'于公义'即'于公异'音近之讹,考其时在建中、贞元之间,元兢与于公异或相值也。"
③ 日人中泽希男《文镜秘府论校勘记》持此说,以为:"(于公)作人名难有合适的解释,'于'或为'乎'形讹,'公'或为'八'字之讹。如果训作'莫能识其径路乎,八义藏之箧笥云云',不会是勉强的。'八义'即前所说'八种切对'。"

技巧包括各种对偶形式的结果，初唐人们提出声对和字对，正是对这一探索过程的总结。侧对则前代少见其例，元兢说时人莫能识其径路，要将此义藏之于箧笥，是有道理的。侧对的提出，很可能是初唐元兢和崔融他们的创意。他们是根据汉字字形的特点，根据对偶形式化的特点，当然也根据创作的需要，提出这类很有创意的对属。这也是一种艺术探求。简单地说这几种是宽泛之对，是不够的。这是我们对这几种对属的一些认识。

三、元兢诗病论

元兢论及平头、上尾、蜂腰、大韵、小韵、傍纽、正纽、龃龉、丛聚、忌讳、形迹、傍突、翻语、长撷腰、长解镫诸病，见西卷《文二十八种病》。平头、上尾、蜂腰、大韵、小韵、傍纽、正纽是前人同出斯对。我们主要讨论其他各病说。

"龃龉"是元氏八病之一，是元兢提出来的。崔融也有此说，但谓之"不调"。《文镜秘府论》西卷"第十五龃龉病"小字注："上官仪云：'犯上声是斩刑，去入亦绞刑。'"说明上官仪也有此说，而且上官仪年代更早，从现有史料看，最早提出这一病说的应该是上官仪。

病犯之名源取自陆机《文赋》。元兢说："《文赋》云：'或龃龉而不安。'因以此病名为龃龉之病焉。"但《文赋》所说的是选义按部，考辞就班，是文章谋篇布局。初唐人们提出"龃龉"，指的却是声病。

元兢说，"龃龉病者，一句之内，除第一字及第五字，其中三字，有二字相连，同上去入是。"比如他们举曹子建诗例："公子敬爱客。""敬"与"爱"同去声。又举例："晓月落危峰。""月"与"落"同入声。"日下远山红。""下"与"远"同上声。"终悲塞上翁。""塞"与"上"同去声。他们又说，"平声不成病，上去入是重病。"

这里体现的，仍然是沈约所说的，前有浮声，后须节响，一简之内，轻重悉异的原则。为什么中间三字不能二字相连，同上去入，而平声却不成病？首先可以想到的，当然是刘滔提出的平声赊缓，有用处最多的著名思想。因为平声赊缓,有用处最多,因此永明以来,人们对平声表示了特有的宽容,平头上句第一字和下句第一字同平声,蜂腰第二字与第五字同平声,都可以不为病,这里所说的龃龉病也可以这样。这再一次说明,平声赊缓,有用处最多的思想,自永明至初唐,在人们心目中是多么普遍。

但是,还可以想到的,是诗歌声律的发展现状。永明以来,诗歌声律已从单纯回忌八病日益走向律化,到初唐,近体诗律已经成熟。龃龉病提出中间三字不能二字相连,同上去入,而平声却不成病,与这一现状应该有关。我们看近体诗律的四种基本句型:仄仄平平仄(a型),平平仄仄平(B型),平平平仄仄(b型),仄仄仄平平(A型)。这四种句型中,仄仄平平仄(a型)和平平平仄仄(b型),中间三字必然有二字相连同平声。在近体诗律基本句型已经形成,仍要求中间三字不能二字相连同平声,显然不现实。

但是仄声则不同。同样是基本句型,a型(仄仄平平仄)、b型(平平平仄仄)之外的两个句型,平平仄仄平(B型)和仄仄仄平平(A型),情况则不同。这两个句型,虽然其中间三字必然有二字相连同仄声,却可以不同上去入。比如,B型句可以是平平上去平,也可以是平平去入平,或者平平上入平。A型句则可以是仄上去平平,也可以是仄去入平平,或者仄入上平平。

我们可以看两个例子。上官仪《王昭君》:"玉关春色晚,金河路几千。琴悲桂条上,笛怨柳花前。雾掩临妆月,风惊入鬓蝉。缄书待还使,泪尽白云天。"这是一首入律之诗。这首诗的一些句子,如"玉关春色晚"(平平平仄仄,b型),"雾掩临妆月"(仄仄平平仄,a型),中三字是无法避免二字相连同平声的。但另一些B型句(平平仄仄平)和A型句(仄仄仄平平)则不同,虽然中三字有二字相连同仄声,却可以变化成为去上("金河路几千"的路几),去入("笛怨柳花前"的怨柳),入去("风惊入鬓蝉"的入鬓),和上入("泪尽白云天"的尽白)。

杜审言《蓬莱三殿侍宴奉敕咏终南山应制》:"北斗挂城边,南山倚殿前。云标金阙迥,树杪玉堂悬。半岭通佳气,中峰绕瑞烟。小臣持献寿,长此戴尧天。"这也是一首五律。这首诗的"云标金阙迥","半岭通佳气","小臣持献寿"等句,其中三字同样无法避免二字相连同平声,因为它们是平平平仄仄(b型)或仄仄平平仄(a型)。但另一些句子,B型句(平平仄仄平)和A型句(仄仄仄平平)则不同,中三字相连的二个仄声字,如"北斗挂城边"的斗挂,"南山倚殿前"的倚殿,"中峰绕瑞烟"的绕瑞和"长此戴尧天"的此戴,都分别变化为上去,而"树杪玉堂悬"的杪玉则变化为上入。

同为仄声,还进一步要求不同上去入,依据永明声律说一简之内,轻重悉异的原则,但又进了一步,较之仅仅平仄不同,显然多一重变化。

从创作实践看,初唐一些诗歌仍犯龃龉病。我们看他们的律句。比如虞世南《咏萤》的"独自暗中明",许敬宗《奉和仪鸾殿早秋应制》的"大造谅难酬",《拟江令于长安归扬州九日赋》的"还随落叶来",沈佺期《饯远》的"霁色肃明林",《立春日内出彩花应制》的"叶待御筵披",宋之问《夜饮东亭》的"慰我远游心",《奉使嵩山途经缑岭》的"侵星发洛城",杨炯《送杨处士反初卜居曲江》的"曹溪便寄家",杜审言《送和西蕃使》的"宁独锡和戎",李峤《奉和春日游苑喜雨应制》的"香筵万寿杯",《奉和七夕两仪殿会宴应制》的"仙期七夕过"等。律句中,龃龉病主要出在B型句(平平仄仄平)和A型句(仄仄仄平平)。这两类句型中犯龃龉病的句子,沈佺期332句中有32句,占9.6%;宋之问463句中有28句,占6.0%,苏味道47句中有5句,占10.6%;杨炯93句中有5句,占5.4%;李峤667句中有53句,占8.6%。为什么犯龃龉病?可能如元兢所说:"文人悟之者少。"但此病在某些地方与实践有冲突也有关系。比如一些固有词汇,二字本来就同为上去入声。比如前面所举李峤诗"仙期七夕过"的"七夕",同为李峤《幸白鹿观应制》"回旆万仞溪"的"万仞",百咏诗《日》"遥升若木枝"的"若木",《雾》"朝零七月风"的"七月",还有沈佺期《送乔随州侃》"情为契阔生"的"契阔",《春闺》"园花玳瑁斑"的"玳瑁",宋之问《登禅定寺阁》"昆池落日边"的"落日",《梁宣王挽词三首其三》

"平生万事违"的"万事"违,《奉和幸三会寺应制》"山围日月天"的"日月"。此外还有九府、步障、五老、束发、白雪、屈膝、竹叶、万象等等。在这些地方,除非不用这些词汇,如果用,就必然二字相连同上去入声。在这种情况下,显然不能以辞害意,而应以意为主。

但是,这类二字相连同上去入声的句子毕竟不多。苏味道有10.6%,沈佺期有9.6%,李峤有8.6%,比例算是比较高的。另外一些诗人,这两类句型(B型句平平仄仄平和A型句仄仄仄平平),杜审言123句中只有5句,占4%;许敬宗55句中只有2句,占3.6%;上官仪30句,崔融33句,虞世南52句都只有1句,各占3.3%和3.0%和1.9%。上官仪明确说:"犯上声是斩刑,去入亦绞刑。"龃龉病是他提出来的,尚且有二字相连同上声(《咏雪应诏》"珠散影娥池"),其他诗人有一句二句犯龃龉病,并不奇怪。

看来,元兢说,此病"文人悟之者少",又说,"此例文人以为秘密,莫肯传授",未必尽合事实。事实应该是,有些文人可能确实不悟此病,或者并不注意回忌此病,所以这类病句有一定比例。可能正是针对这种现状,上官仪、元兢、崔融他们要提出此病,强调是重病巨病,犯上声是斩刑,去入亦绞刑。但还有一些文人,他们在创作中确实比较注意回避此病。他们只是偶犯一二句,绝大部分这类句型的诗句是二字相连不同去上入声的。从这点看,龃龉病的提出,正是反映当时这些文人创作上的追求。

要之,这是一个新的声律追求。在近体诗律成熟之际,依据永明声律说的原则,不但要求平仄变化,而且进一步要求二字相连上去入不同,使诗句声律的更富于变化。应该看到龃龉病这一层意义。

忌讳、形迹、傍突、翻语也属元兢"八病",这是声病之外的病犯。元兢提出"八病",其中四种就是忌讳、形迹、傍突和翻语。崔融有形迹、翻语之病,皎然有避忌之例。不过,皎然已是中唐前期了。这一类,都是避讳之病。忌讳是避讳,形迹、傍突、翻语其实也是讲诗中内容要有所避讳。

早在南北朝时期，一些文学批评家论述文病，就注意到这类问题。刘勰《文心雕龙·指瑕》指出曹植《武帝诔》"尊灵永蛰"，《明帝颂》"圣体浮轻"，浮轻有似于胡蝶，永蛰颇拟于昆虫。这是比尊于微。潘岳为哀文悲内兄而云"感口泽"，伤弱子，而云"心如疑"。这是以尊拟卑。崔瑗之诔李公，比行于黄虞，向秀之赋嵇生，方罪于李斯。这是失之于僭滥。刘勰指出反音取瑕的问题，只是没有举例。《金楼子·杂记》谈及作诗评诗反语取瑕，举了不少例子。比如鲍照诗之"伐鼓"（反语"腐骨"），任昉评何僧智诗"高厚"（反语"狗号"）。《颜氏家训·文章》篇有更多的关注，指出《吴均集》之《破镜赋》是凶逆之兽为赋，梁世费旭诗"不知是耶非"，殷澐诗"飘扬云母舟"，前者不识其父（"耶"音"爷"），后者飘扬其母。而陈思王《武帝诔》"遂深永蛰之思"，潘岳《悼亡赋》"乃怆手泽之遗"，是方父于虫，匹妇于考。蔡邕《杨秉碑》云"统大麓之重"，潘尼《赠卢景宣诗》云"九五思飞龙"，孙楚王《骠骑诔》云"奄忽登遐"，显然都是轻重错谬。《颜氏家训》说，这些都"幸须避之"。他们是注意到了，文学创作和批评，在这些地方要有所避讳。

忌讳、形迹、傍突和翻语等病犯，基本思想是从六朝来的。翻语即反语之病。鲍照诗"伐鼓"反语犯病的例子，就直接取自六朝《金楼子》和《颜氏家训》。他们提出几种情况。一种情况，其中意义有涉于国家之忌。比如顾长康诗云："山崩溟海竭，鱼鸟将何依。"他们说，"山崩"、"海竭"，于国非所宜言，这就是忌此讳病。另外，咏雨诗称乱声，沴水诗云逆流，也应忌讳。与此相联系，龙、凤之类词也有避讳。如"何况双飞龙，羽翼纵当乖。"又云："吾兄既凤翔，王子亦龙飞。"另外，"侵天"、"干天"应该也属这种情况。再一种情况，是其中意义有涉于不祥。"山崩"、"海竭"也是不祥。但还有国家之忌之外的不祥。比如，"佳城"或"佳山"，非为形迹坟埏，不可用。比如鲍明远诗"鸡鸣关吏起，伐鼓早通晨"中的"伐鼓"，正言是佳词，反语为"腐骨"，则不祥。一种情况，有涉于亲老之尊。如周彦伦诗："二亩不足情，三冬俄已毕。"其中"二亩"，不论与"二父"（即父母）还是与"二母"（新母和配偶之母）同音，都有涉其亲，句中意旨，都傍有所突触。

文学上讲忌讳,与社会上讲避讳有关。避讳是汉民族特有的文化现象。关于避讳,清人赵翼《陔余丛考》卷三一"避讳"条就已有研究,后来学界有更多的研究。周广业有《经史避名汇考》,陈垣有《史讳举例》(中华书局,1962年第1版,2004年新1版),后来又有王建《中国古代避讳史》(贵州人民出版社,2002年),王新华《避讳研究》(齐鲁书社,2007年)。根据这些研究,我们知道,西周早期已经产生避讳,商代也有类似避讳的避名萌芽。商代从"微"开始,帝王以天干地支字为名,实其号。帝王有名有号,号实是对名之避。《国语·晋语九》所载鲁昭公二十一年晋范献子聘于鲁,名其二讳,可信为避讳改名之始。孔颖达注《左传·桓公六年》所说"讳始于周"是可信的。从现有史料看,先秦避讳还不普遍,有国讳的萌芽而极少家讳,避讳范围亦小。至汉代,帝王名讳有专门的代字,避讳范围有所扩大。

魏晋南北朝至唐,是避讳进一步发展并兴盛的时期。据人们的研究,魏晋南北朝避讳制度已有一定发展。从曹魏王肃《已迁主讳议》、晋初孙毓《七庙讳字议》(均见《通典》卷一○四)等材料看,一些礼官讨论了避讳的范围、对象、方式等问题,已形成一些制度。避讳范围进一步扩展,不但避帝王之讳,而且避太子讳和皇后讳。至晋代,不但避本讳,而且避嫌讳。晋羊祜卒,荆州人为祜讳,屋室皆以门为名,改户曹为辞曹(见《晋书·羊祜传》),就是例子。由避名到避字,而且避字渐成风气。受门阀制度影响,家讳重于国讳,避讳用字增多。至唐,避讳规则和形式都有变化,触讳有一明确的惩罚原则和标准,避讳由礼进入律法范围。避讳范围进一步扩大,帝王、太子、皇后之外,甚至皇亲国戚的名字也要避讳,而且家讳泛滥,避家讳而辞官的屡见其例[①]。

文学上的忌讳之说,正是社会上避讳思想的反映。有些忌讳之说,可以看作是社会上避讳观念的普适化和延伸。古代帝王始得称龙、凤,

[①] 以上据王新华《避讳研究》,齐鲁书社,2007年。

飞龙、凤翔、龙飞之类，实涉于帝王之讳，可以看作是帝王名讳的普适化和延伸。二亩（二父或二母）有涉其亲，可以看作是社会上家讳的普适化和延伸。唐代家讳盛行甚至泛滥。杜甫母名海棠，而杜集无海棠诗；李贺父名晋肃，终身不赴进士举是人所共知的典型的例子。《全唐文纪事》卷一引《南部新书》载，科举考试时，"遇题目有家讳，即托疾下将息状出来"；引《翰苑群书》载，"翰林学士如当制日，遇将相姓名与私讳相同者，即请同曹替草"，说明唐代科举考试和官场行文都要避家讳。在这样的背景之下，要求诗中意旨，不能傍有所突触，不能有涉其亲，如周彦伦诗"二亩（母）不足情"一样，这是很自然的。和六朝一样，初唐文论家们并没有谈具体的名字之讳，帝王之讳和家讳等，可能在他们看来，这是社会普遍知晓，不言而喻的问题，不需要专门提出。另外，名字之讳，比如帝王之讳，不论尊讳当代，尊讳三代之祖，还是尊讳七代之祖，都有时限，都有变化。他们提出的是更为普适性的问题，不论帝王更替，时代变迁，不论具体帝王之讳和家讳如何，都要避讳的问题。

不论文学上的忌讳之说，还是社会上的避讳思想，都反映了传统的观念和心理。就文学上的忌讳之说来说，经历漫长的南北朝分裂和隋末战乱，唐代重归于一统，人们希望国家安定，社会繁荣，强调诗歌应避讳国家之忌，正是这种心理的反映。在这种心理之下，"山崩"、"海竭"是极为忌讳的，乱声、逆流在心理上也是不能接受的。因为帝王至尊，圣贤至尊，因此要避帝王乃至圣人贤人之讳，忌凤翔、龙飞之类。至于"侵天"、"干天"，所谓"天"，不论理解为天子，还是天命，还是国家之天，都是不容侵犯干犯的，因为天子至尊，国家至尊，天命不可违。诗中意旨不能有涉其亲，反映的是伦理亲情观念，是传统的孝的观念。至于佳城、佳山和伐鼓，涉及不祥，涉及死亡，则应是祥瑞观念的反映，重生惧死意识的反映。死的忌讳和恐惧是人类共同的，中国也不例外。

这些地方之所以有涉忌讳，与汉语语言语音的特殊性有关。一是反语即翻语。一个二字之词，互相反切，可以形成另一个二字之词。伐鼓反语腐骨，高厚反语狗号，都是例子。二是谐音。比如耶谐音爷，亩谐音母和父。三是一词甚至一字多义，一些词有象征、引申之义。山崩、海竭可以是纯粹的自然现象，更可以有象征意义，引申意义。当然还有其他文化因素。比如，以龙、凤象征帝王，天为天命之天，都包含中国传统特有的文化因素。至于"佳城"、"佳山"，让人联想到滕公佳城的典故，联系到坟埏，悠久历史形成的大量典故。理解这一文化因素，可以理解后世文学的很多方面，也可以更好的理解某些忌讳类病犯的提出。

就唐代诗歌创作实践的情况，情况比较复杂。现在可以用电脑查检的办法。忌讳病犯确实不多。一些情况，如刘禹锡《伤段右丞》："何言马蹄下，一旦是佳城。"武元衡《甲午岁相国李相公有北园寄赠之作……》："佳城开白日，夜挽去青门。"虽写"佳城"之类，写的是实景，应该不算病犯。一些情况，比如孟郊《立德新居十首》其七："突出万家表，独治二亩蔬。"陆龟蒙《和寄怀南阳润卿》："谁怜故国无生计，唯种南塘二亩芹。"没有说"不足情"之类，不知算不算病犯？但另一些情况，如韩愈《风折花枝》"浮艳侵天难就看，清香扑地只遥闻。"刘长卿《横龙渡》："乱声沙上石，倒影云中树。"李白《远别离》："苍梧山崩湘水绝，竹上之泪乃可灭。"常建《塞下曲四首》其三："龙斗雌雄势已分，山崩鬼哭恨将军。"孟浩然《游云门寺寄越府包户曹徐起居》："白云去久滞，沧海竭来观。"高适《燕歌行》"摐金伐鼓下榆关，旌旗逶迤碣石间。"岑参《轮台歌奉送封大夫出师西征》："四边伐鼓雪海涌，三军大呼阴山动。"写侵天、乱声、山崩、海竭、还有伐鼓。这些地方，应该算病犯。病犯不多，有的甚至未能找到，可能说明大家比较注意避忌这类病犯。但毕竟还有病犯，有的病犯还不少。比如伐鼓，查检《全唐诗》，有 12 例，所举高适、岑参之例，是大家所熟悉的。何以还有病犯？可想到的原因是多方面的。可能有的诗人未能接受这些病犯之说。可能唐人已不太注意反语之累，作诗措词之时处处考虑反语，实在是太麻烦了。一些病犯束缚诗意的表达，一些病犯本来就出自经典。比如"伐鼓"，就出自《诗经》"伐鼓渊渊"。这些地方，人们不愿以辞害意，而情愿让病犯屈从于经典，屈从于诗意淋漓酣畅的表达。

初唐人们提出忌讳、形迹、傍突、翻语之类,基本思想来自六朝。文学上讲忌讳,与社会上讲避讳有关,与汉民族这一特有的文化现象有关。有些忌讳之说,可以看作是社会上避讳观念的普适化和延伸。文学和社会的避讳思想,反映了传统的观念和心理。文学上提出忌讳之说,与汉语语言语音的特殊性有关。就创作实践来说,情况比较复杂。病犯不多,说明人们比较注意避忌这类病犯;但毕竟还有病犯,有的病犯还不少,说明在唐人看来,诗意的表达是第一位的,病犯是第二位的。这是我们对这类病犯的几点认识。

长撷腰和长解镫是元兢"八病"中的二种。这是相互关联的两种句式缺少变化之病。每句第三字撷上下两字,故曰撷腰,第一第二字意相连,第三第四字意相连,第五单一字成其意,是解镫。元兢说:"撷腰、解镫并非病,文中自宜有之,不间则为病。"诗中都是撷腰之句,而无解镫之句相间,是长撷腰病;都是解镫之句,不与撷腰之句相间,是长解镫病。所举都是上官仪的诗例。如:"曙色随行漏,早吹入繁笳。旗文紫桂叶,骑影拂桃花。碧潭写春照,青山笼雪花。"这首诗中,随、入、紫、拂、写、笼都是单字,撷其腰于中,没有解镫之句相间,故曰长撷腰。如:"池牖风月清,闲居游客情。兰泛樽中色,松吟弦上声。"四个句子,都是第一第二字意相连,第三第四字意相连,第五单一字成其意,没有撷腰句相间,故曰长解镫之病。

这两类病犯,反映了不同的艺术追求。阙偶(缺偶)、支离是对骈偶之美的追求。诗中骈偶,自《诗经》就有,魏晋南北朝,诗中对仗形式已多种多样。刘勰《文心雕龙》有专门的《丽辞》篇,讨论对偶的产生、发展,他提出言对、事对、反对、正对这四种对偶形式,提出对偶的艺术原则。到唐代,人们作了进一步总结,从上官仪、崔融到皎然,提出了多种对偶形式。对骈对为美,以缺少对偶为诗之病犯,正是这种艺术追求的反映。

长撷腰和长解镫是对节奏匀称之美基础上的变化之美的追求。这里提出两个句式,一个是撷腰,一个是解镫。撷腰是二一二句式,解镫是二二一句式。自五言诗产生以来,这就是诗中的主要句式。早期还有比较多的类似"君·亮执高节"(《古诗十九首·冉冉孤生竹》),"又·不处重闻"(《古诗十九首·凛凛岁云暮》)"能·不怀苦辛"、"王·其爱玉体"(曹植《赠白马王彪》),"人·靡不有初"(徐幹《室思》)这样的一四句式。随着五言诗的发展,除非有意追求一种古奥,在一般五言诗里,人们普遍接受的是二一二句式(撷腰)和二二一句式(解镫)。永明声律论的一些病犯之说,就以这二种句式为基础。蜂腰以五言诗第二字不得与第五字同声,根据是沈约所说的五言之中,分为两句,上二下三。平头病以五言诗上下句的头两字不得同声,也是头二字为一顿的节奏,也是以第二字为节奏点。这是声律的节奏,也是语义的节奏,构成句式,就是二三句式。二三句式再细化,就是二一二句式(撷腰)和二二一句式(解镫)。与一四句式相比,二一二句式(撷腰)和二二一句式(解镫),更符合汉语的构词特点,语义节奏更为和谐。两病所举的诗例,不论是"曙色随行漏……",还是"池牖风月清……",诗中都是骈偶之句。人们对骈偶也是肯定的。这两种句式加上骈偶,构成一种节奏的匀称的美。元兢说:"撷腰、解镫并非病,文中自宜有之。"文中自宜有之,就是说,文中应该有这样两种句式,应该有这样的节奏匀称之美。但是,如果一首诗都是撷腰句式或解镫句式,全是撷腰句,无有解镫者,或者全是解镫句,无有撷腰相间,句式上就过于单调,缺少变化。因此人们提出,撷腰句式要和解镫句式相间,反过来也是一样,解镫句式要和撷腰句式相间。相间,也就是变化。仅仅节奏的匀称之美还不够,人们还追求变化。人们所追求的,是节奏匀称之美基础上的变化之美。

这二类病犯提出,都应和近体诗律的发展联系起来看。就阙偶一类病犯来说,这类病犯要求骈偶,骈偶的提出,本不是只就律诗而言。骈偶的产生和发展在声律说之前,在律化之前。一些古体诗也有骈俪化的倾向。但这毕竟不是文体的要求。就文体要求来说,古体诗二句之间可以是对偶,也可以不是对偶。但近体诗则不同,特别是八句以上的律诗,包括排律,除开头和结尾二联可以对仗,也可以不对仗之外,中间的联句,都要求对仗,既要声律相对,又要语义相对。对近体诗律而言,缺少对偶,正是病犯。近体诗律的形成在初唐,但事实上,永明声律说提出之后,回忌八病的同时,就出现了律化的趋势,自齐梁至唐,律句、律对、律粘之句乃至完全合律之诗越来越多。这个律化的过程,是和骈丽化交织在一起的。永明以来大部分的声律之对,在语义上同样是骈对。比如沈约246句律对中有142句语义骈对,占57.7%;王融152句中有124句,占81.6%;谢朓180句中有100,占55.6%;萧纲648句中有422句,占65.1%;江总254句中有204句,占80.3%;庾信788句中有638句,占81.0%。近体诗律正是这种律化和骈丽化交织发展的结果。可以说,阙偶、支离等病犯的提出,应该就是适应近体诗律的形成和发展提出来的。

就长撷腰病和长解镫病来说,本也不是只就近体诗律提出来的。古体诗同样要避忌这两种病犯。但是,在节奏匀称的基础上讲求变化,正是近体诗的格律要求。几个声律句式,不论是仄仄平平仄(a型)对平平仄仄平(B型),还是平平平仄仄(b型)对仄仄仄平平(A型),声律上的节奏都是整齐匀称的同时又富于变化的。一句之内,五字前后平仄有变化,两句之间,平仄同样需要不同。近体诗律是从永明声律发展来的。永明声律论声病,一个重要的原则,就是声韵要有变化,而且这种变化较之近体诗律更为复杂,声调要有变化,韵和纽也有有变化,第一字不得与第六字同声,第二字不得与第七字同声,第五字不得与第十字同声,第二字不得与第五字同声,第五字不得与第十五字同声,不得隔字双声,也不能隔字叠韵,所强调的都是声、韵、调的变化。所谓宫徵相变,低昂舛节;前有浮声,后须切响;一简之内,音韵尽殊;两句之中,轻重悉异,用两字来概括,就是变化。永明声病说和由永明以来发展起来的近体诗律,所要求的是声律的变化,并不是句式的变化。但是,由声律的变化走向句式的变化,是很自然的。

从创作实践来看,从永明以来近体诗律的形成发展来看,节奏匀称的基础上追求变化,这是声律的问题,同样也是句式的问题。按照前面我们讨论八病与创作实践时的统计方法,即把全部句子均为律句,和虽有不超过三分之一的非律句,但其他均符合(律,对,粘)条件的诗篇,均称之为律诗或称之为律句诗。永明以来,这样的律句诗或称律诗,永明时期沈约等3人有59首,梁代萧纲等4人有179首,陈代徐陵、江总有53首,北朝庾信等6人有154首,初唐虞世南等10人有438首。这些诗中,一首诗全是解镫句的不多,梁代有6首,陈代有2首,北朝6人有1首,初唐10人有12首。全是撷腰句的更多,永明3人13首,梁代4人有44首,陈代2人有6首,北朝6人有28首,初唐10人有42首。还有一些律句诗,虽不是全篇撷腰句或解镫句,但撷腰句或解镫句连续四句以上而无解镫句或撷腰句相间。这样的诗篇,永明3人分别有9首和1首,梁代4人有47首和2首,陈代2人有13首和4首,北朝6人有43首和3首,初唐10人71首和39首。就是说,确有一些律诗全篇或部分有长解镫病,特别是长撷腰病。但也有一些律诗,隔一句二句或者三句四句就有其他句式相间,这样的诗篇,显然已没有长撷腰病和长解镫病。这样的诗篇,永明3人有36首,梁代4人有80首,陈代2人有28首,北朝6人有79首,初唐10人有274首。这当中,沈约31首律句诗中有21首,庾信136首中有71首,沈佺期74首中有54首,宋之问97首中有61首,苏味道9首中有7首,杜审言30首中有22首,李峤165首中有100首。这些诗篇,句式已富于变化。以李峤的诗为例,有的每隔二句即一联句式就有变化,就有解镫或撷腰句相间。如《春日侍宴幸芙蓉园应制》:"年光竹里遍,春色杏间遥。烟气笼青阁,流文荡画桥。飞花随蝶舞,艳曲伴莺娇。今日陪欢豫,还疑陟紫霄。"还有《清明日龙门游泛》《和周记室从驾晓发合璧宫》《和杜侍御太清台宿直旦有怀》、"百咏"诗中有《烟》《道》《剑》《刀》《旌》《瑟》《琵琶》《银》《床》《梨》《牛》《羊》《鉴》《饯薛大夫护边》等。有的是四句即二联句式一变,如《奉和送金城公主适西蕃应制》:"汉帝抚戎臣,丝言命锦轮。还将弄机女,远嫁织皮人。曲怨关山月,妆消道路尘。所嗟秋李树,空对小榆春。"前四句撷腰,后四句解镫。"百咏"诗中的《洛》:"九洛韶光媚,三川物候新。花明丹凤浦,日映玉鸡津。元礼期仙客,陈王睹丽人。神龟方锡瑞,绿字重来臻。"则是前四句解镫,后四句撷腰。《奉和九月九日登慈恩寺浮图应制》:"瑞塔千寻起,仙舆九日来。蕣房陈宝席,菊藻散花台。御气鹏霄近,升高凤野开。天歌将梵乐,空里共徘回。"则是首尾四句解镫,中间四句撷腰。"百咏"诗中的《兰》:"虚室重招寻,忘言契断金。英浮汉家酒,雪俪楚王琴。广殿清香发,高台远吹吟。河汾应擢秀,谁肯访山阴。"则是前后四句撷腰,中间四句解镫。这样二联四句一变的诗篇还有《立春日侍宴内殿出剪彩花应制》《同赋山居七夕》《晚景怅然简二三子》《侍宴长宁公主东庄应制》《三月奉教作》《云》《海》《洛》《城》《井》《经》《纸》《琴》《玉》《金》《席》《帘》《菱》《桂》《鹤》《马》《鹿》等。还有其他变化。这样的诗篇,声律是和谐而富于变化的,同一句五字之间,上下句之间,都平仄相对。同时,句式也是解镫和撷腰相间,解镫—撷腰—解镫—撷腰,或者撷腰—解镫—撷腰—解镫,匀称而富于变化的。这说明,在近体诗律发展过程中,那些律化的诗篇中,一方面存在长撷腰病或长解镫病,另一方面,人们又有意无意地回避一味的撷腰句式或解镫句式,追求语义和声律节奏匀称基础上的生动变化之美。这一点,在近体诗律的发展中显得尤为突出。长撷腰病和长解镫病的提出,应该和近体诗律发展的这种艺术追求联系起来。它要解决诗歌发展中存在的句式单一的毛病,又用病犯的形式把人们对语义节奏匀称基础上生动变化之美的追求规范下来。

元兢还论有丛聚之病。这是连续几句用描写同一类事物的词,如同用描写气象的云、霞、风、月等,同用描写飞禽的鸾、凤、凫、鹤等,同用描写树木的桂、松、桐、柳等。

第三节　元兢《古今诗人秀句序》

元兢《古今诗人秀句序》篇幅不长,内容不多,一般的批评史都不会涉及到它。但如稍加注意,会发现它的一些问题仍不应忽视。

它反映着古代摘句批评的发展[1]。魏晋以来,摘句批评已在文人间成为风气。这种风气,大体经历了一个士人清谈中摘句批评到文学中摘

---

[1] 这方面已有一些论文论及这一问题,如曹文彪《论诗歌摘句批评》(《文学评论》1998年第1期),张伯伟《摘句论》(《中国诗学研究》,辽海出版社,2000年)。

句品诗品文的过程。士人清淡中摘句批评,在《世说新语》中可以找到大量例子。它的渊源,可以追溯到春秋时赋《诗》引《诗》的断章取义,但之所以兴起于魏晋,则可能与陆机所说的立片言而居要的创作思维有关,与当时诗文重技巧进而重佳句的创作实际有关,也与当时的人物品评风气有关。用传神的简短语句评论人物的风姿仪容,品人如此,进而到品诗品文乃至评经典,注重传神的一二佳句而不及其全篇,是很自然的事。这种清谈中形成的风气,影响到诗文批评,便有了钟嵘《诗品》那大量的摘句品诗。它的再进一步发展,就是元兢的《古今诗人秀句》。

它也是编纂类书风气的产物。编纂类书总集,六朝时就已有,而到初唐乃至盛唐,更是一个值得注意的现象。武德年间的《艺文类聚》,贞观年间的《古今类序诗苑》《文思博要》和《续古今诗苑英华》,高宗朝的《文馆词林》《瑶山玉彩》《芳林要览》是其中比较著名的。这当中有私家所编,更多的是由朝廷命宾客和学士所编。《古今诗人秀句》剪裁《芳林要览》而成,它本身也可以算是一种类书,诗人秀句的类书。《古今诗人秀句序》说,最初的编集,历时十年,未终两卷,后来剪裁《芳林要览》而成,没有说编成多少卷,但他说,自古诗为始,至上官仪为终,时历十代,人将四百,看来篇幅不会太少。当时人们类书、总集不分,类书的编集者们往往以《文选》为祖,元兢编《古今诗人秀句》也不例外。大量类书的编集,有保存、总结文化的意图,特别是朝廷组织编集的那些类书,那些大型的类书,比如一千二百卷的《文思博要》,一千卷的《文馆词林》。这些类书,不少也有普及文化,方便写作的作用。《古今诗人秀句》也应该起着这样二方面的作用。

它提出了自己的艺术标准。在说到《古今诗人秀句》的编集时,元兢在《序》里说:"余于是以情绪为先,直置为本,以物色留后,绮错为末,助之以质气,润之以流华,穷之以形似,开之以振跃。或事理俱惬,词调双举,有一于此,罔或孑遗。"对文学来说,这一艺术标准是更值得注意的。

仅从理论上,这一标准可能没有提出多少新的东西。陆机《文赋》早已提出"诗缘情",《文心雕龙·情性》和钟嵘《诗品序》都提出"吟咏情性"，《文心雕龙》的"持人情性"（《明诗》篇）、"本于情性"（《情性》篇），这都是"以情绪为先"的意思。《文心雕龙·才略》说："孙楚缀思，每直置以疏通。"钟嵘《诗品序》提出"直寻"，《诗品》上评陆机"有伤直致之奇"，实际是主张"直置为本"。至于元兢所说的"助之以质气，润之以流华，穷之以形似，开之以振跃"，从句型到内容，显然脱胎于钟嵘《诗品序》说的"干之以风力，润之以丹采"，"指事造形，穷情写物"。如果考察《文心雕龙》和钟嵘《诗品》，还有陆机《文赋》的影响，元兢的这一标准或许还有意义，但如果从理论本身，其实并没有提出新的思想。

这一标准的意义，可能并不在它的理论性，而在它的现实性。它的这一标准，可能与现实时风有异。他可能感觉到了现实诗风的某些现象，因而发出自己的声音，用不同的艺术标准编集自己的诗人秀句。

使我们得出这一印象的，是元兢这一标准的二句话，他说："以物色留后，绮错为末。"他提出二点，一是物色，二是绮错。稍作分析不难发现，正是这二点，反映了当时诗坛的流行风气，而元兢的看法正与时风有异。

物色这个概念，我们并不陌生。《文选》卷十三有"物色"一目，《文心雕龙》有专门的《物色》篇。李善注："四时所观之物色而为之赋。"又说："有物有文曰色，风虽无正色，然亦有声。"刘勰说："春秋代序，阴阳惨舒，物色之动，心亦摇焉。"又说："流连万象之际，沈吟视听之区。"《文选》"物色"一目之下收有《风赋》《雪赋》《秋兴赋》《月赋》四篇。《文心雕龙·物色》篇中，举凡桃花杨柳，出日雨雪，黄鸟草虫，棠华秋兰，都为物色之例。这样看来，四时所观，视听之区，不论有形有声，举凡自然景色，万象万物，都属物色。

极貌写物，重物色，正是初唐诗风的一个重要特点。从太宗朝到元兢所在的高宗朝乃至武后朝，上至唐太宗本人，下至宫廷宾客学士，无不如是。这只要看一看唐太宗、虞世南、许敬宗、褚亮、长孙无忌、杨师道、陈叔达、袁朗、于志宁、阎立本、封行高、杜正伦、刘孝孙、上官仪等等这些人的诗，就可以知道。他们写四时风物，仅唐太宗就有《春日望海》《初晴落景》《初夏》《度秋》《仪鸾殿早秋》《秋日即目》《山閣晚秋》《秋暮言志》《初秋夜坐》《秋日二首》《冬宵各為四韻》《冬日臨昆明池》《春池柳》等，写晚霞，写初晴，写峨嵋岫出，洞庭波起，幽岩桂白，灞涘菊黄，松阴竹影，草露松风，疎兰染烟，残菊承露，鸿飞蝉噪，露凝片玉，菊散丛金。他们写宴集游乐所见之风物，写宫廷、台阁、山池，读一读令狐德棻、封行高、許敬宗、杜正倫、岑文本、刘孝孙、褚遂良、杨续、李百药、上官仪、刘洎这些人宴于庾子宅或安德山池宴集的诗，读一读其他的奉和诗、应制诗、侍宴诗、早朝诗，正日临朝诗，写青陛紫宫，金阙玉銮，高台飞阁，滄池仙掌，桂户雕梁，虹梁绣柱，写茂苑澄流，曲池平亭，书帷竹径，琴台槿篱，层阜清渠，金塘细草。他们写艳情的物色，读一读杨师道《初宵看婚》、褚亮《咏花烛》、长孙无忌《新曲二首》、阎立本《巫山高》、陈子良《賦得妓》，写轻啼红粉，微睇横波，玉佩金钿，云罗雾縠，芙蓉绮帐，翡翠珠被，枕席紅帳，歌扇舞衣。他们有专门的咏物诗，唐太宗这类诗作最多，此外刘孝孙、上官仪、许敬宗、杨师道、虞世南也有不少。他们咏风、雨、雪、樱桃、李、浮橋、桃、帘、乌、飲馬、残菊、琵琶、燭、早雁、臨池竹、弱柳、小山、笛、画障、琴、笙、巢乌、馬、硯、舞、萤、蝉、秋雁等等。后来李峤的120首杂咏诗，举凡日月星风，露雾雨雪，山石原野，江海河洛，松桂槐柳，桐桃梅梨，凤鹤鹊雁，都有赋咏，这当然是咏物诗中最典型的。

　　尚绮错，是初唐诗风的又一重要特征。《旧唐书·上官仪传》评上官仪就说他"好以绮错婉媚为本"，而好绮错婉媚，实是当时风气，而不止上官仪一人。尚绮错，重要的表现就是堆砌词藻。不论典雅富丽，还是轻浮艳媚，都是华词丽藻。不论是宫廷台阁，还是宫苑山池，还是闺思艳情，大量的奉和应制诗，大量的宴集游乐诗，都是镶金嵌玉，浓色重彩。是金殿、金阙、金禁、金埒、金塘、金堂、金辂、玉墀、玉树、玉池、玉銮、玉珂、玉輦、宝扇、宝鸡、宝台、宝马、珠帘、珠被、珠光。是龙阙、龙旗、龙轩、龙干、龙骖、凤楼、凤阙、凤輦、凤条、凤吹、凤台、凤掖、凤邸、凤管、凤阁、鸳机、鸾墀、鸾车、虬輦、鹤舟、鹤盖。是仙掌、仙吹、仙槎、仙车、仙虹、仙台、仙歌、仙气、仙岭、仙驭、仙露、仙姿、仙女、仙骨、仙镳、仙馆，是娥池、帝梧、帝圃、帝女、瑶笙、瑶山、灵掌、瑞鼎。是翡翠、翠帐、翠帷、翠钗、翠旗、翠屏、翠羽、翠盖、积翠、轻翠、凝翠、总翠。是紫宫、紫阁、紫极、紫麟、紫氣、丹霄、青陛、彤闱。粉壁、朱楼。朱雁、红袖、红鲜、红树、绿珠、绿蚁、绿扇、彩斾、彩凤、青岩。碧浔。碧涧、锦鳞、绣羽、丹霞、流霞、虹桥、虹梁。是香轮、佳气、熏风、祥云、瑞气。使本来就富丽堂皇的宫廷台阁，华艳绮丽的宫苑山池，更加金碧辉煌，珠光宝色，更加五彩缤纷，一片祥风瑞气。咏雪是琼林、泻银、重璧、裂素、玉宇，是皎若粉而集疑沙，珪累白，莲抱素，如柳絮，似梅花。初月是银钩，竹是龙鳞凤翅，赋李则是"莺啼密叶外，蝶戏脆花心。丽景光朝彩，轻霞散夕阴"（唐太宗《赋得李》）。赋帘也是玉阙兰宫，珠光罗绮，是"彩散银钩上，文斜桂户中"（唐太宗《赋帘》）。

雕琢词藻，他们自己也意识到了。封行高《冬日宴于庶子宅各赋一字得色》就说他们的宴集赋诗是"丽藻穷雕饰"，褚遂良《安德山池宴集》也说"雕藻迈琼琚"。

尚绮错的又一表现，是讲对偶讲技巧。上官仪有六种对、八种对。这时的诗作，大多讲求对仗，池鱼与园鸟相匹，松阴与竹影成对，朱颜而偶翠色，莺啼以酬蝶戏，上句珠帘，则下句绣柱，上言柳影，则下言梅心，上言玉露，则下言金风，都工巧而圆熟。华辞丽藻，层叠交错，而又对偶工巧，技巧圆熟，这或者就是这时诗风尚绮错的主要表现。

重物色，尚绮错，作为一种诗风，并不始于初唐，六朝时期就已如此。《文心雕龙·明诗》篇曾说："宋初文咏，……情必极貌以写物。"齐梁时那些重要诗人，都曾说他们"日因春阳，其物韶丽，树花发，莺鸣和，春泉生，暄风至"而兴咏①，于"春庭乐景，转蕙承风，秋雨且晴，檐梧初下"之时而写心②，因"风动春朝，月明秋夜，早雁初莺，开花落叶"③而作诗。而《隋书·经籍志》批评梁简文帝为代表的宫体诗，它的一个重要特点，就是

---

① 萧统《答湘东王求文集及诗苑英华书》，《昭明太子集》第 4 卷。
② 萧纲《答张缵谢示集书》，《梁简文帝集》，《汉魏六朝百三家集》第 82 卷上。
③ 萧子显《自序略》，《梁文纪》第 11 卷。

"清辞巧制","雕琢蔓藻"。初唐诗重物色尚绮错,实承六朝余绪。

前面说过,刘勰《文心雕龙》就有专门的《物色》篇。但是有一点,刘勰《文心雕龙》既看到感物兴情,联类创境的重要性,又提出物色描写需要注意的问题。这当中,除了艺术表现上要以少总多,情貌无遗,体物为妙,功在密附等等之外,最重要的一点,就是不能离开抒情而孤立地写景状物。他一方面说"写气图貌,既随物以宛转",另一方面则说"属采附声,亦与心而徘徊",要求"物色尽而情有余","情往似赠,兴来如答"。同样的道理,绮错也是一样。诗歌都需要辞藻技巧,但不能离开内容的表达和感情的抒发。初唐诗人似乎并没有意识到这一点。他们并不是没有缘情之作,但大量的宫廷应制之诗,那些绮错婉媚之作,既不是切身地感物兴情,也没能真实地缘情写景。至于那些咏物诗,特别是李峤的那120首咏物诗,作为提供创作范式的兔园册子,作为类书式的普及读物则可,作为诗歌创作则不可。

正是在这一点上,元兢的看法和时风有差异。他提出自己的艺术标准,可能正是要表明这种差异。他是要"以物色留后,绮错为末"。他并没有否定物色和绮错本身,只是要"以情绪为先,直置为本"。他之所以不满《文选》弃而不纪南齐诗人王融《和王友德元古意》的"霜气下孟津""游禽暮知返",就因为"前篇则使气飞动,后篇则缘情宛密"。他批评褚亮撰《古文章巧言语》而不录王粲"灞岸"之篇和陆机《尸乡》、潘岳《悼亡》、徐幹《室思》等诗,批评他于谢朓《冬序羁怀》,则选其"风草不留霜,冰池共明月",遗其"寒灯耿宵梦,清镜悲晓发",也因为王粲等诗,"寒灯耿宵梦"之句是情思浓郁,动人心魄之作。他和刘祎之等人讨论谢朓《和宋记室省中》中的秀句,认为"行树澄远阴,云霞成异色"虽为绝唱,但未若"落日飞鸟还,忧来不可极"之妙,后者之所以妙于前者,就因为这二句"举目增思,结意惟人,而缘情寄鸟,落日低照,即随望断,暮禽还集,则忧共飞来"。"风草不留霜,冰池共明月"和"行树澄远阴,云霞成异色"在谢朓诗中尚属佳句,元兢尚且有所不满,更不用说初唐那些纯然应制,体物写貌,堆砌词藻之作。元兢说"以情绪为先",又说"助之以质气",他所说的情绪应包含质实刚健之气,也正因为如此,他赞赏王融诗句的"使气飞动",提出应当选入的诗,包括像王粲"灞岸"这样梗概多气的建安之作。这一点,更看出他的选诗标准与初唐诗风有异。当然,也可能因为他在选诗的时候过于注重情绪质气,而忽略了情融于景,以至被皎然批评为"多采浮浅之言"(见皎然《诗式·重意诗例》)。但他的选诗标准和初唐重物色,尚绮错的风气有异,则是显而易见的。

可能正因为提出了新的选诗标准,元兢的《古今诗人秀句》在摘句批评中才更有影响。元兢之前,虽然齐梁间张陟已"摘句褒贬"(见《南齐书·文学传论》),《古今诗人秀句序》里,提到贞观中褚亮奉敕与诸学士撰《古文章巧言语》,与元兢同时,龙朔元年,太子弘命许敬宗许圉师上官仪杨思俭等人于文思殿编《瑶山玉彩》五百卷,也是"博采古今文集,摘其英词丽句"而成①,但这几部著作可能都只是泛摘文句,并未见有明确的选诗标准。《隋书·经籍志》即未见张陟的著作,《新唐书·艺文志》则未见褚亮等撰《古文章巧言语》和许敬宗等编《瑶山玉彩》。可能因为这几部著作都未流传下来,更可能因为这些著作没有明确的艺术标准,因此在摘句批评上未发生什么影响,元兢《古今诗人秀句集》是可知有明确艺术标准的较早的诗人秀句集。它从《文心雕龙》和钟嵘《诗品》中取"秀句"二字作为书名,更能反映摘句批评的审美特点,后来类似的著作便都以"秀句"为名。也可能因此,元兢《古今诗人秀句》对后世摘句批评更有影响。

关于初唐诗风,初唐四杰和陈子昂多有批评。杨炯《王勃集序》:"尝以龙朔初载,文场变体,争构纤微,竞为雕刻,糅之金玉龙凤,乱之朱紫青黄。影带以徇其功,假对以称其美,骨气都尽,刚健不闻。思革其弊,用光志业。"陈子昂《〈修竹篇〉》序》批评齐、梁间诗"彩丽竞繁,而兴寄都绝","常恐逶迤颓靡,风雅不作",所针对的其实也是初唐诗风。杨炯这里所批评的"争构纤微,竞为雕刻,糅之金玉龙凤,乱之朱紫青黄",其实也就

---

① 事见《旧唐书·高宗中宗诸子传》。

是我们前面所分析的重物色,尚绮错之风。元兢所提出的选诗标准,他与时风有异的看法,其实和四杰以及陈子昂有相通之处。提到对初唐诗风的批评,提到初唐诗风的变化,我们以前多注意四杰和陈子昂的声音和贡献,现在看来,也应该注意还有元兢的声音和作用。他也提出了以情绪为先,直置为本,提出了以物色留后,绮错为末,甚至提出了助之以质气,提出选诗要选建安风骨作品。这质气,其实就是杨炯和陈子昂所说的骨气。从《诗髓脑》的材料看,元兢也讲对偶,讲声病,讲艺术技巧,但从《古今诗人秀句序》看,他还有讲缘情,讲质气的一面。元兢总的来说,是宫廷学士,因此,他虽然提出了与时风有异的选诗标准,但并没有象四杰和陈子昂一样,明确激烈地提出革新主张。他毕竟要温和得多。但也可能正因他生活在宫廷,对宫廷诗风有更真切的感受,他所发出的声音也就更为珍贵,更值得注意。

这是我们对元兢《古今诗人秀句序》的一点认识。至于空海为什么把这样一篇文章编入《文镜秘府论》,可能未必那样深究了初唐诗坛的背景。但是,日本诗坛同样也需要以情绪为先,直置为本,需要以物色留后,绮错为末,则是可以想见的。这样看来,空海在编入了大量讲作诗法,讲声病的典籍之后,还编入元兢这一篇文章,就不是偶然的了。

第十三章 《文镜秘府论》诗学日本化研究

空海编撰的《文镜秘府论》，千年以来一直在日本流传，对日本文学与文化自然有着重要影响，它本身就成为日本汉诗学的重要著作。《文镜秘府论》在日本编撰和流传的过程，实际是《文镜秘府论》诗学和声韵学日本化的过程。这个过程涉及比较多的问题，本章只就它与日本汉诗学、日本歌学和日本韵学的关系作一点探讨。日本汉诗学又主要探讨它的对属论。

第一节 《文镜秘府论》与日本汉诗学

《文镜秘府论》进入日本文化的一个途径是日本汉诗学。进入日本汉诗学是多方面，本节主要探讨它怎样进入日本汉诗学的对属论。

前面我们在讨论《文镜秘府论》草本的时候，可以知道提到的三宝院本地卷封面里页保存的又一地卷卷首，这个地卷卷首关于对属的材料有八对皎、八对、一种七对、六对札等，三宝院本及天海藏本在东卷"二十九种对"篇首目处保留有草本痕迹①，北卷卷尾，新町三井家本、乂演抄本、

---

① 在"十一曰意对"之后，三宝院本及天海藏本先注"右十一种古人同出斯对"，尔后用朱笔划掉，并用朱笔注云"御笔"。在"十七曰侧对"之侧注"右六种对出元兢髓脑"，亦用朱笔划掉，注云"御笔"。"二十五曰假对"之后，注"右八种对出皎公诗议"，用朱笔划掉后注"御笔"。"二十八曰叠韵侧对"之后，注"右三种出崔氏唐朝新定诗格"，用朱笔划掉后注云"御笔"。

三宝院本、天海藏本都有"对属法"或"对属法第一"之类字样,三宝院本和天海藏本还注有"草本以朱如此"之类的字样,知道对属论本来编在地卷,并且材料比较零散,但我们知道,后来空海把本来显得零散的对属论集中在一起,从地卷众多内容中抽离出来,单独为它辟了一个东卷,整齐地编为"二十九种对"。对属论这部分内容更有系统性,更为突出。这可以看出,空海在编撰《文镜秘府论》时,比较重视对属论这部分内容,对这部分内容的编撰有过比较精心的考虑和反复的修改。之所以作这些精心考虑和反复修改,就为了让它更好的进入日本文化。空海把对属论精心编入《文镜秘府论》,反映了日本学人对汉诗形式特点的一种认识,即在汉诗写作中应讲求对仗之美,应遵循对属之法。

一、《文镜秘府论》对属论与日本学人对汉诗形式特点的认识

基于这种认识,首先是形成了日本汉诗在形式美追求上的一些特点。

日本汉诗在形式美追求上的一个重要特点是律诗多,讲对仗的诗多。《文镜秘府论》之后,特别是日本汉文学勃兴的几个时期,这一点更为明显。选几个有代表性的统计数字来说明这一点。比如平安时代。村上天皇(947—968在位)第六皇子具平亲王存诗48首中,七律13首,排律3首,七绝19首中14首四句全对仗14首,存残句的12首诗全对仗,只有5首七绝、1首古诗未对仗。后三条天皇(1069—1074在位)第三皇子辅仁亲王存七律21首,七排5首,残句诗4首,全部用对仗。生活于元庆(877—885)中的岛田忠臣存诗218首,其中七律110首,五律6首,其他用对仗的4首,计137首。又如菅原道真(845—903)存诗503首,其中七律203首,五律96首,五七排律32首,计331首,其中还有全用对仗的一百韵的五言排律。大藏善行存5首,全是七律。大江朝纲(886—957)存诗43首,其中七律25首,七排2首,计27首,残句10中,用对仗的有8首[①]。此后镰仓室町时代五山诗人虽多写七绝,但也有些

[①] 以上见《日本诗纪》。

诗人写有不少律诗,如收入《五山文学新集》的《东海琼华集》,收诗 733 首,其中五律 50 首,七律 206 首,计 256 首。而到江户时代,律诗及其他主要用对仗的诗又占大多数或相当比例。收入《诗集日本汉诗》的一些集子,随手统计过的,如《六如庵诗抄》收诗 651 首,其中七律 206 首,五律 76 首,五排 8 首,计 290 首。《宽斋摘草》收诗 294 首,其中五律 93 首,七律 73 首,五排 4 首,六律 1 首,计 171 首。《锦里先生集》收诗 780 首,其中五律 200 首,七律 186 首,五排 14 首,计 400 首。《玉山先生诗集》收诗 453 首,其中五律 80 首,五排 3 首,七律 82 首,计 165 首。《徂徕集》收诗 681 首,其中五律 124 首,五排 10 首,七律 138 首,七排 2 首,计 274 首。《南海先生文集》收诗 490 首,其中五律 126,七律 88 首,五排 13 首,计 227 首。《古学先生诗集》408 首,其中五律 55 首,七律 83 首,计 138 首。《绍述先生文集》收诗 1685 首,其中五律 339 首,七律 450 首,计 789 首。《草庐集》初编、二编、三编、四编、五编收诗 2178 首,其中五律 286 首,七律 636 首,五排 5 首,六律 2 首,计 929 首。《湛园诗集》收诗 424 首,其中五律 114 首,七律 64 首,五排 6 首,计 184 首。

　　日本汉诗对仗的又一个重要特点是工稳圆熟。这方面的诗例不胜枚举,不作赘述①。

----

① 大量的汉诗写得平易流利,而其对仗则工稳圆熟。这从平安时代便已如此:碧玉帘中裁锦妓,青罗帐里举灯人。藤原伊周《三月三日侍宴……》(《日本诗纪》卷三○)草合园生秋露白,苔封扉带夕阳红。藤原行成《门闲无谒客》(《日本诗纪》卷三○)脂粉雨施添艳夕,绮罗风织助妆朝。桃应绛树霞犹秘,柳是绿球露未消。大江匡衡《三月三日陪亚相亭子……》(《日本诗纪》卷三三)春烟柳岸何同色,秋浪松江岂比名。源时纲《红樱花下作》(《日本诗纪》卷四三)碧玉帘中对青罗帐里,草合对苔封,秋露对夕阳,白对红,脂粉对绮罗,雨对风,桃对柳,霞对露,夕对朝,春对秋,柳岸对松江,都极工整而又平易。镰仓室町时代五山诗虽以写绝句见长,但凡写律对之处,也求工稳流利:只知佛法无南北,谁管人情有是非。铁舟禅师《送辅侍者之大元》(《阎浮集》,《五山文学全集》卷二)日月黄花老,乾坤白宁寒。义堂禅师《再次韵答枢月山》(《空华集》《五山文学全集》卷二)海上蟠桃红雨晚,江头川柳绿波深。烟花一万思鳌禁,风月三千拟翰林。惟肖得岩《自和寄梅韵赋惜春》(《东海琼华集》,《五山文学新集》卷二)林影去年薄,墙阴今夏寒。惟肖得岩《新竹》(《东海琼华集》,《五山文学新集》卷二)至江户时汉诗,对仗更是圆熟流利:柳受风时丝乍乱,草经雨日梦方迷。尾藤孝肇《草春即事》(《静寄轩集》卷一)雪意雨征天各半,蔬畦花圃地平分。古贺精里《连业堂分韵》(《精里二集抄》卷二)

(转下页)

对属形式多样化是日本汉诗的又一特点。的名对、异类对、平对、双声对、叠韵对、互成对这样一些常用的对仗形式自不必说,即使一些不常用的对仗形式,日本汉诗也能运用自如。比如双拟对。双拟对,从《文镜秘府论》的论述来看,有窄义和宽义二种。窄义之双拟对,为五言句中,第一第三字相重,而双拟第二字。如"夏暑夏不衰,秋阴秋未归"。宽义的,则只要同一句中有二字相重并且隔开,又与下句相对,用同一字两次拟写某种情态,不论这二字处于句中第几字均可,如"可闻不可见,能重复能轻"。宽义的双拟对,在日本汉诗中可以找到较多的用例,如:

  明虽似昼清于昼,爽为宜秋约此秋①。
  梅花才发便全发,柳色欲深犹未深②。
  舟走山亦走,人言石亦言③。
  贫病元非病,佯狂岂是狂④。

又比如联绵对。联绵即重字连绵。五言诗一般是前二个字为一意义和节奏单位,后三字为另一意义节奏单位,七言诗则是四三句式或二二三句式。联绵对分二种。一种是所重二字处同一意义节奏单位。如《文笔眼心抄》所举例的"轩轩多秀气,奕奕有光仪"。另一种则不处同一意义节奏单位,在二个意义节奏单位的连接处二字相连,如"看山山已峻,望水水仍清"。前一种一说不作联绵对,而与双声对、叠韵对同为赋体对,另一说则将它也看作联绵对。空海并存二说,并在东卷序里加以说明,他说:"其赋体对者,合彼重字、双声、叠韵三类,与此一名;或叠韵、双声,各开一对,略之赋体;或以重字属联绵对。今者,开合俱举,存彼三

(接上页)积雨收苍树,微风动绿荷。大田南亩《池上早夏》(《杏园诗集》卷一)天边白雁嗷嗷下,地上黄花细细香。大田南亩《九日卧病》(《杏园诗集》卷一)庭竹无声风细细,井梧有响雨疏疏。菅茶山《即事赠道光上人》(《黄叶夕阳村舍诗》卷三)柳对草,风对雨,乍乱对方逸,天各半对地平分,积雨对微风,苍树对绿荷,无声对有响,当时汉诗像这样的对仗,可说所在皆是。
① 虎关济北《中秋月》,《济北集》卷2,《五山文学全集》卷1。
② 惟肖得岩《李高唱上人见惠红梅一枝……》,《东海琼华集》,《五山文学新集》卷2。
③ 菅茶山《记梦》,《黄叶夕阳村舍诗》卷1,《诗集日本汉诗》卷9。
④ 龙草庐《书怀》二首之一,《草庐集初编》卷2,《诗集日本汉诗》卷6。

名,后觉达人,莫嫌烦冗。"但他的倾向,是以不同意义节奏单位相连处的二字相重作为联绵对。《文镜秘府论》东卷二十九种对中第四联绵对,主要是论述这种情况。这是对的,节奏上断开而以二字相重,使语气连若贯珠,语气似断却连贯,别有一种韵味,正是联绵对的特色。这一形式因此为日本很多汉诗所仿效。比如:

　　色色妨行行色静,声声恨别别声稀①。
　　祝盏吹花花自笑,祈音取乐乐相从②。
　　绿鸭洲秋秋水涨,苍龙阙暮暮云深③。

又如字对、声对。字对是义别而借字面意义相对,声对则字、义俱别,仅借其同声的别一字相对。这二种对仗形式在日本汉诗中也不少见:

　　月俸曾因含哺饱,泉途更欲计恩酬④。
　　华风不与君家好,好风何妨子细搜⑤。
　　试把五千经卷看,终无一法到今存⑥。

第一首"月俸"之"月"为日期之"月",取其字面"月亮"义与"泉"相对。第二首,取"子细"中"子"之字面义与"君"对。第三首,"经卷"之"经"本为名词,但其字面有经过之义,字面可作动词,因与"到"相对。这是字对。

　　浓妆不审南阳月,香气难传女几风⑦。
　　鹤头诏命传千里,龙辈文章照九霞⑧。

---

① 高丘相如《花鸟尚留春》,《日本诗纪》卷29。
② 菅原道真《九日侍宴群臣献寿应制》,《日本诗纪》卷20。
③ 龙草庐《秋兴四首》其三,《草庐集初编》卷3,《诗集日本汉诗》卷6。
④ 菅原道真《喜被遥兼贺员外刺史》,《日本诗纪》卷17。
⑤ 雪村和尚《寄赵颜启》,《岷峨集》上,《五山文学全集》卷1。
⑥ 义堂禅师《赠一溪派藏主》,《空华集》,《五山文学全集》卷2。
⑦ 大江匡衡《菊丛花未开》,《日本诗纪》卷33下。
⑧ 大江匡衡《秋雁数行书》,《日本诗纪》卷33下。

千年鹤立青松顶，午日鸡鸣白土东①。

第一首取"南"字同声字"男"以与下句之"女"字相对。第二句取"辈"字之同声字"背"以与上句之"头"字相对。第三句下句"午"字声"五"，与上句"千"相对。这是声对。

再比如邻近对。《文镜秘府论》在解释这一种对时举了两个例子。一是"死生今忽异，欢娱竟不同。"二是"寒云轻重色，秋水去来波。"上一例上句之"死生"与下句之"欢娱"，一为实事，一为情绪，本不相对，但"死生"之义与悲之情相邻，因可以与"欢娱"相对。下一例上句之"寒"字与"冬"相邻，用其邻近之义，则与下句为正名或称的名之对。这两例上例义相邻而对，下例用一义邻近之字则成正对，因此说"上是义，下是正名。"这种邻近对在日本汉诗里也有不少用例：

无劳北陆行残雪，只望西成遇大秋②。
深帐高褰青黛出，低巾更整醉颜惊③。
眼横楚岫碧云暮，吟到谢池芳草春④。
胸吞云梦泽，览寓辟疆园⑤。

第一首"雪"邻"冬"，与"秋"相对。第二首"醉"邻"红"（酒醉则脸色变红），与"青"相对。第三首"吟"邻口，与"眼"相对。第四首"览"为目邻，与胸相对。

还有切侧对。切侧对的特点是"精异粗同"，"理别文同"，粗识同而细辨则不同，其文同而其理则有别。举例为"浮钟宵响彻，飞镜晓光斜"。"浮钟""飞镜"均为名词，粗识其文相同而可为切对或说的名对。但"浮钟"为钟，为直写，"飞镜"是月，是借代，细为辨之，则其用词之理有别，是

---

① 别源禅师《中峰峰》，《南游集》，《五山文学全集》卷1。
② 菅原道真《喜被遥兼贺员外刺史》，《日本诗纪》卷17。
③ 大江以言《遥山敛暮烟》，《日本诗纪》卷31。
④ 雪村友梅《和果侍者》，《岷峨集》，《诗集日本汉诗》卷1。
⑤ 古贺精里《万象阁奉呈邸下……》，《精里初集抄》卷3，《诗集日本汉诗》卷7。

不完全的切对,是借切对之一侧,因此是切侧对。这种对仗日本汉诗里也偶可见其用例。如:

   白云儿就青山父,素蚌珠怀玉兔胎①。

"玉兔"是月,为借代,"青山"直写,是为切侧之对。

  比如奇对。奇对是比较难写的一种对,平常之对只一重义相对,而奇对须二重义相对。奇对在日本汉诗里也时可见其例,如:

   羊角风犹颁晓气,鹅毛雪剩假寒妆②。
   占云难伴荀鸣鹤,离藻多惭范彦龙③。
   贞女峡边难接迹,望夫石下欲占邻④。

  第一首"羊角风"为风,"鹅毛雪"为雪,此一重相对之义。这一重相对之义下,"羊"与"鹅"同为动物之类,"角"与"毛"又同为身体之类,这是又一重相对之义。第二首"荀鸣鹤"与"范彦龙"均为人名,而其之"鹤"与"龙"又同为动物之类,这也是二重义相对。第三首,"贞女峡"与"望夫石"同为地名,而其中"女"与"夫"又同指称人之类,也是二重相对之义。这都是奇对。

  还有回文对:

   寒露晓沾叶,晚风凉动枝。残声蝉慧慧,列影雁离离。兰色红添砌,菊花黄满篱。团团月耸岭,皎皎水澄池⑤。

  此外,字侧对、意对、含境对、偏对、双虚实对、总不对对等等,都可以举出一些例诗来。

  律诗多,有对仗的诗多,便反映着在汉诗写作上对对仗美的艺术追求。对属工稳圆熟,平易流利,既反映对仗运用的娴熟,又反映人们是自

---

① 大鉴正澄《仁侍者归江心省师》,《禅居集》,《五山文学全集》卷1。
② 菅原道真《早春侍宴同赋殿前梅应制》,《日本诗纪》卷21。
③ 大江朝纲《裴大使重押踪字》,《日本诗纪》卷25。
④ 藤原敦光《傀儡子》,《日本汉诗》卷39。
⑤ 橘在列《回文诗》,《日本诗纪》卷26。

觉不自觉的遵循某种作诗法，脑子里自觉不自觉的存着某种作诗法，某种固有的模式。对属形式的多样化则反映人们不是一点一点的，而是十分全面的接受汉诗的对属法。《文镜秘府论》所形成的关于对属论的认识，确实深深地渗透进了日本的汉诗创作之中。

二、《文镜秘府论》对属论与日本汉诗理论

对汉诗对属特点的认识，也进入了《文镜秘府论》之后日本的汉诗汉文理论著作。

《文镜秘府论》之后，日本还有一些探讨作汉诗作汉文方法的理论性质的著作，这些著作，如作于平安时代的《作文大体》，作于江户时代的《诗辙》和《松阴快谈》，也论及对属问题。这些著作论对属，很多是以《文镜秘府论》所论为基础。很多对属都是《文镜秘府论》论述过的。如《作文大体》"第六字对"论及的色对、数对、声对这几种对，以二十五对诗句为例论"每字有对"的"字对体"，"文章有十二对"中论及的色对、物对、同对、异对、数对、叠对、联绵对、正对、音对、傍对、义对、双对等十二种对，还有论各种体时论及的句中对体、声对体、侧对事、数对次字强不求对事、方角对事、人名对事、人名何公对事等七种对属形式。《作文大体》中所论的这些对属，不少从名称到内容都与《文镜秘府论》一样，有些名称稍异而实际内容一致。三浦晋（1723—1789）的《诗辙》卷之五"句法"部分论对属，原原本本引述了《文镜秘府论》东卷二十九种对的全部名目。这一部分对这二十九种对的阐释和所引诗例，不少也原本引自《文镜秘府论》。《松阴快谈》论及诗的十二种对：的名对、隔句对、叠字对、互成对、赋体对、折句对、流水对、意对、错综对、借对、交络对、当句对。又另列邻近体、偏对、双虚实对、叠韵侧对、双声侧对、切侧对、背体对、含境对、字对、同对、平对、同文对。所论这些对属中，除"流水对""错综对""同文对"外，都见于《文镜秘府论》。《文镜秘府论》东卷二十九对，除回文对、总不对对之外，《松阴快谈》都列有。

这些著作论对属，也有些与《文镜秘府论》所论不相同。有的是名称不同。比如《文镜秘府论》二十九种对"第七赋体对"中的"重字对"，《作文大体》"十二体"中称为"叠对"，《文镜秘府论》中的"的名对"，《作文大体》有时称作"正对"；《文镜秘府论》中的"声对"，《作文大体》有时称作"音对"；与《文镜秘府论》的"邻近对"相似的对仗形式，《作文大体》称为"傍对"；与《文镜秘府论》中"意对"相似的，《作文大体》则称作为"义对"；与《文镜秘府论》中"双拟对"相似的，《作文大体》称为"双对"，《文镜秘府论》中的"偏对"，《松阴快谈》称为"折句对"，等等。

也有名称相同而实际内容有别。比如《作文大体》"文章有十二对"中的"第七联绵对"，这个"联绵对"与《文镜秘府论》东卷二十九种对中的"联绵对"似同而实有区别。两者都是重字连绵，并且都处在不同的意义节奏单位，但《文镜秘府论》所谓"联绵对"前后联绵之重字虽处不同意义节奏单位，但意义贯一，如"看山山已峻，望水水仍清"，"山已峻"之"山"即"看山"所看之"山"，"水仍清"之"水"即"望水"所望之"水"。而《作文大体》所引例前后之重字意义已不贯一。如"雪深深谷愁旅移，云远远峰访客稀。""雪深"之深已非"深谷"之深，"云远"之远已非"远峰"之远。《作文大体》中所说"数对次字强不求对事"也是这样。它以数字为对，有似《文镜秘府论》所说的数对，但数字的次字又不求对仗，如其所引例："胡角一声霜后梦，汉宫万里月前归。""一"与"万"对，其次字"声"与"里"却不成对，这又有点象《文镜秘府论》所说的切侧对。

有些则补充了一些新的诗例。补充了一些中国汉诗的诗例，值得注意的是有的用日本自己的汉诗为例说明对属问题。如《作文大体》引菅家的"亲对偷言玄度友，高登漫疑庾公楼"来说明"人名何公对事"，引橘在列的"陈孔璋词空愈病，马相如赋只凌云"来说明"人名对事"。还引了江以言、平佐干的诗句说明其他对属问题。

有些对对属类别另有归纳。比如《作文大体》"文章十二体"中的"第一色对"，除包括《文镜秘府论》北卷所说的"色之类"之外，实还将同对、反对、的对等也归纳在一起。《松阴快谈》将双拟对、联绵对等归纳为叠字对，将借对、奇对、侧对、假对归纳为称为借对。

这些著作对有些对属还作了进一步细致的分析，指出一些更为复杂的情况。比如《文镜秘府论》有一种邻近对，这种对有一字用其本义，另一字则用其邻近之义，《作文大体》则指出，不仅可用一个字的邻近之义，而且相对的两个字都可用其邻近之义，如诗"商山月落秋鬓白，颍水波扬左耳清"来看，"秋"与"西"字义邻，"左"字义又与"东"字邻，因而"秋"与"左"能成对，《作文大体》把这种情况称为"方角对事"。比如《诗辙》论当句对，指出除普通的当句对之外，还有子母字对和转句自对二种情况。所谓子母字对，从所引的诗例来看，是说当句有二组词成对如同子母，如诗"社日阴多晴较少，春风晓暖雨犹寒"，上句"阴"与"晴"对，"多"又与"少"成对，下句"风"与"雨"对，"暖"与"寒"又成对，而普通的当句对当句只有一对词成对仗。所谓转句自对，是说某句当句自对，但次句不再当句自对，隔一句后到第三句才又一个当句对与之相对，既是当句对，又是隔句对，而普通的当句对并不隔句。比如《诗辙》分析异类对和同类对，指出还有一联中上字同类为正对，下字异类为散对，同类与异类混用的情况，如诗："九月寒砧催木叶，十年征戍忆辽阳"，上字"九月"与"十年"同类为正对，下字"木叶"与"辽阳"异类为散对。此外，异类对中还有异类奇对等情况。这些著作所论对属，有些是《文镜秘府论》中所未见的。如《诗辙》卷之五互体对。据《诗辙》分析，所谓互体对，是上句中之词包含下句中词之意，下句中词也包含上句中词之意。如杜甫诗："风含翠篠娟娟净，雨裛红蕖冉冉香。"上句风中有雨，下句雨中有风。又如杨万里诗："绿光风动麦，白碎日翻池。"上句风中有日，下句日中有风。《松阴快谈》论及流水对、错综对、同文对。

一些著作在分析对属的复杂情况时，还指出要避免与对属有关的诗病。如《诗辙》在分析正对时指出要避免合掌病。所谓合掌，是说一事两用，两句一意，意别字合掌或字别而意合掌，如杜甫诗"羞将短发还吹帽，笑倩傍人为正冠"，"帽"即"冠"，是为意别字合掌，高启诗："雪满山中高士卧，月明林下美人来"，字虽别而两句一意，是为字别意合掌。又比如分析同类对异对时指出要避免偏枯病。所谓偏枯，从《诗辙》的分析来看,一联中上下句用词类别虽可同可异,却应有思致相通之处,如"山如仁者静,风似圣之清。"前句出《论语》下句出孟子,"三杯软饱后,一枕黑甜余。"均为俗语,"周颙宅作阿兰若,娄约身归窣堵婆。"均用梵语为对,如果不是这样,上句通而下句不相通,就会象人体半身不遂一样,成为病态。比如,"初看神马藻,未识佛牛花。"上句出典可解,而下句"佛牛花"未知为何种花,仅勉强与上句字面相对,这就是偏枯病。《松阴快谈》也论对有四病,如前有双声,后句直语,或空谈名,曰跛对,前句有形,后句无色,前句物色,后句人名,名曰眇对。换言而意不换,名曰合掌对。花柳相对,龙凤为对,名曰板腐对。

再述《文镜秘府论》所论的对属,当然直接受到《文镜秘府论》的影响。对属论进入日本文化进入日本汉诗学,《文镜秘府论》是一个重要的途径。从日本汉诗学的发展看,后来日本论者在《文镜秘府论》的基础上还加进了新的理解。这新的理解,有些来自宋明以来传入日本的中国诗学著作,有些则可能总结自日本自己的汉诗创作实践。不管通过什么途径,自《文镜秘府论》形成的对汉诗对属特点的认识,是深深的进入到日本汉诗学中去了。

第二节 《文镜秘府论》与日本歌学

《文镜秘府论》诗学日本化从日本歌学也体现出。这有多方面的问题,这里只就《文镜秘府论》诗学风体论与日本歌学风体论的关系作些探讨。

一、从《文镜秘府论》风体论的编撰看日本人对中国文化的态度

《文镜秘府论》的风体论或称体势论,主要集中在地卷和南卷,包含的内容比较庞杂。

不少论体势而带有具体诗文作法的性质。比如,地卷的一些内容。地卷卷首正文前,有"论体势等"的总题,和"十七势、十四例"等标目。这

个总题当是空海自加的。可见他是把地卷作为体势论来编撰的。但这一卷的大部分内容,却是论具体的诗文作法。比如,出王昌龄《诗格》的《十七势》,如首句切题,直截明意的直把入作势,先作二句铺垫,然后入题的都商量入作势。直到末句寓情于景,留有余韵的心期落句势,都是。《十七势》之所谓"势",可以理解为具有一定风貌趋势的文学样式,它是势,也是样式。这种作法趋势文学样式形成诗文不同的风格体貌,而这种趋势样式又与具体诗文作法相通。又比如出皎然《诗议》的"十五例",论如何用事(是并列的重叠,还是两事之间互有关联,所谓上句用事,下句以事成之例),论如何用比兴(是述诗之本意之前用一句比兴还是用两句比兴),论如何以古衬今,如何体时体物,等等。"十五例"之"例"是体例,因不同诗文作法而形成不同风貌的体例。又如出崔融《唐朝新定诗格》的"十体",抒情入理的情理体,直书其事的直置体,事意互相映带的映带体,都带有作诗法性质。此外,出《笔札华梁》或《文笔式》的八阶、六志,所论内容有的也带有这样的性质。这些内容,论诗文体貌而着眼于诗文作法,从风体论来说,还只停留在表层认识上。

但是,编入《文镜秘府论》的风体论,也提出了一些风体范畴,一些地方着眼整体风貌,带有更多理论色彩,着眼更深层次的风格审美特征。比如地卷论体势的一些条目,如"十体"中风貌特征为可以妙求,难以粗测的形似体,有质骨志气的质气体,雕饰词采,以成妍丽的雕藻体,飞腾而动的飞动体,词清意切的清切体,都论整体风貌,而非讲具体诗文作法。编入南卷的风体论理论色彩更浓。南卷的风体论主要在"论体"一节。"论体"一节,一说出《文笔式》,一说出刘善经的《四声指归》。总之是隋唐间的著作。这一节作为标目的"论体"二字,《文镜秘府论》现存各古传本中,只有三宝院本所录イ本,江户坊间刊本有,而其余各本如高山寺本,宫内厅本等各本均无。因此这二字尚难确认为是否为空海或《文笔式》(或《四声指归》)原题。但这一节文字为风体专论,则无疑义。这一节所论,便超出诗文具体作法的局限,着眼于诗文整体的风格类型。它论述了八体:博雅、清典、绮艳、宏壮、要约、切至。这八体,既论其基本特征，又论其与文体的关系，又论各种风格之所失，指出既要看文之大体，随而用心，又要遵其所宜，防其所失。这些论述，提出了风格范畴，更为抽象，着眼审美，理论色彩更浓。

《文镜秘府论》的风体论还包含其他内容，比如，常把诗文风格体貌与其体裁联系起来。中国文学批评史上，"体"这个概念本来就既指诗文体貌，又指文学体裁。体貌与体裁本有很大区别，但文学体貌与文学体裁有密切关系，因此在古人那里，体貌之体与体裁之体常常不作区别，混为一谈。古代风体论常常包含文体论，《文镜秘府论》的风体论也有这一特点。上面所述的论博雅、清典等八体便是这样。比如，编入《文镜秘府论》风体论的一部分内容就又着眼于诗文题材内容。如编入地卷出《文笔式》的"八阶"，论咏物阶、赠物阶、述志阶、写心阶，等等，既不论具体诗文作法，也不论风格审美范畴，而是分析诗文不同题材内容，表明题材内容不同，诗文体貌也不同。"八阶"所论中心在此。地卷"六志"的一些条目也有这一特点。

这些内容是由日本人在日本编入《文镜秘府论》的。这些内容编入《文镜秘府论》时，应当经过选择，有过某种考虑。从《文镜秘府论》这一部分内容，可以窥见空海的编撰思想，而这种编撰思想可能从一个侧面反映当时日本人对中国文化的某种态度。

他们很注重实用性强的一部分内容。比如，诗文体裁和题材内容这一个层面的内容，就有较强的实用性。而如何铺垫，如何切题，如何用事等诗文具体作法这一个层面的内容，更带有直接的实用性。诗文风体虽然与这些实用性很强的内容有联系，但诗文体貌毕竟是整体性的，毕竟有其更深层的审美特性的东西。尽管如此，《文镜秘府论》地卷论体势，却编入大量这一层面的内容。这与日本文学的发展需要有关。空海所处的平安初期，日本文学不论是汉文学还是日语文学，都亟待进一步发展。这时固然需要高深抽象的理论思想，但更需要尽管理论色彩一般，但能直接指导文学创作的内容。具体诗文作法一类实用性很强的内容受到他们重视，就是很自然的了。

但是他们并未忽略有理论深度的东西。比如,南卷论博雅、清典等八体。这八体,是风体论中的八种审美范畴。作为审美范畴,比较抽象,理论色彩浓,对如何作诗作文,却不会有多少具体的指导作用。之所以同时也注重这部分内容,将它吸收过来,显然并非考虑直接的实用性,而是着眼于更为长远的理论修养和建设。一个民族文学的发展,诗文作法一类东西固然直接有用,但更需要多方面的文化修养,需要整体的文化的包括理论修养的提高。空海他们注意吸收眼前并无直接效用却于长远理论素养提高有益的中国文化的东西,或者便考虑到这一点。

总起来看,他们既注重直接实用性,又不排斥直接实用性并不强的东西。中国诗文风体论中不同层面的庞杂内容都注意吸收。这是一种对传入日本的中国文化兼容并蓄的态度。

了解了这种态度,就可以进一步看它与日本歌学风体论有着怎样的联系。

二、日本歌学风体论的唐风印迹

日本歌学产生于《文镜秘府论》编成之前,但是,编入《文镜秘府论》的风体论,事实上在这之前就已传入日本,为日本人所接受。而且,日本歌学风体论的进一步发展主要是在《文镜秘府论》编成之后,因此,如果我们把编入《文镜秘府论》的内容看作他们所接受的中国诗学风体论,那么,就可以以编入《文镜秘府论》的风体论作为参照,与日本歌学风体论作些比较。

这样参照比较就不难知道,日本歌学风体论很多地方留下了中国诗学风体论影响的痕迹。

日本歌体论很多名目,分类方法,便直接仿自甚至取自中国诗学。总的分类名目,比如,"十体",是日本歌体论常见的名目。天庆八年(945)壬生忠岑为作序的"和歌体十种",一般称为"忠岑十体"。"忠岑十体"因其传本长期不存,向被认为是伪书。1930年在安田文库发现"忠岑十体"平安后期抄本,证实了它的存在。"忠岑十体"为:古歌体、神妙体、直体、余情体、写思体、高情体、器量体、比兴体、华艳体、两方体。现存本存例歌四十六首,其中前八体每体例歌五,后二体每体例歌四,每体例歌后均有简短说明文字。"忠岑十体"在日本歌体论中有着重要地位和影响。"忠岑十体"后,卒于宽仁三年(1019)的源道济撰有"和歌体十种"(被称为"道济十体")。"道济十体"名称全同于"忠岑十体",每体例歌只是从"忠岑十体"中抄录二首,各体说明全部省略。尔后,生于天喜四年(1056)的藤原基俊运用"十体"于歌合的判词中。镰仓室町时代及以后的文献,如《奥义抄》《和歌现在书目》《和歌色叶》《八云御抄》等,对"十体"都有著录。日本歌体还有"定家十体"(藤原定家:1162—1241)。题为定家歌体的,《愚秘抄》有十八体,而《愚见抄》等均作"十体"。"定家十体"被认为是日本歌体论的集大成。可以说,"十体"是日本歌体的基本名目,基本分类。歌体而分类为"十",称为"十体",人们都看到这是受到编入《文镜秘府论》的崔融《唐朝新定诗体》中"十体"的影响。"十体"之外。日本歌体论的分类名目还有"八阶"。《喜撰式》有咏歌"八阶",即:咏物、赠物、述怀、恨人、惜别、谢过、题歌、和歌。这"八阶",后来《新撰和歌髓脑》及《奥义抄》作"八品"。各体名目大体相同。论体而称"八阶",显然源自编入《文镜秘府论》的出《文笔式》或《笔札华梁》的"八阶"这一名目。

具体的名目,《喜撰式》的咏歌"八阶"和中国诗学相同处最多。全同者有四:咏物阶、赠物阶、述怀阶(《文镜秘府论》"八阶"作"述志阶")、和歌阶(《文镜秘府论》作"和诗阶")。"忠岑十体"具体名目也有与中国诗学风体论相同或相似的。如"直体",与崔融"十体"中的"直置体"及《文镜秘府论》地卷"六志"(可能出《笔札华梁》)的"直言志"相似。"写思体"则可能从《文镜秘府论》"八阶"中的"写心阶"仿脱而来。当然,更主要的是一些风体论概念内在涵义一致。"十体"、"八阶"中的一些名目,其内在涵义也多有一致之处。如中国诗学和日本歌学的"八阶",赠物阶都有借写赠物以述志之义。述怀阶(述志)都是不假外物,直述心志。而和歌(和诗)阶都是和答之体。"忠岑十体"的"直体","义实以无曲折为得",

与崔融"十体"中的直置体的"直书其事置于句者"内涵也有相似处。"写思体""自想心见,以歌写之",近于《文镜秘府论》"写心阶""春光暖暖,托表鸟以通言,夏日悠悠,因红笺而表意"直写心意。一些概念名目并不同,其内涵也有相通之处。如"忠岑十体"之一的"华艳体",何为"华艳体"?安田文库藏本因有脱落未见说明文字,据大东急文库本,其说明文字为:

此体与比兴混诸以花为先然犹求其外花丽以又札拜也。

这个说明有难明之处。如末几句"以又札拜也",不知是何意。但整个说明的意思还是明确的,即其外表要求词采华丽,所谓"求其外花丽","以花为先"。为求华丽,需用比兴词藻,故"与比兴混",总之当是用包括比兴在内的各种手法修饰词采以求华丽。在《古今集》真名序里,"华""艳"也是与"实"相对的概念,如果把它与崔融"十体"中的"雕藻体"相比,"雕藻体""以凡事理雕藻之,成妍丽,如丝影之错综,金铁之砥练是",可以发现它们之间内涵的一致之处。

"十体"、"八阶"之外,还有一些日本歌体概念其内涵也可看出与中国诗学有密切关系。比如《歌经标式》的歌体论。《歌经标式》说歌体有三,为求韵、查体、杂体。其中求韵有二,为长歌、短歌。查体有七,为离会、直语、猿语、无头有尾、列尾、有头无尾、离歌。杂体有十,为聚蝶、谴謷、双本、短歌、长歌、头古腰新、头新腰古、头古腰古、古事意、新意体。《歌经标式》所论歌体,有的纯为论体裁,如求韵之长歌、短歌。有的实为论歌病,如离会、直语为论和歌内容之病,猿语、无头有尾、列尾、有头无尾分论音数不完全之病,而离歌(又作离韵),为韵之不合之病。但其杂体十种则多为论风体,并且其内容可看出与中国诗学的影响有关。比如:

二、谴謷,言隐语露情也。

"谴"当为"谜"讹,所举例歌为:"ねずみのいへ一句　よねつきふるひ二句　きをきりて三句　ひききりいだす四句　よつといふかそれ五句"

一句,"ねずみのいへ"(鼠の家即老鼠的家)为穴,二句"よねつきふるひ"(从米舂里弄起来的东西)是粉,三四句"きをきりて,ひききりいだす",(木を伐りて,引き燧り出だす,伐木引燧出来的东西)是火,五句"よつといふかそれ"("よつ"这个数),"よつ"是"四",因此例歌谜底为"穴粉火四"这四个字。再看《文镜秘府论》地卷出王昌龄《诗格》的《十七势》,第七"谜比势",是用谜的形式作比喻以表述作者之意的一种写作样式,例诗写秋云,是喻别后如云从风飘荡,不可复归于其起处。写月影在水,是说只可夜里梦中相见,至曙则如水月了不相见,《歌经标式》的"隐语露情"的"谜警",正近似于这种"谜比势"。又如杂体十种的六、七、八、九、十种,分别为以古事陈于发句,以新意陈于三句的"头古腰新",以新意陈于发句,以古事陈于三句的"头新腰古",第三句陈于古事为腰的"头古腰古",古事无定处,四句中交错用之的"古事意",以及既无古事也无旨语(有来历的词),全为新创之词的"新意体"。再看皎然十五例:

二、上句用事,下句以事成之例。

五、上句古,下句以即事偶之例。

九、上句用事,下句以意成之例。

这里所谓"用事",就是用典,也就是用古事。十五例之几例和《歌经标式》杂体十种关于古事新意的几种,上下句之间,或均用古事,或古事新意错用,利用古事与古事,古事与新意互相关联造成某种艺术效果。在这一点上,可以看出它们的相通之处。

总之,日本一些歌体论比较容易看出唐风影响的痕迹,可以说,唐风的风体论是日本某些歌体的艺术源头,日本风体论是从仿学唐风开始的。

三、日本歌学风体论仿唐中新的内容

日本歌学风体论一方面受着中国诗学风体论的影响,另一方面毕竟又有自己新的东西，走着自己的发展道路。他们吸收中国诗学思想形成对诗学风体认识的过程，也是把这种认识逐渐日本化的过程。

一些来自中国的风体论有了新的内容。一些歌体，一方面与中国诗学风体概念有相通之处，明显看出由唐风仿脱而来的印迹，但另一方面，即使这些歌体，日人对这些歌体的认识，也并非完全模袭唐风。他们在将这些诗学风体直接用来说明歌体的同时，就已经溶入了他们独特的认识。

比如，《喜撰式》的咏歌"八阶"，这咏歌"八阶"仿脱自中国诗学"八阶"，是显而易见的。但咏歌"八阶"毕竟不同于中国诗学"八阶"，具体名称不同的自然内涵也不一。具体名称相同的，其内涵既有相同之处，又有不同之处。比如"咏物"。《文镜秘府论》中的"咏物阶"，从例诗来看，是以某一物为对象从不同角度进行描摹歌咏的诗体，这是自六朝以来盛行的那种咏物诗体。比如例诗"双眉学新绿，二脸例轻红。言模出浪鸟，字写入花虫。"咏美人，"洒尘成细迹，点水作圆文。白银花里散，明珠叶上分。"咏露，所咏为美人为露，则一切笔墨都围绕歌咏对象而展开。写美人，既言美人双眉如新绿之柳叶，又言其脸颊泛着如桃花之轻红，不仅貌美，而且多才。其巧言如流，比浮鸟在水，字体优美，似翩翩入花之蝴蝶。咏晨露，露滴洒尘，则有细迹，点入水中，则作圆文，花上露如点白银，叶上水则如明珠。这是中国式的咏物。《喜撰式》的"咏物"虽也歌咏某物，却有不同。其说明："先初不表名色设对，咏春山时先可表冬山。"其例歌为"ふゆすぎて思ひはるやま"（寒冬一过，我思念中的春山就出现了）。所谓"咏春山时先表冬山"，这是设序词即歌咏一物先咏另一物逐渐引入的表现方法。

又如"和歌"（和诗阶）。都是和答之体，这是相同的。但具体内涵又有不同。中国的"和诗阶"，"释曰""彼既所呈九暖，此即复答三春。兼疑秋情，齐嗟夏抱，染墨之辞不异，述怀之志皆同。"从这段说明看，是和诗者要完全依对方诗意作答。春意即答春意，秋情即和秋情，述怀之志与染墨之辞，均无不同。例诗有二首："花桃微散戏红，萌兰稍开紫，客子情

已多,春望复如此。""风光摇陇麦,日华映林蕊。春情重以伤,归念何由弭。"这二首例歌,似为一唱一和,前为唱后为和。从例诗看,都为客子思归而作,故一曰客子情多,一曰归念难弥。又都以春光衬托,故一曰花桃散红,萌兰开紫,一述风动麦浪,日映林蕊,一称春望,一言春情。这是中国式的和诗。再看《喜撰式》的"和歌阶",其说明:"其歌中取章句相违水火如其每句和"。其例歌,唱者为:"あかずしてわかれ袖はほせどひず胸のおもひはもゆるものから"(别泪袖不干,思绪胸中燃)。其和歌为:"おのれたきおのれすなわちこがれつつきえぬおもひはわれもしるこそ"(已焚心即焦,深知思难消)。从唱方与答方例歌看,其和答方式有不同理解。都为咏离别之心绪,前歌有"もゆる"(燃,即"火"),即和歌也以火之意答之。如果这样,则当与中国式的和诗表现方式全同。但如结合其说明,所谓"相违水火"云云,则是说,和歌应当从相反的角度去歌咏同样的事物表达同样的情怀。结合这个说明看例歌,则也应有不同的理解。前歌说"别泪袖不干"("あかずしてわかれ袖はほせどひず"),有"水"(即"相违水火"的"水")。而答歌则从反面着笔,因此一再写到与水相反的事物,既言"たき"(焚),又言"こがれ"(焦),又言"きえぬ"(火熄)。这可能就是说明中的"相违水火"的意思。小泽正夫《日本歌学的形成》就是这样理解。如果这样理解正确,那么,《喜撰式》的"和歌阶",就与《文镜秘府论》的"和诗阶"有所不同,不是完全依从对方歌意,而是歌咏同样的事物情怀却须从完全相反的角度着笔。这种和歌,实际是"返歌"。

这种情况,可以看作是名同而实异,或称为借其名而变其实,借中国诗学概念之名而变为日本歌学内涵之实。这种情况,"忠岑十体"也有。"忠岑十体"之一为"直体"。"直体"这一名称的由来,当与崔融"直置体"有关。"直置体"也可称为"直体"。但两者名相同而其内涵实有别。崔融的直置体未必如小西甚一说的与王昌龄的"直把入作势"一致。"直把入作势"从切题迟早而言,指入题直接切题,"直置体"不涉及切题迟早,而涉及用何种方法叙景状物的问题。"直置体"实近于赋比兴之赋。赋

是直陈其事，直置体是"直书其事置之于句者"。例诗"马衔苜蓿草，剑莹鹏鹕膏"，"隐隐山分地，沧沧海接天"，都是赋的方法。至于忠岑的"直体"，忠岑说明其特点有二：一是"义实"，《古今集》序里，"实"是与华艳相对的，从五首例歌看，没有恋情，没有写美景，所谓"义实"，不仅指词采不华美，而且指由内容质实，不浮华。其二，"无曲折"，结合五首例歌，所谓"无曲折"，主要指不用和歌常用的倒置法，《古今集》时代主要的修辞法如缘语、悬词乃至序词、枕词等。指表情方法的简明平直明快。"秋来ぬと目にはさやかに见えねども风の音にそ惊かれぬる"（秋来目难视，风凉惊时逝），秋风袭身之时，秋至时迁之感脱口而出，"我宿の池の藤波さきにけり山ほととぎす今やなくらむ"（我家池边藤花开，杜宇几时啼山间），目睹晚春藤花盛开，马上引发联想，企盼夏日杜宇来鸣，坦率素直明快。这已非是单纯"赋"这种表现手法所能概括，而表现为一种整体的风貌特征，与"直置体"实已不同。

名同实异最典型的，当属忠岑的"比兴体"。"比兴"是中国诗学的基本范畴，忠岑有这样的说明："此体如毛诗标物显心也。"说明用的是毛诗六义"比兴"之概念。但其实际内涵又非如此。他接下去的说明"是不其义"。此四字殊难解，当是日本式汉语表达方式，其正确表述方法当为："非是其义"。就是说，并非毛诗"六义"的"比兴"之义。那么是什么意义呢？他接着说明："只以俗所言之有兴，似其一片之名也。"只是假借"六义"比兴之名，而实际含义则是日本通俗所说的"有兴"，就是说，"比兴"只是"有兴"。比兴体实际就是有兴体，而这个"兴"也不是"赋比兴"之"兴"，日本"天德歌合"郭公的一三番判词云："左右歌共有兴，いとをかし"，"有兴"就是"いとをかし"，即奇怪奇特，"中宫亮显辅家歌合""月十番左"也有"甚兴あることにはべれど"，译成现代日语，则是"おもしろい"（有趣）。有兴，或比兴体，就是有奇特奇异有趣之事。比兴体例歌："名にしおはばいさ言とはむ都鸟我がおもふ人はありやなしやと"（此物何名曰都鸟，久念之人尚在否）。羁旅思亲之中，舟子催渡，忽遇一嘴足皆赤之白鸟，却为都中所未见，且皆不知名。询问舟子，乃知是都鸟。

此歌便从这奇特有趣之物落笔,这或者便是有兴。这种"有兴",与中国诗学六义之比兴之义已毫不相及了。

这种形同实有不同的情况,也存在于《歌经标式》。前面说过,《歌经标式》杂体有十的六、七、八、九、十种,内涵与皎然《十四例》中的一些例式有一致之处,但这相同之处,也只在上下句如何处理运用古事新意。如果进一步分析,会发现,《歌经标式》所说的"古事",和《十四例》所说的"古事"仍不相同。中国诗学的"古事",虽也时指古词,但多是指"枕词"或"枕词性的词",中国诗学的"古事"是"事",《歌比标式》所说的"古事"倾向于"ことば"即词,习惯性的成语古词。

四、日本歌学创造的新的风体范畴

日本歌学还创造了一些新的风体范畴。

《喜撰式》"八阶"就有一些新创的歌体。

如"恨人","伊势の海にもしほやくなるうらみ岛"(伊势海上熬盐者,小岛叫人好怨恨),其说明:"若恨人者终不破其心静念掇华述意焉。"此说明不易理解。联系例歌,而揣其意,所谓"不破其心",当是不扰乱,不打破恨人歌之心境,让歌有一种怨恨的心境氛围,在这种氛围中"撰述其意",即措辞述意。这是表现怨恨情思的歌。

惜别:"ゆくからにけふわかれなば"(行行复行行,正是惜别时)。其说明"悦喜悲欢犹满心里寂寞宣意。"惜别时不论外表是悦喜还是悲伤,内心都是寂寞的,歌就宣导表现这种内心寂寞,恋恋不舍之意。

谢过:"今はわがひとつふたつのあやまちに"(一次又一次,今日我谢过)。其说明:"如谢过者每句不失意而解结咏同谢过。""解结咏同"四字义不明,整个说明的意思是说,这类歌第一句都应扣紧谢过之题,不失谢过之意。

题歌:"思ひてや袖はこほらであやしくもたどるそでかもたどきなきかな"。其说明:"题歌者忽得题早速不看善恶才去病可好。"这段话也不太好理解。可理解为题咏之歌忽然得题可以不看善恶,即计艺术技

巧之善恶,不过分讲求艺术技巧,只要"去病",即回避歌病就可以了。总之这是题咏类歌体的要求。

这四种歌体,谢过类题材汉诗少见,恨人之题材亦不多见,题咏、惜别的题材,汉诗则常见,但不论哪一类,六朝唐诗学都未作为一种诗歌风体。有的学者那样把《喜撰式》"八阶"和《文镜秘府论》的"八阶"一一对应,恨人对应写心,惜别对应返酬,谢过对应赞毁,题歌对应援寡,认为都仿自《文镜秘府论》,这是没有根据。这类题材作为一种歌体,是《喜撰式》自己的创造。

"忠岑十体"更多自创的歌体。如"古歌体"。"古歌体"本身包含多种风格。忠岑说明文所说的,"多其体","或词质俚以难采,或义幽邃以易迷",都是古歌体。而且,"古歌体"与"忠岑十体"其他九体也没有截然的区别。所谓"皆通下九体,不可必别有此体也"。比如"春日野に若菜つみにや白妙の袖ふりはへて人の行くらむ"(采芹春日野,艳丽百花开,舞袖迎风展,相招仕女来),用了语意双关的挂词:"ふりはへて"的"ふり"即上挂"袖"(振り),又下挂"はへて",是"わざわざ"(特意)之意。因此又可以说是"两方致思体"。但古歌体总的是要求古歌的特色,如例歌一:"小笠原へゐのみ牧にあるる马もとればぞなが袖とれ",把"马"(うま)说成"ま","へみ"发音为"へゐ",都是当时朴素的古语。用朴素的古语表现朴素的内容。例歌三:"风吹けば冲つ白浪立田山夜半にや君がひとり越ゆらむ",写的是一个古代爱情故事。父母亡故,家运衰落,男子又另寻新欢,而对这一切,女子并不悲叹自己的命运,男子将行时,她唱起了这首歌。她忧虑的是曾与自己有夫妇关系的男子,将要踏上险恶的旅程。这个古代动人的爱情故事,也见于《伊势物语》和《大和物语》。例歌五:"春日野に若菜つみにや白妙の袖ふりはへて人の行くらむ"一首,则以嫩叶之绿,舞袖之白,田野风光之美,屏风歌名手纪贯之的绘画古风。

神妙、余情、写思、高情、器量各体有相近之处,所以忠岑说,写思体"与余情混其流,与高情交其派,自非大巧可以难决之"("写思体"说明),

高情体"仍神妙、余情、器量皆以出是流,而只以心匠之至妙难强分其境,待指南于来哲而已"("高情体"说明),器量体"与高情难辨,与神妙相混"("器量体"说明)。但这几体还各有其细微的特色。

如"神妙体",祈愿神灵,其事灵妙不可思议,其表现手法也当微妙不可测,是忠岑"说明"中所说:"神义妙体"。"神义"是祈愿神灵之义,"妙体"既指内容神异灵妙,又指表现之微妙难测。如五首例歌,不论表现祝贺之意的也好,表现哀伤之情也好,还是神乐之歌,或细石成岩石,山岩长绿苔,霰霜降临,木叶转红,都在万物迁移,时间变幻中感到神异力量之不可测。但这几首例歌,着重于内容之灵异神妙,表现上并未做到微妙难测,因此忠岑又说:"徒立其名撰,难叶其实耳。"所谓"难叶其实",主要当是指表现上未能进一步做到微妙难测。

如"余情体"。忠岑说其特点为"词标一片,义笼万端"。就是说,表现言外之余的丰富情趣,这就是余情。如例歌一,花开时节尚且不来赏花,花落之后则更不可来,以此歌在花开时节赠人,言外之中有怀念,有企盼,也有怨思苦情。这一切,尽含于花开之时盼人赏花的歌咏之中。例歌二,农历十五之后的月亮,黎明时分才出现天空,而这位女子一直等到黎明时分月出,所恋之人还没有到来,种种怨情恋思也尽在不言之中。更为动人的是例歌三,从难波(大阪)的三津浦,经濑户内海到筑前博德津,是当年作为遣唐副使乘船往中国的航线,现在沿同样的航线,却是被流放,于是眼前之景怎不触发万端感慨。海浪滔滔,暗喻此行之不测,眼望大海,又暗自向海神祈愿此行平安。"かけて"既是"目にかける""目がける"(看到)的意思,也有"神かん""愿かく"(祈愿)的意思。初看表现手法单纯,其实包含复杂多端的心情。这就是所谓"余情",所谓"词标一片,义笼万端"。

"高情体",主要写高洁的情思幽远的境界。如忠岑所说明的"词虽凡流,义入幽玄"。"词虽凡流",是说并不在艺术技巧上下功夫,不求词采华丽,而求词采朴素。而"义入幽玄",则是指其境界的高远幽洁。有超凡脱俗之思,入山水自然之境。如例歌一:"冬ながら空より花の散り

来るは云のあなたは春にやあるらむ"(时今仍冬日,空中降白花,云层飘忽处,春已到仙家),不是降雪,而是飘花,冬中思春,义非凡流。

"器量体",与神妙体、高情体有相通之处,但发想更为奇特,写景更为宏大,格调更为高远。如例歌四:"このたびはぬさも取り敢へず手向山红叶のにしき神のまにまに",以红叶比作奉献于神前的锦币,发想可谓奇特,而满山的红叶,写景又壮丽宏大。例歌五:"天の原ふりさけ见れば春日なる三笠の山に出でし月かも"(远天翘首望,春日故乡情,三笠山头月,今宵海外明)。这是安倍仲麻吕作歌。安倍仲麻吕于717年遣唐,长年在唐任官,未能归返日本。751年遣唐使返日本,离别之时,歌咏此歌。来时十七岁,而今已五十二,时隔三十五年,翘首望故乡,故乡不可见,唯见三笠山头月。茫茫大海,高天明月,遥远的故国,三十五年长久的时间,都场面宏大而格调高远。这就是器量体特点。

如"两方体"。据大东急文库本作"两方致思体"。"两方体"主要使用挂词这一和歌特有的修辞手段,利用同音异义词,以求有丰富的含意和复杂微妙的效果。例歌二:"年をへて花の镜となる水は散りかかるをやくもるといふらむ"(年年流水如明镜,水上梅花映镜中,一时花落风吹去,镜中蒙尘天阴阴),把流水比作镜子,年年映照着水边梅花开而又落,如镜之水与水上之梅花融为一体,因而由梅花谢落联想到年年映照着梅花的镜子将蒙上灰尘,而这镜子又和女子日常生活联系在一起,"くもる"是天气阴沉也是心情阴沉。作为挂词的"ちりかかる"有语意双关的作用。既实写花落水中,又联想到女子生活,同时很好的表现了因梅花凋零而伤感抑郁的心情。大东急文库本还有一例歌:"音にのみきくの白露よるはをきてひるは思にあへすけぬへし"。"きく"既作为"闻く"上挂"音",又作为"菊"下挂白露,"をきて"既是"置きて"上挂白露,又作为"起きて"引发新意。"思ひ"的"ひ",既挂"思ひ",又可理解为火字。一首和歌里有三个挂词,收到语简意丰的效果。又例歌三:"わびしらにましはな鸣きそ足引の山のかひある今日にやはあらぬ",(峡谷猿鸣心不安,山重峰叠请君看,有幸得寓法里眼,正是今日好时光)。"か

449

ひ"既是"峡"是挂猿鸣,又是"甲斐"(效果),下挂"ある",由峡谷猿鸣之境转写此景有意得寓法里之眼而感到非常光荣之意。

忠岑十体的这些歌体,有的在中国诗论中也能看到类似的风格,如"余情",有似于中国"不著一字,尽得风流"之类审美倾向。"高情"让人联想到皎然《诗式》"辨体一十九字"的"高",而"器量"着眼崇高美,与中国的"风骨"当处同一审美层次。但这些歌体范畴,都找不到仿脱自中国诗学理论的根据。"余情"着眼于"余り",情之充裕而自然的溢于言外,高情着眼于高洁幽远,器量着眼于境界宏大发想奇特,与中国诗学并不相同。于于"古歌体",中国古代诗学重复古是一个传统,但并没有提出过一种以复古为特色的诗体。何况"古歌体"所谓"古歌",主要指万叶风之传统歌风。这是日本特有的。"神妙"以祈愿神灵为内容作为歌体特色,"两方体"强调挂词一类日本和歌特有修辞手法,都只能是日本人在歌体上独有的创造。

五、日本化的定家十体

定家十体则可以说基本上日本化了。十种歌体风格都是日人自己的创造。

幽玄体。幽玄美的追求在日本有一个过程。在一定时期,在某些古代中世论家那里,可能如有的研究者所说的,有浓厚的神仙味,表现艺术与宗教相结合的倾向。但从定家十体看,从定家十体中"幽玄样"所举的五十八首例歌看,虽然有个别的例歌(如例歌二十七)有祈愿神灵的意思,但绝大多数例歌并不表现宗教倾向,而是写人间普通生活。在人间普通生活中表现幽玄之歌风。这主要是写幽细玄深之思,静寂清幽之境,同时利用挂词等修辞手法表现深微不尽的余情。

写幽细玄深之思是定家幽玄样的例歌的一大特色。写盛期难再,人生短暂,例歌四十五:"花の色はうつりにけりないたづらに我身世にふるながめせしまに"(花色终移易,衰颜代盛颜,此身徒涉世,光阴弹指间)。春日长雨,花期已过,触景生情,哀叹人生。例歌五十:"ながむとて花にもいたくなれぬればちる別れこそ悲しかりけれ"(新古今126),眺望远山,美丽的樱花是那样熟识,那樱花就要离别我们凋落而去,怎不让人伤心。也写避世的悲叹。例歌四十七:"さくら散る春の山边はうかり世をのがれにとこしかひもなく"(新古今117),佛道修行者,本为逃避世上忧愁才来到这山上,可是春日山上,樱花照样凋落,照样让人心忧,忧愁为什么就驱散不去呢?

但是,例歌大量的是写幽细的恋情,特别是单相思之恋情。例歌四:"おもひ川たえず流るる水の泡のうたた人にあはで消えめや",心上人不知何在,日寻夜问,也不见踪影,于是,那忧思就象滔滔河水,水流又如泪流,河中水顷刻消失,也许我和你相逢的机会也就此破灭?

例歌二十五:"下もえに思ひ消えなむ烟だに迹なき云のはてぞかなしき",单相思有如暗中燃着的火,人眼看不见,却在心头煎烧,即使那火也将熄灭,变成一缕火葬的烟,这烟慢慢升起啊,那就成了天上的云,可那云来去无踪,不会留下我思念的印迹。我最后的悲叹也将随着那火葬的烟云消散在不知何处的地方。

定家幽玄样例歌的又一大特色,是写静寂清幽之境。写初冬凄冷的雨。例歌五十三:"冬をあさみまだき时雨と思ひしに绝えざりけりな老の泪は",入冬才不过几天,初冬凄冷的雨就下个不停,我可经不起这凄冷的雨,我禁不住老泪纵横。身世孤单又处冷清之境,人生种种哀叹尽在其中。写杜鹃鸟隐约的叫声消逝在夜空中。例歌五十六:"ほととぎすそのかみ山の旅枕ほのかたらひし声ぞわすすれぬ",还记得那一天夜里,宿泊在四月祭神山神馆里,以那旅枕上,叫人难忘的,是那隐约的一声杜鹃鸟声,依稀的细细的消逝在夜空里。写静寂中清晨的钟声。例歌二十三:"あかつきつげの枕をそばだてて闻くもかなしき钟の音かな",拂晓倚枕听,唯闻晨钟声,钟声破清晓,只觉更冷清。冷清伤感中的晨钟,只能更添伤感。

更多的例歌是融幽深之思于静寂之境之中。例歌八:"鸣きわたる雁のなみだや落ちつらむもの思ふ宿の荻の上の露",雁的哀鸣声在夜

空中回旋,哀鸣声中撒落了点点泪水,思念意中人彻夜未眠,早上再看那屋前荻花,那滴滴露珠,不正是哀雁洒落的泪水吗?

例歌九:"むしの音も长夜あかず故乡に犹おもひふ松风ぞ吹く",虫鸣秋夜长,故乡有远方,独坐思难断,松风伴哀叹。

例歌十:"昔おもふ草の庵のよるの雨に泪なそ山ほととぎす",往事依稀不堪忆,唯借草庵把身栖,凄凄夜雨泪不住,又闻杜鹃啼深山里。

例歌十一:"をしむとも泪も月も心からなれぬる袖に秋をうち见て",秋月不堪惜,泪伴月长住,不问心中苦,唯恨秋夜月。

例歌十五:"きりぎりす夜ざむに秋のなるままによわるか声のとほざかり行く",秋夜已是那样凄冷,伴随这寒夜的是蟋蟀无力的鸣声,身体弱小的蟋蟀在寒风中颤抖,那鸣声越来越细弱幽远最终消逝在远方。

例歌三十九:"おもひいる身はふかくさのあきの露たのめしるゑや木枯のかぜ",我深深的思恋着,就像那深草上的秋露,早知没有多少时光,我的生命已那样脆弱,我久久等待的那个人,却像瑟瑟寒风变得那样冷漠无情,要把那凄清的草露吹落。

是雁的哀鸣,荻花上的寒露,是松风虫吟,凄凄夜雨,杜鹃啼血,深山秋月,也是失恋、思乡之幽情,人生的感叹,这一切融为一体,让人感受到一种幽寂微玄之美,表现那幽玄特色的歌风。

定家幽玄样例歌也常用挂词等手法,表现幽深的余情。

"长高体",如人们已经指出的,这是一种以壮美、崇高美为基调的风格。从定家"长高体"的例歌看,这一点可以得到印证。"长高体"的一些例歌,格调要高昂一些。

例歌二十一:"しぐれの雨そめかねてけり山城のときはの杜のまきの下叶は",初冬时节,寒雨阵阵,但山城葛野郡的森林,却不会被染得变色,它依然那浓绿。这与一般写冬雨凄清的格调不一样。

例歌一:"おもふことをなどふ人のなかるらむあふげば空に月ぞさやけき",我心中那样忧愁,为什么连问一声的人也没有,举头望着月

亮,可月亮是那样明亮的照耀着,这使人想起李白的"举头望明月,低头思故乡",虽有忧愁,却不消沉。

一些例歌,总给人以壮大感,有气势。例歌四:"天の户をおしあけがたの云间より神代の月の影ぞのこれる",暴风雨清洗过的高山上,红叶并没有被吹散,清冷的月亮该要出来了吧。

例歌二十:"うつりゆく云にあらしの声すなりちるかまさきのかづらきの山",在空中移动的云中,是那风暴的声音,这风暴吹落下正木的藤叶,啊,这就是葛城山。

其实,除了格调高,有壮大气势外,想象奇特也是它的一个特点。前面所引的几首例歌就有这一特点,还有例九:"このたびはぬさもとりあへず手向山もみちの锦神のまにまに",此行陪御驾,私币未随身,手向山红叶,锦钱献路神。赞红叶之美,却不正面叙述,而想象满山的经红叶就是那美丽的献给神灵的锦钱。

歌思流畅也是一个特点。例歌十九:"かづらきや高间の樱さきにけり立田のおくにかかる白云",满山雪白的樱花,比作挂在山间的白云,想象奇特,而信手拈来,流畅自然,毫不费力。

例歌十六:"よそにのみ见てややみなむ葛城やたかまの山の峰の白云",满眼是与我无关的东西,那挂在葛城高间山峰上的白云,不正象那可望不可即的女子吗?

"有心样","心"是心情,感情,思虑,写人生感情,自然感情,重主观感情的抒发,而且主观感情更强烈,更深沉,是其特色。幽深的哀思当然仍是一个重要内容。例歌三:"かきながす言の叶をだにしづむなよ身こそかくても山河の水",我信笔写的这些话,只不过是被水 冲走的落叶,我这一生,就要这样沉沦下去,就像这落叶将尽的山川水流。

例歌六:"たのめこし我ふるてらの苔の下にいつしかちむ名こそ惜しけれ",我修行的场所,这是我人生的寄托,可就在这在这古老寺院的苍苔下,不知什么时候,我的名字就要被人忘记,悄悄的死去。

例歌十三:"露をだに今はかたみの藤衣あだにも袖を吹くあらし

453

かな",只剩下眼泪,眼前是作为遗物的丧服,还有那狂风,随意吹动我的袖子,还把我的眼泪吹得四处飘散。

例歌二十二:"もの思ふ袖より露やなびきけむ秋風ふけばたへぬものとは",衣袖上濡湿的是悲叹的泪水,那泪水就像草木上的露珠,那萧瑟秋风阵阵吹来,那堪这寒秋,那寂寞的泪水。

例歌三十九:"世にふるは苦しきものをまきのやにやすくもすぐるはつ時雨かな",世上的生活真是难,罗汉松的屋顶上是那秋雨的声音。秋雨阵阵,来得快去得也快,可我那忧思却没完没了。

这种忧思的抒发,有时幽细深微,也有时强烈直露。而且,"有心样"不仅写忧思,也写其他感情。例歌三十五:"春の雨のあまねき御代をたのむかな霜にかれ行く草叶もやすな"春雨普洒人间,君恩遍惠天地,托赖这盛世的恩惠,就像那霜摧雪打了枯萎了的草叶,我也沾濡了一点漏泄的春雨君恩。这是沾濡君恩的感激之情。

例歌三十三:"年くれぬなみだのららとけにけり苔の袖にも春やたつらむ",悲叹年暮的泪水的冰柱在袖子上溶化了,看到这情景,我的法衣袖子上,不是也看见了立春的景象吗?伤年暮,但其中也有立春喜悦的心情。例歌三十四:"山ふかみ春とものらぬ松のとに绝えだえかかる雪のたま水",我那茅庐在深山晨,山是那样深,甚至春天来了也不知道。和这茅庐相答的松枝做成的门,又确实让人感到春天来了,悄悄,远远的,挂着那雪融化的水滴。一方面是深山的寂静,一方面毕竟有春天信息到来的喜悦。例歌二十:"花见てもいとど家路ぞいそがれぬまつらむと思ふ人しなければ",属哀伤歌,而实际有对美丽的春天樱花的观赏留恋,这留恋甚至使他不急于回家去看望妻子。有人间凡俗的感情,也有宗教性的感情。例歌二十三:"そむきてもなほうきものは世なりけり身をはなれたる心ならねば",虽已离世出家,但仍忧虑的,是这个世上的东西,为什么呢,因为身虽离世而心未离身啊。用佛理解释忧思之原因。正因为也写宗教性的感情,所以"有心体"中有一些神祇歌。例歌十五"にしの海たつ白浪の上にして何なげくらむかりのこの世を",称德天皇朝,宇佐神官让僧道镜即帝位,奏告天下安泰,而天皇确认了这件事。歌大意为,皇宫建在西海掀起的波浪上,暂且在这个世上生活吧。例歌十六:"夜やさむき衣や薄きかたそぎのゆきあひの間より霜やおくらむ",忧虑神殿遭破坏,大意为,夜已经很冷了吧,我的衣服太薄了,社殿那削得薄薄的木片和木片之间漏进来的,是那冬的寒霜吧。例歌十八:"おしなべて日吉の影はくもらぬになみだあやしき昨日今日かな",全部的日吉神社的神光越来越明亮,我托赖这神的光辉,可此时此刻,我那却不住的撒落。这样看来,有心样是欲指一切人间感情,自然感情,伦理性宗教性感情。

有心样的特色是一切推移到主观,落脚于主观。强烈的直接的抒情不用说,大量写景的写客观的诗最终也是要推移到主观。或譬喻,或象征,或对照,人事自然化,往往要由表层推到里层,往往是曲折的多重感情,多重表现。在无心之草木自然中表现有心,寄托感情。例歌二十五:"津の国のなにはの春は梦なれや芦の枯叶に风渡るなり",摄津国的难波,那春天茂盛生长的芦叶,就已经象遥远的梦,现在来看,水边芦苇的枯叶,正寂寞的被冬天的寒风吹散在四处。由水边枯萎的芦叶已生联想到春天芦叶生长茂盛,与枯萎萧瑟之状鲜明对照,而又由芦叶推移到作者的心,年青时朝气蓬勃,出家之后,累年修行,悟彻佛理仙道,就象这眼前的芦叶,虽超越感伤,达于彻悟,毕竟有着某种难以说清的寂寞思绪,而这种思绪,都寄托于眼前这芦叶。例歌二十六:"山里は世のうきよりも住みわびぬことの外なる峰の风に",山里本是避世,可这里比都市还烦恼,你看那山峰上猛烈的暴风吧。与都市比照,而写出人间苦恼之难解脱。例歌二十七:"山里にちぎりし庵やあれぬらんまたれむとだに思はざりしに…",已决心出家呆在山里,可那寺庵过了那么长的时间已经荒芜,约定出家时,连那寺庵也等着你啊。不直说自己欲出家而未能出家,而说寺庵因久久等待已荒芜,曲折表现,推进一层,显得更含蓄,也更深沉。例歌二十八?例歌三十二:"老いにけり渚の松のふかみどりのづめる影をよそには见る……",那水边老松的深绿颜色,正像我这老

455

朽卑官的服色,那沉沦在水中的松影,正像我卑下的地位,能不伤心吗,能不伤心吗？"深绿",暗示作者六品卑官的服色,松映水中,象征低下的地位。人事自然化,因自然化而使抒情更耐人寻味,更"有心"。例歌三十七："春をへてみゆきになるる花の荫ふり行く身をもあはれとやみる",不直接写怀才不遇,久未升迁之怨思,而写年年站在樱花树荫的老位置上,习惯了行幸的仪式,不悲哀而哀情自在。这样写,往往写出多重复杂的感情。上面很多例歌就是这样,而例歌二十一更为突出："小□原かぜまつ露の消えやらでこの一ふしを思ひおくかな",露是自然之露,也是高龄作者垂暮的生命,重病在身,生命行将结束,就像这将要消失的露珠,现在还有一息尚存,不过像这露珠马上要消失而未消失,只是暂时的事。而他此刻最担心的是儿子升进之事,因此向后鸟羽院哀诉。用多重挂词："消えやらで","消え"是死,也是露消。"この一ふしを",是说短竹的一节,"この"也是"子の","一ふし"是竹子的一节,也是儿子的一件事。"思ひ置く",一方面是小节竹尚置于野地,一方面则是自己将死,儿子之事将作为"思"一件心事留在这世上。从景来说,它的翻译应该是"短竹丛生的野地,露珠等待着风的到来,暂时还没的消失。只是想这一节小竹,把它放在野地上吧。"其所挂有心之意,则应该译作："现在我身是将死而未死,只是我儿子的事放心不下,只有把它留在世上。"

"事可然样"。特点是如实的表现内心的感情内容。从定家十体的二十六首例歌来看,虽也杂有幽玄之作,但大体是实写或直写。因为直写,表现朴素、真率,有的似乎显得浅近,直露,没有多少余味。如例歌二："大かたの秋のねざめの长き夜も君を祈る身をおもふとて",谁都会从秋梦中醒来,醒来后觉得那夜晚和白天一样长,我衷心祝愿君主圣运长久,这是比什么都重要的事,因为我是您的廷臣,全靠您的恩惠生活。直率无曲折也无余味余情。例歌三："いそがれぬ年のくれこそあはなれ昔はよそにききし春かは",因为出家,已经闲散多了,虽是年末,也没有做春天到来的准备,想起以前任官时,年末尽忙于琐碎的宫同仪式,现在是不做那些事了。略有深一层的感慨,但总体是浅近直露。但事可然样并不等于直露浅近。它有失败的歌例,也有成功的优美之作。大多数例歌是朴素而不浅近,明快而非直露。面对心外之境,刹那间而引发感受,形成诗思,其间无太多曲折隐晦,因而也无须雕饰做作。歌思直接,表现流畅,语言朴素明快,一切似在不经意之中。例歌七:"あはれいかに草叶の露のこぼるらむ秋风たちぬ宫城野の原",啊,多么繁茂的芦叶,露珠洒落在草叶上,秋风阵阵的吹,那宫城野辽阔的原野啊。直接抒情,优美,壮阔,赞美之意溢于言表。例歌十:"としへたる宇治の桥守ことはむ几世になりぬ水のみなかみ",宇治川守桥的老太爷,想问你一件事,这宇治川的清水啊,经过了多少的年代。脱口而出,又韵味无穷。例歌二十四:"君こむといひし夜ごとにすぎぬればたのまぬ物のこひつつぞふる",你说了你就要来,每一个夜晚,我都是空虚孤单的度过,虽然靠不住,但我还是继续爱恋着你,一天又一天。坦露、纯情、朴素,毫不矫揉造作,而又非常动人。例歌二十五:"老のなみこえける身こそあはれなれ今年も今は末のまつ山",皱纹已经从脸上移到了身上,不仅如此,而且今天就是今年的年末,这末地的松山啊。写海边岁暮之心,由海波联想到脸上的皱纹,想到时已年末,人已老暮。

　　事可然样例歌多写羁旅直感。作于建元元年二月的例歌十五:"あけば　こゆべき山の岭なれや空行く月のすゑの白云",天如果就要亮了,月亮就要从空中移向那峰,在空中行走的月光的末端,是那远处的白云。例歌十六:"いたづらにたつやあさまの夕けぶり里とびかぬる远近の山",浅间的山间薄暮时分炊烟袅袅升起,这就是我要借宿的地方吧。不,这也许就是我家那边,可欲问无处问,只见四面群山边着群山。例歌十七:"思ひおく人の心にしたはれて露わくる袖のかへりぬるかな",留下我的回忆的人,我怀念着你,拨开露水旅行,我的衣服已经褪了色,可我总算回来了。例歌十八:"今はとてつま木こるべき　宿の松千代をば君となほ祈るかな",廷臣欲避世而去,可他想到的还是君上。这令人忧虑的世道,我要离你而去,我是那只能做柴烧的小杂木,庭园里我那松树,我把它那千年之龄,让给天皇,我衷心祝福我的圣上。例歌十九:"年月をいかで我身におくりけむきのふの人も今日はなき世に",感叹人生无常,歌人唱道,这漫长的岁月,将怎样度过我的这一生,昨天见着的人,今天就死了,这世事变化是那样的无常。写于建久五年的例歌二十:"いたづらにすぎ行く方やなげかれむうけ难き身の夕暮の空",写临终对人生的反思。不思后生,不积善业而过一生,不是很令人可叹吗?不接受难以接受的人生,做相应的事情,就会陷入三恶之道,这时,正是什么办法也没有的临终的时候。例歌二十二:"またれつる入相の钟の声すなり明日もやあらば闻かむとすらむ",久等着的入相的钟声传来了,如果明天还有生命,这声音又要听见吧。入相的钟声每天听着,无常是整个世界的实相,一般人感到悲哀,而佛者保持觉悟,把每一天作为最后一天。例歌直写这种无常之感。例歌二十三:"うき世をば出づる日ごとにいとへどもいつかは月の入るかたを见む",如果忧世,每天都令人厌烦,什么时候能去那月亮落下去的西方净土,等待着吧。盼望着去西方净土,人生无常之感,直叙无隐。作于建久二年冬的例歌九:"淋しさはその色としもなかり槇立つ山のあきの夕暮",我感到寂寞,并不只是因为有什么实相,这满是树木的山峰,这秋晚的夕阳。写一切万物皆虚无的直感。

这些歌,大多数不着力于表现余情,虽也时可感到余情,但那是歌思自然而出的韵味,一切在不经意之中,而非有意雕琢修饰。用事物本然的形式素其内容,这就是事可然样。

"丽样"。从定家的例歌和一些辞书对"丽"这个词的解释看,丽样有华丽华的一层意思。一些例歌写出自然的艳丽色彩,而其感情色调也是明艳清朗的。例歌三:"みよし野は山もかすみて白雪のふりにし里に春は来にけり",彩霞之红艳,冬雪之洁白,群山树木之翠绿,构成艳美的图画,不是幽玄样常有的幽细深郁,而是欣喜,明朗。例歌二十三:"夕月夜汐みちくらし难波江や芦の若叶に见ゆる白波",春望水乡,难波江朦胧的月光下,春潮像是涨起来了,那一道道白色的波浪,正越过嫩绿的新叶,悄悄地靠近岸来。感叹中透着艳美,芦苇嫩叶之青与潮波之白相衬,辉映全篇,因此人称此歌有"杨柳一村江县绿,烟霞万里水乡春"之美,它的感情基调也是欣快明艳的。例歌二十一:"君がため春の野に出でて若菜つむ我衣手に雪はふりつつ",我摘下春天田野葱绿的嫩叶,赠给我们的君王,表达那衷心的祝愿,采摘绿叶时那衣袖上,飘落下一片片雪花。同样是嫩叶之葱绿与落雪之洁白相映生辉,同样写一种轻快的情调。

但是,"丽样"之丽,不仅是华丽,日语里,"丽"或说"うるはし"既有"うつくしい"(美)之义,又有"いとほし"(可爱),亲爱,友情深厚,仲よし(亲密),端丽,"きちんとしていて美しい"(整洁而美丽),"やさしい"(温柔)等义,定家例歌也并非全是华丽,更多的是端丽,清丽,写亲情厚爱,温柔之情。不少例歌写到月色。前面所举的例二十三,春潮白波芦苇嫩叶就笼罩在朦胧的月色之下。再如例歌二十四:"今はとてねなましものをしぐれつる空とも见えずすめる月かな",现在正是安寝的时候,天空已不见那入冬的阵雨,只有那清澄皎洁的月辉,洒满了大地。例歌二十六:"秋风にたなびく云のたえまよりもれいづる月のかげのさやけさ",秋风吹动着云彩,暧嶷飘浮的云彩间,洒落下月光啊,那月光是多么清爽皎洁。例二十二:"春くれば袖のこほりもとけにけりもくる月のやどるばかりに",春天来了,袖子上冻成冰的眼泪溶化了,从那屋轩映照下皎洁的月光。都写月色,有的虽也写到泪(如例歌二十二),但那袖上的泪已成过去,歌中感受到的主要是对明月春色的欣赏,清澄皎洁的月色,是一种端秀的美清丽的美。这种美也是丽样歌体的一个内容。

还有一些歌写深厚的亲情。例歌十四:"立ちわかれいなばの山の峰におふる松としきかば今归り来む",此别将何往,前程稻叶山,诸君如待我,闻讯即时还。例歌一:"ほのぼのと明石の浦の朝雾に岛がくれ行く舟をしぞ思ふ"。朦胧朝雾里,明石海湾头,岛际行将没,难忘是别舟。都写得思深情切。

一些例歌写美丽温柔的恋情。例歌十八:"さむしろに衣かたしき今夜もや我を待つらむ宇治のはしひめ",今夜我敷开衣服的一边一个人独眠,那守着宇治桥的女神啊,你还等着我去吧。宇治女神美丽的形象,让人感到温柔可亲。还有几首以鹿拟人的恋歌。例歌九:"あらし吹くまくずが原に鳴く鹿はうらみてのみやつまをこふらむ",秋风吹动着满是葛树的原野,葛叶里翻动着银白色,鹿在鸣叫着,它怨恨那不和它相会的牝鹿。例歌十:"つまこふる鹿のたちどをたづぬればはやまがすそに秋风ぞふく",怀恋牝鹿的鹿儿有鸣叫,到它鸣叫的方去问一问看,秋风阵阵,正吹动那山脚的树木。例歌十一:"たつた山木ずゑまばらになるままに深くも鹿のそよぐなる",立田山的树林大都落叶了,只有树梢稀稀拉拉的残留着一点叶子,在那深山之处,听见的是那鹿儿踏着落叶而行走的声音。可能透着一点幽玄、忧伤,但忧伤中表现的是纯情之恋。从这些例歌看,从"うるはし"这个词的词义看,"丽样"主要不在浓艳之美,而在清丽温厚端秀之美。

"见样",以叙景见长,据实见而写。它着力于写实境。作于建仁元年二月的例歌六:"云はみなはらひはてたるあきかぜを松にのこして月をみるかな",晚夕归山的云已被全部吹散,只有那秋风发出声响留在山上那松树上,还有那晴空中一轮明月。虽有余情,有茫然感,但重在写实境。例歌七:"下もみぢかつ散る山の夕时雨ぬれてやひとり鹿のなくらむ",山中的红叶,在晚夕的阵雨中散落,被雨淋湿的山上,怀恋牝鹿的牡鹿发出孤独的叫声。不是重要写恋情,而在写风物,恋牝的牡鹿也是作为秋天的风物来描写。

它的一些实境总是素洁、雅静。它多写月色。建仁元年作的例歌八:"夜もすがら浦ごく船は迹もなし月ぞのこれる志贺のから崎",一夜快过去了,月色中,小船从湖上划过,现在连小船划过的痕迹也没有了,只有月色,还留在志贺的唐崎之上,留在美丽的琵琶湖上。例歌九:"吹きはらふあらしの后の高根より木の叶くもらで月や出づらむ",秋风把树叶都吹散,高岭上已没有树叶遮挡,清冷的月亮升起在天上。例歌十一:"狩りくらしかたのの真柴折りしきて淀の河せの月をみるかな"。写冬日濑上看月之感。狩猎了一天，折下狩猎场交野柴草铺上休息一会，观赏那冬天的月亮映照在淀川的川濑上。有时也用一点衬托。例歌四："霜さゆる山田のくろのむらすすきかる人なしにのこる頃かな"，除了霜冻之外，什么也没有的山田畔，留下一点芒草，更增添了寂寞感。衬托是为了更好的表现实境实感。

它不重写作的技巧，语言的雕琢，但注重观察的细致，极善捕捉自然界一些极细微也极新鲜的变化，并用简洁的语言表现出来。例歌三："村雨の露もまだひぬ槇のはに霧たちのぼる秋の夕暮"，骤雨过后，槇叶上的露珠还没有干，秋天的晚夕，山林中雾已升起来了。抓住雨后露未干而雾初起的特点。作于久安六年的例歌五："うすぎりのまがきの花の朝じめり秋はゆふべと誰かいひけむ"，薄雾蒙蒙笼罩大地，黎明的墙根下盛开的小花湿濡濡的，秋天的风情在黄昏，可那时谁在呢？观察和描写都极细致，连墙根小草花湿濡濡的样子也写出来了。例歌十二："あふちさくそとものの木蔭雨おちて五月雨はるる風わたるなり"，楝木花盛开着，那外面树荫下叶子上五月雨的水珠还在往下滴，风吹来了，五月雨就要过去了，天就要放晴了吧。五月雨将晴而未晴时景物细微的特点都捕捉到了。例歌十三："柴の户に入日のかげはさしながら如何にしぐるる山边なるらむ"，柴门里射进来落日的余晖，可为什么那山上水滴还在往下落。一种惊异的感觉，而感觉的惊异来自观察的细致。从这点看，不能轻易断定"见样"是一种平淡的歌风。

"面白样"，日语的意思是有趣精彩，"面白样"的例歌，可能如前田妙子所说，有批评人生寂寞，厌世离家的内容，但其主要特色似并不在此。面白样主要是写某种特有的情趣、兴致。

例歌二："やまざとにうき世いとはむ友もがなくやしくすぎし昔かたらむ"，住在这深山的寺庵里，希望有一个和我一样厌弃浮世的朋友，如果是这样，我要和他说说过去在世俗的生活。从俗世摆脱出来，安心修行之后，要把过去世俗的生活作为一件有趣的往事向人陈述，这是别一种情趣。

日本和歌写历史感的较少，因此一些例歌可能因为表现历史感，也被作为特有的情趣列入"面白样"。

例歌六："人すまぬ不破の关屋の板びさしあれにし后はただ秋の风"，曾是那样有名，那样壮观的不破郡的关城，现在只剩没有人住的板房，连那板房也废弃了，光顾这里的，就尽是那萧瑟的秋风。

例歌十三："槇の板も苔むすばかりなりにけり几世やへぬるせたの长桥"，用好木材做的桥板，甚至也长满了青苔，到底经过多少年，那濑田川的长桥啊。由桥板的青苔，引发深沉的历史感。

但是，面白样例歌更多的是从一个新颖别致的角度，写自然界易于引起人们感受的有特征性的变化。

例歌七："高圆の野路のしのはら末さわぎそよやこがらし今日ふきぬなり"，高圆原野的路边矮竹丛生，矮竹末端在吵吵嚷嚷，那是风轻轻吹动发出的声响，啊，寒风从今天开始刮起来了。寒风初起，最先感受到的是矮竹在风中的声响，作者抓住这特征性的变化，便写出了一种特有的情趣。

这种变化往往引起人们有趣的联想。

例歌九："秋の夜の衣さむしろかさねても月の光にしくものぞなき"，秋夜渐渐冷了，我加了一层衣服，又加了一层被褥，可没有什么东西可以盖在清冷的月光之上。秋寒之时，由自己须盖衣被，想到没有东西可盖住清冷的月光，联想之奇妙与苏轼"把酒问青天，不知天上宫阙，今夕是何年"类似，如果苏轼词是和歌，似乎可以列入面白样。

例歌十二："山かげにすまぬ心はいかなれやをしまれて入る月もある世に"，修行的寺庵宁静悠闲，不愿住进来的人们，不知是怎样想的？你看从那世俗来的月亮，不也来到这深山吗？不直说山中虽静寂却有情趣，却说一直照着俗世的月亮也到这深山来了。

例歌十四："难波がた汐干にあさる芦たづも月かたぶけば声の恨むる"，作者在退潮的海滩上，尽情地欣赏着海边的月亮，可惜月亮渐渐西倾。作者不直说自己留恋月色，却说在退潮的海滩上捕吃鱼的鹤，说鹤的叫声是留恋月色,为月亮西倾而恋惜。

要之,面白样的例歌,要么内容,要么表现手法上,有一种新颖别致的东西,往往选一些人们意想不到的角度,抓住很细致的有特征的变化。定家的例歌大体是这样。

例歌十六:"いかにせむしづがそのふのおくの竹かきこもるとも世の中ぞかし",忧世遁世却无遁世之所,但不直写这种感叹,而是联想到中国的竹林七贤,说,七贤呆在竹园里,可那竹林不也连着俗家百姓的庭园吗?

例歌二十一:"床ちかしあなかま夜半のきりきりす梦にも人の见えもこそすれ",就在地板附近,吵吵嚷嚷的,那半夜的蟋蟀啊,你也许看得见我梦中思念的人吧?不说自己梦中思念心中人,却说蟋蟀恐怕也看到了自己的梦。这首歌未必是如洼田空穗说的是骂蟋蟀,而应是借埋怨蟋蟀扰了自己与心中人相会的美梦来写恋情,中心是恋情,但用的是一种别致的手法。

例歌二十七:"岩间とぢし冰もけさはとけそめて苔の下水みちもとむらむ",深山里把岩石间的缝隙冻住的冰融化得最慢,今天是立春,早上,东风吹来,那岩石间的冰也开始溶化,那小水滴在青苔下积成细细的水流,它确实就要流动了,正在寻找流出去的道路。从岩冰融化这样一个别人不易注意的角度,写立春的风物和情趣。

"浓样",浓是浓重,浓厚,浓烈,是感情的浓厚浓重,这一点,与幽玄样,有心样有相通之处,所以浓样的一些例歌,就表现幽细深寂之思,表现主观感情。但是,幽玄样侧重在思绪境界本身的幽深玄寂,有心样侧重点在直接抒情或把客观推移到主观。而浓样则侧重于如何运用复杂的艺术技巧,使歌境具有一种浓厚的情致。各种情致都是这样。

例歌十:"月さゆるみたらし河にかげみえてこほりにすれるやまあゐの袖",清寒的月亮下御手洗河上,映照着穿着小忌衣的人的身影,那河水映着清寒的月亮,就像冰一样闪着白光,那神官把手伸进河水里,那美丽的山蓝画着春草春鸟的袖子,就像在那冰上拂动。这是一首屏风

463

题画歌,作于文治六年正月十一日临时祭。表现神社的清净,但并不幽寂。清爽的月光,清澈的河水,美丽的山蓝袖子上的春草春鸟,同时把自己作为画中人,都给画增添了一种它所没有的情致。

例歌二十七:"よそへつつ見れどつゆだになぐさまずいかがはすべきなでしこの花",歌作者惠子的儿子义孝一直在他父亲藤原伊尹身边,宫廷森严的规矩,惠子已经很久没有儿子见面了,歌中写道,看见抚子花就想起我那可爱的儿子,可我对儿子像露水对花朵的抚慰也没有,怎么办呢?可爱的抚子花。用这首歌委婉的表示希望能让她与爱子义孝见面,用抚子花做巧妙的象征、借喻,表现爱子的浓厚亲情。

当然,浓样主要的还是表现感伤寂寞之情。作者往往用反复渲染,层层铺垫,处处烘托的手法,加深加重歌的感伤气氛。

例歌十三:"ながめわびぬ秋より外の宿もがな野にも山にも月やすむらむ",我眺望着这令人哀伤的秋色,这秋色紧紧笼罩住我的小屋。我想逃避这秋色,在清瑟的秋色之外找一个住处,我躲进田野,躲进深山,却躲不开这高空的秋月,它那清寒的月光依然笼罩着我。难耐秋寒,欲从寒秋寂寞中逃避出去而无处可去,反过来加深了秋天寒寂难耐的感受,巧妙的构思,使秋情更加浓烈。

例歌十二:"われのみやあはれと思はむきりぎりす鳴く夕かげのやまくなでしこ",写秋虫鸣叫,夕阳余晖,深山石竹,都是气氛的烘托,由于这气氛的烘托,加深了独思之悲苦。

例歌十四:"あれわたる秋の庭こそあはれなれまして消えなむ露の夕ぐれ",秋庭里一切都枯萎了,怎不令人伤感,我的生命,也这就像消失的露水,这秋夕的光景,是那样的伤人心扉。秋草枯萎,秋露消失,这一切都和自己的生命状态融为一体。

对比也是加深抒情气氛的一种手法。例歌二十:"たち出でてつま木をりこし片岡のふるき山路となりにけりかな",作于文治三年,以前从庵里出来,山冈上只有一点小灌木,现在啊,山上已是一片深茂的树林。今昔对比,方知已居山上度过了很多年,感叹之情深藏于言外。

从正面烘托,也从反面着笔。例歌十八:"忘れじとちぎりて出でし俤は見ゆらむ物をふるさとの月",月光下分别时我们约定不要相忘,今晚故乡的月亮里,也能看得见我的身影吧。例歌十九:"月見ばとちぎりおきてし故乡の人もやこよひ袖ぬらすむ",故乡的人说过,看见月亮就会想起我,那么,看见今晚的月亮,他们一定和我一样,泪水沾湿了袖子吧。都不说自己思念家里人,没忘记故乡人,而说故乡人能看见自己的身影,没忘记自己,说故乡人看见月亮也会和我一样泪水沾湿袖子。从反面着笔,羁旅思乡之情更进一层,更加浓烈。

至于日本和歌特有的挂词的等手法的运用,在浓样例歌里更成了加深抒情气氛的手段。例歌八是一个典型的例子。"我恋はにはの村萩うらがれて人をも身をもあきの夕暮",庭园里丛生的胡枝子已经干枯了,我的心更因为失恋而悲伤,怨恨抛弃我的人也哀叹自己的命运,这已使我够难受了,恰又逢秋天的晚夕。"うらがれて",一方面是"梢枯て"即枝梢干枯,一方面"うら"又是"心","がれ"是"离れ","うらがれて"是"心离て"即心情感情疏离,"あき"既是"秋"即秋天,又是"饱き"即厌烦,表示怨人叹已,已经够多了,够令人厌烦了。巧妙的利用挂词,加上气氛渲染、象征,使歌情抒发更优雅,更浓烈。

"有一节样",是力求表现某种特异之处和秀拔个性。它排斥平凡的思路,追求新鲜的构想,而这新鲜的构想往往集中体现在某一关节占上,所谓"一节","节"是"ふし",是竹节,关节,某一重要之处。在某一重要关节之处有特异之处,非凡构想,这就是"有一节样"。定家例歌大多是这样。一些例歌立意新颖。秋天在一般和歌里,是令人寂寞的,但"有一节样"例歌六:"きのふ问はむと思ひし津の国の生田の杜に秋は来にけり",还在夏天就想来这里,何况现在是令人动情的秋天,风景名胜摄津生田的森林啊。把秋天写得那样令人向往,令人动情,还在夏天就憧憬秋天的到来。

怀念旅人往往写得悲切,想象旅人的艰难,但例歌十四反此意而用之:"山城のいはたのをのの柞原见つつや君が山路こゆらむ",山城石田野的柞原啊,你大概在一边欣赏那美丽的红叶,一边从山路上往前去吧。旅途的艰难荡然无存,代之以对自然美景的欣赏,与其说是对旅人的怀念,不如说是对旅人的羡慕。即使基调是悲秋,构想也与常人不一样,例歌十:"あらし吹く峰の紅叶の日をそへてもろく成り行くわがなみだかな",不直说悲秋,而说眼泪像被风摧打过的红叶一样脆弱。

　　一些例歌往往把对立的美不和谐的东西融为一体。例歌十五:"都なるあれたる宿にむなしくや月に寻ぬる人かへるらむ",我在都城的房子已经荒废没有人住,为了月亮的美丽而来拜访我的人,也会回来吧。寂寞与美,房子的荒废月亮之美,二者融为一体,这可以说是一种反衬。这样的例歌还有,如例歌十七:"世の中のはれ行く空にふる霜のうき身ばかりぞおきどころなき",天亮了,天空晴朗明亮,满地是拂晓的露水霜一样明亮,社会也象这自然一样清明,但我却那样失意,连自己立身的地方也没有。自然的社会的清朗和自己的失意本极不协调,但作者以外在环境之美反衬内心之哀苦,二者就融为一体了。

　　一些例歌是奇异的夸张。例歌二十五:"つゆしもの夜半におきゐて冬の夜の月みる程に袖はこほりぬ",入夜了,但我还没有入睡,露水已经变成了霜,看着那冬天的月亮,那悲伤的眼泪在濡湿的袖子上也冻成了冰。露变成霜尚属可能,但由此进一步写泪冻成冰,则显然是夸张,而恰恰是这夸张很好的表现了歌人寒夜之孤寂悲苦。

　　一些例歌则是意象的巧妙相对。例歌十八:"なみだ河身もうくばかり流るれど消えぬは人のおもひなりけり",我那像河流一样的泪水啊,简直要把我自己浮起来,泪河它流啊流,那不消逝的,是我那思念之火。泪比作川,是比喻,也是夸张,这是它的一个独特之处。这首歌还有一处,就是同时写到水与火,泪水是水,"思ひ","ひ"是挂词,上续"思"是思念,同时又因与"火"音同而挂"火"。而这"火",思念之火恰恰在意象上与泪水之水,河水之水巧妙相对。

　　例歌七:"我たのむななの社の夕だすきかけても六のみちにかへすな",作于建元五年。"ななの社"即"七の社",是日吉山王七社,"六の

みち"即"六の道"是地狱、饿鬼、畜生、修罗、人间、天上。我祈求那七个神社的神啊,决不要让我到那轮回六道去。"七の社"和"六の道"是数字巧妙相对。数字对要汉诗里是很寻常的,但和歌因其形式局限,少有数字相对。此歌"七"与"六"相对,有其特异之处。

更多的是比喻的独特。前面一些例歌就有这一特色,如例歌十八以泪比作河,例歌十说眼泪脆弱得象被风摧打过的红叶。这类例歌还不少。例歌二十四:"春日野の下もえわたる草の上につれなく見ゆるはるの淡雪",春日野遍地在萌芽的嫩草,就象一直没有表露在心上的恋情,那上面覆盖着的是无情冰冷的春天的残雪。把尚未表露的恋情,比作刚刚萌芽的嫩草,而女子的冷淡无情,比作覆盖在嫩草上的春天的残雪,形象贴切,引人联想。例歌二十一:"大井河ゐぜの水のわくらばに今日はたのめしくれにやはあらぬ",象那大井河堰决口的水那样喷涌,只是偶尔的,今天请求和我相见吧,就在那傍晚,那傍晚。写女子切盼能与男子相见的焦急心情,把思念之情比作河堰决口的冰那样喷涌,比喻中带有夸张。例歌二十:"わが恋はちぎの片そぎかたくのみ行きあはで年のつもりぬるかな",我那恋情,就象神社的千木树上只削单片的东西一样,我是那样的难以遇见我的恋人,我不见她已经很久很久了。写难与恋人相见,只是自己单相思,比作神社千木树只削单片的东西,这种比喻,也有其奇异之处。

"拉鬼样","拉鬼"意出《古今集序》"感鬼神,化人伦"。精神的力量可以感动鬼神。因此,拉鬼样主要表现一种力的美。特点是粗犷、厚重,而非纤细玄深。一些例歌往往是粗线条的大笔勾勒。例歌六:"いもに恋ひわかの松原見わたせば汐干のかたにたづなき渡る",避乱而行幸在外,怀念尚在都城的皇后,写潮水猛涨,辽阔的松原,海滩,和野鹤鸣叫着四处乱飞,是大画面,粗线条,伤感而不低沉,纤细。例歌七:"神风やいせの濱荻をりしきて旅ねやすらむあらき濱边に",思念旅途中的丈夫,想着丈夫旅途的艰辛,但汹涌的波涛,铺开芦苇海边露天就睡的情景,都不是纤细的美,而有一种粗犷感,厚重感。

拉鬼样例歌也写恋情，但不是缠绵凄切，也是大笔简写。例歌十："思ひ出でよたがかねごとの末ならむきのふの雲の迹の山风"，请想起我来吧，这个样子，不是别人，就是你约定的结果，昨天，山风把山上的云彩吹散，今天又是这山风。男子变心后女子倾诉心中的痛苦，有埋怨，但不是哀伤，而是感情的猛烈冲击，是直诉，呼唤，因此他写山风，山风的猛吹。

拉鬼样也写神的超人的力。例歌四："ぬれてほす玉くのはの露霜にあまてる日影几代へぬらむ"，由于皇祖神的护佑，使皇统永远长存，这神的威力，就象这天上永远照耀的太阳。

定家十体虽然有些例歌作品的风格中国诗歌也有，但作为风格范畴，却未见模仿中国诗学风体论的痕迹。定家十体的风格分类有不严密的地方，如幽玄样和有心样，不易区别，广义的说，幽玄也是有心，所有抒发主观感情的都可以称为有心。浓样，从其感情的浓厚浓烈来说，有些与幽玄也不易区别，面白样有些艺术表现也有特异之处，可以称为有一节样，但不管怎样，这十体，是日人自己的创造。

六、风体论日本化的理论思考

从以上分析可以知道，风体论在日本，从喜撰式、忠岑十体到定家十体，是从模仿逐步独立创造。我们可以把它看作一个风体论日本化的过程。

风体论之所以日本化，原因是多方面的。首先，风体论在日本的发展过程中，逐步与日本文学的创作实践结合起来了。日本初期的风体论，模仿照搬的痕迹非常明显。之所以这样，一个重要原因是没有考虑日本文学创作实践的情况。歌论家们脑子里，这多是汉文学的那些东西。一个民族的文学理论，总要建立在自己民族的创作实践基础上，才会有自己的特色，也才会真正具有生命力，外来的理论才能真正被吸收、消化、融化。日本歌学风体论后来更多的考虑，是和歌的创作实践。特别是定家十体，基本上是从和歌的创作实践、创作特点出发，把和歌创作中实际存在着的美学风格上升为理论,形成自己的歌学风体范畴。虽然形式上仍可看出中国诗学的影响(如归纳为十体),但实际内容已全是日本民族自己的东西了。

与此相联系,是歌学风体论在发展中,逐渐更多的反映日本民族的审美特性。一个民族有自己的民族审美心理,审美习惯,文学理论的发展,应该考虑到自己民族的审美特性。日本歌学风体论在发展中就逐渐突出自己民族的审美特点。在各种风体中,他们突出的是幽玄风格,是余情,是あわれ,是艳,这深刻反映了他们自己民族的审美心理,从自己民族的审美心理出发,也就易于提出具有自己民族特色的文学理论,就能够越超越模仿,走向创造,就能把外国文学理论本国化,把中国诗学日本化。

也是与此相联系,是充分吸收日本文化中固有的东西。一方面,是中国风体论渗透进日本文化,另一方面是吸收中国风体论的同时,也让日本文化固有的东西渗透进风体论。创作实践、审美特性就是日本固有文化的一个重要方面。日本文化还有很多东西事实上都渗透进了风体论。比如语言文化,日本语言有自己的特点,日本歌学风体论以发展中就考虑到了自己民族的语言特点。比如,很多和歌之所以表现为某一风格,被作为某一风体的例歌,一个重要原因是因为它们在挂词、枕词、序词的使用技巧等方面体现某种特色。挂词、枕词等,是和歌固有的,而之所以为和歌所固有,又与日本语言自身的特点有密切关系。特别是挂词,一语二义,往往使语言极为简洁的和歌能表现丰富的内容。和歌的风格特点往往也与这一表现技巧的运用有关。语言文化之外,日本文化的很多内容事实上都进入了风体论。前面讲到审美特性,审美特性的形成事实就是日本民族文化各方面因素综合形成的。它与创作实践有关,与和歌有关,也与其他艺术美、生活美,乃至日常的风俗习惯、自然环境有关。比如幽玄美,余情美的追求,就不仅体现于和歌。从日本小巧而幽雅的自然环境,日本人待人接物的细致敏感含蓄,从日本式庭园甚至家内小院,和式的屋内陈列,小吃店的曲径通幽,精致中带着幽细,都可以感受到这一点。日本爱好盆景,甚至他们的现代工业,擅长生产那精密细巧的产品,从这些方面,都可以感受到这一点。这些文化的因素,自然形成日本民族的审美心理审美特性。日本歌学风体论的理论家正是在对自己民族文化深切体验基础上自然而然的把本国文化的因素吸收进来,创造具有自己民族特色的风体论。

第三节 《文镜秘府论》与日本韵学

《文镜秘府论》和日本文化关系的又一个方面在韵学。日本韵学和中国韵学有着密切的关系,日本韵学很早就受到中国韵学的影响。他们接受中国韵学,很多问题就是通过《文镜秘府论》。从某种意义上可以说,《文镜秘府论》是日本早年所接受的中国韵学的一个经典。在古代日本人看来,中国韵学和日本韵学是相通的。他们通过《文镜秘府论》,也通过其他途径,接受中国韵学,又将它们融入到日本韵学日本文化之中。

在空海这里,《文镜秘府论》的韵学和他的悉昙学就是相通的。本书第五章我们分析过,空海认为,悉昙文字皆"自然道理之所造",是"自然真实不变常住之字"(《梵字悉昙字母并释义》),又认为,"一切教法,皆待文字而宣说,若离文字,无由起教"(《应暗书诵梵字悉昙章表奏》),这种观念都体现在《文镜秘府论》之中。这一方面说明《文镜秘府论》的编撰有着明显的佛学意识,从另一个角度看,则说明在空海那里,《文镜秘府论》的韵学和他的悉昙学是一体的。空海实际已把《文镜秘府论》融入到他的日本韵学,主要是他的日本悉昙学的语境之中。

空海之后的日本韵学,情况更是如此。

一、《文镜秘府论》韵学与日本悉昙学

日本的音韵学著作,特别是悉昙学著作,大量引用《文镜秘府论》的韵学资料,以说明日本韵学,特别是日本悉昙学的问题。

引用得最多的,是《文镜秘府论》天卷《调四声谱》。这一篇东西,涉

及四声问题,反音问题,双声叠韵问题,纽声反和双声反的问题。日本的很多悉昙学著作,就都引用这一篇东西,或者全部引用,或者部分引用,以说明日本悉昙学的问题。

比如,安然《悉昙藏》。安然是平安时期最重要的韵学家,他极大地影响了日本后来的韵学。据桥本进吉博士《安然和尚事迹考》①考证,安然生于承和八年(841)。他的悉昙学著作,现存有《悉昙藏》和《悉昙十二例》。这当中,最重要的是作于元庆四年(880)《悉昙藏》。这部长达八卷的被人们称为不朽的名著,讨论了梵文本源、悉昙韵纽、章藻具阙、编录正字、字母翻音、字义入门、字义解释、正录章段等问题。他在第二卷《悉昙韵纽》讨论二方音的时候,就大段引用《调四声谱》(称为《四声谱》)。

比如,可能生于天喜四年(1056)的宽智②,他的《悉昙秘要》,开篇说:"音者,声响之头也,韵者,声响之尾也。纽者,结可以解也,束也。"接着,就引用了《文镜秘府论》的《调四声谱》③。

又比如,也生于天喜四年(1056)的明觉④。明觉是继安然之后二百年,被人们称为使日本悉昙学中兴的重要人物。人们认为,正是明觉,给日本悉昙学的面貌带来了第一次重大变化。他29岁著《悉昙大底》,38岁著《反音作法》,43岁著《梵字形音义》,46岁以后著《悉昙要决》。这都是日本韵学史上重要的著作。他在论述悉昙学问题的时候,就引用《调四声谱》。比如他的《悉昙要决》,引《四声谱》,并解释说:"《四声谱》意云,礼朗相合反之即得朗音,捩落相合反之得洛音,此亦云纽声欤?"又说:"案《四声谱》,郎黎相合反之得黎音,浪丽相合反之得丽音,此云双声欤?"⑤这后一段话,其实也是撮述《四声谱》之意。

---

① 桥本进吉博士《安然和尚事迹考》,《史学杂志》二十九之八,大和七年(1918)八月。
② 据马渊和夫《日本韵学史研究》第一编第三章第九节第382页。
③ 据马渊和夫编《悉昙学书选集》卷二收入马渊和夫藏天养地年仁耀书写本。
④ 据马渊和夫《日本韵学史研究》第一编第四章第一节第404页引《梵字形音义》卷三的识语,明觉可能卒于嘉承元年(1106),享年51岁,而据转引《佛家人名辞典》载常陆国新治郡东城村经冢发掘的经筒上所写文字,则明觉于保安二年(1119)尚在世。
⑤ 马渊和夫编《悉昙学书选集》第2卷。

还有了尊《悉昙轮略图抄》(作于弘安十年(1287))①,杲宝贤宝《悉昙字记创学抄》②,智贤《悉昙灭罪抄》③,心觉《悉昙要抄》④。这当中,杲宝贤宝《悉昙字记创学抄》、心觉《悉昙要抄》都是全文引用《文镜秘府论》天卷《调四声谱》。

他们还引用《文镜秘府论》其他的韵学材料。比如,杲宝贤宝《悉昙字记创学抄》卷七下还引《文镜秘府论》天卷《四声论》"夫四声者,无响不到,无言不摄,总括三才,包罗万象"直至"宋末以来,始有四声之目。沈氏乃著其谱、论"一大段原文,卷八述《文镜秘府论》意"一切文字音声,无穷回转,是五音三内四声回转也",卷九又引《文镜秘府论》南卷《论文意》王昌龄《诗格》中语:"夫用字有数般:有轻,有重;有重中轻,有轻中重。"⑤智贤《悉昙灭罪抄》也引《文镜秘府论》"夫四声者,无响不到"一段⑥。

据小西甚一《文镜秘府论考·研究篇》(上)"序说",日本古代文献中引用《文镜秘府论》的,除以上述及之外,江户以前,还有平安末期的《作文大体》、教寻《四声五音九弄反纽图》、传良源《五韵次第》,镰仓时期心莲《悉昙相传》、宽海《悉昙秘传》、承澄《反音抄》、良季《王泽不竭抄》、信范写《悉昙抄》、信范《反音抄闻书》《调声要决抄》《九弄十纽图私释》、教遍《九弄图闻书》、三密藏本《悉昙抄》,室町时期印融《反音极学抄》和《文笔问答抄》,这些绝大部分都是韵学著作,江户时期,引用《文镜秘府论》的,也有不少是韵学著作,比如宥朔《韵镜开奁》、小龟益英《韵镜九弄指南抄》、汤浅重庆《韵镜问答抄》、马场信武《韵镜诸抄大成》、穗积以贯《九弄十纽真诀抄》、盛典《九弄反纽相传和解》等等。

日本古代这些韵学著作,都把《文镜秘府论》作为经典的韵学材料。在日本古代的音韵学者看来,《文镜秘府论》的汉语韵学和日本的悉昙学

---

① 作于弘安十年(1287),《大正藏》第 84 册,又马渊和夫编《悉昙学书选集》第 4 卷。
② 成稿于康历二年(1379),马渊和夫《悉昙学书选集》第 5 卷。
③ 作于嘉庆二年(1388),马渊和夫编《悉昙学书选集》第 4 卷。
④ 马渊和夫编《悉昙学书选集》第 2 卷。
⑤ 均见马渊和夫《悉昙学书选集》第 5 卷。
⑥ 马渊和夫编《悉昙学书选集》第 4 卷。

以及日本的国语韵学是相通的。《文镜秘府论》是融入到了日本韵学的语境之中。

二、《文镜秘府论》反音法与日本韵学

《文镜秘府论》论及许多韵学问题。日本的音韵学者不断地阐发这些问题，并借以说明日本韵学，包括日本悉昙学和日本国语学的问题。

他们对反音法的阐发就是这样。《文镜秘府论》论及反音法。其天卷《调四声谱》列举"郎朗浪落，黎礼丽捩"等"四声纽字，配为双声叠韵"，然后说："凡四声，竖读为纽，横读为韵。亦当行下四字配上四字即为双声。若解此法，即解反音法。"这里讲的是汉语韵学的反音法。但是，在日本，人们却把它和日本国语学以及日本悉昙学联系起来。

明觉《反音作法》是一个例子。这是论反音的。他说："所言反音者，二字节相合成一字也。于上字取初声，于下字取终音。"①说到这里，还是汉语音韵的问题，但他接着说：

> 上字设有二借名三借名，但取初一借名，下字虽有二三四借字，除初一，余皆取之。上下相合，方成一字音也。但上字初借名，五音之中间，可取与下字初借名韵同字，于平上去入者须依下字之低昂，于轻重清浊者可依上字之差别也。

这里说的就是日本语的问题，这里的"借名"，就是日语的"假名"，这里的"五音"，是日语的五音。但平上去入四声是汉语才有的。既讲日语的假名和五音，又讲汉语的平上去入，用日语的假名五音，来解释汉语的反音法，他是把汉语和日语混为一谈，实际是把汉语的反音法融入到日语的语境之中。《文镜秘府论》论及的汉语反音法被日本化了。

明觉《反音作法》接着列举出日语的五音，也就是日语的五十音图，并根据这个五十音图对反音法进行分析。关于五十音图，我们下面要专

---

① 用《国语学大系》第 4 卷，福井久藏辑撰，厚生阁昭和十三年（1938）版。

门分析。《反音作法》接着还用字例具体解释,他说:

> 东字有德红反,德字トク音也,红字コウ音也。德字初声与红字终音相合,呼之成トウ音也。平上去入依下字,故红字平声,故东字也平声也。轻重清浊依上字,故德字轻清。故东字亦轻清也。

举的是汉字的例子,说的平上去入是汉字才有的声调,轻重清浊也是汉字发音的特点。日语假名虽然也有清音浊音,日语假名的浊音,是指ガギグゲゴ等假名,而清音是カキクケコ这样的假名,这和汉字声母的清浊是另一个意思。但这里举的汉字例子,却用日语的读音去解释。德字トク音也,红字コウ音,都是日语的读音,初声与终音相合成トウ音,用的也是日语的读音。汉字的反音成了日语的反音。

《反音作法》接着说:

> 问者字之野反,捨舍二字书冶反,可云サ,如何人皆云シヤ耶?宏字胡盲反,可云カウ,而人云クワウ。黠字故八反,可云カツ,而人云クワイ。波字补火反,可云フワ,而人云ハ。莎字苏和反,可云スワ,而人云サ。随字旬为反,可云シ,而人云スイ。追字陟为反,可云チ,而人云ツイ。威字于非反,可云イ,而人云ヰ。此等诸字,本音与反音不谐(阶)事何?
>
> 答,ヤ音委论イヤ云也,所以野也冶三字皆以者反者シヤ,イシヤ反イヤ反,故之野反书冶反皆シヤ反,非但此字,诸有ヤイユエヨ音字皆类之,虞字鱼约反,若约字直云ヤク,鱼约反可成カク。然约为イヤク,故鱼约キアク被反。识职等字之欲反也。欲字若直云ヨク,之欲反可成ソク,然欲イオク,故之欲反シオク成也。

这里讨论的是本音与反音为什么不一致的问题。问者举的一些音例,"者""捨""波"可能是梵语音例,其他都是一般汉字音例,者字之野反,捨舍二字书冶反,宏字胡盲反,黠字故八反,波字补火反等等,所标的都是汉字反切音。但读者捨舍字为シヤ,宏字为カウ或クワウ,黠字为カツ或クワイ,波字为フワ或ハ,实际却都是日语汉字读音。回答这一问题时,除ヤ音外,另举了虞字等汉字音例,解释虞为什么读キアク。说识职等字之欲反,欲字若直云ヨク,之欲反可成ソク,然欲イオク,所以之欲反就成了シオク。说识职等字为什么读成シオク,认为"诸有ヤイユエヨ音字皆类之",考虑的也都是日语汉字的读音。他既用汉字反切法解释日语汉字的读音,也用日语汉字的读音规则来说明反切法。他把二者都融为一体了。

兼朝《悉昙反音略释》也是一个例子。这一作于1166年的日本悉昙学著作,主要是针对明觉《反音作法》。他说:

夫反音者,两字反覆成一字音,是名反音。即就上字呼五音,就下字成字体也。故《玉篇》云,反字(非远反,反覆也)非字(《切韵》云:甫微反)远字(《玉篇》云:于劝反)非(全音比半音不伊)远(全音惠无半音于衣无),就上非字呼波比不反保五音,以下远字初全惠音合上五音中反音之韵。以下合上,是反义也。以上反音覆下远字,后无上正成反字音。以上覆下,即覆义也。反在下字,调韵合韵,正是下字之初音故。覆在上字,覆下余音,正是上字之韵音故。由此义故,反音之义,正反覆音,略去中言,名曰反音。譬如牛所驾车,略去中言,名曰牛车。故是两名反覆,成一字音也。①

兼朝认为,二字合成一字音,这是合音而非反音。两字反覆成一字音,才是反音。因为《玉篇》解释反字就是反覆之义。所谓反音就是反覆音,就象牛车就是牛所驾车的意思一样。他说:"即就上字呼五音,就下字成字体也。"这里说的"五音",也就是日语五十音图的五音。他接着就用反字来说明,他说,反字非远反,上字非,全音是ヒ(比),半音是フイ(不伊);下字远,全音是ヱム(惠无),半音是ウエム(于衣无)。因此,就上面的非字,呼作ヒ的五音ハヒフヘホ(波比不反保)。这就是他所说的"即就上字呼五音"。下面的远字,全音有ヱ(惠),合于上面ハヒフヘホ

---

① 转据马渊和夫《日本韵学史研究》第一编第四章第三节第487页。

五音,因此取和エ同韵的へ。这就是他所说的"就下字成字体"。这样用下字合上字,就是反义。用这个字覆于下面的远字的全音エム之下的ム上,这就成反字音。以上覆下,就是覆的含义。兼朝这样解释颇有些费劲,但有一点很明确,他是用日语汉字的读音规则来说明反音法。兼朝对反音的看法和明觉有所不同,但把汉语反音融入日本国语学及悉昙学的语境,则和明觉一致。

三、《文镜秘府论》纽声反双声反与日本韵学

他们对纽声反和双声反的阐发也是如此。《文镜秘府论》天卷《调四声谱》列举四声纽字论反音法之后,说:"反音法有二种:一纽声反音,二双声反音,一切反音有此法也。"这里讲的也是汉语韵学的反音法。但是,在日本,人们也把它和日本国语学以及日本悉昙学联系起来。

安然《悉昙藏》是比较早的一个例子。《悉昙藏》卷四说:

> 然儒家反音略有二种,一纽声反,二双声反。今悉昙反音亦有二种,用本音反是纽声反,如前 kya 迦也。用摩多音是双声反,如前 kya 枳也。若得此意,如梵 kya 字,或呼迦也,亦枳也。于汉字中见迦也,而读枳也之,见枳也,而读迦也之,并皆可得,他亦仿此。云云。

这里说的"儒家反音",一看即知是《文镜秘府论》天卷《调四声谱》提出的反音法。《悉昙藏》是认为,儒家反音有二种,悉昙反音也有二种,都有纽声反和双声反。他说,在悉昙反音中,用本音反是纽声反,用摩多音是双声反。关于这一点,《悉昙藏》前文有更为详细的论述。《悉昙藏》卷四前文论及悉昙字的反音,说:"二合章先书二合十二体文,次以阿等十二韵音对之,以十一韵之点著十一上字之头,此乃十二二合字为上,十二单字韵声为下,相合呼之以成反音。"这是二合章的反音,后面论及三合章,四合章,大体如此。《悉昙藏》接着说到存本音的问题,说:"诸二合中,上字犹存本音,下字与韵相转,且如 kya 迦野二合十二字中,kya 迦也二合阿

476

合成迦也二合音。"这里说的"上字"和"下字",据小西甚一《文镜秘府论考·研究篇》(上)(第270页)分别指反切上字和反切下字。据马渊和夫《日本韵学史研究》(第865页),是指二合字中的上字和下字。这里意思是说,各种二合字中,上字犹存本音(如果是ky就是k),而下字(y)与韵相转。就是说,比如kya与a反音以成kya之音的时候,k本音不变,而ya和a;;转为一体而成为ya。同样的道理,kya+ā成为kyā,kya+i成为kyi。用同样的方法合成以下十二字。《悉昙藏》接着说到悉昙反音用摩多音,说:"又二合字或读上字似合三五摩多。然而阿等十二犹存本音,诸真言中kya呼枳也。"所谓三五摩多,就是i和u。意思是说,二合字有时是与三五摩多(i和u)相合。但是,a等十二音仍然留存本音。例如,kya读成kiya(枳也)。下面还有一些例子,比如,kyu读成kuyu(骨喻),sba读成siba(悉波),spha读成supha(素颇)jva读成juva(入嚩),jra读成jira(日罗),rva读成ruva(喽嚩),rtha读成ritha(里他)。

马渊和夫提出,悉昙字即使只写体文,也常常带有a音,就是说,迦也,作为文字,是kaya,而不是kya,他认为应该这样来理解"存本音"(见《日本韵学史研究》第二编第五章第一节)。这样理解,用本字音的纽声反就是kya成为kaya(迦也),用摩多音的双声反就是kya成为kiya(枳也)。

汉字反音和悉昙反音有很多不同之处。汉字的是四声一纽,兼声和韵而言,所谓同纽,是同四声之纽,因此纽声反的情况,反切上字和归字除声调可以不同之外,其他均须相同。就是说,不但声纽相同,而且韵母的主要部分也须相同,而且要同为阴类或同为阳类,因此《调四声谱》说"凡四声,竖读为纽","亦当行下四字配上四字即为双声",就是说,阴类(当行下四字)配阳类(上四字)就已经不是纽声,而是双声。而这些情况悉昙字都没有。悉昙字不是四声一纽,没有平上去入四声,也没有汉字那样对应的阴类和阳类。《悉昙藏》所说的悉昙反音,纽声反和双声反的区别,只是看是用ka这样的上字的本字音,还是用摩多音,多数是三五摩多音(i或者u)。这和汉字音的反切本意不能说是一致的。

但是,悉昙的纽声反和双声反,体文(包括二合字三合字等)和摩多文相合的时候,又确实认为头音是怎样的音的问题。悉昙的纽声反,是使用本字音,也就是上字的头音。而《文镜秘府论》《调四声谱》的纽声,也是考虑 la：la 或 li：li。这却是一致的。至于双声反,从悉昙音来看,是使用摩多音,和本字音相对,是一种 ka：ki 或 ka：ku 的关系。这和《文镜秘府论》《调四声谱》的双声也是一致的。

也可能因为看到这一点,安然《悉昙藏》把二者关联起来。他用《文镜秘府论》《调四声谱》的纽声反和双声反来说明悉昙反音。他是把汉语反音和日本韵学悉昙学融为了一体。

明觉也是这样。他的《反音作法》说:

> 问,先德云,儒家反音有二,二双声反,一纽声反云云,未知何为双声反,何为纽声反。

> 答:未得其传,事不得已。私案云,前所示反音是双声反也。或书中,若(ニヤ)字日阿反,迦喜阿反,若字而可反,此等字上字初声下字终音相合,呼之不依下字初韵,取上字韵,此云纽声欤？耶字余可反者,余字初イ声可字终ア音相合,イア以云耶欤？不委示之,可问达者。

仅仅说上字初声下字终音相合呼之就是纽声,显然不够,因为双声反也是这亲。他说"不依下字初韵,取上字韵",意思也很含混。怪不得他说纽声反双声反"未得其传,事不得已"。他用了几个例子来说明。比如"若字日阿反",若字注音ニヤ,日字音ニチ,阿音ア,ニチ＋ア→ニ＋ア→ニア。又比如"耶字余可反",イ＋ア→イア。从这几个例子看,他是从日语假名五十音图来理解纽声反和双声反。

明觉《悉昙要决》卷一又说:

> 纽声反者,上字初音,与下字终音相合呼之,似纽初后相合,故云纽声欤？即《四声谱》意云,隶朗相合,反之即得朗音,搩洛相合,反之即得洛音,此等云纽声欤？《悉昙藏》所云 kya 呼迦耶者,ka 迦

> ya 耶二字同第一转,故云纽声欤。双声反者,案《四声谱》,郎黎相合,反之得黎音,浪丽相合,反之得丽音,以此云双声欤? 此反音,常人所知也。《悉昙藏》意,ya 字有伊野二合音,为类此伊响,ka 迦字十二转中以キ合野云キイヤ,故云双声欤? 前日阿反,若以双声反之,得ナ音,喜阿反得カ音。尸苛反得サ音,停驾反得タ音。若得此二反大旨临文可辨别之,空难定之。上字有伊响多纽声可反之,少分可通双。アウクオ响有多分双声可反之。不可通伊。少分亦可通。サシスセソ除之。非言限。①

说"上字初音,与下字终音相合呼之"就是纽声反,显然不确。说隶朗得朗,捩洛得洛,也非《四声谱》之意,而且反切下字和归字为同一字,并没有什么意义。他对《悉昙藏》的理解也不确。他大概还是用前面所说"上字初借名,五音之中间,可取与下字初借名韵同字"来理解。隶(レイ)朗(ラウ)反得朗(ラウ),捩(レツ)洛(ラク)反得洛(レク),同样,日(ニチ)阿(ア)反得ナ,尸(シイ)苛(カ)反得サ,停(テイ)驾(カ)反得タ。他是用他对日语假名五十音图的理解来解释汉语的纽声反和双声反。他同样把汉语和悉昙学、日本国语学融为一体。

我们还可以看宽海《悉昙秘传》。宽海是东莲院心莲的门徒,心莲是平安末期东密系悉昙学的代表。宽海《悉昙秘传》"纽声等事"说:

> ki 合几反 纽声/ki 俱车反 双声/言,向 ki 字而如字体读之云纽也,于此 ki 字而有カクケコ音读之云双声也。若向 ka 字有合几反音,则云双声。有俱车反音,则云纽声云云。于一切字而得当体字读之云纽声,五音之内读之双声。于一切字唯分别纽声双声二音之时,如此云云。②

他的意思是说,象 ki:ki 这样的是纽声,象 ki:ka(ke,ku,ko)这样的是双

---

① 马渊和夫编《悉昙学书选集》第2卷。
② 转据小西甚一《文镜秘府论考·研究篇》(上)第三章第 292 页。

声。一切字而得当体字读之，也就是《悉昙藏》所说的用本字音，这就是纽声。ki：ki 就是本字音。这里说的五音，就是日语假名五十音图的五音。五音之内读之，有似于《悉昙藏》所说的用三五摩多音，也就是前面说的 ki 字而有カクケコ音读之，这样就是双声。这样理解纽声反和双声反都是对的。但是，他说的已经不是汉语，而是日本的国语。

信范也是一个例子。信范（1223—1286）与前面的安然，后面的文雄，被称为日本韵学史上的三位重要代表人物。信范一生著有十多部韵学悉昙学著作。他就常在日本国语学悉昙学的语境中讨论纽声反双声反的问题。他的《反音抄闻书》有"纽声双声事"一节，说：

> 私云，绮琴是双声反音也，上下二字五音一类，音相并故也。良首书林纽声反音也，上下二字五音各别故也。良与首ラサ五音之内音，故为各别也。绮与琴，カキクケコ五音之中，相并故为双。一切反音，二字例可知也。①

绮琴/良首/书林和钦伎/柳觞/深庐并列，是《文镜秘府论》《调四声谱》所列的韵纽图之一。但《调四声谱》只说"竖读二字互相反也，傍读转气为双声，结角读之为叠韵"，并没有说到纽声，只说"绮钦、琴伎两双声，钦琴、绮伎二叠韵"，但信范却说，绮琴是双声反音，而良首书林是纽声反音。他的根据，是前者（绮琴）的日本汉音头音都是"キ"，上下二字五音（即カキクケコ）一类音相并，而后者（良首）头音分别为ラ和サ，上下二字五音各别。他根据的是日本汉音，是日语假名五十音图的五音。以日本汉音的五音一类为双声，五音各别为纽声。

他又说：

> 《藏》意，五音各别五音一类不分别，只于十二点所合梵文，以本字音为纽声，以摩多音为双声，是其儒家与七日家之异说也。而今七旦之纽声儒家之合纽声双声者，梵文 kya 之纽声五音各别，故合

---

① 转引自小西甚一《文镜秘府论考·研究篇》（上）第三章第 307 页，原文为日语。

于儒家之纽声。上之k,カキクケコ中音,下之y,ヤヰユエヨ中音,五音各别,而字母之音者,付梵文且分别纽声双声时,不出一切诸字之音十二点所合。于十二点有根本上本末,故约本纽声,付末明双声者也。于儒家所用汉字无本末音,故且五音一类云双声,次以悉昙双声之枳也儒家之双声合之。如悉昙之kya枳也,kyi纪以,kyu矩庾,kye枳曳等皆マタ音也。此第三i点已下之以マタ合于本字迦也为マタ之音,故以此マタ之音本字之kya迦也,各皆呼合此。或又摩多音之字中呼合二字,各皆成双声故。双声者マタ之音也。彼カキクケコ五音之字,カキ相并为双声,カク,カケ,カコ乃至キク,クケ,ケコ,各当句五音之中,二音相对皆双声也。儒家双声皆此法出。今悉昙以摩多为双声,本字音相并事,彼此无相违者也。①

这里的《藏》指安然《悉昙藏》。这段谈纽声双声的话有些地方费解。信范是针对安然《悉昙藏》谈不同看法,他所谈的,仍然是日本汉音。《悉昙藏》以本字音为纽声,以摩多音为双声。信范这段话一开始就提出,不能不分别五音各别五音一类,而只于十二点所合梵文分别纽声双声。五音各别,五音一类正是前面我们举例说的过信范区别纽声反和双声反的基准。而五音正是日语假名五十音图之之五音。梵文kya(迦也)为什么是纽声,《悉昙藏》认为是用本字音,而信范这里则认为,梵文kya(迦也),上字之k,为カキクケコ中音,下字之y,为ヤヰユエヨ中音,五音各别,因此合于儒家之纽声。梵语音K和y也用读作日本汉音之五音。他指出,梵音十二点有根本上本末。他所说的本,应当是指本字音;他所说的末,应当是指摩多音。他说,儒家所用汉字无本末音,因此用五音一类说双声,这里的说的五音,又是日本汉音。他所说的マタ音所指不详。但他后面解释双声之音,又是用カキクケコ五音之字,カキ,カク,カケ,カコ乃至キク,クケ,ケコ,在日语五十音图里,都属カ,都含k音,因此他说,各当句五音之中,二音相对皆双声也。他还是用日本汉音来解释双声。

---

① 转引自小西甚一《文镜秘府论考·研究篇》(上)第三章第307页—308页,原文为日语。

类似的例子,还可以举出杲宝贤宝《悉昙字记创学抄》、宽智《悉昙要集记》、兼朝《悉昙反音略释》、智贤《悉昙灭罪抄》、印融的《梵汉反音抄》《反音极学抄》等等。这些日本韵学著作的一个共同特点,就是把汉语的纽声反和双声反放到日本悉昙学或日本国语学的语境中去看。一方面用汉语纽声反双声反的概念去考察日本悉昙学国语学的韵学现象,另一方面又根据日本悉昙学国语学的特点去理解解释汉语的纽声反双声反。他们所理解所解释的东西,已不完全是汉语语境中本来意义的纽声反和双声反。汉语韵学的东西变味了,被日本化了。

四、《文镜秘府论》韵学与日本五十音图

日本韵学和中国韵学关系的又一个问题,是五十音图。

日语假名五十音图的形成,当然和悉昙学有密不可分的关系。

五十音图的行顺和段顺,可能就和悉昙学有关。从现在材料来看,安然可能还没有音图,平安时期的音图,现在可以看到的音图,醍醐寺藏古写本《孔雀经音义》卷末附音图段顺是イオアエウ,兼朝《悉昙要集记》是アイウオエ,《五韵次第》《金光明最胜王经音义》附记、明觉《反音作法》是アイウエオ。而据《瑜珈金刚顶经释字母品》一卷(转据马渊和夫《日本韵学史研究》(日本学术振兴会,1963年)第一编第一章),悉昙摩多文除去四别摩多文,只就通摩文来说,而十二通摩多文除去韵尾鼻音暗(am)和止声恶(ah),其短音顺序是 a(阿)i(伊)u(坞)e(噎)o(污)。而日本平安时代明觉《反音作法》等的五十音图段顺,ア(a)イ(i)ウ(u)エ(e)オ(o),正与悉昙顺相合。平安时代另二个音图,兼朝《悉昙要集记》段顺的前半(アイウ)也与悉昙顺相合。只有醍醐寺藏古写本《孔雀经音义》卷末附音图的段顺(イオアエウ)有所不合。醍醐寺藏《孔雀经音义》是平安中期的古写本,卷末所附的是目前所见最古的音图。另几个材料中,兼朝《悉昙要集记》作于承保二年(1075),大东急纪念文库藏《金光明最胜王经音义》抄于承历三年(1079),明觉《反音作法》作于堀河天皇宽治七年(1093),据桥本进吉《日本文学大辞典》"五十音图"项解说《五韵

次第》,最早在平安朝末,可能是镰仓时代的东西。从这些情况看,五十音图开始产生的时候,其段顺可能比较随意,比如醍醐寺藏古写本《孔雀经音义》卷末附音图段顺是イオアエウ。而到后来,人们则逐渐注意按照悉昙顺来排列五十音图的顺序。比如兼朝《悉昙要集记》是アイウオエ,有一半合于悉昙顺,而到《金光明最胜王经音义》附记和明觉《反音作法》及《五韵次第》的音图,其段顺アイウエオ已完全合于悉昙顺。

　　行顺的情况也是这样。日本古代五十音图的行顺各种各样。(注:据小西甚一《文镜秘府论考》(考文篇)第三章上列举了几种,醍醐寺藏平安中期古写本《孔雀经音义》卷末附最古音图カサタヤマハワラ,明觉《反音作法》第一图アカヤサタナラハマワ,明觉《反音作法》第二图カサタナラハマワヤ,明觉《梵字形音义》(建长本)アカサタナハワヤラマ,(明觉《梵字形音义》(享保本)アカサタナハマヤラワ,明觉《悉昙要诀》アヤカサタナラハマワ,《悉昙反音略释》アカサタハヤラワマナ,《法华经单字》アヤカサタナラハマワ,《法华经音》アヤラワカハマナタサ,《五韵次第》アカサタナハマヤラワ,《文字反》アカタサハナヤワラマ,天文本《倭名类聚抄》ラマアカサタナハワヤ。此外,大东急纪念文库藏《金光明最胜王经音义》卷末附音图ラワヤアマナハタカサ,兼朝《悉昙要集记》アカサタハマナヤラワ。)这些音图的行顺,有的看不出什么规律。比如,醍醐寺藏平安中期古写本《孔雀经音义》卷末附最古音图(カサタヤマハワラ),《文字反》(アカタサハナヤワラマ),大东急纪念文库藏《金光明最胜王经音义》卷末附音图(ラワヤアマナハタカサ)。有的则应该有某种规律。小西甚一认为,有些音图的行顺与"三内"说相通(见《文镜秘府论考·研究篇》(上)第三章第 347 页),这是对的。安然《悉昙藏》和玄昭《悉昙略记》就有"三内"说,心空《法华经音义》说得更为具体。所谓"三内",指不同的发音部位,即喉内(アカヤ),舌内(サタナラ),唇内(ハマワ)。一些音图的行顺可能就是以发音部位所谓"三内"为标准。比如《法华经音》(アヤラワカハマナタサ),ナタサ相连,均同为舌内音。明觉《反音作法》第二图(カサタナラハマワヤ),サタナラ和ハマワ分别为舌内音和唇内音相连。而明觉《反音作法》第一图,明觉《悉昙要诀》和《法华经单字》(行顺均为アカヤサタナラハマワ),正顺序是喉内音(アヤカ)、舌内音(サタナラ)和唇内音(ハマワ)。而还有一些音图的行顺,则当与悉昙顺有关。悉昙字母的顺序,据前引《瑜珈金刚顶经释字母品》,除去阿(近似日语发音ア)等摩多文,这相当ア行。接着是一组喉音,即迦(ka,近似日语发音キヤ)、佉(kha,キヤ)、誐(ga,ギヤ)、伽(gha,ギヤ)、仰(鼻呼)(na,ギヨウ),这近似日语カ(ガ)行的发音。接着是一组腭音,即左(ca,シヤ)、磋(cha,シヤ)、惹(ja,ジヤ)、鄹(jha,ジヤ)、穰(na,ジヨウ),这近似日语サ(ザ)行的发音。再接着是一组舌音,即吒(ta,タ)、咤(tha,タ)、拏(da,ダ)、荼(dha,ダ)、拏(尼爽反,鼻呼)(na,ドヨウ),这近似日语タ(ダ)行的发音。再接着是一组喉音,即多(ta,タ)、他(tha,タ)、娜(da,ダ)、馱(dha,ダ)、曩(na,ノウ),这一组中的曩(na,ノウ),近似日语ナ行的发音。再接着是一组唇音,即跛(pa,ハ)、颇(pha,ハ)、麼(ba,バ)、婆(bha,バ)、莽(ma,モウ),前几个近似日语ハ(バ)行的发音,而末尾的莽(ma,モウ)近似日语マ行的发音。以上是体文五类声,接着是体文遍口声,其相随声前三个是野(ya,ヤ)、囉(ra,ラ)、邏(la,ラ),分别近似日语发音的ヤ和ラ。连接这种顺序,再加上ワ(ワ行音与ア行同),正是アカサタナハマヤラワ。一些音图的行顺,如兼朝《悉昙要集记》(アカサタハマナヤラワ)的前几行(アカサタ),明觉《梵字形音义》(建长本)(アカサタナハワヤラマ)前几行(アカサタナハ)、《悉昙反音略释》(アカサタハヤラワマナ)的前几行(アカサタ),天文本《倭名类聚抄》(ラマアカサタナハワヤ)的中间几行(アカサタナハ),是部分依照这个行顺。而明觉《梵字形音义》(享保本)和《五韵次第》(アカサタナハマヤラワ)则完全依照这个行顺。而这也正是后来普遍通行的行顺。

正因为此,明觉《悉昙要诀》①才说:"本朝有四十七字,为一切字母。

---

① 马渊和夫编《悉昙学书选集》第2卷。

以梵文意窃案之,以九字为经,以五字为纬,织成四十五字,加本五字中二,即成四十七字也。此中五字如梵文 a 等十二音,九字如 ka 等三十四字。"①也正因为此,明觉《悉昙要决》还把梵字和五十音图结合一起,两两对应,编成"梵字五十音图"②。

这说明,五十音图确实和传入日本的悉昙学有密切关系。

但是,五十音图和汉语韵学也有密切关系。

五十音图的段顺和行顺和悉昙顺有联系,但是,古音图的五音是悉昙学没有的名目。悉昙字母的摩多文和体文只有直线式排列的顺序,并没有组成经纬交错的音图。五十音图经纬交错的形式,应该另有来源。关于这一点,可以看明觉《反音作法》。《反音作法》第一图:

所言五音者:

阿伊乌衣于/可枳久计古/夜以由江与/左之须世楚/多知津天都/

那尒奴祢乃/罗利留礼噜/波比不倍保/摩弥牟咩毛/和为于惠远/

アイウエオ/カキクケコ/ヤイユエヨ/サシスセソ/タチツテト/

ナニヌネノ/ラリルレロ/ハヒフヘホ/マミムメモ/ワヰウエヲ/

明觉接着分析说:

初アイウエオ五字者,是诸字通韵也。阿(ア)字为カヤサ等响也。伊(イ)字为キイシ等韵也。乌(ウ)字为クユス等韵也。衣(エ)字为ケエセ等韵也。于(オ)字为コヨソ等韵也。世人多不知此五韵字,反音多谬也。

---

① 转据小西甚一《文镜秘府论考·研究篇》(上)第三章第 365 页。
② 有筑波大学藏天福二年(1234)写本,转据马渊和夫《五十音图之话》第 144 页,大修馆书店,1993 年。

日语假名五十音图,横读为行,竖读为段。他这里说,アイウエオ五字,是每一个横行相通之韵,比如,阿(ア)字为ア行通韵,伊(イ)字为イ行通韵,ウ字为ウ通韵,等等。这让人想起《文镜秘府论》天卷引《调四声谱》那个双声叠韵的韵纽图,即:

  郎朗浪落 黎礼丽捩
  刚呃钢各 笄倂计结
  羊养恙药 夷以异逸
  乡嚮向谑 奚蒵唑缬
  良两亮略 离逦詈栗
  张长怅著 知伽智窒

  还想起《调四声谱》接着的那个解释:"凡四声,竖读为纽,横读为韵。亦当行下四字配上四字即为双声。若解此法,即解反音法。"明觉《反音作法》解释五十音图,其意思不正也是"横读为韵"吗?既然"横读为韵","竖读"不正是"为纽"吗?五十音图的经纬关系,与《调四声谱》所说的"竖读为纽,横读为韵"不正相通吗?

  音图和汉语反切可能也有密切关系。明觉《反音作法》第二图(《五十音图之话》第 156 页)没有ア行,カ行以下,每个假名之下都另标注有假名,其图如下(括号中是其标注的假名):

  カ(クア)キ(クイ)ク(クウ)ケ(クエ,キエ)コ(クオ)/
  サ(スア)シ(スイ)ス(スウ)セ(スエ,シエ)ソ(スオ)/
  タ(ツア)チ(ツイ)ツ(ツウ)テ(ツエ,チエ)ト(ツオ)/
  ナ(ヌア)ニ(ヌイ)ヌ(ヌウ)ネ(ヌエ,ニエ)ノ(ヌオ)/
  ラ(ルア)リ(ルイ)ル(ルウ)レ(ルエ,リエ)ロ(ルオ)/
  ハ(フア)ヒ(フイ)フ(フウ)ヘ(フエ,ヒエ)ホ(フオ)/
  マ(ムア)ミ(ムイ)ム(ムウ)メ(ムエ,ミエ)モ(ムオ)/
  ワ(ウア)ヰ(ウイ)ウ(ウウ)エ(ウエ)ヲ(ウオ)/
  ヤ(イア)イ(イイ)ユ(イウ)エ(イエ)ヨ(イオ)/

括号里标注的二个假名,前一假名和后一假名相切,正是括号外的假名音。这里所根据的正是反切原理。这是用反切法对五十音图作解释。当五十音图形成的时候,人们是否也意识到或说根据了反切的原理呢?以同行的任一假名作上字,用同段的ア行假名为下字,不正可以切出五十音图的任一字音吗?

这样的标注音,有时也直接用汉字。比如兼朝的《悉昙反音略释》,

阿(于阿正伊阿傍)伊(于伊)于(伊于)衣(伊衣正于衣傍)汙(于汙正伊于傍)

加(久阿正几阿傍)几(久伊)久(几于)计(几衣正久衣傍)古(久汙正几于傍)

左(朱阿正止阿傍)止(朱伊)朱(止于)世(止衣正朱衣傍)楚(朱汙正止于傍)

多(都阿正知阿傍)知(都伊)都(知于)天(知衣正都衣傍)徒(都汙正知于傍)

波(不阿正比阿傍)比(不伊)不(比于)反(比衣正不衣傍)保(不汙正比于傍)

野(伊阿)伊(于伊)由(伊于)衣(伊衣正于衣傍)与(伊与)

罗(留阿正利阿傍)利(留伊)留(利于)礼(利衣正于衣傍)吕(留于正利汙傍)

和(于阿正)为(于伊)于(伊于)惠(为衣正于衣傍)汙(于于)

麻(牟阿正于阿傍)弥(弥于)牟(伊牟)免(于衣正牟衣傍)毛(牟于正弥汙傍)

那(奴阿正尔阿傍)尔(奴伊)奴(尔于)祢(尔衣正奴衣傍)乃(奴于正尔汙傍)①

括号中标的都是反切音。兼朝在这个音图前说:"初标反音纲要有二,一

---

① 转据《五十音图之话》第160页,马渊和夫《日本韵学史研究》第938页。

明五音,二明反音。"他是明确把五音和反音联系在一起。他所说的反音,是日语五音的反音,而日语五音的反音,应该和汉语反音相通。他接着又说:"初明五音者,横贯音韵,竖论半音。"所谓"横贯音韵,竖论半音",应该就是《文镜秘府论》《调四声谱》所说"竖读为纽,横读为韵"的另一种说法。兼朝这个音图标注音中所谓正傍,当是说正纽和傍纽。《调四声谱》说反音法有二种,一纽声反音,一双声反音。纽声反上字和下字是正纽关系,双声反上字和下字是傍纽关系。兼朝这个五十音图所标的正和傍,也应该是这个意思。他是认为,五十音图也体现了纽声反和双声反,上下字也有正纽和傍纽的关系。这可能并非兼朝一个人的看法。当人们把日语发音构想成五十音图的时候,很可能也意识到或说根据了汉语反切的这些道理,很可能也意识到了明五音和明反音,意识到了"竖读为纽,横读为韵"或说"横贯音韵,竖论半音",意识到了五十音图体现着假名音的纽声和双声关系。从前面分析的情况看,这样说并非没有根据。

这说明,五十音图的形成,既受到悉昙学的深刻影响,也和传入日本的汉语韵学有密切关系。

把《文镜秘府论》和日本韵学(包括日本悉昙学和日本国语学)融为一体。用日本悉昙学和日本国语学来解释《文镜秘府论》中的韵学问题,又用《文镜秘府论》的韵学来研究日本悉昙学和日本国语学的现象。《文镜秘府论》的内容实际已融入到日本悉昙学和日本国语学的语境之中,成了日本韵学密不可分的重要部分。

主要征引及参考文献

【一】

弘法大师全集　日本祖风宣扬会编纂　日本:吉川弘文馆,大正十二年(1923)
定本弘法大师全集　日本高野山大学密教文化研究所,1992年—1997年
性灵集　弘法大师空海全集第6卷,日本:筑摩书房,1984年
聋瞽指归　(日)空海撰,日本祖风宣扬会《弘法大师全集》第3卷,日本:吉川弘文馆,1923年
弘法大师传全集　日本祖风宣扬会长谷宝秀编　日本:六大新报社,1935年
弘法大师年谱　真言宗全书第38卷,日本:真言宗全书刊行会,1933年
弘法大师年谱　弘法大师空海全集第8卷,日本:筑摩书房,1985年
弘法大师诸弟子全集　日本祖风宣扬会长谷宝秀编　日本:六大新报社,1942年
智证大师全集第2卷　大日本佛教全书第26卷,日本:名著普及会1979年
智证大师全集第4卷　大日本佛教全书第28卷,日本:名著普及会1979年
悉昙藏　(日)安然撰　作于元庆四年(880),大正新修大藏经第84卷,日本:大正一切经刊行会,1931年;马渊和夫影印注解悉昙学书选集第1卷,日本:勤勉社,1985年
悉昙秘要　(日)宽智撰　马渊和夫影印注解悉昙学书选集第2卷,日本:勤勉社,1988年
反音作法　(日)明觉撰　国语学大系第4卷,日本:厚生阁,1938年
悉昙要诀　(日)明觉撰　大正新修大藏经第84卷,日本:大正一切经刊行会,1931年。

大正新修大藏经(简称《大正藏》)　日本:大正一切经刊行会,1931年初版,1960年重印

真言宗全书　日本:真言宗全书刊行会,1933年

日本国见在书目　古逸丛书本;续群书类从第884卷,日本:东京续群书类从完成会,1959年

省试诗论　本朝文粹第七卷,新日本古典文学大系,日本:岩波书店1992年

作文大体　(日)菅江两流撰　新校群书类从第137卷,日本:内外书籍株式会社,1929年

作文大体笺　(日)中泽希男笺　日本:群马大学纪要第16卷,1966年

诗辙　(日)三浦晋撰　日本诗话丛书第7卷,日本:东京文会堂书店,大正九年(1920)

本朝文粹　新日本古典文学大系,日本:岩波书店,1992年

日本歌学大系　日本:风间书房,1957年

诗集日本汉诗　日本:汲古书院1985年—1987年

日本书纪　新订增补国史大系,日本:吉川弘文馆1981年

续日本纪　新订增补国史大系,日本:吉川弘文馆1981年

日本续纪　新订增补国史大系,日本:吉川弘文馆1981年

日本三代实录　新订增补国史大系,日本:吉川弘文馆1981年

续日本后纪　新订增补国史大系,日本:吉川弘文馆1981年

文德实录　新订增补国史大系,日本:吉川弘文馆1981年

延喜式　新订增补国史大系,日本:吉川弘文馆1981年

圣德太子传历　大日本佛教全书第112卷,日本:名著普及会1979年

风土记　日本古典文学大系,日本:岩波书店,1958年

皇太神宫仪式帐　新校群书类从第1卷神祇部,日本:内外书籍株式会社1938年

新撰姓氏录　新校群书类丛第448卷,日本:内外书籍株式会社1938年

新订增补国史大系　日本:吉川弘文馆1981年

文镜秘府论宫内厅本(简称宫内厅本)　全六卷,藏东京宫内厅书陵部,抄于平安末保延四年(1138)或稍前,有日本东方文化学院1927年影印本公开发行

文镜秘府论成簣堂本(简称成簣堂本)　又称观智院本,残地卷,藏东京御茶水图书馆(お茶の水图书馆),抄于平安末期,有日本古典保存会1935年影印本公开发行

文镜秘府论三宝院本(简称三宝院本)　全六卷,藏日本和歌山县高野山三宝院,抄于平安末期

文镜秘府论高山寺甲本(简称高山寺甲本)　亦称长宽写本,全六卷,藏日本京

都拇尾高山寺,抄于平安末长宽三年(1165)

文镜秘府论高山寺乙本(简称高山寺乙本)　亦称无点本,残天地东西北五卷,南卷仅存封面,被用作后来补写的丙本南卷封面,抄于平安末镰仓初

文镜秘府论高山寺丙本(简称高山寺丙本)　残南卷,抄于平安末镰仓初(案:高山寺乙本和丙本在高山寺作为一本收藏,丙本南卷封面实为原乙的封面,但丙本南卷正文为稍后补抄,故分称作两种)

文镜秘府论醍醐寺甲本(简称醍醐寺甲本)　残天东西南四卷,藏日本京都醍醐寺,抄于平安末镰仓初

文镜秘府论仁和寺甲本(简称仁和寺甲本)　残天东西南四卷,藏日本京都仁和寺,抄于镰仓初期

文镜秘府论宝寿院本(简称宝寿院本)　残天东卷,藏日本和歌山县高野山宝寿院,抄于镰仓中期

文镜秘府论杨守敬携回古抄本(简称杨守敬本)　残东西二卷,原日本狩谷堂掖斋藏本,曾藏北京故宫大高殿图书馆,现藏台湾台北外双溪故宫博物院,抄于镰仓时期

文镜秘府论正智院甲本(简称正智院甲本)　残天卷,藏日本和歌山县高野山正智院,抄于镰仓中期

文镜秘府论新町三井高遂氏家藏本(简称新町三井家本)　残北卷,抄于镰仓中期

文镜秘府论宝龟院本(简称宝龟院本)　残天地东三卷,藏日本和歌山县高野山宝龟院。抄于嘉元元年(1303)

文镜秘府论正智院丙本(简称正智院丙本)　残地卷,藏日本和歌山县高野山正智院,抄于镰仓后期

文镜秘府论六地藏寺本(简称六地藏寺本)　全六卷,藏日本茨城县水户市六地藏寺,抄于室町永正十六年(1519)之前不久,有汲古书院六寺藏寺善本丛刊本1984年影印公开发行

文镜秘府论正智院乙本(简称正智院乙本)　残天卷,藏日本和歌山县高野山正智院,当抄于室町末期

文镜秘府论义演抄本(简称义演抄本)　残天东西南北五卷,藏日本京都醍醐寺,抄于天正二十年(1592)

文镜秘府论醍醐寺丙本(简称醍醐寺丙本)　残北卷,藏日本京都醍醐寺,抄于文禄五年(一五九六)

文镜秘府论松本文库本(简称松本文库本)　全六卷,藏日本京都大学人文科学研究所东洋学图书室,抄于江户初之前

文镜秘府论醍醐寺乙本(简称醍醐寺乙本)　残地卷,藏日本京都醍醐寺。抄于江户初期

文镜秘府论仁和寺乙本（简称仁和寺乙本）　残北卷，藏日本京都仁和寺，抄于江户初期

文镜秘府论江户刊本（简称江户刊本）　江户宽文、贞享间(1661—1684)刊

文镜秘府论笺（简称维宝笺本）　维宝笺　作于1736年，日本高野山持明院藏古抄本（现藏日本高野山大学图书馆）；真言宗全书第41卷版刻本，日本真言宗全书刊行会，1936年

文镜秘府论天海藏本（简称天海藏本）　全六卷，藏日本京都延历寺叡山文库，抄于江户末期

文镜秘府论考·考文篇（简称《考文篇》）　（日）小西甚一撰　日本大日本雄辩会讲谈社，1953年

文镜秘府论　周维德校点　北京：人民文学出版社，1975年

文镜秘府论校注　任学良校注　原稿本，转引自王利器文镜秘府论校注

文镜秘府论校注　王利器校注　中国社会科学出版社，1983年

文镜秘府论译注　（日）兴膳宏译注　弘法大师空海全集第5卷，日本筑摩书房，1986年

文镜秘府论　（日）林田慎之助、田寺则彦校勘　定本弘法大师全集第6卷，日本高野山大学密教文化研究所，1997年

文笔眼心抄释文　弘仁十一年(820)撰，日本京都东寺观智院原藏古抄本，京都山田永年氏明治四十一年(1908)刊行

冠注文笔眼心抄　（日）长谷宝秀校注　祖风宣扬会弘法大师全集第3辑，大正十二年(1923)

冠注文笔眼心抄补正　（日）中泽希男补正　日本群马大学纪要21卷，1971年

文笔眼心抄古抄本　据小西甚一文镜秘府论考·研究篇上

文笔眼心抄　（日）兴膳宏注　文镜秘府论译注附，弘法大师空海全集第5卷，日本筑摩书房，1986年

文笔眼心抄　（日）林田慎之助、田寺则彦校勘本文镜秘府论附，定本弘法大师全集第6卷，日本高野山大学密教文化研究所，1997年

文镜秘府论汇校汇考（简称《汇考》）　卢盛江校考　中华书局，2006年

【二】

易、尚书、诗经、周礼、礼记、仪礼、礼记、春秋左氏传、春秋公羊传、春秋谷梁传、论语、孝经、尔雅、孟子　十三经注疏，中华书局影印本，1980年

后汉书　（南朝宋）范晔撰，（唐）李贤注　北京：中华书局，1965年

三国志　（晋）陈寿撰　北京：中华书局，1959年

晋书　（唐）房玄龄等撰　北京：中华书局，1974年

宋书　（梁）沈约撰　北京：中华书局，1974年

旧唐书　（后晋）刘昫等撰　北京：中华书局，1975年
新唐书　（宋）欧阳修、宋祁撰　北京：中华书局，1975年
高僧传　（梁）慧皎撰，汤用彤校注　北京：中华书局，1992年
续高僧传　（唐）道宣撰　高僧传合集，上海：上海古籍出版社，1991年
出三藏记集　（梁）释僧祐撰　北京：中华书局，1995年
唐才子传校笺　（元）辛文房撰，傅璇琮等校笺　北京：中华书局，1987—1995年
庄子集释　（清）郭庆藩集释　北京：中华书局，1961年
世说新语笺疏　（南朝宋）刘义庆撰，（梁）刘孝标注，余嘉锡笺疏　上海：上海古籍出版社，1993年
颜氏家训集解　（北齐）颜之推著，王利器集解　上海：上海古籍出版社，1980年
中华大藏经　北京：中华书局，1984—1995年
楚辞补注　（宋）洪兴祖撰　北京：中华书局，1983年
曹植集校注　（魏）曹植著，赵幼文校注　北京：人民文学出版社，1984年
陆机集　（晋）陆机著　北京：中华书局，1982年
谢灵运集校注　（南朝宋）谢灵运著，顾绍柏校注　中州古籍出版社，1987年
鲍参军集　（南朝宋）鲍照著　汉魏六朝百三名家集，清光绪三年（1877）滇南唐氏寿考堂刊本
谢宣城集校注　（南齐）谢朓著，曹融南校注集说　上海：上海古籍出版社，1991年
梁武帝集　（梁）萧衍著　汉魏六朝百三名家集，清光绪三年（1877）滇南唐氏寿考堂刊本
沈约集校笺　陈庆元校笺　浙江古籍出版社，1995年
庾子山集注　（北周）庾信著，（清）倪璠注　北京：中华书局，1980年
文选　（梁）萧统编选　北京：中华书局，1977年
玉台新咏笺注　（陈）徐陵编，（清）吴兆宜注　北京：中华书局，1985年
乐府诗集　（宋）郭茂倩编　北京：中华书局，1979年
先秦两汉魏晋南北朝诗　逯钦立辑校　北京：中华书局，1983年
全上古三代秦汉三国六朝文　（清）严可均校辑　北京：中华书局，1958年
王昌龄诗注　（唐）王昌龄著，李云逸注　上海：上海古籍出版社，1984年
河岳英灵集　（唐）殷璠编　唐人选唐诗新编，陕西人民教育出版社，1996年
全唐诗　（清）彭定求等编　北京：中华书局，1960年
全唐诗逸　（日）上毛河世宁纂辑　全唐诗附，北京：中华书局，1960年
全唐诗补编　陈尚君辑校　北京：中华书局，1992年
全唐文　（清）董浩等编　北京：中华书局，1983年

493

文苑英华　　（宋）李昉等编　　北京：中华书局，1965年
文赋集释　　（晋）陆机著，张少康集释　　北京：人民文学出版社，2002年
文心雕龙注　　（梁）刘勰著，范文澜注　　北京：人民文学出版社，1958年
文心雕龙义证　　（梁）刘勰著，詹锳义证　　上海：上海古籍出版社，1989年
诗品集注　　（梁）钟嵘著，曹旭集注　　上海：上海古籍出版社，1994年
魏文帝诗格　　传魏文帝撰　　吟窗杂录，明嘉靖四十年刊，日本内阁文库藏本
评诗格　　传李峤撰　　吟窗杂录，明嘉靖四十年刊，日本内阁文库藏本
诗格　　（唐）王昌龄撰　　吟窗杂录，明嘉靖四十年刊，日本内阁文库藏本
诗中密旨　　传王昌龄撰　　吟窗杂录，明嘉靖四十年刊，日本内阁文库藏本
诗议　　（唐）皎然撰　　吟窗杂录，明嘉靖四十年刊，日本内阁文库藏本
诗式　　（唐）皎然撰　　吟窗杂录，明嘉靖四十年刊，日本内阁文库藏本
诗式校注　　（唐）皎然著，李壮鹰校注　　齐鲁书社，1986年
金针诗格　　传白居易撰　　吟窗杂录，日本内阁文库藏本，明嘉靖四十年刊
全唐五代诗格汇考　　张伯伟撰　　南京：江苏古籍出版社，2002年
诗苑类格　　（宋）李淑撰　　类说第51卷，景印文渊阁四库全书，台湾：商务印书馆，1986年
历代诗话　　（清）何文焕辑　　北京：中华书局，1981年
历代诗话续编　　丁福保辑　　北京：中华书局，1983年
景印文渊阁四库全书（简称四库全书）　（清）永瑢、纪昀等纂修　　台湾：商务印书馆，1986年
四部丛刊初编（简称四部丛刊）　　据商务印书馆1926年版重印，上海：上海书店，1989年
四部丛刊续编　　据商务印书馆1934年版重印，上海：上海书店，1984年—1985年
四部丛刊三编　　据商务印书馆1936年版重印，上海：上海书店1985年—1986年2月
四部备要　　北京：中华书局，1936年
丛书集成初编　　北京：中华书局，1985年

【三】

文二十八种病　　储皖峰著　　北京：中国述学社，1930年
中国文学批评史（第一版）　　郭绍虞著　　北京：商务印书馆，1934年，百花文艺出版社，1999年重版
中国文学批评史　　罗根泽著　　上册人文书店1934年初版；上海：上海书店出版社，2003年
文镜秘府论考·研究篇上（简称《研究篇》（上））　　（日）小西甚一著　　日本京都：

大八洲出版株式会社,1948年

文镜秘府论考·研究篇下(简称《研究篇》(下)) (日)小西甚一著 日本东京:株式会社大日本雄辩会讲谈社,1951年

汉语音韵学 王力著 北京:中华书局,1956年

汉语诗律学 王力著 上海:上海教育出版社,1962年

日本韵学史研究(日本韵学史の研究) (日)马渊和夫著 日本:学术振兴会,1963年

古代歌学的形成(古代歌学の形成) 小泽正夫著 日本:塙书房刊,1963年

和歌十体论研究(和歌十体论の研究) (日)前田妙子著 日本:清水弘文堂书房,1968年

空海文镜秘府论之研究 郑阿财著 台北中国文化学院研究所硕士论文,1976年5月

初唐诗学著述考 王梦鸥著 台湾:商务印书馆,1977年

中国文学批评史 郭绍虞著 上海:上海古籍出版社,1979年

中国历代文论选 郭绍虞主编 上海:上海古籍出版社,1979年

文镜秘府论探源 王晋光著 香港:天地图书有限公司,1980年

唐代诗人丛考 傅璇琮著 北京:中华书局,1981年

中国文学的对句艺术(中国文学に于ける对句と对句论) (日)古田敬一著 日本:风间书房,1982年;李淼汉译本,吉林文史出版社,1989年

照隅室古典文学论集 郭绍虞著 上海:上海古籍出版社,1983年

隋唐五代文学思想史 罗宗强著 上海:上海古籍出版社,1986年

六朝文学论稿 (日)兴膳宏著 长沙:岳麓书社,1986年

日本歌学与中国诗学(日本歌学と中国诗学) (日)太田青丘著 日本:樱枫社,1988年

文化史上的弘法大师传(文化史上より见たる弘法大师传) (日)守山圣真等撰 日本株式会社国书刊行会,1990年

佛学大辞典 丁福宝编,上海:上海辞书出版社,1991年

河岳英灵集研究 李珍华、傅璇琮著 北京:中华书局,1992年

皎然年谱,贾晋华著,福建厦门:厦门大学出版社,1992年

五十音图之话 (日)马渊和夫著 日本:大修馆书店,1993年

王昌龄研究 李珍华著 西安:太白文艺出版社,1994年

隋唐五代文学批评史 王运熙、杨明著 上海:上海古籍出版社,1994年

魏晋南北朝文学批评史 王运熙、杨明著 上海:上海古籍出版社,1996年

魏晋南北朝文学思想史 罗宗强著 北京:中华书局,1996年

中古五言诗研究 吴小平著 南京:江苏古籍出版社,1998年

唐五代文学编年史 傅璇琮主编 沈阳:辽海出版社,1998年

唐代集会总集与诗人群研究，贾晋华著，北京：北京大学出版社，2001年

对偶辞格　朱承平著　长沙：岳麓书社，2003年

【四】

文学上的弘法大师（文学上に於ける弘法大师）　幸田露伴著　明治四十二年（一九〇九年）作，收入露伴全集第十五卷，岩波书店一九七八年第二版

弘法大师的文艺（弘法大师の文艺）　内藤湖南著　明治四十五年（一九一二年）六月十五日弘法大师降诞会讲演，日本文化史研究，一九二四年；内藤湖南全集第九卷，筑摩书房一九六九年

文镜秘府论概说（一、二）　加地哲定著　密教研究第二十六号；1927年，二十八号，1928年

文镜秘府论札记（一、二、三、四）　（日）中泽希男著　斯文第16编第7、8、10号，第17编第2号，1934—1935年

文笔式甄微　罗根泽著　中山大学文史学研究所月刊第3卷第3期，1935年

永明声病说　郭绍虞著　天津益世报文学副刊，1935年；照隅室古典文学论集（上），上海：上海古籍出版社，1983年

论切韵系的韵书—十韵汇编序　魏建功著　国学季刊第5卷第2号，1936年9月

南北朝诗人用韵考　王力著　清华学报第11卷第3期，1936年7月；龙虫并雕斋文集第一册，北京：中华书局，1980年

四声绎说　夏承焘著　（作于1941年）月轮山词论集，北京：中华书局，1979年

文镜秘府论"文二十八种病"解说　（日）西泽道宽著　大正大学学报第30、31辑合，1940年

关于文镜秘府论卷第一"四声论"（文镜秘府论卷第一"四声论"について）（日）吉田幸一著　书志学第17卷第2、3号，1941年

文镜秘府论《九意》和平安朝歌集部类的成立（文镜秘府论の《九意》と平安朝歌集の部类立）　（日）吉田幸一著　书志学第17卷第5、6号合，1941年

文镜秘府论《九意》和朗咏集部类成立的关系（文镜秘府论の《九意》と朗咏集部类立との关系）　（日）吉田幸一著　歌之评论（歌の评论）第14卷第1号，1942年

王昌龄诗格考证　罗根泽著　文史杂志第2卷第2期，1942年

文镜秘府论"文二十八种病"考　（日）吉田幸一著　日本文学史上的文学论（日本文学史における文学论），东洋大学出版部，1943年

文镜秘府论的诗病论和歌论（文镜秘府论の诗病论と歌论）　吉田幸一著　日本文学史上的文学论（日本文学史における文学论），东洋大学出版部，1943年

四声考　逯钦立著　作于1948年，汉魏六朝文学论集，西安：陕西人民出版社，1984年

河岳英灵集考　（日）中泽希男著　群马大学纪要（人文科学）第1卷,1950年

六朝律诗的形成（六朝における律诗の形成）　（日）高木正一著　日本中国学会报第4辑,1952年

文镜秘府论研究发凡　潘重规著　中日文化论集,台北:中华文化出版事业委员会,1955年

文镜秘府论札记续记（一、二、三）　（日）中泽希男著　群马大学纪要人文科学篇第4号、5号、6号,1955—1957年

颜氏家训音辞篇注补　周祖谟撰　汉语音韵论文集,北京:商务印书馆,1957年

隋刘善经四声指归定本笺（简称《四声指归定本笺》）　潘重规著　新亚书院学术年刊第四期,1962年

再论永明声病说　郭绍虞著　中华文史论丛第4辑（1963年）,收入照隅室古典文学论集（下）,上海:上海古籍出版社,1983年

文镜秘府论校勘记（一、二、三）　（日）中泽希男著　群马大学纪要人文社会科学篇第13号、14号、15号,1964年、1965年、1966年

唐元兢著作考　（日）中泽希男著　东洋文化复刊第11号,1965年

声律说考辨　郭绍虞著　文艺评论丛刊第1辑、2辑合,1975年;收入照隅室古典文学论集（下）,上海:上海古籍出版社,1983年

王昌龄诗格考　（日）中泽希男著　二松学舍大学论集（创立百年纪念）,1977年

《文镜秘府论》小考—关于卷的配列（《文镜秘府论》小考—卷の配列について）　（日）木下良范著　印度学佛教学研究（东京大学）第32卷第2号,1983年

《宋书·谢灵运传论》综说　兴膳宏著　中国文艺思想史论丛第1辑,北京:北京大学出版社,1984年

谈王昌龄的《诗格》——部有争议的书　傅璇琮、李珍华著　文学遗产1988年第6期;王昌龄研究,太白文艺出版社,1994年

王昌龄的创作论（王昌龄の创作论）　（日）兴膳宏著　中国的文学理论（中国の文学理论）,日本筑摩书房,1988年

关于《文镜秘府论》的九意—四季意识种种（文镜秘府论の九意について—四季意识の诸相）　（日）波户冈旭著　上代汉诗文与中国文学（上代汉诗文と中国文学）,日本东京笠间书院,1989年

《文镜秘府论》六朝声律说佚书佚文考　刘渼著　国文学报第20期,台湾师范大学文学系,1991年

从四声八病说到四声二元化　兴膳宏著　中华文史论丛第47辑,上海:上海古籍出版社,1991年

王昌龄生平及其诗论　王梦鸥著　唐代研究论集第3辑,台北新文丰出版公司,1992年

皎然《诗式》版本新议　　张少康著　　国学研究第 2 卷,北京:北京大学出版社,1994 年
皎然诗式的构造和理论(皎然诗式の构造と理论)　(日)兴膳宏著　中国文学报(日本京都大学)第 50 册,1995 年
空海与汉文学　(日)兴膳宏著　南开学报 1995 年第 3 期
《文镜秘府论》对属论与日本汉诗学　卢盛江著　江西师大学报 1997 年第 4 期
日本人编撰的中国诗文论著作——《文镜秘府论》　卢盛江著　古典文学知识 1997 年第 6 期
《文镜秘府论》日本传本随记　卢盛江著　南开学报 1998 年第 1 期
日本研究《文镜秘府论》概述　卢盛江著　古代文学与思想文化论稿,天津:天津人民出版社,1998 年
关于《文镜秘府论》《九意》的作者　卢盛江著　中国诗学第 6 辑,南京:江苏古籍出版社,1999 年
关于《文镜秘府论》的传本系统　卢盛江著　立命馆文学(日本京都立命馆大学)563 号,2000 年 2 月。
《文镜秘府论》与日本歌学风体论　卢盛江著　日本研究论集第 5 辑,天津:南开大学出版社,2001 年
文镜秘府论"证本"考　卢盛江著　国学研究第 8 卷,北京:北京大学出版社 2001 年
《文镜秘府论》对属论札记　卢盛江著　新国学第 3 卷,成都:巴蜀书社,2001 年
从《文镜秘府论》看日本诗学的继承和创新　卢盛江著　学术研究 2002 年第 3 期
《文笔式》年代考　卢盛江著　文史第 62 辑,北京:中华书局,2003 年
空海入唐与《文镜秘府论》的编撰　卢盛江著　江西师大学报 2004 年第 3 期
《文镜秘府论》编撰意识的形成　卢盛江著　学术研究 2004 年第 9 期
《文镜秘府论》作年考　卢盛江著　天津师大学报 2004 年第 5 期
皎然"格高"说刍议　卢盛江著　辽宁工学院学报 2005 年第 4 期
《文镜秘府论》的传本、作年和整理　卢盛江著　复旦史学专刊,上海:复旦大学出版社,2005 年
初唐两篇未被人注意的文论——古今诗人秀句序和疑芳林要览序　卢盛江著　创作评谭 2006 年 10—12 月号
殷璠"神来、气来、情来"论　卢盛江著　东方论坛(青岛大学)2006 年第 5 期
唐诗调声术简论　卢盛江著　学术研究 2006 年第 12 期
《文镜秘府论》"草本"考　卢盛江著　国学研究第 20 卷,北京:北京大学出版社 2007 年
王昌龄诗格考　卢盛江著　江西师范大学学报 2008 年第 2 期
空海的佛学意识与《文镜秘府论》的编撰　卢盛江著　空海研究第 4 集,香港:

天马出版有限公司2008年6月

文镜秘府论卷次考　卢盛江著　文史2008年第3辑,北京:中华书局2008年8月

空海的思想意识与文镜秘府论　卢盛江著　文学评论2009年第1期

皎然《诗议》考　卢盛江著　南开学报2009年第4期

辩伪存真:《文笔眼心抄》古抄卷献疑　陈翀著,复旦大学第三届中国文论国际学术研讨会论文集(2011年),《域外汉籍研究集刊》第8辑,中华书局2012年

河内国发见の土马　梅原末治撰　(日)《考古学杂志》4卷12号,1914年

上代文化研究の二三の新资料　梅原末治撰　(日)《思想》第2辑,1921年

冲岛の御金藏　柴田常惠撰　(日)《中央史坛》13卷4号,1927年

考古片录　岛田贞彦撰　(日)《历史と地理》18卷5号,1926年;25卷4号,1930年

伯耆出云より周防へ　溥野谦次撰　(日)《民族》3卷6号,4卷1号,1928年

摄津国丰能郡垂水先史时代遗迹　岛田贞彦撰　(日)《史前学杂志》2卷5号,1930年

土马　福贵恒吉撰　(日)《考古学》8卷9号,1937年

上代马形遗物に就いて　大场磐雄撰　(日)《考古学杂志》27卷4号,1937年

大和土制马考　土井实撰　(日)《古代学》4卷2号,1955年

新发现的祭祀遗迹(新发现の祭祀遗迹) 大场磐雄、小泽国平撰　(日)《史迹と美术》33卷8号　1963年

上代马形遗物再考　大场磐雄撰　(日)《国学院杂志》69卷1号,1966年

土制马に关する试论　前田丰邦撰　(日)《古代学研究》53号,1968年

神马の研究　佐藤虎雄撰　(日)《古代学》16卷2、3、4号合刊,1969年

考古学と马　森浩一撰　森浩一编《日本古代文化の探究——马》,社会思想社,1974年

土马考　小笠原好彦撰　(日)《物质文化》25卷,1975年

大和の土马　泉森皎撰　(日)《橿原考古研究所论集》(创立35周年纪念),吉川弘文馆,1975年

古代形代马考　小田富士雄撰　(日)《九州岛考古学研究》(古坟时代篇),学生社1979年

土马祭祀と汉神信仰　村上吉郎撰　(日)《石川考古学研究会会志》第25号,1983年

土马　小田富士雄、真野和夫撰 (日)《神道考古学讲座》第3卷,雄山阁1983年二版